Cramer
Mietrecht

Mietrecht

Eine systematische Einführung

von

Claus Cramer

Verwaltungsdirektor im Immobilienreferat
der Landeshauptstadt München

2019

www.beck.de

ISBN 978 3 406 74078 7

© 2019 Verlag C. H. Beck oHG
Wilhelmstraße 9, 80801 München

Druck und Bindung: Nomos Verlagsgesellschaft
In den Lissen 12, 76547 Sinzheim

Satz und Umschlaggestaltung: Druckerei C. H. Beck

Gedruckt auf säurefreiem, alterungsbeständigem Papier
(hergestellt aus chlorfrei gebleichtem Zellstoff)

Vorwort

Dieses Werk soll Juristen und Immobilienverwaltern den systematischen Einstieg in das Mietrecht erleichtern. Es stellt das gesamte Wohnraum- und Geschäftsraummietrecht verständlich auf Grundlage der aktuellen Rechtsprechung dar. Der Aufbau orientiert sich an den gesetzlichen Strukturen, sodass sich praktische Fragen einfach in den §§ 535 ff. BGB sowie den einschlägigen Nebengesetzen verorten und mit überschaubarem Aufwand klären lassen. Von Gemeinden zu beachtende Besonderheiten sind im Zusammenhang mit den mietrechtlichen Regelungen dargestellt. Insoweit verweisen die Fußnoten beispielhaft auf bayerisches Landesrecht.

Um die gebotene Kürze zu erreichen, ist das vermittelte Wissen auf die gesetzliche Regelung und die höchstrichterliche Rechtsprechung fokussiert. Zur Vertiefung wird auf geeignete Literatur verwiesen. Die Schwerpunkte sind einerseits nach Bedürfnissen der Praxis gesetzt (z. B. Schönheitsreparaturen, gesetzliche Schriftform) und folgen andererseits aus der Regelungstiefe des Gesetzes (z. B. Kündigung des Mietverhältnisses). Wer zunächst lediglich Überblickswissen benötigt, findet dieses in den Einführungen zu Beginn eines jeden Kapitels. Die Lösungen der Fälle befinden sich am Ende des Buches. Häufig benötigte Normen außerhalb des BGB sind im Anhang auszugsweise abgedruckt, damit sie sofort zur Hand sind.

Herrn VRiLG a. D. Prof. Dr. Friedemann Sternel, Herrn RiOLG Jost Emmerich und Frau RiAG Nelli Schreiber bin ich für ihre fürsorgliche Unterstützung zu großem Dank verpflichtet! Ebenso danke ich meinen Eltern für ihr Verständnis und den jederzeitigen Rückhalt. Meinem Lehrer und Freund, Herrn Prof. Dr. Lothar Philipps, kann ich leider nicht mehr danken, nur seiner gedenken.

München, im Juni 2019
Claus Cramer

Inhaltsübersicht

Vorwort	V
Inhaltsverzeichnis	IX
Abkürzungsverzeichnis	XIX
Literaturverzeichnis	XXI
A. Grundlagen	1
B. Begründung des Mietverhältnisses	15
C. Rechte und Pflichten der Vertragsparteien	57
D. Rechte des Mieters bei Mängeln	97
E. Betriebs- und Nebenkosten	105
F. Mietänderung	123
G. Wechsel der Vertragsparteien	143
H. Beendigung des Mietverhältnisses	155
I. Abwicklung des Mietverhältnisses	227
J. Lösungen	271
K. Anhang: Nebengesetze	291
Sachregister	309

Inhaltsverzeichnis

Vorwort	V
Inhaltsübersicht	VII
Abkürzungsverzeichnis	XIX
Literaturverzeichnis	XXI

A. Grundlagen ... 1
   I. Rechtsquellen ... 1
   II. Systematik des Miet- und Pachtrechts ... 4
   III. Vertragstypen der Nutzungsüberlassung ... 6
   IV. Überlassung von Werk- und Dienstwohnungen ... 7
   V. Öffentlich-rechtliche Nutzungsverhältnisse ... 8
   VI. Mietgegenstände und anwendbares Mietrecht ... 8
      1. Wohnraum ... 8
      2. Geschäftsraum ... 10
      3. Raum ... 10
      4. Weitervermieteter Wohnraum für Personen mit dringendem Wohnbedarf ... 10
      5. Grundstück ... 11
      6. Mischmietverhältnisse ... 11
   VII. Verbraucher- und Unternehmerverträge ... 12

B. Begründung des Mietverhältnisses ... 15
   I. Informationspflichten ... 15
      1. Auskunfts- und Aufklärungspflichten ... 15
         a) Selbstauskunft des Mieters ... 15
         b) Aufklärungspflichten ... 17
      2. Energieeinsparverordnung ... 17
      3. Verbraucherstreitbeilegungsgesetz ... 18
   II. Vertragsschluss ... 18
      1. Einigung ... 18
         a) Allgemeine Regeln ... 18
         b) Besonderheiten bei Gemeinden ... 20
      2. Notwendiger Vertragsinhalt ... 22
         a) Vertragsparteien ... 22
         b) Mietsache ... 23
         c) Mietzweck ... 24
         d) Miete ... 24
         e) Mietzeit ... 25
      3. Ausschreibung von Mietverträgen ... 25
         a) Marktbeherrschende Stellung des Vermieters ... 25
         b) Ausschreibungspflichten für Gemeinden ... 26
      4. Neuvermietung ... 28
      5. Allgemeines Gleichbehandlungsgesetz ... 29
   III. Form des Mietvertrags ... 29
      1. Gesetzliche Schriftform ... 29
         a) Geltung ... 29
         b) Wahrung ... 30
            aa) Inhaltlich ... 30
            bb) Formal ... 32

c) Nachträgliche Vertragsänderungen	34
d) Vorsorge gegen Schriftformmängel	36
2. Notarielle Beurkundung	37
IV. Wirksamkeit des Mietvertrags	38
1. Allgemeine Wirksamkeitshindernisse	38
a) Aufschiebende Bedingung	38
b) Wucher und Sittenwidrigkeit	38
c) Gesetzliches Verbot	39
2. Gemeinderechtliche Wirksamkeitshindernisse	40
a) Schriftform für Verpflichtungsgeschäfte	40
b) Verbot der Überlassung unter Wert	40
c) Genehmigung kreditähnlicher Rechtsgeschäfte	40
V. Inhaltskontrolle des Mietvertrags	41
1. Halbzwingende Regelungen des Mietrechts	41
2. Allgemeine Geschäftsbedingungen	42
3. Individualvereinbarungen	44
VI. Anfechtung und Verbraucherwiderrufsrecht	45
1. Anfechtung	45
a) Zulässigkeit	46
b) Anfechtungsgrund	46
aa) Irrtum	47
bb) Täuschung oder Drohung	48
c) Anfechtungsfrist	48
d) Anfechtungserklärung	49
e) Rechtsfolgen	49
2. Verbraucherwiderrufsrecht	50
VII. Sicherheiten des Vermieters	51
1. Mietsicherheit	51
a) Wohnraum	51
b) Geschäftsraum	53
c) Unterschiede der Sicherheiten	54
2. Vermieterpfandrecht	55
C. Rechte und Pflichten der Vertragsparteien	57
I. Vertragsgemäßer Zustand	57
1. Bestimmung	58
2. Baustandard	58
3. Beschaffenheitsvereinbarungen	59
4. Änderung durch Modernisierung	60
II. Hauptleistungspflichten des Vermieters	60
1. Überlassungspflicht	60
2. Gebrauchsgewährungspflicht	61
3. Erhaltungspflicht	61
a) Instandhaltung und Instandsetzung	61
aa) Begriff	61
bb) Voraussetzungen	62
b) Verkehrssicherung	63
c) Abwehr von Störungen	65
d) Konkurrenzschutz	65
III. Gebrauchsrecht des Mieters	65
1. Nutzungsrecht	66
2. Umfang des Gebrauchsrechts	66
a) Wohnraum	66
b) Geschäftsraum	68
3. Gebrauchsüberlassung an Dritte	68
4. Folgen der Überschreitung des Gebrauchsrechts	70

Inhaltsverzeichnis

IV.	Weitere Pflichten des Vermieters	70
	1. Lastentragung	71
	2. Gewährleistung	71
	3. Sorgfalts- und Schutzpflichten	71
V.	Hauptleistungspflichten des Mieters	71
	1. Zahlung der Miete	71
	a) Miete	71
	b) Grenzen der Miethöhe	71
	aa) Wucher und Sittenwidrigkeit	71
	bb) Mietpreisüberhöhung	72
	cc) Mietpreisbremse	72
	dd) Preisgebundener Wohnraum	73
	c) Fälligkeit	74
	d) Verzug	74
	aa) Fälligkeit und Durchsetzbarkeit	74
	bb) Nichtleistung	75
	cc) Entbehrlichkeit der Mahnung	76
	dd) Vertretenmüssen	76
	ee) Verzugszinsen und sonstiger Verzugsschaden	77
	e) Teilzahlungen und Saldoklage	77
	f) Mieterinsolvenz	79
	g) Verjährung und Ausschlussfristen	79
	h) Umsatzmiete	80
	2. Erhaltung der Mietsache	81
VI.	Weitere Pflichten des Mieters	81
	1. Anzeigepflicht	81
	2. Obhutspflicht	81
	3. Duldung von Erhaltungsmaßnahmen	82
	4. Duldung von Modernisierungsmaßnahmen	82
	5. Duldung der Besichtigung	84
VII.	Übertragung der Erhaltungspflicht auf den Mieter	84
	1. Wohnraum	84
	a) Gesamte Erhaltungslast	84
	b) Schönheitsreparaturen	85
	aa) Umfang der Schönheitsreparaturen	86
	bb) Keine Intensivierung der Schönheitsreparaturpflicht	86
	cc) Gestaltungsspielraum des Mieters	87
	dd) Veranlassung durch den Mietgebrauch	88
	ee) Transparenzgebot	89
	ff) Fälligkeit	89
	gg) Rechtsfolgen der Unwirksamkeit	90
	c) Kleinreparaturen	90
	2. Geschäftsraum	91
	a) Gesamte Erhaltungslast	91
	b) Erhaltung im Inneren der Mieträume	92
	c) Öffentlich-rechtliche Nutzungsanforderungen	92
	d) Schönheitsreparaturen	93
	aa) Umfang der Schönheitsreparaturen	93
	bb) Keine Intensivierung der Schönheitsreparaturpflicht	94
	cc) Gestaltungsspielraum des Mieters	94
	dd) Veranlassung durch den Mietgebrauch	95
	ee) Transparenzgebot	95
	ff) Fälligkeit	96
	gg) Rechtsfolgen der Unwirksamkeit	96
D.	**Rechte des Mieters bei Mängeln**	**97**
I.	Mangelbegriff	97
	1. Sachmangel	97

2. Fehlen zugesicherter Eigenschaften	98
3. Rechtsmangel	99
II. Mängelbeseitigungsanspruch	99
III. Zurückbehaltungsrecht an der Miete	99
IV. Gewährleistung	100
1. Mietminderung	100
2. Schadensersatz	101
3. Aufwendungsersatz	102
4. Fristlose Kündigung	103
V. Ausschluss der Rechte des Mieters	103
E. Betriebs- und Nebenkosten	**105**
I. Grundbegriffe	105
1. Betriebskosten	105
2. Nebenkosten	107
3. Heizkosten	107
II. Umlagevereinbarung und Umlagemaßstab	107
1. Wohnraum	108
2. Andere Mietsachen	108
3. Mietstrukturen	109
4. Pauschalen und Vorauszahlungen	110
5. Umlagemaßstab	111
a) Heizkostenverordnung	111
b) Betriebskosten preisgebundenen Wohnraums	111
c) Allgemeiner Umlagemaßstab	112
6. Konkludente Änderung	113
7. Neu entstehende Kosten	114
III. Abrechnung	114
1. Abrechnungspflicht	114
2. Abrechnungszeitraum	115
3. Abrechnungsfrist	115
a) Wohnraum	115
b) Geschäftsraum	116
4. Wirksame Betriebskostenabrechnung	117
a) Rechtsnatur	117
b) Formelle Wirksamkeit	118
c) Materielle Richtigkeit	118
5. Wirtschaftlichkeitsgebot	119
6. Abrechnungssaldo	119
7. Nachträgliche Korrektur der Abrechnung	120
IV. Belegeinsicht und Einwendungen	120
1. Belegeinsicht	120
2. Einwendungen	121
F. Mietänderung	**123**
I. Preisfreier Wohnraum	123
1. Mietvertragliche Regelung	123
a) Staffelmiete	123
b) Indexmiete	124
2. Vereinbarte Mieterhöhung während der Mietzeit	125
3. Mieterhöhung bis zur ortsüblichen Vergleichsmiete	125
a) Rechtsnatur	125
b) Mieterhöhungsverlangen	125
aa) Formelle Wirksamkeit	126
(1) Sperrfrist	126
(2) Form	126

(3) Inhalt	126
(4) Begründung	127
(5) Angaben eines qualifizierten Mietspiegels	129
bb) Materielle Begründetheit	129
(1) Kein Ausschluss der Mieterhöhung	129
(2) Wartefrist	129
(3) Einhalten der ortsüblichen Vergleichsmiete	130
(4) Kappungsgrenze	131
(5) Drittmittel	132
c) Überlegungsfrist	132
d) Klagefrist	132
e) Zustimmung	132
4. Mieterhöhung nach Modernisierung	133
a) Ausschluss	133
b) Modernisierungsmaßnahme	134
c) Berechnung der Mieterhöhung	134
d) Mieterhöhungserklärung	135
e) Rechtsfolgen	136
II. Preisgebundener Wohnraum	136
III. Geschäftsraum	137
1. Änderungskündigung	137
2. Mietvertragliche Regelung	138
a) Staffelmiete	138
b) Wertsicherungsklauseln	139
c) Leistungsvorbehalte	140
G. Wechsel der Vertragsparteien	**143**
I. Vertragsübernahme	143
II. Veräußerung der Mietsache	144
1. Eintrittsvoraussetzungen	144
2. Rechtsfolgen für den Erwerber	145
3. Rechtsfolgen für den bisherigen Vermieter	145
4. Betriebs- und Nebenkostenabrechnung	146
5. Mietsicherheit	146
6. Vorausverfügungen und Rechtsgeschäfte über zukünftige Mietansprüche	146
7. Sonderfälle	147
III. Gewerbliche Weitervermietung von Wohnraum	147
1. Ein- und Austritt des Vermieters	148
2. Voraussetzungen	148
3. Entsprechende Anwendung	149
4. Schutz des Hauptmietverhältnisses	149
IV. Tod einer Vertragspartei	150
1. Tod des Mieters von Wohnraum	150
a) Eintritt bei Tod des Mieters	150
b) Fortsetzung mit überlebenden Mietern	151
c) Eintritt der Erben des Mieters	152
d) Eintritt des Fiskus als Eben	152
e) Nachlasspflegschaft	152
2. Tod des Mieters anderer Mietsachen	153
3. Tod des Vermieters	153
V. Veränderungen im persönlichen Lebensbereich des Mieters	153
H. Beendigung des Mietverhältnisses	**155**
I. Befristung und Bedingung	155
1. Wohnraum	155
2. Geschäftsraum	156

Inhaltsverzeichnis

II. Aufhebungsvertrag	156
1. Vertragsschluss	157
2. Inhalt	157
3. Form	158
4. Verbraucherwiderrufsrecht	158
5. Anspruch auf Aufhebung des Mietverhältnisses	159
a) Ersatzmieterklauseln	159
b) Treu und Glauben	159
III. Kündigung – Grundlagen	160
1. Gesetzessystematik	161
2. Kündigungsarten	161
3. Erklärender und Empfänger	162
a) Erklärender	162
aa) Einzelperson	162
bb) Personenmehrheit	163
cc) Stellvertretung	163
b) Empfänger	164
aa) Einzelperson	164
bb) Personenmehrheit	164
cc) Stellvertretung	165
c) Veräußerung der Mietsache	165
aa) Vermieterkündigung	165
bb) Mieterkündigung	166
d) Insolvenzverfahren	166
4. Inhalt	166
a) Beendigungswille	166
b) Gegenstand	166
c) Bedingungen	167
d) Begründung	167
e) Kündigungstermin	168
f) Widerspruch gegen Verlängerung des Mietverhältnisses	169
g) Belehrung über Sozialwiderspruchsrecht	169
h) Auskunft über weitere Besitzer	169
5. Form	169
6. Zustimmung des Betriebs- oder Personalrats	170
7. Zeitnahe Kündigung	170
8. Zugang	171
a) Wirksamwerden	171
b) Beweis	172
9. Widerruf und Rücknahme	174
10. Verhalten nach Zugang	175
IV. Ordentliche Kündigung	175
1. Abweichende Vereinbarungen	175
a) Vereinbarungen	175
b) Rechtsfolgen von Schriftformmängeln	176
aa) Kündbarkeit des Mietverhältnisses	177
bb) Treuwidrigkeit der Kündigung	177
2. Begründung	179
a) Kündigung ohne Begründung	179
b) Kündigung mit berechtigtem Interesse des Vermieters	179
aa) Schuldhafte Pflichtverletzung	180
(1) Verletzung von Zahlungspflichten	181
(2) Vertragswidriger Gebrauch	182
(3) Unbefugtes Überlassen des Mietgebrauchs an Dritte	182
(4) Verletzung von Obhutspflichten	182
(5) Verletzung von Duldungspflichten	183
bb) Eigenbedarf	183
cc) Wirtschaftliche Verwertung	184

dd) Sonstiges berechtigtes Interesse	185
(1) Betriebsbedarf	186
(2) Öffentliche Interessen	187
3. Kündigungsfrist	187
a) Wohnraum	187
b) Andere Mietsachen	189
c) Fristberechnung	190
4. Widerspruchsrecht des Wohnraummieters	190
V. Außerordentliche fristlose Kündigung	192
1. Abweichende Vereinbarungen	192
a) Beschränkungen des Kündigungsrechts	192
b) Erweiterungen des Kündigungsrechts	193
2. Wichtiger Grund	193
a) Vorenthaltung des vertragsgemäßen Gebrauchs	194
b) Gefährdung der Mietsache	195
c) Unbefugte Überlassung der Mietsache	196
d) Zahlungsverzug	196
aa) Kündigungstatbestand	197
bb) Miete	198
cc) Verzug	198
dd) Begründung der Kündigung	199
ee) Ausschluss des Kündigungsrechts	199
(1) Befriedigung des Vermieters	199
(2) Kündigungssperre in der Mieterinsolvenz	200
ff) Unwirksamwerden der Kündigung	200
(1) Aufrechnung	200
(2) Schonfristregelung	201
e) Gesundheitsgefährdung	202
f) Störung des Hausfriedens	204
g) Verzug mit der Mietsicherheit	205
h) Sonstiger wichtiger Grund	205
aa) Abwägung	206
bb) Fallgruppen	207
3. Abmahnung und Fristsetzung	208
4. Kein Widerspruchsrecht	209
5. Störung der Geschäftsgrundlage	209
VI. Außerordentliche Kündigung mit gesetzlicher Frist	210
1. Abweichende Vereinbarungen	210
2. Begründung	211
a) Verweigerung der Untermieterlaubnis	213
b) Mietvertrag über mehr als 30 Jahre	214
c) Modernisierungsankündigung	215
d) Mieterhöhung für Wohnraum	216
aa) Preisfreier Wohnraum	216
bb) Preisgebundener Wohnraum	216
e) Eintritt nahestehender Personen bei Tod des Mieters	217
f) Fortsetzung des Mietverhältnisses mit überlebenden Mietern	217
g) Eintritt der Erben des Mieters	218
aa) Wohnraum	218
bb) Andere Mietsachen	219
h) Erlöschen des Nießbrauchs an der Mietsache	220
i) Eintritt der Nacherbfolge hinsichtlich der Mietsache	220
j) Erlöschen des Erbbaurechts an der Mietsache	220
k) Zwangsversteigerung der Mietsache	221
l) Veräußerung der Mietsache in der Vermieterinsolvenz	222
m) Kündigungsrecht in der Mieterinsolvenz	222

3. Kündigungsfrist ... 224
4. Widerspruchsrecht des Mieters ... 225

VII. Stillschweigende Verlängerung des Mietverhältnisses ... 225

I. Abwicklung des Mietverhältnisses ... 227

 I. Rückgabe der Mietsache ... 227
  1. Rückgabeanspruch gegen den Mieter ... 227
   a) Anspruchsvoraussetzungen ... 227
   b) Inhalt ... 228
    aa) Herausgabe ... 228
    bb) Räumung ... 229
     (1) Bewegliche Sachen ... 229
     (2) Einrichtungen ... 229
     (3) Bauliche Veränderungen ... 230
    cc) Nicht- und Schlechterfüllung ... 231
    dd) Zustand der Mietsache ... 233
   c) Fälligkeit ... 233
   d) Verjährung ... 234
  2. Rückgabeanspruch gegen Dritte ... 234
   a) Voraussetzungen ... 235
   b) Inhalt ... 235
  3. Räumungsvollstreckung ... 236
 II. Zustand der Mietsache bei Rückgabe ... 238
  1. Schönheitsreparaturen ... 238
   a) Vornahme ... 239
   b) Abgeltung und Geldausgleich ... 240
   c) Schadensersatz wegen Farbexzesses ... 240
   d) Schadensersatz statt Schönheitsreparaturen ... 241
   e) Schadensersatz wegen mangelhafter Schönheitsreparaturen ... 242
   f) Nicht geschuldete Schönheitsreparaturen ... 243
   g) Altverträge der ehemaligen DDR ... 244
  2. Erhaltungsmaßnahmen ... 244
  3. Vertragsgemäße Abnutzung ... 245
  4. Schäden ... 246
  5. Reinigung ... 248
  6. Bodenkontaminationen ... 249
   a) Zivilrechtliche Ansprüche ... 249
   b) Bodenschutzrechtlicher Ausgleichsanspruch ... 249
   c) Beweislast und Verjährung ... 250
  7. Kurze Verjährung ... 250
 III. Rechtswirkungen des Rückgabeprotokolls ... 252
 IV. Verspätete Rückgabe ... 253
  1. Nutzungsentschädigung ... 254
   a) Voraussetzungen ... 254
   b) Rechtsfolgen ... 255
  2. Weiterer Schadensersatz ... 256
  3. Nachvertragliche Pflichten im Abwicklungsverhältnis ... 257
 V. Betriebs- oder Nebenkostenabrechnung ... 259
 VI. Mietsicherheit ... 259
  1. Abrechnung ... 259
  2. Rückgewähr ... 260
 VII. Ansprüche des Mieters ... 262
  1. Wegnahmerecht für Einrichtungen ... 262
  2. Ersatz für Vermögenseinbußen ... 263
   a) Ersatz sonstiger Aufwendungen ... 263
    aa) Sonstige Aufwendungen ... 264

			bb) Abdingbarkeit	264
			cc) Geschäftsführung ohne Auftrag	264
			dd) Verjährung	266
		b)	Entschädigung für Eigentumsverlust durch Verbindung	266
		c)	Ansprüche wegen Investitionen	267
			aa) Kündigungsfolgeschaden	267
			bb) Bereicherungsanspruch	267
		d)	Erstattung im Voraus bezahlter Miete	268

J. Lösungen 271
Lösung 1: Normensuche 271
Lösung 2: Hypnosepraxis 271
Lösung 3: Wahrheit oder Pflicht? 272
Lösung 4: Wohnflächenabweichung 275
Lösung 5: Mietersterben 278
Lösung 6: Telefax-Kündigung 279
Lösung 7: Formsache 280
Lösung 8: Zahlungsverzugs-Mathematik 281
Lösung 9: Der geschonte Mieter 284
Lösung 10: Lucky Loser 286
Lösung 11: Malen nach Zahlen 287

K. Anhang: Nebengesetze 291

    I. Betriebskostenrecht 291
        1. Betriebskostenverordnung – BetrKV 291
        2. Heizkostenvorordnung – HeizkostenV 294

    II. Recht des preisgebundenen Wohnungsbaus 296
        1. Wohnungsbindungsgesetz – WoBindG 296
        2. Zweite Berechnungsverordnung – II. BV 297
        3. Neubaumietenverordnung – NMV 298

    III. Mietpreisrecht und Zahlungsverzug 299
        1. Strafgesetzbuch – StGB 299
        2. Wirtschafsstrafgesetz – WiStG 300
        3. Preisklauselgesetz – PrKG 301
        4. Richtlinie zur Bekämpfung von Zahlungsverzug im Geschäftsverkehr (Richtlinie 2011/7/EU) 302

    IV. Insolvenzordnung – InsO 302

    V. Informationspflichten 303
        1. Energieeinsparverordnung – EnEV 303
        2. Verbraucherstreitbeilegungsgesetz – VSBG 305

    VI. Bundes-Bodenschutzgesetz – BBodSchG 306

    VII. Gemeinderecht (Bayern) 306
        1. Gemeindeordnung – GO 306
        2. Kommunalhaushaltsverordnung – KommHV-Doppik/-Kameralistik 308

Sachregister 309

Abkürzungsverzeichnis

AllMBl	Allgemeines Ministerialblatt (Bayern)
AnwZert MietR	Anwalt Zertifikat Online Miet- und Wohnungseigentumsrecht
BB	Der Betriebsberater
BayVBl	Bayerische Verwaltungsblätter
BGBl	Bundesgesetzblatt
DWW	Deutsche Wohnungswirtschaft
FSt	Die Fundstelle Bayern
GVBl	Bayerisches Gesetz- und Verordnungsblatt
GE	Das Grundeigentum
GuT	Gewerbemiete und Teileigentum
IMR	Immobilien- und Mietrecht
Juris	Juristische Online-Datenbank, www.juris.de
Juris PR-MietR	Juris Praxisreport – Mietrecht
JuS	Juristische Schulung
MDR	Monatsschrift für Deutsches Recht
MietAnpG	Gesetz zur Ergänzung der Regelungen über die zulässige Miethöhe bei Mietbeginn und zur Anpassung der Regelungen über die Modernisierung der Mietsache (Mietrechtsanpassungsgesetz) v. 18.12.2018 (BGBl. I S. 2648)
MietNovG	Gesetz zur Dämpfung des Mietanstiegs auf angespannten Wohnungsmärkten und zur Stärkung des Bestellerprinzips bei der Wohnungsvermittlung (Mietrechtsnovellierungsgesetz) v. 21.4.2015 (BGBl. I S. 610)
MietRÄndG	Gesetz über die energetische Modernisierung von vermietetem Wohnraum und über die vereinfachte Durchsetzung von Räumungstiteln (Mietrechtsänderungsgesetz) v. 11.3.2013 (BGBl. I S. 434)
MietRB	Mietrechtsberater
MittRhNotK	Mitteilungen der Rheinischen Notarkammer
NJW	Neue Juristische Wochenschrift
NJW-RR	Neue Juristische Wochenschrift - Rechtsprechungsreport
NZA	Neue Zeitschrift für Arbeitsrecht
NZM	Neue Zeitschrift für Mietrecht
NVwZ	Neue Zeitschrift für Verwaltungsrecht
PiG	Partner im Gespräch (jährlicher Tagungsband)
RNotZ	Rheinische Notarzeitung
VergabeR	Vergaberecht
WM	Wertpapier-Mitteilungen
WuM	Wohnungswirtschaft und Mietrecht
ZAP	Zeitschrift für die Anwaltspraxis
ZfIR	Zeitschrift für Immobilienrecht
ZMR	Zeitschrift für Miet- und Raumrecht

Literaturverzeichnis

Gesetzestext
Mietrecht, Beck-Texte im dtv, 49. Aufl. 2019

Kommentare zum Mietrecht
Blank/Börstinghaus, Miete, Das gesamte BGB-Mietrecht, 5. Aufl. 2017
Ghassemi-Tabar/Guhling/Weitemeyer, Gewerberaummiete, 1. Aufl. 2015
Münchener Kommentar zum BGB, 7. Aufl. 2016
Palandt, Bürgerliches Gesetzbuch, 78. Aufl. 2019
Schmidt-Futterer, Mietrecht, 13. Aufl. 2017
Staudinger, Kommentar zum BGB, Mietrecht, Band 1 und 2, Neubearbeitung 2018

Kommentare zum Kommunalrecht
Widtmann/Grasser/Glaser, Bayerische Gemeindeordnung, 28. Auflage 2016

Hand- und Lehrbücher
Artz/Börstinghaus, AGB in der Wohnraummiete, 1. Aufl. 2019
Börstinghaus, Cathrin, Mietminderungstabelle, 4. Aufl. 2017
Bub/Treier, Handbuch der Geschäfts- und Wohnraummiete, 5. Aufl. 2019
Hannemann/Wiegner, Münchener Anwaltshandbuch Mietrecht, 4. Aufl. 2014
Langenberg/Zehelein, Betriebskosten- und Heizkostenrecht, 8. Auf. 2016
Lindner-Figura/Oprée/Stellmann, Geschäftsraummiete, 4. Aufl. 2017
Neuhaus, Handbuch der Geschäftsraummiete, 6. Aufl. 2017
Rech, Werkwohnungen, 1. Aufl. 2016
Schmid, Michael J., Handbuch der Betriebs- und Nebenkosten, 16. Aufl. 2019
Schmidt/Schweißguth/Hoffmann/Hummel, Datenschutz in der Wohnungswirtschaft, 1. Auflage 2018
Sternel, Mietrecht, 3. Aufl. 1988
Sternel, Mietrecht aktuell, 4. Aufl. 2009
Wall, Betriebskosten-Kommentar, 4. Aufl. 2015

A. Grundlagen

Dieses Kapitel soll das grundlegende Verständnis für das **Zusammenspiel von Normen** in mietrechtlichen Sachverhalten schaffen. Außerdem befasst es sich mit der zentralen Frage, **welche Normen** für welche Nutzungsverhältnisse gelten (z. B. Wohnraum- oder Geschäftsraummietrecht).

Zunächst sind die **Rechtsquellen** außerhalb des BGB dargestellt, die dessen mietrechtliche Regelungen ergänzen. Es folgt eine Einführung in die **Systematik des Miet- und Pachtrechts,** in die verschiedenen **Vertragstypen der Nutzungsüberlassung** (z. B. Miete, Pacht, Leihe), in die Überlassungsmöglichkeiten für **Werk- und Dienstwohnungen** sowie eine Abgrenzung von **öffentlich-rechtlichen Nutzungsverhältnissen.** Schließlich sind die verschiedenen **Mietgegenstände** erläutert (z. B. Wohnraum, Geschäftsraum, Raum, weitervermieteter Wohnraum, Grundstück) sowie die **Verbraucher- und Unternehmereigenschaft** der Vertragsparteien. All dies ist vorgreiflich für die auf das jeweilige Vertragsverhältnis anzuwendenden Normen.

I. Rechtsquellen

Das Beurteilen mietrechtlicher Sachverhalte erfordert häufig einen Blick über den Tellerrand des BGB in weitere Gesetze.

Übersicht: Rechtsquellen

EU	Bund	Bund	Land	Gemeinde
AEUV	GG	BetrKV	Verfassung	
DSGVO	AGG	HeizkostenV	GO	GeschO
RL Schwellenwerte	GWB	EEG	KommHV	
AGVO	PrKG	EnEV	ZwEWG	ZeS
De-minimis-VO	WiStrG	**BGB**	Mieter-SchutzVO	Mietspiegel
RL Zahlungsverzug	StGB	EGBGB	AGBGB	
	WoFG	BauGB	BauO	Bebauungsplan
	II. WoBauG	BauNVO		
	WoBindG	BImSchG	ImschG	Hausarbeits- und MusiklärmV
	II. BV		StrWG	Straßenreinigungs- und -sicherungsVO
	NMV		L-WoBindG	
	WoFIV			

4 Die **Abkürzungen** stehen für folgende Gesetze[1], die nachstehend zunächst alphabetisch nach ihrer Bezeichnung aufgeführt sind:

- **II. BV:** Zweite Berechnungsverordnung
- **II. WoBauG:** Zweites Wohnungsbaugesetz
- **AEUV:** Vertrag über die Arbeitsweise der Europäischen Union
- **AGBGB:** Gesetz zur Ausführung des Bürgerlichen Gesetzbuchs (Landesrecht)
- **AGG:** Allgemeines Gleichbehandlungsgesetz
- **AGVO:** Allgemeine Gruppenfreistellungsverordnung (EU) Nr. 651/2014
- **BauGB:** Baugesetzbuch
- **BauNVO:** Baunutzungsverordnung
- **BauO:** Bauordnung (Landesrecht)
- **Bebauungsplan:** Bebauungsplan einer Gemeinde
- **BetrKV:** Betriebskostenverordnung
- **BGB:** Bürgerliches Gesetzbuch
- **BImSchG:** Bundesimmissionsschutzgesetz
- **De-minimis-VO:** De-minimis-Verordnung (EU) Nr. 1407/2013
- **DSGVO:** Datenschutz-Grundverordnung
- **EEG:** Energieeinsparungsgesetz
- **EGBGB:** Einführungsgesetz zum Bürgerliches Gesetzbuche
- **EnEV:** Energieeinsparverordnung
- **GeschO:** Geschäftsordnung der Gemeinde
- **GG:** Grundgesetz
- **GO:** Gemeindeordnung
- **GWB:** Gesetz gegen Wettbewerbsbeschränkungen
- **Hausarbeits- und MusiklärmV:** Hausarbeits- und Musiklärmverordnung
- **HeizkostenV:** Heizkostenverordnung
- **ImSchG:** Immissionsschutzgesetz (Landesrecht)
- **KommHV:** Kommunale Haushaltsverordnung (Doppik bzw. Kameralistik)
- **L-WoBindG:** Wohnungsbindungsgesetz (Landesrecht)
- **MieterschutzVO:** Mieterschutzverordnung (Landesrecht)
- **Mietspiegel:** Mietspiegel einer Gemeinde
- **NMV:** Neubaumietenverordnung 1970
- **PrKG:** Preisklauselgesetz
- **RL-Schwellenwerte:** Richtlinien 2014/23/EU und 2014/24/EU über die öffentliche Auftragsvergabe
- **RL-Zahlungsverzug:** Richtlinie 2011/7/EU zur Bekämpfung von Zahlungsverzug im Geschäftsverkehr
- **StGB:** Strafgesetzbuch
- **Straßenreinigungs- und -sicherungsVO:** Straßenreinigungs- und –sicherungsverordnung (Gemeinderecht)
- **StrWG:** Straßen- und Wegegesetz (Landesrecht)
- **Verfassung:** Landesverfassung
- **WiStrG:** Wirtschaftsstrafgesetz 1954
- **WoBindG:** Wohnungsbindungsgesetz
- **WoFG:** Wohnraumförderungsgesetz
- **WoFlV:** Wohnflächenverordnung
- **ZeS:** Zweckentfremdungssatzung (Gemeinderecht)
- **ZwEWG:** Zweckentfremdungsgesetz

---

[1] Die wichtigsten Gesetze sind in der Gesetzessammlung Mietrecht abgedruckt, die regelmäßig als Taschenbuch erscheint.

I. Rechtsquellen

Diese Gesetze lassen sich nach der **Regelungskompetenz** ordnen (in der Übersicht *vertikal* angelegt):
- **Europarecht:** z. B. DSGVO, Richtlinie 2011/7/EU vom 16.2.2011 zur Bekämpfung von Zahlungsverzug im Geschäftsverkehr
- **Bundesrecht:** z. B. BGB, EGBGB, BetrKV, HeizkostenV
- **Landesrecht:** z. B. Kappungsgrenzesenkungsverordnung, AGBGB
- **Gemeinderecht:** z. B. Mietspiegel, Hausarbeits- und Musiklärmverordnungen

Innerhalb der Rechtsakte der Europäischen Union ist grundlegend zu unterscheiden: **Verordnungen** gelten *unmittelbar* in den Mitgliedsstaaten (Art. 288 Abs. 2 AEUV), während **Richtlinien** erst *nach Umsetzung* durch die Mitgliedsstaaten gelten (Art. 288 Abs. 3 AEUV).

Häufig greifen Normen aus verschiedenen Kompetenzbereichen ineinander. Beispielsweise ist für die Prüfung einer Mieterhöhung auf die ortsübliche Vergleichsmiete nicht nur **Bundesrecht** relevant (§§ 558 ff. BGB), sondern auch, ob der **Landesgesetzgeber** die Kappungsgrenze durch Rechtsverordnung abgesenkt hat (§ 558 Abs. 3 Satz 2 und 3 BGB) und welche Miethöhe der von der **Gemeinde** als Satzung beschlossene Mietspiegel rechtfertigt.

Das Mietrecht ist von laufenden **Gesetzesänderungen** geprägt:
- Mit **Mietrechtsnovellierungsgesetz** vom 21.4.2015 (MietNovG)[2] hat der Bundesgesetzgeber für angespannte Wohnungsmärkte die vom Landesgesetzgeber aktivierbare *Mietpreisbremse* der §§ 556d ff. BGB für Neuvermietungen eingeführt (siehe Rn. C 79 ff., F 6 und F 12). Ein weiterer Eckpunkt war das Verankern des sog. *Bestellerprinzips* bei der Wohnungsvermittlung, wonach der Auftraggeber die Maklerkosten trägt (§§ 1 ff. WoVermittG).
- Mit **Mietrechtsanpassungsgesetz** vom 18.12.2018 (MietAnpG)[3] hat der Gesetzgeber die *Mietpreisbremse nachgeschärft:* Die Neuregelung begründet in § 556g Abs. 1a und 2 BGB *Auskunftsobliegenheiten* für den Vermieter, der unter Berufung auf Ausnahmen eine höhere Miete vereinbart (siehe Rn. C 81). Ferner kann der Mieter zu viel bezahlte Mieten leichter zurückfordern, weil dessen *Rüge* nach § 556g Abs. 2 BGB *vereinfacht* ist (siehe Rn. C 83). Die *Mieterhöhung nach Modernisierung* ist nach § 559 Abs. 1 BGB bundesweit nur noch in Höhe von *8 Prozent* der aufgewendeten Kosten möglich und durch die *absolute Kappungsgrenze* des § 559 Abs. 3a BGB auf Mietsteigerungen von 3 € bzw. 2 € je m² Wohnfläche beschränkt (siehe Rn. F 71, F 74 sowie F 59). Macht der Vermieter Modernisierungskosten bis zu 10.000 € geltend, bietet § 559c BGB ein *vereinfachtes Verfahren* (siehe Rn. F 72 und 76). Das sog. *Herausmodernisieren* des Mieters kann nach § 6 WiStrG als Ordnungswidrigkeit geahndet werden; ergänzend soll die Vermutung des § 559d Abs. 1 BGB dem Mieter das Durchsetzen von Schadensersatzansprüchen erleichtern (siehe Kap. C 139). Schließlich unterstellt § 578 Abs. 3 BGB die *Weitervermietung von Wohnraum für Personen mit dringendem Wohnbedarf* teilweise den Schutzvorschriften für Wohnraum gegen Kündigung, Befristung und Mieterhöhung (siehe Rn. A 35).

Ferner ist auch eine **systematische Gliederung** nach dem materiellem Regelungsgehalt möglich (in der Übersicht *horizontal* angelegt):
- **Bürgerliches Recht:** BGB, EGBGB, AGBGB
- **Landesrechtliche Aktivierungsregelungen** für mietrechtliche Regelungen des BGB[4]

---

[2] BGBl. I 2015, 610.
[3] BGBl. I 2018, 2648; vgl. hierzu Artz/Börstinghaus NZM 2019, 12 und Synopse von Börstinghaus NZM 2019, 25.
[4] Verordnung zur Festlegung des Anwendungsbereichs bundesrechtlicher Mieterschutzvorschriften (Mieterschutzverordnung) vom 10.11.2015 (GVBl 2015, 398) mit ergänzender Begründung zur Mieterschutzverordnung vom 24.7.2017 (BayJMBl. v. 26.7.2017, S. 90 ff.) für den Freistaat Bayern.

- **Recht des preisgebundenen Wohnungsbaus:**[5] WoFG bzw. II. WoBauG, WoBindG, II. BV, NMV, BetrKV, WoFlV
- **Energieeinsparung und Betriebskostenrecht:** HeizkostenV, BetrKV, EEG, EnEV
- **Mietpreisrecht:** GWB, PrKG, WiStG, StGB, Mietspiegel
- **Wohnraumschutzvorschriften:** Zweckentfremdungsverbote[6]
- **Mieterauswahl:** AGG, GWB
- **Baurecht:** BauGB, BauNVO, bauordnungsrechtliche Landesvorschriften, Bebauungspläne
- **Immissionsschutzrecht:** BImSchG, Landesimmissionsschutzgesetz, Hausarbeits- und Musiklärmverordnungen
- **Straßen- und Wegerecht**[7]

Für **Gemeinden** können sich zusätzliche Bindungen ergeben aus:
- **Gleichbehandlungsrecht:** Vertrag über die Arbeitsweise der Europäischen Union (AEUV), GG[8], Landesverfassung[9]
- **EU-Vergaberecht:** Richtlinie 2014/24/EU vom 26.2.2014 über die öffentliche Auftragsvergabe
- **EU-Beihilfenrecht:**[10] AEUV; Allgemeine Gruppenfreistellungsverordnung (EU) Nr. 651/2014 (AGVO); De-minimis-Verordnung (EU) Nr. 1407/2013
- **Gemeinderecht:** Gemeindeordnung[11], kommunalen Haushaltsverordnungen, Geschäftsordnung der Gemeinde, Beschlüsse des Gemeinde- bzw. Stadtrats und seiner Ausschüsse, verwaltungsinterne Vorgaben

II. Systematik des Miet- und Pachtrechts

Fall 1: Normensuche

Wo sind die nachstehenden Rechtsfragen geregelt?
1. Abschluss eines unbefristeten **Wohnraummietvertrags**
2. **Zahlung und Fälligkeit der Miete** (bei Wohnraum-, Geschäftsraum und bei Grundstücksmiete)
3. **Mieterhöhung** bis zur ortsüblichen Vergleichsmiete (für eine in München gelegene Mietwohnung)
4. **Untervermietung** (bei Wohnraum- und Geschäftsraummiete)
5. **Frist der ordentlichen Kündigung** (bei Wohnraum- Geschäftsraum- und Grundstücksmiete sowie bei Landpacht); wonach werden die Fristen berechnet?

   Fristlose Kündigung des Mieters wegen Zahlungsverzugs (bei Wohnraum- und Geschäftsraummiete)

---

[5] Die ursprünglich bundesgesetzliche Regelungskompetenz ist nach Art. 6 des *Föderalismusreformbegleitgesetzes* vom 5.9.2006 (BGBl. I 2006, 2100) auf die Länder übergegangen. Soweit diese hiervon keinen Gebrauch machen, gelten die bundesrechtlichen Regelungen fort. In Bayern gilt ergänzend das BayWoBindG.

[6] ZwWEG und auf dieser Ermächtigungsgrundlage erlassene Zweckentfremdungssatzungen (Bayern).

[7] StrWG und auf dieser Ermächtigungsgrundlage erlassene Straßenreinigungs- und sicherungsverordnungen (Bayern).

[8] Zur Bindung an Grundrechte im Verwaltungsprivatrecht vgl. Grüneberg in Palandt, § 242 BGB Rn. 13.

[9] BV (Bayern).

[10] Das Beihilfenrecht regelt die Zulässigkeit staatlicher Förderungen, um Wettbewerbsverzerrungen auf dem EU-Binnenmarkt zu vermeiden.

[11] Zu gemeinderechtlichen Formerfordernissen vgl. Ellenberger in Palandt § 125 BGB Rn. 14 ff.; ders., a. a. O. Einf. v. § 164 BGB Rn. 5a und ders. a. a. O. § 177 BGB Rn. 1 und 7.

II. Systematik des Miet- und Pachtrechts

Das Miet- und Pachtechtrecht ist **gegliedert** in Allgemeine Vorschriften (§§ 535 bis 548 BGB) sowie in Vorschriften für Mietverhältnisse über Wohnraum (§§ 549 bis 577a BGB) und über andere Sachen (§§ 578 bis 580a BGB), für Pachtverträge (§§ 581 bis 584b BGB) und für Landpachtverträge (§§ 585 bis 597 BGB).

Übersicht: Systematik des Miet- und Pachtrechts

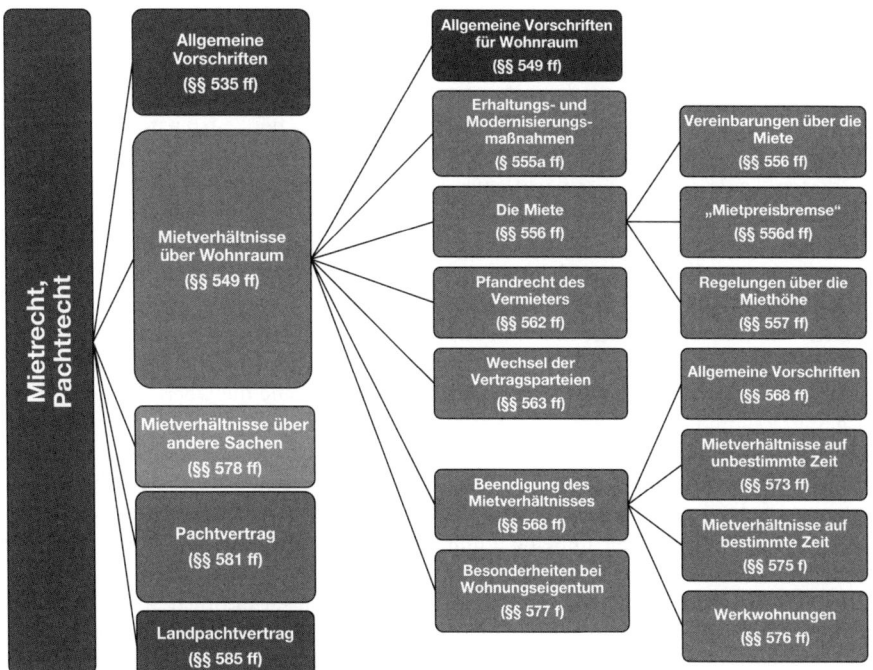

Die **Allgemeinen Vorschriften** des Miet- und Pachtrechts (§§ 535 ff. BGB) gelten in ihrem direkten Anwendungsbereich sowohl für **bewegliche Sachen** (z. B. Fahrzeuge, Baumaschinen) als auch für **unbewegliche Sachen** (Immobilien). Für Mietverhältnisse an eingetragenen Schiffen gilt zusätzlich § 578a BGB.

Innerhalb der Vorschriften für Mietverhältnisse über **Wohnraum** gibt es wiederum Allgemeine Vorschriften (§§ 549 ff. BGB) sowie spezielle Vorschriften für Erhaltungs- und Modernisierungsmaßnahmen (§ 555a ff. BGB), die Miete (§§ 556 ff. BGB), das Pfandrecht des Vermieters (§§ 562 ff. BGB), den Wechsel der Vertragsparteien (§§ 563 ff. BGB), die Beendigung des Mietverhältnisses (§§ 568 ff. BGB) und Besonderheiten bei der Bildung von Wohnungseigentum an vermieteten Wohnungen (§§ 577 f. BGB). Das Wohnraummietrecht ist der *Grundtypus der Miete unbeweglicher Sachen.*

Mietverhältnisse über **andere unbewegliche Sachen als Wohnraum** (z. B. Geschäftsraum, sonstige Räume oder Grundstücke) sind in den §§ 578 ff. BGB im Wesentlichen durch die Verweisung des § 578 BGB auf ausgewählte Vorschriften des *Wohnraum*mietrechts geregelt. Dies ist notwendig, weil Regelungen für unbewegliche Mietsachen (Immobilienmiete) nicht in den allgemeinen Vorschriften der §§ 535 ff. BGB angesiedelt sind, sondern in den Vorschriften für Wohnraum (§§ 549 ff. BGB).

Der **Pachtvertrag** ist in §§ 581 ff. BGB geregelt, wobei der Verweisung in § 581 Abs. 2 BGB auf die Vorschriften des Mietrechts eine zentrale Bedeutung zukommt. Für den **Landpachtvertrag** gelten die §§ 585 ff. BGB, die die Regeln für Pachtverträge modifizieren.

III. Vertragstypen der Nutzungsüberlassung

15 Bei der Gebrauchsüberlassung von Immobilien sind folgende **zivilrechtlichen** Vertragstypen zu unterscheiden:

16 **Miete** (§§ 535 ff. BGB) ist ausweislich des § 535 Abs. 1 und 2 BGB die *entgeltliche Überlassung der Nutzung* aufgrund eines zivilrechtlichen Vertrags auf Zeit. Der Vermieter muss nicht der Eigentümer der Mietsache sein (Beispiel: Untermiete). Umgekehrt kann auch ein Eigentümer als Mieter auftreten (Beispiel: Rückvermietung durch den Erbbauberechtigten). Entgelt ist jede Gegenleistung, die der Mieter für die Nutzung erbringen muss (z. B. Mietzahlungen, Bauleistungen[12], Schönheitsreparaturen[13]). Auch eine Gefälligkeitsmiete genügt (z. B. Kostentragung des Mieters für Betriebs- oder Nebenkosten[14] oder für das Wohngeld einer Eigentumswohnung), wenn sie von den Vertragsparteien als Gegenleistung gewollt ist.[15]

17 Bei der **Pacht** (§§ 581 ff. BGB) kommt nach § 581 Abs. 1 Satz 1 BGB als weiteres Merkmal hinzu, dass der Verpächter dem Pächter neben Recht zur Nutzung der Sache auch das Recht zur *Fruchtziehung* gewährt (§ 99 BGB). Pachträume müssen vom Verpächter schon so eingerichtet und ausgestattet sein, dass der Pächter sie für den vereinbarten Pachtzweck alsbald nutzen kann, auch wenn das Inventar (§§ 582 ff. BGB) ggf. noch zu ergänzen ist. Typische Beispiele für Verpachtung sind die Überlassung einer voll ausgestatteten und eingerichteten Gaststätte zur Fruchtziehung und die Verpachtung von Land für landwirtschaftliche Zwecke wie Ackerbau und Viehzucht mit überwiegend eigener Futtererzeugung. Soll hingegen der Nutzungsberechtigte selbst eine Photovoltaikanlage auf dem zur Nutzung überlassenen Grundstück errichten, handelt es bei der gewonnenen Energie weder um eine unmittelbare Sach- noch um eine Rechtsfrucht des Grundstücks, so dass Grundstücksmiete vorliegt.[16]

18 Bei der **Landpacht** (§§ 585 ff. BGB) wird entweder ein Grundstück oder ein Grundstück mit den seiner Bewirtschaftung dienenden Wohn- und Betriebsgebäuden (Betrieb) überwiegend für *landwirtschaftliche Zwecke* verpachtet. **Landwirtschaft** ist die Bodenbewirtschaftung und die mit der Bodenbewirtschaftung verbundene Tierhaltung, um pflanzliche oder tierische Erzeugnisse zu gewinnen, sowie die gartenbauliche Erzeugung. Tierhaltung ohne eigene Futtererzeugung (z. B. reine Zucht- und Mastbetriebe und Betriebe, die allein auf Erzeugung tierischer Produkte ausgerichtet sind), verfolgt keine landwirtschaftlichen Zwecke. Bei Mischbetrieben mit Fortwirtschaft muss nach § 585 Abs. 3 BGB der landwirtschaftliche Zweck überwiegen.

19 Für **Kleingärten** modifiziert das Bundeskleingartengesetz (BKleingG) aus § 4 Abs. 1 und 2 BKleingG ersichtlich das Pachtrecht des BGB. Ein Kleingarten ist ein Garten, der dem Nutzer zur *nichterwerbsmäßigen gärtnerischen Nutzung*, insbesondere zur Gewinnung von Gartenbauerzeugnissen für den Eigenbedarf, und zur *Erholung* dient und in einer Anlage liegt, in der mehrere Einzelgärten mit gemeinschaftlichen Einrichtungen, zum Beispiel Wegen, Spielflächen und Vereinshäusern, zusammengefasst sind *(Kleingartenanlage)*.[17]

20 **Leihe** (§§ 598 ff. BGB) ist die *unentgeltliche Überlassung des Gebrauchs* einer Sache auf Zeit. Sie begründet eine **einseitige** Pflicht des Verleihers zur Gebrauchsgewährung,

---

[12] BGH, Urt. v. 8.11.1995 – XII ZR 202/94, ZMR 1996, 122 juris Rn. 14.
[13] BGH, Beschl. v. 30.10.1984 – VIII ARZ 1/84 NJW 1985, 480, 481.
[14] BGH, Urt. v. 18.12.2015 – V ZR 191/14, NJW 2016, 1242 Rn. 26 ff.
[15] BGH, Urt. v. 20.9.2017 – VIII ZR 279/16, NZM 2017, 729.
[16] BGH, Urt. v. 7.3.2018 – XII ZR 129/16, NJW 2018, 1540 Rn. 14.
[17] Weidenkaff in Palandt, Einf. v. § 581 BGB Rn. 10 ff.

ohne dass eine Gegenleistung gegenübersteht. Der Vertragsschluss erfolgt durch Einigung der Vertragsparteien, die auch stillschweigend möglich ist. Bei der Handleihe übergibt der Verleiher die Sache zugleich mit Vertragsschluss; bei der Versprechensleihe findet die Übergabe der Sache erst nach Vertragsschluss statt. Zur Erhaltung der verliehenen Sache ist der Verleiher nicht verpflichtet, da er keine Gebrauchsgewährung, sondern nur die Gestattung des Gebrauchs der Sache schuldet. Da der Entleiher nach § 601 Abs. BGB die der Erhaltung der Sache dienenden Kosten trägt, erlaubt die Übernahme von Reparaturkosten durch den Nutzer keinen zwingenden Schluss auf ein Mietverhältnis.[18]

Leasing begründet ein *atypisches Mietverhältnis,* bei dem der Leasinggeber dem Leasingnehmer die Überlassung des Gebrauchs einer Immobilie gegen ein in Raten gezahltes Entgelt schuldet. Anders als bei der Miete *trägt allein der Leasingnehmer* die *Gefahr und Haftung* für Instandhaltung, Sachmängel, Untergang und Beschädigung der Immobilie. Aus Ausgleich dafür *tritt* der Leasinggeber dem Leasingnehmer seine *Ansprüche* gegen Dritte *ab* (z. B. gegen Bauunternehmen). Häufig ist der Leasingnehmer berechtigt, die Immobilie vom Leasinggeber gegen Ende der Vertragslaufzeit zu kaufen. Insgesamt erlangt der Leasingnehmer durch die atypische Gestaltung eine dem *Eigentümer angenäherte Rechtsstellung.*[19] 21

IV. Überlassung von Werk- und Dienstwohnungen

Für die Überlassung von Wohnungen an **Bedienstete des Vermieters** gibt es prinzipiell 22
drei Möglichkeiten:
- Die Wohnung kann der Arbeitgeber „mit Rücksicht auf das Bestehen eines Dienstverhältnisses" (§ 576 Abs. 1 BGB) als **Werkmietwohnung** überlassen. Hierbei entsteht neben dem Arbeits*verhältnis* (§§ 611 ff. BGB) ein *Wohnraummietverhältnis* (§§ 535 ff. BGB), dessen Kündigungsregelungen im Hinblick auf das Arbeitsverhältnis des Mieters mit dem Vermieter durch §§ 576 f. BGB geringfügig modifiziert ist. Für Streitigkeiten über Werkmietwohnungen sind die **Zivilgerichte** zuständig.
- Um eine **Werkdienstwohnung** handelt es sich, wenn der Arbeitgeber die Wohnung „im Rahmen eines Dienstverhältnisses"[20] (§ 576b Abs. 1 BGB) an den Dienstverpflichteten (Arbeitnehmer) überlässt. Das heißt die Vertragsparteien schließen keinen gesonderten Mietvertrag, sondern der Vermieter vergütet die geleisteten Dienste (teilweise) durch Überlassung einer Wohnung im Rahmen des bestehenden Dienstverhältnisses (§§ 611 ff. BGB). Häufig vereinbaren die Vertragsparteien eine Benutzungspflicht des Mieters, die für eine Werkdienstwohnung nicht zwingend ist. Das Rechtsverhältnis über die Nutzung der Werkdienstwohnung ist wegen des arbeitsrechtlichen Verbots der Teilkündigung nicht isoliert kündbar. Endet das Dienstverhältnis, endet grundsätzlich auch der Anspruch des Dienstverpflichteten auf Überlassung der Werkdienstwohnung. Die Beendigung des Rechtsverhältnisses über die Dienstwohnungsnutzung macht § 576b Abs. 1 BGB von der zusätzlichen Einhaltung der Schutzvorschriften für Wohnraummieter abhängig, wenn der Dienstverpflichtete die Wohnung überwiegend selbst möbliert hat oder mit seiner Familie oder Haushaltsangehörigen nutzt. Für Streitigkeiten über das Rechtsverhältnis über Dienstwohnungen sind die **Arbeitsgerichte** zuständig.

---
[18] BGH, Urt. v. 20.9.2017 – VIII ZR 279/16 NZM 2017, 729.
[19] BGH, Urt. v. 4.2.2004 – XII ZR 301/01, NZM 2004, 340.
[20] Ein *Arbeitsverhältnis* ist stets ein Dienstverhältnis im Sinne der §§ 611 ff. BGB; vgl. Weidenkaff in Palandt, Einf. v. § 611 BGB Rn. 1 ff.

- Hat der Dienstherr einem **Beamten** eine **Dienstwohnung** durch **Verwaltungsakt** („Zuweisung") überlassen, bestimmen sich die Rechte und Pflichten nach dem so begründeten öffentlich-rechtlichen Dienstwohnungsverhältnis.[21] Als Entgelt für die Nutzung schuldet der Inhaber der Dienstwohnung eine Dienstwohnungsvergütung. Für Streitigkeiten über Rechtsverhältnisse an Dienstwohnungen sind die **Verwaltungsgerichte** zuständig.

V. Öffentlich-rechtliche Nutzungsverhältnisse

23   Keine zivilrechtlichen Vertragsformen sind **öffentlich-rechtlich ausgestaltete Nutzungsverhältnisse,** beispielsweise die Benutzung dem öffentlichen Interesse gewidmeter gemeindlicher Einrichtungen[22] (z. B. Marktstände, Standplätze, Campingplätze, Parkplätze). Auch die Zuweisung einer **Dienstwohnung** an einen Beamten begründet ein öffentlich-rechtliches Nutzungsverhältnis (siehe Rn. A 22).

24   Die Gemeindeangehörigen haben gegenüber der Gemeinde grundsätzlich im Rahmen der Zweckbestimmung und der Kapazität der öffentlichen Einrichtung einen öffentlich-rechtlichen Anspruch auf **Zulassung.**[23] Die **Benutzung** der Einrichtung ist in der Regel durch **Satzung** geregelt (z. B. Markthallen-, Dult-, Christkindlmarkt-Satzung)

25   Für Streitigkeiten über die Zulassung zu oder die Benutzung von öffentlichen Einrichtungen sind die **Verwaltungsgerichte** zuständig (§ 40 Abs. 1 Satz 1 VwGO).

VI. Mietgegenstände und anwendbares Mietrecht

26   Abhängig von Mietgegenstand und Mietzweck gelten für das Mietverhältnis unterschiedliche Regelungen des BGB.

1. Wohnraum

27   Ein Mietverhältnis über **Wohnraum** liegt vor, wenn der Vermieter dem Mieter Räume zu Wohnzwecken vermietet. **Räume** sind Innenräume eines Gebäudes, die nicht notwendig wesentlicher Bestandteil des Grundstücks sein müssen (Beispiel: Vermietung einer Baracke – Wohnraummiete; Vermietung eines Wohnwagens – keine Wohnraummiete). Zu **Wohnzwecken** vermietet sind die Räume, wenn sie dem Mieter zur Befriedigung seiner eigenen Wohnbedürfnisse oder der Wohnbedürfnisse seiner Familie dienen sollen (z. B. zum Schlafen, Essen, Kochen oder mit anderen Worten zum Führen eines privaten Haushalts).[24] Maßgeblich sind grundsätzlich der vertraglich **vereinbarte Mietzweck** und nicht die tatsächliche Nutzung.[25] Kein Wohnzweck liegt vor, wenn der Mieter die Räume nicht zur Befriedigung eigener Wohnbedürfnisse nutzen will (z. B. Vermietung von Wohnraum an einen Zwischenvermieter zur gewerblichen Weitervermietung an die eigentlichen Wohnungsnutzer oder Vermietung von Wohnraum an einen Arbeitgeber, der diesen an seine Mitarbeiter untervermietet, siehe auch Rn. A 35).[26]

---

[21] § 2 Satz 2 Dienstwohnungsverordnung (DWV) für Beamte des Freistaats Bayern.
[22] Art. 21 Abs. 1 Satz 1 und Abs. 5 Satz 1 GO.
[23] BayVGH, Beschl. v. 21.1.1988 – 4 CE 87.03883, NJW 1989, 2491, 2491.
[24] BGH, Urt. v. 23.4.1997 – VIII ZR 212/96, NJW 1997, 1845; vgl. auch Weber NZM 2018, 70.
[25] BGH, Urt. v. 26.3.1969 – VIII ZR 76/67, MDR 1969, 657.
[26] BGH, Urt. v. 16.7.2008 – VIII ZR 282/07, NJW 2008, 3361 Rn. 18.

Für Mietverhältnisse über Wohnraum gelten zunächst die **allgemeinen Vorschriften** 28
der §§ 535 bis 548 BGB. Daneben gelten die **speziellen Vorschriften** für Wohnraummietverhältnisse der §§ 549 bis 577a BGB, beispielsweise der Schutz vor Kündigung
(§§ 573 ff. BGB), überhöhten Ausgangsmieten (§§ 556d ff. BGB) und Mieterhöhung
(§§ 557 ff. BGB). **Ausnahmen vom Mieterschutz** sieht § 549 Abs. 2 und 3 BGB vor für
Wohnraum zum vorübergehenden Gebrauch, möblierten Einliegerwohnraum, Weitervermietung für dringenden Wohnbedarf sowie Wohnraum in Studenten- oder Jugendwohnheimen (siehe Rn. H 150 ff.).

Im **sozialen Wohnungsbau** gelten besondere **Bindungen für den Vermieter**. Dafür 29
dass er günstige öffentliche Fördermittel in Anspruch nimmt und hiermit für breite
Bevölkerungsschichten Wohnraum schafft, unterliegt der Vermieter langfristigen Bindungen hinsichtlich der Belegung der Wohnung und hinsichtlich der Miethöhe. Grundmodell
ist der **preisgebundene Wohnraum** (§ 8 Abs. 5 WoBindG), der im *1. Förderweg* geschaffen ist. Hier folgt die *Belegungsbindung* aus §§ 4 ff. WoBindG. Sie bewirkt, dass der
Vermieter die Wohnung grundsätzlich nur an Wohnberechtigte überlassen darf, die ihm
das Einhalten bestimmter Einkommensgrenzen durch Wohnungsberechtigungsschein
nachweisen. Die *Mietpreisbindung* folgt aus § 8 Abs. 1 WoBindG, der die Höhe der
Miete auf die **Kostenmiete** zuzüglich Umlage der Betriebskosten (§ 20 Abs. 1 Satz 1
NMV) begrenzt. Die Kostenmiete ist in einer Wirtschaftlichkeitsberechnung ermittelt
(§§ 2 ff. II. BV) und deckt nur die laufenden Aufwendungen des Vermieters (§ 18 Abs. 2
II. BV), beispielsweise für Instandhaltung und Verwaltung (§ 24 Abs. 1 II. BV). Bei
vereinbarter Förderung im *2. Förderweg* (§§ 88 bis 88c II. WoBauG) oder im *3. Förderweg* (§ 88d II. WoBauG) fördern staatliche Banken preisgünstigen Wohnraum vor
allem durch Zinszuschüsse oder Aufwendungshilfen, die keine öffentlichen Mittel für
Sozialwohnungen darstellen. Die Beschränkungen des Vermieters hinsichtlich der Mieterauswahl und der Miethöhe folgen aus Vereinbarung mit dem Fördergeber. Darin müssen
die Beschränkungen angemessen befristet sein. Stehen sie außer Verhältnis zu den gewährten Vorteilen, droht ihre Unwirksamkeit.[27] Die Bindungen der drei Förderwege
gelten nach §§ 48 ff. WoFG nur noch für so genannte Altfälle. Seit dem 1.1.2002 ist das
WoFG in Kraft getreten. Dort folgt die Belegungsbindung aus § 27 WoFG. Die mit dem
Fördergeber vereinbarte höchstzulässige Miete muss der Vermieter nach § 28 Abs. 2
Satz 2 WoFG im Mietvertrag festschreiben. Mit der Föderalismusreform ist die traditionelle Gesetzgebungskompetenz des Bundes für den sozialen Wohnungsbau zum 1.9.2006
auf die **Länder** übergegangen.[28] Diese haben hiervon unterschiedlich Gebrauch gemacht.[29] Rudimentäre Kenntnisse der Regelungen für den sozialen Wohnungsbau sind
nützlich, weil dort wichtige Definitionen und präzise Regelungen existieren, die für den
sog. **preisfreien** Wohnraum fehlen (z. B. Legaldefinition der Schönheitsreparaturen in
§ 28 Abs. 4 Satz 3 II. BV; Vorerfassung von Betriebskosten nach § 20 Abs. 2 Satz 2
NMV). Prägend für preisfreien Wohnraum ist, dass der Vermieter keine öffentlichen
Fördermittel in Anspruch nimmt **(frei finanzierter Wohnraum)**, die zu Belegungs- oder
Mietpreisbindungen führen.

Vermietet eine **Genossenschaft** (§§ 1 ff. GenG) eine Wohnung an ein Mietglied, kann 30
die gesellschaftsrechtliche Bindung der Vertragsparteien Anwendung des Mietrechts modifizieren (z. B. Gleichbehandlungspflicht; erleichterte Kündigung des Mietverhältnisses
bei Ende der Mitgliedschaft).[30]

---

[27] BGH, Urt. v. 8.2.2019 – V ZR 176/17, juris.
[28] Art. 6 FöderalismusreformbegleitG vom 5.9.2006 (BGBl I 2006, 2098).
[29] Vgl. Feßler WuM 2010, 267, in Bayern gilt das BayWoBindG vom 23.7.2007 (GVBl. S. 562, 781; 2011, 115).
[30] Drasdo NZM 2012, 585; Blank in Schmidt-Futterer, Vor § 535 BGB Rn. 129 f.

2. Geschäftsraum

31 Ein Mietverhältnis über **Geschäftsraum**[31] ist gegeben, wenn der Vermieter dem Mieter Räume (siehe Rn. A 27) zu geschäftlichen Zwecken, vor allem zum Betrieb eines Gewerbes oder Ausübung einer freiberuflichen Tätigkeit vermietet (z. B. Ladenlokal, Werkstätte, Arztpraxis, Lagerhalle für einen Betrieb).

32 Für Mietverhältnisse über Geschäftsraum gelten die allgemeinen Vorschriften der §§ 535 – 548 BGB. Über die **Verweisung in § 578 Abs. 1 und 2 BGB** gelten ausgewählte Vorschriften des Wohnraummietrecht (z. B. Schriftform des § 550 BGB, „Kauf bricht nicht Miete" § 566 BGB sowie teilweise die Vorschriften über Erhaltung und Modernisierung der Mietsache in §§ 555a ff. BGB). Die Miete für Geschäftsräume wird gem. §§ 579 Abs. 2, 556b Abs. 1 BGB wie die Miete für Wohnraum fällig. § 580 BGB beinhaltet ein außerordentliches Kündigungsrecht bei Tod des Mieters. § 580a **Abs. 2** und 4 BGB regeln die Fristen der ordentlichen Kündigung und der außerordentlichen Kündigung mit gesetzlicher Frist.

3. Raum

33 Ein Mietverhältnis über **Räume**[32] liegt vor, wenn der Vermieter dem Mieter Räume oder Teile von Räumen vermietet, ohne einen Wohn- oder geschäftlichen Zweck zu vereinbaren (z. B. Stellplatz in Sammelgarage, Lageräume für private Zwecke). Keine Raummiete liegt vor, wenn die Räume so klein sind, dass sich darin kein Mensch aufhalten kann (z. B. Vermietung eines Schließfachs).

34 Für Raummietverhältnisse gelten die allgemeinen Vorschriften der §§ 535 bis 548 BGB. Über die **Verweisung in § 578 Abs. 1 und 2 BGB** gelten ausgewählte Vorschriften des Wohnraummietrechts (z. B. Schriftform des § 550 BGB, „Kauf bricht nicht Miete" § 566 BGB sowie teilweise die Vorschriften über Erhaltung und Modernisierung der Mietsache in §§ 555a ff. BGB). Die Miete für Räume wird gem. §§ 579 Abs. 2, 556b Abs. 1 BGB wie die Miete für Wohnraum fällig. § 580 BGB beinhaltet ein außerordentliches Kündigungsrecht bei Tod des Mieters. § 580a **Abs. 1** und 4 BGB regeln die Fristen der ordentlichen Kündigung und der außerordentlichen Kündigung mit gesetzlicher Frist.

4. Weitervermieteter Wohnraum für Personen mit dringendem Wohnbedarf

35 Mieten juristische Personen des öffentlichen Rechts oder anerkannte Träger der Wohlfahrtspflege (§ 549 Abs. 2 Nr. 3 BGB) Räume an, um diese an **Personen** mit **dringendem Wohnbedarf** zu überlassen, gelten nach § 578 Abs. 3 Satz 1 BGB für das Hauptmietverhältnis zusätzlich Vorschriften des **Wohnraummietrechts** (z. B. Schutz vor Kündigung nach §§ 568 Abs. 1, 573 bis 573d und 569 Abs. 3 bis 5 BGB, Schutz vor Befristung nach §§ 575, 575a BGB mit Lockerung in § 578 Abs. 3 Satz 2 BGB und Schutz vor Mieterhöhung nach §§ 557 ff. BGB). Dies bezweckt mittelbar den Schutz der vom Zwischenvermieter begründeten Wohnraummietverhältnisse, für die § 565 Abs. 1 Satz 1 BGB mangels Gewinnerzielungsabsicht des Zwischenvermieters nicht gilt (siehe

---

[31] Der Begriff entstammt § 580a Abs. 2 BGB.
[32] Der Begriff entstammt § 580a Abs. 1 BGB.

Rn. G 37 ff. und 42 f.).³³ Nach der Überleitungsvorschrift des Art. 229 § 49 Abs. 3 EGBGB findet § 578 Abs. 3 BGB keine Anwendung auf Mietverhältnisse, die bis einschließlich 31.12.2018 entstanden sind.

5. Grundstück

Ein Mietverhältnis über ein Grundstück liegt vor, wenn der Vermieter dem Mieter ein ganzes Grundstück überlässt, eine Teilfläche hieraus oder Teile eines Gebäudes, die keine Räume sind (z. B. Vermietung der Außenwand eines Gebäudes für Werbezwecke). Ein **Grundstück** ist der abgegrenzte Teil der Erdoberfläche, der im Bestandsverzeichnis des Grundbuchs unter einer bestimmten Flurnummer eingetragen ist. Zum Grundstück gehört grundsätzlich alles, was mit ihm auf Dauer fest verbunden ist (§§ 93 ff. und 946 BGB). Nicht zum Grundstück gehören – unabhängig von der festen Verbindung – **Scheinbestandteile** nach § 95 Abs. 1 Satz 1 BGB, die nur zu einem *vorübergehenden Zweck* eingefügt sind. Danach begründet die Bebauung eines unbebaut gemieteten Grundstücks durch den Mieter mit einem Wohnhaus kein Wohnraummietverhältnis, wenn der Verbleib des Gebäudes auf dem Grundstück auf die Mietzeit beschränkt ist.³⁴ Kein vorübergehender Zweck liegt vor, wenn der Vermieter am Ende der Mietzeit das Gebäude in sein Eigentum *übernimmt*³⁵ oder ein *Wahlrecht* hat, es zu übernehmen³⁶. 36

Für Grundstücksmietverhältnisse gelten die allgemeinen Vorschriften der §§ 535 – 548 BGB. Über die **Verweisung in § 578 Abs. 1 BGB** gelten ausgewählte Vorschriften des Wohnraummietrechts (z. B. Schriftform des § 550 BGB, „Kauf bricht nicht Miete" § 566 BGB sowie teilweise die Vorschriften über Erhaltung und Modernisierung der Mietsache in §§ 555a ff. BGB). Die Miete für ein Grundstück wird gem. §§ 579 Abs. 1 BGB nachschüssig und somit später als bei der Raummiete fällig, soweit die Vertragsparteien nicht etwas anders vereinbaren. § 580 BGB beinhaltet ein außerordentliches Kündigungsrecht bei Tod des Mieters. § 580a Abs. 1 und 4 BGB regeln die Fristen der ordentlichen Kündigung und der außerordentlichen Kündigung mit gesetzlicher Frist. 37

6. Mischmietverhältnisse

Fall 2: Hypnosepraxis
Mit vorgedrucktem Wohnraum-Mietvertrag vermietete V dem M ein mehrstöckiges Haus bestehend aus acht Zimmern mit einer Fläche von insgesamt ca. 270 m². Als Mietzweck ist vereinbart, dass M das Erdgeschoss sowohl zu Wohnzwecken als auch als Hypnosepraxis nutzen darf. Nach sechs Jahren Mietzeit kündigt V das Mietverhältnis am 20.2. ordentlich ohne Angabe von Kündigungsgründen zum 30.9.
Ist die Kündigung wirksam? 38

---

³³ BR-Drs. 19/6153 vom 28.11.2018, S. 23; BGH, Urt. v. 20.1.2016 – VIII ZR 311/14, NJW 2016, 1086; kritisch Artz/Börstinghaus NZM 2019, 12, 24.
³⁴ BGH, Urt. v. 4.7.1984 – VIII ZR 270/83, NJW 1984, 2878; BGH, Urt. v. 22.12.1995 – V ZR 334/94, NJW 1996, 916; BGH, Urt. v. 21.2.2013 – III ZR 266/12, NZM 2013, 315 Rn. 13; OLG Hamm, Urt. v. 5.10.2017 – 18 U 23/15, ZMR 2018, 413; Blank in Schmidt-Futterer, vor § 535 BGB Rn. 114.
³⁵ BGH, Urt. v. 20.5.1988 – V ZR 269/86, NJW 1988, 2789.
³⁶ BGH, Urt. v. 5.5.1971 – VIII ZR 197/69, NJW 1971, 1309; BGH, Urt. v. 5.3.1958 – V ZR 264/56, MDR 1958, 418; BGH, Urt. v. 16.6.1965 – VIII ZR 146/63, ZMR 1966, 144.

39 Erstreckt sich ein **Mietvertrag** über **mehrere Mietgegenstände**, für die isoliert betrachtet jeweils andere mietrechtliche Vorschriften gelten würden, liegt ein **Mischmietverhältnis** vor (Beispiel: Mietvertrag über ein Einfamilienhaus mit Garten, Mietvertrag über ein Geschäftslokal mit verbundener Wohnung, Mietvertrag über eine Wohnung mit Tiefgaragenstellplatz).

40 Die Rechtsprechung beurteilt Mischmietverhältnisse als **einheitliches Mietverhältnis**, wenn die Mietgegenstände untrennbar sind (z. B. verbundene Wohn- und Geschäftsräume) oder wenn die Vertragsauslegung ergibt, dass ein einheitliches Mietverhältnis gewollt ist (z. B. Wohnraum mit Garten oder Garage auf demselben Grundstück)[37]. Auf solche Mietverhältnisse wendet die Rechtsprechung in der Regel die Vorschriften für den Mietgegenstand an, der nach dem vereinbarten Mietzweck den **Schwerpunkt des Mietverhältnisses** bildet.[38] Ein mit nur einem Mietvertrag begründetes Mietverhältnis über ein Einfamilienhaus (Wohnraum) mit Garten (Grundstück) wird nicht in zwei Mietverhältnisse aufgespalten, sondern **einheitlich** nach den für Wohnraum einschlägigen Vorschriften beurteilt (§§ 535 ff. und §§ 549 ff. BGB). Dies hat zur Folge, dass der Vermieter das Mietverhältnis nur einheitlich nach den Vorschriften kündigen kann, die für den das Mietverhältnis prägenden Mietgegenstand gelten. Selbst wenn der Mieter einer Wohnung Jahre nach Abschluss des Wohnraummietvertrags zusätzlich eine auf demselben Grundstück befindliche **Garage hinzumietet**, wird angenommen, dass der ursprüngliche Wohnungsmietvertrag um die Garage erweitert wird.[39] Umgekehrt kann der Vermieter getrennte Mietverhältnisse über eine Wohnung und eine Garage begründen, wenn die Vertragsparteien ausdrücklich **zwei getrennte Mietverträge** schließen und ausdrücklich deren separate Kündbarkeit nach den Vorschriften für Wohnraum- bzw. Raummiete vereinbaren.[40] Um hierbei eine unangemessene Benachteiligung des Mieters nach § 307 Abs. 1 Satz 1 BGB sicher zu vermeiden, sollte der Mieter bei Beendigung des Wohnraummietverhältnisses auch das Mietverhältnis über die Garage beenden können.[41]

VII. Verbraucher- und Unternehmerverträge

41 Die gesetzliche Regelung knüpft zum Teil **unterschiedliche Rechtsfolgen daran**, ob eine Vertragspartei eine Vereinbarung als Verbraucher oder als Unternehmer schließt. Beispielsweise gelten für die **Allgemeine Geschäftsbedingungen** gemäß § 310 Abs. 1 Satz 2 und Abs. 3 BGB prinzipiell unterschiedliche Einbeziehungsvoraussetzungen und Kontrollmaßstäbe zwischen Unternehmer und Verbraucher („business to consumer") bzw. zwischen Unternehmer und Unternehmern („business to business").[42] Verbrauchern kann ein **Verbraucherwiderrufsrecht** gegenüber einem Unternehmer zustehen (§§ 312 ff. BGB). Auch treffen Unternehmer Informationspflichten über **alternative Streitbeilegungsmöglichkeiten** gegenüber Verbrauchern (§§ 36 Abs. 1 Nr. 1, 37 Abs. 1 und 2 VSBG).

42 **Verbraucher** ist nach § 13 BGB jede natürliche Person, die ein Rechtsgeschäft zu Zwecken abschließt, die überwiegend weder ihrer gewerblichen noch ihrer selbständigen

---

[37] BGH, Urt. v. 12.10.2011 – VIII ZR 251/10, NJW 2012, 224.
[38] BGH, Urt. v. 9.7.2014 – VIII ZR 376/13, NJW 2014, 2864; Bühler ZMR 2010, 897; Lehmann-Richter MietRB 2011, 84.
[39] OLG Karlsruhe, RE vom 30.3.1983 – 3 RE Miet 1/83, NJW 1983, 1499.
[40] BGH, Beschl. v. 9.4.2013 – VIII ZR 245/12, WuM 2013, 421.
[41] Blank in Blank/Börstinghaus, § 535 Rn. 24.
[42] Zu Bestrebungen einer Reduzierung des AGB-Schutzes für Unternehmer vgl. W. Müller NZM 2016, 185; Berger NJW 2010, 465; dagegen Graf v. Westphalen NJW 2009, 2977.

beruflichen Tätigkeit zugerechnet werden können. Ein typisches Beispiel für einen Verbraucher ist ein Mieter, der zu überwiegend privaten Zwecken eine Wohnung mietet. Auch eine Wohnungseigentümergemeinschaft ist in der Regel Verbraucher, wenn ihr wenigstens ein Verbraucher angehört.[43]

Unternehmer ist nach § 14 Abs. 1 und 2 BGB eine natürliche oder juristische Person oder eine rechtsfähige Personengesellschaft, die bei Abschluss eines Rechtsgeschäfts in Ausübung ihrer gewerblichen oder selbständigen beruflichen Tätigkeit handelt. Eine *gewerbliche Tätigkeit* setzt ein *planmäßiges, auf eine gewisse Dauer angelegtes Anbieten entgeltlicher Leistungen am Markt* voraus.[44] Typisches Beispiel ist der Abschluss von Geschäftsraum-Mietverträgen durch Gewerbetreibende wie z. B. Handwerker oder Händler bzw. durch Angehörige der freien Berufe wie Ärzte oder Rechtsanwälte. Auch **Existenzgründer,** die ihre gewerbliche oder selbständige Tätigkeit erst noch aufnehmen, sind Unternehmer, soweit ihr Handeln nach seiner objektiven Zweckrichtung auf einen unternehmerischen Zweck ausgerichtet ist.[45]   43

Gemeinden mit einer Liegenschaftsverwaltung vermieten in der Regel als Unternehmer, da sie als juristische Person öffentlichen Rechts Vermieterleistungen planmäßig gegen Entgelt am Markt anbieten und aus der Arbeitsorganisation ersichtlich einigen Aufwand hierfür betreiben.   44

Ob eine **private Vermögensverwaltung** wegen des mit der Vermietung von Immobilien verbundenen organisatorischen und zeitlichen Aufwands (z. B. Unterhalten eines Büros) ausnahmsweise einen planmäßigen Geschäftsbetrieb eines Unternehmers darstellt, beurteilt der BGH nach den Umständen des jeweiligen Einzelfalls.[46] Die Instanzgerichte entscheiden nicht einheitlich.[47]   45

---

[43] BGH, Urt. v. 25.3.2015 – VIII ZR 243/13, NJW 2015, 3228 Rn. 30 ff.
[44] BGH, Urt. v. 29.3.2006 – VIII ZR 173/05, NJW 2006, 2250 Rn. 14.
[45] BGH, Beschl. v. 24.2.2005 – III ZB 36/04, NJW 2005, 1273, 1274; BGH, Urt. v. 15.11.2007 – III ZR 295/06, NJW 2008, 435 Rn. 8.
[46] BGH, Urt. v. 23.10.2001 – XI ZR 63/01, NJW 2002, 368, 369; BayObLG, Beschl. v. 13.4.1993 – RE-Miet 3/93, NJW 1993, 2121 Vermietung eines Hauses mit zwei Wohnungen nicht geschäftsmäßig; kritisch zum Regelungskonzept Fervers, Der Vermieter als Unternehmer, NZM 2018, 640.
[47] AG Berlin-Lichtenberg, 21.6.2007 – 10 C 69/07, juris, Rn. 33 und AG Stuttgart, 30.3.1996 – 30 C 200/95, WuM 1996, 467 Unternehmer bei Vermietung einer Wohnung; a. A. LG Waldshut-Tiengen, Urt. v. 30.4.2008 – 1 S 27/07, ZMR 2009, 372 Vermietung von acht Wohnungen ist private Vermögensverwaltung.

B. Begründung des Mietverhältnisses

Bei der Begründung des Mietverhältnisses treffen die Vertragsparteien verschiedene **Informationspflichten**. Der **Abschluss** des Mietvertrags erfolgt dadurch, dass sich die Vertragsparteien über den notwendigen Vertragsinhalt einigen. Daher können Irrtümer, Täuschung oder Drohung die betroffene Vertragspartei zur **Anfechtung** des Mietvertrags berechtigen. In der Regel erfolgt die Einigung der Vertragsparteien schriftlich, um die **gesetzliche Schriftform** für langfristige Mietverträge zu wahren. Bei der **Wirksamkeit** des Mietvertrags und bei der **inhaltlichen Kontrolle** dessen Regelungen richtet sich der Kontrollmaßstab danach, ob es sich um Allgemeine Geschäftsbedingungen oder individuell vereinbarte Vertragsinhalte handelt. Bei Verträgen, die ein Verbraucher mit einem Unternehmer schließt, kommt ein **Verbraucherwiderrufsrecht** in Betracht. Schließlich sollte der Vermieter bei Abschluss des Mietvertrags dafür sorgen, dass der Mieter **Sicherheit** für die Forderungen aus dem Mietverhältnis leistet.

I. Informationspflichten

1. Auskunfts- und Aufklärungspflichten

a) Selbstauskunft des Mieters

Die Fragen, die der Vermieter dem Mieter in einem Fragebogen stellt (Selbstauskunft), muss der Mietinteressent **wahrheitsgemäß** beantworten, wenn sie zulässig sind. Auf unzulässige Fragen darf er **lügen**, ohne dass dies eine arglistige Täuschung darstellt, die den Vermieter zur Anfechtung des Mietvertrags berechtigt.[1]

Bislang hat die Rechtsprechung als **zulässig** beurteilt: die Frage nach Geburtsdatum, Beruf, beabsichtigter Nutzung und Belegung der Mietsache[2] sowie nach den Einkommens- und Vermögensverhältnissen des Mieters und dessen Arbeitgeber.[3] Dagegen sind Fragen **unzulässig**, die den persönlichen oder intimen Lebensbereich des Mieters berühren,[4] beispielsweise über Heiratsabsicht oder Kinderwunsch.

Seit Geltung der Datenschutz-Grundverordnung (**DSGVO**),[5] hat das **Datenschutzrecht** für die Selbstauskunft einen hohen Stellenwert, da die Verordnung Verstöße mit empfindlichen Bußgeldern und individuellen Schmerzensgeldansprüchen sanktioniert (Art. 82 f. DSGVO).

Rechtmäßiges Verarbeiten personenbezogener Daten setzt nach Art. 6 Abs. 1 DSGVO im Kern voraus, dass

- der Mietinteressent einwilligt (Nr. 1a),
- das Verarbeiten für die Vertragsanbahnung oder -erfüllung erforderlich ist (Nr. 1b),
- das Verarbeiten für die Erfüllung rechtlicher Pflichten des Vermieters erforderlich ist (Nr. 1c) oder

---

[1] BAG, Urt. v. 5.12.1957 – 1 AZR 594/56, NJW 1958, 516, 517.
[2] BGH, Urt. v. 15.11.2006 – XII ZR 92/04, NZM 2007, 127 Rn. 16 ff betreffend den Untermieter.
[3] LG München I, Urt. v. 25.3.2009 – 14 S 18532/08, NZM 2009, 782.
[4] BGH, Urt. v. 9.4.2014 – VIII ZR 107/13, NJW 2014, 1954 Rn. 18.
[5] Die Verordnung gilt seit 25.5.2018 gemäß Art. 99 Abs. 1 und 2 DSGVO.

– berechtigte Interessen des Vermieters bestehen, welche die Interessen des Mietinteressenten überwiegen (Nr. 1 f).

6 Ein Legalisieren der Datenverarbeitung durch **Einwilligung** wird nach Art. 7 Abs. 4 DSGVO regelmäßig daran scheitern, dass der Mietinteressent infolge des Ungleichgewichts zwischen den Vertragsparteien bei der Vertragsanbahnung *nicht freiwillig* einwilligen kann.[6] Wegen der von Art. 6 Abs. 1b) DSGVO vorausgesetzten **Erforderlichkeit** dürfte für die Datenerhebung wie folgt zu unterscheiden sein:[7]

- Vor dem **Besichtigungstermin** sind nur die Angaben der Mietinteressenten erforderlich, die der Vermieter für die Organisation des Termins benötigt. Dies sind Angaben zur Identifikation, zur Erreichbarkeit, zu Wohnungswünschen, zu größeren Haustieren sowie ggf. zum Berechtigungsschein. Dies umfasst *nicht die wirtschaftlichen Verhältnisse* der Mietinteressenten; das Interesse des Vermieters, die Anzahl der Besichtigungen zu begrenzen, ist nachrangig gegenüber dem Schutzinteresse der Mietinteressenten an deren sensiblen Daten.
- Vor **Abschluss des Mietvertrags** ist für den Vermieter auch das Erheben von Daten über die wirtschaftliche Leistungsfähigkeit der in die engere Auswahl fallenden Mietinteressenten erforderlich.[8]

7 Generell **unzulässig** ist nach Art. 9 Abs. 1 DSGVO das Erheben von Daten, aus denen rassische und ethnische Herkunft, politische Meinungen, religiöse oder weltanschauliche Überzeugungen oder die Gewerkschaftszugehörigkeit hervorgehen, sowie die Verarbeitung von genetischen Daten, biometrischen Daten zur eindeutigen Identifizierung einer natürlichen Person, Gesundheitsdaten oder Daten zum Sexualleben oder der sexuellen Orientierung einer natürlichen Person.

7a Neben der Pflicht, Daten der Mietinteressenten nur mit Befugnis zu verarbeiten, treffen den Vermieter vor allem folgende **weiteren Pflichten:** Bereits beim Datenerheben muss er *Informationspflichten* erfüllen (Art. 13 Abs. 1 und 2 DSGVO). Er darf Daten nur *zweckgebunden* erheben (Art. 5 Abs. 1b) DSGVO), muss deren zeitgerechte Löschung sicherstellen, sog. *Speicherbegrenzung* (Art. 5 Abs. 1e) DSGVO) und sie vor *unbefugtem Zugriff* schützen (Art. 5 Abs. 1 f DSGVO). All dies muss der Vermieter *dokumentieren* (Art. 5 Abs. 2 DSGVO) und dem Mietinteressenten bzw. Mieter auf Verlangen umfassend *Auskunft* erteilen (Art. 15 Abs. 1 DSGVO). Gelingen dürfte dies dem Vermieter nur, wenn er sich zuvor ein **Datenschutzkonzept** überlegt.[9]

8 Macht der Vermieter den Mietvertragsschluss von der Vorlage einer **Schufa-Auskunft** abhängig, ist dies im Hinblick auf die informationelle Selbstbestimmung des Mietinteressenten bedenklich, wenn die Auskunft über den Informationsbedarf des Vermieters für die Beurteilung des Mietausfallrisikos hinausgeht. Entgegen einer verbreiteten Praxis ist jedenfalls die umfassende *Selbstauskunft* nicht für den Vermieter gedacht.[10]

---

[6] Erwägungsgrund Nr. 43 zu Art. 7 DSGVO, ABl. EU Nr. L 119 v. 4.5.2015, 9; Horst MietRB 2018, 117, 120.

[7] BT-Drs.18/11336 v. 27.2.2017 betreffend Datenschutz und Big Data in der Immobilienwirtschaft, S. 6; Orientierungshilfe der Bundesdatenschutzbeauftragten und des Düsseldorfer Kreises v. 30.1.2018 abgedruckt in GE 2018, 688; Eisenschmid NZM 2019, 313, 320.

[8] Vgl. LDI-NRW, Orientierungshilfe der Datenschutzkonferenz zur „Einholung von Selbstauskünften bei Mietinteressentinnen" vom 23.3.2018 mit Musterformular „Selbstauskunft zur Vorlage bei der Vermieterin oder dem Vermieter", Stand Mai 2018, *www.ldi.nrw.de* unter Datenschutz → Datenschutzrecht → Wirtschaft → Orientierungshilfe, abgerufen am 25.3.2019.

[9] Zum konkreten Vorgehen vgl. Schmidt/Schweißguth/Hoffmann/Hummel und Horst MietRB 2017, 117, 121.

[10] Eisenschmid, NZM 2019, 313, 321.

Auf Vorlage einer **Mietschuldenfreiheitsbescheinigung** des früheren Vermieters hat 9
der Vermieter keinen Anspruch, weil der Mietinteressent selbst keinen Anspruch auf eine
solche Erklärung gegen seinen bisherigen Vermieter hat.[11]

b) Aufklärungspflichten

Durch die Aufnahme von Vertragsverhandlungen oder durch die Anbahnung eines 10
Mietvertrags entsteht zwischen den intendierten Vertragsparteien ein vorvertragliches
Schuldverhältnis (**culpa in contrahendo**) nach §§ 311 Abs. 2 Nr. 1 BGB. Innerhalb
dieses Schuldverhältnisses bestehen für beide Vertragsparteien Aufklärungspflichten nach
§ 241 Abs. 2 BGB. **Ungefragt** müssen sie solche Umstände offenbaren, die für die andere
Vertragspartei *erkennbar von besonderer Bedeutung für den Vertragsschluss* sind.[12]

Beispielsweise muss der künftige Geschäftsraummieter den Vermieter über seine Ab- 11
sicht informieren, nahezu ausschließlich eine bei Rechtsextremen beliebten Bekleidungs-
marke zu vertreiben[13] und der Vermieter von Büroraum den Mietinteressenten über die
fehlende Eignung von Souterrainräumen zum Aufenthalt von Menschen.[14]

2. Energieeinsparverordnung

Grundsätzlich ist der Vermieter von Wohn-, Geschäfts- und sonstigen Raumes nach 12
der Energieeinsparverordnung in deren **Geltungsbereich** (§ 1 Abs. 2 EnEV) verpflichtet,
- in **Immobilienanzeigen** bestimmte **Pflichtangaben** zu veröffentlichen (§§ 16a Abs. 1 und 2, 29 EnEV),
- Mietinteressenten den **Energieausweis** oder eine Kopie hiervon spätestens bei der Besichtigung oder falls keine Besichtigung stattfindet unverzüglich **vorzulegen** (§ 16 Abs. 2 Satz 1 und 2, Abs. 4 i. V. m. § 29 EnEV) und
- dem Mieter unverzüglich nach Abschluss des Mietvertrags den Energieausweis oder eine Kopie hiervon zu **übergeben** (§ 16 Abs. 2 S. 3 und 4 i. V. m. § 29 EnEV).[15]

Vorsätzliche oder fahrlässige Verstöße gegen diese Pflichten sind nach § 27 Abs. 2 13
EnEV i. V. m. § 8 Abs. 1 Nr. 2 EnEG mit einem **Bußgeld** bewehrt.[16]

Will der Vermieter sicher vermeiden, dass die Vertragsparteien durch Beachtung der 14
Vorgaben der EnEV konkludent eine energetische Soll-Beschaffenheit der Mietsache vereinbaren, sollte er klarstellen, dass er mit der Information lediglich seine **öffentlich-
rechtlichen Pflichten** aus der Energiesparverordnung erfüllt, aber keinen Rechtsbin-
dungswillen für eine Vereinbarung mit dem Mieter besitzt. Dabei ist auch eine (**negative**)
Beschaffenheitsvereinbarung möglich, dass die Angaben des Energieausweises nicht als
vertragsgemäßer Zustand der Mietsache im Sinne des § 535 Abs. 1 Satz 1 BGB vereinbart
sind.[17]

---

[11] BGH, Urt. v. 30.9.2009 – VIII ZR 238/08, NJW 2010, 1135.
[12] Ausführlich V. Emmerich NJW 2011, 2321 und Gsell DWW 2010, 122.
[13] BGH, Urt. v. 11.8.2010 – XII ZR 192/08, NJW 2010, 3362 und BGH, Urt. v. 11.8.2010 – XII ZR 123/09, NZM 2010, 788.
[14] BGH, Urt. v. 6.8.2008 – XII ZR 67/06, NJW 2009, 1266 Rn. 23.
[15] Ausführlich Sternel NZM 2006, 495 und Stangl ZMR 2008, 14.
[16] Für Immobilienmakler ergeben sich dieselben Informationspflichten aus § 5a Abs. 2 und 4 UWG, wenn ein Energieausweis vorhanden ist, vgl. BGH, Urt. v. 5.10.2017 – I ZR 232/16, NZM 2018, 407 Rn. 22 ff.
[17] Zu Einzelheiten Lienhard, NZM 2014, 177.

3. Verbraucherstreitbeilegungsgesetz

15 Beim Abschluss des Mietvertrags besteht aus § 36 Abs. 1 Nr. 1 VSBG (Gesetz über die alternative Streitbeilegung in Verbrauchersachen) eine **allgemeine Informationspflicht** für vermietende Unternehmer (§ 14 BGB), die eine Webseite unterhalten oder Allgemeine Geschäftsbedingungen für einen Mietvertrag mit einem Verbraucher (§ 13 BGB) verwenden (zu Verbraucher- und Unternehmereigenschaft siehe Rn. A 42 ff.). Solche Vermieter müssen den künftigen Mieter leicht zugänglich, klar und verständlich informieren, inwieweit sie *bereit oder verpflichtet* sind, an Streitbeilegungsverfahren vor einer Verbraucherschlichtungsstelle teilzunehmen. Für Mietstreitigkeiten besteht keine Teilnahmepflicht. Ist der Vermieter zur Teilnahme an einem alternativen Streitbeilegungsverfahren bereit, muss er den Mieter auf die *zuständige Verbraucherschlichtungsstelle* hinweisen. Da insoweit keine besondere Schlichtungsstelle besteht, ist die allgemeine Schlichtungsstelle für Verbraucherschlichtung in Kehl e. V. als Schlichtungsstelle anerkannt (§ 33 VSBG[18]). Die Informationspflichten bestehen nicht, wenn der Vermieter am 31.12. des vorangegangenen Jahres *zehn oder weniger Personen beschäftigt* hat.

16 Können die Vertragsparteien eine Streitigkeit nicht beilegen, hat der Vermieter nach Maßgabe des § 37 Abs. 1 und 2 VSBG eine **konkrete Informationspflicht**. Er muss den Mieter sowohl über die zuständige Verbraucherschlichtungsstelle als auch über seine Bereitschaft oder Verpflichtung zu einer Schlichtung informieren.

17 **Verstöße** gegen die Informationspflichten sind *nicht bußgeldbewehrt;* jedoch können Verbraucherverbände die Erfüllung der Informationspflichten durch eine *Unterlassungsklage* erzwingen (§ 2 Abs. 2 Nr. 12 UKlaG).

II. Vertragsschluss

18 Die Begründung eines Mietverhältnisses erfordert, dass sich die Vertragsparteien über die wesentlichen Vertragsinhalte **einigen** (Vertragsschluss) und dass diese Vereinbarung **wirksam** ist. Dabei ist zwischen dem Vertragsschluss und dem Beginn der Mietzeit zu unterscheiden (Beispiel: Die Parteien unterzeichnen am 01.01. einen Mietvertrag, der vorsieht, dass die Mietzeit am 01.06. beginnt).

1. Einigung

19 Für den Vertragsschluss sind zwei übereinstimmende Willenserklärungen der Parteien über sämtliche wesentlichen Vertragsinhalte erforderlich. Soweit die Vertragsparteien aus mehreren Personen bestehen (z. B.: Mieter ist ein Ehepaar), müssen sämtliche Personen sich über den Vertragsschluss einigen (z. B.: Unterzeichnung des Mietvertrags durch den Vermieter und beide Ehegatten; siehe auch Rn. B 40 f.).

a) Allgemeine Regeln

20 Die allgemeinen Regeln für den Vertragsschluss befinden sich in §§ 145 ff. BGB. Sie formalisieren **Angebot** (§ 145 BGB) und **Annahme** (§ 147 BGB). Ergänzend gelten die allgemeinen Vorschriften für Willenserklärungen in den §§ 104 ff. BGB. Sie beinhalten

---

[18] Die Webseite der Zentralen Anlaufstelle für Verbraucherschlichtung ist abrufbar unter www.bundesjustizamt.de.

Vorschriften über Geschäftsfähigkeit (§§ 104 ff. BGB), Anfechtung (§§ 119 ff. BGB), Form (§§ 125 ff. BGB), **Zugang** (§§ 130 ff. BGB) und Auslegung (§ 133 BGB) von Willenserklärungen. Wenn **Stellvertreter** auftreten, kommen §§ 164 ff. BGB zur Anwendung.

Wichtig für die Praxis ist, dass die Annahme innerhalb der **Annahmefrist erklärt** wird. 21
Bei schriftlicher Anbahnung des Mietvertrags ist wie folgt zu unterscheiden: 22

- Hat der Anbietende eine **Annahmefrist** bestimmt, kann die Annahme nur innerhalb dieser Frist erfolgen (§ 148 BGB).
- Enthält das Angebot **keine Annahmefrist**, gilt das Angebot nach § 147 Abs. 2 BGB bis zu dem Zeitpunkt, in dem der Anbietende den Eingang einer Antwort unter regelmäßigen Umständen erwarten darf. Bei Wohnraum sind dies in der Regel fünf bis zehn Tage.[19] Bei Geschäftsraum darf der Anbietende die Annahme des Mietvertrags grundsätzlich in zwei bis drei Wochen erwarten; dies gilt auch bei komplex organisierten Vertragspartnern.[20]

Maßgeblich für die Rechtzeitigkeit ist in beiden Fällen der **Zugang der Annahme-** 23
erklärung beim Anbietenden (§ 130 Abs. 1 Satz 1 BGB). Die Postlaufzeiten sind daher in den Fristen **bereits enthalten**. Bei Erhalt eines von der anderen Partei unterschriebenen Angebots auf Abschluss eines Mietvertrags genügt es nicht, die zweite Unterschrift zu leisten und den Vertrag zu den Akten zu nehmen. Diese Annahme muss vielmehr gegenüber der anderen Partei „erklärt" werden, d. h. ihr zugehen. Nur in seltenen Ausnahmefällen ist die Annahmeerklärung gem. § 151 Satz 1 BGB verzichtbar (Beispiel: Der Hotelier trägt die Reservierung des Gasts in das Hotelbuch ein).

Wird die **Annahme verspätet** erklärt, gilt die Annahme nach § 150 Abs. 1 BGB als 24
neues Angebot. Häufig wird die Verspätung nicht erkannt, so dass die Annahme des Mietvertrags konkludent durch Vollzug des Mietverhältnisses erfolgt. Für die Wahrung der gesetzlichen Schriftform der §§ 550, 578 BGB war dies problematisch, bis die Rechtsprechung hierfür die so genannte äußere Form genügen ließ (siehe Rn. B 97).

Wird die **Annahme unter Erweiterungen, Einschränkungen oder sonstigen Ände-** 25
rungen erklärt, gilt sie nach § 150 Abs. 2 BGB als neues Angebot. Schlägt der Annehmende hingegen Ergänzungen vor, ohne auf diese zu bestehen, und gibt er dabei der anderen Partei klar zu verstehen, dass er den Vertrag in der angebotenen Form auf jeden Fall annimmt, so liegt eine uneingeschränkte Annahme vor, die mit einem Änderungsangebot verbunden ist.

Haben die Vertragsparteien den **Abschluss eines schriftlichen Mietvertrags verabre-** 26
det, ist dieser nach § 154 Abs. 2 BGB im Zweifel nicht geschlossen, solange keine schriftliche Mietvertragsurkunde vorliegt. Gleiches gilt nach § 154 Abs. 1 Satz 1 BGB, solange sich die Vertragsparteien nicht über **alle Punkte des Mietvertrags geeinigt** haben, über die sie sich einigen wollten. Vollziehen die Vertragsparteien das Mietverhältnis trotzdem einvernehmlich über längere Zeit, ist die Zweifelsregel widerlegt.[21]

Die Vertragsparteien können einen Mietvertrag auch durch **schlüssiges Verhalten** 27
abschließen **(konkludenter Vertragsschluss).** Häufig geschieht dies, indem der Vermieter dem Mieter längere Zeit die Mietsache zur Nutzung überlässt (konkludentes Angebot) und widerspruchslos Zahlungen des Mieters annimmt (konkludente Annahme).[22] Soweit die Vertragsparteien nichts Abweichendes vereinbaren, gelten für das Mietverhältnis die gesetzlichen Regeln der §§ 535 ff. BGB.

---

[19] KG, Urt. v. 22.3.1999 – 23 U 8203/98, WuM 1999, 323.
[20] BGH, Urt. v. 24.2.2016 – XII ZR 5/15, NJW 2016, 1441.
[21] BGH, Urt. v. 15.6.2005 – XII ZR 82/02, NZM 2005, 704 unter Ziffer II.2.b.
[22] BGH, Urt. v. 11.4.2012 – XII ZR 48/10, WuM 2012, 323 Rn. 17; BGH, Urt. v. 8.10.2008 – XII ZR 66/06, NJW 2009, 433 Rn. 19 ff.

28 Vom konkludenten Vertragsschluss zu unterscheiden ist die **stillschweigende Verlängerung** des Mietverhältnisses nach § 545 BGB. Hier setzt der Mieter den Gebrauch der Mietsache nach Beendigung des ursprünglich bestehenden Mietverhältnisses fort (siehe Rn. H 426 ff.).

29 Bei Abschluss des Mietvertrags bevor der **bisherige Mieter** diese **zurückgibt** riskiert der Vermieter **Schadensersatzansprüche des Nachmieters** aus § 536a Abs. 1 BGB. Wenn der Vermieter die Mietsache nicht oder verspätet zurückerhält und sie deshalb nicht übergeben kann, haftet er dem neuen Mieter für dessen Nichterfüllungs- oder Verzugsschaden.[23]

b) Besonderheiten bei Gemeinden

30 Damit eine Gemeinde[24] beim Abschluss des Mietvertrags wirksam nach §§ 164 ff. BGB vertreten wird, muss zunächst ihr nach öffentlichem Recht **zuständiges Organ** über den Abschluss des Mietvertrags **entscheiden**. Je nach der wirtschaftlichen oder politischen Bedeutung eines Mietvertrags für die Gemeinde kann der Gemeinderat als *Vollversammlung*[25], ein *beschließender Ausschuss*[26] oder auch der *erste Bürgermeister* selbst[27] zur Entscheidung berufen sein. Dabei hat der Gemeinderat die Möglichkeit, Zuständigkeiten durch seine Geschäftsordnung bestimmten Gemeindeorganen zuzuweisen.[28] In der Regel ist die Entscheidungszuständigkeit des ersten Bürgermeisters eröffnet, wenn der Mietvertragsschluss eine *laufende Angelegenheit* darstellt, die für die Gemeinde keine grundsätzliche Bedeutung hat und keine erheblichen Verpflichtungen erwarten lässt.[29] Typischerweise *delegiert* der erste Bürgermeister die Entscheidung über den Abschluss von Mietverträgen als laufende Angelegenheit auf Gemeindebedienstete.[30] Findet keine Gremienentscheidung durch formalisierten Beschluss statt, ist eine andere Dokumentation der internen Entscheidung über den Mietvertragsschluss empfehlenswert (z. B. Büroverfügung).

31 Für den **Vollzug der Entscheidungen** der Vollversammlung oder eines beschließenden Ausschusses über den Mietvertragsschluss ist grundsätzlich der erste Bürgermeister berufen.[31] Diesen Beschlussvollzug (Abschluss des Mietvertrags) kann der erste Bürgermeister

---

[23] Vgl. OLG Düsseldorf, Urt. v. 8.5.2012 – 24 U 195/11, ZMR 2012, 861; zum Mitverschulden des Vermieters vgl. OLG München, Urt. v. 17.3.1989 – 21 U 3209/88, ZMR 1989, 224.

[24] Zur Vertretung anderer öffentlich-rechtlicher Körperschaften siehe Neumayer RNotZ 2001, 249.

[25] Art. 29 GO.

[26] Art. 32 Abs. 2 GO.

[27] Art. 37 Abs. 1 Nr. 1 GO und bei Dringlichkeit ausnahmsweise nach Art. 37 Abs. 3 Satz 1 GO.

[28] Z. B. hat der Stadtrat der Landeshauptstadt München für **Anmietungen** in § 22 Nr. 12 seiner Geschäftsordnung festgelegt, dass der Oberbürgermeister bis zu einer jährlichen Nettokaltmiete von 250.000,- € selbst entscheidet. Ab einer Jahresmiete von über 0,5 Mio. € ist nach § 4 Nr. 24 der Geschäftsordnung die Vollversammlung des Stadtrats berufen. Über die übrigen Anmietungen entscheidet der zuständige Ausschuss als beschließender Ausschuss (z. B. Kommunalausschuss), soweit keine Sonderzuständigkeit nach § 7 Abs. 1 Nr. 14 der Geschäftsordnung besteht.
Für **Vermietungen** beinhaltet die Geschäftsordnung keine Zuständigkeitsregelungen. Deshalb ist nach allgemeinen Regeln zu entscheiden, ob der Oberbürgermeister entscheiden kann, weil die Vermietung der Immobilie die für die Gemeinde keine grundsätzliche Bedeutung hat und keine erheblichen Verpflichtungen erwarten lässt, oder ob eine Entscheidung der Vollversammlung erforderlich ist, z. B. erhebliche politische Bedeutung der Vermietung, Blockade einer städtebaulichen Grundstücksentwicklung durch die Vermietung.
Nach § 16 Abs. 5 der Geschäftsordnung sind Miet- und Pachtverträge mit einer Jahresmiet- bzw. Jahrespachtsumme von über 60.000,- € sowie unentgeltliche Überlassungsverträge dem **Verwaltungsbeirat** vor Abschluss zur Stellungnahme vorzulegen.

[29] Art. 37 Abs. 1 Nr. 1 GO.

[30] Art. 39 Abs. 2 GO.

[31] Art. 36 Satz 1 GO.

II. Vertragsschluss

auf Gemeindebedienstete delegieren.[32] Die seiner Entscheidungskompetenz unterliegenden Mietverträge schließt der erste Bürgermeister entweder selbst[33] oder delegiert den Vertragsschluss auf Gemeindebedienstete[34].

Im **Außenverhältnis** ist die Vertretungsmacht von Bürgermeistern im Interesse des Verkehrsschutzes in der Regel *unbeschränkt*.[35] In Bayern ist der Umfang der Vertretungsmacht des ersten Bürgermeisters auf dessen Befugnisse *beschränkt*.[36] Überschreitet der erste Bürgermeister einer bayerischen Gemeinde seine Vertretungsmacht bei Abschluss eines Mietvertrags, hängt dessen Wirksamkeit nach §§ 177 ff. BGB von der Genehmigung des zuständigen Gremiums ab. Als *Nachweis der Vertretungsmacht* für Entscheidungen, die in die Kompetenz des Gemeinderats oder seiner Ausschüsse fallen, ist daher auch eine beglaubigte Ausfertigung des entsprechenden Beschlusses empfehlenswert.[37] 32

Anscheins- und Duldungsvollmachten sind grundsätzlich ungeeignet, fehlende gemeinderechtliche Entscheidungskompetenzen zu ersetzen (z.B. den fehlenden Beschluss der Vollversammlung des Gemeinderats).[38] 33

Beim Mietvertragsschluss durch Stellvertreter ist für **Willensmängel und Kenntnis von Tatsachen** bei Vertragsschluss grundsätzlich nicht die Gemeinde maßgeblich, sondern die Person des Stellvertreters, es sei denn dieser handelt nach Weisungen (§ 166 Abs. 1 und 2 BGB). Dies ist zum Beispiel relevant für die Anfechtbarkeit eines Mietvertrags (§§ 119 ff. BGB), den Verlust von Mängelrechten (§§ 536b, 536d BGB) oder den Beginn der Verjährung (§ 199 Abs. 1 Nr. 2 BGB). Diese **Wissenszurechnung** findet ihre Grenze an sich in der *Organisationsstruktur* der Gemeinde, wonach dem für eine Grundstücksveräußerung zuständigen Liegenschaftsamt das Wissen eines Sachbearbeiters aus dem Bauamt nicht zurechenbar ist (Knollenmergelfall).[39] Unterlässt das Liegenschaftsamt einer Gemeinde bei einer Grundstücksveräußerung eine *gebotene Abfrage* von Aktenwissen in anderen Organisationseinheiten, muss sich die Gemeinde jedoch so behandeln lassen, als ob sie von dem nicht abgefragten Wissen Kenntnis hatte (Hausschwamm).[40] Die Gemeinde ist bei Grundstücksgeschäften – auch auf Nachfrage – nicht verpflichtet, sämtliche bis zu 30 Jahre alten *Akten* über ein Nachbargrundstück durchzusehen (Altlasten).[41] 34

Bei öffentlich-rechtlichen **Stiftungen**, deren Vermögen die Gemeinde zweckgebunden verwaltet, ohne dass die Stiftung rechtsfähig ist (fiduziarische Stiftungen), ist die Gemeinde selbst Vertragspartei.[42] Im Mietvertrag ist dies oft aus der Beschreibung der Mietsache 35

---

[32] Art. 39 Abs. 2 GO.
[33] Art. 37 Abs. 1 Nr. 1 GO.
[34] Art. 39 Abs. 2 GO.
[35] Vgl. Übersicht von Ellenberger in Palandt Einf. v. § 164 BGB Rn. 5a.
[36] Art. 38 Abs. 1 Satz 2 GO, neu gefasst durch §§ 2 Nr. 10, 7 Gesetz zur Änderung des Gemeinde- und Landkreiswahlgesetzes und anderer Gesetze vom 22. März 2018, GVBl 2018, 145; zuvor war die Unbeschränktheit der Vertretungsbefugnis streitig; dafür BGH, Urt. v. 18.11.2016 – V ZR 266/14, BayVBl 2017, 389; BGH, Urt. v. 1.6.2017 – VII ZR 49/16, juris; dagegen OLG München, Beschl. v. 28.1.2013 – 34 Wx 390/12, juris und BayObLG, Beschl. v. 15.1.1997 – 3 Z BR 153/96, NJW-RR 1998, 161.
[37] OLG München, Beschl. v. 18.6.2010 – Wx 65/10, juris für Nachweis der Vertretungsmacht für Grundstücksgeschäfte gegenüber dem Grundbuchamt.
[38] BGH, Urt. v. 8.2.1952 – IV ZR 157/50, NJW 1952, 704; BGH, Urt. v. 2.3.1972 – VII ZR 143/70, NJW 1972, 940; BGH, Urt. v. 30.6.2011 – IX ZR 155/08, NJW 2011, 2791 Rn. 16; BGH, Urt. v. 10.5.2001 – III ZR 111/99, NJW 2001, 2626, 2627; anders BGH, Urt. v. 8.6.1973 – V ZR 72/72, NJW 1973, 1494, 1495 nach § 242 BGB, weil das Beschlussgremium materiell einverstanden war.
[39] BGH, Urt. v. 24.1.1992 – V ZR 262/90, NJW 1992, 1099; kritisch Ellenberger in Palandt § 166 BGB Rn. 8.
[40] BGH, Urt. v. 10.12.2010 – V ZR 203/09, juris; ebenso BGH, Urt. v. 30.6.2011 – IX ZR 155/08, NJW 2011, 2791 Rn. 17 ff.
[41] BGH, Urt. v. 1.10.1999 – V ZR 218/98, NJW 1999, 3777.
[42] Art. 84 Abs. 1 GO; vgl. Ellenberger in Palandt, Vorb. v. § 80 BGB Rn. 9 ff.

ersichtlich (z. B. „Die Mietsache gehört zum Vermögen der … Stiftung"). Übernimmt hingegen die Gemeinde die Mietverwaltung für eine rechtsfähige Stiftung (§§ 80 ff. BGB), schließt sie den Mietvertrag in der Regel in Vertretung der Stiftung nach §§ 164 ff. BGB.

2. Notwendiger Vertragsinhalt

36 Der Vertragsschluss erfordert, dass sich die Parteien über **sämtliche wesentlichen Vertragsinhalte** einigen. Mindesterfordernis sind die Vertragsparteien, die Mietsache, die Miete und die Mietzeit.

37 Haben sich die Vertragsparteien nicht über alle anderen Punkte geeinigt, über die nach dem Willen einer Partei eine **Vereinbarung getroffen werden sollte,** kommt der Mietvertrag nach § 154 Abs. 1 BGB im Zweifel nicht zu Stande.

a) Vertragsparteien

38 Die Parteien des Mietvertrags sind der Vermieter und der Mieter. Die Vertragsparteien müssen mindestens zwei **verschiedene Personen** sein. Solange keine Identität besteht, kann dieselbe Person auf beiden Seiten beteiligt sein, z. B. als Mitglied einer vermietenden Miteigentümergemeinschaft und als alleiniger Mieter.[43]

39 **Verwaltungsinterne Regelungen** zwischen verschiedenen Organisationseinheiten derselben juristischen Person (z. B. Überlassung von Räumen des Liegenschaftsamts an das Sozialamt einer Gemeinde) begründen wegen Identität der Vertragsparteien kein Mietverhältnis.[44] Bei Mietverträgen zwischen einer Gemeinde und einem von ihr **beherrschten Tochterunternehmen** wird der Gemeinde regelmäßig das **Rechtsschutzbedürfnis** für einen Zivilprozess fehlen, wenn sie das Prozessziel einfacher durch eine Weisung durchsetzen kann.[45]

40 Jede Vertragspartei kann aus **mehreren Personen** bestehen. Treten mehrere Mitmieter auf, ohne einen gewerblichen Zweck zu verfolgen, bilden sie eine **BGB-Gesellschaft** (GbR) nach §§ 705 ff. BGB. Vertragspartei können entweder sämtliche Mitmieter persönlich sein, so dass die Gesellschaft nur für das Innenverhältnis der Mietmieter relevant ist (Innengesellschaft). Alternativ kann der Mietvertrag mit der insoweit teilrechtsfähigen Außengesellschaft[46] zu Stande kommen, auf deren Mitgliederbestand und somit auch auf die Nutzer der Mietsache der Vermieter keinen Einfluss hat. Wer Vertragspartei des Mietvertrags ist, ist nach §§ 133, 157 BGB durch Auslegung zu ermitteln. Die einzelnen Mitglieder werden Vertragspartei, wenn im Mietvertrag ausschließlich sie persönlich bezeichnet sind („Herr A, Herr B, Herr C"). Umgekehrt spricht eine Gesamtbezeichnung („Wohngemeinschaft Studio 54 GbR") dafür, dass der Vertrag mit der Außengesellschaft zu Stande kommt.[47]

41 Vertritt ein Stellvertreter eine Vertragspartei beim Abschluss des Mietvertrags, sollte dies im Mietvertrag unbedingt offengelegt werden. So wird klar, wer Vertragspartei wird und wer den Mietvertrag in welcher Funktion unterzeichnet. Dabei ist empfehlenswert, die Vertretungsmacht aller Vertreter zu prüfen und eine **lückenlose Stellvertreterkette** bis zum Unterzeichner des Mietvertrags im Rubrum des Mietvertrags anzugeben (z. B. „Die A-GmbH, vertreten durch ihren alleinvertretungsberechtigten Geschäftsführer, Herrn A, dieser vertreten aufgrund Vollmacht vom … durch Frau B").

---

[43] BGH, Urt. v. 25.8.2018 – VIII ZR 176/17, NJW 2018, 2472 Rn. 23 ff.
[44] Vgl. BGH, Urt. v. 25.8.2018 – VIII ZR 176/17, NJW 2018, 2472 Rn. 23.
[45] Vgl. BGH, Urt. v. 30.9.2009 – VIII ZR 29/09, NJW-RR 2010, 19 Rn. 20.
[46] BGH, Urt. v. 29.1.2001 – II ZR 331/00, NJW 2001, 1056.
[47] Zu den unterschiedlichen Rechtsfolgen vgl. Jacobs NZM 2008, 111.

Bestehen ausnahmsweise **Belegungsbindungen** für die Mietsache, muss der Vermieter 42
diese bei der Mieterauswahl beachten. So darf der Vermieter preisgebundenen Wohnraums die Wohnung grundsätzlich nur an Wohnberechtigte überlassen, die ihm das Einhalten bestimmter Einkommensgrenzen durch Wohnungsberechtigungsschein nachweisen (§§ 4 ff. WoBindG). Ist der Vermieter bei der Inanspruchnahme von Fördermitteln Belegungsbindungen eingegangen, muss er diese beachten.

b) Mietsache

Gegenstand des Mietvertrags kann nur eine Sache, d. h. ein körperlicher Gegenstand 43
im Sinne des § 90 BGB sein. In Betracht kommen auch nicht selbständig rechtsfähige Teile von Sachen, soweit sie sich zum Gebrauch eignen (z. B. Hauswand für Reklamezwecke). Die vermietete Sache kann beweglich (z. B. Fahrrad) oder unbeweglich sein (Grundstück, Räume). Der Vermieter muss nicht Eigentümer der Mietsache sein (Beispiel: Untervermietung).

Mitvermietet sind nach dem Rechtsgedanken des § 311c BGB regelmäßig die Bestandteile und das Zubehör der Mietsache (§ 97 BGB, z. B. Haushaltsgeräte, Wandschränke, Schlüssel).[48] 44

Zur **gemeinsamen Benutzung** mitvermietet sind bei der Raummiete die Zu- und 45
Abgänge zur Mietsache (Beispiel: Mehrfamilienhaus) und bei Gewerbe-Läden deren Außenfläche bis in Fensterhöhe, es sei denn es ist vertraglich etwas anderes bestimmt.

Bei **Gemeinschaftsflächen** (z. B. Wasch- und Trockenräume, Gartenanlagen, Abstell- 46
flächen) ist durch Auslegung des Mietvertrags sowie der Interessen der Vertragsparteien im konkreten Einzelfall zu ermitteln, ob die Benutzung zum *vertragsgemäßen Gebrauch* des Mieters gehört,[49] ob es sich um eine nur aus wichtigem Grund *widerrufliche Erlaubnis* handelt oder um eine unverbindliche Gestattung.[50]

Im Mietvertrag ist die **genaue Definition der Mietsache** einschließlich der Neben- 47
flächen und der zur Mitbenutzung überlassenen Flächen notwendig, um die Rechte und Pflichten der Vertragsparteien während der Mietzeit klar festzulegen und am Ende der Mietzeit die Herausgabe- und Räumung effektiv zu betreiben. Empfehlenswert ist eine Bezugnahme auf Lagepläne, in denen unterschiedliche Nutzungsberechtigungen mit unterschiedlichen Farben markiert sind. Dabei sollte der Vermieter außerhalb der Mietsache gelegene Räume nicht vergessen (z. B. Keller, Lagerräume, Stellplätze, Garagen), die sich ggf. auch durch Nummerierung eindeutig bezeichnen lassen (z. B. „Kellerabteil Nr. 122").

Eine Pflicht zur Angabe der **Größe der Mietfläche** im Mietvertrag besteht nicht. Wenn 48
die Vertragsparteien eine bestimmte Größe als Soll-Beschaffenheit der Mietsache vereinbaren, sollten sie die Berechnungsmethode für die Mietfläche regeln (z. B. WoFlV, §§ 42 ff II. BV).[51] Formularvertraglich wirksam möglich ist auch die Klarstellung, dass die Angabe der Wohnfläche im Mietvertrag keine Beschaffenheitsvereinbarung für die Größe der Mietfläche begründet.[52]

Bei **Gemeinschaftsflächen** sollten die Vertragsparteien die Qualität des Nutzungs- 49
rechts klarstellen und eine Widerrufsmöglichkeit ausdrücklich regeln.

---

[48] Vgl. BGH, Versäumnisurt. v. 17.12.2008 – XII ZR 57/07, NZM 2009, 198 Rn. 17.
[49] BGH, Urt. v. 23.9.2009 – VIII ZR 300/08, NJW 2010, 1133 Rn. 13.
[50] Einzelheiten str.; vgl. Blank in Blank/Börstinghaus, § 535 BGB Rn. 596; Sternel PiG 92 (2012), 47.
[51] Cramer NZM 2017, 457.
[52] BGH, Urt. v. 10.11.2010 – VIII ZR 306/09, NJW 2011, 220 Rn. 23.

c) Mietzweck

50 Der Mietzweck richtet sich vor allem nach der **Vereinbarung** der Vertragsparteien. Ergänzend sind Art und Lage der Mietsache sowie die Verkehrsanschauung zur Auslegung heranzuziehen.[53] Der Mietzweck ist von zentraler Bedeutung für das Mietverhältnis. Er bestimmt einerseits den vom Vermieter geschuldeten **vertragsgemäßen Zustand** der Mietsache nach § 535 Abs. 1 Satz 2 BGB (siehe Rn. C 7 ff.). Andererseits bildet er den Rahmen für das **Gebrauchsrecht** des Mieters (siehe Rn. C 42 ff.). Dessen Überschreitung kann Unterlassungsansprüche (§ 541 BGB, siehe Rn. C 64 ff.) oder Schadensersatzansprüche des Vermieters auslösen (§ 538 BGB e. c., siehe Rn. I 97 ff.). Außerdem bestimmt der vereinbarte Mietzweck, welche **mietrechtlichen Regelungen** für das Mietverhältnis gelten (z. B. Wohnraummiete, Geschäftsraummiete, zur Abgrenzung siehe Rn. A 26 ff.).

51 Zu Gunsten des Mieters können die Vertragsparteien **vereinbaren**, dass auf ein gewerbliches Mietverhältnis Wohnraummietrecht anwendbar ist.[54] Umgekehrt ist es nicht möglich, die zwingenden Mieterschutzvorschriften des Wohnraummietrechts abzubedingen. Auch das unzutreffende „Etikettieren" von Wohnraum im Mietvertrag als weniger geschützte Raumklasse (z. B. als Geschäftsraum) kann den Wohnraum dem Mieterschutz nicht entziehen.[55]

52 **Nutzungsänderungen** im Gebrauch der Mietsache bedürfen grundsätzlich der Zustimmung des Vermieters, soweit sie nicht vom Mietzweck gedeckt sind (zur Form siehe Rn. B 98 ff.).[56]

d) Miete

53 Als Gegenleistung für die Überlassung des Gebrauchs an der Mietsache ist der Mieter nach § 535 Abs. 2 BGB zur Zahlung der **Miete** verpflichtet, mit der aus § 535 Abs. 1 Satz 3 BGB an sich sämtliche Lasten der Mietsache abgegolten sind. In der Praxis üblich sind jedoch Vereinbarungen, wonach der Mieter zusätzlich zur **Grundmiete** auch **Betriebs- oder Nebenkosten** der Mietsache bezahlt. Bei solchen Umlagevereinbarungen sollte der Vermieter klar festlegen, welche Leistungen mit der **Grundmiete** abgegolten sind und welche Kosten der Mieter wie als **Betriebs- oder Nebenkosten** trägt (siehe Rn. E 19 ff.). Ferner können die Vertragsparteien vereinbaren, dass der Mieter bestimmte Leistungen direkt von Dritten bezieht (z. B. Strom vom Energieversorgungsunternehmen). Die Miete kann auch in der Verpflichtung des Mieters zu **anderen Leistungen** bestehen, z. B. zu Bau-[57] oder Dienstleistungen oder zu Schönheitsreparaturen[58]. Eine auf die Miete und Betriebs- bzw. Nebenkosten entfallende **Umsatzsteuer** schuldet der Mieter[59], wenn die Zahlung umsatzsteuerpflichtig ist[60] *und* die Vertragsparteien vereinbaren, dass der Mieter die Umsatzsteuer trägt.[61]

---

[53] BGH, Urt. v. 16.5.2007 – VIII ZR 207/04, NZM 2007, 597 Rn. 8.
[54] KG, Urt. v. 27.8.2015 – 8 U 192/14, MDR 2015, 1288.
[55] LG Berlin, Urt. v. 29.3.2001 – 67 S 374/00, GE 2001, 771, 772 Rn. 15.
[56] BGH, Urt. v. 9.1.1954 – VI ZR 50/53, ZMR 1954, 211.
[57] BGH, Urt. v. 8.11.1995 – XII ZR 202/94, ZMR 1996, 122 juris Rn. 14.
[58] BGH, Beschl. v. 30.10.1984 – VIII ARZ 1/84 NJW 1985, 480, 481.
[59] BGH, Urt. v. 23.7.2008 – XII ZR 134/06, NJW 2008, 3210 Rn. 29 ff.
[60] Grundlegend Herrlein NZM 2013, 409.
[61] Um dem Mieter einen Vorsteuerabzug zu ermöglichen, sollte der Mietvertrag die Qualität einer Rechnung haben. Dies erfordert nach § 14 Abs. 4 UStG, R 183 II UStR die Angabe der Umsatzsteuer-Identifikationsnummer des Vermieters, der Miete ohne Umsatzsteuer und die ausgerechnete Umsatzsteuer im Mietvertrag.

Darüber hinaus können die Vertragsparteien bereits **künftige Mietänderungen** regeln, 54
beispielsweise indem sie eine Staffel- oder Indexmiete vereinbaren. Vor allem bei langfristigen Mietverhältnissen über Geschäftsraum ist dies notwendig, weil der Vermieter andernfalls keine Mieterhöhungen durchsetzen kann.

e) Mietzeit

Das Mietverhältnis können die Vertragsparteien prinzipiell auf **unbestimmte Zeit** vereinbaren, so dass es ordentlich kündbar ist (§ 542 Abs. 1 BGB bzw. §§ 574 ff. BGB) oder auf **bestimmte Zeit,** so dass es mit Ablauf der vereinbarten Mietzeit endet (§ 542 Abs. 2 BGB). 55

Bei **Wohnraum** ist die Vermietung auf unbestimmte Zeit der Regelfall. Eine Befristung 56
der Mietzeit (Zeitmietvertrag) ist nur in den durch § 575 BGB zugelassenen Fällen zulässig (siehe Rn. H 7 f.). Ein befristeter Ausschluss des ordentlichen Kündigungsrechts ist wirksam möglich (siehe Rn. H 135).

Bei **Geschäftsraum** ist das Spektrum der Gestaltungen breiter. So sind Befristungen 57
der Mietzeit bis zur Höchstgrenze von 30 Jahren ohne einen besonderen Grund möglich (§ 544 Satz 1 BGB). Ferner sind *Optionsrechte* denkbar, mit denen eine Vertragspartei die Mietzeit durch einseitige Erklärung um einen vereinbarten Zeitraum verlängern kann. Muss der Vermieter die Mietsache noch erstellen *(Vermietung vom Reißbrett)*, wird häufig ein Beginn der Mietzeit mit Übergabe der Mietsache vereinbart. Formularvertraglich wird dies als wirksam beurteilt, wenn die Übergabe innerhalb eines bestimmten Übergabezeitraums stattfinden muss (z.B. innerhalb eines bestimmten Kalendermonats).[62]

Schließen die Vertragsparteien einen Mietvertrag für *längere Zeit als ein Jahr*, müssen 58
sie die **gesetzliche Schriftform** der §§ 550, § 578 BGB wahren. Andernfalls gilt das Mietverhältnis als auf **unbestimmte Zeit** geschlossen und ist unbeschadet der vertraglichen Mietzeitabrede **ordentlich kündbar** (siehe Rn. B 79 ff. und H 137 ff.).

3. Ausschreibung von Mietverträgen

a) Marktbeherrschende Stellung des Vermieters

Die **marktbeherrschende Stellung** des Vermieters für bestimmte Mietsachen kann zur 59
Vermeidung einer unbilligen Behinderung des Wettbewerbs nach §§ 19 Abs. 2 Nr. 1, 18 Abs. 1 GWB erfordern, dass der Vermieter den Mietvertrag in **regelmäßigen Zeitabständen in einem wiederholten Auswahlverfahren** vergibt, das die Grundsätze der **Gleichbehandlung und Transparenz** beachtet. Dies kommt beispielsweise in Betracht bei Vermietung von Geschäftsräumen an einen *KfZ-Schilderpräger*[63] in der Zulassungsstelle oder in deren unmittelbarer Nähe, von Geschäftsräumen in unmittelbarer Nähe des Friedhofs an eine Friedhofsgärtnerei[64] oder von Räumen zum Betrieb einer Kantine oder eines Pausenverkaufs innerhalb einer Schule oder Unternehmens. Selbst für exklusive Freiflächen für Konzerte, kann eine marktbeherrschende Stellung des Vermieters bestehen, die ihm wettbewerbsrechtliche Pflichten auferlegt.[65] Bei der Ausschreibung darf der Vermieter soziale Belange berücksichtigen, wenn er die an der Ausschreibung beteiligenden Unternehmen hierüber rechtzeitig informiert (z.B. Beschäftigung von Behinderten).[66]

---

[62] Vgl. Menn in Ghassemi-Tabar/Guhling/Weitemeyer § 535 BGB Rn. 80.
[63] BGH, Urt. v. 14.7.1998 – KZR 1–97, NJW 1998, 3778; Neuvergabe alle fünf Jahre.
[64] Joachim NZM 2004, 57.
[65] OLG München, Urt. v. 14.3.2013 – U 1891/12 – „Brunnenhof der Residenz", juris.
[66] BGH, Urt. v. 7.11.2006 – KZR 2/06, NJW 2007, 2184.

60   Verstöße haben die Nichtigkeit des Mietvertrags nach § 134 BGB zur Folge[67] und können Schadens- und Unterlassungsansprüche aus §§ 33 Abs. 1, 33a Abs. 1 GWB nach sich ziehen.

b) Ausschreibungspflichten für Gemeinden

61   Auch wenn eine Gemeinde einen zivilrechtlichen Mietvertrag abschließt, unterliegt sie den Bindungen und Beschränkungen des öffentlichen Rechts (sog. **Zweistufentheorie**).[68] Aus verschiedensten Vorschriften kann sich sowohl für das *Anmieten* als auch das *Vermieten* einer Immobilie eine Pflicht zur Ausschreibung des Mietvertrags ergeben. Hierfür macht die Gemeinde ihr Angebot und die Vergabekriterien bekannt, fordert die am Vertragsschluss interessierten Bieter in einem formalisierten Verfahren zur Angebotsabgabe auf und erteilt nach Ablauf der Angebotsfrist den Zuschlag gemäß den Zuschlagskriterien (Annahme des Angebots).

62   **Grundsätzlich** besteht für Gemeinden **keine vergaberechtliche Pflicht** zur Ausschreibung von Mietverträgen. Das gilt sowohl, wenn die Gemeinde Immobilien anmietet (vgl. § 107 Abs. 1 Nr. 2 GWB), als auch, wenn die Gemeinde Immobilien vermietet, was kein Beschaffungselement beinhaltet. Eine Ausschreibungspflicht kann jedoch dadurch entstehen, dass sich die Gemeinde über den Mietvertrag als öffentlicher Auftraggeber (§ 99 Nr. 1 GWB) von ihrem Vertragspartner **Leistungen beschafft,** für die **förmliche Vergabeverfahren** vorgesehen sind[69] (z. B. Anmietung eines vom Vermieter nach Vorgaben des Mieters zu erstellenden Gebäudes = Bauleistung; Vermietung von Räumen mit Betriebspflicht des Mieters für eine öffentliche Einrichtung = Dienstleistung oder Dienstleistungskonzession; Verpflichtung des Mieters zu Umbau oder Errichtung der Mietsache = Bauleistung[70]). Je nachdem, ob der geschätzte Auftragswert der Leistung (ohne Umsatzsteuer) den in § 106 Abs. 2 Nr. 1 GWB verwiesenen Schwellenwert erreicht,[71] richtet sich die Pflicht des Vermieters zum Vertragsschluss in einem förmlichen Vergabeverfahren entweder nach **Kartellvergaberecht** (§§ 97 ff. GWB) oder nach **Haushaltsvergaberecht**[72].

---

[67] OLG Düsseldorf, Urt. v. 17.12.2008 – VI-U (Kart) 15/08, NJW 2009, 1087; BGH, Beschl. v. 18.2.2003 – KVR 24/01, BGHZ 154, 21 betreffend Demarkatationsvereinbarung (Dauerschuldverhältnis).

[68] BVerfG, Beschl. v. 19.7.2016 – 2 BvR 470/08, NJW 2016, 3153 Rn. 29 ff.; BVerwG, Urt. v. 18.7.1969 – VII C 56.68, BayVBl 1970, 25; BGH, Urt. v. 5.4.1984 – III ZR 12/83, NJW 1985, 197, 200.

[69] Auf die Handreichung des Bayerischen Staatsministeriums des Innern für die Anwendung des Vergaberechts bei kommunalen Grundstücksgeschäften vom 20.12.2010 wird hingewiesen. Diese ist abrufbar unter www.vergabeinfo.bayern.de unter „Vergaben im kommunalen Bereich – Dokumente zu Themenschwerpunkten – Vergaben im kommunalen Bereich". Ergänzend siehe Schönenbroicher NVwZ 2013, 903.

[70] EuGH, Urt. v. 29.10.2009 – Rs. C–536/07, NZM 2009, 871 betreffend die Errichtung einer Messehalle nach Vorgaben des Vermieters.

[71] Seit 1.1.2018 beträgt der Schwellenwert für *Bauleistungen* 5.548.000 €, für *Dienstleistungen* 221.000 €, für *soziale und andere Dienstleistungen* 750.000 € sowie für *Dienstleistungskonzessionen* 5.548.000 €. Dies folgt aus Art. 4 ff. der Richtlinie 2014/24/EU vom 26.2.2014 sowie Art. 8 der Richtlinie 2014/23/EU vom 26.2.2014, fortgeschrieben durch Art. 1 der Delegierten Verordnungen (EU) 2017/2365 und (EU) 2017/2366 jeweils vom 18.12.2017. Diese sind nach § 106 Abs. 3 GWB bekanntgegeben vom Bundesministerium für Wirtschaft und Energie im Bundesanzeiger AT 29.12.2017 B1, 1. Für bestimmte Beschaffungsbereiche und besondere Auftraggeber wie z. B. Regierungsbehörden können *andere Schwellenwerte* gelten.

[72] Vgl. Art. 31 Abs. 2 KommHV (Doppik oder Kameralistik) sowie die Bekanntmachung des Bayerischen Staatsministeriums des Inneren und für Integration v. 31.7.2018 über *Vergabe von Aufträgen im kommunalen Bereich,* Az. IB3–1512-31-19, AllMBl. 2018, 547. Hieraus folgt die Anwendung der *VOB/A* für Bauleistungen unterhalb der Schwellenwerte und die empfohlene Anwendung der *Unterschwellenvergabeordnung (UVgO)* für Liefer- und Dienstleistungen.

Eine Ausschreibungspflicht für Mietverträge kann sich daraus ergeben, dass die Gemeinde die Mietsache **unter Wert überlässt**[73], beispielsweise zur Sicherung der Existenz kleiner und ertragsschwacher Gewerbebetriebe. Um nicht einen einzelnen Mieter zu fördern, liegt nahe, dass die Gemeinde den Mietvertrag und die Zuschlagskriterien öffentlich bekannt machen muss, so dass ein breiter Interessentenkreis eine Chance auf den Zuschlag hat.[74]

63

Daneben kann das Überlassen einer Mietsache unter Wert eine **europarechtliche Beihilfe** im Sinne der Art. 107 ff. AEUV darstellen[75], wenn sie erstens Relevanz für den Binnenmarkt innerhalb der Europäischen Union hat[76], sie zweitens nicht unerheblich ist[77] und drittens keine Gruppenfreistellungsverordnung eingreift, beispielsweise für Kultur, Sport- oder lokale Infrastruktur[78]. Ein Verstoß gegen Beihilferecht lässt sich vermeiden durch ein bedingungsfreies Bietverfahren (Ausschreibung) oder durch Überlassung zu Marktbedingungen auf Grundlage eines unabhängigen Gutachtens.[79] Bei Zweifeln, ob die Beihilfe gerechtfertigt werden kann, ist eine Notifizierung der Beihilfe bei der Europäischen Kommission nach 108 Abs. 3 AEUV zu erwägen.

64

Dass eine Gemeinde beim Abschluss von Mietverträgen privatrechtlich handelt, entbindet sie nicht von den Bindungen des öffentlichen Rechts. Das BVerfG hat mit Beschluss vom 13.6.2006 entschieden, dass der **Gleichheitssatz des Art. 3 Abs. 1 GG** staatliche Stellen bei der Vergabe öffentlicher Aufträge bindet und ihnen daher verwehrt ist, das Verfahren oder die Kriterien der Vergabe willkürlich zu bestimmen.[80] Teilweise wird hieraus eine Pflicht zur Ausschreibung in einem diskriminierungsfreien Verfahren (mit Pflicht zur Information der unterlegenen Mietinteressenten und eine Wartepflicht vor Abschluss des Mietvertrags) abgeleitet, damit die Vermietentscheidung zivilgerichtlich überprüfbar ist.[81] Zudem kann eine tatsächliche Verwaltungspraxis zu einer Selbstbindung führen, von der die Gemeinde nicht ohne sachliche Rechtfertigung abweichen darf.[82] Das Eröffnen eines „Auslobungsverfahrens" soll eine vorvertragliche Pflicht des Vermieters aus §§ 311 Abs. 2 Nr. 1, 657 ff. BGB begründen, selbst gesetzte Verfahrensregeln der Transparenz, Gleichbehandlung und Rücksichtnahme zu beachten und die Vermietentscheidung ausschließlich nach den im Auslobungstext genannten Kriterien zu treffen.[83]

65

Schließlich ist die Gemeinde bei Abschluss von Mietverträgen mit Binnenmarkrelevanz (z. B. Vermietung von Geschäftsräumen in Bestlagen wie der Münchener Fußgängerzone) nach dem **europarechtlichen Transparenzgebot** verpflichtet, die aus dem AEUV abgeleiteten Grundsätze der Nichtdiskriminierung, der Gleichbehandlung und der Trans-

66

---

[73] Art. 75 Abs. 2 Satz 2 GO.
[74] Zur Unzulässigkeit direkter Wirtschaftsförderung vgl. Beschluss der Innenministerkonferenz vom 12.3.1981, Die Fundstelle Bayern (FSt) 1981 Rn. 345 und BayVerfGH, Beschl. v. 23.1.2007 – Vf. 42-VI-06, BayVBl 2008, 237.
[75] Zur Auslegung siehe Bekanntmachung der EU-Kommission vom 19.7.2016 – 2016 C 262/01.
[76] Das Gegenteil sind rein lokale Vorhaben.
[77] De-minimis-Beihilfen nach 109 AEUV i. V. m. Art. 3 Verordnung (EU) Nr. 1407/2013: 200.000,- € in drei Steuerjahren.
[78] Art. 53, 55 und 56 AGVO = Verordnung (EU) Nr. 651/2014.
[79] Europäische Kommission, Bekanntmachung zum Begriff der staatlichen Beihilfe i. S. d. Art. 107 Abs. 1 AEUV vom 19.7.2016 2016/C 262/01, Rn. 73 ff., abrufbar unter http://eur-lex.europa.eu/legal-content/DE/TXT/PDF/?uri=CELEX:52016XC0719(05)&from=EN.
[80] BVerfG, Beschl. v. 13.6.2006 – 1 BvR 1160/03, NJW 2006, 3701 Rn. 65; BVerfG, Urt. v. 22.2.2011 – 1 BvR 699/06, NJW 2011, 1201 Rn. 58.
[81] OLG Düsseldorf, Beschl. v. 13.12.2017 – 27 U 25/17, VergabeR 2018, 174 Rn. 41; a. A. LG Wuppertal, Urt. v. 21.7.2017 – 2 O 171/17, juris und Kaiser VergabeR 2018, 178, 178 f.
[82] BVerfG, Beschl. v. 13.6.2006 – 1 BvR 1160/03, NJW 2006, 3701.
[83] OLG Koblenz, Urt. v. 17.8.2017 – 1 U 7/17, NJW 2017, 3310 betreffend einstweiligen Rechtsschutz gegen eine Grundstücksveräußerung an einen anderen Kaufinteressenten.

parenz zu beachten.⁸⁴ Sie hat einen angemessenen Grad von Öffentlichkeit herzustellen, der einen Wettbewerb eröffnet und eine Nachprüfung ermöglicht, ob ein unparteiisches Vergabeverfahren stattgefunden hat.⁸⁵

67 Verstöße gegen Ausschreibungspflichten können vor allem die **Nichtigkeit** des Mietvertrags nach § 134 BGB oder dessen **Unwirksamkeit** nach § 135 GWB zur Folge haben sowie **Schadens- und Unterlassungsansprüche** auslösen. Bei Beschaffung von Leistungen unterhalb der EU-Schwellenwerte und Vermietungen unter Missachtung Transparenzgebots sind die **Verstoßfolgen umstritten**.⁸⁶

4. Neuvermietung

68 Aufgrund der **Vertragsfreiheit** ist der Vermieter grundsätzlich frei in seiner Entscheidung, ob, an wen und zu welchen Bedingungen er nach Beendigung des Mietverhältnisses vermietet.⁸⁷ Ausnahmen können sich aus Belegungs- und Preisbindungen für preisgebundenen Wohnraum ergeben (§§ 4 ff. WoBindG) oder aus dem Allgemeinen Gleichbehandlungsgesetz. Besteht ein Zweckentfremdungsverbot für Wohnraum, kann ein langer Leerstand ohne Genehmigung bußgeldbewehrt sein.⁸⁸

69 Ein vertraglicher Anspruch des Mieters auf Stellung eines Nachmieters kann sich im laufenden Mietverhältnis aus einer **echten Ersatzmieterklausel** ergeben (siehe Rn. H 32). Nach der Kündigung des Mietverhältnisses wird der Mieter hieraus keine Ansprüche ableiten können, weil der Ersatzmieter nur für die Restlaufzeit in das Mietverhältnis eintreten könnte und im Abwicklungsverhältnis statt vertraglicher Pflichten nur solche aus § 242 BGB bestehen.

70 Auch aus **Treu und Glauben** (§ 242 BGB) besteht in der Regel keine Pflicht des Vermieters, einen neuen Mietvertrag mit Personen zu schließen, die bereit sind, den Geschäftsbetrieb oder Einrichtungen des Mieters erwerben.⁸⁹

71 Ist der Vermieter eine Gemeinde, kann deren Entscheidungsfreiheit durch Ermessensbindung an frühere vergleichbare Vermietentscheidungen eingeschränkt sein (Art. 3 Abs. 1 GG). Gleichzeitig können einer Vermietung an den vom Mieter gewünschten Mietinteressenten Ausschreibungspflichten entgegenstehen (siehe Rn. B 59 ff.).

72 Übernimmt der neue Mieter durch Vereinbarung den **Betrieb** des Vormieters, ist zu bedenken, dass vom Vormieter begründete **Arbeitsverhältnisse** infolge des Betriebsübergangs nach § 613a Abs. 1 Satz 1 BGB auf den neuen Mieter **übergehen** können, sofern die betroffenen Arbeitnehmer nicht nach § 613a Abs. 6 BGB widersprechen.⁹⁰ Die Neuvermietung derselben Geschäftsräume für denselben Mietzweck genügt grundsätzlich nicht für einen Betriebsübergang.⁹¹

---

⁸⁴ Vgl. Schröder NVwZ 2017, 504 betreffend Wasserkonzessionen; vgl. auch Ziff. 3 der Bekanntmachung des Bayerischen Staatsministeriums des Inneren und für Integration über Vergabe von Aufträgen im kommunalen Bereich v. 31.7.2018, Az. IB3–1512-31-19, AllMBl. 2018, 547.

⁸⁵ Vgl. EuGH, Urt. v. 7.12.2000, Rs. C-324/98 – „Telaustria Verlags GmbH und Telefonadress GmbH gegen Telekom Austria AG" – und EuGH, Urt. v. 13.10.2005 – Rs. C-458/03 – „Brixen Parking GmbH".

⁸⁶ Vgl. Wollenschläger, NVwZ 2016, 1535; BVerfG, Beschl. v. 19.7.2016 – 2 BvR 470/08, NJW 2016, 3153; für die Nichtigkeit nach § 134 BGB OLG Düsseldorf, Beschl. v. 13.12.2017 – 27 U 25/17, VergabeR 2018, 174 Rn. 45.

⁸⁷ Ellenberger in Palandt, Einf. v. § 145 BGB Rn. 7 f.

⁸⁸ Z. B. Leerstand länger als drei Monate nach Art. 1 Satz 2 Nr. 4 und Art. 4 Satz 1 BayZwEG.

⁸⁹ Vgl. OLG München, Urt. v. 18.10.2002 – 21 U 2900/02, NZM 2003, 23, 24 unter Aufgabe von OLG München, Urt. v. 18.11.1994 – 21 U 3072/94, NJW-RR 1995, 393.

⁹⁰ Vgl. Wichert ZMR 2016, 756; BAG, Urt. v. 11.9.1997 – 8 AZR 555/95, NJW 1998, 1253 zur Neuverpachtung einer eingerichteten Gaststätte.

⁹¹ LAG Baden-Württemberg, Urt. v. 19.6.1984 – 12 Sa 39/84, BB 1985, 123.

Bei Abschluss des neuen Mietvertrags **vor Rückgabe** der Mietsache durch den bisherigen Mieter riskiert der Vermieter **Schadensersatzansprüche des Nachmieters** aus § 536a Abs. 1 BGB. Wenn der Vermieter die Mietsache nicht oder verspätet zurückerhält und sie deshalb nicht übergeben kann, haftet er dem Nachmieter für dessen Nichterfüllungs- oder Verzugsschaden.[92]

73

5. Allgemeines Gleichbehandlungsgesetz

Das Allgemeine Gleichbehandlungsgesetz (AGG) **verbietet** eine unmittelbare oder mittelbare **Benachteiligung** wegen der Rasse, ethnischer Herkunft, des Geschlechts, der Religion oder Weltanschauung, einer Behinderung, des Alters oder der sexuellen Identität (§§ 1, 3 AGG).[93] Dies betrifft die Mietverhältnisse über **sämtliche Mietsachen** (§ 2 Abs. 1 Nr. 8 AGG).

74

Ist das Vermieten für den Vermieter ein **Massengeschäft,** bei dem die Person des Mieters keine Rolle spielt, gilt das *umfassende* zivilrechtliche Benachteiligungsverbot des § 19 Abs. 1 AGG mit allen sieben Diskriminierungsmerkmalen.

75

Ist dagegen die **Person des Mieters entscheidend,** gilt das Benachteiligungsverbot nur in Bezug auf die *beiden Merkmale* Rasse und die ethnische Herkunft. Bei Wohnraum wird widerleglich ein persönlicher Einschlag vermutet, wenn der Vermieter insgesamt nicht mehr als 50 Wohnungen vermietet (§ 19 Abs. 5 Satz 3 AGG).

76

Bei Vermietung von **Wohnraum** kann der Vermieter eine an sich unzulässige **unterschiedliche Behandlung** rechtfertigen, wenn sie für stabile Bewohnerstrukturen, ausgewogener Siedlungsstrukturen oder für ausgeglichene wirtschaftliche, soziale und kulturelle Verhältnisse erforderlich ist (§ 19 Abs. 3 AGG). **Im Übrigen** kann eine unterschiedliche Behandlung gerechtfertigt sein nach §§ 4, 5 oder 20 AGG.

77

Verstöße gegen das Benachteiligungsverbot können Ansprüche aus § 21 AGG begründen, vor allem auf Unterlassung oder Schadensersatz. Für die Geltendmachung gilt eine **Ausschlussfrist von zwei Monaten,** es sei denn der Mieter bzw. Mietinteressent hat die verspätete Geltendmachung nicht zu vertreten (§ 21 Abs. 4 AGG).

78

III. Form des Mietvertrags

1. Gesetzliche Schriftform

Wahrt ein langfristiger Mietvertrag nicht die gesetzliche Schriftform der §§ 550, 578 BGB, hat dies **keine Nichtigkeit** nach § 125 Satz 1 BGB zur Folge, sondern eine Inhaltsänderung **des Mietvertrags,** der als auf unbestimmte Zeit geschlossen gilt.

79

a) Geltung

Der Abschluss von Mietverträgen unterliegt grundsätzlich **keinem Formzwang,** so dass die Vertragsparteien diese auch mündlich oder konkludent schließen können.

80

Mietverträge über Wohnraum, sonstige Räume oder ein Grundstück bedürfen der **gesetzlichen Schriftform** der §§ 550 Satz 1, 578 BGB, wenn sie für **längere Zeit als ein Jahr** geschlossen sind. Hierfür muss entweder die Mietzeit länger als ein Jahr vereinbart sein oder bei unbestimmter Mietzeit die Frist der ordentlichen Kündigung mehr als ein

81

---

[92] Vgl. OLG Düsseldorf, Urt. v. 8.5.2012 – 24 U 195/11, ZMR 2012, 861; zum Mitverschulden des Vermieters vgl. OLG München, Urt. v. 17.3.1989 – 21 U 3209/88, ZMR 1989, 224.
[93] Grundlegend zur Anwendung des AGG im Mietrecht Schmidt-Räntsch, NZM 2007, 6.

Jahr betragen. **Nachträgliche Änderungen** des Mietvertrags bedürfen ebenfalls der Schriftform, wenn sie wesentlich sind (siehe Rn. B 98 ff.). Vor allem in Mietverhältnissen über Geschäftsraum erfreuen sich Kündigungen anlässlich eines Schriftformmangels großer Beliebtheit, um sich vorzeitig aus missliebig gewordenen Mietverhältnissen zu lösen (zur Kündigung siehe Rn. H 137 ff.).

82 Die gesetzliche Schriftform **bezweckt,** dass ein Erwerber der Mietsache aus der Vertragsurkunde erkennen kann, welche *schuldrechtlichen* Rechte und Pflichten aus dem Mietverhältnis nach §§ 566 Abs. 1, 578 BGB auf ihn zukommen. Insoweit hat die Mietvertragsurkunde eine Funktion vergleichbar dem Grundbuch, aus dem der Erwerber die *dinglichen* Belastungen der Immobilie ersehen kann. Nachrangig dient die Schriftform dem Beweis des Vertragsinhalts und der Warnung der Vertragsparteien vor übereiltem Vertragsschluss.[94]

83 Sind die wesentlichen Rechte und Pflichten der Vertragsparteien nicht aus der Mietvertragsurkunde ersichtlich, kollidieren das das Interesse des Erwerbers, nicht an Vereinbarungen außerhalb der Mietvertragsurkunde gebunden zu sein und das Bestandsinteresse des Mieters. Die gesetzliche Regelung gleicht die Interessen dadurch aus, dass *beide* Vertragsparteien das Mietverhältnis unabhängig von der vereinbarten Mietzeit *ordentlich* mit gesetzlicher Frist **kündigen** können. Die Kündigung ist frühestens zum Ablauf des *ersten Jahres* der Mietzeit zulässig.

84 Für *automatische Wertsicherungsklauseln,* die nach § 3 Abs. 1 Nr. 1e) PrKG einen wirksamen Verzicht des Vermieters auf das Kündigungsrecht für mindestens zehn Jahre erfordern, ist die Kündbarkeitsfolge durch § 8 Satz 1 Halbsatz 1 PrKG abgemildert (siehe Rn. F 108).

b) Wahrung

aa) Inhaltlich

85 Die Wahrung der Schriftform der §§ 550, 578 BGB erfordert,[95] dass **alle wesentlichen Vereinbarungen** in der Vertragsurkunde enthalten sind. Wesentlich sind zunächst die *Vertragsparteien, die Mietsache, die Miete und die Mietzeit.*[96] Weitere Vereinbarungen unterliegen der Schriftform, wenn sie nach dem Willen der Vertragsparteien **wichtiger Vertragsbestandteil** sein sollen.[97] Dazu gehören vor allem der Mietzweck[98], der vollständige[99] oder auf Eigenbedarf beschränkte[100] Verzicht auf das ordentliche Kündigungsrecht für längere Zeit als ein Jahr, Umbauvereinbarungen[101] und die Zustimmung zur Untervermietung[102].

86 **Nebenabreden,** die für den Inhalt des Mietvertrags nicht von wesentlicher Bedeutung sind, bedürfen nicht der Schriftform.[103]

---

[94] BGH, Urt. v. 27.9.2017 – XII ZR 114/16, NJW 2017, 3772 Rn. 35; BGH, Urt. v. 7.6.2008 – XII ZR 69/09, NJW 2011, 72;.
[95] Zur Vertiefung Guhling NZM 2014, 529.
[96] BGH, Urt. v. 19.9.2007 – XII ZR 198/05, NJW 2008, 365 Rn. 11.
[97] BGH, Urt. v. 22.12.1999 – XII ZR 339/97, NJW 2000, 1105.
[98] OLG Rostock 3, Urt. v. 2.7.2009 – 3 U 146/08, juris.
[99] OLG München, Urt. v. 7.4.2016 – 23 U 3162/15, ZMR 2016, 945, 946; BGH, Urt. v. 8.12.1959 – VIII ZR 164/58, juris.
[100] BGH, Urt. v. 4.4.2007 – VIII ZR 223/06, NJW 2007, 1742 Rn. 20.
[101] Vgl. BGH, Urt. v. 25.11.2015 – XII ZR 114/14, NJW 2016, 311 Rn. 29 ff.
[102] Vgl. BGH Urt. v. 23.1.2013 – XII ZR 35/11, NJW 2013, 1082 Rn. 19 (offengelassen).
[103] BGH, Urt. v. 30.6.1999 – XII ZR 55/97, NJW 1999, 2591, 2592; BGH, Urt. v. 25.11.2015 – XII ZR 114/14 NJW 2016, 311 Rn. 12; a. A. Lammel in Schmidt-Futterer, § 550 BGB Rn. 33, der angesichts des gleich gelagerten Formzwecks für eine Gleichbehandlung mit § 311b BGB plädiert; Sternel in Mietrecht, Rn. I 193; OLG Hamm, OLG Hamm, Urt. v. 13.3.2014 – 10 U 92/13, ZMR 2014, 721.

III. Form des Mietvertrags

Sämtliche formbedürftigen Vereinbarungen müssen aus der Vertragsurkunde im Zeitpunkt des Vertragsschlusses **bestimmbar** sein; zur Auslegung dürfen jedoch auch Umstände außerhalb der Urkunde herangezogen werden.[104]

Die **Vertragsparteien** müssen so bezeichnet sein, dass sie aus der Mietvertragsurkunde bestimmbar sind. Ist mangels Offenlegung der Stellvertretung zweifelhaft, ob ein Mietverhältnis mit der im Rubrum genannten Person oder dem Unterzeichner besteht, ist die Schriftform verletzt. Allerdings kann sich die *Stellvertretung* auch aus den Umständen ergeben (z. B. durch einen Firmenstempel[105] oder zwingendes Handeln für eine KG[106]). Ist eine nicht rechtsfähige *Erbengemeinschaft* Vertragspartei (§ 2032 ff. BGB), müssen sämtliche Miterben im Rubrum bezeichnet sein.[107] Umgekehrt genügt für eine im Grundbuch einzutragende *Erwerbergemeinschaft* eine Gesamtbezeichnung, da die einzelnen künftigen Eigentümer anhand des Grundbuchs bestimmbar sind.[108]

87

Die **Mietsache** muss so bezeichnet sein, dass ihre *Lage* zumindest durch Auslegung anhand weiterer Umstände bestimmbar ist.[109] Mit Lage ist nicht nur der Ort gemeint, an dem sich die Mietsache befindet, sondern auch ihr räumlicher Umfang. Eine Bezeichnung der Mietsache nach Flurnummer oder Hausnummer kann entbehrlich sein, wenn die Mietsache eindeutig anhand eines *Plans* bestimmbar ist, der Mietvertragsbestandteil ist.[110] Umgekehrt ist das Fehlen eines in Anlage verwiesenen Lageplans unschädlich, wenn die Mietsache auch ohne diesen eindeutig aus dem Mietvertrag hervorgeht.[111] Das Bestimmbarkeitserfordernis gilt grundsätzlich auch für die Lage von **Nebenräumen** wie Kellern und Stellplätzen. Hier kann die genaue Bezeichnung jedoch entbehrlich sein, wenn die Auslegung des Mietvertrags ergibt, dass dem Vermieter ein Leistungsbestimmungsrecht nach § 315 BGB zusteht[112] oder dass der Mieter die gemietete Anzahl der Stellplätze aus den jeweils freien Stellplätzen selbst auswählen kann[113]. Am sichersten ist es, auch die Mietvermietung von Nebenräumen und anderen Teilen der Mietsache (z. B. Schaukästen, Außenwände, Gemeinschaftsflächen) sowohl hinsichtlich der *Lage* als auch der *Qualität* der Nutzung (z. B. Alleingebrauch, Mitbenutzungsrecht, Gestattung) genau in Plänen festzulegen, die Vertragsbestandteil sind. Bei Pachtverträgen sollte ein **Inventarverzeichnis** Vertragsbestandteil sein; dessen Fehlen verletzt nicht die Schriftform der §§ 550, 578, 581 Abs. 2 BGB, wenn das *gesamte* Inventar Vertragsgegenstand ist.[114] Muss der Vermieter die Mietsache nach Abschluss des Mietvertrags erst erstellen (**Vermietung vom Reißbrett**), muss die Lage des künftigen Mietobjekts, der darin angemieteten Räume und Nebenräume sowie deren Beschaffenheit (Baubeschreibung, Raumbuch) bestimmbar sein.[115] Dazu müssen die oft in umfangreiche Anlagen ausgelagerten Leistungsbeschrei-

88

---

[104] BGH NJW 2014, 2102, BGH NJW 2013, 3361; BGH NJW 2008, 2178.
[105] BGH, Urt. v. 23.1.2013 – XII ZR 35/11, NJW 2013, 1082 Rn. 11; OLG Rostock, Beschl. v. 12.7.2018 – 3 U 23/18, ZMR 2018, 828.
[106] BGH, Urt. v. 22. April 2015 – XII ZR 55/14, NJW 2015, 2034 Rn. 22.
[107] BGH, Urt. v. 11.9.2002 – XII ZR 187/00, NJW 2002, 3389.
[108] BGH, Urt. v. 2.11.2005 – XII ZR 233/03, NJW 2006, 140 Rn. 18 f.
[109] BGH, Urt. v. 2.11.2005 – XII ZR 233/03, NJW 2006, 140 Rn. 20 – Lage der Räume innerhalb eines Geschoßes; BGH, Urt. v. 2.6.2010 – XII ZR 110/08, NZM 2010, 704 Rn. 23 – Lage der Teilfläche innerhalb des Grundstücks.
[110] BGH, Urt. v. 29. April 2009 – XII ZR 142/07, NJW 2009, 2195 Rn. 26 – Bestimmbarkeit anhand eines Lageplans.
[111] BGH, Versäumnisurt. v. 17.12.2008 – XII ZR 57/07, NZM 2009, 198 Rn. 14.
[112] BGH, Urt. v. 12.3.2008 – VIII ZR 71/07, NJW 2008, 1661, Rn. 19 ff.
[113] BGH, Versäumnisurt. v. 17.12.2008 – XII ZR 57/07, NZM 2009, 198 Rn. 15; BGH Urt. v. 23.1.2013 – XII ZR 35/11, NJW 2013, 1082 Rn. 16.
[114] BGH, Versäumnisurt. v. 17.12.2008 – XII ZR 57/07, NZM 2009, 198 Rn. 16 ff.
[115] BGH, Urt. v. 30.6.1999 – XII ZR 55/97, NJW 1999, 2591; Neuhaus ZMR 2011, 1, 5 ff.; Günter WuM 2012, 587.

bungen in sich und im Verhältnis zum Mietvertrag frei von Widersprüchen sein. Empfehlenswert ist, bereits im Ursprungsmietvertrag ein Verfahren für nachträgliche Änderungswünsche des Mieters anzulegen (vgl. §§ 650b, 650c BGB), um Schriftformmängel durch ungeordnete Vertragsänderungen zu vermeiden (z. B. Änderung der Torluftschleieranlage[116]).

89 Die **Miete** muss einschließlich der Betriebs- oder Nebenkosten[117] und etwaiger Regelungen für Mietänderung bestimmbar sein. Leistungsvorbehalte sollten klar definieren, ob eine Mietanpassung oder Neufestsetzung erfolgt (siehe Rn. F 114). Ein Risiko widersprüchlicher Regelungen besteht, wenn die Vertragsparteien spezielle Mietanpassungsregeln für den Fall vereinbaren, dass der Mieter ein Optionsrecht zur Verlängerung der Mietzeit ausübt, und das Verhältnis zu allgemeinen Mietanpassungsregeln unklar ist.

90 Die vereinbarte **Mietzeit** entspricht der Schriftform, wenn sich Beginn und Ende der Mietzeit im Zeitpunkt des Vertragsschlusses hinreichend bestimmbar aus der Vertragsurkunde ergeben.[118] Dies erfordert keine Befristung der Mietzeit auf einen bestimmten Endtermin, die abstrakte Abschätzbarkeit anhand der ordentlichen Kündigungsfrist genügt. Die Vereinbarung eines „mehrfachen" Optionsrechts zur Verlängerung der Mietzeit soll bestimmt genug sein, weil es seine Grenze jedenfalls in der Kündigungsmöglichkeit des § 544 Satz 1 BGB nach 30 Jahren findet.[119] Das Zusammentreffen unzureichend abgestimmter Options- und Verlängerungsklauseln kann Zweifel über die vereinbarte Mietzeit begründen.[120] Bei einer noch zu erstellenden Mietsache (**Vermietung vom Reißbrett**) ist die Vereinbarung hinreichend bestimmt, dass das Mietverhältnis mit Übergabe beginnt.[121] Begründet wird dies mit dem praktischen Bedürfnis und der Nachforschungsmöglichkeit des eintretenden Erwerbers. Das nachträgliche Einbeziehen des Übergabeprotokolls durch Nachtragsmietvertrag ist für die Wahrung der Schriftform entbehrlich.

91 **Kein Schriftformerfordernis** besteht für Vereinbarungen, in die ein Grundstückserwerber *nicht nach §§ 566 Abs. 1, 578 BGB eintritt*, weil sie keine mietvertraglichen Rechte und Pflichten regeln[122] (z. B. Betreuungspflicht des Vermieters). Ausgenommen sind ferner für einen Erwerber *unwesentliche Vereinbarungen*.[123] Hierzu gehören Vereinbarungen, die *nicht länger als ein Jahr* gelten, *frei widerruflich* sind[124] oder lediglich Vertragsinhalte *konkretisieren*[125]. Vereinbarungen über *einmalige Leistungen* bei Vertragsschluss können unwesentlich sein, wenn diese keine Miete darstellen.[126]

bb) Formal

92 Formal erfordert die Schriftform nach §§ 550, 578, 126 Abs. 2 BGB, dass **alle Vertragsparteien** den Mietvertrag auf derselben Urkunde **unterzeichnen**. Dies kann durch zwei *Unterschriften auf demselben Mietvertrag* geschehen (§ 126 Abs. 2 Satz 1 BGB). Alternativ kann jede Vertragspartei ein für die andere Vertragspartei bestimmtes gleich-

---

[116] OLG Braunschweig, Urt. v. 17.9.2015 – 9 U 196/14, NZM 2016, 197.
[117] BGH, Urt. v. 13.11.2013 – XII ZR 142/12, NJW 2014, 52 Rn. 22.
[118] BGH, Urt. v. 24.2.2010 – XII ZR 120/06, NJW 2010, 1518 Rn. 11 (ohne Erörterung von § 550 BGB).
[119] BGH, Urt. v. 17.6.2015 – XII ZR 98/13 NJW 2015, 2648 Rn. 41 ff.
[120] BGH, Urt. v. 14.12.2005 – XII ZR 241/03, NZM 2006, 137.
[121] BGH, Urt. v. 2.11.2005 – XII ZR 212/03, NJW 2006, 639 Rn. 10 f.; BGH, Urt. v. 24.2.2010 – XII ZR 120/06, NJW 2010, 1518 Rn. 11.
[122] BGH, Urt. v. 29.1.1992 – XII ZR 175/90, NJW-RR 1992, 654.
[123] Vgl. Huneke, NZM 2015, 478.
[124] BGH, Urt. v. 20.4.2005 – XII ZR 192/01, NJW 2005, 1861.
[125] BGH, Urt. v. 7.5.2008 – XII ZR 69/06, NJW 2008, 2178 Rn. 18.
[126] OLG Hamm, Urt. v. 11.3.1998 – 33 U 89/97, NZM 1998, 720, 721.

III. Form des Mietvertrags

lautendes Mietvertragsexemplar unterschreiben (§ 126 Abs. 2 Satz 2 BGB) und sich formlos über das Zustandekommen des Mietvertrags einigen (z. B. per Telefax). Den Zugang der unterschriebenen Mietvertragsurkunden bei der jeweils anderen Vertragspartei erfordert die „äußere Form" der §§ 550, 578 BGB nicht, weil Schriftlichkeit sämtliche Formzwecke erfüllt.[127] Praktisch ist dies wegen der schlechten Beweisbarkeit der Originalunterschrift des Vertragspartners auf dessen Exemplar nicht zu empfehlen.

Die **Unterschrift** muss *eigenhändig* erfolgen und einen individuellen Schriftzug erkennen lassen, der sich – ohne lesbar sein zu müssen – als *Wiedergabe eines Namens* darstellt und die Absicht einer vollen Unterschriftsleistung erkennen lässt.[128]   93

Ist eine **Personenmehrheit** Vertragspartei, müssen alle Personen den Mietvertrag für sie unterzeichnen.[129] Dabei ist **Stellvertretung** nach §§ 164 ff. BGB zulässig. Diese kann aber zu einem Formmangel führen, wenn unklar ist, ob ein Unterzeichner den Mietvertrag nur im eigenen oder zugleich in fremdem Namen unterschreibt.[130] Welche Unterschriften Stellvertreter zur Wahrung der Schriftform auf der Mietvertragsurkunde leisten müssen, bestimmt die Rechtsprechung nach der *„äußeren Form"* des Mietvertrags. Sieht das *Rubrum des Mietvertrags* vor, dass für eine AG *zwei* Vorstandsmietglieder unterschreiben, und ist der Mietvertrag nur von *einem* Vorstandsmitglied unterzeichnet, begründet die fehlende Unterschrift einen Schriftformmangel.[131] Umgekehrt wahrt die Unterschrift nur *eines* Vorstandsmitglieds für eine AG die Schriftform, wenn im Rubrum des Vertrags „*der Vorstand"* als Vertreter bezeichnet ist.[132] Ob die Vertretungsmacht *tatsächlich besteht,* ist für die Wahrung der Schriftform nicht relevant. Diese bezweckt nur, dass der Erwerber sich über den Inhalt des Mietvertrags vergewissern kann, nicht aber über dessen wirksames Zustandekommen.[133]   94

Die **Urkundeneinheit** des Mietvertrags setzt nicht mehr zwingend die *körperlich feste Verbindung* der einzelnen Blätter der einheitlichen Gesamturkunde voraus (z. B. durch Heften, Ösen, Leimen, Binden). Inzwischen genügt, dass die *gedankliche Zusammengehörigkeit* der Vertragsbestandteile aus diesen zweifelsfrei ersichtlich ist, beispielsweise aus fortlaufender Nummerierung der Seiten, der einzelnen Regelungen, einheitlicher grafischer Gestaltung oder inhaltlichem Zusammenhang des Textes (sog. *Auflockerungsrechtsprechung*).[134] In der Praxis ist das Erstellen fest verbundener Vertragsurkunden empfehlenswert; damit diese nicht wieder aufgelöst werden müssen, bietet sich das Vorhalten eines zusätzlichen Kopierexemplars an.   95

Anlagen zum Mietvertrag bedürfen keiner gesonderten Unterzeichnung. Die Unterschrift unter den Mietvertrag deckt sie, wenn der Mietvertrag so auf die Anlagen verweist,   96

---

[127] BGH, Urt. v. 7.3.2018 – XII ZR 129/16, NZM 2018, 394 Rn. 19 ff; BGH, Urt. v. 7.5.2008 – XII ZR 69/06, NJW 2008, 2178 Rn. 34.
[128] BGH, Urt. v. 21.2.2008 – V ZB 96/07, GE 2008, 539 Rn. 8.
[129] BGH, Urt. v. 23.1.2013 – XII ZR 35/11, NJW 2013, 1082 Rn. 10 f.; BGH, Urt. v. 5.11.2003 – XII ZR 134/02, NJW 2004, 1103.
[130] BGH, Urt. v. 23.1.2013 – XII ZR 35/11, NJW 2013, 1082 Rn. 10 f.
[131] BGH, Urt. v. 4.11.2009 – XII ZR 86/07, NJW 2010, 1453; anders bei Aufbringen eines Firmenstempels OLG Rostock, Beschl. v. 12.7.2018 – 3 U 23/18, ZMR 2018, 828.
[132] BGH, Urt. v. 22.4.2015 – XII ZR 55/14, NJW 2015, 2034 Rn. 20 ff. Nach § 78 Abs. 3 AktG kann als Vorstand auch ein alleinvertretungsberechtigtes Vorstandsmitglied auftreten. Eine in vorausgegangenen Mietverträgen bestehende *Gesamtvertretungsberechtigung* hat der BGH als unschädlich beurteilt, weil sich die Befugnisse des Vorstands zwischenzeitlich ändern konnten. Auch die Publizität des Handelsregisters spielt keine Rolle.
[133] BGH, Urt. v. 19.9.2007 – XII ZR 121/05, NJW 2007, 3346 Rn. 13.
[134] BGH, Urt. v. 24.9.1997 – XII ZR 234/95, NJW 1998, 58; BGH, Urt. v. 30.1.2013 – XII ZR 38/12, NJW 2013, 1083.

dass sie Vertragsbestandteil werden (einheitliche Vertragsurkunde).[135] Eines Rückverweises auf den Mietvertrag bedarf es nicht.[136]

97 Bei **verspäteter Annahme** eines schriftlich angebotenen Mietvertrags (§ 150 Abs. 1 BGB, siehe Rn. B 24) oder dessen **abändernder Annahme** (§ 150 Abs. 2 BGB, siehe Rn. B 25) wird die Schriftform als gewahrt beurteilt, weil die Vertragsbedingungen des konkludenten Mietvertrags in der von beiden Parteien unterschriebenen Vertragsurkunde enthalten sind („**äußere Form**").[137] Der Zweck der §§ 550, 578 BGB sei lediglich, einem nach §§ 566 Abs. 1, 578 BGB eintretenden Erwerber Gewissheit über die *Inhalte* des Mietvertrags zu verschaffen, nicht auch über dessen *Zustandekommen*.[138]

c) Nachträgliche Vertragsänderungen

98 Das Vereinbaren wesentlicher nachträglicher **Änderungen** des Mietvertrags unterliegt ebenso der Schriftform der §§ 550, 578 BGB wie der ursprüngliche Mietvertrag. **Inhaltlich** gelten dieselben Grundsätze wie für den Ursprungsmietvertrag.

99 Der **Schriftform** unterliegen zum Beispiel Vereinbarungen, welche die Vertragsparteien ändern (siehe Rn. G 2 ff.), die Mietsache,[139] die Miethöhe,[140] die Fälligkeit der Miete,[141] den Mietzweck[142] oder die Mietzeit[143]. Gleiches gilt für die Zustimmung des Vermieters zu Umbauten.[144] Für die Zustimmung des Vermieters zur Untervermietung dürfte danach zu unterscheiden sein, ob der Mieter Anspruch auf die Untermieterlaubnis hat (nicht formbedürftig) oder nicht (formbedürftige Erweiterung des Mietgebrauchs).[145]

100 **Kein Schriftformbedürfnis** besteht für unwesentliche Vereinbarungen, die **nicht länger als ein Jahr** gelten und frei widerruflich sind.[146] Formfrei sind ferner im schriftlichen Mietvertrag **angelegte Vollzugsakte**, beispielsweise das Konkretisieren der vermieteten Stellplätze durch Leistungsbestimmung des Vermieters nach § 315 Abs. 1 BGB[147], das Ausüben eines Optionsrechts auf Vertragsverlängerung,[148] das Einfordern der automatisch durch Wertsicherungsklausel erhöhten Miete[149] oder die einseitige Mietanpassung durch Leistungsbestimmung nach § 315 Abs. 1 BGB[150]; nicht hingegen die Neufestsetzung durch Einigung der Vertragsparteien, auch wenn diese von einer Indexveränderung abhängt und bei Scheitern der Einigung durch Leistungsbestimmung eines Dritten statt-

---

[135] BGH, Urt. v. 20.4.2005 – XII ZR 29/02, NZM 2005, 584, 585.
[136] BGH, Urt. v. 18.12.2002 – XII ZR 253/01, NJW 2003, 1248.
[137] BGH, Urt. v. 24.2.2010 – XII ZR 120/06, NJW 2010, 1518 Rn. 12 ff. bzw. BGH, Urt. v. 17.06.2015 – XII ZR 98/13, NJW 2015, 2648 Rn. 32 ff.
[138] BGH, Urt. v. 24.2.2010 – XII ZR 120/06, NJW 2010, 1518 Rn. 26.
[139] Vgl. BGH, Beschl. v. 23.6.1999 – XII ZR 163/97, NZM 1999, 763 betreffend eine unklare Reduzierung der Mietfläche.
[140] BGH, Urt. v. 25.11.2015 – XII ZR 114/14, NJW 2016, 311 Rn. 17 ff., auch bei geringfügigen Änderungen (hier: 20 € Mieterhöhung der monatlichen Miete von 1.350 € auf 1.370 €).
[141] BGH, Urt. v. 19.9.2007 – XII ZR 198/05, NJW 2008, 365, 366 Rn. 12 ff. – konkludente Umstellung der Zahlung von quartalsweise auf monatlich.
[142] OLG Rostock 3, Urt. v. 2.7.2009 – 3 U 146/08, juris.
[143] BGH, Urt. v. 24.6.1987 – VIII ZR 225/86, NJW-RR 1987, 1227 für Optionsrecht für länger als ein Jahr; OLG Brandenburg, Urt. v. 2.4.2008 – 3 U 80/07, NZM 2008, 406 für Verlegung des Mietbeginns um 8 Kalendertage.
[144] Vgl. BGH, Urt. v. 25.11.2015 – XII ZR 114/14, NJW 2016, 311 Rn. 28 ff (offengelassen).
[145] Vgl. BGH Urt. v. 23.1.2013 – XII ZR 35/11, NJW 2013, 1082 Rn. 19 (offengelassen).
[146] BGH, Urt. v. 25.11.2015 – XII ZR 114/14, NJW 2016, 311 Rn. 17; BGH, Urt. v. 20.4.2005 – XII ZR 192/01, NJW 2005, 1861, jeweils betreffend Mietänderungen.
[147] BGH, Urt. v. 12.3.2008 – VIII ZR 71/07, NJW 2008, 1661, Rn. 19 ff.
[148] BGH, Urt. v. 21.11.2018 – XII ZR 78/17, juris Rn. 20 ff; BGH, Urt. v. 11.4.2018 – XII ZR 43/17, NZM 2018, 515 Rn. 20; BGH, Urt. v. 5.2.2014 – XII ZR 65/13, NJW 2014, 1300 Rn. 28.
[149] BGH, Urt. v. 5.2.2014 – XII ZR 65/13, NJW 2014, 1300 Rn. 30 ff.
[150] BGH, Urt. v. 11.4.2018 – XII ZR 43/17, NZM 2018, 515 Rn. 19 f.

finden soll.¹⁵¹ Außerdem sind formfrei die Anpassung der Nebenkostenvorauszahlung durch schriftliche Erklärung des Vermieters¹⁵², die Ausübung einer Verlängerungsoption durch einseitige Erklärung des Mieters¹⁵³ oder die Erteilung einer mietvertraglich geschuldeten Untermieterlaubnis.¹⁵⁴ Allen diesen Fällen ist gemein, dass ein in das Mietverhältnis eintretender Erwerber durch die schriftliche Regelung des Mietvertrags informiert ist, so dass es sich über den Vertragsvollzug *erkundigen* kann. Allerdings empfiehlt sich beim **geringsten Zweifel** über die Formbedürftigkeit einer Änderung die Vereinbarung in einem förmlichen Nachtragsvertrag.

Formal erfordert die Wahrung der Schriftform, dass die Vertragsparteien die Änderungen schriftlich in einem **Nachtragsvertrag** vereinbaren; ein schlichter Briefwechsel über die Änderung wesentlicher Vertragsinhalte genügt nicht (§ 126 Abs. 2 Satz 1 BGB). Alternativ kann jede Vertragspartei ein für die andere Vertragspartei bestimmtes gleichlautendes Exemplar des Nachtragsvertrags unterschreiben (§ 126 Abs. 2 Satz 2 BGB) und sich formlos über das Zustandekommen der Vertragsänderung Mietvertrags einigen (z. B. per Telefax).¹⁵⁵ Praktisch ist dies wegen der schlechten Beweisbarkeit der Originalunterschrift des Vertragspartners auf dessen Exemplar nicht zu empfehlen.

Die **Urkundeneinheit** des Mietvertrags verlangt zwar keine feste Verbindung des Nachtragsvertrags mit den vorausgegangenen Verträgen.¹⁵⁶ Sie erfordert aber, dass der Nachtragsvertrag **lückenlos auf sämtliche vorangegangenen Vereinbarungen** Bezug nimmt und zum Ausdruck bringt, dass diese zusammen mit dem neuen Nachtrag als „neuer Mietvertrag" gelten sollen.¹⁵⁷ Hierzu muss der Nachtragsvertrag die **geänderten Regelungen aufführen** und erkennen lassen, dass es **im Übrigen bei den Bestimmungen des ursprünglichen Vertrages** verbleiben soll.¹⁵⁸ Damit die Vertragsparteien keine vorausgegangene Vereinbarung vergessen, ist es eine weit verbreitete Praxis, Nachträge *fortlaufend zu nummerieren*. Die lückenlose Bezugnahme auf die vorausgegangenen Vereinbarungen kann elegant durch Wiedergabe der *Vertragsgeschichte* im Vertragstext erfolgen.¹⁵⁹

Nachtragsverträge können einerseits Mängel der gesetzlichen Schriftform **heilen** (z. B. wenn fehlende Anlagen zum Mietvertrag nachträglich eingebunden werden).¹⁶⁰ Umgekehrt kann ein mangelhafter Nachtragsvertrag das Mietverhältnis mit einem Schriftformmangel **infizieren,** so dass es vorzeitig kündbar wird (zur Infektionstiefe siehe Rn. H 142).

---

¹⁵¹ BGH, Urt. v. 11.4.2018 – XII ZR 43/17, NZM 2018, 515 Rn. 22 f.
¹⁵² BGH, Urt. v. 5.2.2014 – XII ZR 65/13, NJW 2014, 1300 Rn. 29.
¹⁵³ BGH, Urt. v. 5.2.2014 – XII ZR 65/13, NJW 2014, 1300 Rn. 28; BGH, Urt. v. 24.7.2013 – XII ZR 104/12, NJW 2013, 3361 Rn. 25; OLG Dresden, Urt. v. 22.2.2017 – 5 U 961/16, NZM 2017, 442.
¹⁵⁴ Vgl. BGH Urt. v. 23.1.2013 – XII ZR 35/11, NJW 2013, 1082 Rn. 19 (offengelassen).
¹⁵⁵ Vgl. BGH, Urt. v. 7.3.2018 – XII ZR 129/16, NZM 2018, 394 Rn. 19 ff; BGH, Urt. v. 7.5.2008 – XII ZR 69/06, NJW 2008, 2178 Rn. 34.
¹⁵⁶ BGH, Urt. v. 24.9.1997 – XII ZR 234/95, NJW 1998, 58; BGH, Urt. v. 30.1.2013 – XII ZR 38/12, NJW 2013, 1083.
¹⁵⁷ BGH, Urt. v. 9.4.2008 – XII ZR 89/06, NJW 2008, 2181 Rn. 24; BGH, Urt. v. 22.4.2015 – XII ZR 55/14, NZM 2000, 381 Rn. 18; a. A. KG, Beschl. v. 9.11.2017 – 8 U 105/17, ZMR 2018, 582.
¹⁵⁸ BGH, Urt. v. 27.9.2017 – XII ZR 114/16, NJW 2017, 3772 Rn. 17.
¹⁵⁹ Z. B. „Mit Mietvertrag vom … begründeten die Vertragsparteien das vorliegende Mietverhältnis. Diesen Mietvertrag haben sie mit Nachtrag 1 vom … geändert. Die Vertragsparteien hiermit nehmen Bezug auf diese Verträge nebst den jeweils bezeichneten Anlagen.", vgl. Lindner-Figura NJW 2009, 1861.
¹⁶⁰ BGH, Urt. v. 29.4.2009 – XII ZR 142/07, NJW 2009, 2195.

d) Vorsorge gegen Schriftformmängel

104 Einer vorzeitigen Beendigung des Mietverhältnisses durch ordentliche Kündigung anlässlich von Schriftformmängeln nach §§ 550, 578 BGB (siehe Rn. H 137 ff.), versucht die Praxis durch Vertragsgestaltung entgegenzuwirken.[161]

105 Weit verbreitet sind **salvatorische Schriftformklauseln** (Schriftformheilungsklauseln), in denen sich die Vertragsparteien verpflichten, Schriftformmängel des Mietvertrags durch Nachholen einer formgerechten Vereinbarung zu heilen. Sie schützen nicht vor einer vorzeitigen Kündigung, weil sie wegen Verstoßes gegen die nicht abdingbaren §§ 550, 578 BGB unwirksam sind. Dies gilt sowohl einem in das Mietverhältnis eintretenden *Erwerber*, dessen Schutz nicht zur Disposition der Vertragsparteien des Mietvertrags steht[162], als auch zwischen den *Ursprungsparteien*, die sonst die Warn- und Beweisfunktion der Schriftform unterlaufen könnten.[163]

106 **Einfache Schriftformklauseln,** wonach die *Wirksamkeit* nachträglicher Vereinbarungen von der Einhaltung einer vereinbarten Schriftform abhängt (§§ 127, 126 Abs. 2, 125 Satz 2 BGB), bieten keinen ausreichenden Schutz. Sie sind wegen des grundsätzlichen Vorrangs von Individualvereinbarungen entweder nach § 307 Abs. 1 Satz 1 BGB unwirksam oder nach § 305b BGB nutzlos, weil die Vertragsparteien mit der Änderungsvereinbarung das Formerfordernis konkludent aufheben können.[164]

107 Ob **qualifizierte Schriftformklauseln,** wonach die Aufhebung der vereinbarten Schriftform ihrerseits der Schriftform bedarf, nach § 307 Abs. 1 Satz 1 oder 2 BGB wegen unangemessener Einschränkung der Privatautonomie oder Täuschung über den Vorrang von Individualabreden unwirksam sind, hat der BGH offengelassen. Sie sind jedenfalls nach § 305b BGB wirkungslos.[165] Dagegen ist ein qualifiziertes Schriftformerfordernis als Individualvereinbarung jedenfalls zwischen Kaufleuten wirksam möglich.[166]

108 **Deklaratorische Schriftformklauseln,** wonach Änderungen des Mietvertrags lediglich *zu Beweiszwecken* der Schriftform bedürfen (§§ 127, 126 Abs. 2, 125 Satz 2 BGB), können einen Anspruch auf Nachholung der Schriftform aus § 127 Abs. 2 Satz 2 BGB begründen.[167] Dies gilt nicht für Formmängel, die auf *mündlichen* oder *konkludenten* Vereinbarungen beruhen. Denn der Nachholanspruch aus § 127 Abs. 2 Satz 2 BGB erfordert eine Vereinbarung in der Form des § 127 Abs. 2 Satz 1 BGB.[168] Zudem ist offen, ob eine auf den gesetzlichen Nachholanspruch zielende Gestaltung unbeachtlich ist, weil sie die zwingenden gesetzlichen Schriftformzwecke der §§ 550, 578 BGB[169] umgeht.

109 **Vorverträge** mit der Verpflichtung zum Abschluss eines formgerechten Mietvertrags sind zur Absicherung seiner Schriftform wenig geeignet. Sie unterliegen nicht der Schrift-

---

[161] Vgl. Lindner-Figura/Reuter NJW 2018, 897.
[162] BGH, Urt. v. 22.1.2014 – XII ZR 68/10, NJW 2014, 1087 Rn. 24 ff.
[163] BGH, Urt. v. 27.9.2017 – XII ZR 114/16, NJW 2017, 3772 Rn. 34 ff.
[164] BGH, Versäumnisurt. v. 21.9.2005 – XII ZR 312/02, NJW 2006, 138 offengelassen; BGH, Urt. v. 27.9.2000 – VIII ZR 155/99, NJW 2001, 292 für die Unwirksamkeit.
[165] BGH, Beschl. v. 25.1.2017 – XII ZR 69/16, NJW 2017, 1017 Rn. 16 ff.; für die Unwirksamkeit OLG Rostock, Beschl. v. 19.5.2009 – 3 U 16/09, NJW 2009, 3376; BAG, Urt. v. 20.5.2008 – 9 AZR 382/07, NJW 2009, 316 Rn. 33 ff. und Rn. 44.
[166] BGH, Beschl. v. 25.1.2017 – XII ZR 69/16, NJW 2017, 1017 Rn. 19; BGH, Urt. v. 2.6.1976 – VIII ZR 97/74, NJW 1976, 1395;.
[167] BGH, Beschl. v. 30.1.2018 – VIII ZB 74/16, NZM 2018, 279 Rn. 17; BGH, Urt. v. 10.11.2010 – VIII ZR 300/09, NJW 2011, 295 Rn. 14.
[168] Einsele in Münchener Kommentar, § 127 BGB Rn. 15.
[169] Vgl. BGH, Urt. v. 22.1.2014 – XII ZR 68/10, NJW 2014, 1087 Rn. 24 ff. und BGH, Urt. v. 27.9.2017 – XII ZR 114/16, NJW 2017, 3772 Rn. 34 ff.

form der §§ 550, 578 BGB,[170] so dass keine direkte Kollision mit zwingendem Gesetzesrecht zu besorgen ist.[171] Entsteht nach Abschluss eines formgerechten Mietvertrags ein Schriftformmangel (z. B. nachträgliche Vertragsänderung), besteht aus dem erfüllten Vorvertrag kein Anspruch auf Heilung.[172] Zudem verjährt der Anspruch auf Abschluss eines formgerechten Mietvertrags nach drei Jahren (§§ 195, 199 BGB).[173].

Vollmachtsklauseln, wonach nur ein definierter Personenkreis zur nachträglichen Änderung des Mietvertrags befugt ist, bieten allenfalls einen unvollständigen Schutz. Sie können gesetzliche Vertretungsmachten nicht einschränken und dürften gerade bei Mietverhältnissen mit langer Vertragsdauer nicht ausschließen, dass nachträglich weitere Personen Vollmacht erhalten. Auch dürften sie nicht gegen Anscheins- und Duldungsvollmachten schützen. Ihre Wirksamkeit ist umstritten.[174]

Schutz vor Schriftformmängeln bietet somit neben hoher Sorgfalt beim Vertragsabschluss nur ein **geordneter Vertragsvollzug** mit Abschluss **förmlicher Nachtragsverträge** beim geringsten Zweifel über die Formbedürftigkeit einer Vereinbarung. „Wer schreibt, bleibt im Zweifel länger Vertragspartei."[175]

Mieter mit starker Verhandlungsposition können ergänzend eine persönlich beschränkte **Mieterdienstbarkeit** nach §§ 1090 ff. BGB vereinbaren.[176] Dieses dingliche Nutzungsrecht verleidet dem Vermieter eine vorzeitige Kündigung des Mietverhältnisses unter Berufung auf Schriftformmängel und schafft dem Mieter „Standortsicherheit". Weitere Vorteil ist der Schutz vor außerordentlicher Kündigung in der Insolvenz des Vermieters (siehe Rn. H 399 ff. und H 406 ff.). Statt eines Mietvertrags ist ein dingliches **Dauernutzungsrecht** nach § 31 Abs. 2 WEG zu erwägen.[177]

2. Notarielle Beurkundung

In Ausnahmefällen bedarf der Mietvertrag zu seiner Wirksamkeit der notariellen Beurkundung nach § 311b Abs. 1 Satz 1 BGB. Ein ohne Beachtung dieser Form geschlossener Mietvertrag ist grundsätzlich **nichtig** nach § 125 Satz 1 BGB.[178] Wird ein Mietvertrag notariell beurkundet, ersetzt die notarielle Urkunde nach § 126 Abs. 4 BGB die schriftliche Mietvertragsurkunde der §§ 550, 578, 126 Abs. 2 BGB.

Die Notwendigkeit zur notariellen Beurkundung besteht, wenn sich eine Vertragspartei im Mietvertrag verpflichtet, das Eigentum an einem Grundstück zu erwerben oder zu übertragen (z. B. **Ankaufs-** oder **Vorkaufsrecht**[179]). Außerdem kann der Mietvertrag so mit einem beurkundungsbedürftigen Grundstücksgeschäft zusammenhängen, dass dessen Beurkundungsbedürftigkeit ihn erfasst (**zusammengesetzter Vertrag**). Dies ist der Fall, wenn die beiden Verträge nach dem Willen der Vertragsparteien miteinander stehen und fallen sollen, wofür auch eine einseitige Abhängigkeit des Grundstücksgeschäfts vom weiteren Vertrag genügt.[180]

---

[170] BGH, Urt. v. 7.3.2007 – XII ZR 40/05, NJW 2007, 1817 Rn. 14.
[171] BGH, Urt. v. 27.9.2017 – XII ZR 114/16, NJW 2017, 3772 Rn. 26.
[172] Lindner-Figura/Reuter NJW 2018, 897, 898.
[173] BGH, Urt. v. 9.11.1982 – KZR 26/81, NJW 1983, 1494 betreffend Ingenieurvertrag.
[174] Lindner-Figura/Reuter NJW 2018, 897, 899.
[175] Guhling NZM 2014, 529, 534.
[176] Krüger NZM 2012, 377, Stapenhorst NZM 2003, 873, Horst NZM 2018, 889, 891.
[177] Horst NZM 2018, 889, 893.
[178] Zur teilweisen Aufrechterhaltung des Mietgeschäfts BGH, Urt. v. 28.7.2004 – XII ZR 163/03, NZM 2004, 916, 916 f.
[179] Zur Vertragsgestaltung Weiner MietRB 2013, 303.
[180] BGH, Urt. v. 12.2.2009 – VII ZR 230/07, NJW-RR 2009, 953 Rn. 14 ff.; kritisch Maier-Reimer NJW 2015, 273.

115 **Keine Beurkundungspflicht** besteht für die schuldrechtliche Verpflichtung des Vermieters, das Mietobjekt zu Gunsten des Mieters mit einer persönlich beschränkten Dienstbarkeit (§§ 1090 ff. BGB) zu belasten;[181] lediglich deren Eintragung in das Grundbuch erfordert eine Bewilligung des Eigentümers in öffentlich beglaubigter Form (§§ 873 Abs. 1 BGB, § 29 Abs. 1 GBO).

116 Die nachträgliche **Änderung** der dem notariellen Beurkundungsbedürfnis unterliegender Mietverträge bedarf grundsätzlich ebenfalls der **notariellen Form,** bis das Grundstücksgeschäft durch Auflassung und Eintragung des neuen Eigentümers im Grundbuch vollzogen ist.[182] Im Grundsatz gilt, dass ohne Beurkundung vereinbarte Vertragsänderungen nach § 125 Satz 1 BGB nichtig sind und zwar unabhängig davon, ob es sich um *wesentliche oder unwesentliche* Vereinbarungen handelt.[183] Ein Mangel der notariellen Form wird nach § 311b Abs. 1 Satz 2 BGB mit Eintragung des Eigentümerwechsels im Grundbuch geheilt.

IV. Wirksamkeit des Mietvertrags

1. Allgemeine Wirksamkeitshindernisse

a) Aufschiebende Bedingung

117 Die Vertragsparteien können die **Wirksamkeit des Mietvertrags** nach § 158 Abs. 1 BGB vom Eintritt eines zukünftigen ungewissen Ereignisses abhängig machen **(aufschiebenden Bedingung).** Ein typisches Beispiel ist der Abschluss eines Untermietvertrags unter der aufschiebenden Bedingung, dass der Hauptvermieter seine Zustimmung zur Untervermietung erteilt (§§ 540 Abs. 1 Satz 1, 553 Abs. 1 BGB). Die Vereinbarung, dass das die Mietzeit erst mit Übergabe der vom Vermieter zu errichtenden Mietsache beginnt, in der Regel keine aufschiebende Bedingung des Mietvertrags, sondern als Fälligkeitsregelung für die Vermieterleistung auszulegen.[184]

b) Wucher und Sittenwidrigkeit

118 Bei **Wucher** ist nach § 138 Abs. 2 BGB grundsätzlich der **gesamte Mietvertrag nichtig.**[185] Dagegen sollen **Wohnraummietverträge** zum Schutz des Mieters **wirksam** sein, wobei die vereinbarte Miete auf die höchst zulässige zu reduzieren ist[186] (siehe auch Rn. C 76). **Wucher** erfordert objektiv, dass die vereinbarte Miete in einem *auffälligen Missverhältnis* zu der Leistung des Vermieters steht, und subjektiv, dass der Vertragsschluss unter *Ausbeutung* der Zwangslage, der Unerfahrenheit, des Mangels an Urteilsvermögen oder der erheblichen Willensschwäche eines Mieters stattfindet. Von einem auffälligen Missverhältnis geht die Rechtsprechung aus, wenn die vereinbarte Miete für

---

[181] BGH, Urt. v. 21.5.2010 – V ZR 207/09, juris Rn. 10.
[182] BGH, Urt. v. 28.9.1984 – V ZR 43/83, NJW 1985, 266.
[183] Grüneberg in Palandt, § 311b BGB Rn. 41; zu Ausnahmen ders. in Palandt, § 311b BGB Rn. 42.
[184] Blank in Blank/Börstinghaus, § 535 BGB Rn. 36.
[185] BGH, Beschl. v. 21.9.2005 – XII ZR 256/03, NZM 2005, 944, 946 für Geschäftsraummietvertrag; KG, Beschl. v. 22.1.2001 – 12 U 5939/99, ZMR 2001, 614 für Geschäftsraummietvertrag; OLG München, Urt. v. 21.11.1997 – 14 U 140/97, NZM 1999, 224, 224 für Pachtvertrag.
[186] BGH, RE v. 11.1.1984 – VIII ARZ 13/83, NJW 1984, 722, 733 betreffend § 5 WiStG; BGH, Beschl. v. 21.9.2005 – XII ZR 256/03, NZM 2005, 944, 946 „anders als in der Wohnraummiete"; a. A. V. Emmerich in Staudinger Vorbem. zu § 535 BGB Rn. 118 für eine Reduzierung auf die marktübliche Miete.

Geschäftsraum die angemessene Miete um etwa 100 % überschreitet;[187] bei Wohnraum kann Mietwucher schon ab einer Überschreitung von 50 % vorliegen.[188] Mietwucher ist nach § 291 StGB strafbar.

Ist die Vereinbarung einer überhöhten Miete als **Sittenwidrig** nach § 138 Abs. 1 BGB zu beurteilen, ist **grundsätzlich der gesamte Mietvertrag** nichtig. **Wohnraummietverträge** sollen zum Schutz des Mieters **wirksam** sein[189] unter Reduzierung der vereinbarten Miete auf die höchst zulässige Miete (siehe Rn. C 76). Eine Sittenwidrigkeit des Mietvertrags erfordert objektiv, dass die vereinbarte Miete in einem *auffälligen Missverhältnis* zur Vermieterleistung steht. Die Rechtsprechung bejaht dies, wenn die vereinbarte Miete die ortsübliche Miete für Geschäftsraum um etwa 100 % überschreitet. Bei Wohnraum genügt bereits eine Überschreitung von etwa 50 %. Zusätzlich muss der Vermieter subjektiv in *verwerflicher Gesinnung* handeln.

119

c) Gesetzliches Verbot

Inwieweit ein **Verstoß gegen ein gesetzliches Verbot** die Nichtigkeit des gesamten Mietvertrags nach § 134 BGB zur Folge hat, hängt vor allem Zweck des Verbotsgesetzes ab. Ein Verstoß gegen das *Zweckentfremdungsverbot* für Wohnraum, wonach eine Nutzung für andere Zwecke als Wohnzwecke ohne behördliche Genehmigung unzulässig ist (z. B. für gewerbliche Zwecke oder zur dauerhaften Fremdenbeherbergung[190]), hat nicht die Nichtigkeit des Mietvertrags zur Folge.[191] Das Vermieten *preisgebundenen Wohnraums* an einen Mieter ohne Wohnberechtigung führt nicht zur Nichtigkeit des Mietvertrags, sondern berechtigt den Vermieter lediglich zur ordentlichen Kündigung.[192] Das Vermieten von Räumen zur *Prostitution* ist allein wegen des Mietzwecks nicht sittenwidrig seit Inkrafttreten des ProstG; die Nichtigkeit kann sich jedoch ergeben, dass wenn eine nach § 180a StGB strafbare Ausbeutung Prostituierter bezweckt ist oder wenn die Miethöhe die Grenzen des §§ 138 Abs. 1 und 2 BGB sprengt.[193]

120

Das mehrfache Vermieten derselben Mietsache in der gleichen Mietzeit (**Doppelvermietung**) hat **keine Nichtigkeit** des später geschlossenen Mietvertrags, sondern die Mängelhaftung des Vermieters gegenüber den Mietern zur Folge, gegenüber denen der Vermieter den Mietvertrag nicht erfüllt[194] (siehe auch Rn. D 15). Der Vermieter kann frei entscheiden, welchem Mieter er die Mietsache übergibt und welchem Mieter gegenüber er sich schadensersatzpflichtig macht, ohne dass der Mieter hierauf durch einstweilige Verfügung Einfluss nehmen kann.[195]

121

Durch Verstoß gegen eine – nur in Ausnahmefällen bestehende – **Pflicht zur Ausschreibung des Mietvertrags** kann sich ebenfalls die Nichtigkeit des Mietvertrags ergeben. Dies gilt vor allem, wenn der Vermieter eine *marktbeherrschende Stellung* innehat (§ 134 BGB, §§ 19 Abs. 2 Nr. 1, 18 Abs. 1 GWB), der Vermieter den Mieter zu Leistungen verpflichtet, welche er als *öffentlicher Auftraggeber ausschreiben muss* (§ 135 Abs. 1 und 2 GWB) oder ein öffentlicher Auftraggeber Mietverträge nicht in einem transparenten und diskriminierungsfreien Verfahren vergibt, sondern direkt abschließt

122

---

[187] BGH, Versäumnis- und Endurt. v. 14.7.2004 – XII ZR 352/00, NJW 2004, 3553.
[188] BGH, Urt. v. 23.4.1997 – VIII ZR 212/96, NJW 1997, 1845, 1846 f.
[189] Blank in Schmidt-Futterer Nach § 535 BGB Rn. 114.
[190] Vgl. die Ermächtigung für eine Zweckentfremdungssatzung in Art. 1 Satz 2 Nr. 1 und 3 ZwEWG (Bayern) und zur Fremdenbeherbergung BayVGH, Beschl. v. 4.9.2013 – 14 ZB 13.6, NJW-RR 1993, 1422.
[191] BGH, Beschl. v. 10.11.1993 – XII ZR 1/92, NJW 1994, 320.
[192] LG Aachen, Urt. v. 15.12.72 – 5 S 407/72, ZMR 73, 379.
[193] BGH, Urt. v. 8.1.1975 – VIII ZR 126/73, NJW 1975, 638.
[194] BGH, Urt. v. 11.12.1961 – VIII ZR 46/61, ZMR 1962, 175.
[195] OLG Hamm, Urt. v. 15.10.2003 – 30 U 131/03, NZM 2004, 192.

(europarechtliches Transparenzgebot bzw. § 134 BGB i. V. m. Art. 3 Abs. 1 GG, siehe auch Rn. B 59 ff. und B 61 ff.).

2. Gemeinderechtliche Wirksamkeitshindernisse

a) Schriftform für Verpflichtungsgeschäfte

123 Mietverträge der Gemeinde bedürfen als **Verpflichtungsgeschäfte**[196] in der Regel der **gemeinderechtlichen Schriftform,** weil es sich nicht um wiederkehrende Bagatellgeschäfte des täglichen Lebens handelt. Diese Form ist gewahrt, wenn die zivilrechtlichen Erfordernisse des § 126 Abs. 2 BGB und etwaige gemeinderechtliche Erfordernisse wie die Angabe der Dienstbezeichnung[197] beachtet sind.

124 Da dem Landesgesetzgeber die Regelungskompetenz für Schriftformerfordernisse zivilrechtlicher Verträge fehlt, legt die Rechtsprechung die Schriftform für kommunale Verpflichtungsgeschäfte als **gemeinderechtliches Erfordernis** für eine wirksame **Stellvertretung** aus. Das Nichtbeachten der gemeinderechtlichen Schriftform hat in der Regel zur Folge, dass der Vertrag die Gemeinde **nicht bindet.**[198] In Ausnahmefällen kann es der Gemeinde nach § 242 BGB versagt sein, sich auf den Formmangel zu berufen. Zudem kommen Schadensersatzansprüche gegen die Gemeinde und den vollmachtlosen Vertreter in Betracht.[199] Die Einzelheiten, vor allem die Anwendbarkeit der **§§ 177 ff. BGB,** sind noch nicht abschließend geklärt.[200]

b) Verbot der Überlassung unter Wert

125 **Gemeinden** dürfen ihr Eigentum grundsätzlich nicht unter Wert überlassen.[201] Ein Verstoß gegen das gesetzliche Verbot der Überlassung unter Wert hat nach § 134 BGB die **Nichtigkeit** des gesamten Mietvertrags Folge.[202]

126 **Ausnahmen**[203] sind zum Beispiel zulässig bei der Vermietung kommunaler Gebäude zur Sicherung preiswerten Wohnens und zur Sicherung der Existenz kleiner und ertragsschwacher Gewerbebetriebe. Bei langer Vertragsbindung ohne Möglichkeit einer Mieterhöhung (z. B. durch Änderungskündigung oder nach dem für Wohnraum in §§ 558 ff. BGB vorgesehenen Verfahren) muss die Gemeinde zur Vermeidung einer Überlassung unter Wert auf eine angemessene Wertsicherung der Miete achten (z. B. Staffelmiete, automatische Wertsicherungsklauseln).

c) Genehmigung kreditähnlicher Rechtsgeschäfte

127 In Ausnahmefällen kann die Anmietung einer Immobilie durch eine Gemeinde **ein kreditähnliches Rechtsgeschäft** darstellen, das ohne die Zustimmung des Bundeslandes

---

[196] Art. 38 Abs. 2 Satz 1 GO; vgl. Ellenberger in Palandt, § 125 BGB Rn. 14 ff.
[197] Art. 38 Abs. 2 Satz 2 und 3 GO. Dies erfordert die **förmliche Angabe der Amtsbezeichnung** des Vertreters der Gemeinde, z. B. „Im Auftrag, Deutlmoser, Verwaltungsrat".
[198] BGH, Urt. v. 27.10.2008 – II ZR 158/06, NJW 2009, 289 Rn. 32 ff.
[199] BGH, Urt. v. 10.05.2001 – III ZR 111/99, NJW 2001, 2626.
[200] BGH, Urt. v. 10.5.2001 – III ZR 111/99, NJW 2001, 2626.
[201] Art. 75 Abs. 2 Satz 1 GO. Das gesetzliche Verbot erfasst nur *rechtsgeschäftliches* Handeln der Gemeinde (vgl. Widtmann/Grasser/Glaser, Art. 75 GO Rn. 5: „durch ... Rechtsgeschäft"). Es erfasst weder den Eintritt in Mietverträge unter Wert nach §§ 566 Abs. 1, 578 BGB noch die nach § 545 BGB eintretende Verlängerung des Mietverhältnisses.
[202] BayObLG, Beschl. v. 22.6.1995 – 2 Z BR 42/95, BayVBl 1995, 667 und BGH, Urt. v. 12.7.2013 – V ZR 122/12, NZM 2014, 722; Stumpf, BayVBl 2006, 103; Ellenberger in Palandt, § 134 BGB Rn. 23.
[203] Art. 75 Abs. 2 Satz 2 GO.

schwebend unwirksam ist nach §§ 177 ff. BGB.[204] Der klassische Anwendungsfall sind Leasingverträge über Immobilien. Werden die Mietzahlungen bei einem späteren Ankauf der Mietsache auf den Kaufpreis angerechnet, ist zu prüfen, ob die Stundung des Kaufpreises eine Kreditierung oder Vorfinanzierung darstellt.[205] Bei regulären Anmietungen ist das Genehmigungserfordernis nicht berührt, selbst wenn diese lange Mietzeiten vorsehen.[206]

Kreditähnliche Rechtsgeschäfte, die nicht auf Investitionen, sondern auf die Erzielung wirtschaftlicher Vorteile gerichtet sind, die Dritten *inländische* **steuerliche Vorteile** verschaffen, sind nicht genehmigungsfähig (z. B. Sale-and-lease-back-Modelle).[207] Die Zulässigkeit *grenzüberschreitender* kreditähnlicher Rechtsgeschäfte wird einzelfallbezogen unter dem Aspekt der Risikominimierung beurteilt (z. B. Cross-Border-Leasing).[208] 128

Weist die Gemeinde ihren Vertragspartner nicht auf ein bestehendes Genehmigungserfordernis hin, kann dies Schadensersatzansprüche wegen **vorvertraglicher Pflichtverletzung** aus §§ 280 Abs. 1, 311 Abs. 2 Nr. 1 BGB auslösen.[209] 129

V. Inhaltskontrolle des Mietvertrags

Dass **einzelne Regelungen** kein wirksamer Bestandteil des Mietvertrags werden, berührt das **Zustandekommen des Mietvertrags** in der Regel nicht. Für das Scheitern der wirksamen Einbeziehung Allgemeiner Geschäftsbedingungen ist dies ausdrücklich in § 306 Abs. 1 BGB geregelt. In den anderen Fällen kommt es auf den Zweck der Nichtigkeitsnorm an bzw. auf den Willen der Vertragsparteien zur Aufrechterhaltung des Mietvertrags ohne dessen nichtigen Teil (§ 139 BGB). 130

1. Halbzwingende Regelungen des Mietrechts

Die §§ 535 ff. BGB regeln vor allem für Mietverhältnisse über Wohnraum ausdrücklich, dass bestimmte vom Gesetz abweichende Vereinbarungen **zum Nachteil des Mieters** unwirksam sind. Da abweichende Vereinbarungen zu Gunsten des Mieters wirksam möglich sind, werden solche Regelungen als **halbzwingend** bezeichnet. Beispiele sind das Minderungsrecht des Wohnraummieters (§ 536 Abs. 4 BGB), die Mietsicherheit für Wohnraum (§ 551 Abs. 4 BGB) oder die außerordentliche fristlose Kündigung von Wohnraum (§ 569 Abs. 5 BGB). 131

Die **Reichweite der Nichtigkeit** ist am jeweiligen Verbotszweck zu messen. So hat das Vereinbaren einer überhöhten Barkaution nach §§ 551 Abs. 1 und 4 BGB nicht die Gesamtnichtigkeit der Kautionsabrede zur Folge, sondern lediglich deren Reduzierung auf die gesetzlich zulässige Höhe.[210] 132

---

[204] Art. 72 Abs. 1, Abs. 4 Satz 1 GO; BGH, Urt. v. 10.6.1999 – IX ZR 409/97, NJW 1999, 3335.
[205] Ziffern 8.1.1. und 8.1.8. der Bekanntmachung des Bayerischen Staatsministeriums des Innern vom 5.5.1983 –IB4-3036-28/4, geändert durch Bekanntmachung vom 12.11.2001, AllMBl 2001, S. 676; BGH, Urt. v. 22.1.2016 – V ZR 27/14 NJW 2016, 3162 für Erbbaurecht mit Finanzierungsfunktion.
[206] BGH, Urt. v. 4.2.2004 – XII ZR 301/01, NZM 2004, 340.
[207] Art. 72 Abs. 4 Satz 3 GO.
[208] Art. 61 Abs. 3 GO.
[209] BGH, Urt. v. 10.6.1999 – IX ZR 409/97, NJW 1999, 3335; BGH, Urt. v. 25.1.2006 – VIII ZR 398/03, NZM 2006, 707 für wegen Missachtung des Haushaltsrechts sittenwidrigen Vertrag.
[210] BGH, Urt. v. 3.12.2003 – VIII ZR 86/03, NJW 2004, 1240.

2. Allgemeine Geschäftsbedingungen

133 Für **Allgemeine Geschäftsbedingungen (AGB)** sind beim Vertragsschluss ergänzend zu den allgemeinen Regeln sowohl die speziellen Einbeziehungsvoraussetzungen (§§ 305 Abs. 2 bis 306 BGB) als auch die speziellen Wirksamkeitsvoraussetzungen (§§ 307 bis 309 BGB) zu beachten.

134 AGB sind alle für eine Vielzahl von Verträgen vorformulierte Vertragsbedingungen, die eine Vertragspartei der anderen Vertragspartei bei Abschluss stellt (Beispiel: Formularmietvertrag). Keine AGB sind **Individualvereinbarungen,** welche die Vertragsparteien im Einzelnen aushandelt haben (§ 305 Abs. 1 Satz 3 BGB, siehe Rn. B 141 ff.). Bei Mietverträgen zwischen einem Unternehmer und einem Verbraucher (siehe Rn. A 42 ff.), gelten AGB nach § 310 Abs. 3 Nr. 1 BGB als vom Unternehmer **gestellt,** wenn der Verbraucher diese nicht in den Vertrag eingeführt hat. Ferner findet die AGB-Kontrolle nach Maßgabe des § 310 Abs. 3 Nr. 2 BGB bereits bei Absicht des Unternehmers zur **einmaligen** Verwendung Anwendung.

135 Die **Einbeziehung** von AGBs (Einigung über deren Geltung) erfordert gegenüber einem Verbraucher nach § 305 Abs. 2 Nr. 1 und 2 BGB einen ausdrücklichen Hinweis auf die Geltung und die zumutbare Möglichkeit der Kenntnisnahme vom Inhalt. Praktisch erfolgt dies in der Regel dadurch, dass der jeweilige Text in den Mietvertrag oder dessen Anlagen eingebunden wird und der Mieter ihn unterschreibt. **Überraschende Klauseln** werden nicht Vertragsbestandteil (§ 305c Abs. 1 BGB), beispielsweise ein Haftungsausschluss in einem systematischen Zusammenhang, an dem der Mieter diesen nicht erwartet.[211] Mehrdeutige Klauseln sind zu Lasten ihres Verwenders auszulegen (§ 305c Abs. 2 BGB). Ferner können Individualabreden nicht durch AGB abbedungen werden (§ 305b BGB). Soweit die Einbeziehungsvoraussetzungen für eine Klausel nicht vorliegen, tritt grundsätzlich die **gesetzliche Regelung** an Stelle der nicht einbezogenen Klausel (§ 306 Abs. 2 BGB).

136 Die **Inhaltskontrolle** von AGB (Überprüfung der Wirksamkeit) richtet sich nach §§ 307 ff. BGB. Danach sind **einzelne Klauseln unwirksam,** wenn sie den Vertragspartner des Klauselverwenders unangemessen benachteiligen (§ 307 Abs. 1 Satz 1 BGB), z. B. weil sie vom **gesetzlichen Leitbild** abweichen (§ 307 Abs. 2 Nr. 1 BGB), **Kardinalpflichten** aushöhlen (§ 307 Abs. 2 Nr. 2 BGB)[212] oder gegen das **Transparenzgebot** verstoßen (§ 307 Abs. 1 Satz 2 BGB, z. B. wegen der Eignung zur Täuschung über die wahre Rechtslage).[213] Ferner gelten vor allem gegenüber **Verbrauchern** spezielle Klauselverbote (§§ 308 und 309 BGB). So sind zum Beispiel Klauseln unwirksam, die **Haftungsausschlüsse** für die Verletzung von Leben, Körper oder Gesundheit (§ 309 Nr. 7a) BGB) oder für Vorsatz oder grobe Fahrlässigkeit enthalten (§ 309 Nr. 7b) BGB). Unwirksam sind ferner Klauseln, die die **Beweislast** unangemessen verschieben (§ 309 Nr. 12a) BGB) oder mit denen der Vertragspartner **Tatsachen bestätigt**[214]; Empfangsbestätigungen dürfen nicht in den Text des Mietvertrags eingearbeitet sein, sondern sind gesondert zu unterschreiben (§ 309 Nr. 12b) BGB). Unwirksam sind ferner die Bindung des Vertragspartners durch unangemessene lange **Annahmefristen** für den Klauselverwender (§ 308 Nr. 1 BGB), sowie die **Pauschalierung von Schadensersatzansprüchen** in unangemes-

---

[211] BGH, Urt. v. 21.7.2010 – XII ZR 189/08, NJW 2010, 3152 Rn. 24 ff. betreffend Ausschluss der Garantiehaftung des Vermieters unter der Überschrift „Aufrechnung, Zurückbehaltung".
[212] BGH, Beschl. v. 24.10.2001 – VIII ARZ 1/01, NJW 2002, 673.
[213] BGH, Urt. v. 15.5.1991, NJW 1991, 1750 betreffend den Umfang der Heizpflicht des Vermieters.
[214] OLG Düsseldorf, Urt. v. 16.10.2003 – 10 U 46/03, ZMR 2003, 921 betreffend die Bestätigung der Übernahme in vertragsgemäßem Zustand im Mietvertrag.

sener Höhe (§ 309 Nr. 5a) BGB) oder ohne Nachweismöglichkeit, dass der eingetretene Schaden geringer oder nicht entstanden ist (§ 309 Nr. 5b) BGB).

Gegenüber **Unternehmern** ist die Wirksamkeit infolge des durch § 310 Abs. 1 Satz 1 und 2 BGB modifizierten **Prüfungsmaßstabs** häufig direkt an § 307 Abs. 1 Satz 1 und 2 BGB zu messen, wobei häufig die **Wertungen** der Regelungen *für Verbraucher* der §§ 308 und 309 BGB einfließen. Die Berücksichtigung von *Handelsbräuchen* zwischen Unternehmern wirkt sich im Mietrecht praktisch kaum aus, weil hierfür die massenhafte Verwendung bestimmter Klauseln nicht genügt und die Ausnahme keine einseitige Inanspruchnahme der Vertragsfreiheit durch den Klauselverwender rechtfertigt.[215]

137

Zur Wirksamkeit **einzelner Formularklauseln** wird auf die Ausführungen unter den angegebenen Randnummern verwiesen, wo diese jeweils im Zusammenhang mit der gesetzlichen Regelung dargestellt sind:[216]

138

- Aufrechnungs- und Zurückbehaltungsrecht → Rn. C 97
- Besichtigungsrecht → Rn. C 143
- Betriebspflicht → Rn. C 44
- Beweislast → Rn. B 136
- Dach und Fach → Rn. C 187
- Dübel → Rn. I 96
- Empfangsbestätigung → Rn. B 136
- Erhaltungsklauseln → Rn. C 185 und C 188
- Garagenmiete, Kündigung → Rn. A 40
- Haftungsausschluss für Garantiehaftung → Rn. D 31
- Haftungsausschluss für Kardinalpflichten → Rn. D 31
- Haftungsausschluss für Personenschäden → Rn. B 136
- Haftungsausschluss, verhüllter → Rn. C 3
- Instandsetzung und Instandhaltung → Rn. C 148, C 185 und C 188
- Kenntnisklauseln → Rn. B 136
- Kleinreparaturen → Rn. C 180 ff.
- Konkurrenzschutz → Rn. C 41, C 44, C 54
- Kündigung – Empfangsvollmacht → Rn. H 67
- Kündigung – Erklärungsvollmacht → Rn. H 59
- Kündigung, ordentliche – Ausschluss → Rn. H 135 f.
- Kündigung, ordentliche – Fristen → Rn. H 200 f. und H 205
- Kündigung, fristlose → Rn. H 324 ff.
- Leistungsbeschreibung → Rn. B 140
- Mietbeginn (Reißbrettvermietung) → Rn. B 57
- Mieterhöhung durch Leistungsvorbehalt → Rn. F 113
- Mietminderung → Rn. D 26 f.
- Mietsicherheit → Rn. B 200
- öffentlich-rechtliche Nutzungshindernisse → Rn. C 190
- Parkettklausel → Rn. C 158 und C 197
- Preisvereinbarungen → Rn. B 140
- Rauchen → Rn. C 51
- salvatorische Klauseln (Ersetzungsklauseln) → Rn. B 139
- Schadenspauschalierung → Rn. B 136
- Schönheitsreparaturklauseln – Abgeltungsklauseln → Rn. I 67 f.

---

[215] Zu Bestrebungen einer Reduzierung des AGB-Schutzes für Unternehmer vgl. W. Müller NZM 2016, 185; Berger NJW 2010, 465 und Wichert ZMR 2014, 612; dagegen Graf v. Westphalen NJW 2009, 2977.

[216] Ausführlich Artz/Börstinghaus Kap. B Rn. 1 ff.

- Schönheitsreparaturklauseln – Geschäftsraum → Rn. C 191 ff.
- Schönheitsreparaturklauseln – Wohnraum → Rn. C 149 ff.
- Schönheitsreparaturklauseln – Rückgabeprotokoll → Rn. I 129
- Schriftformheilungsklauseln → Rn. B 105
- Schriftformklausel, deklaratorisch → Rn. B 108
- Schriftformklausel, einfach → Rn. B 106
- Schriftformklausel, konstitutiv → Rn. H 100
- Schriftformklausel, Nachholung → Rn. B 105
- Schriftformklausel, qualifiziert → Rn. B 107
- Sortimentsbindung → Rn. C 54
- Teppichreinigung → Rn. C 159 und C 196
- Tierhaltung → Rn. C 50
- Verfallklauseln für Mieterinvestitionen → Rn. I 189
- Verjährungsfrist, Verlängerung → Rn. I 115
- Verkehrssicherungspflichten → Rn. C 37
- Verwaltungskosten → Rn. E 26
- Wertsicherungsklausel, automatische → Rn. F 102 ff.
- Widerspruch gegen Verlängerung des Mietverhältnisses → Rn. H 428
- Wohnfläche → Rn. B 48, C 13 und E 46
- Zahlung, Rechtzeitigkeitsklauseln → Rn. C 94 f.

139 Sind Allgemeine Geschäftsbedingungen **unwirksam**, bleibt der **Mietvertrag** grundsätzlich **wirksam** (§ 306 Abs. 1 BGB). Statt der unwirksamen Klausel gilt grundsätzlich die gesetzliche Regelung, **ohne** dass eine **geltungserhaltende Reduktion** der Klausel auf eine gerade noch zulässige Regelung stattfindet (§ 306 Abs. 2 BGB). Bei sprachlicher und inhaltlicher **Trennbarkeit** kann ausnahmsweise ein wirksamer Rest fortbestehen.[217] Salvatorische Klauseln (**Ersetzungsklauseln**), wonach eine unwirksame Klausel durch eine neue Regelung ersetzt wird, die dem Gewollten wirtschaftlich möglichst nahe kommt, sind unwirksam.[218] Sollte der Rückgriff auf die gesetzliche Regelung für den Verwender eine unzumutbare Härte darstellen, kann in seltenen Ausnahmefällen der gesamte Mietvertrag unwirksam sein (§ 306 Abs. 3 BGB). Der **Verwender** von AGB kann sich **nicht** auf deren **Unwirksamkeit berufen**, weil die §§ 307 ff. BGB nicht vor selbst eingeführten Klauseln schützen.[219]

140 **Preisvereinbarungen** und **Leistungsbeschreibungen** unterliegen keiner Inhaltskontrolle nach § 307 Abs. 1 Satz 1, Abs. 2 BGB, weil es sich nicht um Vertragsbedingungen handelt und es keine Aufgabe des AGB-Rechts ist, die Angemessenheit von Leistung und Gegenleistung zu kontrollieren.[220] Nach § 307 Abs. 3 Satz 2 BGB findet insoweit lediglich eine **Transparenzkontrolle** statt, aus der sich ebenfalls die Unwirksamkeit ergeben kann.

3. Individualvereinbarungen

141 **Individualvereinbarungen** sind nach § 305 Abs. 1 Satz 3 BGB Vertragsbedingungen, welche die Vertragsparteien im Einzelnen ausgehandelt haben. Hierfür muss die vorgeschla-

---

[217] BGH, Urt. v. 18.6.2008 – VIII ZR 224/07, NJW 2008, 2499 Rn. 14 für den Fortbestand der Schönheitsreparaturklausel trotz unwirksamer Abgeltungsklausel.
[218] BGH, Urt. v. 6.4.2005 – XII ZR 132/03, NJW 2005, 2225; BGH, Urt. v. 6.10.1982 – VIII ZR 201/81, NJW 1983, 159, 162.
[219] BGH, Urt. v. 2.4.1998 – IX ZR 79/97, NJW 1998, 2280, 2281.
[220] BGH, Beschl. v. 30.5.2017 – VIII ZR 31/17, ZMR 2018, 16 Rn. 5; BGH, Urt. v. 9.4.2014 – VIII ZR 404/12, NJW 2014, 2269 Rn. 54 ff.

gene Regelung **ernsthaft zur Disposition gestellt werden.** Dies erfordert vor allem, dass der Vertragspartner des Verwenders Gelegenheit erhält, alternativ eigene Textvorschläge mit der effektiven Möglichkeit ihrer Durchsetzung in die Verhandlungen einzubringen; die Bitte des Verwenders, Anmerkungen oder Änderungswünsche mitzuteilen, genügt nicht.[221] Haben die Vertragsparteien nur einem **Teil der Klauseln ausgehandelt,** sind nur diese Klauseln Individualvereinbarungen; im Übrigen besteht der Vertrag aus allgemeinen Geschäftsbedingungen (Beispiel: Vereinbarung unter „Sonstiges" im Formularmietvertrag, dass sich der Mieter zur Dachrinnenreinigung verpflichtet, solange er seinen Hund Bello hält).

In der Praxis ist dringend zu empfehlen, **beweisbar** zu dokumentieren, welche Regelungen **wie verhandelt wurden** (Individualvereinbarung), um sie von AGB abzugrenzen (z. B. durch Verhandlungsprotokolle oder Schriftwechsel über Vertragsinhalte). Andernfalls droht vor allem bei Verträgen zwischen einem Unternehmer und einem Verbraucher eine AGB-Kontrolle nach § 310 Abs. 3 Nr. 1 und 2 BGB. 142

Bei der **Auslegung** von Individualvereinbarungen nach §§ 133, 157 BGB hat der übereinstimmende Parteiwille ein starkes Gewicht und kann sogar der objektiven Erklärungsbedeutung vorgehen (**subjektive Auslegung**).[222] Die **Schwelle für die Unwirksamkeit** von Individualvereinbarungen liegt mit der **Sittenwidrigkeit** nach § 138 Abs. 1 BGB hoch. Die Rechtsfolge sittenwidriger Einzelregelungen wird entsprechend dem Parteiwillen in der Regel nur deren Nichtigkeit unter Aufrechterhaltung des übrigen Mietvertrags sein nach § 139 BGB. So ist die Verpflichtung des Mieters zur Kinderlosigkeit[223] ebenso isoliert unwirksam wie eine Zusage des Vermieters, das Mietobjekt von Kindern freizuhalten.[224] 143

VI. Anfechtung und Verbraucherwiderrufsrecht

1. Anfechtung

Beruht der Mietvertrag auf einem Willensmangel einer Vertragspartei, kann diese ihre auf Abschluss des Mietvertrags gerichtete Willenserklärung nach §§ 119 ff. BGB anfechten. 144

Durch die Anfechtung wird der Mietvertrag nach § 142 Abs. 1 BGB **von Anfang an nichtig.** Ist die Mietsache bereits übergeben, müssen die Vertragsparteien das Mietverhältnis rückabwickeln. Rechtfertigt ein Sachverhalt sowohl eine Anfechtung als auch eine fristlose Kündigung des Mietverhältnisses (z. B. arglistige Täuschung), sollte der Anfechtungsberechtigte im Hinblick auf die unterschiedlichen Rechtsfolgen abwägen, welches Vorgehen für ihn günstiger ist. 145

Das Recht zur Anfechtung des Mietverhältnisses ist ein **einseitiges Gestaltungsrecht.** Es bedarf wie die Kündigung der Ausübung durch die berechtigte Vertragspartei. Anfechtungsberechtigt können sowohl der **Vermieter** als auch der **Mieter** sein. Zulässig ist die Anfechtung bei **allen Mietverhältnissen** unabhängig davon, ob diese auf **bestimmte** oder **unbestimmte Zeit** geschlossen sind. 146

---

[221] BGH, Urt. v. 20.1.2016 – VIII ZR 26/15, NJW 2016, 1230 Rn. 24; zu weiteren untauglichen Fluchtversuchen in Individualvereinbarungen vgl. Kappus NZM 2010, 529 und Lehmann-Richter NZM 2011, 57.
[222] BGH, Beschl. v. 27.9.2017 – XII ZR 54/16, NZM 2017, 812 Rn. 8.
[223] LG Mannheim, Urt. v. 27.11.1963 – 5 S 178/63, ZMR 1965, 185.
[224] AG München, Urt. v. 7.10.1999 – 412 C 23697/99, WuM 2000, 546.

a) Zulässigkeit

147 Anfechtbar sind alle auf den Abschluss des Mietvertrags gerichteten **Willenserklärungen** (Angebot und Annahme), selbst wenn der Vertrag bereits aus anderen Gründen nichtig oder kündbar ist.

148 Die Anfechtung ist sowohl **vor** als auch **nach Übergabe** der Mietsache zulässig. Dass ein Mietverhältnis *bereits vollzogen* ist und dessen Rückabwicklung Schwierigkeiten bereitet, steht der Anfechtung nicht entgegen. Sie wird weder durch die *mietrechtliche Gewährleistung* noch das *außerordentliche Kündigungsrecht* aus wichtigem Grund vollständig verdrängt. Anfechtung und Kündigung haben unterschiedliche Voraussetzungen und Rechtsfolgen. Während die Anfechtung an eine fehlerhafte Willensbildung des Anfechtenden anknüpft und auf den Vertragsschluss zurückwirkt, erfordert die außerordentliche Kündigung eine Pflichtverletzung der anderen Vertragspartei und wirkt lediglich für die Zukunft.[225] Im **vollzogenen Mietverhältnis** dürften die **Wertungen des Gewährleistungsrechts** die Anfechtungsmöglichkeiten der Vertragsparteien modifizieren. Ein Irrtum des Vermieters über die *Mangelfreiheit* der Mietsache soll ihn nicht zur Anfechtung nach § 119 Abs. 2 BGB berechtigen, weil er sich sonst wegen eines von ihm zu verantwortenden Umstands der Sachmängelhaftung nach §§ 536 ff. BGB entziehen könnte.[226] Umgekehrt soll der Mieter bei einem *grob fahrlässigen* Irrtum über die Mangelfreiheit der Mietsache nicht zur Anfechtung berechtigt sein, um Wertungswidersprüche zum Ausschluss der Gewährleistungskündigung nach §§ 543 Abs. 4 Satz 1, 536b Satz 2 BGB zu vermeiden.[227]

149 Hat der Anfechtungsberechtigte das **anfechtbare Rechtsgeschäft bestätigt**, ist die Anfechtung nach § 144 Abs. 1 BGB ausgeschlossen. Die Bestätigung bedarf keiner Form und kann daher auch durch schlüssiges Verhalten erfolgen. Inhaltlich muss der Anfechtungsberechtigte aber zweifelsfrei zu erkennen geben, dass er trotz Anfechtbarkeit am Vertrag festhalten will.[228] Hierfür genügt nicht, dass der arglistig getäuschte Mieter den Mietgebrauch vier Monate lang fortsetzt und lediglich die Nebenkosten bezahlt.[229]

b) Anfechtungsgrund

150–160 Die Anfechtung bedarf eines Anfechtungsgrunds. Dieser kann bestehen in einem **Irrtum** nach §§ 119, 120 BGB oder in einer **Täuschung oder Drohung** nach § 123 BGB.

Die Anfechtung gleich aus welchem Grund erfordert, dass der Irrtum **ursächlich** für die Abgabe der angefochtenen Willenserklärung war. Bei Irrtum ist notwendig, dass die anfechtende Vertragspartei bei *verständiger Würdigung* des Sachverhalts den Mietvertrag in Kenntnis der tatsächlichen Umstände nicht oder nicht so geschlossen hätte.[230] Bei Täuschung oder Drohung genügt, dass die beeinflusste Vertragspartei den Mietvertrag mit anderem Inhalt oder zu einem anderen Zeitpunkt geschlossen hätte.

161 Soweit beim Vertragsschluss für eine Vertragspartei **Stellvertreter** handeln, ist für die Anfechtung deren Willensbildung maßgeblich nach § 166 Abs. 1 BGB. Beim Handeln nach bestimmten Weisungen, können entsprechend § 166 Abs. 2 Satz 1 BGB auch Willensmängel des Vertretenen beachtlich sein.

---

[225] BGH, Urt. v. 6.8.2008 – XII ZR 67/06, NJW 2009, 1266 Rn. 26 ff.; BGH, Urt. v. 11.8.2010 – XII ZR 192/08, NJW 2010, 3362 Rn. 38; für die Irrtumsanfechtung nach Übergabe noch nicht höchstrichterlich geklärt; ausführlich Dötsch NZM 2011, 457.
[226] Dötsch NZM 2011, 457, 460.
[227] Dötsch NZM 2011, 457, 460.
[228] BGH, Urt. v. 2.2.1990 – V ZR 266/88, NJW 1990, 1106.
[229] BGH, Urt. v. 1.4.1992 – XII ZR 20/91, NJW-RR 1992, 780.
[230] BAG, Urt. v. 21.2.1991 – 2 AZR 449/90, NJW 1991, 2723, 2726.

aa) Irrtum

Eine Irrtumsanfechtung nach § 119 oder § 120 BGB erfordert grundsätzlich das Auseinanderfallen des **(objektiv) Erklärten** und des **(subjektiv) Gewollten** in der auf Abschluss des Mietvertrags gerichteten Willenserklärung. Dies ermöglicht der anfechtenden Vertragspartei sich bei **definierten Irrtümern** von einem Vertrag zu lösen, der aufgrund objektiver Einigung zu Stande gekommen, aber nicht von ihrem subjektiven Willen gedeckt ist. Die *Irrtumsanfechtung* ist durch Formularklauseln **nicht abdingbar**;[231] in Betracht kommen allenfalls individualvertragliche Beschränkungen. 162

Ein **Inhaltsirrtum** besteht nach § 119 Abs. 1 Alt. 1 BGB, wenn eine Vertragspartei über Bedeutung oder Tragweite ihrer Erklärung irrt, beispielsweise weil sie einem Wort eine unzutreffende Bedeutung beimisst. Hierzu gehörten zum Beispiel Fehlvorstellungen über den Vertragspartner oder die Mietsache.[232] 163

Ein **Erklärungsirrtum** besteht nach § 119 Abs. 1 Alt. 2 BGB, wenn der Vertragspartei ein *Fehler in der Erklärungshandlung* unterläuft, zum Beispiel durch Versprechen, Verlesen, Verschreiben. Beim *ungelesenen Unterschreiben* des Mietvertrags ist nur Raum für einen Erklärungsirrtum, wenn sich der Unterzeichner unzutreffende Vorstellungen über den Vertragsinhalt macht. Leistet er die Unterschrift hingegen im Bewusstsein, den Vertragsinhalt nicht zu kennen, ist die Anfechtung ausgeschlossen.[233] Da Fehlvorstellungen schwer beweisbar sind, ist stets die eingehende Prüfung des Vertragsinhalts vor Unterschrift anzuraten. Das abredewidrige Ausfüllen eines Formularvertrags mit *Blankounterschrift* berechtigt den Unterzeichner nicht zur Anfechtung gegenüber einem gutgläubigen Vertragspartner, da der Aussteller des Blanketts nach der Wertung des § 172 Abs. 2 BGB dessen Missbrauchsrisiko trägt.[234] 164

Nicht zur Anfechtung nach § 119 **Abs. 1** BGB berechtigt ein so genannter **Motivirrtum**. Dies ist ein Irrtum, der eine Vertragspartei zum Vertragsschluss veranlasst hat, aber kein objektiver Inhalt der dem Vertragsschluss zu Grunde liegenden Willenserklärung ist. Dazu gehören zum Beispiel Erwartungen, Vorüberlegungen und Vorstellungen der Vertragsparteien[235] sowie ein *interner Kalkulationsirrtum* des Vermieters, der eine zu niedrig vereinbarte Miete bedingt[236]. Ein *beiderseitiger Kalkulationsirrtum* begründet ebenfalls kein Anfechtungsrecht[237], ist aber gegebenenfalls durch Auslegung nach §§ 133, 157 BGB behebbar[238] oder führt wegen widersprüchlichen Verhaltens zur Unbeachtlichkeit der Anfechtung nach § 242 BGB.[239] *Ausnahmsweise* beachtlich sind Motivirrtümer, wenn sie verkehrswesentliche Eigenschaften betreffen (§ 119 **Abs. 2** BGB; Einzelheiten streitig) oder wenn eine Täuschung oder Drohung die freie Willensbildung beeinträchtigt (§ 123 BGB). 165

Ein **Eigenschaftsirrtum** erfordert nach § 119 **Abs. 2** BGB einen Irrtum über *verkehrswesentliche Eigenschaften* der Person oder der Sache. Inwieweit Zahlungsfähigkeit und Einkommensverhältnisse verkehrswesentliche Eigenschaften *des Mieters* sind, ist nicht abschließend geklärt; praktisch wird dies kaum relevant, weil der Vermieter in der Regel eine Selbstauskunft des Mieters einholt, deren unzutreffende Beantwortung ihn nach § 123 Abs. 1 Alt. 1 BGB zur Anfechtung berechtigt. Zu den wesentlichen Eigenschaften der *Mietsache* gehören deren Größe und Lage. Der Wert oder Marktpreis ist keine 166

---

[231] BGH, Urt. v. 28.4.1983 – VII ZR 259/82, NJW 1983, 1671.
[232] V. Emmerich, NZM 1998, 692, 695.
[233] BGH, Urt. v. 15.1.2002 – XI ZR 98/01, NJW 2002, 956, 957.
[234] BGH, Urt. v. 11.7.1963 – VII ZR 120/62, NJW 1963, 1971.
[235] BGH, Urt. v. 30.6.2009 – XI ZR 364/08, NJW-RR 2009, 1641 Rn. 31.
[236] BGH, Urt. v. 28.2.2002 – I ZR 318/99, NJW 2002, 2312, 2312 f.
[237] BGH, Urt. v. 7.7.1998 – X ZR 17/97, NJW 1998, 3192, 3193.
[238] BGH, Urt. v. 19. Mai 2006 – V ZR 264/05, NJW 2006, 3139 Rn. 14.
[239] BGH, Urt. v. 13.7.1995 – VII ZR 142/94, NJW-RR 1995, 1360.

verkehrswesentliche Eigenschaft der Mietsache, sondern lediglich deren einzelne wertbildende Merkmale.[240]

167 Die **falsche Übermittlung** einer Willenserklärung durch eine von der Vertragspartei betraute Person (z. B. Bote) oder Einrichtung (z. B. Telefax) ist nach § 120 BGB einem Erklärungsirrtum gleichgestellt. Die unrichtige Übermittlung gleicht einem Erklärungsirrtum nach § 119 Abs. 1 Alt. 2 BGB, bei dem das vom Erklärenden subjektiv Gewollte und das objektiv Erklärte auseinanderfallen.

bb) Täuschung oder Drohung

168 Eine Vertragspartei kann ihre auf Abschluss des Mietvertrags gerichtete Willenserklärung nach § 123 BGB anfechten, wenn sie durch arglistige Täuschung oder widerrechtliche Drohung zu deren Abgabe bestimmt worden ist. Dies bezweckt den **Schutz der Entschließungsfreiheit der Vertragsparteien**.[241] Dem entsprechend ist dieses Anfechtungsrecht selbst durch Individualvereinbarungen **nicht abdingbar**.[242]

169 Die **Täuschung** im Sinne des § 123 Abs. 1 Alt. 1 BGB kann sowohl in einem *positiven Tun* bestehen (z. B. unzutreffende Selbstauskunft) als auch in einem **Unterlassen**, wenn eine entsprechende Aufklärungspflicht besteht (siehe Rn. B 10 f.). *Arglist* erfordert Vorsatz des Täuschenden, das heißt dieser muss die Unrichtigkeit der Angaben kennen oder bewusst in Kauf nehmen. Bei Täuschungen durch Dritte, die keine Vertragspartei des Mietvertrags sind, ist der Mietvertrag nach Maßgabe des § 123 Abs. 2 BGB anfechtbar.

170 Eine **Drohung** im Sinne des § 123 Abs. 1 Alt. 2 BGB erfordert das In-Aussicht-Stellen eines Übels, dessen Eintritt zumindest vorgeblich vom Willen des Drohenden abhängt. Die *Widerrechtlichkeit* der Drohung ergibt sich aus einer wertenden Betrachtung. Sie kann sich ergeben aus der Widerrechtlichkeit des Mittels (z. B. mit rechtswidrigem Verhalten), des Zwecks (z. B. zu einem Mietvertrag, der gegen ein gesetzliches Verbot verstößt) oder der Zweck-Mittel-Relation (z. B. Drohung mit einer Strafanzeige). Subjektiv ist *Vorsatz* des Drohenden erforderlich, die andere Vertragspartei durch die Drohung zum Vertragsschluss zu veranlassen.

c) Anfechtungsfrist

Der Anfechtungsberechtigte muss die Anfechtung innerhalb der Anfechtungsfrist erklären.

171 Bei **Irrtumsanfechtung** nach §§ 119, 120 BGB muss der Anfechtungsberechtigte die Anfechtung nach § 121 Abs. 1 Satz 1 BGB ohne schuldhaftes Zögern (**unverzüglich**) erklärten, nachdem er **Kenntnis** vom Anfechtungsgrund erlangt. Dies beinhaltet eine nach den jeweiligen Umständen des Einzelfalls angemessene Prüfungs- und Überlegungsfrist[243], deren absolute Obergrenze bei zwei Wochen liegen dürfte[244]. **Unabhängig von der Kenntnis** des Anfechtungsberechtigten, ist die Anfechtung nach der Höchstfrist des § 121 Abs. 2 BGB ausgeschlossen, wenn seit der Abgabe der Willenserklärung **zehn Jahre** verstrichen sind.

172 Bei der Anfechtung wegen **Täuschung oder Drohung** nach § 123 BGB beträgt die Anfechtungsfrist **ein Jahr** (§ 124 Abs. 1 BGB). Diese Frist beginnt bei arglistiger Täuschung ab **Entdeckung der Täuschung** durch den Anfechtungsberechtigten und bei widerrechtlicher Drohung mit dem **Ende der Zwangslage** (§ 124 Abs. 2 BGB). Un-

---

[240] BGH, Urt. v. 8.6.1988 – VIII ZR 135/87, NJW 1988, 2597, 2598.
[241] BGH, Urt. v. 24.10.1968 – II ZR 214/66, NJW 1969, 925, 927.
[242] BGH, Urt. v. 17.1.2007 – VIII ZR 37/06, NJW 2007, 1058.
[243] BGH, Beschl. v. 15.3.2005 – VI ZB 74/04, NJW 2005, 1869.
[244] OLG Hamm, Urt. v. 9.1.1990 – 26 U 21/89, NJW-RR 1990, 523.

abhängig davon ist die Anfechtung nach der Höchstfrist des § 124 Abs. 3 BGB ausgeschlossen, wenn seit Abgabe der Willenserklärung **zehn Jahre** verstrichen sind.

Für vor dem 1.1.2002 geschlossene Mietverträge gilt für die Höchstfristen der §§ 121 Abs. 2 und 124 Abs. 3 BGB die **Überleitungsvorschrift** des Art. 229 § 6 Abs. 5 EGBGB. 173

d) Anfechtungserklärung

Die Anfechtung muss der Anfechtungsberechtigte gegenüber dem zutreffenden Anfechtungsgegner erklären. **Anfechtungsberechtigt** ist die Vertragspartei, welche die anfechtbare Willenserklärung selbst oder mittels Stellvertreter abgegeben hat. **Anfechtungsgegner** ist nach § 143 Abs. 2 Alt. 1 BGB die andere Vertragspartei. Da es sich bei der Anfechtung um eine **Willenserklärung** handelt, gelten im Übrigen dieselben Erfordernisse wie bei Kündigungserklärungen (siehe Rn. H 53 ff. und H 108 ff.). 174

Inhaltlich muss aus der Anfechtung klar erkennbar sein, dass der Anfechtungsberechtigte die angefochtene Willenserklärung *wegen eines Willensmangels* bzw. *wegen einer Täuschung oder Drohung* nicht gegen sich gelten lassen will. Dabei muss das Wort „anfechten" nicht fallen.[245] Trotzdem diese Formulierung zu empfehlen, um in Hinblick auf die unterschiedlichen Rechtsfolgen Zweifel zu vermeiden, ob der Erklärende anficht oder außerordentlich fristlos kündigt. Die Angabe des **Anfechtungsgrunds** ist keine Wirksamkeitsvoraussetzung; ob erforderlich ist, dass der Empfänger aus der Anfechtungserklärung erkennen kann, auf welchem Sachverhalt diese beruht, ist offen. Im Übrigen gelten dieselben inhaltlichen Anforderungen wie bei Kündigungserklärungen (siehe Rn. H 81 ff.). Ein **Widerspruch** gegen eine **stillschweigende Verlängerung** des Mietverhältnisses nach § 545 BGB ist vorsorglich zu empfehlen. 175

Die Anfechtungserklärung ist **formlos** möglich. Um die Anfechtung im Streitfall zu beweisen und Zweifel über den Inhalt zu vermeiden, ist das schriftliche Erklären mit Zugangsnachweis dringend anzuraten. Ist die Anfechtung nach § 121 Abs. 1 Satz 1 BGB unverzüglich zu erklären, sollte der Anfechtende zusätzlich den Zeitpunkt der Absendung dokumentieren. 176

e) Rechtsfolgen

Mit Zugang der Anfechtungserklärung beim Anfechtungsgegner wird die angefochtene Erklärung **von Anfang an nichtig** nach § 142 Abs. 1 BGB und damit auch der auf ihr beruhende Mietvertrag. Dies gilt auch bei Anfechtung *nach Übergabe* der Mietsache.[246] 177

Auch wenn die Anfechtung des Vermieters ein Mietverhältnis über dem Kündigungsschutz unterliegenden Wohnraum betrifft, besteht **kein Widerspruchsrecht** des Mieters nach §§ 574 ff. BGB. Diese Regelung bezweckt lediglich den Schutz des Mieters gegen die ordentliche Kündigung und die außerordentliche Kündigung des Mietverhältnisses mit gesetzlicher Frist. Zudem stünde ein Widerspruchsrecht des täuschenden oder drohenden Mieters im Widerspruch zur Wertung des § 574 Abs. 1 Satz 2 BGB. 178

Infolge der rückwirkenden Unwirksamkeit des Mietvertrags sind bereits **vollzogene Mietverträge rückabzuwickeln.** Der nicht mehr zum Besitz berechtigte Mieter muss dem Eigentümer die **Mietsache herausgeben** nach §§ 985 ff. BGB. Ferner müssen die Vertragsparteien einander das jeweils in Vollzug des nichtigen Mietvertrags **Erlangte zurückgewähren** nach §§ 812 Abs. 1 Satz 1 Alt. 1, 818 Abs. 2 BGB. Der Vermieter 179

---

[245] BGH, Urt. v. 22.9.1983 – VII ZR 43/83, NJW 1984, 230, 231.
[246] BGH, Urt. v. 6.8.2008 – XII ZR 67/06, NJW 2009, 1266 Rn. 26 ff.; BGH, Urt. v. 11.8.2010 – XII ZR 192/08, NJW 2010, 3362 Rn. 38; für die Irrtumsanfechtung noch nicht höchstrichterlich geklärt; vgl. Dötsch NZM 2011, 457 und Fischer NZM 2005, 567.

schuldet die Rückgewähr der bezahlten *Mieten* und der geleisteten *Kaution*. Umgekehrt schuldet der Mieter *Wertersatz* für die rechtsgrundlose Nutzung der Mietsache in Höhe der **objektiven Marktmiete** zuzüglich üblicherweise vom Mieter getragener **Betriebs- oder Nebenkosten**. Zur Vereinfachung ist der **Saldo** aus den wechselseitigen Forderungen zu berechnen und von der bereicherten Vertragspartei auszugleichen.[247] Ob Raum für eine **stillschweigende Verlängerung der Mietzeit** entsprechend § 545 BGB besteht, wenn der Mieter den Gebrauch der Mietsache nach der Anfechtung fortsetzt, ist noch nicht geklärt.[248]

180 Bei **Irrtumsanfechtung** nach §§ 119 oder 120 BGB ist das Vertrauen des Anfechtungsgegners in die Gültigkeit der angefochtenen Willenserklärung durch einen **verschuldensunabhängigen Schadensersatzanspruch** aus § 122 Abs. 1 BGB geschützt. Dieser umfasst nach § 122 Abs. 1 Satz 1 den **Vertrauensschaden**, den die andere Vertragspartei infolge des Vertrauens auf die Wirksamkeit des Vertrags erleidet (negatives Interesse) wie Vertragskosten, Nachteile aus Nichtabschluss eines anderen günstigen Mietvertrags, Umzugskosten, Kosten für Suche einer anderen Mietsache). Damit der Anfechtungsgegner nicht besser steht als bei Wirksamkeit des Mietvertrags, ist der Anspruch der Höhe nach auf das Erfüllungsinteresse (positives Interesse) begrenzt. Die Schadensersatzpflicht besteht nicht, wenn die andere Vertragspartei die Anfechtbarkeit kannte oder kennen musste (§ 122 Abs. 2 BGB).

181 Bei Anfechtung wegen **Täuschung** oder **Drohung** nach § 123 BGB besteht **keine Schadensersatzpflicht** des Anfechtenden, da das Vertrauen des Vertragspartners nicht schutzwürdig ist.

2. Verbraucherwiderrufsrecht

182 Für einen Mietvertrag, den ein **Verbraucher** mit einem **Unternehmer** schließt (siehe Rn. A 41 ff.), kommt ein Widerruf als so genannter entgeltlicher **Verbrauchervertrag** (§§ 312 Abs. 1, 310 Abs. 3 BGB) unter den Voraussetzungen der §§ 312 ff. BGB in Betracht. **Ausgenommen** vom Anwendungsbereich sind Mietverträge, wenn der Mieter die Wohnung zuvor **besichtigt** hat (§ 312 Abs. 4 Satz 2 BGB).

183 Ein Widerrufsrecht besteht einerseits bei unter körperlicher Anwesenheit beider Teile **außerhalb von Geschäftsraum geschlossenen Verträgen** (§ 312b BGB). Dies dehnt das bisherige Widerrufsrecht bei so genannten Haustürgeschäften auf alle Verträge aus, die nicht in den Geschäftsräumen des Unternehmers geschlossen werden. Andererseits besteht ein Widerrufsrecht für **Fernabsatzverträge** (§ 312c BGB). Das sind Verträge, bei denen die Vertragsparteien für den Vertragsschluss ausschließlich Fernkommunikationsmittel verwenden (z. B. E-Mail, Telefon, Briefverkehr), es sei denn der Vertragsschluss erfolgt nicht im Rahmen eines für den Fernabsatz organisierten Vertriebs- oder Dienstleistungssystems.[249] Ein solches lässt sich nicht schon deshalb verneinen, weil der Vertragsschluss nicht auf einem automatisierten Serienbrief beruht, sondern auf einem vom Vermieter individuell zugeschnittenen Schreiben.[250]

184 Die **Frist** für die Erklärung des Widerrufs durch den Mieter (§ 312g Abs. 1, 355 Abs. 1 BGB) beträgt bei ordnungsgemäßer **Belehrung** des Mieters über dessen Widerrufsrecht **14 Tage** ab Vertragsschluss (§ 355 Abs. 2 BGB). **Ohne ordnungsgemäße Belehrung** des

---

[247] BGH, Urt. v. 6.8.2008 – XII ZR 67/06, NJW 2009, 1266 Rn. 48 ff.
[248] Gegen die Anwendung Weidenkaff in Palandt, § 545 BGB Rn. 10; a. A. Blank in Schmidt-Futterer § 545 BGB Rn. 7.
[249] Zu Einzelheiten Artz/Brinkmann/Pielsticker ZAP Fach 4 (2015), 1639; Hau NZM 2015, 435; Streyl, NZM. 2015, 433; Rolfs/Möller, NJW 2017, 3275, 3277.
[250] BGH, Urt. v. 17.10.2018 – VIII ZR 94/17, NZM 2018, 1011 Rn. 20 ff.

Mieters erlischt das Widerrufsrecht spätestens **zwölf Monate und 14 Tage** nach Vertragsschluss gemäß § 356 Abs. 3 Satz 2 BGB.

Bei spätem fristgemäßem Widerruf eines Mietvertrags durch den Mieter drohen dem Vermieter erhebliche Nachteile. Er muss sämtliche bezahlten **Mieten an den Mieter zurückzahlen** nach § 357 Abs. 1 BGB, ohne Wertersatz für die Nutzung der Mietsache zu erhalten. Dies ist gesetzlich nicht vorgesehen und ein Rückgriff auf bereicherungsrechtliche Ansprüche durch § 361 Abs. 1 BGB ausgeschlossen.

Ein Unternehmer, der einen Mietvertrag mit einem Verbraucher schließt, sollte den Mieter daher unbedingt gemäß Anlage 1 zu Art. 246a § 1 Abs. 2 Satz 2 EGBGB über dessen Widerrufsrecht **belehren.** So beträgt die Widerrufsfrist nach § 355 Abs. 2 BGB lediglich 14 Tage. Beim Vermieten von Wohnraum sollte der Vermieter die **Besichtigung dokumentieren,** damit er die Voraussetzungen der Ausnahme nach § 312 Abs. 4 Satz 2 BGB beweisen kann.

VII. Sicherheiten des Vermieters

Bei Abschluss des Mietvertrags können die Vertragsparteien vereinbaren, dass der Mieter eine **Mietsicherheit** (§ 551 BGB) für Forderungen des Vermieters aus dem Mietverhältnis leistet. Die **Mietsicherheit** kann in verschiedenen Arten bestehen: Geldkaution, Bürgschaft (§§ 765 ff. BGB), Verpfändung (§§ 1273, 1274, 1205) bzw. Sicherungsabtretung (§§ 398 ff. BGB) von Sparkonto, Sparbuch, Bankguthaben Wertpapieren oder Sicherungsübereignung von Wertgegenständen (§§ 929 ff. BGB).

Unabhängig davon entsteht ein gesetzliches **Pfandrecht** des Vermieters an Sachen des Mieters, die dieser in die Mietsache einbringt (§§ 562, 578 BGB).

1. Mietsicherheit

Die Mietsicherheit ist in § 551 BGB geregelt. Diese Regelung gilt nur für Mietverhältnisse über Wohnraum. Bei Mietverhältnissen über andere Sachen herrscht Vertragsfreiheit in Grenzen des § 138 Abs. 1 BGB und der §§ 305 ff. BGB, da § 578 BGB nicht auf § 551 BGB verweist.

a) Wohnraum

Eine Pflicht des Mieters zur Leistung einer Mietsicherheit besteht nur bei **ausdrücklicher Vereinbarung.**

Als **Sicherungszweck** vereinbaren die Vertragsparteien regelmäßig, dass sich der Vermieter wegen *sämtlicher Forderungen aus dem Mietverhältnis und dessen Abwicklung* aus der Mietsicherheit befriedigen kann. Wegen anderer Forderungen ohne Bezug zum Mietverhältnis darf der Vermieter nicht auf die Mietsicherheit zugreifen.[251] Bei **preisgebundenem Wohnraum** darf die Mietsicherheit nach § 9 Abs. 5 Satz 1 WoBindG nur *Ansprüche des Vermieters aus Schäden an der Wohnung und aus unterlassenen Schönheitsreparaturen* sichern, da in der Kostenmiete bereits ein Mietausfallwagnis von bis zu 2 % kalkuliert ist (§ 29 II. BV).

Die **Höhe** der Sicherheitsleistung darf gem. § 551 Abs. 1 BGB **maximal das Dreifache der monatlichen Miete** betragen (ohne die als Pauschale oder Vorauszahlung ausgewiesenen Betriebskosten). Dies gilt grundsätzlich auch bei Mehrfachsicherungen (z. B. Geld-

---

[251] BGH, Urt. v. 11.7.2012 – VIII ZR 36/12, NJW 2012, 3300 Rn. 7 ff.

kaution neben Gehaltsabtretung). Ein Verstoß gegen § 551 Abs. 1 und 4 BGB hat jedenfalls bei nur geringfügigen Überschreitungen zur Folge, dass die Sicherheitsabrede nur für den überschießenden Teil der Kaution unwirksam ist.[252]

193 Vereinbaren die Vertragsparteien, dass der Mieter **zusätzlich** zur maximal zulässigen Geldkaution **eine Bürgschaft** stellt (z. B. seiner Eltern), ist die Bürgschaftsvereinbarung nach § 551 Abs. 1 und 4 BGB grundsätzlich unwirksam.[253] Lediglich wenn der Bürge die Kaution *freiwillig* anbietet, ohne dass dies den Mieter erkennbar belastet, ist auch die Bürgschaftsvereinbarung wirksam (z. B. unaufgefordertes Bürgschaftsangebot der Eltern).[254] Ob ein zusätzlicher **Schuldbeitritt** eines solventen Dritten ebenfalls nach diesen Grundsätzen zu beurteilen ist,[255] ist noch nicht höchstrichterlich geklärt. Tritt ein solventer Dritter als **Mitmieter** neben den einziehenden Mieter, der bereits die höchstzulässige Geldkaution geleistet hat, ist bei fehlender Nutzungsabsicht des Dritten umstritten, ob die Umgehung des § 551 Abs. 1 und 4 BGB der Inanspruchnahme des Mitmieters entgegensteht[256] oder ob die Privatautonomie bei der Wahl des Vertragspartners Vorrang hat.[257]

194 Für **Geldkautionen** gilt Folgendes:
- Der Mieter ist berechtigt, die Mietsicherheit in **drei** monatlichen gleichen **Teilzahlungen** zu eisten (§ 551 Abs. 2 Satz 1 BGB)
- Die erste Teilzahlung ist zu Beginn des Mietverhältnisses **fällig** und die weiteren Teilzahlungen jeweils zusammen mit den unmittelbar folgenden Mieten (§ 551 Abs. 2 Satz 2 und 3 BGB)
- Der Vermieter hat eine Geldkaution nach den Vorgaben des § 551 Abs. 3 BGB anzulegen. Wenn der Vermieter die Kaution nicht nach § 551 Abs. 3 Satz 3 BGB **getrennt von seinem Vermögen** anlegt, kann der Mieter nach § 273 Abs. 1 BGB die Miete in Höhe der Mietsicherheit zurückbehalten.[258] Die **Erträge** der Mietsicherheit erhöhen diese grundsätzlich und sind am Ende der Mietzeit an den Mieter **auszuzahlen** (§ 551 Abs. 3 Satz 3 und 4 BGB).

195 Bei **Verzug** des Mieters mit der Leistung der Mietsicherheit kann der Vermieter das Mietverhältnis nach Maßgabe des § 569 Abs. 2a BGB außerordentlich **fristlos kündigen** (siehe Rn. H 294 ff.). Der Anspruch des Vermieters auf Leistung der Mietsicherheit **verjährt** nach §§ 195, 199 BGB innerhalb der Regelfrist von drei Jahren.[259] Ob Prozesszinsen nach § 291 BGB aus dem Einklagen der Kaution dem Vermieter zustehen[260] oder lediglich die Mietsicherheit erhöhen, ist offen.

196 **Während der Mietzeit** darf der Vermieter wegen streitiger Forderungen **nicht auf die Kaution zugreifen,** denn die Mietsicherheit dient lediglich der Sicherung des Vermieters, nicht aber der erleichterten Rechtsdurchsetzung.[261] Lediglich wenn der Mieter mit der Verwertung der Mietsicherheit einverstanden ist oder wenn die Forderung des Vermieters rechtskräftig festgestellt ist, darf der Vermieter auf die Mietsicherheit zugreifen. Der

---

[252] BGH, Urt. v. 3.12.2003 – VIII ZR 86/03, NJW 2004, 1240.
[253] BGH, Urt. v. 30.6.2004 – VIII ZR 243/03, NJW 2004, 3045, 3046.
[254] BGH, Urt. v. 7.6.1990 – IX ZR 16/90, NJW 1990, 2380, 2380; ähnlich BGH, Urt. v. 10.4.2013 – VIII ZR 379/12, NZM 2013, 756 Rn. 13 f.
[255] Vgl. Derleder NZM 2006, 601, 605 und Fervers NZM 2015, 105, 109.
[256] LG Leipzig, Urt. v. 26.1.2005 – 1 S 5846/04, NZM 2006, 175; Fervers NZM 2015, 105, 110 f.
[257] Derleder NZM 2006, 601, 603.
[258] BGH, Urt. v. 20.12.2007 – IX ZR 132/06, NJW 2008, 1152 Rn. 8; BGH, Beschl. v. 9.6.2015 – VIII ZR 324/14, NZM 2015, 736 Rn. 8.
[259] BGH, Urt. v. 12.1.1972 – VIII ZR 26/71, NJW 1972, 625; KG, Beschl. v. 3.3.2008 – 22 W 2/08, NZM 2009, 743; AG München, Urt. v. 7.4.2016 – 432 C 1707/16, ZMR 2017, 69.
[260] AG Dortmund, Urt. v. 11.9.2018 – 425 C 5989/18, WuM 2018, 643.
[261] BGH, Urt. v. 7.5.2014 – VIII ZR 234/13, NJW 2014, 2496.

Anspruch des Vermieters gegen den Mieter auf Wiederauffüllung der Kaution ergibt sich aus § 240 BGB.

Der Mieter darf **während der Mietzeit** die Mietsicherheit nicht gegen Forderungen des Vermieters aufrechnen nach §§ 387 ff. BGB. Sein Anspruch auf Rückgabe der Mietsicherheit wird erst nach Rückgabe der Mietsache und Ablauf der Kautionsabrechnungsfrist fällig. Deshalb ist das „**Abwohnen der Kaution**" unzulässig.[262]

Für die Verwertung der Mietsicherheit **nach Beendigung** des Mietverhältnisses und den Anspruch des Mieters auf Rückgabe der Mietsicherheit wird auf die Ausführungen zur Abwicklung des Mietverhältnisses verwiesen (siehe Rn. I 156 ff.).

b) Geschäftsraum

Bei Mietverhältnissen über Geschäftsraum hat der Vermieter ebenfalls nur bei **ausdrücklicher Vereinbarung** Anspruch auf eine Mietsicherheit.

Die **Höhe** der Mietsicherheit können die Vertragsparteien frei vereinbaren, solange die Grenze der Sittenwidrigkeit bzw. Unangemessenheit nicht erreicht ist (§ 138 Abs. 1 bzw. § 307 Abs. 1 Satz 1 BGB). Das OLG Brandenburg hat mit Beschluss vom 4.9.2006 entschieden, dass eine Kautionsvereinbarung in Höhe der **siebenfachen Monatsmiete** bei einem längeren Geschäftsraummietverhältnis regelmäßig nicht unwirksam ist.[263]

Ohne besondere Vereinbarung ist die Mietsicherheit **sofort mit Mietvertragsschluss fällig** (§ 271 Abs. 1 BGB), **ohne** dass der Mieter zu **Teilzahlungen** berechtigt ist (§ 266 BGB).

Ob der Vermieter von Geschäftsraum eine Geldkaution auch dann **getrennt** von seinem Vermögen anlegen muss, wenn die Vertragsparteien dies nicht ausdrücklich vereinbaren, ist noch nicht abschließend geklärt. Für eine ergänzende Vertragsauslegung zu Gunsten des Mieters spricht das berechtigte Interesse des Mieters, die Mietsicherheit bei einer Insolvenz des Vermieters nicht zu verlieren. Dagegen wird argumentiert, der Reformgesetzgeber der Mietrechtsreform 2001 habe bewusst auf eine Pflicht zur getrennten Anlage verzichtet. Die Rechtsprechung des BGH zur Strafbarkeit des Vermieters wegen Untreue durch Verletzen der Anlagepflicht hat zivilrechtlich keine Klärung gebracht.[264] Besteht eine Pflicht zur getrennten Anlage vom Vermögen des Vermieters, kann der Mieter diese erzwingen, indem er die Miete bis zur Höhe der Mietsicherheit nach § 273 Abs. 1 BGB zurückbehält.[265]

Eine Pflicht des Vermieters zum **Verzinsen** einer Geldkaution mit dem für Spareinlagen mit dreimonatiger Kündigungsfrist üblichem Zinssatz kann sich ohne ausdrückliche Vereinbarung aus ergänzender Auslegung der Sicherungsabrede ergeben.[266]

Bei **Verzug** des Mieters mit der Leistung der Mietsicherheit kann dem Vermieter die Fortsetzung des Mietverhältnisses nach fruchtloser Abmahnung unzumutbar sein, so dass er das Mietverhältnis nach § 543 Abs. 1 BGB außerordentlich **fristlos kündigen** kann.[267] Der Anspruch des Vermieters auf Leistung der Mietsicherheit **verjährt** nach §§ 195, 199 BGB innerhalb der Regelfrist von drei Jahren.[268]

---

[262] BGH, Urt. v. 12.1.1972 – VIII ZR 26/71, NJW 1972, 625; AG München, Urt. v. 7.4.2016 – 432 C 1707/16, ZMR 2017, 69.
[263] OLG Brandenburg, Beschl. v. 4.9.2006 – 3 U 78/06, NZM 2007, 402.
[264] BGH, Beschl. v. 2.4.2008 – 5 StR 354/07, NJW 2008, 1827.
[265] BGH, Urt. v. 20.12.2007 – IX ZR 132/06, NJW 2008, 1152 Rn. 8 betreffend Wohnraum; BGH, Beschl. v. 9.6.2015 – VIII ZR 324/14, NZM 2015, 736 Rn. 8 betreffend Wohnraum.
[266] BGH, Urt. v. 21.09 1994 – XII ZR 77/93, NJW 1994, 3287 zu § 550b BGB a. F.
[267] BGH, Urt. v. 21.3.2007 – XII ZR 255/04, NZM 2007, 401 Rn. 26 und BGH, Urt. v. 21.3.2007 – XII ZR 36/05, NZM 2007, 400 Rn. 18 ff.
[268] LG Darmstadt, Urt. v. 7.3.2007 – 4 O 529/06, NZM 2007, 801; LG Duisburg, Urt. v. 28.3.2006 – 13 S 334/05, NZM 2006, 774.

205 Ob und unter welchen Voraussetzungen der Vermieter **während der Mietzeit** auf die Mietsicherheit zugreifen darf, wenn keine ausdrückliche vertragliche Vereinbarung vorliegt, ist umstritten. Der Vermieter von Geschäftsraum kann jedenfalls wie der Vermieter von Wohnraum berechtigt auf die Mietsicherheit zugreifen, wenn der Mieter hiermit **einverstanden** ist oder die Forderung aus dem Mietverhältnis **rechtskräftig feststeht**. Ein „Abwohnen" der Mietsicherheit ist wie in Mietverhältnissen über Wohnraum unzulässig und bringt den Mieter in Zahlungsverzug (siehe Rn. B 197).

206 Für die Verwertung der Mietsicherheit **nach Ende der Mietzeit** und den Anspruch des Mieters auf Rückgabe der Mietsicherheit wird auf die Ausführungen zur Abwicklung des Mietverhältnisses verwiesen (siehe Rn. I 156 ff.).

207 Vor allem bei Mietverträgen mit juristischen Personen als Mieter kommt als **zusätzliche Sicherheit** für den Vermieter in Betracht, dass der Inhaber der Gesellschaftsanteile entweder als **weiterer Mieter** auftritt, so dass ein Mietverhältnis mit einer Mietermehrheit entsteht.

208 Alternativ kommt ein **Schuldbeitrittsvertrag** nach § 311 Abs. 1 BGB in Betracht[269], den der Beitretende mit dem Vermieter zusätzlich zum Mietvertrag zwischen Mieter und Vermieter abschließt. Durch den Schuldbeitritt wird der Beitretende nicht Vertragspartei des Mietverhältnisses, sondern tritt lediglich für sämtliche Ansprüche aus dem Mietverhältnis als Gesamtschuldner neben den Mieter. Ob der Schuldbeitrittsvertrag der *gesetzlichen Schriftform* der §§ 550, 578 BGB für Mietverträge unterliegt, so dass er zusammen mit dem Mietvertrag eine *einheitliche Gesamturkunde* bilden muss (siehe Rn. B 95), und welche Folgen ein Formverstoß hat, ist noch nicht abschließend geklärt.[270] Unterzeichnet der Geschäftsführer einen Mietvertrag für eine GmbH, der seine persönliche Haftung vorsieht, verpflichtet sich der Geschäftsführer nicht persönlich.[271] Handelt es sich um Allgemeine Geschäftsbedingungen des Vermieters, erfordern das Überraschungsverbot aus § 305c Abs. 1 BGB und die Anforderungen an Haftungsregelungen für Abschlussvertreter aus § 309 Nr. 11a) BGB, dass der Beitretende den Schuldbeitrittsvertrag gesondert persönlich unterzeichnet. Bei Abschluss des Mietvertrags oder des Schuldbeitrittsvertrags *außerhalb der Geschäftsräume* eines vermietenden Unternehmers ist zudem eine vorsorgliche Belehrung des Beitretenden über das zweiwöchige **Verbraucherwiderrufsrecht** aus §§ 312 ff. BGB empfehlenswert, um einen ohne Belehrung bis zu einem Jahr und zwei Wochen möglichen Widerruf sicher auszuschließen (siehe Rn. B 182 ff.). Der Geschäftsführer einer GmbH handelt auch dann als Verbraucher, wenn er deren Verbindlichkeiten mit übernimmt.[272]

c) Unterschiede der Sicherheiten

209 Die wichtigsten Mietsicherheiten sind die Geldkaution, die Verpfändung eines Sparguthabens und die Bürgschaft. Die wesentlichen Unterschiede sind:

210 Bei einer **Geldkaution** trägt der Mieter die Klagelast, weil der Vermieter schon über den Kautionsbetrag verfügt. Zudem schützt die Barkaution nach bislang herrschender Ansicht besser gegen die Verjährung der gesicherten Forderungen. Wenn verjährte Forderungen (z. B. Schadensersatzansprüche wegen Beschädigung der Mietsache) dem Kautionsrückzahlungsanspruch des Mieters *unverjährt gegenüberstanden*, kann der Vermieter

---

[269] Vgl. Grüneberg in Palandt Überbl. v. § 414 BGB Rn. 2 ff.
[270] Dafür OLG Naumburg, Urt. v. 1.3.2005 – 9 U 111/04, GuT 2005, 209, das bei Verstoß von der Nichtigkeit des Schuldbeitritts ausgeht.
[271] LG München, Endurt. v. 31.5.2011 – 30 O 11160/08, nicht veröffentlicht.
[272] BGH, Urt. v. 8.11.2005 – XI ZR 34/05, NJW 2006, 431 Rn. 15 ff; BGH, Urt. v. 28.6.2000 – VIII ZR 240/99, NJW 2000, 3133, 3135 f; BGH, Urt. v. 5.6.1996 – VIII ZR 151/95, NJW 1996, 2156, 2156 f.

nach § 215 BGB trotz Verjährungseintritts aufrechnen.²⁷³ Dies wird neuerdings mit dem Einwand bestritten, der Vermieter dürfe sich auch nach Beendigung des Mietverhältnisses nicht aus der Geldkaution befriedigen (siehe Rn. I 158 f.). Nach bislang herrschender Ansicht ist die Geldkaution vorteilhaft.

Verpfändet der Mieter ein **Sparguthaben** (§§ 1275, 1279 ff. BGB), erlangt der Vermieter ein Pfandrecht am Rückzahlungsanspruch des Mieters gegen dessen Bank. Nach Anzeige der Verpfändung versieht die Bank das Kautionskonto in der Regel mit einem Sperrvermerk, so dass eine Auszahlung des Guthabens nur mit Zustimmung der anderen Vertragspartei stattfinden kann. Aus Mietersicht eine Verpfändung vor allem deshalb vorteilhaft, weil in der Vermieterinsolvenz kein Verlust des Rückzahlungsanspruchs droht. 211

Die **Bürgschaft** (§§ 765 ff. BGB) hat den Vorteil, dass beim Mieter kein Geld abfließt, so dass dieser wirtschaftlich belastbarer bleibt und gegebenenfalls eine höhere Miete bezahlen kann. Hierauf beruht das Geschäftsmodell der so genannten Kautionsversicherung, bei der sich die Versicherung selbstschuldnerisch gegenüber dem Vermieter für dessen Forderungen aus dem Mietverhältnis verbürgt. Nachteilig für den Vermieter ist zunächst, dass er den Bürgen gesondert in Anspruch nehmen muss, um sich aus der Mietsicherheit zu befriedigen (§ 765 Abs. 1 BGB). Da es sich um ein gesondertes Rechtsverhältnis handelt, muss der Vermieter verjährungshemmende Maßnahmen jeweils sowohl gegenüber dem Mieter als auch gegenüber dem Bürgen betreiben (z. B. gerichtliches Mahnverfahren).²⁷⁴ Bei Änderungsvereinbarungen zum ursprünglichen Mietvertrag (z. B. Nachtragsvertrag über eine Mieterhöhung), muss der Vermieter für eine neue Bürgschaft sorgen, die den geänderten Mietvertrag abdeckt (§ 767 Abs. 1 Satz 2 BGB). 212

2. Vermieterpfandrecht

An den eingebrachten Sachen des Mieters hat der Vermieter ein **gesetzliches Pfandrecht** nach §§ 562, 578 i. V. m. §§ 1257 ff. BGB. Die Besonderheit dieses Pfandrechts ist seine **Besitzlosigkeit**, das heißt, dass Vermieter ein Pfandrecht an Sachen des Mieters hat, die sich nicht im Besitz des Vermieters befinden. 213

Die **praktische Bedeutung** des Vermieterpfandrechts ist **gering**. Der Mieter kann es leicht unterlaufen, indem er die eingebrachten Sachen in Abwesenheit des Vermieters (§§ 562b, 578 BGB) aus der Mietsache entfernt und sie rein faktisch dessen Zugriff entzieht. So erlischt das Vermieterpfandrecht an einem Fahrzeug, wenn der Mieter es auch nur vorübergehend für eine Fahrt von der Mietsache entfernt; es entsteht neu, wenn der Mieter das Fahrzeug auf der Mietsache abstellt (revolvierendes Vermieterpfandrecht).²⁷⁵ An unpfändbaren Sachen des Mieters entsteht kein Pfandrecht gemäß §§ 562 Abs. 1 Satz 2, 578 BGB i. V. m. § 811 ZPO. Damit sind neben den Gegenständen für den persönlichen Gebrauch und Haushalt des Mieters auch die meisten Arbeitsmittel vom Pfandrecht ausgenommen. Ein Zugriff auf von einem Geschäftsraummieter bevorratete Waren scheitert häufig daran, dass diese infolge von Eigentumsvorbehalten oder Sicherungsabtretungen nicht in dessen Eigentum stehen. In der Insolvenz des Mieters besteht ein Absonderungsrecht des Vermieters nach § 50 InsO an den dem Pfandrecht unterliegenden Sachen des Mieters, das auch für künftig entstehende Forderungen erfasst.²⁷⁶ 214

Das Pfandrecht **entsteht** nach §§ 562 Abs. 1 Satz 1, 578 BGB nur an den vom Mieter in die Mietsache *eingebrachten* in dessen *Eigentum* stehenden Sachen. Gegenüber Dritten 215

---

²⁷³ BGH, Beschl. v. 1.7.1987 – VIII ARZ 2/87, NJW 1987, 2372, 2373.
²⁷⁴ BGH, Urt. v. 11.11.2014 – XI ZR 265/13, NJW 2015, 351 Rn. 21.
²⁷⁵ BGH, Urt. v. 6.12.2017 – XII ZR 95/16, NJW 2018, 1083.
²⁷⁶ BGH, Urt. v. 14.12.2006 – IX ZR 102/03 NJW 2007, 1588 Rn. 11 f.

kommt dem Vermieter die für seinen Mieter nach § 1006 BGB streitende Eigentumsvermutung zugute.[277] Die Sachen dürfen nicht unpfändbar sein gemäß §§ 562 Abs. 1 Satz 2, 578 BGB i. V. m. § 811 Abs. 1 ZPO.

216 Das Pfandrecht **sichert** sämtliche Forderungen des Vermieters aus dem Mietverhältnis; künftige Forderungen und die Miete für eine spätere Zeit als das laufende und das folgende Jahr sind hierbei ausgenommen (§ 562 Abs. 2 BGB).

217 Das Vermieterpfandrecht **erlischt** nach § 562a BGB mit Entfernung der eingebrachten Sache vom Grundstück, sofern diese unter normalen Umständen erfolgt sowie nach allgemeinen Regeln für gesetzliche Pfandrechte gemäß §§ 1257 i. V. m. 1242, 1252, 1255 f. BGB.

218 Sofern ein Pfandrecht besteht, hat der Vermieter ein **Selbsthilferecht** nach § 562b BGB, mit dem er die Entfernung der Mietsache verhindern kann.

219 **Widerspricht der Vermieter** der Entfernung von Pfandsachen, stellt das Unterlassen der *Räumung* mit dessen Willen keine Vorenthaltung der Mietsache durch den Mieter dar, für die Nutzungsentschädigung nach § 546a Abs. 1 BGB anfällt.[278] Unterbleibt die Rückgabe der Mietsache jedoch auch aus *anderen Gründen*, z. B. weil der Mieter auch die Schlüssel an der Mietsache nicht zurückgibt, schuldet der Mieter hierfür Nutzungsentschädigung.[279]

220 Zur **Verwertung** durch Veräußerung des Pfandes und Befriedigung aus dem Erlös ist der Vermieter erst bei Pfandreife befugt nach §§ 1257, 1228 ff. BGB. Hierzu ist dem Mieter der Pfandverkauf anzudrohen und in der Regel eine öffentliche Versteigerung durch den Gerichtsvollzieher zu bewirken.

---

[277] BGH, Versäumnisurt. v. 3.3.2017 – V ZR 268/15, NZM 2017, 479 Rn. 8 ff.
[278] OLG Hamburg, Urt. v. 25.10.1989 – 4 U 255/88, NJW-RR 1990, 86; OLG Dresden, Urt. v. 19.10.2011 – 13 U 1179/10, NZM 2012, 84, 89; KG, Urt. v. 14.2.2005 – 8 U 144/04, NZM 2005, 422, 423.
[279] KG, Urt. v. 18.7.2016 – 8 U 234/14, ZMR 2016, 939.

C. Rechte und Pflichten der Vertragsparteien

Von zentraler Bedeutung für die Rechte und Pflichten der Vertragsparteien ist der **vertragsgemäße Zustand** der Mietsache. Er bestimmt, in welchem Zustand der Vermieter die Mietsache übergeben und erhalten muss (§ 535 Abs. 1 Satz 2 BGB) und wann dem Mieter Gewährleistungsrechte zustehen (§§ 536 ff. BGB). 1

Bei den Pflichten der Vertragsparteien ist zunächst zwischen **Hauptleistungspflichten** und **sonstigen Pflichten** aus dem Mietverhältnis zu unterscheiden. Nur zwischen den Hauptleistungspflichten besteht ein Austauschverhältnis (Synallagma), auf das die Regeln für gegenseitige Pflichten der §§ 320 ff. BGB anzuwenden sind (z. B. Zurückbehaltungsrecht aus § 320 Abs. 1 und 2 BGB). 2

Die **Hauptleistungspflicht des Vermieters** besteht darin, dem Mieter den Gebrauch der Mietsache zu gewähren (§ 535 Abs. 1 Satz 1 BGB). Er ist verpflichtet, dem Mieter die Mietsache in vertragsgemäßem Zustand zu überlassen und diesen Zustand während der Mietzeit zu erhalten (§ 535 Abs. 1 Satz 2 BGB). Zu den weiteren Pflichten des Vermieters gehören die Lastentragung (§ 535 Abs. 1 Satz 3 BGB), die Gewährleistung für Mängel (§§ 536 ff. BGB) sowie die Sorgfalts- und Schutzpflichten. 3

Das Gegenstück zur Gebrauchsgewährungspflicht des Vermieters ist das **Gebrauchsrecht des Mieters**. Er ist aus § 537 Abs. 1 Satz 1 BGB ersichtlich grundsätzlich nur berechtigt, aber nicht verpflichtet, die Mietsache zu benutzen. Der Vermieter muss den vereinbarten Mietgebrauch gewähren und ggf. der Überlassung der Mietsache an Dritte zustimmen (§§ 540, 553 BGB). Bei Überschreitung des Mietgebrauchs kann der Vermieter auf Unterlassung klagen (§ 541 BGB), das Mietverhältnis kündigen (§§ 573 Abs. 2 Nr. 1, 569 Abs. 2, 543 Abs. 1, Abs. 2 Nr. 2 BGB) und für schuldhaft verursachte Schäden Ersatz verlangen (§§ 280 Abs. 1, 538 BGB). 4

Die **Hauptleistungspflicht des Mieters** besteht in der Zahlung der Miete (§ 535 Abs. 2 BGB) sowie in vertraglich wirksam übertragenen Erhaltungspflichten. Daneben treffen den Mieter weitere Pflichten. Er hat eine Anzeigepflicht für Mängel und Gefahren (§ 536c Abs. 1 BGB) und Obhutspflichten für die Mietsache (§§ 241 Abs. 2, 242 BGB). Ferner muss der Mieter Erhaltungs- und Modernisierungsmaßnahmen (§§ 555a ff., 578 Abs. 2 Satz 1 BGB) sowie die Besichtigung der Mietsache (§ 242 BGB) dulden. 5

Die **Erhaltungspflicht** des Vermieters können die Vertragsparteien innerhalb der gesetzlichen Grenzen **auf den Mieter übertragen** (z. B. für Schönheitsreparaturen). 6

I. Vertragsgemäßer Zustand

Der vertragsgemäße Zustand ist die **Soll-Beschaffenheit** der Mietsache. Diese ist von zentraler Bedeutung für die Rechte und Pflichten der Vertragsparteien. Sie bestimmt, in welchem Zustand der Vermieter die Mietsache **übergeben** und **erhalten** muss (§ 535 Abs. 1 Satz 2 BGB) und wann Mängelrechte des Mieters bestehen (§§ 536 ff. BGB). 7

1. Bestimmung

8   Welcher Zustand der Mietsache vertragsgemäß ist, ergibt sich vorrangig aus der **Vereinbarung** der Vertragsparteien, aus dem vereinbarten **Mietzweck**, den Anforderungen des **öffentlichen Rechts** an eine rechtmäßige Nutzung sowie aus der **Verkehrssitte**.[1]

9   Der Vermieter ist dafür verantwortlich, dass der Zustand und Lage der Mietsache dem Mieter die Realisierung des vereinbarten Mietzwecks ermöglichen, ohne gegen **öffentlich-rechtliche Vorschriften** zu verstoßen.[2] Dazu muss die Nutzung der Mietsache vor allem bauplanungs- und bauordnungsrechtlich zulässig sein. Unschädlich sind hingegen öffentlich-rechtliche Nutzungshindernisse, die nicht objektbezogen sind, sondern an die Person des Mieters oder an dessen Betrieb anknüpfen.[3] Der Vermieter kann sich von seiner Pflicht zur Einhaltung der öffentlich-rechtlichen Vorschriften nicht durch Formularklausel freizeichnen (siehe Rn. C 190).

2. Baustandard

10 Der Vermieter schuldet grundsätzlich nur den **Standard**, der im **Zeitpunkt** der **Errichtung** des Mietgebäudes galt[4] bzw. bei dessen letzter **grundlegender Sanierung**[5] (z. B. Trittschall-Schutz[6] oder Wärmebrücken[7]).

11 Aus §§ 555b, 578 Abs. 2 BGB ersichtlich ist der Vermieter lediglich zur **Modernisierung** der Mietsache berechtigt, aber nicht verpflichtet. Ausnahmsweise kann der Vermieter zur Modernisierung verpflichtet sein, wenn der Zustand der Mietsache eine **Gesundheitsgefährdung** darstellt (z. B. zum Austausch von Trinkwasserleitungen aus Blei, wenn der Grenzwert der TrinkwasserVO überschritten ist[8] oder zur Nachrüstung von Rauchwarnmeldern[9]).

12 Ferner kann auch der Mieter einer Altbauwohnung einen **Mindeststandard an zeitgemäßes Wohnen** erwarten. „Hierzu gehört die Bereitstellung einer Stromversorgung, die einen Betrieb der gewöhnlichen Haushaltsgeräte ermöglicht ... Eine derartige Ausstattung einer Wohnung wird unabhängig vom Baualter des Gebäudes oder einer Modernisierung der Wohnung allgemein erwartet. Nach der Verkehrsanschauung umfasst ... der vertragsgemäße Gebrauch einer Wohnung, dass zumindest ein größeres Haushaltsgerät wie Waschmaschine oder Geschirrspülmaschine und gleichzeitig weitere haushaltsübliche Elektrogeräte wie etwa ein Staubsauger in der Wohnung benutzt werden können. Zu einer zeitgemäßen Wohnnutzung gehört außerdem, dass das Badezimmer über eine Stromversorgung verfügt, die nicht nur eine Beleuchtung, sondern auch den Betrieb von kleineren elektrischen Geräten über eine Steckdose ermöglicht."[10] Ein funktionsfähiger

---

[1] BGH, Urt. v. 23.9.2009 – VIII ZR 300/08, NJW 2010, 1133 Rn. 11; zur Bedeutung technischer Normen für die Auslegung Gsell WuM 2012, 491.

[2] BGH, Urt. v. 13.7.2011 – XII ZR 189/09, NJW 2011, 3151 Rn. 8; vgl. Günter NZM 2016, 569.

[3] BGH, Urt. v. 13.7.2011 – XII ZR 189/09, NJW 2011, 3151 Rn. 11 betreffend Nichtraucherschutzgesetz für Gaststätten.

[4] BGH, Urt. v. 7.7.2010 – VIII ZR 85/09, NJW 2010, 3088 Rn. 13 ff.

[5] BGH, Urt. v. 5.6.2013 – VIII ZR 287/12, NJW 2014, 685 Rn. 18.

[6] Zu nachträglichen Veränderungen des Umfelds der Mietsache Meyer-Abich, NZM 2018, 427.

[7] BGH, Urt. v. 5.12.2018 – VIII ZR 271/17, NJW 2019, 507 und BGH, Urt. v. 5.12.2018 – VIII ZR 67/18, juris.

[8] LG Frankfurt, Urt. v. 4.10.1988 – 2/11 S 18/88, ZMR 1990, 17.

[9] Wall WuM 2014, 3; Riecke PiG 99 (2015), 139; Cramer ZMR 2016, 505.

[10] BGH, Urt. v. 26.6.2004 – VIII ZR 281/03, NJW 2004, 3174 Rn. 21.

Telefonanschluss ist jedenfalls dann geschuldet, wenn in der Wohnung eine Telefondose vorhanden ist.[11]

3. Beschaffenheitsvereinbarungen

Ein dem Mieter **nachteiliger Zustand** der Mietsache kann infolge (fehlender) Beschaffenheitsvereinbarung **vertragsgemäß** sein. Dabei ist wie folgt zu unterscheiden: 13
- **Positive Beschaffenheitsvereinbarung:** Die Vertragsparteien können bei Besichtigung der Mietsache vor Vertragsschluss konkludent einen **nachteiligen Zustand** als vertragsgemäßen Zustand (Soll-Beschaffenheit) vereinbaren. Dies erfordert, dass der Vermieter zum Ausdruck bringt, dass er den gegenwärtigen Zustand während der Dauer des Mietverhältnisses als vertragsgemäß erachtet und dass der Mieter dem zustimmt. [12]
- **Fehlende Beschaffenheitsvereinbarung:** Die Auslegung des Mietvertrags kann ergeben, dass die Vertragsparteien für den mangelhaften Zustand keine Soll-Beschaffenheit festgelegt haben. So hat der BGH für *nach Mietvertragsschluss* erstmals aufgetretene Geräuschimmissionen durch einen immissionsschutzrechtlich privilegierten **Bolzplatz**, eine **konkludente Beschaffenheitsvereinbarung** über die bei Anmietung gegebene Immissionsfreiheit **verneint**.[13] Der Vermieter wolle keine Gewährleistung für die Freiheit der Mietsache von Immissionen des Nachbarn übernehmen, die er als Eigentümer *ohne eigene Abwehr- oder Entschädigungsmöglichkeit* nach § 906 Abs. 1 und Abs. 2 Satz 1 BGB als unwesentlich oder ortsüblich hinnehmen muss. Insoweit soll der Wohnungsmieter an der jeweiligen *Situationsgebundenheit* des Mietgrundstücks teilnehmen.[14]
- **Negative Beschaffenheitsvereinbarung:** Die Vertragsparteien können eine Beschaffenheitsvereinbarung **ausschließen**. Beispielsweise können sie ausdrücklich vereinbaren, dass die pflichtgemäße Vorlage des Energieausweises bei Mietvertragsschluss keine Vereinbarung der energetischen Beschaffenheit der Mietsache begründet (siehe Rn. B 14) oder dass die Angabe der Wohnfläche im Mietvertrag nicht den vertragsgemäßen Zustand definiert[15].

Dass das Vereinbaren *nachteiliger Eigenschaften* der Mietsache konkludent möglich sein soll, bei *vorteilhaften Eigenschaften* hingegen extreme Anforderungen an die Beschaffenheitsvereinbarung gestellt werden, erscheint bedenklich und widerspricht der Wertung des § 536b BGB, der bei Mangelkenntnis des Mieters lediglich einen Gewährleistungsausschluss anordnet. 14

---

[11] BGH, Urt. v. 5.12.2018 – VIII ZR 17/18, NZM 2019, 140 Rn. 16.
[12] Vgl. Lehmann-Richter NZM 2012, 849 am Beispiel von Bauimmissionen.
[13] BGH, Urt. v. 29.4.2015 – **VIII ZR 197/14**, NJW 2015, 2177 betreffend Bolzplatz; BGH, Urt. v. 19.12.2012 – VIII ZR 152/12, NJW 2013, 680 betreffend vorübergehende Verkehrsumleitung.
[14] A. A. BayObLG, RE vom 4.2.1987 – RE-Miet 2/86, NJW 1987, 1950; BGH, Urt. v. 23.4.2008 – XII ZR 62/06, NJW 2008, 2497 Rn. 22; LG Berlin, Urt. v. 7.6.2017 – 18 S 211/16, ZMR 2018, 223 betreffend Großbaustelle; kritisch Ghassemi-Tabar, NJW 2015, 2849; Selk NZM 2015, 855 und NZM 2019, 114; Flatow WuM 2016, 459; zur *Beweislastverteilung* vgl. LG München I, Urt. v. 27.10.2016 – 31 S 58/16, NZM 2016, 237 und LG München I, Urt. v.15.11.2018 – 31 S 2182/18, juris; eine *konkludente Beschaffenheitsvereinbarung* über Zufahrt zu einem Ausflugslokal bejaht das OLG Frankfurt a.M., Urt. v. 5.7.2017 – 2 U 152/16, ZMR 2017, 882; ein Minderungsrecht für *vorübergehenden Bauimmissionen* bejaht das LG Berlin, Beschl. v. 12.7.2018 – 67 S 105/18, WuM 2018, 755; a. A. LG Berlin, Urt. v. 14.6.2017 – 65 S 90/17, ZMR 2017, 974.
[15] BGH, Urt. v. 10.11.2010 – VIII ZR 306/09, NJW 2011, 220 Rn. 23.

4. Änderung durch Modernisierung

15 Ob der Vermieter im Zuge einer ordnungsgemäß angekündigten **Modernisierungsmaßnahme** nach §§ 555b ff. BGB berechtigt ist, den vertragsgemäßen Zustand der Mietsache **einseitig zu ändern**, ist nicht höchstrichterlich entschieden.[16] Ist die Modernisierung der Mietsache (z. B. Einbau neuer Isolierglasfenster) auch mit Nachteilen für den Mieter verbunden (z. B. geringerer Lichteinfall), stellt sich die Frage, ob die Verbesserung der Mietsache durch die Modernisierung alle Nachteile kompensiert oder ob unter Äquivalenzgesichtspunkten noch Raum für eine **Mietminderung** besteht.[17]

II. Hauptleistungspflichten des Vermieters

Fall 3: Wahrheit oder Pflicht?

15a V vermietete M seine frisch in weißer Farbe gestrichene Eigentumswohnung, in der sich ein vermietereigener Kühlschrank befindet. Nach dem Formularmietvertrag ist M zur Vornahme der laufenden Schönheitsreparaturen in weißer Farbe verpflichtet. Nach fünfzehnjähriger Mietzeit bittet M den V um Abhilfe für folgende Missstände.
1. **Defekter Kühlschrank:** Die Reparatur lehnt V ab, weil das Gerät im Mietvertrag nicht aufgeführt ist und weil M das Gerät selbst abgenutzt habe.
2. **Malerarbeiten.** Die Vornahme lehnt V unter Hinweis auf die Schönheitsreparaturklausel ab. Zudem habe M den Renovierungsbedarf als Raucher selbst zu vertreten. Hilfsweise droht er, sämtliche Malerarbeiten in rosa auszuführen.
3. **Lärmstörungen:** M fühlt sich gestört durch Musikunterricht, den N in einer Nachbarwohnung erteilt. V verweist darauf, dass M eigene Abwehransprüche zustehen.
4. **Telefonanschluss:** Das im Keller befindliche Telefonkabel zur Wohnung des M wurde im Bereich des Gemeinschaftseigentums von Unbekannten gekappt. V meint, dafür sei er nicht zuständig, ferner handele es sich um einen Bagatellmangel, weil M ein Mobiltelefon mit Flatrate-Vertrag besitze.

Inwieweit ist V verpflichtet, den Bitten des M nachzukommen?

16 Die Hauptleistungspflicht des Vermieters besteht darin, dem Mieter den **Gebrauch** der Mietsache zu gewähren (§ 535 Abs. 1 Satz 1 BGB). Hierzu ist er verpflichtet, sie in vertragsgemäßem Zustand zu **überlassen** und diesen Zustand während der Mietzeit zu **erhalten** (§ 535 Abs. 1 Satz 2 BGB).

1. Überlassungspflicht

17 Zu Beginn der Mietzeit trifft den Vermieter die so genannte Überlassungspflicht. Das heißt er ist verpflichtet, dem Mieter die Mietsache in einem zum vertragsgemäßen Gebrauch geeigneten Zustand zu **übergeben** (§ 535 Abs. 1 Satz 2 Alt. 1 BGB).

18 Die **Übergabe** erfordert in der Regel, dass der Mieter den Allein- oder Mitbesitz (§§ 854 Abs. 1 bzw. 866 BGB) an der Mietsache und ihrem Zubehör erhält und dass der Vermieter umgekehrt seinen *Besitz* an den dem Mieter zur ausschließlichen Benutzung

---

[16] BGH, Urt. v. 13.2.2008 – VIII ZR 105/07, NJW 2008, 1218 Rn. 28; dafür Lehmann-Richter NZM 2011, 5720, 574 ff. BGB und ZMR 2014, 206; Sternel PiG 99 (2015), 95, 103 ff; dagegen Hau NZM 2014, 809, 815 f.

[17] Sternel PiG 99 (2015), 95, 103 ff.

vermieteten Räumen **vollständig aufgibt**. Daher darf der Vermieter keinen Schlüssel zurückbehalten, auch nicht für Notfälle.

Der **Zustand** der Mietsache bei Übergabe muss zum **vertragsgemäßen Gebrauch geeignet** sein (siehe Rn. C 7 ff.). Vorhandene **Mängel** der Mietsache muss der Vermieter in der Regel vor Übergabe an den Mieter **beseitigen**. 19

Ein von beiden Vertragsparteien unterzeichnetes **Übergabeprotokoll** beweist den **Zustand der Mietsache bei Übergabe** (z. B. Schäden, Zählerstände). Halten die Vertragsparteien darin konkrete Mängel der Mietsache fest, verliert der Mieter nach § 536b BGB seine Mängelrechte, wenn er sich diese nicht ausdrücklich vorbehält (z. B. durch Vermerk im Protokoll). Zudem kommt eine konkludente Beschaffenheitsvereinbarung in Betracht, dass der Mieter den mangelhaften Zustand der Mietsache als vertragsgemäß billigt (siehe Rn. C 13). 20

2. Gebrauchsgewährungspflicht

Während der Mietzeit muss der Vermieter dem Mieter den vertragsmäßen Gebrauch der Mietsache gewähren (§ 535 Abs. 1 Satz 1 BGB). Das Gegenstück hierzu ist das aus § 537 Abs. 1 Satz 1 BGB ersichtliche Recht des Mieters, die Mietsache für den Mietzweck zu nutzen (**Gebrauchsrecht**, siehe Rn C 42 ff.).[18] 21

3. Erhaltungspflicht

Während der Mietzeit ist der Vermieter gemäß § 535 Abs. 1 Satz 2 Alt. 2 BGB verpflichtet, die Mietsache in einem zum vertragsgemäßen Gebrauch geeigneten Zustand (siehe Rn. C 7 ff.) zu **erhalten**. Ob die Tauglichkeit für den vertragsgemäßen Gebrauch aufgehoben oder **erheblich** gemindert ist, spielt *keine* Rolle. § 536 Abs. 1 Satz 3 BGB schließt nur die *Gewährleistungs*ansprüche des Mieters für *Bagatellmängel* aus[19] (siehe Rn. D 11). 22

Das Gegenstück zur Erhaltungspflicht des Vermieters ist Recht des Mieters, die Mietsache nach § 538 BGB **vertragsgemäß abzunutzen**. Danach hat der Mieter Veränderungen und Verschlechterungen der Mietsache nicht zu vertreten, die auf vertragsgemäßen Gebrauch zurückzuführen sind (siehe Rn. C.I.5.c). 23

a) Instandhaltung und Instandsetzung

aa) Begriff

Zur Erhaltung gehören die **Instandhaltung** und die **Instandsetzung** der Mietsache (§ 555a Abs. 1 BGB). 24

Die **Instandhaltung** umfasst die Maßnahmen, die während der Nutzungsdauer zur Erhaltung des bestimmungsmäßigen Gebrauchs erforderlich sind, um die durch Abnutzung, Alterung und Witterungseinwirkung entstehenden baulichen oder sonstigen Mängel ordnungsgemäß zu beseitigen (vgl. § 28 Abs. 1 II. BV[20]). Zur Instandhaltung gehört auch die Vornahme der laufend erforderlich werdenden Schönheitsreparaturen (vgl. § 28 Abs. 4 Satz 3 II. BV). 25

---

[18] Zu den einzelnen Gebrauchsrechten vgl. Eisenschmid in Schmidt-Futterer Rn. 284 ff.
[19] AG Hamburg-Altona, Urt. v. 18.8.2014 – 314a C 55/13, ZMR 2015, 383.
[20] Die Legaldefinition der Instandhaltungs- und Instand*setzungs*kosten in § 1 Abs. 2 Nr. 2 BetrKV hilft nicht weiter, weil sie begrifflich der Legaldefinition der *Instandhaltungskosten* des § 28 Abs. 1 Satz 1 II. BV für preisgebundenen Wohnraum entspricht.

26 Dagegen umfasst die **Instandsetzung** die Reparatur der Mietsache oder die Wiederbeschaffung nicht mehr reparierbarer Teile der Mietsache zur Wiederherstellung deren ordnungsgemäßen Zustands.[21]

27 Das Abgrenzen von Instandhaltung und Instandsetzung ist schwierig. Die **Instandhaltung** umfasst die Maßnahmen, die zur Erhaltung des vertragsgemäßen Gebrauchs erforderlich sind. Dagegen umfasst die **Instandsetzung** die Maßnahmen, die zum Beseitigen von Mängeln erforderlich sind, was auch Erneuerungen der Mietsache oder ihrer Teile einschließt. Vereinfachend kann man formulieren, dass **Instandhaltungsmaßnahmen** eher *präventiven Charakter* haben (z. B. Ölen der Scharniere einer Tür), während **Instandsetzungsmaßnahmen** auf die *Beseitigung bereits eingetretener Schäden* zielen (z. B. Reparatur eines defekten Türschlosses).

bb) Voraussetzungen

28 Ist der tatsächliche Zustand der Mietsache nicht (mehr) vertragsgemäß, wird der Erhaltungsanspruch aus § 535 Abs. 1 Satz 2 BGB **fällig**. Danach ist der Vermieter verpflichtet, die erforderlichen Instandhaltungs- oder Instandsetzungsmaßnahmen auszuführen, welche die Mietsache (wieder) in einen für den Mietzweck geeigneten Zustand versetzen. Dabei ist unerheblich, ob der Mieter die Mietsache tatsächlich nutzt und ihn der mangelhafte Zustand der Mietsache subjektiv beeinträchtigt.[22]

29 Der Vermieter ist auch dann zur Erhaltung der Mietsache verpflichtet, wenn die Notwendigkeit der Erhaltungsmaßnahme auf dem **Verhalten des Mieters** beruht, soweit dieses zum vertragsgemäßen Gebrauch der Mietsache gehört (§ 538 BGB). Nur wenn der Mieter die Mietsache **schuldhaft beschädigt**, entfällt grundsätzlich die Pflicht des Vermieters zur Reparatur der Mietsache. In diesem Fall schuldet der Mieter nach § 280 Abs. 1 BGB Schadensersatz. Dabei kann der Vermieter wählen zwischen der Behebung des Schadens durch den Mieter (§ 249 Abs. 1 BGB) oder Geldersatz (§ 249 Abs. 2 BGB);[23] bei der zweiten Alternative bleibt der Vermieter zur Erhaltung der Mietsache verpflichtet. Ist der beschädigte Teil der Mietsache durch Vormieter oder den Mieter abgenutzt (§ 538 BGB), ist dies im Wege der Vorteilsausgleichung zu berücksichtigen, damit der Vermieter durch den Schadensersatz nicht besser steht als vor der Beschädigung. Dies kann dazu führen, dass der Anspruch auf Behebung des Schadens durch den Mieter nach § 251 Abs. 2 Satz 1 BGB ausgeschlossen ist und der Schadensersatzanspruch in Geld nach dem Grundsatz „neu für alt" auf bis zu null zu kürzen ist (Beispiel: Die Rohrzange fällt in das schon 40 Jahre alte Waschbecken).

30 Den Erhaltungsanspruch verliert der Mieter weder dadurch, dass er den **Mangel** bei Abschluss des Mietvertrags oder bei Übergabe **kennt oder kennen muss** (§ 536b BGB) noch durch **Verletzung seiner Anzeigepflicht** für Mängel (§ 536c Abs. 1 Satz 1 BGB). Beide Normen schließen nur die Sachmängelhaftung des Vermieters nach §§ 536 ff. BGB, nicht aber den Erfüllungsanspruch des Mieters aus § 535 Abs. 1 Satz 2 BGB auf Überlassung einer Mietsache in vertragsgemäßem Zustand aus.

31 Trotz der klaren Regelung in § 536b BGB besteht teilweise die Tendenz, die Anmietung einer Mietsache nach Besichtigung in mangelhaftem Zustand als **konkludente Beschaffenheitsvereinbarung** zu beurteilen (siehe Rn. C 13 f.). Dies führt dazu, dass die an sich mangelhafte Mietsache als vertragsgemäß gilt, so dass der Mieter weder ein Anspruch auf Erhaltungsmaßnahmen (Mängelbeseitigung) noch Gewährleistungsrechte zustehen.[24] Inwieweit sich der Vermieter formularvertraglich durch negative Beschaffenheitsverein-

---

[21] BGH, Urt. v. 6.4.2005 – XII ZR 158/01, NZM 2005, 863, 864.
[22] BGH, Urt. v. 22.8.2018 – VIII ZR 99/17, NZM 2018, 1020 Rn. 14.
[23] BGH, Urt. v. 28.2.2018 – VIII ZR 157/17, NZM 2018, 320 Rn. 9 ff.
[24] Vgl. Lehmann-Richter NZM 2012, 849 am Beispiel von Bauemissionen.

barung freizeichnen kann, ist gerade für *zukünftige* Verschlechterungen der Mietsache ungeklärt.[25]

Wegen **Überschreitung der Opfergrenze** kann die Erhaltungspflicht des Vermieters in seltenen Ausnahmefällen entfallen nach § 275 Abs. 2 Satz 1 BGB, weil die Mangelbeseitigung dem Vermieter wirtschaftlich nicht zumutbar ist.[26] Eine genaue Definition hierfür existiert nicht.[27] Die Überschreitung ist zu bejahen, wenn ein krasses Missverhältnis zwischen dem Reparaturaufwand einerseits und dem Nutzen der Reparatur für den Mieter sowie dem Wert des Mietobjekts und den aus ihm zu ziehenden Einnahmen besteht (z. B. keine Wiederaufbaupflicht für 200 Jahre altes durch Brand zerstörtes Wohn- und Gewerbeobjekt[28]). Mit Gebrauchsuntauglichkeit der Mietsache entfällt im Gegenzug nach § 326 Abs. 1 Satz 1 BGB die Mietzahlungspflicht des Mieters.[29]

Schließlich kann sich der Vermieter der Erhaltungspflicht dadurch entziehen, dass er das Mietverhältnis ordentlich **kündigt**. Bei Mietverhältnissen über **Geschäftsraum** ist dies grundsätzlich nicht nach § 242 BGB treuwidrig.[30] Die Gewährleistungsrechte aus §§ 536 ff. und § 543 Abs. 2 Satz 1 Nr. 1 BGB bezwecken nicht, dem Mieter den vertragsgemäßen Gebrauch dauerhaft und unabhängig von Beendigungsmöglichkeiten zu sichern.[31] Inwieweit der Vermieter während der nach der Kündigung verbleibenden Mietzeit Mängel beseitigen muss, ist nach § 275 Abs. 2 Satz 1 BGB unter Zumutbarkeitsgesichtspunkten abzuwägen. Bei Mietverhältnissen über **Wohnraum** muss der Vermieter eine ordentliche Kündigung nach § 573 BGB mit einem berechtigten Interesse begründen. Unverhältnismäßige Mängelbeseitigungskosten können unter Umständen eine *Verwertungskündigung* des Vermieters nach § 573 Abs. 2 Nr. 3 BGB rechtfertigen (siehe Rn. H 177 ff.). Begründet der Vermieter die Kündigung mit *Eigenbedarf* nach § 573 Abs. 2 Nr. 2 BGB, kann die Veranlassung durch Mängel ein Indiz dafür sein, dass der Eigenbedarf nur vorgeschoben und die Kündigung unberechtigt ist (z. B. vorgetäuschter Eigenbedarf)[32].

Der Anspruch des Mieters auf Erhaltung der Mietsache **verjährt nicht** während der Mietzeit nach §§ 195, 199 BGB, da es sich bei der Erhaltungspflicht um eine in die Zukunft gerichtete Dauerverpflichtung des Vermieters handelt.[33]

b) Verkehrssicherung

Zur Instandhaltung der Mietsache gehört auch die Verkehrssicherung.[34] Die Verkehrssicherungspflicht des Vermieters beruht auf dem allgemeinen Grundgedanken, dass wer einen Verkehr auf einem Grundstück zulässt, dafür verantwortlich ist, dass andere aus dessen Benutzung keine Schäden erleiden sollen. Daher muss der Vermieter das Grundstück nebst allen mitvermieteten Räumen und Flächen regelmäßig auf Gefahrenquellen **überprüfen** und diejenigen **Maßnahmen zur Gefahrenabwehr** treffen, die nach den

---

[25] Kritisch Gsell NZM 2016, 702.
[26] BGH, Urt. v. 20.7.2005 – VIII ZR 342/03, NZM 2005, 820.
[27] V. Emmerich NZM 2010, 497, 499: „Lässt man die bisher zum Mietrecht entschiedenen Fälle Revue passieren, so wird man auch nicht viel klüger ... Suchen wir also weiter wie seit nunmehr über 100 Jahren nach der magischen Opfergrenze".
[28] OLG Karlsruhe, Urt. v. 30.12.1994 – 19 U 113/94, NJW-RR 1995, 849.
[29] BGH, Urt. v. 26.9.1990 – VIII ZR 205/89, NJW-RR 1991, 204.
[30] OLG Düsseldorf, Beschl. v. 16.8.2010 – 10 W 114/10, ZMR 2011, 381.
[31] BGH, Urt. v. 2.11.2016 – XII ZR 153/15, NJW 2017, 1104 Rn. 26.
[32] Blank in Schmidt-Futterer, § 573 BGB Rn. 62.
[33] BGH, Urt. v. 17.2.2010 – VIII ZR 104/09, NJW 2010, 1292.
[34] BGH, Urt. v. 21.2.2018 – VIII ZR 255/16; NZM 2018, 509 Rn. 20; Sternel, Mietrecht aktuell, Kap. VII Rn. 78 ff.

Gesamtumständen *zumutbar* sind (z. B. Räumen und Streuen der Wege, Beleuchtung, Absperren gefährlicher Bereiche).

36 Welche Maßnahmen im **Einzelfall** zu treffen sind, richtet sich vor allem nach der *Verkehrsanschauung* und der *Zumutbarkeit*.[35] So besteht eine *Räum- und Streupflicht* des Vermieters sowohl bei allgemeiner Glätte als auch bei Anhaltspunkten für eine ernsthaft drohende Gefahr durch vereinzelte Glättestellen.[36] Räumlich erstreckt sich diese Pflicht grundsätzlich nicht auf den öffentlichen Gehweg vor dem Mietgrundstück.[37] Zu einer regelmäßigen Generalinspektion der *Elektroleitungen und -geräte* in der Wohnung („E-Check") ist der Vermieter ohne besonderen Anlass nicht verpflichtet.[38] Im **Inneren der Mietsache** darf der Vermieter grundsätzlich drauf vertrauen, dass ihm der Mieter von der Mietsache erkennbar ausgehende Gefahren nach § 536c Abs. 1 BGB anzeigt.[39] Dabei ist der Mieter nicht zu einer aktiven Überprüfung verpflichtet.[40]

36a Für **Schäden**, die der Mieter infolge schuldhafter Verletzung der Verkehrssicherungspflicht durch den Vermieter entstehen, ist dieser sowohl vertraglich als auch deliktisch zum Schadensersatz verpflichtet (§ 536 Abs. 1 BGB und § 823 Abs. 1 BGB).[41]

36b **Beauftragt** der Vermieter **Dritte** mit der Verkehrssicherung (z. B. Hausmeister, Schneeräumdienst), muss er diese sorgfältig *auswählen* und die Verkehrssicherung zumindest stichprobenartig *überwachen,* andernfalls haftet er dem Mieter auf Schadensersatz.[42]

37 Inwieweit der Vermieter seine Verkehrssicherungspflicht durch Formularklauseln **auf den Mieter** wirksam **übertragen** kann ist, ist noch nicht abschließend geklärt. Die Rechtsprechung hat die Übertragung wegen der sachlichen und räumlichen Nähe des Mieters in der Vergangenheit als wirksam beurteilt.[43] Dies wird vor allem für die Übertragung der Räum- und Streupflicht in Wohnraummietverhältnissen kritisiert,[44] weil dem Mieter hiermit ein *erhebliches Haftungsrisiko* aufgebürdet wird, das sich faktisch wie ein nach § 309 Nr. 7a) BGB unzulässiger *Haftungsausschluss für Integritätsschäden* auswirkt (**verhüllter Haftungsausschluss**). Solche Konstruktionen hat der BGH in anderem Zusammenhang als unwirksam beurteilt.[45] Umgekehrt wird die Übertragung der Verkehrssicherung auf den Mieter eher zulässig sein, wenn dieser bereits aufgrund seines **Betriebs** zu erhöhten Sicherungsmaßnahmen für seinen Publikumsverkehr verpflichtet ist (z. B. Gaststättenpächter für Parkplatz).[46]

---

[35] BGH, Urt. v. 16.5.2006 – VI ZR 189/05, NJW 2006, 2326 Rn. 6 f.; Überblick bei Eisenschmid in Schmidt-Futterer § 535 BGB Rn. 150 ff. und bei Ruff, DWW 2006, 411.

[36] BGH, Urt. v. 14.2.2017 – VI ZR 254/16, NZM 2017, 492 Rn. 6 ff.

[37] BGH, Urt. v. 21.2.2018 – VIII ZR 255/16, NZM 2018, 509 für allgemeine Räum- und Streupflicht; der Vermieter kann aber öffentlich-rechtlich zur Verkehrssicherung verpflichtet sein, z. B. wenn die Gemeinde ihre Pflicht zur Straßenreinigung oder Wintersicherung auf die anliegenden Grundstückseigentümer delegiert nach Art. 51 Abs. 3 oder 4 BayStrWG.

[38] BGH, Urt. v. 15.10.2008 – VIII ZR 321/07, NJW 2009, 143 Rn. 11 ff.

[39] BGH, Urt. v. 15.10.2008 – VIII ZR 321/07, NJW 2009, 143 Rn. 18.

[40] BGH, Urt. v. 4.4.1977 – VIII ZR 143/ 75, NJW 1977, 1236 Rn. 60; Cramer ZMR 2015, 505, 506 betreffend Funktionsprüfung von Rauchwarnmeldern.

[41] OLG München, Urt. v. 29.1.2015 – 32 U 1185/14, NJW 2015, 962.

[42] KG, Beschl. v. 23.6.2014 – 8 U 32/14, GE 2015, 123, juris Rn. 41.

[43] OLG Frankfurt, Urteil vom 22.9.1988 – 16 U 123/87, WuM 1988, 399; LG Karlsruhe, Urteil vom 30.5.2006 – 2 O 324/06, ZMR 2006, 698; LG Kassel, Urteil vom 1.3.1990 – 1 S 885/89, WuM 1991, 580; LG Darmstadt, Urteil vom 27.5.1988 – 17 S 378/87, WuM 1988, 300.

[44] OLG Dresden, Beschl. v. 20.6.1996 – 7 U 905/96, WuM 1996, 553; Eisenschmid in Schmidt-Futterer § 535 BGB Rn. 149; Sternel in Mietrecht aktuell Rn. II 267.

[45] BGH, Urt. v. 12.12.2000 – XI ZR 138/00, NJW 2001, 751 betreffend Online-Banking und BGH, Urt. v. 20.1.1983 – VII ZR 105/81 NJW 1983, 360 betreffend Flugbeförderungsbedingungen.

[46] BGH, Urt. v. 2.10.1984 – VI ZR 125/83, NJW 1985, 270; BGH, Urt. v. 22.9.1992 – VI ZR 4/92, ZMR 1992, 530; BGH, Urt. v. 20.11.1984 – VI ZR 169/83, NJW 1985, 482.

c) Abwehr von Störungen

Zur Instandhaltungspflicht des Vermieters gehört, dass er den Gebrauch der Mietsache **nicht stört** und **Störungen Dritter abwehrt,** soweit ihm dies möglich und zumutbar ist (z. B. Lärm, konkurrierende Mieter im selben Mietobjekt[47], siehe Rn. C 63 ff.).

Hinsichtlich der **Vermietung anderer Räume** des Mietobjekts hat der Mieter ohne besondere Vereinbarung keinen Anspruch gegen den Vermieter, dass dieser einen bestimmten *Mietermix*[48] oder ein bestimmtes *Milieuniveau*[49] bewahrt.

d) Konkurrenzschutz

In Mietverhältnissen über Geschäftsraum darf der Vermieter dem Mieter durch andere Vermietungen keine Konkurrenzsituation schaffen. Ohne Regelung im Mietvertrag genießt der Mieter sog. **vertragsimmanenten Konkurrenzschutz** aus § 535 Abs. 1 Satz 2 BGB.[50] Danach muss der Vermieter den Mieter in dessen Kerngeschäft vor Konkurrenz im selben Mietobjekt bewahren. Die Reichweite dieses Konkurrenzschutzes unterliegt erheblichen Beurteilungsspielräumen, da sie jeweils im konkreten Einzelfall durch Auslegung des Mietzwecks nach Treu und Glauben gem. § 242 BGB zu ermitteln ist.[51]

Empfehlenswert ist eine ausdrückliche Vereinbarung (**vertraglicher Konkurrenzschutz**), die den Umfang des Konkurrenzschutzes detailliert regelt (z. B. die geschützten Hauptartikel des Mieters und die räumliche Reichweite). Ein formularvertraglicher Ausschluss jeglichen Konkurrenzschutzes birgt Wirksamkeitsrisiken. Seit der BGH den vertragsimmanenten Konkurrenzschutz in § 535 Abs. 1 S. 2 BGB verortet hat,[52] ist eine Unwirksamkeit nach § 307 Abs. 2 Nr. 1 und Nr. 2 BGB wegen Einschränkens der Kardinalpflicht des Vermieters zu überlegen.[53] Zudem könnte sich eine unangemessene Benachteiligung des Mieters nach § 307 Abs. 1 Satz 1 BGB vorliegen, weil der Vermieter folgenlos an Konkurrenten des Mieters vermieten könnte, die einen identischen Betrieb führen.[54] Sicherer erscheint daher, dem Mieter als Minderstandard einen Konkurrenzschutz vor einem identischen Betrieb im selben Mietobjekt zu gewähren. Die Verletzung der Konkurrenzschutzpflicht begründet einen **Sachmangel** der Mietsache, so dass dem Mieter die gesetzlichen Mängelrechte zustehen, vor allem das Recht zur Mietminderung auch ohne Verschulden des Vermieters (§ 536 Abs. 1 BGB).[55]

III. Gebrauchsrecht des Mieters

Das Gegenstück zur Gebrauchsgewährungs*pflicht* des Vermieters aus § 535 Abs. 1 Satz 1 BGB ist das Gebrauchs*recht* des Mieters, das § 537 Abs. 1 Satz 1 BGB voraussetzt.

---

[47] BGH, Urt. v. 29.4.2015 – VIII ZR 197/14, NJW 2015, 2177 Rn. 41.
[48] BGH, Urt. v. 26.9.2012 – XII ZR 122/11, NZM 2013, 27 Rn. 21 betreffend ein Massageinstitut im Ärztehaus.
[49] BGH, Urt. v. 15.10.2008 – XII ZR 1/07, NJW 2009, 664 Rn. 26 f. betreffend eine Schuldner- und Suchberatung der ARGE im exklusiven Bürohaus.
[50] BGH, Urt. v. 10.10.2012 – XII ZR 117/10, NJW 2013, 44 Rn. 35 ff.
[51] Ausführlich Menn NZM 2017, 688.
[52] BGH, Urt. v. 10.10.2012 – XII ZR 117/10, NJW 2013, 44.
[53] A. A. Leo/Ghassemi-Tabar, NZM 2009, 337.
[54] A. A. OLG Düsseldorf, Urt. v. 11.6.1992, Az. 10 U 165/91, NJW-RR 1992, 1290; OLG Hamburg, Urt. v. 17.12.1986 – 4 U 237/85, NJW-RR 1987, 403; kritisch Blank/Börstinghaus, § 535 BGB Rn. 278.
[55] BGH, Urt. v. 10.10.2012 – XII ZR 117/10, NJW 2013, 44 Rn. 29 ff.

1. Nutzungsrecht

43 Zum Gebrauchen der Mietsache ist der Mieter aus § 537 Abs. 1 Satz 1 BGB ersichtlich grundsätzlich **nicht verpflichtet**. Wenn der Mieter die Mietsache nicht nutzt, berührt dies seine Pflicht zur Mietzahlung nicht.

44 **Vertragliche Betriebspflichten** kommen vor allem bei Vermietung von Geschäftsraum in Betracht und (z. B. bei Verkaufsräumen in einem Einkaufszentrum).[56] Beinhaltet ein Formularmietvertrag neben einer Betriebspflicht des Geschäftsraummieters eine **Sortimentsbindung** unter Ausschluss des **Konkurrenzschutzes** gegenüber anderen Mietern, kann dies wegen unangemessener Benachteiligung des Mieters unwirksam sein.[57]

45 Verpflichtet eine **Gemeinde** den Mieter mietvertraglich zu **Dienstleistungen** (z. B. Betriebspflicht für öffentliche Toiletten), kann dies eine vergabepflichtige Beschaffung (§ 103 Abs. 5 GWB bzw. nach kommunalem Haushaltsrecht[58]) oder eine Dienstleistungskonzession (§ 105 Abs. 1 Nr. 2 GWB) darstellen, die eine **Vergabe des gesamten Mietvertrags** nach den für die Leistung geltenden Beschaffungsregeln erfordert. Bei Relevanz der Dienstleistung für den europäischen Binnenmarkt muss die Vergabe des Mietvertrags zudem dem **europarechtlichen Transparenzgebot** gerecht werden. Für Einzelheiten siehe Rn. B 62 und B 66.

2. Umfang des Gebrauchsrechts

46 Der Umfang des Gebrauchsrechts des Mieters (**Mietgebrauch**) richtet sich nach der Vereinbarung der Vertragsparteien im Mietvertrag. Für den **räumlichen** Umfang des Nutzungsrechts ist die vereinbarte Mietsache maßgeblich (siehe Rn. B 43 ff.) Welche **Nutzung** der Mietsache vertragsgemäß ist, richtet sich nach dem vereinbarten *Mietzweck*. Wohnraum darf der Mieter anders benutzen als Geschäftsraum. Dabei ist die **Abnutzung der Mietsache** durch den Mietgebrauch vom vertragsgemäßen Nutzungsrecht des Mieters gedeckt (§ 538 BGB), während Überschreitungen des Gebrauchsrechts Schadensersatzansprüche des Vermieters auslösen können (Rn. I 90 ff. bzw. I 97 ff.).

a) Wohnraum

47 **Berufliche Tätigkeiten**, die nach außen in Erscheinung treten (z. B. selbständige Maklertätigkeit[59], Betrieb eines Hausmeisterservices[60] oder Musikunterricht[61]) in der Mietwohnung sind grundsätzlich unzulässig. Zum Gebrauchsrecht des Mieters an einer Wohnung gehören aber Tätigkeiten, die nach außen nicht in Erscheinung treten (z. B. Unterrichtsvorbereitung eines Lehrers, Telearbeit eines Angestellten, Autorentätigkeit).[62] Ausnahmsweise kann der Vermieter nach § 242 BGB verpflichtet sein, eine Erlaubnis zur teilgewerblichen Nutzung der Wohnung zu erteilen, wenn es sich um eine Tätigkeit ohne Mitarbeiter und ohne ins Gewicht fallenden Kundenverkehr handelt.[63]

---

[56] Vgl. Würtenberger NZM 2013, 12 und für Einzelobjekte Gomille NZM 2018, 809.
[57] BGH, Urt. v. 3.3.2010 – XII ZR 131/08, NJW-RR 2010, 1017 Rn. 15 lässt dies offen; für die Wirksamkeit KG, Urt. v. 11.4.2019 – 8 U 147/17, juris; a. A. OLG Schleswig, Urt. v. 2.8.1999 – 4 W 24/99, NZM 2000, 1008; kritisch Würtenberger NZM 2013, 12, 15.
[58] Art. 31 Abs. 2 KommHV.
[59] BGH, Urt. v. 14.7.2009 – VIII ZR 165/08, NJW 2009, 3157 Rn. 13 ff.
[60] BGH, Urt. v. 31.7.2013 – VIII ZR 149/13, NZM 2013, 786.
[61] BGH, Urt. v. 10.4.2013 – VIII ZR 213/12, NJW 2013, 1806.
[62] BGH, Urt. v. 14.7.2009 – VIII ZR 165/08, NJW 2009, 3157 Rn. 14.
[63] BGH, Urt. v. 14.7.2009 – VIII ZR 165/08, NJW 2009, 3157 Rn. 16.

Musizieren gehört als sozial übliches Verhalten zum vertragsgemäßen Gebrauch. So ist 48
Nachbarn eines Reihenhauses nur leise wahrnehmbares Trompetenspiel eines Berufsmusikers an insgesamt zwei Tagen die Woche, werktags für höchstens drei Stunden und an Wochenenden kürzer, zumutbar.[64] Die Ruhezeiten richten sich nach der vereinbarten Hausordnung,[65] der gemeindlichen Lärmschutzsatzung oder der Ortssitte (z. B. von 22 Uhr bis 8 Uhr). Die Benutzung von **Tonwiedergabegeräten** ist so zu gestalten, dass andere nicht erheblich belästigt werden (Zimmerlautstärke).

Lärmimmissionen können Folge des vertragsgemäßen Gebrauchs der Mietsache sein. 49
Gleichwohl gebieten §§ 241 Abs. 2, § 242 BGB **Rücksicht** auf den Vermieter und Nachbarn. So kann die Hellhörigkeit einer Altbauwohnung besondere Rücksichtnahme gebieten (z. B. Einhalten der Zimmerlautstärke, Tragen von Hausschuhen zur Reduzierung des Trittschalls).[66] Für Lärmstörungen durch **Kinder** gilt grundsätzlich eine erhöhte Toleranz; diese ist jedoch nicht grenzenlos. Erziehungsberechtigte sind nach § 241 Abs. 2 BGB verpflichtet, erzieherisch auf Kinder einzuwirken oder sogar bauliche Maßnahmen vorzunehmen, wenn dies objektiv geboten ist.[67]

Ob das Halten von **Haustieren** zum vertragsgemäßen Gebrauch gehört oder als 50
Erweiterung des Mietgebrauchs der Zustimmung des Vermieters bedarf, ist nicht abstrakt durch Formularklauseln regelbar, sondern unter Berücksichtigung der jeweiligen Umstände des konkreten Einzelfalls abzuwägen; lediglich Kleintiere, die üblicherweise in Behältnissen gehalten werden (z. B. Hamster, Ziervögel, Zierfische) gehören auch ohne Zustimmung des Vermieters zum regulären Mietgebrauch.[68]

Rauchen gehört zum vertragsgemäßen Gebrauch, soweit es nicht durch Individualvereinbarung ausgeschlossen ist und die Folgen des Rauchens durch Schönheitsreparaturen 51
behebbar sind (zur Überschreitung des Mietgebrauchs durch exzessives Rauchen siehe Rn. I 94). Formularvertragliche Rauchverbote für Wohnungen dürften nach § 307 Abs. 1 Satz 1 BGB unwirksam sein, weil sie das Nutzungsrecht des Mieters unangemessen einschränken.[69] Rauchende Mieter sind nach § 241 Abs. 2 BGB zur *Rücksicht* auf die übrigen Hausbewohner verpflichtet. Sie müssen ihre Wohnung regelmäßig Lüften und Geruchsbelästigungen im Treppenhaus vermeiden.[70] Rauchen sie auf dem Balkon, müssen sie auf die Belange anderer Bewohner Rücksicht nehmen; können sich die verschiedenen Mietparteien nicht auf eine Gebrauchsregelung einigen, kann das Gericht Rauchzeiten und rauchfreie Zeiten festlegen (Rauchstundenplan).[71]

Bauliche Veränderungen[72] an der Mietsache darf der Mieter nur mit Zustimmung des 52
Vermieters vornehmen, selbst wenn er hierauf einen Anspruch hat (vgl. für den behindertengerechten Umbau § 554a BGB).

Das **Versterben** in der Wohnung und dessen nachteilige Auswirkungen auf die Immo- 53
bilie gehören in der Regel zum vertragsgemäßen Gebrauch.[73]

---

[64] BGH, Urt. v. 26.10.2018 – V ZR 143/17, NJW 2019, 773.
[65] Diese kann Rücksichtnahmepflichten drittschützend im Sinne des § 328 Abs. 1 BGB konkretisieren, vgl. BGH, Urt. v. 12.12.2003 – V ZR 180/03, NJW 2004, 775.
[66] LG München I, Urt. v. 8.11.1990 – 25 O 7514/89, DWW 1991, 111.
[67] BGH, Beschl. v. 22.8.2017 – VIII ZR 226/16, NZM 2017, 694 Rn. 13 ff.; BayObLG, Beschl. v. 16.12.1993 – 2 Z BR 113/93, NJW-RR 1994, 598, 599.
[68] BGH, Urt. v. 14.11.2007 – VIII ZR 340/06, NJW 2008, 218; eingehend Blank NJW 2008, 279.
[69] Artz PiG 85 (2009), 229; Eisenschmid in Schmidt-Futterer, § 535 BGB Rn. 516; Paschke NZM 2008, 265, 268; Riecke ZMR 2017, 361; kritisch Sternel in Mietrecht aktuell Rn. VI 263.
[70] BGH, Urt. v. 18.2.2015 – VIII ZR 186/14, NJW 2015, 1239 Rn. 16 (zum angeblichen Lüften in das Treffenhaus) und Rn. 21 ff. (Beweiswürdig); ebenso M. J. Schmid ZMR 2014, 888.
[71] BGH, Urt. v. 16.1.2015 – V ZR 110/14, NJW 2015, 2023.
[72] Vgl. Eisenschmid in Schmidt-Futterer § 535 BGB Rn. 419 ff.
[73] AG Bad Schwartau, Urt. v. 5.1.2001 – 3 C 1214/99, NZM 2002, 215; Lange ZMR 2006, 177.

b) Geschäftsraum

54 **Geschäftsraum** darf der Mieter nach Maßgabe des **vereinbarten Mietzwecks** nutzen. Die Ausweitung des Betriebs des Mieters kann den Konkurrenzschutz anderer Mieter verletzten. Haben die Vertragsparteien wirksame **Sortimentsbindungen** vereinbart, muss der Mieter diese einhalten. Beinhaltet ein Formularmietvertrag neben einer Betriebspflicht des Geschäftsraummieters eine Sortimentsbindung unter Ausschluss des *Konkurrenzschutzes* gegenüber anderen Mietern vor, kann dies wegen unangemessener Benachteiligung des Mieters unwirksam sein.[74] Wegen der großen Unterschiede in den **Nutzungen** von Geschäftsraum ist *kein generelles Typisieren des Mietgebrauchs* möglich, sondern die zulässige Nutzung anhand des konkret vereinbarten Mietzwecks zu ermitteln. So ist der erhebliche Verschleiß einer mitvermieteten Kücheneinrichtung für einen gastronomischen Betrieb noch vertragsgemäße Abnutzung (§ 538 BGB), während die selbe Nutzung einer Büroküche den Mietgebrauch überschreitet.

55 Für **bauliche Änderungen** der Geschäftsräume bedarf der Mieter der Zustimmung des Vermieters, deren Erteilung grundsätzlich im Ermessen des Vermieters steht. Wenn der Vermieter seine Zustimmung erteilt, sollte er dies in einem *schriftformwahrenden Nachtragsvertrag* erklären (siehe Rn. B 99) und dabei die Auswirkungen auf die Rechte und Pflichten der Vertragsparteien während der Mietzeit und am (ggf. vorzeitigen) Mietende regeln.

3. Gebrauchsüberlassung an Dritte

56 Aufgrund des persönlichen Einschlags des Mietverhältnisses darf der Mieter den Gebrauch der Mietsache nach § 540 Abs. 1 Satz 1 BGB nicht ohne vorherige **Erlaubnis des Vermieters** dauerhaft an einen Dritten überlassen, insbesondere untervermieten. Ein Anspruch auf Erteilung einer Erlaubnis besteht grundsätzlich nicht; eine Ausnahme sieht § 553 BGB für Wohnraum vor.

57 Eine **Überlassung** der Mietsache liegt vor, wenn der Vermieter die Mietsache ganz oder in Teilen zum selbständigen Mietgebrauch (z.B. Untermiete) oder zum unselbständigen Mietgebrauch (d.h. zur Mitbenutzung neben dem Mieter) überlässt. Die Unterscheidung nach Selbständigkeit des Mietgebrauchs ist aufgegeben.[75]

58 **Dritter** im Sinne des § 540 Abs. 1 Satz 2 BGB ist grundsätzlich jede Person, die nicht Partei des Mietvertrags ist. Hiervon bestehen jedoch zahlreiche **Ausnahmen:**
- Keine Dritten sind die **nächsten Angehörigen des Mieters,** deren Mitbenutzung der Mietsache wegen des besonderen Schutzes von Ehe und Familie nach Art. 6 Abs. 1 GG zum vertragsgemäßen Gebrauch gehört.[76] Zu den nächsten Angehörigen gehören der Ehegatte,[77] der Lebenspartner nach § 1 Abs. 1 LPartG, die Kinder und Stiefkinder sowie gegebenenfalls die Eltern des Mieters.[78] Nicht zu den nächsten Angehörigen zählen Verlobte und andere Lebensgefährten[79] sowie Geschwister des Mieters.[80]
- **Bedienstete** des Mieters wie Haus- oder Pflegepersonal sind keine Dritten, da Besitzdiener nach § 855 BGB keinen Besitz an der Mietsache haben.

---

[74] BGH, Urt. v. 3.3.2010 – XII ZR 131/08, NJW-RR 2010, 1017; Würtenberger NZM 2013, 12.
[75] BGH, Urt. v. 5.11.2003 – VIII ZR 371/02, NJW 2004, 56, 57.
[76] BGH, Urt. v. 15.5.1991 – VIII ZR 38/90, NJW 1991, 1750, 1751.
[77] BGH, Urt. v. 12.6.2013 – XII ZR 143/11, NJW 2013, 2507.
[78] BayObLG, Beschl. v. 6.10.1997 – RE-Miet 2/96, NZM 1998, 29.
[79] BGH, Urt. v. 5.11.2003 – VIII ZR 371/02, NJW 2004, 56.
[80] BayObLG, RE vom 29.11.1983 – ReMiet 9/82, ZMR 1984, 87.

- **Besucher** des Mieters sind keine Dritten, weil die kurze Dauer der Mitbenutzung der Wohnung noch dem vertragsgemäßen Gebrauch zuzurechnen ist.[81] Die Höchstdauer ist noch nicht abschließend geklärt. Sie dürfte bei etwa vier bis sechs Wochen liegen.
- Die Aufnahme Dritter darf **nicht zur Überbelegung** der Mietsache führen.[82]
- Bei **Umwandlungen** der Rechtsform des Mieters durch Verschmelzung nach §§ 2ff. UmwG, Spaltung nach §§ 123 ff. UmwG oder Vermögensübertragung nach §§ 123 ff. UmwG, überlässt der Mieter die Mietsache nicht an einen Dritten, weil diese Rechtsformänderungen die Identität des Mieters wahren.[83] Die Vermieterinteressen wahrt § 22 Abs. 1 UmwG, wonach der Vermieter innerhalb von sechs Monaten ab Registereintragung der Rechtsänderung *Sicherheitsleistung* verlangen kann.
- Ist der Mieter eine **juristische Person** wie eine GmbH oder AG bleibt deren Identität auch bei Änderung der Gesellschafter gewahrt, so dass keine Überlassung an einen Dritten vorliegt. Gleiches gilt für **Personengesellschaften** wie OHG oder KG, weil der Träger der Rechte und Pflichten des Mieters nach §§ 124 Abs. 1, 161 Abs. 2 HGB die Gesellschaft und nicht der Gesellschafter ist. Gründet jedoch ein **Einzelkaufmann** durch Aufnahme eines weiteren Gesellschafters eine OHG, ist der neue Gesellschafter Dritter.[84]
- Mietet eine **Gesellschaft bürgerlichen Rechts** als teilrechtsfähige **Außengesellschaft**,[85] berührt die Änderung der Gesellschafter nicht die Identität des Mieters, so dass keine Drittüberlassung vorliegt. Nur bei einem Mietvertrag mit der **Innengesellschaft,** das heißt mit den Gesellschaftern persönlich, führt ein Gesellschafterwechsel stets zur Überlassung der Mietsache an einen Dritten.

Bei Mietverhältnissen über **Wohnraum** hat Mieter nach § 553 Abs. 1 Satz 1 BGB einen **Anspruch** auf Erlaubnis zur Überlassung an eine *konkreten namentlich benannten Dritten*, wenn für ihn *nach* Mietvertragsschluss ein *berechtigtes Interesse* entsteht, einen **Teil der Wohnung** unterzuvermieten. Hierfür braucht der Mieter seinen *Lebensmittelpunkt nicht in der Wohnung* beizubehalten.[86] Kein Anspruch auf eine Untermieterlaubnis dürfte für wiederholte, kurzfristige Untervermietungen an Touristen bestehen.[87] Der Vermieter kann § 553 Abs. 1 Satz 2 BGB die Untermieterlaubnis **verweigern,** wenn in der Person des Dritten ein wichtiger Grund vorliegt. Ist dem Vermieter die Erteilung der Untermieterlaubnis nur gegen eine angemessene Erhöhung der Miete zuzumuten (**Untermietzuschlag**), kann er die Erlaubnis nach § 553 Abs. 2 BGB hiervon abhängig machen (z. B. erhöhte Abnutzung der Wohnung oder erhöhter Anfall nicht umgelegter Betriebskosten). **Schuldhafte Pflichtverletzungen des Dritten** werden dem Mieter nach § 540 Abs. 2 BGB zugerechnet.

Bei **anderen Mietverhältnissen als Wohnraum** steht die Erteilung der Erlaubnis zur Überlassung der Mietsache an einen Dritten im **Ermessen** des Vermieters, wenn mietvertraglich nichts anderes geregelt ist.[88] Aus diesem Grund sollten der Vermieter die Untermieterlaubnis schriftformwahrend in einem *förmlichen Nachtragsvertrag* erteilen (siehe Rn. B 100). **Pflichtverletzungen des Dritten** werden dem Mieter nach § 540 Abs. 2 BGB zugerechnet.

Verweigert der Vermieter die Untermieterlaubnis, kann der **Mieter** unabhängig von der Art des Mietgegenstands das Mietverhältnis nach § 540 Abs. 1 Satz 2 BGB **außerordent-**

---

[81] BGH, Urt. v. 5.11.2003 – VIII ZR 371/02, NJW 2004, 56, 57.
[82] BGH, Beschl. v. 14.7.1993 – VIII ARZ 1/93, NJW 1993, 2528.
[83] BGH, Urt. v. 27.11.2009 – LwZR 15/09, NZM 2010, 280 Rn. 17.
[84] BGH, Urt. v. 25.4.2001 – XII ZR 43/99, NJW 2001, 2251, 2252.
[85] BGH, Urt. v. 29.1.2001 – II ZR 331/00, NJW 2001, 1056.
[86] BGH, Urt. v. 23.11.2005 – VIII ZR 4/05, NJW 2006, 1200.
[87] BGH, Urt. v. 8.1.2014 – VIII ZR 210/13, NJW 2014, 622 Rn. 11.
[88] BGH, Urt. v. 8.5.1972 – VIII ZR 36/71, NJW 1972, 1267.

lich mit gesetzlicher Frist (siehe Rn. H 330 ff.) oder nach § 543 Abs. 2 Satz 1 Nr. 1 BGB außerordentlich fristlos kündigen (siehe Rn. H 228). Das Kündigungsrecht entfällt, wenn in der Person des Dritten ein wichtiger Grund vorliegt, der die Versagung der Untermieterlaubnis rechtfertigt. Verweigert der Vermieter die Untermieterlaubnis, obwohl der Mieter einen Anspruch auf die Untermieterlaubnis hat, kann dies **Schadensersatzansprüche** des Mieters aus § 280 Abs. 1 BGB auslösen, (z. B. auf Erstattung entgangener Untermiete).[89]

62 Überlässt der Mieter den Gebrauch der Mietsache **ohne Erlaubnis** des Vermieters an einen Dritten, kann der **Vermieter** das Mietverhältnis **außerordentlich fristlos kündigen** nach § 543 Abs. 2 Satz 1 Nr. 2 Alt. 2, Abs. 3 BGB (siehe Rn. H 238 ff.). Ein gesetzlicher Anspruch auf einen **Untermietzuschlag** oder **Herausgabe Untermiete** besteht **nicht**.[90]

4. Folgen der Überschreitung des Gebrauchsrechts

63 Der Mieter ist verpflichtet, die Grenzen des vereinbarten vertragsgemäßen Gebrauchs einzuhalten (siehe Rn. C 46 ff.).

64 Überschreitet der Mieter den vertragsgemäßen Gebrauch, kann der Vermieter aus § 541 BGB ersichtlich **Unterlassung** verlangen.

65 Eine **Klage auf Unterlassung** des vertragswidrigen Gebrauchs setzt nach § 541 BGB eine Abmahnung des Mieters voraus. Die Formalien sind dieselben wie bei der Abmahnung nach § 543 Abs. 3 BGB (siehe Rn. H 307 ff.).

66 Der Unterlassungsanspruch **verjährt** nach §§ 195, 199 Abs. 1 und 5 BGB innerhalb von drei Jahren ab Kenntnis des Vermieters von der Überschreitung des Mietgebrauchs.[91] Während der Mietzeit beginnt die Verjährung jedoch nicht zu laufen, solange die vertragswidrige Nutzung (Dauerpflichtverletzung) andauert.[92]

67 Außerdem kommt eine **Kündigung des Mietverhältnisses** in Betracht, einerseits ordentlich wegen schuldhafter Pflichtverletzung (§ 573 Abs. 2 Nr. 1 BGB) und andererseits außerordentlich fristlos wegen **Störung des Hausfriedens** (§ 569 Abs. 2 BGB) oder sonstiger Unzumutbarkeit (§ 543 Abs. 1 BGB, siehe Rn. H 289 ff. bzw. H 297 ff.).

68 Führt die Überschreitung des vertragsgemäßen Gebrauchs (§ 538 BGB) zu Schäden an der Mietsache, kann dies **Schadensersatzansprüche** des Vermieters gegen den Mieter begründen (siehe Rn. I 97 ff.).

IV. Weitere Pflichten des Vermieters

69 Neben der Pflicht zur Gewährung des Mietgebrauchs treffen den Vermieter weitere im Mietrecht ausdrücklich geregelte Pflichten sowie allgemeine Sorgfalts- und Schutzpflichten.

---

[89] BGH, Urt. v. 11.6.2014 – VIII ZR 349/13, NJW 2014, 2717 Rn. 32 ff.
[90] BGH, Urt. v. 20.5.1964 – VIII ZR 235/63, NJW 1964, 1853, 1853; BGH, Urt. v. 13.12.1995 – XII ZR 194/93, NJW 1996, 838, 840.
[91] BGH, Urt. v. 19.12.2018 – XII ZR 5/18, juris Rn. 18.
[92] BGH, Urt. v. 19.12.2018 – XII ZR 5/18, juris Rn. 21 ff.; BGH Urt. v. 8.5.2015 – V ZR 178/14 – NZM 2015, 495 Rn. 9.

1. Lastentragung

Nach § 535 Abs. 1 Satz 3 BGB trägt der Vermieter die auf der Mietsache ruhenden 70
Lasten. Damit sind bei Wohnraum sämtliche Betriebskosten im Sinne des § 2 BetrKV bzw.
§ 20 NMV gemeint bzw. bei anderen Mietsachen sämtliche Nebenkosten. Abweichende
Vereinbarungen sind wirksam möglich und praktisch die Regel (siehe Rn. E 19 ff.).

2. Gewährleistung

Der Vermieter hat für Sach- und Rechtsmängel Gewähr zu leisten (§§ 536 bis 536d 71
BGB, siehe Rn. D 1 ff.).

3. Sorgfalts- und Schutzpflichten

Schließlich ergeben sich aus dem Mietverhältnis **allgemeine Sorgfalts- und Schutz-** 72
pflichten, deren Bestand und Umfang sich nach dem Inhalt des Mietvertrags und der Art
der Mietsache richten (z. B. §§ 241 Abs. 2, 242, 311 Abs. 2 und 3 BGB).

Die **allgemeine Schutzpflicht** des Vermieters greift Platz, wenn Gefahren nicht durch 73
die Mietsache selbst drohen. Im Einzelfall kann der Vermieter verpflichtet sein, den
Mieter zu warnen, zu benachrichtigen oder aufzuklären (Beispiel: auf erhöhte Einbruchs-
oder Hochwassergefahr).

V. Hauptleistungspflichten des Mieters

1. Zahlung der Miete

Die **Hauptleistungspflicht** des Mieters besteht nach § 535 Abs. 2 BGB in der **Zahlung** 74
der vereinbarten **Miete**.

a) Miete

Die Miete im Sinne des § 535 Abs. 2 BGB umfasst neben der dem **Entgelt für Nut-** 75
zung der Mietsache auch die **Betriebs- oder Nebenkosten**[93], wenn die Vertragsparteien
deren Umlage auf den Mieter abweichend von § 535 Abs. 1 Satz 3 BGB vereinbart haben
(siehe Rn. E 19 ff.). Ferner können die Vertragsparteien vereinbaren, dass der Mieter
zusätzlich einen bestimmten Anteil aus seinem Umsatz als **Umsatzmiete** bezahlt.

b) Grenzen der Miethöhe

aa) Wucher und Sittenwidrigkeit

Wucher (§ 138 Abs. 2 BGB) oder bei **Sittenwidrigkeit** (§ 138 Abs. 1 BGB) führen 76
grundsätzlich zur **Gesamtnichtigkeit** des Mietvertrags, was bei **Geschäftsraum** ab einer
Überschreitung der angemessenen Miete um etwa 100 % in Betracht kommt. Bei **Wohn-**
raum kann Wucher oder Sittenwidrigkeit infolge überhöhter Mieten bereits ab einer
Überschreitung von etwa 50 % vorliegen. Hier soll der **Mietvertrag** wegen der besonde-

---

[93] Nach der gesetzlichen Systematik sind auch Betriebskosten Miete im Sinne des § 535 Abs. 2
BGB, weil § 556 BGB im „Kapitel 2. Die Miete" angesiedelt ist.

ren Schutzbedürftigkeit des Wohnraummieters **ausnahmsweise wirksam** sein.[94] In diesem Fall reduziert sich die Miete auf die **höchstzulässige Miete**.[95] Für die weiteren Voraussetzungen des Wuchers bzw. der Sittenwidrigkeit wird auf die Ausführungen zur wirksamen Begründung des Mietverhältnisses verwiesen (siehe Rn. B 118 ff.).
Mietwucher ist nach § 291 StGB strafbar.

bb) Mietpreisüberhöhung

77 Um eine **Mietpreisüberhöhung** nach § 5 Abs. 1 und 2 WiStG bzw. nach § 4 Abs. 1 WiStG zu vermeiden, die als **Ordnungswidrigkeit** mit einem Bußgeld geahndet werden kann, darf die Miete bei Wohnraum objektiv das marktübliche Entgelt nicht um mehr als **20 %** bzw. bei Geschäftsraum nicht um mehr als **50 %** übersteigen.

78 Subjektiv ist bei **Wohnraum** erforderlich, dass der Vermieter erkennt, dass der Mieter infolge der Knappheit des Angebots auf den Mietvertrag angewiesen war („Ausnutzung");[96] dies ist selten nachweisbar. Bei **Geschäftsraum** muss entweder der Wettbewerb so beschränkt sein, dass der Mieter nicht auf andere Objekte ausweichen kann oder der Vermieter eine überragende Marktstellung haben, was der Vermieter ausnutzt. Zivilrechtlich hat die Mietpreisüberhöhung lediglich die **Nichtigkeit der Miethöhevereinbarung** zur Folge, soweit diese das zulässige Maß überschreitet; im Übrigen bleibt der Mietvertrag wirksam.

cc) Mietpreisbremse

79 Nach der sog. **Mietpreisbremse** der §§ 556d ff. BGB darf die vereinbarte Miete die ortsübliche Vergleichsmiete um höchstens **10 %** übersteigen (§ 556d Abs. 1).[97] Sie gilt in den von den Landesgesetzgebern jeweils durch Rechtsverordnung festgelegten Gebieten mit angespannten Wohnungsmärkten.[98] Diese Rechtsverordnungen müssen bis spätestens **31.12.2020** in Kraft getreten sein und dürfen für **höchstens fünf Jahre** gelten (§ 556d Abs. 2 Satz 1 und 4 BGB).

80 Die Mietpreisbremse gilt nicht für vom **Mieterschutz ausgenommenen Wohnraum** nach § 549 Abs. 2 und 3 BGB (siehe Rn. H 150a). **Möblierter Wohnraum** ist nicht

---

[94] Blank in Schmidt-Futterer Nach § 535 BGB Rn. 114.
[95] BGH, RE v. 11.1.1984 – VIII ARZ 13/83, NJW 1984, 722, 733 betreffend § 5 WiStG; BGH, Beschl. v. 21.9.2005 – XII ZR 256/03, NZM 2005, 944, 946 „anders als in der Wohnraummiete"; a. A. V. Emmerich in Staudinger Vorbem. zu § 535 BGB Rn. 118 für eine Reduzierung auf die marktübliche Miete.
[96] BGH, Versäumnisurt. v. 28.1.2004 – VIII ZR 190/03, NJW 2004, 1740, 1741 f.
[97] Die Frage der **Nichtigkeit** der Neuregelung nach Art. 100 Abs. 1 GG hat das LG Berlin dem BVerfG mit Beschl. v. 7.12.2017 – 67 S 218/17, NZM 2018, 118 vorgelegt, weil es die Vereinbarkeit mit Art. 3 Abs. 1, 80 Abs. 1 Satz 2 GG bezweifelt.
[98] Zahlreiche Rechtsverordnungen wurden wegen Begründungsmängeln als **unwirksam** beurteilt: in *Baden-Württemberg* vom AG Stuttgart, Urt. v. 30.10.2018 – 35 C 2110/18, IMR 2019, 15, in *Bayern* vom LG München I, Urt. v. 6.12.2017 – 14 S 10058/17, NJW 2018, 407; inzwischen ist eine ergänzende Begründung vom 24.7.2017 veröffentlicht (BayJMBl. v. 26.7.2017, S. 90 ff.); in *Brandenburg* vom AG Potsdam, Urt. v. 27.9.2018 – 23 C 93/17, GE 2018, 1464; in *Hamburg* vom LG Hamburg, Urt. v. 14.6.2018 – 333 S 28/17, NZM 2018, 745; in *Hessen* vom LG Frankfurt a. M., Urt. v. 27.3.2018 – 2–11 S 183/17, WuM 2018, 276; in *Nordrhein-Westfalen* vom AG Köln, Versäumnisurt. v. 6.11.2018 – 208 C 188/18, IMR 2019, 182.
Der **Landesgesetzgeber haftet nicht** gegenüber den Mietern für die zu viel bezahlten Miete, vgl. LG München I, Urt. v. 21.11.2018 – 15 O 19893/17, juris und LG Frankfurt/Main, Urt. v. 25.3.2019 – 2–04 O 307/18, juris.
Zu **Anforderungen** an wirksame landesrechtliche Verordnungen vgl. Börstinghaus NJW 2018, 665; Lehmann-Richter, WuM 2015, 204; Schuldt NZM 2018, 257.

generell von der Mietpreisbremse ausgenommen, sondern durch einen Möblierungszuschlag für den erhöhten Nutzwert in die Vergleichsmiete einzupreisen.⁹⁹

Die Mietpreisbremse nennt vier Ausnahmefällen, in denen sie nicht eingreift: (1) Die neu vereinbarte Miete entspricht der **Vormiete** nach § 556e Abs. 1 BGB. (2) Die Ausgangsmiete ist **wegen Modernisierung erhöht** gemäß § 556e Abs. 2 BGB. (3) Die Wohnung wurde nach dem 1.10.2014 **erstmals** genutzt und vermietet gemäß § 556f Satz 1 BGB. (4) Es handelt sich um eine Erstvermietung nach **umfassender Modernisierung** im Sinne des § 556f Satz 2 BGB. Damit sich der Vermieter auf einen Ausnahmetatbestand berufen kann, muss er den Mieter vor Abgabe dessen zum Vertragsschluss führender Erklärung in Textform **unaufgefordert Auskunft** darüber geben, dass dieser vorliegt (§ 556g Abs. 1a Satz 1 und 2, Abs. 4 BGB).¹⁰⁰ Holt der Vermieter eine unterlassene Auskunft nach, kann er sich erst nach zwei Jahren auf den Ausnahmetatbestand berufen (§ 556g Abs. 1a Abs. 1a Satz 3 BGB). Entsprach die erteilte Auskunft nicht der vorgeschriebenen Textform, kann sich der Vermieter ab formgerechter Nachholung auf den Ausnahmetatbestand berufen (§ 556g Abs. 1a Abs. 1a Satz 4 BGB).¹⁰¹

Bei einem **Verstoß gegen die Mietpreisbremse** schuldet der Mieter nach § 556g Abs. 1 Satz 1 BGB nur die **gesetzlich zulässige Miete**.¹⁰² Da diese kaum zuverlässig zu ermitteln ist, muss ein vorsichtiger Mieter die vereinbarte Miete bezahlen, um eine fristlose Kündigung wegen Zahlungsverzugs nach §§ 543 Abs. 2 Satz 1 Nr. 3b), 569 Abs. 3 Nr. 1 BGB zu vermeiden.

Den bereicherungsrechtlichen Anspruch aus § 812 Abs. 1 Satz 1 Alt. 1 BGB auf **Rückzahlung** der zu viel entrichteten Miete hat der Mieter nach § 556g Abs. 1 Satz 3 und 4 BGB nur, wenn er **zuvor** den Verstoß gegen die Mietpreisbremse in Textform (einfach) **gerügt** hat nach § 556g Abs. 2 Satz 1 und Abs. 4 BGB (z. B. Schreiben ohne weitere Tatsachenangaben, dass er die vereinbarte Miete für unzulässig hält). Eine **qualifizierte Rüge** nach § 556g Abs. 2 Satz 2 BGB ist nur noch erforderlich, wenn der Vermieter in Textform eine Auskunft über das Vorliegen eines der vier Ausnahmetatbestände nach § 556a Abs. 1a BGB erteilt hat.¹⁰³ In diesem Fall muss sich die Rüge des Mieters auf die Auskunft des Vermieters beziehen. Informiert der Vermieter den Mieter, dass kein Ausnahmetatbestand vorliegt, bleibt es bei der einfachen Rüge.

dd) Preisgebundener Wohnraum

Bei preisgebundenem Wohnraum im Anwendungsbereich des WoBindG ist das Vereinbaren von Mieten, die die gesetzlich zulässige Kostenmiete übersteigen, nach § 8 Abs. 2 Satz 1 WoBindG **unwirksam**. Der Mieter hat insoweit einen **Rückzahlungsanspruch** für das die Kostenmiete übersteigende Entgelt, der innerhalb von vier Jahren ab jeweiliger Mietzahlung verjährt (§ 8 Abs. 2 Satz 2 und 3 WoBindG). Zudem sind schuldhafte Verstöße nach § 26 Abs. 1 Nr. 4 und Abs. 3 WoBindG mit einem Bußgeld bewehrt.

---

[99] Börstinghaus in Schmidt-Futterer § 556d BGB Rn. 60.
[100] BT-Drs. 19/6153 v. 28.11.2018, S. 21; für vor dem 31.12.2018 entstandene Mietverhältnisse gilt die Übergangsvorschrift des Art. 229 § 49 Abs. 2 EGBGB Mietverhältnisse in Art. 229 § 49 Abs. 2 EGBGB.
[101] Vgl. Artz/Börstinghaus NZM 2019, 12, 16 ff.
[102] Artz/Börstinghaus NZM 2019, 12, 14.
[103] Artz/Börstinghaus NZM 2019, 12, 16 ff. unter Hinweis auf mögliche Friktionen zwischen Auskunftsanspruch und zulässiger Miethöhe bei zwischenzeitlichen Mietänderungen; für vor dem 31.12.2018 entstandene Mietverhältnisse gilt die Übergangsvorschrift des Art. 229 § 49 Abs. 2 EGBGB.

c) Fälligkeit

85 Die Miete ist in der Regel in **wiederkehrenden Zeitabschnitten** fällig. Die einzelnen Zahlungen gelten die Gebrauchsüberlassung im jeweiligen Zeitabschnitt ab. Bei Mietverträgen über eine kurze und bestimmte Zeit, vereinbaren die Vertragsparteien häufig eine einmalige Leistung.

86 Für eine gerichtliche Geltendmachung von Mieten im Klage- oder Mahnverfahren ist zwingend erforderlich, dass die Mietrückstände den **einzelnen Zeitabschnitten eindeutig zugeordnet** sind. Dies erfordert, dass die Zahlungen ordnungsgemäß auf die Miet- und Betriebskostenforderungen verrechnet sind. Sind mehrere Forderungen offen und bestimmt der Mieter beim Bezahlen nicht, auf welche Forderung der Vermieter seine Zahlung verrechnen soll, greift die gesetzliche Tilgungsreihenfolge der §§ 366, 367 BGB Platz.

87 **Fällig** ist die Miete bei Mietverhältnissen über Wohnräume (§ 556b Abs. 1 BGB) oder über andere Räume (§ 579 Abs. 2 BGB) zu Beginn der Mietzeit, spätestens bis zum dritten Werktag des jeweiligen Zeitabschnitts. Bei Mietverhältnissen über Grundstücke oder bewegliche Sachen ist die Miete nach der abdingbaren gesetzlichen Regelung am Ende der Mietzeit fällig (§ 579 Abs. 1 BGB). In *Altmietverhältnissen,* die bereits vor Inkrafttreten der Mietrechtsreform am 1.9.2001 bestanden, ist die Miete für Wohn- und Geschäftsräume nach § 551 Abs. 1 BGB a. F. *am Ende* des jeweiligen Zeitabschnitts fällig (Art. 229 § 3 Abs. 1 Nr. 7 EGBGB). Dies gilt auch bei Unwirksamkeit einer Mietvorauszahlungsklausel in einem Altmietvertrag.[104]

88 Beim Berechnen der vertraglichen oder gesetzlichen Zahlungsfrist „spätestens bis zum dritten Werktag" gilt der **Samstag nicht als Werktag,** weil er kein Bankgeschäftstag ist.[105] Dass der Samstag beim Berechnen der Kündigungsfrist nach dem allgemeinen Sprachgebrauch als Werktag mitzählt,[106] ist für die Zahlungsfrist nicht ausschlaggebend.

d) Verzug

89 Gerät der Mieter mit der Zahlung der Miete in Verzug (§ 286 BGB), kann der Vermieter **Verzugszinsen** und sonstigen Verzugsschaden verlangen (§ 288 BGB). Zudem kommt eine **Kündigung** des Mietverhältnisses in Betracht, einerseits außerordentlich fristlos wegen Zahlungsverzugs (§§ 543 Abs. 2 Satz 1 Nr. 3, 569 Abs. 3 BGB, siehe Rn. H 242 ff.) und andererseits ordentlich wegen schuldhafter Verletzung der Zahlungspflicht (§ 573 Abs. 2 Nr. 1 BGB, siehe Rn. H 161 ff.).

90 Der **Verzug** des Mieters mit der Miete erfordert nach § 286 Abs. 1 und 4 BGB grundsätzlich eine vom Mieter zu vertretende Nichtleistung des Mieters trotz Fälligkeit und Mahnung.

aa) Fälligkeit und Durchsetzbarkeit

91 Der Verzug des Mieters mit Mietzahlung erfordert zunächst die **Fälligkeit** der Zahlung (§§ 556b Abs. 1 bzw. 579 BGB), wofür auf die vorstehenden Ausführungen verwiesen wird (siehe Rn. C 87 f.). Der Verzug tritt nicht ein, wenn der Anspruch des Vermieters auf Mietzahlung nicht **durchsetzbar** ist.

92 Soweit dem Mieter gegen den Anspruch auf Mietzahlung die **Einrede des nichterfüllten Vertrags** aus § 320 Abs. 1 BGB zusteht, verhindert allein das Bestehen der Einrede

---

[104] BGH, Urt. v. 4.2.2008 – VIII ZR 66/08, NJW 2009, 1491 Rn. 14 betreffend eine unzulässige Beschränkung des Mietminderungsrechts.
[105] BGH, Urt. v. 13.7.2010 – VIII ZR 129/09, NJW 2010, 2879.
[106] BGH, Urt. v. 27.4.2005 – VIII ZR 206/04, NJW 2005, 2154, 2155.

den Zahlungsverzug des Mieters.[107] Da sich das Ausmaß der Zurückbehaltungsbefugnis kaum beziffern lässt (siehe Rn. D 20), kann der Mieter nicht darauf vertrauen, dass die Einrede ihn vor Zahlungsverzug bewahrt. Auch bei **verjährten Forderungen** verhindert allein das Bestehen der Einrede aus § 214 Abs. 1 BGB den Verzug.[108]

Dagegen muss der Mieter ein **Zurückbehaltungsrecht** an der Miete aus § 273 Abs. 1 BGB **geltend machen**, um nicht in Verzug zu kommen. Nur so hat der Vermieter Gelegenheit, von seiner Abwendungsbefugnis aus § 273 Abs. 3 BGB Gebrauch zu machen.[109]

93

Der Mieter gerät nicht in Zahlungsverzug, soweit die Miete wegen eines Mangels nach § 536 Abs. 1 Satz 2 BGB **gemindert** ist, was in der Regel eine Mängelanzeige des Mieters nach § 536c Abs. 1 BGB voraussetzt (siehe Rn. D 22 und 43).

93a

bb) Nichtleistung

Der Zahlungsverzug erfordert weiter, dass der Mieter die Miete **nicht** oder **nicht rechtzeitig** bezahlt hat. Insoweit trägt an sich der Vermieter aus § 270 Abs. 4 BGB ersichtlich das Verzögerungsrisiko, während der Mieter nach § 270 Abs. 1 BGB die Leistungsgefahr und die Kosten der Übermittlung des Geldes trägt. Ist der Mieter **Unternehmer,** muss er infolge europarechtskonformer Auslegung des § 270 BGB gemäß Art. 3 Abs. 1b) der Richtlinie 2011/7/EU vom 16.2.2011 zur Bekämpfung von Zahlungsverzug im Geschäftsverkehr seine *Leistungshandlung so rechtzeitig vornehmen,* dass der Vermieter das Geld zum Fälligkeitstermin erhält. Wenn allein der Zahlungsdienstleister für den verspäteten Geldeingang verantwortlich ist, gerät der Mieter nicht in Zahlungsverzug.[110] Diese Auslegung gilt nicht für **Verbraucher,** da sie die Richtlinie zur Bekämpfung des Zahlungsverzugs im Geschäftsverkehr nicht erfasst.[111]

94

Formularklauseln, nach denen es für die Rechtzeitigkeit der Mietzahlung allein auf den Eingang des Geldes beim Vermieter ankommt, sind gegenüber **Verbrauchern** unwirksam. Der Mieter würde sonst in Verzug geraten, wenn allein sein Zahlungsdienstleister die Verspätung zu vertreten hat.[112] Ob gleichlautende Rechtzeitigkeitsklauseln gegenüber **Unternehmern** nach § 307 Abs. 1 Satz 1 BGB unwirksam sind, ist noch nicht geklärt.[113] In der Vergangenheit hatte der BGH diese als wirksam beurteilt.[114]

95

Im **SEPA-Lastschriftverfahren** bezahlte Mieten kann ein zur Verwaltung des Mietervermögens bestellter (vorläufiger) **Insolvenzverwalter** in der Regel nicht zurückfordern. § 675x Abs. 1, 2 und 4 BGB ist beim SEPA-Firmenlastschriftverfahren in der Regel wirksam in den Banken-AGB ausgeschlossen; beim SEPA-Basislastschriftverfahren folgt die Insolvenzfestigkeit der Zahlung aus entsprechender Anwendung des § 377 Abs. 1 BGB.[115] Zudem ist die Rückforderung ist ausgeschlossen, wenn der Mieter die Lastschrift gegenüber seiner Bank nach § 675j Abs. 1 Satz 1 Alt. 1 BGB *autorisiert* hat, was in der Regel durch eine in den Banken-AGB enthaltene Weisung zum Ausführen des SEPA-Mandats erfolgt.[116] Hilfsweise kommt eine *konkludente Genehmigung* nach § 675j Abs. 1

96

---

[107] BGH, Urt. v. 16.3.1988 – VIII ZR 184/87, NJW 1988, 1778.
[108] BGH, Urt. v. 16.3.1988 – VIII ZR 184/87, NJW 1988, 1778.
[109] BGH, Urt. v. 5.5.1971 – VIII ZR 59/70, ZMR 72, 279.
[110] Zum Recht der Zahlungsdienstleistungen der §§ 675c ff. BGB vgl. Herresthal NZM 2011, 833.
[111] BGH, Urt. v. 5.10.2016 – VIII ZR 222/15, NJW 2017, 1596 Rn. 25 ff.
[112] BGH, Urt. v. 5.10.2016 – VIII ZR 222/15, NJW 2017, 1596.
[113] Gegen eine Leitbildfunktion der Richtlinie im Sinne des § 307 Abs. 2 Nr. 1 BGB argumentieren Schüller/Mehle NZM 2017, 124.
[114] BGH, Urt. v. 24.6.1998 – XII ZR 195/96, NJW 1998, 2664.
[115] BGH, Urt. v. 20.7.2010 – XI ZR 236/07, NJW 2010, 3510 Rn. 27 ff.
[116] BGH, Urt. v. 20.7.2010 – XI ZR 236/07, NJW 2010, 3510 Rn. 15 ff.

Satz 1 Alt. 2 BGB dadurch in Betracht, dass der Mieter den regelmäßig wiederkehrenden Kontobelastungen nicht innerhalb einer angemessenen Prüffrist widerspricht.[117]

97 Mietforderungen kann der Mieter auch durch **Aufrechnung** erfüllen nach §§ 387 ff. BGB. **Beschränkungen** des Aufrechnungsrechts sind in Mietverhältnissen über Wohnraum für die in § 556b Abs. 2 Satz 1 BGB genannten *mietrechtlichen Ansprüche* unwirksam, so dass der Mieter einen Monat nach Anzeige seiner Aufrechnungsabsicht aufrechnen kann. Eine formularvertragliche Aufrechnungsbeschränkung ist unabhängig von der Art des Mietverhältnisses an §§ 307 Abs. 1 Satz 1 BGB, 309 Nr. 6 BGB zu messen. Danach sind Klauseln, die eine Aufrechnung des Mieters mit *unbestrittenen oder rechtskräftig festgestellten* Forderungen verbieten, unwirksam.[118] Daran scheitert auch die Wirksamkeit einer Formularklausel, die dem Mieter lediglich eine Aufrechnung mit „Gegenforderungen aus dem Mietverhältnis" gestattet.[119] Bei Verbraucherverträgen dürfte erforderlich sein, dass formularvertragliche Aufrechnungsbeschränkungen den Verbraucher nicht von dessen Rückgewähransprüchen aus der Ausübung des Verbraucherwiderrufsrechts abschneiden.[120]

98 Zahlt der Mieter unter **Vorbehalt**, kann dies als Nichtleistung zu beurteilen sein, die einen Verzug begründet. Bei einem **qualifizierten Vorbehalt**, der die Erfüllungswirkung der Zahlung in Frage stellt, gilt die Zahlung als Nichtleistung (z. B. „unter dem Vorbehalt, dass der Vermieter in einem späteren Rechtsstreit sämtliche Anspruchsvoraussetzungen beweist"). Unschädlich ist dagegen ein **einfacher Vorbehalt**, der lediglich ein Anerkenntnis nach § 212 Abs. 1 Nr. 1 BGB ausschließt oder die Rückforderungssperre des § 814 BGB vermeidet (z. B. „unter Vorbehalt der Rückforderung des Minderungsbetrags"[121]).

cc) Entbehrlichkeit der Mahnung

99 Die Mahnung der Mietzahlung ist in der Regel nach § 286 Abs. 2 Nr. 1 BGB entbehrlich, weil die Fälligkeit – sei es durch Vertrag oder Gesetz – **nach dem Kalender bestimmt** ist (z. B. „spätestens zum dritten Werktag des Kalendermonats").

dd) Vertretenmüssen

100 Der Mieter kommt nicht in Verzug mit der Mietzahlung, wenn er die gesetzliche Vermutung des § 286 Abs. 4 BGB widerlegt, dass er den Verzug zu vertreten hat. Hierfür muss der Mieter **beweisen,** dass die rechtzeitige Mietzahlung infolge eines Umstands unterblieben ist, den er **nicht zu vertreten hat**. Da der Mieter ein **Beschaffungsrisiko** für die Geldschuld trägt („Geld hat man zu haben", vgl. § 276 Abs. 1 Satz 1 BGB a. E.), ist **kein schuldhaftes Verhalten** des Mieters im Sinne von Vorsatz oder Fahrlässigkeit (§ 276 Abs. 1 BGB) erforderlich.

101 Der Mieter hat seine **Zahlungsunfähigkeit** auch zu vertreten, wenn sie **unverschuldet** ist, beispielsweise durch Krankheit oder Arbeitslosigkeit.[122] Dass er auf **Sozialleistungen** einer öffentlichen Stelle angewiesen ist und diese **rechtzeitig beantragt** hat, steht dem Zahlungsverzug nicht entgegen.[123] Zwar ist ein Fehlverhalten der hoheitlich tätigen

---

[117] BGH, Urt. v. 20.7.2010 – XI ZR 236/07, NJW 2010, 3510 Rn. 48 ff.
[118] BGH, Urt. v. 27.6.2007 – XII ZR 54/05, NJW 2007, 3421 Rn. 12 ff.
[119] BGH, Urt. v. 6.4.2016 – XII ZR 29/15, NZM 2016, 585 Rn. 17 ff.
[120] Vgl. BGH, Urt. v. 20.3.2018 – XI ZR 309/16, NJW 2018, 2042 Rn. 19 betreffend Sparkassen-AGB; Lindner DWW 2019, 44, 46 f.
[121] BGH, Urt. v. 24.11.2006 – LwZR 6/05, NJW 2007, 1269 Rn. 19.
[122] BGH, Urt. v. 16.2.2005 – VIII ZR 6/04, NZM 2005, 334, 335.
[123] BGH, Urt. v. 4.2.2015 – VIII ZR 175/14, NJW 2015, 1296 Rn. 18 ff., BGH, Beschl. v. 17.2.2015 – VIII ZR 236/14, NJW 2015, 1749 Rn. 3.

Behörde bei der Mietzahlung dem Mieter nicht nach § 278 BGB zurechenbar.[124] Der Mieter muss aber ohne Rücksicht auf ein Verschulden für seine finanzielle Leistungsfähigkeit einstehen.[125]

Beruht der Zahlungsverzug allein auf einem Fehler der **Bank** des Mieters, hat der Mieter dies nicht zu vertreten. Bei Verbrauchern folgt dies daraus, dass der Vermieter das Verzögerungsrisiko trägt (§ 270 Abs. 1 und 4 BGB) und bei Unternehmern aus Art. 3 Abs. 1b) der Richtlinie 2011/7/EU vom 16.2.2011 zur Bekämpfung von Zahlungsverzug im Geschäftsverkehr (siehe Rn. C 94 f.). 102

Befindet sich der Mieter in unverschuldetem **Rechtsirrtum** über die Mietzahlungspflicht, hat er den Zahlungsverzug nicht zu vertreten. Die Anforderungen an die Entschuldbarkeit sind hoch, weil der Mieter die Rechtslage sorgfältig prüfen und im Zweifel fachkundige **Rechtsberatung einholen** muss.[126] Beratungsfehler **Dritter** sind dem Mieter nach § 278 BGB **zurechenbar,** obwohl der Rechtsberater kein Erfüllungsgehilfe bei der Mietzahlung ist.[127] Ein **Irrtum über die tatsächlichen Voraussetzungen** des Minderungsrechts steht dem Zahlungsverzug des Mieters nicht entgegen, wenn er bei verkehrsüblicher Sorgfalt erkennen kann, dass diese nicht bestehen.[128] Bei Zweifeln über Bestand oder Umfang des Minderungsrechts ist der Mieter gehalten, die Miete unter **Vorbehalt** zu bezahlen (siehe Rn. D 98).[129] 103

ee) Verzugszinsen und sonstiger Verzugsschaden

Bei **Verzug** des Mieters mit der Mietzahlung muss er diese verzinsen nach § 288 Abs. 1 Satz 1 BGB. Der Verzugszins beträgt nach § 288 Abs. 1 Satz 2 BGB für das Jahr grundsätzlich **fünf Prozentpunkte** über dem Basiszinssatz des § 247 BGB. Ist kein Verbraucher an dem Mietverhältnis beteiligt, beträgt der Zinssatz nach § 288 Abs. 2 **neun Prozentpunkte** über dem Basiszinssatz des § 247 BGB. Den zum 01.01 und 01.07. eines jeden Kalenderjahres geänderten Basiszinssatz gibt die Deutsche Bundesbank auch auf Ihrer Internetseite bekannt.[130] 104

Zusätzlich kann der Vermieter bei Mietern wegen des Verzugs nach § 288 Abs. 5 Satz 1 BGB eine **Schadenspauschale von 40 €** verlangen, wenn diese keine Verbraucher sind. 105

Die Geltendmachung eines **höheren Verzugsschadens** des Vermieters ist nicht ausgeschlossen, wobei gegebenenfalls die Pauschale angerechnet wird (§ 288 Abs. 3 bis 5 BGB). 106

e) Teilzahlungen und Saldoklage

Decken die Zahlungen des Mieters nicht sämtliche Forderungen des Vermieters aus dem Mietverhältnis, bestimmt nach § 366 Abs. 1 BGB vorrangig der Mieter, welche Forderungen seine Zahlung tilgt. Hilfsweise gilt die gesetzliche Tilgungsreihenfolge der §§ 366 Abs. 2, 367 Abs. 1 und 2 BGB. 107

Die **Tilgungsbestimmung** nach § 366 Abs. 1 BGB kann der Mieter sowohl ausdrücklich erklären (z. B. Angabe „Miete und Betriebskosten" auf dem Überweisungsträger) als 108

---

[124] BGH, Beschl. v. 17.2.2015 – VIII ZR 236/14, NJW 2015, 1749 Rn. 6 und Flatow NZM 2015, 654.
[125] BGH, Urt. v. 4.2.2015 – VIII ZR 175/14, NJW 2015, 1296 Rn. 18.
[126] BGH, Urt. v. 25.10.2006 – VIII ZR 102/06 NJW 2007, 428 Rn. 25.
[127] BGH, Urt. v. 25.10.2006 – VIII ZR 102/06 NJW 2007, 428 Rn. 25; a. A. Lorenz WuM 2013, 202, 206.
[128] Für Ursachen der Schimmelbildung BGH, Urt. v. 13.4.2016 – VIII ZR 39/15, NJW 2012, 2882 Rn. 19 ff.
[129] BGH, Urt. v. 25.10.2006 – VIII ZR 102/06 NJW 2007, 428 Rn. Rn 28.
[130] Abrufbar unter www.bundesbank.de.

auch konkludent (z. B. Überweisung des monatlich geschuldeten Betrags für Miete und Betriebskosten zum dritten Werktag des Kalendermonats). Konkludente Tilgungsbestimmungen kommen auch in Betracht, wenn der Mieter für den Vermieter nach §§ 133, 157 BGB erkennbar außerhalb der regulären Fälligkeitstermine Zahlungen leistet, um eine drohende fristlose Kündigung wegen Zahlungsverzugs abzuwenden. Die Zahlung ist dann vorrangig auf die Miete im Sinne des § 543 Abs. 2 Satz 1 Nr. 3a) oder b) BGB zu verrechnen,[131] nicht aber auf die Nachforderung aus einer Betriebs- oder Nebenkostenabrechnung (siehe Rn. H 251 f.).

109 Soweit der Mieter keine Tilgungsbestimmung trifft, gilt die **gesetzliche Tilgungsreihenfolge** des § 366 Abs. 2 BGB (entsprechend).[132] Danach tilgt die Zahlung des Mieters zunächst die fälligen Forderungen („Schulden")[133] aus dem Mietverhältnis, unter mehreren fälligen Forderungen diejenige, die dem Vermieter geringe Sicherheit bietet, unter mehreren gleich sicheren die dem Mieter lästigere Forderung und unter mehreren gleich lästigen die ältere Forderung.[134] Daraus folgt, dass die Zahlung in der Regel zunächst die weniger sicheren **Vorauszahlungen auf Betriebs- und Nebenkosten** tilgt, die der Vermieter nur bis zum Ablauf der Abrechnungsfrist geltend machen kann[135] und dass **ältere Forderungen** Vorrang vor neueren Forderungen haben, weil ihnen früher die Verjährung droht bzw. sie zumindest älter sind.[136] Sind fällige Forderungen gleich sicher, haben die Zahlung der **Miete und die Vorauszahlungen** für Betriebs- oder Nebenkosten Vorrang vor einer Betriebs- oder Nebenkostennachforderung. Diese Forderungen des Vermieters sind dem Mieter lästiger, weil insoweit ein Zahlungsverzug die fristlose Kündigung nach § 543 Abs. 2 Satz 1 Nr. 3a) oder b) BGB rechtfertigen kann (siehe Rn. H 251 f.). Innerhalb der verschiedenen Forderungen tilgen die Zahlungen des Mieters nach § 367 Abs. 1 BGB zunächst die **Kosten** der Rechtsverfolgung, dann die **Zinsen** und zuletzt die **Hauptforderung**, es sei denn der Vermieter duldet widerspruchslos eine nach § 367 Abs. 2 BGB unzulässige abweichende Tilgungsbestimmung des Mieters.

110 Eine **Saldoklage**, mit der der Vermieter lediglich den **Gesamtrückstand** für einen bestimmten Zeitraum einklagt, ohne aufzuschlüsseln, welche Forderungen er für welche Monate geltend macht und inwieweit der Mieter diese erfüllt hat, darf das Gericht **nicht** generell mangels Bestimmtheit als **unzulässig** abweisen (§ 253 Abs. 2 Nr. 2 ZPO).[137] Zuvor ist es gehalten, Unklarheiten über die eingeklagten Forderungen zu beheben, indem es den Streitgegenstand durch **Auslegung** der Klageschrift und einen in Anlage beigefügten Mietkontenauszug ermittelt, in dem Mietforderungen, Zahlungen und Gutschriften aufgeführt sind.[138] Hierfür ist zunächst die **vom Vermieter vorgetragene Verrechnung** der Zahlungen maßgeblich und hilfsweise die **gesetzliche Tilgungsreihenfolge** der §§ 366 Abs. 2, 367 Abs. 1 BGB.[139] Damit das Gericht die Zahlungsklage als **begrün-**

---

[131] LG Hamburg, Urt. v. 21.9.1990 – 11 S 186/89, DWW 1993, 237; LG Berlin, Beschl. v. 12.7.1988 – 64 T 102/88, GE 1989, 833.
[132] BGH, Urt. v. 21.3.2018 – VIII ZR 68/17, NZM 2018, 444 Rn. 37 ff. und Rn. 44.
[133] BGH, Urt. v. 21.3.2018 – VIII ZR 68/17, NZM 2018, 444 Rn. 37 und Rn. 44; BGH, Urt. v. 21.3.2018 – VIII ZR 84/17, NZM 2018, 454 Rn. 42.
[134] BGH, Urt. v. 21.3.2018 – VIII ZR 68/17, NZM 2018, 444 Rn. 48.
[135] BGH, Urt. v. 21.3.2018 – VIII ZR 68/17, NZM 2018, 444 Rn. 48; BGH, Urt. v. 21.3.2018 – VIII ZR 84/17, NZM 2018, 454 Rn. 53.
[136] BGH, Urt. v. 21.3.2018 – VIII ZR 68/17, NZM 2018, 444 Rn. 49; BGH, Urt. v. 21.3.2018 – VIII ZR 84/17, NZM 2018, 454 Rn. 54.
[137] BGH, Urt. v. 21.3.2018 – VIII ZR 68/17, NZM 2018, 444 Rn. 15 ff; BGH, Urt. v. 21.3.2018 – VIII ZR 84/17, NZM 2018, 454 Rn. 24 ff.; BGH, Urt. v. 9.1.2013 – VIII ZR 94/12, NJW 2013, 1367 Rn. 12 betreffend Nutzungsentschädigung.
[138] BGH, Urt. v. 21.3.2018 – VIII ZR 68/17, NZM 2018, 444 Rn. 19 ff. und 56 ff.
[139] BGH, Urt. v. 21.3.2018 – VIII ZR 68/17, NZM 2018, 444 Rn. 43 ff. und 51 ff.; BGH, Urt. v. 6.2.2019 – VIII ZR 54/18, juris Rn. 14 ff.

det beurteilt, sollte der Vermieter seine Forderungen nach Kalendermonaten und Rechtsgrund (z. B. Miete, Vorauszahlung auf Betriebs- bzw. Nebenkosten, Nachforderung aus deren Abrechnung) **aufschlüsseln** und dabei die eingegangenen Zahlungen den verschiedenen Forderungen vorrangig nach der Tilgungsbestimmung des Mieters gemäß § 366 Abs. 1 BGB und hilfsweise nach der Tilgungsreihenfolge des § 366 Abs. 2 BGB zuordnen. Dies ist notwendig, weil materiell-rechtlich nicht der Vermieter über die Anrechnung bestimmt und weil die getilgten Forderungen tatsächlich bestehen müssen, damit keine andere Tilgung eintritt.[140] Schließlich muss der Vermieter beachten, dass ihm **nach Ablauf der Abrechnungsfrist** keine Vorauszahlungen auf Betriebs- oder Nebenkosten mehr zustehen, so dass er abrechnen und die **Zahlungsklage** nach § 264 Nr. 2 ZPO **auf den Abrechnungssaldo umstellen** muss, damit sie auch hinsichtlich der Betriebs- bzw. Nebenkosten Erfolg hat.[141]

f) Mieterinsolvenz

Eröffnet das Insolvenzgericht ein **Insolvenzverfahren** über das Vermögen des Mieters, kann der Vermieter die bis zur Eröffnung des Insolvenzverfahrens fälligen Mietforderungen beim Insolvenzverwalter zur Insolvenztabelle anmelden (§ 174 InsO). Nach Prüfung der Berechtigung der angemeldeten **Insolvenzforderungen** befriedigt der Insolvenzverwalter die Insolvenzgläubiger unter gleichmäßiger Verteilung der Insolvenzmasse „zur Quote" (§§ 187 ff. InsO). 111

Das Mietverhältnis besteht nach § 108 Abs. 1 InsO mit Wirkung für die Masse fort, so dass der Insolvenzverwalter **ab Insolvenzeröffnung fällig werdende Mieten** voll aus dem Schuldnervermögen befriedigen muss **(Masseforderung)**. Um die Insolvenzmasse zu schonen, kann der Verwalter das Mietverhältnis außerordentlich kündigen bzw. dessen Freigabe erklären (siehe Rn. H. 411 ff.). 112

g) Verjährung und Ausschlussfristen

Die **Verjährung** von Mietforderungen richtet sich nach §§ 195, 199 Abs. 1 und 4 BGB. Die regelmäßige Verjährungsfrist beträgt drei Jahre (§ 195 BGB). Verjährungsbeginn ist regelmäßig der Schluss des Jahres, in dem der Anspruch entstanden ist (§ 199 Abs. 1 Nr. 1 BGB). Positive Kenntnis oder grob fahrlässige Unkenntnis des Vermieters von den anspruchsbegründenden Tatsachen i. S. d. § 199 Abs. 1 Nr. 2 BGB dürfte stets gegeben sein, so dass es auf die kenntnisunabhängige Höchstfrist von zehn Jahren ab Anspruchsentstehung nach § 199 Abs. 3 BGB nicht ankommt. 113

Neben der Verjährung sind **Ausschlussfristen** zu beachten. Bei Wohnraum muss die Abrechnung über die *Betriebskosten* dem Mieter grundsätzlich innerhalb von zwölf Monaten nach Ende des Abrechnungszeitraums zugehen (§ 556 Abs. 3 Satz 2 und 3 BGB, siehe Rn. E 60 ff.). Auch bei Mietverträgen über andere Mietsachen sollte der Vermieter innerhalb von zwölf Monaten über die *Nebenkosten* abrechnen, um den Einwand der Verwirkung nach § 242 BGB sicher auszuschließen (siehe Rn. E 64 ff.). Ein späteres Geltendmachen des Abrechnungssaldos ist zwar nicht stets ausgeschlossen, birgt aber vermeidbare Durchsetzungsrisiken. Ist dem Vermieter eine vollständige Abrechnung wegen ausstehender Rechnungen nicht möglich, sollte dieser unbedingt eine **Teilabrechnung** vornehmen. 114

---

[140] BGH, Urt. v. 21.3.2018 – VIII ZR 84/17, NZM 2018, 454 Rn. 49 bzw. Rn. 75.
[141] BGH, Urt. v. 21.3.2018 – VIII ZR 68/17, NZM 2018, 444 Rn. 64 und 67 f.

h) Umsatzmiete

115 Die Vereinbarung einer **Umsatzmiete** mit dem Mieter von Geschäftsraum gleicht der Umlage von Nebenkosten auf den Mieter. Hierzu vereinbaren die Vertragsparteien, dass der Mieter zusätzlich zur Miete (Mindestmiete) und den Nebenkosten einen bestimmten Prozentsatz aus dem in der Mietsache getätigten Umsatz an den Vermieter bezahlt. Damit soll der Vermieter am geschäftlichen Erfolg des Mieters teilhaben. Damit der Vermieter nicht das Betriebsrisiko des Mieters trägt, muss bereits die Mindestmiete angemessen sein. Das Vereinbaren einer Umsatzmiete begründet keine Betriebspflicht des Mieters, sodass dem Vermieter Mietausfälle drohen, wenn der Mieter seinen Betrieb nicht oder nicht wirtschaftlich betreibt.

116 Die Umsatzmiete ist bei Vermietung von Geschäftsräumen an **Apotheken** nach § 8 Satz 2 ApothG grundsätzlich verboten. Ein Verstoß gegen das Verbot führt zur Nichtigkeit des Mietvertrags nach § 12 ApothG.[142] Dies soll Beteiligungen Dritter am Betrieb der Apotheke vermeiden und die Unabhängigkeit und Entscheidungsfreiheit des Apothekers gewährleisten. Ausnahmen sind in § 9 ApothG geregelt. Umsatzmietvereinbarungen mit Rechtsanwälten sind wirksam. Auch wenn der Rechtsanwalt seinen Vermieter anwaltlich vertritt, ist dies keine verbotene Gebührenunterschreitung nach §§ 49b Abs. 1 BRAO.[143]

117 Überlässt eine **Gemeinde** Geschäftsraum infolge einer zu geringen Mindestmiete unter Wert[144], kann der Mietvertrag nach § 134 BGB nichtig sein (siehe Rn. B 125 f.). Da die Umsatzmiete kein Instrument der Wertsicherung ist, bedarf die Mindestmiete bei langfristigen Mietverträgen einer Wertsicherung (z. B. Staffelung oder automatische Wertsicherung mit Verbraucherpreisindex).

118 Für die Zahlungen der Umsatzmiete sehen Vertragsmuster in der Regel vor, dass der Mieter **Vorauszahlungen** auf die zu erwartende Umsatzmiete leistet, die aus dem erwarteten Umsatz berechnet sind. Nach Abschluss des Abrechnungszeitraums (z. B. Quartal, Halbjahr, Kalenderjahr) teilt der Mieter dem Vermieter seinen tatsächlichen Umsatz mit, so dass die tatsächlich geschuldete Umsatzmiete ermittelt werden über die geleisteten Vorauszahlungen **abgerechnet** werden kann. Der errechnete Saldo ist entweder vom Mieter nachzuzahlen oder vom Vermieter zu erstatten sowie ggf. die Vorauszahlungen auf künftige Umsatzmieten anzupassen.

119 Inhaltlich sollte der Vermieter Wert auf eine möglichst genaue und umfassende **Umsatzdefinition** legen, damit der Umsatz zutreffend erfasst wird (z. B. Bruttoumsatz ohne Umsatzsteuer; Umsätze aus Internet- und Versandgeschäften, aus Automatenaufstellung, aus Vermittlungsgeschäften; Einschluss von Umsätzen, die Dritte in der Mietsache erzielen und Klarstellung des Verhältnisses zu etwaigen Untermietzuschlägen, Gleichstellung von Ratengeschäften mit Bargeschäften).

120 Ergänzend sind **Informationspflichten** des Mieters (z. B. Umsatzabrechnung) und **Informationsrechte** des Vermieters vertraglich zu regeln (z. B. in Geschäftsbücher, Bilanzen, Gewinn- und Verlustrechnung bzw. Einnahmen-Überschussrechnung, Steuerunterlagen), so dass der Vermieter die Richtigkeit der gemeldeten Umsätze nachprüfen kann. Der Vermieter wird sich im Gegenzug zu Verschwiegenheit verpflichten.

121 Beim Gestalten von Geschäftsraum-Mietverträgen sollten die Vertragsparteien die Notwendigkeit von Umsatzmietvereinbarungen im Hinblick auf das **hohe Streitpotential** und den **hohen Regelungs- und Vollzugsaufwand** kritisch hinterfragen. Der geringe Vorteil einer Teilhabe am potentiellen Geschäftserfolg des Mieters wird in der Regel in keinem Verhältnis zur Belastung des Mietverhältnisses mit einer „zweiten Nebenkosten-

---

[142] BGH, Urt. v. 27.11.2003 – IX ZR 76/00, NJW 2004, 1523, 1523 f.
[143] BGH, Versäumnisurt. v. 13.11.2014 – IX ZR 267/13, NJW 2015, 1093 Rn. 11 ff.
[144] Art. 75 Abs. 2 Satz 1 GO.

abrechnung" stehen. In jedem Fall ist dem Vermieter zu empfehlen, eine hohe Mindestmiete zu vereinbaren, so dass die Umsatzmiete nur eine untergeordnete wirtschaftliche Bedeutung spielt, über die ein Streit nicht lohnt.

2. Erhaltung der Mietsache

Soweit die Vertragsparteien die Pflicht des Vermieters aus § 535 Abs. 1 Satz 2 BGB zur **Erhaltung** der Mietsache oder **Schönheitsreparaturen** wirksam auf den Mieter übertragen haben (siehe Rn. C 144 ff.), ist die vom Mieter geschuldete Renovierungsleistung ebenso **Gegenleistung** des Mieters wie dessen Mietzahlung, sie besitzt „**Entgeltcharakter**".[145] 122

VI. Weitere Pflichten des Mieters

Neben der Hauptleistungspflicht des Mieters können ihn verschiedene weitere Pflichten treffen. 123

1. Anzeigepflicht

Auftretende Mängel und **unvorhergesehene Gefahren** für die Mietsache, die Schutzmaßnahmen erforderlich machen, hat der Mieter dem Vermieter nach § 536c Abs. 1 Satz 1 BGB anzuzeigen. Das Gleiche gilt nach § 536c Abs. 1 Satz 2 BGB, wenn sich Dritte ein **Recht an der Mietsache anmaßen**. 124

Unterlässt der Mieter die Anzeige, kann dies nach § 536c Abs. 2 BGB **Schadensersatzansprüche** des Vermieters, den Verlust seiner Gewährleistungsrechte und eine fristlose Kündigung des Mietverhältnisses zur Folge haben. 125

2. Obhutspflicht

Der Mieter hat für die Mietsache des Vermieters eine **Obhutspflicht,** weil er sie anders als ein Käufer einer Sache wieder an seinen Vertragspartner zurückgeben muss. Nach §§ 241 Abs. 2, 242 BGB muss der Mieter die Mietsache pfleglich behandeln, so dass sie nicht beschädigt und mehr als vertragsgemäß abgenutzt wird.[146] Die Obhutspflicht umfasst z. B. das Reinigen und Lüften der Mietsache, das Schließen der Fenster und Türen vor Unwetter, die Vorsorge gegen Frost[147] im Machtbereich des Mieters, das Vermeiden von Schlüsselverlusten, das Vermeiden von Schäden an der Mietsache durch einen Polizeieinsatz zur Sicherstellung von Betäubungsmitteln[148]. Die Vertragsparteien können Obhutspflichten des Mieters konkretisieren, indem sie eine **Hausordnung** als Bestandteil des Mietvertrags vereinbaren. Das **Verletzen** von Obhutspflichten kann Schadensersatzansprüche des Vermieters auslösen oder diesen bei Gefährdung der Mietsache zur fristlosen Kündigung des Mietverhältnisses berechtigen (siehe Rn. I 97 ff. bzw. H 234 ff.). 126

---

[145] BGH, Beschl. v. 30.10.1984 – VIII ARZ 1/84 NJW 1985, 480, 481.
[146] BGH, Urt. v. 14.12.2016 – VIII ZR 49/16, NZM 2017, 144 Rn. 14.
[147] OLG Naumburg, Urt. v. 29.9.2016 – 4 U 76/15, ZMR 2017, 728.
[148] BGH, Urt. v. 14.12.2016 – VIII ZR 49/16, NZM 2017, 144.

3. Duldung von Erhaltungsmaßnahmen

127 Erhaltungsmaßnahmen hat der Mieter von **Räumen** nach Maßgabe der §§ 555a, 578 Abs. 2 Satz 1 BGB zu dulden.

128 **Erhaltungsmaßnahmen** sind nach § 555a Abs. 1 BGB die Maßnahmen, die zur Instandhaltung oder Instandsetzung der Mietsache erforderlich sind (siehe Rn. C 24 ff.). Diese hat der Vermieter nach § 555a Abs. 2 BGB grundsätzlich **rechtzeitig anzukündigen.** Eine besondere Form ist hierfür nicht vorgesehen. Die Dauer der Ankündigungsfrist richtet sich nach Dringlichkeit und Umfang der Maßnahme.[149] Die Ankündigung entfällt bei Bagatell- und Notmaßnahmen.

129 Die **Duldungspflicht** des Mieters nach § 555a Abs. 1 BGB umfasst, dass er dem Vermieter oder dessen Beauftragten den Zutritt zur Mietsache gewährt und die Arbeiten passiv duldet, ohne die Ausführung zu stören. Inwieweit der Mieter nach §§ 242, 241 Abs. 2 BGB zur aktiven Mitwirkung verpflichtet ist, hat die Rechtsprechung noch nicht entschieden (z. B. Wegräumen seiner Gegenstände). Die Duldungspflicht berührt nicht das Recht des Mieters, die Miete wegen der Störung seines Mietgebrauchs durch die Erhaltungsmaßnahme nach § 536 Abs. 1 BGB zu **mindern.** Verletzt der Mieter die Duldungspflicht, kommt eine **Kündigung** des Mietverhältnisses wegen schuldhafter Pflichtverletzung nach §§ 573 Abs. 1 Nr. 1 BGB oder nach § 543 Abs. 1 BGB in Betracht, ohne dass der Vermieter zuvor auf Duldung klagen muss.[150]

130 Für Aufwendungen, die der Mieter infolge der Erhaltungsmaßnahme machen muss (z. B. für Reinigungsarbeiten), schuldet der Vermieter in angemessenem Umfang **Aufwendungsersatz** nach § 555a Abs. 3 Satz 1 BGB, für den der Vermieter auf Verlangen des Mieters einen Vorschuss leisten muss nach § 555a Abs. 3 Satz 2 BGB.

4. Duldung von Modernisierungsmaßnahmen

131 Modernisierungsmaßnahmen hat der Mieter von **Räumen** nach Maßgabe der §§ 555b ff., 578 Abs. 2 Satz 1 BGB zu dulden.

132 **Modernisierungsmaßnahmen** des Vermieters dienen grundsätzlich der *Verbesserung* der Mietsache und sind im Katalog des § 555b Nr. 1 bis 7 BGB legal definiert. Die **energetische Sanierung** (Nr. 1) zielt auf eine Einsparung der in der Mietsache verbrauchten *Endenergie* ab (z. B. durch Wärmedämmung). Wird keine Endenergie eingespart, kann die Modernisierung in der nachhaltigen Einsparung von nicht erneuerbarer *Primärenergie* bestehen, bei der ein nicht erneuerbarer Energieträger wie Heizöl, Erdgas oder Kohle durch Umstellung auf erneuerbare Energien wie Sonnenenergie eingespart wird (Nr. 2 Alt. 1). Alternativ kommt nachhaltiger *Klimaschutz* in Betracht, z. B. durch Verringern von CO_2-Emissionen (Nr. 2 Alt. 2).

133 Keine Duldungspflicht besteht für Maßnahmen, die den Charakter der Mietsache **grundlegend verändern** würden, so dass eine neue Mietsache entstünde (u. a. Hinzufügen neuer Räume und Abriss einer Veranda).[151]

134 Der Vermieter muss Modernisierungsmaßnahmen nach § 555c Abs. 1 bis 3 BGB mindestens drei Monate vor ihrem Beginn in Textform mit den Pflichtangaben des § 555c Abs. 1 Satz 2 BGB **ankündigen.** In der Modernisierungsankündigung muss er die voraussichtliche Art und den Umfang, den Beginn und die Dauer der Sanierungsmaßnahme

---

[149] BGH, Urt. v. 13.5.2015 – XII ZR 65/14, NJW 2015, 2419 Rn. 40.
[150] BGH, Versäumnisurt. v. 15.4.2015 – VIII ZR 281/13, NJW 2015, 2417 Rn. 18 ff.
[151] BGH, Beschl. v. 21.11.2017 – VIII ZR 28/17, NJW 2018, 1008 Rn. 14 ff. betreffend eine Mieterhöhung von 463,62 € auf 2.149,99 €.

sowie voraussichtliche Mieterhöhung und künftigen Betriebskosten mitteilen. Wählt der Vermieter das **vereinfachte Verfahren der Mieterhöhung** (siehe Rn. F 72 ff.), braucht er nicht die voraussichtlichen Betriebskosten mitteilen (§ 559c Abs. 5 Nr. 2 BGB). Zusätzlich soll der Vermieter den Mieter über die Möglichkeit eines **Härteeinwands informieren** (§ 555c Abs. 2 BGB). Ausgenommen von der Ankündigungspflicht sind **Bagatellmaßnahmen** nach § 555c Abs. 4 BGB.

Der Mieter muss eine ordnungsgemäß angekündigte Modernisierungsmaßnahme nach § 555d Abs. 1 BGB in gleicher Weise **dulden** wie eine Erhaltungsmaßnahme. Die Duldungspflicht berührt nicht sein Recht, die Miete wegen der Störung des Mietgebrauchs durch die Modernisierungsmaßnahme nach § 536 Abs. 1 BGB zu **mindern**, soweit nicht die dreimonatige Minderungsbeschränkung des § 536a Abs. 1a BGB für energetische Sanierungen eingreift. 135

Nach § 555d Abs. 2 bis 5 BGB obliegt es dem ordnungsgemäß informierten Mieter, gegen die angekündigte **Modernisierung** innerhalb eines Monats ab der Ankündigung **einen persönlichen Härteeinwand** erheben. Wirtschaftliche Härten für den Mieter stehen der *Modernisierung* nicht entgegen; sie berechtigen den Mieter aber, gegen die angekündigte **Mieterhöhung** innerhalb der *Ausschlussfrist von einem Monat* nach Modernisierungsankündigung einen Härteeinwand zu erheben (§§ 555d Abs. 3 bis 5, 559 Abs. 4 und 5 BGB). Diese Ausschlussfrist zwingt den Mieter, sich bereits **frühzeitig** nach Ankündigung der Modernisierungsmaßnahme gegen die *Mieterhöhung* zu wenden (siehe Rn. F 78 f.). 136

Zum **Aufwendungsersatz** ist der Vermieter bei Modernisierungsmaßnahmen ebenso verpflichtet wie bei Erhaltungsmaßnahmen (§§ 555d Abs. 6, 555a Abs. 3 BGB) 137

Die **Geltendmachung eines Unterlassungsanspruchs** gegen die Modernisierung durch einstweilige Verfügung ist für den Mieter riskant, weil er dem Vermieter nach § 945 ZPO für den durch die Verzögerung entstehenden Schaden haftet, wenn sich später herausstellt, dass er die Maßnahme doch dulden musste.[152] 138

Um ein „**Herausmodernisieren**" des Mieters zu erschweren, **vermutet** § 559d Abs. 1 BGB für Verhalten des Vermieters ab dem 1.1.2019[153] in vier Fällen widerleglich eine **Pflichtverletzung**. Dies soll dem Mieter das Durchsetzen von Schadenersatzansprüchen gegen den Vermieter[154] erleichtern, wenn dieser Rechtsmissbrauch betreibt. Die Vermutung gilt, wenn der Vermieter nicht innerhalb von zwölf Monaten nach dem angekündigten Beginn einer Modernisierungsmaßnahme mit ihr beginnt (Nr. 1), die angekündigte Mieterhöhung die monatliche Miete verdoppeln würde (Nr. 2), der Vermieter die Modernisierung mit erheblichen, objektiv nicht notwendigen Belastungen für den Mieter durchführt (Nr. 3) oder wenn die Arbeiten nach Beginn mehr als zwölf Monate ruhen (Nr. 4). Ergänzend ist die Durchführung einer Modernisierung in missbräuchlicher Weise nach § 6 WiStG **ordnungswidrig** und mit einer Geldbuße bis zu 100.000 Euro bewehrt. 139

Den Vertragsparteien steht es ausweislich § 555f BGB frei, die Duldung hinausgehenden Folgen konkreter Erhaltungs- bzw. Modernisierungsmaßnahmen einvernehmlich zu regeln (**Modernisierungsvereinbarung**).[155] Für andere Räume als Wohnraum folgt dies aus der Verweisung in § 578 Abs. 1 und 2 BGB. 140

---

[152] BGH, Urt. v. 13.10.2016 – IX ZR 149/14, NZM 2017,68; ausführlich zu Mieterrechten bei Modernisierungsmaßnahmen Hau NZM 2014, 809.
[153] Art. 229 § 49 Abs. 1 Satz 4 EGBGB.
[154] Z.B aus § 280 Abs. 1 BGB, vgl. BGH, Beschl. v. 30.5.2017 – VIII ZR 199/16, NZM 2017, 595 Rn. 5 ff.
[155] Abramenko MietRB 2014, 307 zu Gestaltungsmöglichkeiten.

5. Duldung der Besichtigung

141   Eine Pflicht des Mieters aus § 242 BGB, die Besichtigung der vermieteten Räume zu dulden, besteht nur, soweit ein **konkreter sachlicher Anlass** besteht. Dieser ist gegeben, wenn die ordnungsgemäße Bewirtschaftung der Räume dies erfordert (z. B. Ablesen von Zählern, Überprüfen der Mietsache auf Mängel oder Schönheitsreparaturbedarf, zum Vorbereiten von Erhaltungs- und Modernisierungsmaßnahmen), wenn der Mieter die Mietsache vertragswidrig nutzt oder seine Obhutspflichten verletzt und wenn der Vermieter die Mietsache neu vermieten oder veräußern möchte.[156]

142   Abgesehen von Eilfällen muss der Vermieter dem Mieter den Besichtigungstermin und den Besichtigungsanlass angemessene Zeit (ca. 7 – 14 Tage) vor dem gewünschten Termin **ankündigen**. Er hat auf die Belange des Mieters (z. B. Berufstätigkeit) Rücksicht zu nehmen.[157]

143   **Formularklauseln** mit denen sich der Vermieter von Wohnraum ein allgemeines Besichtigungsrecht ohne konkreten Anlass „zur Überprüfung des Wohnungszustands" vorbehält, sind ist wegen unangemessener Benachteiligung des Mieters nach § 307 Abs. 1 Satz 1 BGB unwirksam.[158]

VII. Übertragung der Erhaltungspflicht auf den Mieter

144   Die **Erhaltungspflicht** des Vermieters können die Vertragsparteien nur innerhalb der gesetzlichen Grenzen **auf den Mieter übertragen**. Hierbei ist zwischen Wohnraum und Geschäftsraum zu unterscheiden.

1. Wohnraum

145   Die Erhaltungspflicht des Vermieters aus § 535 Abs. 1 Satz 2 BGB ist abdingbar. Bei Wohn- und Geschäftsraummiete sind Vermieter interessiert, ihre gesetzliche Pflicht zur Erhaltung der Mietsache ganz oder in Teilen auf den Mieter zu übertragen.

146   Die Grenze wirksamer Gestaltungen bildet für **Individualvereinbarungen** die Sittenwidrigkeit nach § 138 Abs. 1 BGB und für **Allgemeine Geschäftsbedingungen** die unangemessene Benachteiligung des Mieters nach § 307 Abs. 1 Satz 1 BGB.

147   Zusätzlich ist zu beachten, dass eine Pflicht des Mieters von Wohnraum zur Selbstbeseitigung von Mängeln eine **Beschränkung des Minderungsrechts** entgegen § 536 Abs. 4 BGB darstellen kann, woran auch die Wirksamkeit von Individualvereinbarungen scheitert.

a) Gesamte Erhaltungslast

148   Das Übertragen der **gesamten Erhaltungslast** der Mietsache auf den Mieter dürfte unwirksam sein, weil es das Minderungsrecht des Mieters entgegen § 536 Abs. 4 BGB beschränkt.[159] Entsprechende Formularklauseln sind wegen des für den Mieter unüber-

---

[156] Zu Einzelheiten Willems NZM 2015, 353.
[157] Vgl. Eisenschmid in Schmidt-Futterer, § 535 BGB Rn. 213.
[158] BGH, Urt. v. 4.6.2014 – VIII ZR 289/13, NJW 2014, 2566.
[159] BGH, Urt. v. 6.5.1992 – VIII ZR 129/91, NJW 1992, 1759 betreffend Kleinreparaturen.

schaubaren Kostenrisikos nach § 307 Abs. 1 Satz 1 BGB unwirksam.[160] Dies gilt auch für Einfamilienhäuser.[161]

b) Schönheitsreparaturen

Nach der Legaldefinition des § 28 Abs. 4 Satz 3 II. BV für preisgebundenen Wohnraum umfassen die **Schönheitsreparaturen** nur das Tapezieren, Anstreichen oder Kalken der Wände und Decken, das Streichen der Fußböden, Heizkörper einschließlich Heizrohre, der Innentüren sowie der Fenster und Außentüren von innen. Für preisfreien Wohnraum greift die Rechtsprechung auf diese Definition zurück (siehe Rn. C 158 f.). 149

Das Übertragen der **Schönheitsreparaturen** auf den Mieter ist grundsätzlich wirksam möglich. 150

Zunehmend kritisch wird hinterfragt, ob eine Schönheitsreparaturpflicht des Mieters nach § 536 Abs. 4 BGB unwirksam ist, weil die hiermit einhergehende Selbstbeseitigungspflicht des Mieters für Mängel dessen **Minderungsrecht** beeinträchtigt.[162] Umgekehrt kann man argumentieren, dass bei einem vom Mieter selbst veranlassten Schönheitsreparaturbedarf nach dem Rechtsgedanken des § 326 Abs. 2 Satz 1 BGB das Minderungsrecht entfällt. Dann wäre § 536 Abs. 4 BGB nicht berührt.[163] 151

Formularklauseln, mit denen der Vermieter Schönheitsreparaturen auf den Mieter überträgt, sind nicht generell wegen unangemessener Benachteiligung des Mieters nach § 307 Abs. 1 Satz 1 BGB unwirksam. Die Schönheitsreparaturen stellen ein Entgelt für die Gebrauchsüberlassung dar und werden bei der Mietkalkulation berücksichtigt.[164] 152

Im Einzelfall sind Schönheitsreparaturklauseln häufig deshalb unwirksam, weil die **Rechtsprechung** das Übertragen der Vermieterpflicht immer **strenger** beurteilt.[165] Da kein Vertrauensschutz für Altmietverträge besteht, steigt mit zunehmender Vertragsdauer das Risiko, dass eine ursprünglich als wirksam zu beurteilende Klausel infolge einer Rechtsprechungsänderung unwirksam ist. Mit Urteil vom 18.3.2015 hat der BGH entschieden, dass die Übergabe einer **unrenovierten oder renovierungsbedürftigen** Wohnung die Unwirksamkeit der Schönheitsreparaturklausel zur Folge hat, wenn der Vermieter dem Mieter keinen angemessenen Ausgleich gewährt (z. B. Mietnachlass).[166] Seit einem weiteren Urteil vom 18.3.2015 sind **Abgeltungsklauseln,** nach denen der Mieter von Wohnraum einen Geldbetrag für bei Mietende noch nicht fällige Schönheitsreparaturen schuldet, stets unwirksam[167] (siehe Rn. I 67 ff.). Für den Vermieter besteht kein Vertrauensschutz gegen Rechtsprechungsänderungen, da sich das Verwendungsrisiko Allgemeiner Geschäftsbedingungen realisiert.[168] 153

---

[160] BGH, Versäumnisurt. v. 10.9.2014 – XII ZR 56/11, NJW 2014, 3722 Rn. 22; BGH, Urt. v. 6.4.2005 – XII ZR 158/01, NZM 2005, 863, 864; jeweils Geschäftsraum betreffend.
[161] LG Heidelberg, Urt. v. 8.11.1996 – 5 S 95/96, WuM 1997, 42.
[162] LG Berlin, Urt. v. 9.3.2017 – 67 S 7/17, NZM 2017, 258; Revision zum BGH zugelassen, aber nicht eingelegt; V. Emmerich in Staudinger, § 535 BGB Rn. 111; für Kleinreparaturklausel BGH, Urt. v. 6.5.1992 – VIII ZR 129/91, NJW 1992, 1759; für die individualvertragliche Übertragbarkeit der Anfangsrenovierung im preisgebundenen Wohnraum BGH, Beschl. v. 22.8.2018 – VIII ZR 287/17, NZM 2018, 947 ohne § 536 Abs. 4 BGB zu problematisieren; LG Berlin, Urt. v. 2.5.2018 – 64 S 120/17 WuM 2018, 643 mit den Argumenten der Treuwidrigkeit und der Verkehrsüblichkeit.
[163] Lehmann-Richter WuM 2016, 529, 534.
[164] BGH, Beschl. v. 30.10.1984 – VIII ARZ 1/84 NJW 1985, 480, 481.
[165] Milger/Fetzer PiG 99 (2015), 85.
[166] BGH, Urt. v. 18.3.2015 – VIII ZR 185/14, NJW 2015, 1594.
[167] BGH, Urt. v. 18.3.2015 – VIII ZR 242/13, NJW 2015, 1871 Rn. 29 ff; vgl. auch BGH, Urt. v. 18.10.2006 – VIII ZR 52/06, NJW 2006, 3778 und BGH, Urt. v. 7.3.2007 – VIII ZR 247/05, NZM 2007, 355.
[168] BGH, Urt. v. 5.3.2008 – VIII ZR 95/07, NJW 2008, 1438 Rn. 20.

154 Trotz **unwirksamer Schönheitsreparaturklausel** kann dem Vermieter bei Rückgabe der Mietsache in ungewöhnlicher farblicher Gestaltung **(Farbexzess)** ein Schadensersatzanspruch gegen den Mieter zustehen[169] (siehe Rn. I 71 ff.). Zudem kommen bei vom Mieter zu vertretenden **schuldhaften Pflichtverletzungen** Schadensersatzansprüche in Betracht (z. B. wegen exzessiven Rauchens, siehe Rn. I 97 ff.). Zu **Schönheitsreparaturen am Ende der Mietzeit** siehe Rn. I 59 ff.)

155 Damit eine **Schönheitsreparaturklausel wirksam** ist, muss sie **fünf Grundlinien** entsprechen: (a) Der **Umfang** der übertragenen Schönheitsreparaturen darf nicht über die Legaldefinition für den preisgebundenen Wohnraum hinausgehen. (b) Durch die Übertragung auf den Mieter darf sich die Schönheitsreparaturpflicht **nicht intensivieren**. (c) Die Vorgaben für die Ausführung der Schönheitsreparaturen (z. B. hinsichtlich Farbe und Ausführungsart) müssen mit einem **selbstbestimmten Wohnen** vereinbar sein. (d) Die dem Mieter übertragenen Schönheitsreparaturen müssen **durch den Mietgebrauch** veranlasst sein. (e) Die Schönheitsreparaturklausel muss **transparent** formuliert sein.

156 Nach diesen Grundlinien lässt sich die umfangreiche Rechtsprechung zur Wirksamkeit von Formularklauseln[170] wie folgt systematisieren:

157 *(unbesetzt)*

aa) Umfang der Schönheitsreparaturen

158 Den Umfang der Schönheitsreparaturen können die Vertragsparteien grundsätzlich nicht über die Definition des **§ 28 Abs. 4 Satz 3 II. BV** der Schönheitsreparaturen im preisgebundenen Wohnraum erweitern.[171] Diese umfassen „nur das Tapezieren, Anstreichen oder Kalken der Wände und Decken, das Streichen der Fußböden, Heizkörper einschließlich Heizrohre, der Innentüren sowie der Fenster und Außentüren von innen". Das vertragliche *Erweitern* des Schönheitsreparaturbegriffs führt wegen des Verbots der geltungserhaltenden Reduktion zur Gesamtunwirksamkeit der Schönheitsreparaturklausel nach § 307 Abs. 1 Satz 1 BGB. So sind Klauseln unwirksam, die dem Mieter das Streichen der Fenster und Außentüren **von außen**[172] oder das Abziehen und Versiegeln des **Parketts** auferlegen.[173]

159 Ob der Vermieter den Mieter von Wohnraum zur Grundreinigung eines mitvermieteten **Teppichbodens** verpflichten kann,[174] ist noch nicht höchstrichterlich geklärt und erscheint wegen der hierfür notwendigen Spezialmaschinen fragwürdig.[175] Die Pflege des Teppichbodens ist keine Erweiterung der Schönheitsreparaturen, sondern nach §§ 133, 157 BGB statt des Streichens der Fußböden geschuldet.[176]

bb) Keine Intensivierung der Schönheitsreparaturpflicht

160 Die Renovierungspflicht des Vermieters aus § 535 Abs. 1 Satz 2 BGB darf sich durch die Übertragung auf den Mieter **nicht intensivieren**. Schuldet der Mieter nach der Klausel Schönheitsreparaturen, die der Vermieter nicht vornehmen würde, liegt die Un-

---

[169] BGH, Urt. v. 6.11.2013 – VIII ZR 416/12, NJW 2014, 143.
[170] Eingehend Langenberg in Schmidt-Futterer, Mietrecht, § 538 BGB Rn. 66 ff. und Blank in Blank/Börstinghaus, Miete, § 535 BGB Rn. 432 ff.
[171] BGH, Versäumnisurt. v. 10.2.2010 – VIII ZR 222/09, WuM 2010, 231 Rn. 15 f.
[172] BGH, Versäumnisurt. v. 10.2.2010 – VIII ZR 222/09, WuM 2010, 231.
[173] BGH, Urt. v. 13.1.2010 – VIII ZR 48/09, NJW 2010, 674 Rn. 10 ff.
[174] BGH, Urt. v. 8.10.2008 – XII ZR 15/07, NJW 2009, 510 betreffend Geschäftsraum.
[175] Vgl. Langenberg in Schmidt-Futterer, BGB § 538 Rn. 71 m. w. Nachw. in Fn. 198.
[176] BGH, Urt. v. 8.10.2008 – XII ZR 15/07, NJW 2009, 510 betreffend die Grundreinigung des Teppichbodens in Geschäftsräumen.

wirksamkeit der Schönheitsreparaturklausel nahe. So darf die Renovierungspflicht erst **fällig** werden, wenn *konkreter Renovierungsbedarf* besteht.

Klauseln mit **starren Renovierungsfristen,** bei denen die Schönheitsreparaturen allein nach einem Fristenplan fällig werden, sind nach § 307 Abs. 1 Satz 1 BGB unwirksam.[177] Sog. **weiche Renovierungsfristen,** bei denen Formulierungen wie „im Allgemeinen" oder „in der Regel" den Fristenplan aufweichen, so dass er lediglich als Richtlinie dient, werden dagegen als wirksam beurteilt.[178] Gleichwohl können (zumindest) kurze weiche Renovierungsfristen wegen der Verschiebung der **Beweislast** auf den Mieter, der nach Fristablauf beweisen muss, dass kein Renovierungsbedarf besteht, die Gesamtunwirksamkeit der Schönheitsreparaturklausel nach § 309 Nr. 12 BGB zur Folge haben.[179] **Unangemessene Regelfristen** für die Renovierung bedingen die Gesamtunwirksamkeit der Schönheitsreparaturklausel nach § 307 Abs. 1 Satz 1 BGB.

161

Der altgediente **Fristenplan** mit *drei, fünf und sieben Jahren*[180] dürfte für Mietverträge unangemessen sein, die die Vertragsparteien nach der Veröffentlichung des Urteils des BGH vom 26.9.2007 abschließen, weil sich die Lebensverhältnisse gewandelt und die Materialien verbessert haben.[181] Als Regelfristen dürften inzwischen Fristen von *fünf, acht und zehn Jahren* angemessen sein.[182] Ob *Lackierarbeiten* längere Renovierungsfristen erfordern oder mit den für den jeweiligen Raum geltenden Regelfristen angemessen abgedeckt sind, ist ungewiss.[183]

162

Isolierte Endrenovierungsklauseln, die den Mieter ohne Pflicht zu laufenden Schönheitsreparaturen verpflichten, die Wohnung am Ende der Mietzeit renoviert zurückzugeben, sind wegen ihrer Unabhängigkeit von einem konkreten Renovierungsbedarf unwirksam nach § 307 Abs. 1 Satz 1 BGB.[184] Gleiches gilt wegen des *Summierungseffekts* für **Endrenovierungsklauseln,** die dem Mieter zusätzlich zu den *laufenden Schönheitsreparaturen* die *Endrenovierung* der Mietsache auferlegen.[185] Dies gilt auch, wenn die Endrenovierungspflicht individualvertraglich im Mietvertrag ergänzt ist.[186]

163

cc) Gestaltungsspielraum des Mieters

Wirksame Schönheitsreparaturklauseln müssen mit einem **selbstbestimmten Wohnen** des Mieters während der Mietzeit vereinbar sein, da die Wohnung dessen Lebensmittelpunkt bildet. Daher sind Klauseln mit **Farbvorgaben** für die Gestaltung **während der Mietzeit** wegen unangemessener Benachteiligung des Mieters nach § 307 Abs. 1 Satz 1 BGB unwirksam. Dies gilt für sowohl für die Pflicht, die Wohnung „in neutralen, hellen, deckenden Farben" zu streichen[187] als auch in weißer Farbe[188] oder nicht erheblich von der „bisherigen Ausführungsart" abzuweichen.[189] Nicht unangemessen ist dagegen eine

164

---

[177] BGH, Urt. v. 23.6.2004 – VIII ZR 361/03, NJW 2004, 2586.
[178] BGH, Urt. v. 28.4.2004 – VIII ZR 230/03, NJW 2004, 2087.
[179] Langenberg in Schmidt-Futterer, Mietrecht, 13. Aufl. 2017 § 538 BGB Rn. 220 und 224.
[180] Aus § 7 Fußnote 1 des Mustermietvertrags des Bundesministeriums der Justiz 1976.
[181] BGH, Urt. v. 26.9.2007 – VIII ZR 143/06, NJW 2007, 3632 Rn. 13.
[182] Langenberg in Schmidt-Futterer, Mietrecht, 13. Aufl. 2017 § 538 BGB Rn. 225.
[183] Überholt BGH, Urt. v. 16.2.2005 – VIII ZR 48/04, NZM 2005, 299; aus heutiger Sicht überzeugend, LG München I, Urt. v. 17.12.2003 – 15 S 13429/03 (nicht rechtskräftiges Urteil der Vorinstanz), NZM 2004, 457, 458.
[184] BGH, Urt. v. 14.5.2003 – VIII ZR 308/02, NJW 2003, 2234 und BGH, Urt. v. 3.6.1998 – VIII ZR 317/97, NJW 1998, 3114, 3115.
[185] BGH, Versäumnisurt. v. 12.9.2007 – VIII ZR 316/06, NJW 2007, 3776.
[186] BGH, Urt. v. 5.4.2006 – VIII ZR 163/05, NJW 2006, 2116 Rn. 16 ff; zu nachträglich begründeten Endrenovierungspflichten BGH, Urt. v. 14.1.2009 – VIII ZR 71/08, NJW 2009, 1075.
[187] BGH, Urt. v. 18.6.2008 – VIII ZR 224/07, NJW 2008, 2499.
[188] BGH, Urt. v. 23.9.2009 – VIII ZR 344/08, NJW 2009, 3716.
[189] BGH, Urt. v. 28.3.2007 – VIII ZR 199/06, NJW 2007, 1743.

auf **das Mietende** beschränkte Vorgabe „neutraler, heller, deckender Farben", weil sie dem berechtigten Weitervermietungsinteresse des Vermieters entspricht.[190] Dies geht jedoch nicht so weit, dass es die Farbvorgabe „weiß" rechtfertigt.[191] Die Schönheitsreparaturklausel darf den Mieter nicht von kostensparender Eigenleistung abschneiden. Unzulässig ist die Vorgabe, eine **Fachkraft** zu beauftragen, die bereits in der Formulierung bestehen kann, die Schönheitsreparaturen „ausführen zu lassen".[192] Als zulässig beurteilt wurde die Pflicht des Mieters zur „fachmännischen" Ausführung, weil dies als mittlerer Art und Güte im Sinne des § 243 Abs. 1 BGB auszulegen sei.[193] Wegen der strengen Anforderungen des Transparenzgebots des § 307 Abs. 1 Satz 2 BGB, könnte dies heute anders zu beurteilen sein.[194]

dd) Veranlassung durch den Mietgebrauch

165   Formularklauseln dürfen dem Mieter nur die **durch dessen Mietgebrauch verursachten** Schönheitsreparaturen aufbürden. Die Verpflichtung zu Schönheitsreparaturen für eine **unrenoviert** oder **renovierungsbedürftig** übergebene Mietsache ist nach § 307 Abs. 1 Satz 1 BGB unwirksam, weil der Mieter sonst zur Beseitigung von Gebrauchsspuren des Vormieters verpflichtet wäre.[195] Die Unwirksamkeit der Klausel kann der Vermieter vermeiden, indem er dem Mieter bei Vertragsschluss einen **angemessenen Ausgleich** gewährt, dessen Höhe wohl den tatsächlichen Renovierungskosten entsprechen muss.[196]

166   Dagegen ist unbeachtlich, ob der Mieter sich gegenüber dem **Vormieter** zur Renovierung der Mietsache verpflichtet.[197] Der angemessene Ausgleich muss aus dem Vermögen des *Vermieters* an den Mieter fließen. Dazu kann der Vormieter seine Leistung dafür, dass der neue Mieter die Wohnung unrenoviert übernimmt, an den Vermieter erbringen, der diese Leistung als *eigene Ausgleichsleistung* an den neuen Mieter weiterreicht. Dass das Streichen der Fenster und der Außentüren *von außen* vom Schönheitsreparaturbegriff des § 28 Abs. 4 Satz 3 II. BV ausgenommen sind, beruht auf dem Grundgedanken, dass hier der Verschleiß eher auf anderen Einflüssen beruht als auf dem Mietgebrauch.

167   Ein auf **andere Ursachen** als den Mietgebrauch zurückgehender Renovierungsbedarf z.B. durch Hochwasser,[198] Brand[199] oder unterlassene Mängelbeseitigung des Vermieters[200], gehört nicht zu den Schönheitsreparaturen, sondern ist ein klassisches Eigentümerrisiko. Umgekehrt trägt ein Mieter, der in einer untapeziert angemieteten Wohnung eine eigene Tapete anbringt, das Risiko selbst, dass diese aus vom Vermieter nicht zu vertretenden Gründen beschädigt wird (z. B. zufälliger Wasserschaden).

---

[190] BGH, Urt. v. 18.6.2008 – VIII ZR 224/07, NJW 2008, 2499 Rn. 18 und BGH, Urt. v. 22.10.2008 – VIII ZR 283/07, NJW 2009, 62 Rn. 17.
[191] BGH, Beschl. v. 14.12.2010 – VIII ZR 198/10, NJW 2011, 514.
[192] BGH, Urt. v. 9.6.2010 – VIII ZR 294/09, NJW 2010, 2877.
[193] BGH, RE vom 6.7.1988 – VIII ARZ 1/88, NJW 1988, 2790, 2792.
[194] Vgl. BGH, Urt. v. 9.6.2010 – VIII ZR 294/09, NJW 2010, 2877.
[195] BGH, Urt. v. 18.3.2015 – VIII ZR 185/14, NJW 2015, 1594 unter Aufgabe von BGH, RE vom 1.7.1987 – VIII ARZ 9/86, NJW 1987, 2575; in der Kritik steht die Beweislast des Mieters für die Renovierungsbedürftigkeit bei Übergabe, vgl. Kappus NZM 2016, 609, 615 und Elzer/Riecke ZMR 2016, 20; zur Bemessung des angemessenen Ausgleichs Langenberg NZM 2015, 681; zu anderen Vertragsgestaltungen Lehmann-Richter WuM 2016, 529.
[196] Langenberg NZM 2015, 681, 884 zu verschiedenen Berechnungswegen.
[197] BGH, Urt. v. 22.8.2018 – VIII ZR 277/16, NJW 2018, 3302 Rn. 22 f.
[198] Sternel WuM 2002, 585.
[199] BGH, Urt. v. 25.2.1987 – VIII ZR 88/86, NJW-RR 1987, 906, 906.
[200] BGH, Urt. v. 30.6.2004 – XII ZR 251/02, NZM 2004, 776, 777 f.

Um die Schönheitsreparaturpflicht des Vermieters ohne Ausgleichszahlung für den 168
Renovierungszustand der Wohnung auszuschließen, wird teilweise eine **Freizeichnung
des Vermieters** vorgeschlagen, *ohne dem Mieter die Schönheitsreparaturpflicht zu übertragen*. Die Wirksamkeit derartiger Klauseln ist zweifelhaft.[201] Sie könnten das Minderungsrecht des Mieters entgegen § 536 Abs. 4 BGB beeinträchtigen. Ferner könnte eine negative Beschaffenheitsvereinbarung für *künftige* Verschlechterungen der Mietsache gegen das Umgehungsverbot des § 306a BGB verstoßen.[202]

ee) Transparenzgebot

Schließlich müssen aus der Formularklausel die vom Mieter übernommenen Pflichten 169
klar und verständlich hervorgehen, damit diese nicht nach § 307 Abs. 1 Satz 2 BGB
wegen Verstoßes gegen das Transparenzgebot unwirksam ist.

Ob Formularklauseln, die nicht ausdrücklich auf die **durch den Mietgebrauch** ver- 170
anlassten Schönheitsreparaturen beschränkt sind, wegen Verstoßes gegen das *Transparenzgebot* des § 307 Abs. 1 Satz 2 BGB nichtig sind, ist noch nicht höchstrichterlich
geklärt.[203]

Zweifelhaft erscheint auch, ob der Mieter aus der bislang als zulässig beurteilten Vor- 171
gabe der „**fachmännischen**" Ausführung erkennen kann, dass er berechtigt ist die
Schönheitsreparaturen in mittlerer Art und Güte selbst zu erbringen. Eine Formularklausel mit einer Pflicht des Mieters, die Schönheitsreparaturen „**ausführen zu lassen**", ist
wegen Verstoßes gegen das Transparenzgebot unwirksam.[204]

Die Unwirksamkeit intransparenter **Abgeltungsklauseln**, die den Mieter an den Kos- 172
ten der Schönheitsreparaturen beteiligt, die bei Mietende noch nicht fällig sind, schlägt in
der Regel nicht auf die Verpflichtung des Mieters zu laufenden Schönheitsreparaturen
durch, weil die Regelungen trennbar sind (siehe Rn. I 67 ff.).[205]

ff) Fälligkeit

Während der Mietzeit sind die Schönheitsreparaturen grundsätzlich fällig, wenn **objek-** 173
tiv Renovierungsbedarf besteht; dass der Zustand der Mietsache deren Substanz gefährdet, ist nicht erforderlich.[206] **Fristenpläne** mit Renovierungsintervallen von fünf, acht und
zehn Jahren dürften inzwischen als Orientierungshilfe für den bei regulärer Nutzung
auftretenden Renovierungsbedarf maßgeblich sein.[207]

Befindet sich der Mieter im laufenden Mietverhältnis mit der Ausführung der Schön- 174
heitsreparaturen in Verzug, kann der Vermieter von ihm einen **Vorschuss** in Höhe der
erforderlichen Renovierungskosten verlangen.[208]

---

[201] Ausführlich Langenberg in Schmidt-Futterer § 538 BGB Rn. 213b ff.
[202] Hartmann, juris PR-MietR 12/2015, Anm. 1 D.
[203] Dafür Langenberg in Schmidt-Futterer, Mietrecht, § 538 BGB Rn. 150 und 34 ff.; kritisch
Lehmann-Richter NZM 2014, 818, 820.
[204] BGH, Urt. v. 9.6.2010 – VIII ZR 294/09, NJW 2010, 2877.
[205] BGH, Urt. v. 18.6.2008 – VIII ZR 224/07, NJW 2008, 2499 Rn. 14.
[206] BGH, Urt. v. 6.4.2005 – VIII ZR 192/04, NJW 2005, 1862.
[207] BGH, Urt. v. 26.9.2007 – VIII ZR 143/06, NJW 2007, 3632 Rn. 13; Langenberg WuM 2007,
231, 233.
[208] BGH, Urt. v. 30.5.1990 – VIII ZR 207/89, NJW 1990, 2376, 2377; BGH, Urt. v. 6.4.2005 – VIII
ZR 192/04, NJW 2005, 1862, 1863.

gg) Rechtsfolgen der Unwirksamkeit

175 Bei **Unwirksamkeit der Schönheitsreparaturklausel** bleibt der *Vermieter* zur Vornahme der Schönheitsreparaturen verpflichtet nach §§ 306 Abs. 2, 535 Abs. 1 Satz 2 BGB.[209]

176 Unangenehme Folge für den Vermieter ist, dass der Mieter die Erhaltungsmaßnahme nach § 555a Abs. 1 BGB im Wesentlichen nur passiv dulden muss. Übernimmt der Mieter die Vor- und Nachbereitung der Renovierungsarbeiten, schuldet der Vermieter ihm hierfür **Aufwendungsersatz** nach § 555a Abs. 3 BGB.

177 Durch die **farbliche Gestaltung** darf der Vermieter den Mieter nicht schikanieren; er ist nach § 241 Abs. 2 BGB gehalten, auf Wünsche des Mieters einzugehen, soweit diese keine Mehrkosten verursachen oder andere schutzwürdige Vermieterinteressen entgegenstehen.[210]

178 Einen **Mietzuschlag** für die Belastung mit den Schönheitsreparaturen kann der Vermieter nur zur Kostenmiete im *preisgebundenem Wohnraum* verlangen nach §§ 10 Abs. 1 Satz 1 WoBindG, 28 Abs. 4 Satz 2 II. BV.[211] Im Mieterhöhungsverfahren der §§ 558 ff. BGB für *frei finanzierten Wohnraum* ist dies nicht vorgesehen; vielmehr trägt der Vermieter nach § 306 Abs. 2 BGB das Unwirksamkeitsrisiko seiner AGB.[212]

179 Gibt der Mieter **am Ende der Mietzeit** eine zu Mietbeginn in neutraler Dekoration übernommene Wohnung in einem ausgefallenen farblichen Zustand zurück, kommt ein Schadensersatzanspruch des Vermieters gegen den Mieter wegen mangelnder Rücksichtnahme **(Farbexzess)** in Betracht aus §§ 280 Abs. 1, 241 Abs. 2 BGB.[213] Dieser setzt keine wirksame Verpflichtung des Mieters zu Schönheitsreparaturen voraus und ist oft der „letzte Rettungsanker" des Vermieters (siehe Rn. I 71 ff.).

c) Kleinreparaturen

180 Die Kleinreparaturen **umfassen** in Anlehnung an § 28 Abs. 3 Satz 2 II. BV „nur das Beheben kleiner Schäden an den Installationsgegenständen für Elektrizität, Wasser und Gas, den Heiz- und Kocheinrichtungen, den Fenster- und Türverschlüssen sowie den Verschlussvorrichtungen von Fensterläden."

181 Das Verpflichten des Mieters zur **Vornahme von Kleinreparaturen** ist unwirksam, weil es dessen unabdingbares Minderungsrecht entgegen § 536 Abs. 4 BGB beschränkt.[214]

182 Wirksam sind **Kostenbeteiligungsklauseln,** die den Mieter an den Kosten der Kleinreparaturen beteiligen, wenn sie jeweils einen angemessenen Höchstbetrag pro Reparatur und pro Jahr nicht überschreiten,[215] z. B. höchstens 75 € je Einzelreparatur und höchstens 6 % der jährlichen Nettokaltmiete.[216] Ist die Kostengrenze der Einzelreparatur überschritten, liegt bereits begrifflich keine Kleinreparatur vor, so dass keine Kostenbeteiligung des Mieters stattfindet.[217] Dass eine formularvertragliche Umlagevereinbarung für die Kosten der jährlichen *Wartung einer Gastherme* ohne Kostenbegrenzung wirksam ist, steht der Notwendigkeit der Kostendeckelung von Kleinreparaturklauseln nicht ent-

---

[209] BGH, Urt. v. 18.3.2015 – VIII ZR 185/14, NJW 2015, 1594; a. A. LG Berlin, Urt. v. 2.5.2018 – 18 S 392/16, WuM 2018, 557, wenn die Unwirksamkeit der Klausel auf der Übergabe einer unrenovierten Mietsache beruht, akzeptiere der Mieter diesen als vertragsgemäß, sodass ein Mietverhältnis ohne Schönheitsreparaturpflichten entstehe.
[210] LG Berlin, Beschl. v. 23.5.2017 – 67 S 416/16, ZMR 2017, 733.
[211] BGH, Urt. v. 20.9.2017 – VIII ZR 250/16, NZM 2017, 759.
[212] BGH, Urt. v. 9.7.2008 – VIII ZR 181/07, NJW 2008, 2840.
[213] BGH, Urt. v. 6.11.2013 – VIII ZR 416/12, NJW 2014, 143.
[214] BGH, Urt. v. 6.5.1992 – VIII ZR 129/91, NJW 1992, 1759.
[215] BGH, Urt. v. 7.6.1989 – VIII ZR 91/88, NJW 1989, 2247.
[216] Unbeanstandet in BGH, Urt. v. 6.5.1992 – VIII ZR 129/91, NJW 1992, 1759.
[217] Beyer NZM 2011, 697, 701 f.

gegen. Insoweit handelt es sich um ohne Kostendeckel umlagefähige Betriebskosten nach § 556 Abs. 1 Satz 2 BGB, § 2 Nr. 4a und Nr. 4b BetrKV.[218]

(unbesetzt) 183

Derzeit wird die **Unwirksamkeit** von Kostenbeteiligungsklauseln erwogen, wenn der Vermieter die Installationsgegenstände bei Mietbeginn *unrenoviert oder renovierungsbedürftig* übergibt.[219] Eventuell ist dies wegen der Beschränkung auf Bagatellreparaturen hinnehmbar, wodurch Alter und Abnutzungsgrad der Gegenstände nur von untergeordneter Bedeutung sind.[220] Ferner wird diskutiert, ob eine Kostenbeteiligung des Mieters mit § 556 Abs. 4 BGB unvereinbar ist, der eine Kostenbelastung des Mieters mit anderen Kosten als *Betriebskosten* im Sinne des § 2 BetrKV verbietet.[221] 184

2. Geschäftsraum

a) Gesamte Erhaltungslast

Durch **Individualvereinbarung** können die Vertragsparteien bis zur Grenze der Sittenwidrigkeit nach § 138 Abs. 1 BGB vereinbaren, dass der Mieter die gesamte Erhaltung der Mietsache übernimmt. Dies gilt vor allem, wenn die abweichende Pflichtenverteilung in die Mietkalkulation einfließt.[222] Die Schwierigkeit solcher Vertragsgestaltungen liegt dabei einerseits im Nachweis des Aushandelns einer Individualvereinbarung nach § 305 Abs. 1 Satz 2 BGB (siehe Rn. B 141 f.) und andererseits darin, eine wirtschaftliche Überforderung des Mieters durch teure Erhaltungsmaßnahmen zu vermeiden, die sich gerade bei kurzen Mietzeiten nicht rechnen. Ergänzend empfiehlt sich für den Vermieter, den Mieter vor Vertragsschluss umfassend über den ihm bekannten Zustand der Mietsache zu informieren, um Schadensersatzansprüche wegen Verletzung von Aufklärungspflichten zu vermeiden. Eine gangbare Alternative zum Abbedingen der Erhaltungspflicht aus § 535 Abs. 1 BGB entgegen dem gesetzlichen Leitbild des Mietrechts besteht regelmäßig darin, ein **Erbbaurecht** zu bestellen. Dadurch ist eine vollständige Delegation der Erhaltungspflicht für das Bauwerk rechtssicher und ohne Nachweis einer Individualvereinbarung möglich (§ 2 Nr. 1 ErbbauRG). 185

Das vollständige Übertragen der Erhaltungslast der Mietsache durch **Allgemeine Geschäftsbedingungen** ist wegen des damit verbundenen unüberschaubaren Kostenrisikos für den Mieter nach § 307 Abs. 1 Satz 1 BGB unwirksam.[223] 186

Der im Zusammenhang mit dem vollständigen Abbedingen der Erhaltungspflicht gelegentlich gebrauchte Begriff „**Dach und Fach**" ist unscharf.[224] Soweit es sich um eine 187

---

[218] BGH, Urt. v. 7.11.2012 – VIII ZR 119/12, NJW 2013, 597 Rn. 10 ff. unter Aufgabe des nach BGH, Urt. v. 15.5.1991 – VIII ZR 38/90, NJW 1991, 1750 noch erforderlichen Kostendeckels.
[219] Kappus NZM 2016, 609, 620.
[220] Vgl. BGH, Urt. v. 7.6.1989 – VIII ZR 91/88, NJW 1989, 2247 juris Rn. 36.
[221] Otto ZfIR 2004, 145; Lehmann-Richter AnwZertMietR 5/2018 Anm. 2.
[222] BGH, Urt. v. 5.6.2002 – XII ZR 220/99, NJW 2002, 2383, 2384.
[223] BGH, Urt. v. 6.4.2005 – XII ZR 158/01, NZM 2005, 863.
[224] OLG Hamm, Urt. v. 27.4.1988 – 30 U 16/88, ZMR 1988, 260: *„Es handelt sich um eine alte Wendung ..., deren genauer Sinn vor allem wegen des mehrdeutigen Wortes ‚Fach' nicht leicht zu bestimmen ist. Etymologisch scheint das Wort mit ‚Fangen' zusammenzuhängen ..., was für Umfangen, Einfassung, Abgrenzung als ursprüngliche Bedeutung sprechen könnte. Als architektonischer Begriff bezeichnet es neben ‚Wand, Mauer, Abteilung in Häusern' ... auch das Fachwerksgebälk der Wände und sowohl die leeren Räume dazwischen als auch die Füllung. Eine Beschränkung auf Außenmauerwerk lässt sich nicht feststellen. Letztlich kann man unter ‚Dach und Fach' auch ‚Wohnung und Gebäude' verstehen ..., zumindest deren wesentlichen Substanz. Anders als vielleicht zu der Zeit, aus der die Wendung stammt, gehört dazu heute ... auch ein Wasserleitungssystem, umso mehr soweit es, wie hier, unter Putz in der Wand verlegt ist"..*

Formularklausel handelt, gehen Unklarheiten nach § 305 Abs. 2 BGB zu Lasten des Verwenders.

b) Erhaltung im Inneren der Mieträume

188 Das formularvertragliche Übertragen der **durch den Mietgebrauch** veranlassten Erhaltungsmaßnahmen in den zum **ausschließlichen Gebrauch vermieteten Räumen** ist grundsätzlich nicht nach § 307 Abs. 1 Satz 1 BGB unwirksam.[225] Die gemeinschaftlich genutzten Bereiche der Mietsache dürfen nicht Gegenstand der Erhaltungspflicht des Mieters sein; insoweit kommt lediglich eine auf einen *jährlichen Höchstbetrag* begrenzte zumutbare *Kostenbeteiligung* des Mieters in Betracht.[226]

189 Verpflichtet der Vermieter den Mieter formularvertraglich zur Erhaltung im Inneren der zum ausschließlichen Gebrauch überlassenen Geschäftsräume und übergibt er diese mit einem **Erhaltungsrückstand**, ohne dem Mieter hierfür einen Ausgleich zu gewähren, ist nicht auszuschließen, dass dies den Geschäftsraummieter ebenso unangemessen belastet wie eine Schönheitsreparaturpflicht den Mieter renovierungsbedürftigen Wohnraums.[227] Ist diese Rechtsprechung auf Geschäftsraum übertragbar, dürfte es für die Unwirksamkeit der Erhaltungsklausel nach § 307 Abs. 1 Satz 1 BGB darauf ankommen, ob die Gesamtheit der auf den Mieter abgewälzten Erhaltungspflichten bei Mietbeginn als nicht oder schlecht erfüllt zu beurteilen ist. Welche Abnutzungs- und Gebrauchsspuren hierbei als unerheblich außer Betracht bleiben können und wie hierbei z. B. unterlassene Schönheitsreparaturen im Verhältnis zu anderen Erhaltungsmaßnahmen zu gewichten sind, ist noch nicht geklärt.[228] Das Risiko der Gesamtunwirksamkeit der Erhaltungsklausel nach § 307 Abs. 1 Satz 1 und 2 BGB besteht ferner, wenn der Vermieter den Mieter nicht nur zur Reparatur, sondern auch zur **Ersatzbeschaffung** von Einrichtungen verpflichtet, die er ihm bei Mietbeginn gebraucht übergibt.[229]

c) Öffentlich-rechtliche Nutzungsanforderungen

190 Die Pflicht, eine Mietsache zu überlassen, die den öffentlich-rechtlichen Erfordernissen an den vereinbarten Mietzweck entspricht, kann der Vermieter von Geschäftsraum nicht wirksam durch Formularklausel auf den Mieter übertragen, soweit es um **objektbezogene Nutzungshindernisse** wie Beschaffenheit und Lage der Mietsache geht. Solche Klauseln („Zur Wahrung öffentlich-rechtlicher Erfordernisse ist der Mieter auf eigene Kosten verpflichtet") sind nach § 307 Abs. 2 Nr. 1 und 2 BGB unwirksam, weil sie die Hauptleistungspflicht des Vermieters aushöhlen, eine zum vertragsgemäßen Gebrauch geeignete Mietsache zu überlassen.[230] Möglich ist lediglich die Klarstellung, dass der Vermieter nicht für öffentlich-rechtliche Nutzungshindernisse einsteht, die in der **Person des Mieters** oder dessen **betrieblichen Verhältnissen** bestehen (z. B. Versagung der Gaststättenerlaubnis wegen mangelnder Zuverlässigkeit des Mieters).

---

[225] BGH, Urt. v. 26.9.2012 – XII ZR 112/10, NJW 2013, 41 Rn. 17; BGH, Urt. v. 25.2.1987 – VIII ZR 88/86, NJW-RR 1987, 906.

[226] BGH, Urt. v. 6.4.2005 – XII ZR 158/01, NZM 2005, 863, 864.

[227] BGH, Urt. v. 18.3.2015 – VIII ZR 185/14, NJW 2015, 1594; Guhling, Gewerberaummiete: AGB-rechtliche Grenzen der Überwälzung von Instandhaltung und Instandsetzung, *www.mietgerichtstag.de/mietgerichtstage/download-vorträge/mietgerichtstag-2019/*, abgerufen am 25.2.2019, wird veröffentlicht in NZM.

[228] BGH, Urt. v. 18.3.2015 – VIII ZR 185/14, NJW 2015, 1594 Rn. 31 betreffend Wohnraum.

[229] J. Schmidt, NZM 2011, 680, 682.

[230] BGH, Urt. v. 24.10.2007 – XII ZR 24/06, ZMR 2008, 274, BGH, Urt. v. 22.6.1988 – VIII ZR 232/87, NJW 1988, 2664; ergänzend siehe Günter NZM 2016, 569.

d) Schönheitsreparaturen

Nach der Legaldefinition des § 28 Abs. 4 Satz 3 II. BV für preisgebundenen Wohnraum umfassen die **Schönheitsreparaturen** nur das Tapezieren, Anstreichen oder Kalken der Wände und Decken, das Streichen der Fußböden, Heizkörper einschließlich Heizrohre, der Innentüren sowie der Fenster und Außentüren von innen. Für Geschäftsraum greift die Rechtsprechung grundsätzlich auf diese Definition zurück (siehe Rn. C 196 f.). 191

In Mietverträgen über Geschäftsraum kann der Vermieter den Mieter einfacher zur **Vornahme** der Schönheitsreparaturen verpflichten als in Wohnraummietverträgen. Eine Unwirksamkeit wegen Beeinträchtigung des **Minderungsrechts** kommt hier **nicht** in Betracht, weil § 536 Abs. 4 BGB nur für Wohnraum gilt. Das Recht der **Allgemeinen Geschäftsbedingungen** wendet die Rechtsprechung auch bei Verträgen mit Unternehmern als Vertragspartner des Klauselverwenders ähnlich streng an wie bei Verträgen mit Wohnraummietern. Der nach § 310 Abs. 1 Satz 2 Halbsatz 2 BGB modifizierte Prüfungsmaßstab wirkt sich in der Regel nicht aus, weil die massenhafte Verwendung bestimmter Klauseln noch keinen Handelsbrauch im Sinne des § 346 HGB begründet und keine einseitige Inanspruchnahme der Vertragsfreiheit abseits des gesetzlichen Leitbilds rechtfertigt (siehe Rn. B 137). 192

Unabhängig davon besteht in Mietverhältnissen über Geschäftsraum ein geringeres **Streitpotential** als in der Wohnraummiete, weil Geschäftsraummieter die Mietsache häufig zu Beginn der Mietzeit entsprechend ihren betrieblichen Bedürfnissen umgestalten. Innerhalb der hiermit einhergehenden Rückbaupflichten am Ende der Mietzeit spielen die Schönheitsreparaturen wirtschaftlich nur eine untergeordnete Rolle, während zugleich die Zerstörung durch Umbauten des nächsten Mieters droht. 193

Zu **Schönheitsreparaturen am Ende der Mietzeit** siehe Rn. I. 59 ff. 194

Die Wirksamkeit von Formularklauseln beurteilt die Rechtsprechung im Kern nach denselben **fünf Grundlinien** wie in der Wohnraummiete; in einigen Detailfragen bestehen jedoch Unterschiede bzw. Klärungsbedarf.[231] 195

aa) Umfang der Schönheitsreparaturen

Enthält der Mietvertrag keine eigene Definition der Schönheitsreparaturen, ist für deren Umfang die Definition des **§ 28 Abs. 4 Satz 3 II. BV** maßgeblich.[232] Statt des Streichens der Fußböden kann der Mieter nach §§ 133, 157 BGB die **Grundreinigung des Teppichbodens** schulden,[233] jedoch keine Erneuerung des Bodenbelags.[234] 196

Anders als in der Wohnraummiete können die Vertragsparteien den Umfang der Schönheitsreparaturen **erweitern**. Eine formularvertragliche Verpflichtung des Mieters zu Erhaltungsmaßnahmen, die *ausschließlich auf dessen Mietgebrauch* beruhen, benachteiligt ihn nicht unangemessen nach § 307 Abs. 1 Satz 1 BGB (siehe Rn. C 188 f.). Demnach können die Vertragsparteien vereinbaren, dass das *Abschleifen des Parketts* zu den Schönheitsreparaturen gehört.[235] Eine formularvertragliche Pflicht zur *Erneuerung des Teppichbodens* oder des Parketts gefährdet die Wirksamkeit der gesamten Schönheitsreparaturklausel jedenfalls, wenn der Bodenbelag bei Mietbeginn gebraucht war.[236] 197

---

[231] Eingehend Börner Ghassemi-Tabar/Guhling/Weitemeyer, Gewerberaummiete, § 535 BGB Rn. 126 ff, Blank in Blank/Börstinghaus, Miete, § 535 BGB Rn. 506 ff. und Langenberg in Schmidt-Futterer § 538 Rn. 112 ff.
[232] BGH, Urt. v. 8.10.2008 – XII ZR 15/07, NJW 2009, 510 Rn. 19 f.
[233] BGH, Urt. v. 8.10.2008 – XII ZR 15/07, NJW 2009, 510.
[234] J. Schmidt, NZM 2011, 680, 682.
[235] OLG Düsseldorf, Urt. v. 16.2.2016 – 24 U 63/15, ZMR 2016, 440.
[236] J. Schmidt, NZM 2011, 680, 682.

Schließlich wird das Erweitern des Schönheitsreparaturkatalogs um *ungewöhnliche oder unübliche* Positionen bei Formularklauseln am **Überraschungsverbot** des § 305c Abs. 1 BGB scheitern, wenn die zusätzlichen Positionen nicht besonders hervorgehoben oder aus der Überschrift ersichtlich sind.

bb) Keine Intensivierung der Schönheitsreparaturpflicht

198 Die Renovierungspflicht des Vermieters aus § 535 Abs. 1 Satz 2 BGB darf sich durch die Übertragung auf den Mieter **nicht intensivieren**. Die Renovierungspflicht darf erst fällig werden, wenn konkreter Renovierungsbedarf besteht. Klauseln mit **starren Renovierungsfristen,** bei denen die Schönheitsreparaturen allein nach einem Fristenplan fällig werden, sind nach § 307 Abs. 1 Satz 1 BGB unwirksam.[237] Dagegen werden **weiche Renovierungsfristen,** bei denen Formulierungen wie „im Allgemeinen" oder „in der Regel" den Fristenplan aufweichen, als wirksam beurteilt.[238]

199 **Endrenovierungsklauseln,** die den Mieter *zusätzlich* zu den laufenden Schönheitsreparaturen verpflichten, die Geschäftsräume am Ende der Mietzeit frisch renoviert zurückzugeben, führen wegen des damit verbundenen *Summierungseffekts* zur Gesamtunwirksamkeit der Schönheitsreparaturklausel nach § 307 Abs. 1 Satz 1 BGB.[239] *Isolierte* Endrenovierungsklauseln, die den Mieter lediglich zur Rückgabe renovierter Räume am Ende der Mietzeit verpflichten, sind in der Regel unwirksam nach § 307 Abs. 1 Satz 1 BGB. Gerade bei kurzen Mietzeiten oder außerordentlicher Beendigung des Mietverhältnisses benachteiligt den Mieter die Renovierungspflicht unangemessen, weil noch kein Renovierungsbedarf besteht.[240] Eine Pflicht des Mieters zur „Rückgabe in bezugsfertigem Zustand" soll nicht als Endrenovierungsklausel auszulegen sein. Ausreichend sei die Rückgabe in einem Erhaltungszustand, der es dem Vermieter ermöglicht, einem neuen Mieter die Räume in einem bezugsgeeigneten und vertragsgemäßen Zustand zu überlassen.[241]

cc) Gestaltungsspielraum des Mieters

200 Schönheitsreparaturklauseln mit **Gestaltungsvorgaben** sind nach § 307 Abs. 1 Satz 1 BGB insgesamt unwirksam, wenn diese den Mieter unangemessen benachteiligen. Inwieweit die Rechtsprechung zur Wohnraummiete auf Mietverhältnisse über Geschäftsraum übertragbar ist, ist ungewiss. Gegen **Farbvorgaben** erscheint der Mieter von Geschäftsraum nicht weniger schutzwürdig als der Wohnraummieter, wenn er für den vereinbarten Mietzweck auf die Gestaltung der Geschäftsräume angewiesen ist (z. B. für ein Ladengeschäft). Insoweit dürfte wie bei Mietverhältnissen über Wohnraum danach zu unterscheiden sein, ob die Vorgaben *während* der Mietzeit gelten oder auf *das Mietende* bezogen sind[242] (siehe Rn. C 164). Abweichend hiervon kommt in Betracht, dass der Vermieter während der Mietzeit ein berechtigtes Interesse an Vorgaben hat, beispielsweise für die einheitliche Gestaltung in einer Ladenpassage. Die Pflicht, eine **Fachkraft** mit dem Ausführen der Schönheitsreparaturen zu beauftragen, dürfte den Mieter von

---

[237] BGH, Urt. v. 8.10.2008 – XII ZR 84/06, NJW 2008, 3772 Rn. 21 ff.
[238] BGH, Urt. v. 28.4.2004 – VIII ZR 230/03, NJW 2004, 2087 für Wohnraum.
[239] BGH, Urt. v. 6.4.2005 – XII ZR 308/02, NJW 2005, 2006.
[240] BGH, Versäumnisurt. v. 12.9.2007 – VIII ZR 316/06, NJW 2007, 3776 betreffend Wohnraum; für Ausnahmen bei langfristiger Vermietung auf bestimmte Zeit Dose NZM 2009, 381, 384 f.; kritisch Fallak ZMR 2013, 161, 166 f.
[241] BGH, Urt. v. 12.3.2014 – XII ZR 108/13, NJW 2014, 1444; a. A. Kappus NJW 2014, 1446, der für die Unwirksamkeit nach § 307 Abs. 1 Satz 1 und 2 BGB plädiert.
[242] OLG Koblenz, Beschl. v. 29.1.2015 – 3 U 1209/14, NZM 2015, 494 Rn. 17.

Geschäftsraum ebenso unangemessen benachteiligen wie den Wohnraummieter, weil sie einer kostengünstigen Selbstvornahme entgegensteht.[243]

dd) Veranlassung durch den Mietgebrauch

Formularklauseln dürfen dem Mieter nur die **durch den Mietgebrauch veranlassten** Schönheitsreparaturen aufbürden. Sonst benachteiligen sie den Mieter unangemessen, so dass die Klausel nach § 307 Abs. 1 Satz 1 BGB unwirksam ist. Schönheitsreparaturen sind Teil der Erhaltungspflicht des Vermieters, die formularvertraglich auf den Mieter nur übertragbar ist, soweit die Notwendigkeit der Erhaltungsmaßnahmen auf dem Mietgebrauch beruht.[244] 201

Ob Formularklauseln unwirksam sind, die den Mieter ohne Ausgleich zu Schönheitsreparaturen für **unrenoviert** oder **renovierungsbedürftig** übergebenen Geschäftsraum verpflichten, wenn der Vermieter hierfür keinen angemessenen Ausgleich gewährt, ist für Geschäftsraum noch nicht abschließend geklärt. Für Wohnraum hat die Rechtsprechung die Unwirksamkeit solcher Klauseln bejaht.[245] Auf Geschäftsraum dürfte dies übertragbar sein, weil die Interessenlage dieselbe ist wie bei Wohnraum.[246] Vertreten wird sogar, dass dies selbst dann gilt, wenn der Renovierungsbedarf im Anschlussmietverhältnis darauf beruht, dass Mieter die Räume im vorherigen Mietverhältnis selbst abgenutzt hat.[247] 202

Ein auf **andere Schadensursachen** als den Mietgebrauch zurückgehender Renovierungsbedarf gehört wie bei Wohnraum nicht zu den Schönheitsreparaturen (siehe Rn. C 167). 203

Die Wirksamkeit von **Freizeichnungsklauseln,** mit denen der Vermieter seine eigene Renovierungspflicht ausschließt, *ohne den Mieter zum Ausführen von Schönheitsreparaturen zu verpflichten,* ist wegen einer möglichen Umgehung des § 307 Abs. 1 Satz 1 BGB ungewiss (siehe Rn. C 168).[248] 204

ee) Transparenzgebot

Damit eine Formularklausel nicht nach § 307 Abs. 1 Satz 2 BGB wegen Verstoßes gegen das **Transparenzgebot** unwirksam ist, müssen hieraus die vom Mieter übernommenen Pflichten klar und verständlich hervorgehen. Die Vorgabe an den Mieter, die Schönheitsreparaturen „*ausführen zu lassen*", ist unwirksam, wenn die Rechtsprechung für Wohnraum[249] übertragbar ist.[250] Wenn intransparente *Abgeltungsklauseln* für Schönheitsreparaturen unwirksam sind (siehe Rn. I 67 f.), schlägt dies in der Regel nicht auf die Pflicht des Mieters zu laufenden Schönheitsreparaturen durch, weil die Regelungen trennbar sind.[251] 205

---

[243] OLG Düsseldorf, Urt. v. 9.12.2010 – 10 U 66/10, NJW 2011, 1011; Guhling, Gewerberaummiete: AGB-rechtliche Grenzen der Überwälzung von Instandhaltung und Instandsetzung, www.mietgerichtstag.de/mietgerichtstage/download-vorträge/mietgerichtstag-2019/, abgerufen am 25.3.2019, wird veröffentlicht in NZM; a. A. BGH, Urt. v. 10.11.1982 – VIII ZR 252/81, NJW 1983, 446, 447.
[244] BGH, Urt. v. 26.9.2012 – XII ZR 112/10, NJW 2013, 41 Rn. 17; BGH, Urt. v. 25.2.1987 – VIII ZR 88/86, NJW-RR 1987, 906.
[245] BGH, Urt. v. 18.3.2015 – VIII ZR 185/14, NJW 2015, 1594.
[246] LG Lüneburg, Urt. v. 4.8.2015 – 5 O 353/14, NJW 2016, 578; OLG Dresden, Beschl. v. 6.3.2019 – 5 U 1613/18, juris.
[247] OLG Celle, Beschl. v. 13.7.2016 – 2 U 45/16, NJW 2016, 3732.
[248] Ausführlich Langenberg in Schmidt-Futterer § 538 BGB Rn. 213b ff.
[249] BGH, Urt. v. 9.6.2010 – VIII ZR 294/09, NJW 2010, 2877.
[250] OLG Düsseldorf, Urt. v. 9.12.2010 – 10 U 66/10, NJW 2011, 1011, 1012 offengelassen.
[251] BGH, Urt. v. 18.6.2008 – VIII ZR 224/07, NJW 2008, 2499 Rn. 14 betreffend Wohnraum.

ff) Fälligkeit

206 Während der Mietzeit sind die Schönheitsreparaturen **fällig**, wenn *objektiv Renovierungsbedarf* besteht; dass der Zustand der Mietsache deren Substanz gefährdet, ist nicht erforderlich.[252] Die für Wohnraum üblichen *Fristenpläne* mit Renovierungsintervallen von fünf, acht und zehn Jahren dürften nur als Orientierungshilfe brauchbar sein, soweit die Nutzung als Geschäftsraum mit einer Wohnraumnutzung vergleichbar ist. Dagegen werden Flure mit erheblichem Publikumsverkehr und in gewerblich genutzte Küchen schneller renovierungsbedürftig sein als entsprechende Räume einer Wohnung. Befindet sich der Mieter im laufenden Mietverhältnis mit der Ausführung der Schönheitsreparaturen in Verzug, kann der Vermieter von ihm einen **Vorschuss** in Höhe der erforderlichen Renovierungskosten verlangen.[253]

gg) Rechtsfolgen der Unwirksamkeit

207 Ist die Schönheitsreparaturklausel **unwirksam,** bleibt der **Vermieter** nach §§ 306 Abs. 2, 535 Abs. 1 Satz 2 BGB auch insoweit zur Erhaltung der Mietsache **verpflichtet.**

208 Unangenehme Folge für den Vermieter ist, dass der Mieter die Erhaltungsmaßnahme nach §§ 555a Abs. 1, 578 Abs. 2 BGB im Wesentlichen nur passiv dulden muss. Übernimmt der Mieter die Vor- und Nachbereitung der Renovierungsarbeiten, schuldet der Vermieter hierfür **Aufwendungsersatz** nach §§ 555a Abs. 3, 578 Abs. 2 BGB.

209 Eine **Mieterhöhung** wegen der Belastung mit Schönheitsreparaturen kann der Vermieter allenfalls in ordentlich kündbaren Mietverhältnissen durchsetzen. Alternativ kommt in Betracht, dass die Vertragsparteien die unwirksame durch eine **wirksame Schönheitsreparaturklausel** ersetzen. Beides erfordert, dass eine Änderungskündigung möglich ist (siehe Rn. F 90 ff.).

---

[252] BGH, Urt. v. 6.4.2005 – VIII ZR 192/04, NJW 2005, 1862 betreffend Wohnraum.
[253] Vgl. BGH, Urt. v. 30.5.1990 – VIII ZR 207/89, NJW 1990, 2376, 2377; BGH, Urt. v. 6.4.2005 – VIII ZR 192/04, NJW 2005, 1862, 1863.

D. Rechte des Mieters bei Mängeln

Bei Mängeln der übergebenen Mietsache hat der Mieter gegen den Vermieter einen Anspruch auf **Mängelbeseitigung** (§ 535 Abs. 1 Satz 2 BGB). Ferner kommt in Betracht, dass er ein **Zurückbehaltungsrecht** an der Miete ausübt (§ 320 Abs. 1 und 2 BGB), um den Vermieter zur mangelfreien Leistungserbringung anzuhalten. 1

Außerdem stehen dem Mieter **Gewährleistungsrechte** zu. Dies sind die Mietminderung (§ 536 Abs. 1 BGB), Schadensersatz- und Aufwendungsersatzansprüche (§ 536a Abs. 1 und 2 BGB) sowie das Recht zur außerordentlichen Kündigung des Mietverhältnisses (§ 543 Abs. 2 Satz 1 Nr. 1 BGB). 2

Bei sämtlichen Rechten des Mieters ist zu prüfen, ob diese **gesetzlich ausgeschlossen** sind oder die Vertragsparteien diese **wirksam abbedungen** haben. 3

I. Mangelbegriff

Ein Mangel der Mietsache kann in einem Sachmangel, im Fehlen oder Wegfall einer zugesicherten Eigenschaft oder in einem Rechtsmangel bestehen. 4

1. Sachmangel

> **Fall 4: Wohnflächenabweichung**
> V vermietete M eine Wohnung. Die Wohnfläche ist im Mietvertrag mit „ca. 100 m²" angegeben. Die monatliche Miete beträgt 2.000 €, wovon 500 € auf die Betriebskostenvorauszahlung entfallen.
> Die tatsächliche Wohnfläche der vor Mietvertragsschluss von M besichtigten Wohnung beträgt nur 85 m². Einschränkungen für die Nutzung der Wohnung ergeben sich für M nicht.
> **Grundfall:** (1) Welche Soll-Beschaffenheit ist für die Größe der Wohnung vereinbart? Welche Rolle spielt in diesem Zusammenhang die „ca."-Angabe? (2) Begründet die zu geringe Wohnfläche einen Mangel der Mietsache, obwohl sie die Nutzung nicht spürbar beeinträchtigt? (3) Sind die Mängelrechte des Mieters ausgeschlossen, weil er die Wohnung vor Mietvertragsschluss besichtigte? (4) Welche Mängelrechte stehen M zu?
> **Variante:** Welche Rechte hat M, wenn die tatsächliche Wohnfläche 91 m² beträgt und die Flächenabweichung allein das Schlafzimmer betrifft, so dass M darin kein Bett stellen kann.

5–7

Ein **Sachmangel** liegt nach § 536 Abs. 1 Satz 1 BGB vor, wenn der **tatsächliche Zustand** (Ist-Beschaffenheit) der Mietsache von der **vereinbarten Beschaffenheit** (Soll-Beschaffenheit) so abweicht, dass die Abweichung die **Tauglichkeit** für den vertragsgemäßen Gebrauch **aufhebt oder mindert** (subjektiver Mangelbegriff).[1] Ein Verschulden des Vermieters hierfür ist nicht erforderlich. 8

Die **Soll-Beschaffenheit** entspricht dem vom Vermieter nach § 535 Abs. 1 Satz 2 BGB geschuldeten vertragsgemäßen Zustand der Mietsache. Soweit die Vertragsparteien keine **ausdrückliche** Beschaffenheitsvereinbarung treffen, ist der geschuldete Zustand durch 9

---
[1] BGH, Urt. v. 15.12.2010 – XII ZR 132/09 NJW 2011, 514 Rn. 12.

Auslegung nach §§ 133, 157 BGB zu ermitteln der geschuldete Zustand (siehe Rn. C 7 ff.). Dadurch, dass die Vertragsparteien eine dem Mieter **nachteilige Beschaffenheit** der Mietsache vereinbaren oder **keine Beschaffenheitsvereinbarung** für positive Eigenschaften der Mietsache treffen, können die Gewährleistungsrechte des Mieters ausgeschlossen sein (siehe Rn. D 44).

10 **Typische Sachmängel**[2] der Mietsache sind durch Abnutzung, Alterung oder Witterungseinwirkung entstehende bauliche Mängel, eine unzureichende Tragfähigkeit des Bodens für den Mietzweck, Abweichungen der tatsächlichen von der vereinbarten Mietfläche, Störungen des Mieters durch Lärm und andere Immissionen. Ferner kann es einen Sachmangel der Mietsache darstellen, wenn die zuständige *Behörde* gegen die Nutzung der Mietsache durch ein rechtswirksames und unanfechtbares Verbot untersagt oder dass eine lang währende Unsicherheit über die Zulässigkeit der behördlichen Nutzungsuntersagung die begründete Besorgnis bewirkt, das Grundstück nicht zum vertragsgemäßen Gebrauch nutzen zu können.[3]

11 **Bagatellmängel** der Mietsache, die deren Gebrauchstauglichkeit nur unerheblich berühren, begründen nach § 536 Abs. 1 Satz 3 BGB keine Gewährleistungsrechte des Mieters. Unerheblich sind Mängel, die leicht erkennbar und schnell mit geringen Mitteln zu beseitigen sind, so dass die Geltendmachung gegen Treu und Glauben verstieße.[4] Dies soll Streitigkeiten wegen geringfügigen Störungen des Mietgebrauchs vermeiden (z. B. einmalige Lärmbelästigung, Heizungsausfall im Sommer). Unberührt bleibt der Erfüllungsanspruch des Mieters auf Mangelbeseitigung aus § 535 Abs. 1 Satz 2 Alt. 2 BGB (siehe Rn. C 22 ff.)

12 Dass der Mieter zur **Duldung von Erhaltungs- oder Modernisierungsmaßnahmen** des Vermieters verpfichtet ist nach § 555a Abs. 1 bzw. § 555d Abs. 1 BGB, hindert ihn grundsätzlich nicht an der Mietminderung.[5] Dies zeigt die Notwendigkeit der Regelung des § 536 Abs. 1a BGB. Ggf. hat der Mieter aber nachteilige Veränderungen der Mietsache durch eine Modernisierung hinzunehmen, weil diese die Soll-Beschaffenheit der Mietsache ändert (siehe Rn. C 15).

13 Der Mieter genügt seiner Darlegungslast für den Mangel, wenn er die konkrete Mangelerscheinung und die sich hieraus ergebende Gebrauchsbeeinträchtigung bezeichnet (**Mängelsymptome**). Er muss weder die Mangelursache benennen[6] noch eine Minderungsquote angeben.[7] Bei wiederkehrenden Beeinträchtigungen des Mietgebrauchs muss der Mieter **kein detailliertes Störungsprotokoll** vorlegen; es genügt eine Beschreibung, um welche Beeinträchtigungen es geht, zu welchen Tageszeiten, über welche Dauer und mit welcher Frequenz die Störungen in etwa auftreten.[8]

2. Fehlen zugesicherter Eigenschaften

14 Das Fehlen oder der spätere Wegfall einer **zugesicherten Eigenschaft** steht einem Mangel der Mietsache gleich nach § 536 Abs. 2 BGB. Eine Zusicherung erfordert, dass

---

[2] Zu den einzelnen Sachmängeln siehe Eisenschmid in Schmidt-Futterer § 536 BGB Rn. 78 ff.

[3] BGH, Urt. v. 20.11.2013 – XII ZR 77/12, NZM 2014, 165 Rn. 20; BGH, Urt. v. 2.11.2016 – XII ZR 153/15, NJW 2017, 1104 Rn. 16; BGH, Urt. v. 24.10.2007 – XII ZR 24/06, ZMR 2008, 274 Rn. 11; Günter NZM 2016, 569, 574.

[4] BGH, Urt. v. 30.6.2004 – XII ZR 251/02, NZM 2004, 776, 777.

[5] LG Berlin, Urt. v. 7.5.2002 – 63 S 334/01, GE 2002, 1269.

[6] BGH, Urt. v. 27.2.2016 – XII ZR 59/14, NZM 2016, 796 Rn. 5; BGH, Beschl. v. 25.10.2011 – VIII ZR 125/11, NJW 2012, 382 Rn. 16.

[7] BGH, Beschl. v. 10.4.2018 – VIII ZR 223/17, NZM 2018, 442 Rn. 15.

[8] BGH, Urt. v. 29.2.2012 – VIII ZR 155/11, NJW 2012, 1647 Rn. 17; BGH, Beschl. v. 22.8.2017 – VIII ZR 226/16, NZM 2017, 694 Rn. 18.

der Vermieter unbedingt für das Vorhandensein oder Nichtvorhandensein einer Eigenschaft der Mietsache und alle Folgen des Fehlens einstehen will. Von einem solchen Willen ist bei bloßen Angaben im Mietvertrag (z. B. der Wohnungsgröße) nach §§ 133, 157 BGB in der Regel nicht auszugehen. Anders als beim Sachmangel bedarf es zur Auslösung von Mängelrechten **keiner erheblichen Beeinträchtigung** des Mietgebrauchs (§ 536 Abs. 2 BGB).[9]

3. Rechtsmangel

Die Mängelrechte des Mieters bestehen nach § 536 Abs. 3 BGB auch bei **Rechtsmängeln**. Ein solcher ist gegeben, wenn dem Mieter der vertragsgemäße Gebrauch der Mietsache durch das **Recht eines Dritten** ganz oder teilweise entzogen wird. Das sind Fälle, in denen der Mietgebrauch gestört wird durch den Eigentümer, den Dienstbarkeitsberechtigten oder in Fällen der Doppelvermietung durch einen anderen Mieter, dem der Vermieter die Mietsache übergeben hat.

15

II. Mängelbeseitigungsanspruch

Der Vermieter ist kraft seiner **Erhaltungspflicht** aus § 535 Abs. 1 Satz 2 BGB verpflichtet, anfängliche und im Laufe der Mietzeit auftretende **Mängel der Mietsache** zu **beseitigen,** soweit die Vertragsparteien diese Pflicht nicht wirksam auf den Mieter übertragen haben (z. B. Schönheitsreparaturpflicht). Der Anspruch auf Mängelbeseitigung besteht auch bei **Bagatellmängeln** im Sinne des § 536 Abs. 1 Satz 3 BGB, der nur die Gewährleistungsrechte des Mieters ausschließt.[10]

16

Die Einzelheiten sind bei den **Hauptleistungspflichten** des Vermieters dargestellt (siehe Rn. C 22 ff.).

17

III. Zurückbehaltungsrecht an der Miete

Nach § 320 Abs. 1 Satz 1 BGB kann der Mieter bei Mängeln prinzipiell die **Einrede des nicht erfüllten Vertrags** erheben und die Mietzahlung **insoweit** verweigern, als dies nach § 320 Abs. 2 BGB **nicht treuwidrig** ist.

18

Dieses Zurückbehaltungsrecht des Mieters besteht zusätzlich zur Mietminderung, damit der Mieter Druck auf den Vermieter ausüben kann, die Mängel an der Mietsache zu beseitigen.[11] Das Zurückbehaltungsrecht ist jedoch bei **unterlassener Mängelanzeige** nach Treu und Glauben gemäß § 242 BGB ausgeschlossen.[12] Gleiches gilt, wenn der Mieter sich weigert, die Mängelbeseitigung durch den Vermieter zu dulden.[13]

19

In welcher Höhe und **wie lange** der Mieter bei einem Mangel die Miete teilweise zurückbehalten darf, lässt sich derzeit nicht abschätzen. Nachdem streitig war, ob die Mangelbeseitigungskosten maßgeblich sind oder der Zwei- bis Fünffache Minderungsbetrag, hat der BGH entschieden, dass sich *jede schematische Betrachtung verbietet*. Vielmehr habe der Tatrichter im Rahmen seines Beurteilungsermessens auf Grund einer

20

---

[9] OLG Düsseldorf, Urt. v. 9.11.1989 – 10 U 190/88, MDR 1990, 342.
[10] AG Hamburg-Altona, Urt. v. 18.8.2014 – 314a C 55/13, ZMR 2015, 383.
[11] BGH, Urt. v. 7.5.1982 – V ZR 90/81, NJW 1982, 2242.
[12] BGH, Versäumnisurt. v. 3.11.2010 – VIII ZR 330/09, NZM 2011, 197.
[13] BGH, Urt. v. 10.4.2019 – VIII ZR 12/181, juris Rn. 40 f.

Gesamtwürdigung der Umstände des jeweiligen Einzelfalls zu entscheiden, ob die Zurückbehaltung treuwidrig ist.[14]

21 Im Hinblick darauf, dass das unberechtigte Zurückbehalten der Miete für den Mieter das **Risiko einer Kündigung wegen Zahlungsverzugs** begründet und Irrtümer des Mieters über dessen Rechte dem Verzug in der Regel nicht entgegenstehen,[15] sollte der Mieter das Zurückbehaltungsrecht nur mit **größter Vorsicht** ausüben. Vor allem bei längerer Minderungsdauer sollte der Mieter genau darauf achten, dass sich der Zurückbehaltungsbetrag unterhalb der Schwelle bewegt, die eine fristlose Kündigung wegen Zahlungsverzugs rechtfertigen könnte (§§ 543 Abs. 2 Satz 1 Nr. 3a) und b) BGB und § 569 Abs. 3 Nr. 1 BGB).

IV. Gewährleistung

1. Mietminderung

22 Die Minderung der Miete nach § 536 Abs. 1 BGB tritt bei Vorliegen eines erheblichen Mangels **automatisch** ein, ohne dass es eines Verschuldens des Vermieters bedarf. Der Mieter schuldet nach § 536 Abs. 1 Satz 2 BGB nur eine angemessen herabgesetzte Miete. Dies gilt auch, wenn der Mieter die Mietsache während der Dauer des mangelhaften Zustands nicht nutzt.[16]

23 Die Mietminderung ist aus der **Bruttomiete** zu berechnen, das heißt auch aus der Betriebs- oder Nebenkostenvorauszahlung oder –pauschale.[17]

24 Das **Ausmaß** der Mietminderung hängt vor allem davon ab wie stark der Mangel den Mietgebrauch beeinträchtigt. Unerhebliche Störungen des Mietgebrauchs bleiben nach § 536 Abs. 1 Satz 3 BGB außer Betracht. Umgekehrt kann eine Gefahrenlage, bei der jederzeit ein Schaden droht, eine Minderung während der gesamten Gefährdungszeit rechtfertigen.[18] Die Praxis bestimmen Minderungstabellen, die nach Mangelgruppen sortiert sind und Prozentsätze für bestimmte Störungen angeben.[19] Dabei bestehen erhebliche Beurteilungsspielräume.

25 Bezahlt der Mieter die Miete trotz der Mietminderung ungemindert an den Vermieter, kann er den nicht geschuldeten Teil der Miete nach §§ 812 Abs. 1 Satz 1 Alt. 1, 818 Abs. 2 BGB **bereicherungsrechtlich zurückfordern.** Die Rückforderung kann aber nach § 814 BGB ausgeschlossen sein, wenn der Mieter positiv wusste, dass er die geschuldete Leistung nicht (in voller Höhe) schuldete. Bei einem Wohnraummieter dürfte diese Kenntnis seltener vorliegen[20] als bei einem eher geschäftserfahrenen Mieter von Ge-

---

[14] BGH, Versäumnisurt. v. 17.6.2015 – VIII ZR 19/14, NZM 2015, 3087; BGH, Urt. v. 10.4.2019 – VIII ZR 12/18, juris Rn. 42 ff. zu den Folgen Hinz ZMR 2016, 253.
[15] BGH, Urt. v. 25.10.2006 – VIII ZR 102/06, NJW 2007, 428.
[16] BGH, Urt. v. 29.10.1986 – VIII ZR 144/85 NJW 1987, 432, 433; BGH, Urt. v. 11.2.1958 – VIII ZR 12/57, NJW 1958, 785, 785.
[17] BGH, Urt. v. 20.6.2005 – VIII ZR 347/04, NJW 2005, 2773.
[18] OLG Karlsruhe, Beschl. v. 9.10.2017 – 9 U 141/15, ZMR 2018, 415; OLG Rostock, Urt. v. 17.5.2018 – 3 U 78/16, ZMR 2018, 749; BGH, Urt. v. 5.12.2018 – VIII ZR 271/17, juris streift das Problem lediglich.
[19] C. Börstinghaus, Mietminderungstabelle, Tabelle 1.
[20] BGH, Beschl. v. 4.9.2018 – VIII ZR 100/18 Rn. 17 und 21, juris; ähnlich AG Hamburg, Urt. v. 2.3.2016 – 49 C 91/13, IMR 2016, 409 Rn. 45 f. zur fehlenden Kenntnis eines Rechtsanwalts; dagegen gehen BGH, Urt. v. 16.7.2003 – VIII ZR 274/02, NJW 2003, 2601, 2603 und KG, Beschl. v. 21.12.2012 – 8 U 286/11, ZMR 2013, 530 von entsprechender Kenntnis der beteiligten Verkehrskreise aus.

schäftsraum.²¹ Zudem ist zu überlegen, ob die Unkenntnis des vorauszahlungspflichtigen Mieters darüber, ob der Mangel im Mietbemessungszeitraum fortbesteht, die Anwendung des § 814 BGB – zumindest bei behebbaren Mängeln – ausschließt.²² Um Streitigkeiten darüber zu vermeiden, ob der Mieter den gesetzlichen Minderungsautomatismus kannte, sollte er die nach § 536c Abs. 1 und 2 BGB notwendige Mangelanzeige mit dem ausdrücklichen **Vorbehalt** verbinden, die infolge der gesetzlichen Mietminderung zu viel bezahlte Miete zurückzufordern (siehe Rn. C 112). Übt der Mieter ein Optionsrecht auf Verlängerung der Mietzeit aus, ohne sich die Mietminderung vorzubehalten, schließt dies sein Minderungsrecht nicht entsprechend § 536b Satz 1 BGB aus.²³

Vereinbarungen, die das Minderungsrecht zum Nachteil des Mieters von **Wohnraum** regeln, sind nach § 536 Abs. 4 BGB unwirksam. Der Vermieter kann jedoch einen gesetzlichen Ausschluss des Minderungsrechts nach § 536b Satz 1 BGB bewirken, indem er dem Mieter nachweisbar Mangelkenntnis verschafft oder den mangelhaften Zustand der Mietsache ausdrücklich als Soll-Beschaffenheit der Mietsache vereinbart (siehe Rn. D 42 ff.). 26

Der Vermieter von **Geschäftsraum** kann mit dem Mieter auch formularvertraglich wirksam vereinbaren, dass der Mieter die volle Miete bezahlt und ihn auf den **Bereicherungsanspruch** verweisen, soweit die Mietminderung nicht unstreitig, rechtskräftig festgestellt oder entscheidungsreif ist.²⁴ Ob und inwieweit **materielle Beschränkungen** des Minderungsrechts in der Geschäftsraummiete den Mieter wegen Verstoßes gegen das Äquivalenzprinzip den Mieter unangemessen benachteiligen und nach § 307 Abs. 1 Satz 1 BGB unwirksam sind, ist noch nicht geklärt.²⁵ Unbenommen bleibt dem Vermieter jedoch, dem Mieter Kenntnis von Mängeln zu verschaffen oder den Mangel als vertragliche Soll-Beschaffenheit der Mietsache zu vereinbaren. 27

2. Schadensersatz

Erleidet der Mieter infolge eines Mangels der Mietsache einen Schaden, kann der Mieter vom Vermieter nach § 536a Abs. 1 BGB in **drei Fällen** nach §§ 249 ff. BGB Ersatz verlangen. Wenn der Mangel schon bei Vertragsschluss bestand (**verschuldensunabhängige Garantiehaftung für anfängliche Mängel**), wenn der Mangel später wegen eines Umstands entsteht, den der Vermieter zu vertreten hat (**Verschuldenshaftung**) oder wenn der Vermieter mit der Mangelbeseitigung in Verzug ist (**Verzugshaftung**). Dabei hat der Vermieter jeweils auch schuldhafte Pflichtverletzungen von **Erfüllungsgehilfen** nach § 278 Satz 1 BGB zu vertreten, derer er sich zur Erfüllung seiner Pflichten gegenüber dem Mieter bedient (z. B. Handwerker, Hausmeister). 28

Da der Mietvertrag ein Vertrag mit **Schutzwirkung zu Gunsten Dritter** ist, können Dritte, die bestimmungsgemäß mit der Leistung des Vermieters in Berührung kommen und denen der Mieter zu Schutz und Fürsorge verpflichtet ist, in ergänzender Auslegung des Mietvertrags nach § 536a Abs. 1 BGB Schadensersatz verlangen, ohne selbst Vertragspartei zu sein.²⁶ 29

---

²¹ Vgl. KG, Urt. v. 11.9.2014 – 8 U 77/13, NZM 2014, 909, 911 für unwirksamen Minderungsausschluss. Bei vertraglichem Verweis des Mieters auf dessen Bereicherungsanspruch entsprechend BGH, Urt. v. 23.4.2008 – XII ZR 62/06, NJW 2008, 2497 Rn. 13 dürfte § 814 BGB leerlaufen, weil der Mieter mit ungekürzter Mietzahlung lediglich seine Vorleistungspflicht erfüllt, vgl. Lehmann-Richter PiG 2014, 21.
²² LG Berlin, Urt. v. 28.3.2018 – 65 S 245/17, juris.
²³ BGH, Urt. v. 5.11.2014 – XII ZR 15/12, NJW 2015, 402.
²⁴ BGH, Urt. v. 23.4.2008 – XII ZR 62/06, NZM 2008, 609 Rn. 18.
²⁵ Kritisch Streyl NZM 2015, 841.
²⁶ BGH, Urt. v. 21.7.2010 – XII ZR 189/08, NJW 2010, 3152.

30 Der Schadensersatzanspruch aus § 536a Abs. 1 BGB umfasst den gesamten **Nichterfüllungsschaden** des Mieters nach §§ 249 ff. BGB und besteht neben der Mietminderung nach § 536 Abs. 1 BGB.

31 Der **Ausschluss** der **verschuldensunabhängigen Garantiehaftung** des Vermieters für Sachmängel nach § 536a Abs. 1 Alt. 1 BGB ist in Formularmietverträgen üblich und im Hinblick auf die Haftungsrisiken des Vermieters formularvertraglich zulässig.[27] Vermieter sollten jedoch unbedingt darauf achten, dass der Haftungsausschluss **nicht überraschend** im Sinne des § 305c Abs. 1 BGB erfolgt und sich nur auf **Sachmängel** bezieht, weil die Wirksamkeit eines weitergehenden Haftungsausschlusses streitig ist.[28] Die **Verschuldenshaftung** aus § 536a Abs. 1 Alt. 2 BGB kann der Vermieter formularvertraglich nicht wirksam auf Vorsatz und grobe Fahrlässigkeit beschränken, weil eine Freizeichnung für die Folgen der Verletzung seiner **Kardinalpflicht** zur Erhaltung der Mietsache aus § 535 Abs. 1 Satz 2 BGB den Mieter unangemessen benachteiligt (§ 307 Abs. 2 Nr. 2 BGB).[29]

32 Statt des Schadensersatzes aus § 536a Abs. 1 BGB kann der Mieter auch nach **§ 284 BGB** den Ersatz seiner **vergeblichen Aufwendungen** verlangen, die er im Vertrauen auf den Erhalt der Leistung des Vermieters gemacht hat. Dies ist praktisch bedeutsam, wenn der Vermieter die Mietsache nicht überlässt und ein Schadensersatzanspruch an der fehlenden Rentabilität des Mietgeschäfts scheitert (Beispiel: Anmietung einer Stadthalle für nichtwirtschaftliche Zwecke). Zu beachten ist, dass § 284 BGB einen wirksamen Mietvertrag voraussetzt.

3. Aufwendungsersatz

33 Der Mieter darf Mängel der Mietsache **selbst beseitigen** und vom Vermieter den Ersatz der hierfür erforderlichen **Aufwendungen** unter den Voraussetzungen des § 536a Abs. 2 Nr. 1 und 2 BGB verlangen.

34 Das Selbstbeseitigungsrecht des Mieters besteht, wenn der Vermieter mit der Mangelbeseitigung in **Verzug** ist (§§ 536a Abs. 2 Nr. 1, 286 BGB). Hierfür wird regelmäßig erforderlich sein, dass der Mieter dem Vermieter eine angemessene **Frist** zur Mängelbeseitigung gesetzt hat, die **fruchtlos verstrichen** ist (§ 286 Abs. 1 Satz 1 BGB). Eine bloße Mängelanzeige nach § 536c Abs. 1 S. 1 BGB genügt nicht.

35 Ferner ist der Mieter bei so genannten **Notmaßnahmen** zur Selbstbeseitigung von Mängeln berechtigt (§ 536a Abs. 2 Nr. 2 BGB). Diese sind gegeben, wenn die **umgehende Beseitigung** des Mangels zur Erhaltung oder Wiederherstellung des Bestands der Mietsache notwendig ist. Beispiele sind die Reparatur eines Rohrbruchs, einer ausgefallenen Heizung im Winter oder eines undichten Dachs.

36 Nach berechtigter Mängelbeseitigung kann der Mieter vom Vermieter den Ersatz der **erforderlichen Aufwendungen** verlangen (z. B. Erstattung der Kosten eines Handwerkers, den der Mieter als Auftraggeber selbst bezahlen muss).

37 Daneben gewährt die Rechtsprechung dem Mieter einen Anspruch auf einen **Vorschuss** in Höhe der zu erwartenden Mangelbeseitigungskosten, wenn die Voraussetzungen des Selbstbeseitigungsrechts vorliegen.[30]

---

[27] BGH, Urt. v. 3.7.2002 – XII ZR 327/00, NJW 2002, 3232.
[28] Kritisch für Rechtsmängel Leo/Ghassemi-Tabar, NZM 2010, 568, 569.
[29] BGH, Beschl. v. 24.10.2001 – VIII ARZ 1/01, NJW 2002, 673.
[30] BGH, Urt. v. 7.5.1971 – V ZR 94/70, BGHZ 56, 136; BGH, Urt. v. 28.5.2008 – VIII ZR 271/07, NJW 2008, 2432.

Bei **unberechtigter Mangelbeseitigung** hat der Mieter keinen Anspruch auf Kostenerstattung.[31] Abgesehen von echten Notmaßnahmen sollte er dem Vermieter **vor** einer Selbstbeseitigung von Mängeln unbedingt durch Mängelbeseitigungsverlangen mit angemessener Fristsetzung in **Verzug** gesetzt haben.

4. Fristlose Kündigung

Nach § 543 Abs. 1, Abs. 2 S. 1 Nr. 1 BGB kommt in Betracht, dass der Mieter das Mietverhältnis wegen **Nichtgewährung des vertragsgemäßen Gebrauchs** außerordentlich fristlos kündigt, wenn der Vermieter Mängel der Mietsache trotz Abmahnung nicht beseitigt (**Gewährleistungskündigung**, siehe Rn. H 226 ff.).

Handelt es sich bei der Mietsache um **Aufenthaltsräume** und begründet deren mangelhafter Zustand **erhebliche Gesundheitsgefährdungen** für den Mieter, kommt eine außerordentlich fristlose Kündigung nach §§ 543 Abs. 1, 569 Abs. 1 Satz 1 BGB, 578 Abs. 2 Satz 3 BGB in Betracht, siehe Rn. H 282 ff.).

In beiden Fällen schließt die fristlose Kündigung des Mietverhältnisses **andere Gewährleistungsrechte** des Mieters aus §§ 536 und 536a BGB nicht aus. Solange das Mietverhältnis und der Mangel bestehen, kann er die Miete mindern sowie Schadens- und Aufwendungsersatz verlangen.

V. Ausschluss der Rechte des Mieters

Die Rechte des Mieters wegen Mängeln können durch **Gesetz** oder **Vereinbarung** ausgeschlossen sein.

Die **gesetzlichen Ausschlusstatbestände** schließen die Gewährleistungsrechte des Mieters aus §§ 536 ff. BGB wie folgt aus:

- **Kennt** der Mieter den Mangel der Mietsache bei Vertragsschluss, stehen ihm keine Gewährleistungsrechte zu (§ 536b Satz 1 BGB). Ebenso schadet ihm **grob fahrlässige Unkenntnis**, es sei denn der Vermieter hat den Mangel arglistig verschwiegen (§ 536b Satz 2 BGB). **Nimmt** der Mieter die Mietsache in **Kenntnis des Mangels an**, kann er Gewährleistungsrechte nur geltend machen, wenn er sich seine Rechte bei der Annahme vorbehält (§ 536b Satz 3 BGB). Den Vorbehalt kann der Mieter im Übergabeprotokoll erklären. Er erfordert, dass der Mieter den *Mangel konkret bezeichnet* und zusätzlich erklärt, hierfür nicht auf Mängelrechte zu verzichten. Die **nachträgliche Mangelkenntnis** und das vorbehaltlose Bezahlen der Miete schließen Gewährleistungsrechte nicht entsprechend § 536b Abs. 1 BGB aus.[32] In Betracht kommt aber ein Ausschluss der Rückforderung der zu viel bezahlten Miete nach § 814 BGB, wenn der Mieter bei der Mietzahlung weiß, dass er diese infolge des gesetzlichen Minderungsautomatismus nicht in voller Höhe schuldet (siehe Rn. D 25).

- **Unterlässt** der Mieter die **Anzeige eines Mangels** der Mietsache und kann der Vermieter infolge der unterlassenen Mängelanzeige keine Abhilfe schaffen, sind die Gewährleistungsrechte des Mieters nach § 536c Abs. 2 Satz 2 BGB ausgeschlossen. Dies gilt nicht, soweit die Mängelanzeige nach Treu und Glauben gemäß § 242 BGB entbehrlich ist, beispielsweise weil der Vermieter den Mangel bereits kennt.[33]

---

[31] BGH, Urt. v. 16.1.2008 – VIII ZR 222/06, NJW 2008, 1216.
[32] BGH, Urt. v. 16.7.2003 – VIII ZR 274/02, NJW 2003, 2601, 2603.
[33] BGH, Beschl. v. 18.3.2014 – VIII ZR 317/13, WuM 2014, 278.

- Gebrauchsbeeinträchtigungen auf Grund einer **energetischen Modernisierung** bleiben bei der Mietminderung bis zu drei Monate außer Betracht (§ 536 Abs. 1a BGB, siehe D 161).
- Hat der Mieter den **Mangel der Mietsache selbst zu vertreten** (z. B. bei schuldhafter Beschädigung der Mietsache), sind Gewährleistungsrechte des Mieters entsprechend dem Rechtsgedanken des § 326 Abs. 2 Satz 1 BGB ausgeschlossen, vor allem die Mietminderung.[34]
- Schließlich kann sich der Vermieter der Mängelbeseitigung und der Gewährleistung dadurch entziehen, dass er das Mietverhältnis **ordentlich kündigt**. Bei Mietverhältnissen über *Geschäftsraum* ist dies grundsätzlich nicht treuwidrig nach § 242 BGB.[35] Die Gewährleistungsrechte aus §§ 536 ff. und § 543 Abs. 2 Satz 1 Nr. 1 BGB bezwecken nicht, dem Mieter den vertragsgemäßen Gebrauch dauerhaft und unabhängig von Beendigungsmöglichkeiten zu sichern.[36] Bei Mietverhältnissen über *Wohnraum* kann ein solches Vorgehen ein Indiz gegen das Vorliegen eines berechtigten Interesses des Vermieters an der ordentlichen Kündigung nach § 573 BGB sein (z. B. vorgetäuschter Eigenbedarf)[37]. Unverhältnismäßige Mängelbeseitigungskosten können unter Umständen eine Verwertungskündigung des Vermieters nach § 573 Abs. 2 Nr. 3 BGB rechtfertigen.

44 Schließlich können durch **Vereinbarung** sowohl der *Erfüllungsanspruch* des Mieters auf Mängelbeseitigung (§ 535 Abs. 1 Satz 2 BGB) als auch seine *Gewährleistungsrechte* (§§ 536 ff. und § 543 Abs. 2 Satz 1 Nr. 1 BGB) ausgeschlossen sein. Dies kann sich daraus ergeben, dass

- die Vertragsparteien einen dem Mieter **nachteiligen Zustand** ausdrücklich oder konkludent als Soll-Beschaffenheit der Mietsache vereinbaren (z. B. über das Vorhandensein von Immissionen, siehe Rn. C 13 f.)
- **keine Beschaffenheitsvereinbarung** hinsichtlich des vom Mieter erwarteten Zustands der Mietsache existiert (z. B. über deren Immissionsfreiheit, siehe Rn. C 13 f.) oder
- der Mieter **selbst zur Mängelbeseitigung verpflichtet** ist (z. B. der Mieter von Wohnraum durch eine wirksame Schönheitsreparaturklausel[38] oder der Mieter von Geschäftsraum durch eine wirksame Erhaltungsklausel).

---

[34] BGH, Urt. v. 15.12.2010 – VIII ZR 113/10, NZM 2011, 198 Rn. 18 f. betreffend Stromsperre mit Ausbau des Stromzählers durch das Energieversorgungsunternehmen; OLG Düsseldorf, Urt. v. 6.11.2008 – 24 U 149/07, ZMR 2011, 629, 631 f. für Rattenbefall der Mietsache infolge Mieterumbaus; BGH, Urt. v. 19.11.2014 – VIII ZR 191/13 NJW 2015, 699 Rn. 49 für vom Mieter schuldhaft verursachten Brandschaden, wobei sich aus der Umlage der Brandversicherungskosten auf den Mieter Modifikationen ergeben können.
[35] OLG Düsseldorf, Beschl. v. 16.8.2010 – 10 W 114/10, ZMR 2011, 381.
[36] BGH, Urt. v. 2.11.2016 – XII ZR 153/15, NJW 2017, 1104 Rn. 26.
[37] Blank in Schmidt-Futterer, § 573 BGB Rn. 62.
[38] BGH, Urt. v. 30.11.1977 – VIII ZR 186/76, WM 1978, 227, 228.

E. Betriebs- und Nebenkosten

Der Mieter ist gemäß § 535 Abs. 2 BGB zur Zahlung der **Miete** verpflichtet. Nach dem gesetzlichen Grundmodell des § 535 Abs. 1 Satz 3 BGB sind damit sämtliche Lasten der Mietsache abgegolten. 1

Weit verbreitet sind Umlagevereinbarungen, nach denen der Mieter zusätzlich zur **Grundmiete** die **Betriebs-** oder **Nebenkosten** der Mietsache bezahlt, soweit der Mieter Leistungen wie elektrische Energie nicht direkt vom Versorgungsunternehmen bezieht (Direktliefervertrag). Die Umlage auf den Mieter kann entweder durch Pauschalen oder durch Vorauszahlungen erfolgen. Über Vorauszahlungen des Mieters muss der Vermieter am Ende des jeweiligen Abrechnungszeitraums fristgebunden abrechnen (vgl. § 556 Abs. 2 BGB für Wohnraum). Dabei legt er die tatsächlich entstandenen Kosten nach den gesetzlichen Umlagemaßstäben auf die einzelnen Nutzer der Mietsache um und stellt diese den Vorauszahlungen des Mieters gegenüber. Für den Differenzbetrag entsteht eine Ausgleichspflicht (Nachforderung bzw. Rückzahlung). Der Mieter ist berechtigt, die Richtigkeit der Abrechnung der Betriebs- oder Nebenkosten unter Einsicht in die Kostenbelege des Vermieters zu prüfen und Einwendungen gegen die Abrechnung zu erheben. 2

I. Grundbegriffe

Ob es sich bei Kosten um **Betriebs- bzw. Nebenkosten** handelt oder um **sonstige Kosten** ist bedeutsam, weil häufig die Umlagefähigkeit der Kosten auf den Mieter hiervon abhängt. 3

1. Betriebskosten

Der Begriff der **Betriebskosten** wird regelmäßig in Anlehnung an die Legaldefinition der Betriebskostenverordnung (BetrKV) ausgelegt, die der Gesetzgeber für **preisgebundenen Wohnraum** aufgestellt hat. 4

Nach § 1 Satz 1 BetrKV sind Betriebskosten der Mietsache die Kosten, die 5
- durch das Eigentum am Grundstück oder bestimmungsgemäßen Gebrauch
- **laufend** entstehen (§ 1 Abs. 1 BetrKV), und bei denen es sich
- weder um **Verwaltungskosten** (§ 1 Abs. 2 Nr. 1 BetrKV)
- noch um **Instandhaltungs- oder setzungskosten** (§ 1 Abs. 2 Nr. 2 BetrKV) handelt.

Den Ansatz **eigener Sach- und Arbeitsleistungen des Vermieters** mit den realistischen Kosten für die gleichwertige Leistung eines Dritten ermöglicht § **1 Abs. 1 Satz 2 BetrKV**. So kann der Vermieter für selbst ausgeführte Gartenpflege und Hausmeisterarbeiten die Kosten des günstigsten Angebots mehrerer Unternehmer ansetzen, jeweils ohne Ansatz der Umsatzsteuer.[1] 6

Keine Betriebskosten sind **die Verwaltungskosten** sowie die Kosten der **Instandsetzung und Instandhaltung**, die in § 2 Abs. 2 Nr. 1 und 2 BetrKV legal definiert sind. 7

Nach dem **Betriebskostenkatalog** des § 2 BetrKV sind folgende Kosten des Vermieters Betriebskosten (vollständiger Gesetzestext siehe Anhang K): 8

---

[1] BGH, Urt. v. 14.11.2012 – VIII ZR 41/12, NJW 2013, 456; zur Umlagefähigkeit von Selbstbehalten bei Versicherungen vgl. zur Nieden, NZM 2013, 369 und Zehelein, NZM 2016, 849.

1. die laufenden öffentlichen Lasten
2. die Kosten der Wasserversorgung
3. die Kosten der Entwässerung
4. die Kosten des Betriebs der zentralen Heizungsanlage
5. die Kosten des Betriebs der zentralen Warmwasserversorgungsanlage
6. die Kosten verbundener Heizungs- und Warmwasserversorgungsanlagen
7. die Kosten des Betriebs des Personen- oder Lastenaufzugs
8. die Kosten der Straßenreinigung und Müllbeseitigung
9. die Kosten der Gebäudereinigung und Ungezieferbekämpfung
10. die Kosten der Gartenpflege
11. die Kosten der Beleuchtung
12. die Kosten der Schornsteinreinigung
13. die Kosten der Sach- und Haftpflichtversicherung
14. die Kosten für den Hauswart
15. die Kosten des Betriebs der Gemeinschaftsantenne bzw. des Breitbandkabels
16. die Kosten des Betriebs der Einrichtungen für die Wäschepflege

9 Ältere Mietverträge verweisen auf die früher im preisgebundenen Wohnraum maßgebliche Aufstellung der Betriebskosten der **Anlage 3 zu § 27 Abs. 1 II. BV,** die weitgehend mit dem Katalog des § 2 BetrKV übereinstimmt.

10 Zahlreiche **Abgrenzungsfragen**[2] sind durch Rückgriff auf die Definition in § 1 Abs. 1 BetrKV lösbar. So sind die Kosten der Pflege gemeinschaftlicher Gartenflächen keine Betriebskosten im Sinne des § 2 Nr. 10 BetrKV, wenn sie nicht durch bestimmungsgemäßen **Gebrauch der Mieter** veranlasst sind, sondern durch eine öffentliche Benutzung der Allgemeinheit gemäß bauplanerischer Widmung.[3] Die Kosten der Öltankreinigung sind nur insoweit Betriebskosten im Sinne des § 2 Nr. 4a) BetrKV, als es sich um die **laufende** vorbeugende Reinigung nach einigen Jahren handelt,[4] nicht dagegen wenn es diese der Behebung einer konkreten Störung der Heizungsanlage handelt. Von den Betriebskosten für den Hauswart im Sinne des § 2 Nr. 14 BetrKV für Sicherheits- und Ordnungstätigkeiten sowie vorbeugende Wartungsmaßnahmen, sind sonstigen Kosten für diejenigen Arbeiten auszuscheiden, die für **Instandhaltung- und -setzung** sowie **für Verwaltungstätigkeiten** wie das Zustellen von Schreiben der Hausverwaltung anfallen (siehe Rn. E 49).[5]

11 Die Kosten für die **Wartung** des Mietobjekts sind grundsätzlich nur Betriebskosten, *soweit* sie aus vorbeugenden Maßnahmen entstehen, welche der Überprüfung der Funktionsfähigkeit[6] oder Betriebssicherheit einer technischen Anlage[7] dienen. Sie sind abzugrenzen von den nicht auf den Mieter umlagefähigen Kosten, die durch *Instandhaltungs- oder Instandsetzungsmaßnahmen* (z. B. Reparatur eines defekten Garagentors) oder *einmaligen Maßnahmen* veranlasst sind (z. B. Prüfung der Stromleitungen nach einer Störung, siehe Rn. E 49). Für bestimmte Betriebskostenarten sind die Wartungskosten ausdrücklich aufgeführt bzw. näher umschrieben in § 2 Nr. 4a), Nr. 4d), Nr. 5c), Nr. 7, Nr. 15 und Nr. 16 BetrKV.

---

[2] Für Detailfragen ist Fachliteratur unerlässlich, z. B. die Kommentierung von Langenberg in Schmidt-Futterer, § 556 Rn. 71 ff. und 102 ff. oder Monografien wie M. J. Schmid, Handbuch der Miet- und Nebenkosten Rn. 5000 ff., Wall, Betriebskosten-Kommentar Rn. 3050 ff. oder Langenberg/Zehelein, Betriebskosten- und Heizkostenrecht, Kapitel A Rn. 38 ff.
[3] BGH, Urt. v. 10.2.2016 – VIII ZR 33/15, NJW 2016, 1439; LG München I, Urt. v. 17.4.2019 – 14 S 15269/18, juris betreffend Bewachungskosten.
[4] BGH, Urt. v. 11.11.2009 – VIII ZR 221/08, NJW 2010, 226.
[5] BGH, Versäumnisurt. v. 20.2.2008 – VIII ZR 27/07, NJW 2008, 1801.
[6] BGH, Urt. v. 7.4.2004 – VIII ZR 167/03, NZM 2004, 417, 417.
[7] BGH, Urt. v. 14.2.2007 – VIII ZR 123/06, NZM 2007, 282 Rn. 11 ff.

Für **sonstige Betriebskosten** existieren die Generalklausel des § 2 Nr. 17 BetrKV. Diese entbindet nicht von den Voraussetzungen des § 1 BetrKV, so dass für Erweiterungen des Katalogs nur mit den § 2 Nr. 1 bis 16 BetrKV vergleichbare Kosten in Betracht kommen. So sind Kosten der Dachrinnenreinigung nur insoweit Betriebskosten, als es sich um die **laufende** vorbeugende Reinigung handelt,[8] nicht dagegen, soweit es um das Beheben konkreter Störungen geht. 12

2. Nebenkosten

Für den Begriff der **Nebenkosten** gibt es **keine gesetzliche Definition**. Ohne vertragliche Definition ist der Sinngehalt des Begriffs durch Auslegung zu ermitteln. 13

Geht es um **Wohnraum**, sind in der Regel nur die Betriebskosten im Sinne der §§ 1 und 2 BetrKV gemeint. 14

Geht es um **andere Mietsachen** wie z. B. Geschäftsraum, sind als vom Mieter zu tragende Nebenkosten häufig weitere **Bewirtschaftungskosten** des Mietobjekts vereinbart. Zu den Bewirtschaftungskosten gehören neben den Betriebskosten Abschreibung, Verwaltungskosten, Instandhaltungskosten und Mietausfallwagnis (vgl. § 24 Abs. 1 II. BV für preisgebundenen Wohnraum). 15

3. Heizkosten

Der Begriff der **Heizkosten** entstammt der mit dem Ziel der Energieeinsparung erlassenen Verordnung über die **verbrauchsabhängige Abrechnung der Heiz- und Warmwasserkosten (HeizkostenV)**. Diese gilt sowohl für Wohn- als auch für Geschäftsraum mit Ausnahmen in § 11 HeizkostenV. Die Vorschriften der HeizkostenV haben **Vorrang** vor rechtsgeschäftlichen Vereinbarungen außer bei Gebäuden mit nicht mehr als zwei Wohnungen, von denen eine der Vermieter bewohnt (§ 2 HeizkostenV). 16

Die HeizkostenV ist eine **reine Kostenverteilungsregelung** vergleichbar mit § 556a Abs. 1 BGB. Sie betrifft die Betriebskosten **zentraler Heizungsanlagen** und **zentraler Wasserversorgungsanlagen** sowie der eigenständigen gewerblichen **Lieferung von Wärme und Warmwasser** (sog. Contracting § 1 Abs. 1 Nr. 1 und Nr. 2 HeizkostenV). Präzisierungen finden sich in § 7 Abs. 2 bis 4 und § 8 Abs. 2 bis 4 HeizkostenV. 17

In vertraglichen **Umlagevereinbarungen für Heizkosten** sollten die Vertragsparteien nicht auf die Heizkostenverordnung verweisen, sondern auf die **Betriebskostenverordnung**. In deren § 2 Nr. 4 bis 6 und Nr. 12 BetrKV sind sowohl die „Heizkosten" für **zentrale Versorgungsanlagen** im Sinne des § 1 Abs. 1 HeizkostenV erfasst als auch die in der HeizkostenV nicht behandelte Betriebskosten **dezentraler Versorgungseinrichtungen** (Gaseinzelöfen nach § 2 Nr. 4d) BetrKV und Warmwassergeräte nach § 2 Nr. 5c) BetrKV). Zudem ist der Begriff „Heizkosten" dem Wortlaut nach zu eng, da er die Kosten der Warmwasserbereitung an sich nicht erfasst. 18

II. Umlagevereinbarung und Umlagemaßstab

Die Umlage der Betriebs- und Nebenkosten auf den Mieter bedarf einer Vereinbarung der Vertragsparteien. 19

---
[8] BGH, Urteil 7.4.2004 – VIII ZR 146/03, NJW-RR 2004, 877.

1. Wohnraum

20 Für Wohnraum ergibt sich die Umlagemöglichkeit aus § 556 Abs. 1 und 2 BGB, die bestimmen, dass nur Betriebskosten im Sinne der **BetrKV** umlagefähig sind. Vereinbarungen über darüber hinaus gehende Kosten sind nach § 556 Abs. 4 BGB unwirksam.[9]

21 Die Umlage von Kosten aus dem **Betriebskostenkatalog des § 2 Nr. 1 bis 16 BetrKV** können die Vertragsparteien vereinbaren, indem sie auf § 2 BetrKV Bezug nehmen. Das **Beifügen des Verordnungstexts** als Anlage zum Mietvertrag ist dabei nicht zwingend erforderlich.[10] Vielmehr soll die schlichte Vereinbarung genügen, dass der Mieter „die Betriebskosten" trägt.[11] Trotzdem ist das eine solche Anlage empfehlenswert, weil sie den Vertragsparteien den Vollzug der Umlagevereinbarung erfahrungsgemäß erleichtert.

22 Die Umlage **sonstiger Betriebskosten** im Sinne des § 2 Nr. 17 BetrKV können die Vertragsparteien vereinbaren, soweit es sich um Betriebskosten im Sinne des § 1 Abs. 1 BetrKV handelt. Damit der Mieter weiß, welche sonstigen Betriebskosten auf ihn zukommen, müssen diese in der Umlagevereinbarung im Einzelnen **bestimmt bezeichnet** sein.[12] Formulierungsbeispiel: „Der Vermieter legt folgende sonstigen Betriebskosten im Sinne des § 2 Nr. 17 BetrKV auf den Mieter um: Die Kosten der laufenden Dachrinnenreinigung."

23 Bei **preisgebundenem Wohnraum** erfordert § 20 Abs. 1 Satz 3 NMV, dass der Vermieter dem Mieter bei Überlassung die Betriebskosten nach **Art und Höhe** der Wohnung **bekannt** gibt. Dafür genügt, dass sich aus dem Mietvertrag die Art der umzulegenden Betriebskosten ergibt und ein Vorauszahlungsbetrag für die Gesamtkosten ausgewiesen ist. Ein Aufschlüsseln des Betrags nach den einzelnen Betriebskosten ist nicht erforderlich.[13]

2. Andere Mietsachen

24 Bei anderen Mietsachen als Wohnraum ist die Umlagefähigkeit von Nebenkosten nicht besonders gesetzlich geregelt, aber privatautonom möglich. Soweit der Vermieter auf eine Umlagevereinbarung verzichtet, trägt er die Lasten der Mietsache nach § 535 Abs. 1 Satz 3 BGB.

25 Die Wirksamkeit von Vereinbarungen über die Umlage von Nebenkosten ist nicht an einem definierten Betriebskostenkatalog zu messen, weil § 556 BGB nicht gilt. Die vom Mieter zu tragenden Nebenkosten müssen jedoch **inhaltlich bestimmt bezeichnet** sein.[14] Anders als in der Wohnraummiete soll die Vereinbarung, dass der Mieter „sämtliche Betriebskosten" trägt, mangels Bestimmtheit unwirksam sein, weil es für Geschäftsraum keinen gesetzlichen Nebenkostenkatalog gibt.[15]

26 Bei Formularklauseln sind Anforderungen des Rechts der Allgemeinen Geschäftsbedingungen zu beachten, vor allem das Überraschungsverbot (§ 305c Abs. 1 BGB), die Unklarheitenregel (§ 305c Abs. 2 BGB), die Nichtigkeit intransparenter (§ 307 Abs. 1 Satz 2 BGB) oder den Mieter unangemessen benachteiligender Klauseln (§ 307 Abs. 1 Satz 1, Abs. 2 Nr. 1 und 2 BGB). Unter diesen Gesichtspunkten wird Umlage von

---

[9] BGH, Urt. v. 19.12.2018 – VIII ZR 254/17, juris Rn. 14 ff. betreffend Verwaltungskosten.
[10] BGH, Urt. v. 27.6.2007 – VIII ZR 202/06, NJW 2007, 3060 Rn. 19.
[11] BGH, Urt. v. 10.2.2016 – VIII ZR 137/15, NJW 2016, 1308 Rn. 13 ff.
[12] BGH, Urt. v. 7.4.2004 – VIII ZR 167/03, NZM 2004, 417.
[13] BGH, Urt. v. 13.1.2010 – VIII ZR 137/09, NJW 2010, 1198.
[14] BGH, Urt. v. 2.5.2012 – XII ZR 88/10, NZM 2012, 608 Rn. 14.
[15] OLG Celle, Urt. v. 9.11.2018 – 2 U 81/18, imr-online (nicht rechtskräftig); a. A. für Wohnraum BGH, Urt. v. 10.2.2016 – VIII ZR 137/15, NJW 2016, 1308 Rn. 13 ff.

Verwaltungskosten in einem Geschäftsraummietvertrag derzeit ohne Bezifferung oder Beschränkung auf einen Höchstbetrag als wirksam beurteilt.[16]

Bei der **Vertragsgestaltung** ist zu empfehlen, zunächst auf den für Wohnraum aufgestellten Betriebskostenkatalog des § 2 BetrKV zu verweisen und ihn um ausdrücklich definierte Kostenpositionen zu erweitern, die tatsächlich anfallen. Formulierungsbeispiel: *„Neben der Miete trägt der Mieter die Nebenkosten. Diese umfassen alle Betriebskosten im Sinne des § 2 der Betriebskostenverordnung (Anlage)* **sowie** *folgende Kosten: die Kosten der laufenden Dachrinnenreinigung, die Kosten der Bewachung des Mietobjekts, die Kosten der laufenden Fassadenreinigung."* 27

Für Kosten, die keine Betriebskosten im Sinne der BetrKV sind, sollten die Vertragsparteien vorsorglich angemessene **Höchstbeträge** vereinbaren. 28

3. Mietstrukturen

Beim Vereinbaren der Miete regeln die Vertragsparteien, **inwieweit** Betriebs- oder Nebenkosten auf den Mieter umlagefähig oder nach § 535 Abs. 1 S. 3 BGB mit der Grundmiete abgegolten sind. 29

Abhängig vom Umfang der vom Mieter zu tragenden Betriebskosten sind vor allem folgende **Mietstrukturen** für unterscheidbar: 30

Übersicht: Mietstrukturen

	Nettokalt-Miete	Bruttokalt-Miete	Bruttowarm-Miete	Kostenmiete
Grundmiete	• Nutzung Mietsache	• Nutzung Mietsache • kalte Betriebskosten	• Nutzung Mietsache • warme Betriebskosten • kalte Betriebskosten	• kalkulierte Kostenmiete • Mietausfallwagnis
Vorauszahlung	• warme Betriebskosten • kalte Betriebskosten	• warme Betriebskosten	– entfällt –	• warme Betriebskosten • kalte Betriebskosten
Bemerkung	• wirtschaftlich vorteilhaft für Vermieter • steigende Betriebskosten trägt der Mieter	• wirtschaftlich nachteilig für Vermieter • minimiert Abrechnungsaufwand für Betriebskosten	• wirtschaftlich nachteilig für Vermieter • **widerspricht** § 2 HeizkostenV	• zwingend infolge Inanspruchnahme von Fördermitteln

---

[16] BGH, Urt. v. 9.12.2009 – XII ZR 109/08, NJW 2010, 671 Rn. 17.

31 Denkbar ist auch die Umlage nur bestimmter im Einzelnen bezeichneter Betriebskosten auf den Mieter, so dass ein Teil der Betriebskosten mit der Grundmiete abgegolten ist (**Teilinklusiv-Miete**).

32 Einer **Bruttowarmmiete** können die Vorschriften der **HeizkostenV** entgegenstehen, nach denen die Kosten der zentralen Wärme- und Warmwasserversorgung teilweise verbrauchsabhängig abzurechnen sind. Die Heizkostenverordnung hat **Vorrang** vor rechtsgeschäftlichen Bestimmungen nach § 2 HeizkostenV, so dass der Vermieter die vereinbarte Bruttowarmmiete rechtlich nicht durchsetzen kann. Ferner kommt ein Kürzungsrecht des Mieters aus § 12 Abs. 1 HeizkostenV in Betracht. Fordert der Mieter die Kostenverteilung nach der HeizkostenV ein, muss der Vermieter die Grundmiete um die bislang in der Miete enthaltenen Kosten der Wärme- und der Warmwasserversorgung nach § 6 Abs. 4 HeizkostenV ermäßigen und diese Kosten in Zukunft verbrauchsabhängig abrechnen. Wie das Herausrechnen im Einzelnen zu erfolgen hat, ist umstritten; eine Mehrbelastung des Mieters ist jedoch ausgeschlossen.

33 Beim **Gestalten von Mietverträgen** ist den Vertragsparteien dringend zu empfehlen, den Vorrang der Heizkostenverordnung zu beachten und im Übrigen eindeutig festzulegen, welche Kosten der Mieter als Betriebs- oder Nebenkosten trägt und wie diese umgelegt und abgerechnet werden.

34 Bei der **Umsatzmiete** besteht die Grundmiete aus einer Mindestmiete zuzüglich eines umsatzabhängigen Mietbestandteils (siehe Rn. C 129 ff.).

4. Pauschalen und Vorauszahlungen

35 Die Umlage der **Betriebskosten** in Mietverhältnissen über Wohnraum können die Vertragsparteien als Pauschale oder als Vorauszahlung vereinbaren (§ 556 Abs. 2 Satz 1 BGB). Der Mieter schuldet dann einen mit der Grundmiete fälligen, bestimmten Betrag für die Betriebskosten.[17]

36 Mit einer **Betriebskostenpauschale** sind die Betriebskosten abgegolten, ohne dass eine Abrechnung über die tatsächlichen Kosten stattfindet.

37 Demgegenüber muss der Vermieter bei **Betriebskostenvorauszahlungen** jährlich nach dem tatsächlichen Kostenanfall über die geleisteten Vorauszahlungen und die tatsächlichen Kosten abrechnen, woraus sich regelmäßig ein Ausgleichsbetrag (Saldo) zu Lasten oder zu Gunsten des Mieters ergibt (§ 556 Abs. 3 BGB). Das *Vereinbaren erheblich zu niedriger Vorauszahlungen* ist unschädlich, wenn sich der Vermieter nicht über deren Angemessenheit erklärt hat.[18]

38 **Steigen die Betriebskosten**, trägt der Vermieter bei einer Betriebskostenpauschale die Kostensteigerung; sind dagegen Betriebskostenvorauszahlungen vereinbart, trifft den Mieter am Ende der Abrechnungsperiode eine höhere Nachforderung für die nicht durch seine Vorauszahlungen gedeckten Kosten.

39 **Erhöhen** kann der Vermieter *Betriebskostenpauschalen* nach Maßgabe des § 560 Abs. 1 BGB, soweit dies im Mietvertrag vereinbart ist. *Betriebskostenvorauszahlungen* dürfen beide Vertragsparteien nach der Betriebskostenabrechnung durch Erklärung auf eine angemessene Höhe anpassen, um den Saldo aus der nachfolgenden Abrechnung zu minimieren (§ 560 Abs. 4 BGB).

40 Für die **Umlage von Nebenkosten** in anderen Mietverhältnissen als Wohnraum gelten §§ 556 und 560 BGB nicht. Es ist jedoch üblich, dass die Vertragsparteien Vorauszah-

---

[17] BGH, Beschl. v. 19.12.1990 – VIII ARZ 5/90, NJW 1991, 836, 837.
[18] BGH, Urt. v. 11.2.2004 – VIII ZR 195/03, NJW 2004, 1102 für Betriebskosten; BGH, Urt. v. 9.12.2009 – XII ZR 109/08, NJW 2010, 671 Rn. 14 für Nebenkosten.

lungen oder Pauschalen vertraglich entsprechend dem gesetzlichen Modell für Wohnraum regeln und dieses gegebenenfalls modifizieren.

5. Umlagemaßstab

Für die Umlage der Betriebs- oder Nebenkosten auf die einzelnen Mieter lassen sich folgende Grundzüge festhalten: 41

a) Heizkostenverordnung

Für die Verteilung der Kosten der Versorgung mit Wärme und Warmwasser aus zentralen Versorgungsanlagen (§ 2 Nr. 4 bis 6 BetrKV) auf die **Mieter von Räumen** gelten die zwingenden Vorgaben der **HeizkostenV**, soweit deren Anwendungsbereich eröffnet ist (§§ 1, 3 und 11 HeizkostenV, siehe Rn. E 16 ff.). 42

Im Kern sieht die HeizkostenV vor, dass 50 % bis 70 % der Kosten nach dem **erfassten Verbrauch** der einzelnen Nutzer verteilt werden müssen[19] und die übrigen Kosten nach einem wählbaren **Flächenschlüssel** (sog. Grundkosten, vgl. §§ 6 ff. HeizkostenV). Dies soll einerseits den sparsamen Umgang mit Energie sicherstellen und andererseits auch Nutzer angemessen an den Vorhaltekosten der Anlage beteiligen, die ihre Räume nur selten nutzen. Maßgeblich für die Wohnflächen sind nicht die im Mietvertrag vereinbarten Größen, sondern die tatsächlichen Wohnflächen.[20] Treffen unterschiedliche Nutzungsarten innerhalb derselben Abrechnungseinheit zusammen, kann sich aus § 5 Abs. 2 Satz 2 HeizkostenV eine Pflicht des Vermieters ergeben, den **Verbrauch** für die jeweilige Nutzungsart **gesondert zu erfassen** (z. B. für Wohnräume und für Geschäftsräume mit hohen Wärmeverlusten durch Kundenverkehr und großen schlecht isolierten Schaufenstern). 43

Rechnet der Vermieter die Kosten der Versorgung mit Wärme und Warmwasser nicht verbrauchsabhängig ab, hat der Mieter ein **Kürzungsrecht** in Höhe von **15 %** nach § 12 Abs. 1 HeizkostenV (z. B. bei Umlage allein nach einem Flächenschlüssel). 44

b) Betriebskosten preisgebundenen Wohnraums

Für die Umlage der übrigen Betriebskosten auf die Mieter **preisgebundenen Wohnraums** existieren **zwingende** Sondervorschriften in den §§ 20 ff. NMV, die im Wesentlichen denen des § 556a BGB entsprechen. Diese Regeln sind häufig detaillierter als der allgemeine Umlagemaßstab des Mietrechts für Betriebskosten. Zum Beispiel ist für Mietobjekte, die neben Wohnungen auch Geschäftsräume beinhalten, ausdrücklich der **Vorwegabzug** der Kosten des gewerblichen Wasserverbrauchs geregelt (§ 21 Abs. 2 Satz 1 NMV), die Umlage der Kosten des Betriebs der Aufzüge auf Erdgeschossmieter (§ 24 Abs. 2 NMV) oder die Umlage der Kosten der Versorgung mit Wärme und Warmwasser außerhalb des Geltungsbereichs der HeizkostenV (§ 22 Abs. 2 NMV). Soweit der Vermieter Kosten nach dem Anteil der Wohnfläche der Wohnung an der Wohnfläche des Gebäudes oder der Wirtschaftseinheit umlegt (§ 20 Abs. 2 Satz 1 NMV), sind die tatsächlichen Wohnflächen maßgeblich.[21] 45

---

[19] BGH, Urt. v. 16.1.2019 – VIII ZR 113/17, juris Rn. 9 ff. betreffend die Verteilungspflicht zu 70 % nach Verbrauch für Gebäude, welche die Anforderungsniveau der Wärmeschutzverordnung unterschreiten gemäß § 7 Abs. 1 Satz 2 HeizkostenV.
[20] BGH, Urt. v. 30.5.2018 – VIII ZR 220/17, NJW 2018, 2317 Rn. 19 ff.
[21] Vgl. BGH, Urt. v. 16.1.2019 – VIII ZR 173/17, NZM 2019, 288 Rn. 15 ff.

c) Allgemeiner Umlagemaßstab

46 Die Umlage der übrigen **Betriebskosten** auf den Mieter von Wohnraum ist in § 556a Abs. 1 BGB geregelt. Dabei bezieht sich der Vorbehalt, dass keine anderweitigen Vorschriften gelten, auf die HeizkostenV und die speziellen Umlageregelungen für preisgebundenen Wohnraum (§§ 20 ff. NMV). Das Grundmodell des § 556a Abs. 1 BGB ist wie folgt skizzierbar:

- Betriebskosten, die von einem erfassten **Verbrauch** oder einer erfassten **Verursachung** durch den Mieter abhängen (z. B. Kosten der (Kalt-)Wasserversorgung und der Entwässerung), sind nach einem Maßstab umzulegen der diesem Umstand Rechnung trägt (§ 556a Abs. 1 Satz 2 BGB).
- Die übrigen Betriebskosten sind nach dem Anteil der tatsächlichen **Wohnfläche** des Mieters an der tatsächlichen Wohnfläche der gesamten Abrechnungseinheit abzurechnen (z. B. Kosten der Gartenpflege; § 556 Abs. 1 Satz 1 Halbsatz 2 BGB). Auf die im Mietvertrag vereinbarte Wohnfläche kommt es im Rahmen des § 556a Abs. 1 Satz 1 Hs. 2 BGB[22] nicht an. Beim Berechnen der einzelnen Wohnflächen und der Gesamtfläche ist ein einheitlicher Abrechnungsmaßstab zu Grunde zu legen.[23] Will der Mieter die der Abrechnung zugrunde liegenden Flächenansätze nicht gelten lassen, muss er diese substantiiert bestreiten. Hinsichtlich der eigenen Wohnfläche genügt eine laienhafte Vermessung; für die Gesamtfläche muss der Mieter Ansatzpunkte für Zweifel an der mitgeteilten Gesamtfläche aus von außen wahrnehmbaren Gegebenheiten herleiten.[24]

47 Die Vertragsparteien können ausweislich § 556a Abs. 1 Satz 1 Hs. 1 BGB – auch für verbrauchs- und verursachungsabhängige Betriebskosten – **andere angemessene Umlagemaßstäbe** vereinbaren (z. B. nach Nutzeranzahl oder anderen als den gesetzlichen Flächenmaßstäben[25]). Bei *Eigentumswohnungen* kann die Umlage nach Miteigentumsanteilen für den Vermieter zweckmäßig sein, um den zusätzlichen Rechenaufwand für eine Kostenverteilung nach dem Anteil der Wohnfläche zu vermeiden.[26] Einer unterschiedlichen Verursachung von Betriebskosten in gemischt-genutzten Mietobjekten muss der Vermieter durch einen **Vorwegabzug** der gewerblichen Kosten Rechnung tragen, soweit dies erforderlich ist, um eine erhebliche Mehrbelastung der Wohnraummieter zu vermeiden.[27]

48 Wird der Verbrauch oder die Verursachung **erfasst**, ist der Vermieter nach § 556a Abs. 2 BGB berechtigt, die **Umlagevereinbarung durch Erklärung zu ändern** und die erfassten Kosten in Zukunft verbrauchs- oder verursachungsabhängig umzulegen (z. B. Umlage der Kosten der Wasserversorgung und der Entwässerung nach Verbrauch anstatt nach dem Anteil der Wohnfläche). Waren die erfassten Betriebskosten bislang in der Grundmiete enthalten, muss der Vermieter diese nach § 556a Abs. 2 Satz 3 BGB entsprechend herabsetzen.

49 Bei Umlage **komplexer Kosten** sind nicht umlagefähige Kostenbestandteile auszugrenzen. Typisches Beispiel sind **Vollwartungsverträge**, die neben umlagefähigen Kosten der Prüfung der Funktionsfähigkeit und Betriebssicherheit auch Instandhaltungs- und In-

---

[22] BGH, Urt. v. 30.5.2018 – VIII ZR 220/17, NJW 2018, 2317 Rn. 19 ff.
[23] BGH, Urt. v. 30.5.2018 – VIII ZR 220/17, NJW 2018, 2317 Rn. 22.
[24] BGH, Urt. v. 31.5.2017 – VIII ZR 181/16, NZM 2015, 44 Rn. 16 ff.
[25] Lehmann-Richter/Streyl NZM 2018, 671, 673.
[26] BGH, Urt. v. 17.11.2004 – VIII ZR 115/04, NJW 2005, 219; dagegen LG München I, Urt. v. 17.4.2002 – 14 S 17240/01, ZMR 2003,431, weil Miteigentumsanteile willkürlich festgelegt sein können.
[27] BGH, Urt. v. 8.3.2006 – VIII ZR 78/05, NJW 2006, 1419 Rn. 16; BGH, Urt. v. 25.10.2006 – VIII ZR 251/05, NJW 2007, 211, Rn. 12 ff.; M. J. Schmid NZM 2014, 572.

standsetzungsmaßnahmen umfassen. Der Vermieter sollte darauf dringen, dass der Unternehmer die Kostenanteile für Arbeitszeit und Material bereits bei der Rechnungstellung jeweils nach umlagefähigen Wartungskosten und nicht umlagefähigen Kosten für andere Maßnahmen abgrenzt. Ferner sind bei den **Kosten für den Hauswart** die nach § 2 Nr. 14 BetrKV umlagefähigen Kosten (z. B. Gartenpflege und Winterdienst) von den nicht umlagefähigen Kosten abzugrenzen (z. B. für Reparaturen und für Verwaltungstätigkeiten wie Zustellung von Schreiben oder Überwachen von Fremdfirmen). Damit der Vermieter bei einem Rechtsstreit die Kostenaufteilung nachvollziehbar darlegen kann, wird er in der Regel Stundenzettel oder andere Nachweise über die geleisteten Arbeiten in einem längeren Zeitraum vorlegen müssen, die er auf den Abrechnungszeitraum hochrechnen darf.[28] Hilfsweise dürfte eine plausible Schätzung der Arbeitsanteile anhand der Leistungsbeschreibung im Hausmeistervertrag sowie des konkreten Mietobjekts zulässig sein; ein pauschaler Abzug von 10 % für nicht umlagefähige Kosten genügt nicht.[29] Schließlich kann eine **Mischnutzung** von Wohnraum und Geschäftsraum ausnahmsweise die Abgrenzung der jeweiligen Kostenanteile durch Messeinrichtungen gebieten (Vorerfassung), wenn sie zur einer ins Gewicht fallenden Mehrbelastung der Wohnraummieter führt[30] (z. B. bei Wasserentnahme durch den Geschäftsraummieter als Betriebsmittel).

Für die **Umlage von Nebenkosten** in anderen Mietverhältnissen als Wohnraum gilt 50 § 556a BGB nicht. Es ist daher eine vertragliche Regelung notwendig, die sich zur Wahrung der Anforderungen an Allgemeine Geschäftsbedingungen an den Umlagevereinbarungen für Wohnraum orientiert. Ist in einem Mietverhältnis über Geschäftsraum kein Umlagemaßstab vereinbart, so kann der Vermieter diesen gem. §§ 315, 316 BGB nach billigem Ermessen bestimmen.[31]

6. Konkludente Änderung

Wenn die Vertragsparteien den Mietvertrag über Jahre **abweichend von der Umlage-** 51 **vereinbarung vollziehen,** stellt sich die Frage, ob sie hierdurch schlüssig die mietvertragliche Umlagevereinbarung ändern. Eine solche konkludente Vertragsänderung kommt einerseits Betracht, wenn der Vermieter jahrelang nicht geschuldete Betriebskosten abrechnet und der Mieter diese bezahlt und andererseits, wenn der Vermieter wiederholt darauf verzichtet, umlagefähige Betriebskosten abzurechnen.

Für eine stillschweigende Vertragsänderung verlangt der BGH, dass das Verhalten der 52 Vertragsparteien nach rechtsgeschäftlichen Grundsätzen als Anerkenntnis zu bewerten ist. Dafür genügt nicht, dass der Mieter nicht geschuldete Betriebskosten wiederholt ausgleicht oder der Vermieter das Abrechnen von Kosten wiederholt unterlässt. Zusätzlich müssen Anhaltspunkte vorliegen, die für einen beiderseitigen **Willen** zur Änderung der **Umlagevereinbarung sprechen** (z. B. vorausgegangener Streit über die Umlagefähigkeit einer bestimmten Betriebskostenposition)[32]. Diese Zurückhaltung bei der Annahme von Änderungen ist sachgerecht. Dies gilt auch im Hinblick auf die Folgen von Schriftformmängeln nach §§ 550, 578 BGB.

---

[28] BGH, Versäumnisurt. v. 20.2.2008 – VIII ZR 27/07, NZM 2008, 403 Rn. 10 f.
[29] BGH, Versäumnisurt. v. 20.2.2008 – VIII ZR 27/07, NZM 2008, 403 Rn. 11 f.
[30] Vgl. hierzu BGH, Urt. v. 8.3.2006 – VIII ZR 78/05, NZM 2006, 340 Rn. 16.
[31] OLG Frankfurt, Urt. v. 30. Dezember 2010 – 2 U 141/10, juris.
[32] BGH, Urt. v. 10.10.2007 – VIII ZR 279/06, NJW 2008, 283; BGH, Urt. v. 13.2.2008 – VIII ZR 14/06, NJW 2008, 1302.

7. Neu entstehende Kosten

53 Entstehen nach Abschluss des Mietvertrags neue Betriebs- oder Nebenkosten, ist für deren Umlage durch den Vermieter wie folgt zu unterscheiden:

54 **Umfasst die Umlagevereinbarung** des Mietvertrags auch die neu angefallenen Kosten, kann der Vermieter diese auf den Mieter umlegen (z. B. Umlagevereinbarung für alle Betriebskosten des § 2 BetrKV und spätere Neuanstellung eines Hauswarts).[33] Dies gilt erst Recht, wenn der Mietvertrag zusätzlich eine Mehrbelastungsklausel enthält, die dem Vermieter die Umlage neu entstehender Kosten auf den Mieter erlaubt.[34] Bei älteren Mietverträgen, die noch den Betriebskostenkatalog der Anlage 2 zu § 27 Abs. 2 II. BV in der jeweils geltenden Fassung verweisen, kann der Vermieter die Umlage auf den Betriebskostenkatalog des § 2 BetrKV stützen.[35] Neu entstandene sonstige Betriebskosten im Sinne des § 2 Nr. 17 BetrKV, kann der Vermieter nicht aufgrund der Umlagevereinbarung umlegen, wenn sie darin noch nicht bestimmt bezeichnet sind.

55 Sind die neu entstandenen Kosten **nicht in der Umlagevereinbarung** enthalten, kann sich das Recht zur künftigen[36] Umlage neuer Betriebskosten zunächst aus einer wirksamen **Mehrbelastungsklausel** ergeben.[37] Alternativ kommt eine **ergänzende Auslegung** der Umlagevereinbarung nach §§ 133, 157 BGB in Betracht, sodass diese die Umlage der neuen Kosten gestattet (z. B. nach öffentlich-rechtlich vorgeschriebener Modernisierung der Mietsache).[38] Bei unwirksamer Mehrbelastungsklausel kann eine ergänzende Vertragsauslegung unzulässig sein, weil §§ 306 Abs. 2 BGB, 535 Abs. 1 Satz 3 BGB die Kostentragung durch den Vermieter anordnen.

56 Nicht umlagefähig sind neue Betriebs- oder Nebenkosten, die unter **Verletzung des Wirtschaftlichkeitsgrundsatzes** des § 560 Abs. 5 BGB entstehen.[39]

III. Abrechnung

1. Abrechnungspflicht

57 Eine **Pflicht** des Vermieters zur Betriebskosten- bzw. Nebenkostenabrechnung besteht nur bei **Vorauszahlungen**. Für preisfreien Wohnraum gilt § 556 Abs. 3 Satz 1 BGB und für preisgebundenen Wohnraum § 20 Abs. 3 Satz 2 NMV. Unabhängig davon begründet das Vereinbaren von Vorauszahlungen für der Höhe nach noch unbekannte Kosten eine vertragliche Abrechnungspflicht des Vermieters, wenn deren Höhe feststeht.

---

[33] BGH, Urt. v. 7.4.2004 – VIII ZR 167/03, NZM 2004, 417, 418.

[34] BGH, Urt. v. 27.9.2006 – VIII ZR 80/06, NJW 2006, 3558 Rn. 13; aus dem Leitsatz folgt Abkehr von BGH, Urt. 7.4.2004 – VIII ZR 167/03, NZM 2004, 417 vgl. Milger NZM 2008, 1, 5.

[35] BGH, Urt. v. 10.2.2016 – VIII ZR 137/15, NJW 2016, 1308 Rn. 13 ff.

[36] Bei preisgebundenem Wohnraum kommt eine rückwirkende Nachforderung nach § 4 Abs. NMV in Betracht.

[37] BGH, Urt. v. 27.9.2006 – VIII ZR 80/06, NJW 2006, 3558 Rn. 13 f.; zu unwirksamen Klauseln vgl. Langenberg in Schmidt-Futterer, § 560 BGB Rn. 13 ff.

[38] BGH, Urt. v. 27.6.2007 – VIII ZR 202/06, NJW 2007, 3060 Rn. 25 ff.; Cramer ZMR 2016. 505, 510 für Betriebskosten von Rauchwarnmeldern.

[39] BGH, Urt. v. 27.9.2006 – VIII ZR 80/06, NJW 2006, 3558 Rn. 13.

2. Abrechnungszeitraum

Der Vermieter ist verpflichtet **jährlich** über die Vorauszahlungen des Mieters abzurechnen (§ 556 Abs. 3 Satz 1 Halbsatz 1 BGB und § 20 Abs. 3 Satz 2 NMV bei Wohnraum; Verkehrssitte bei Geschäftsraum[40]). 58

Dabei kann der Vermieter die Kosten grundsätzlich nach dem **Abflussprinzip** oder nach dem **Leistungsprinzip** auf die einzelnen Abrechnungszeiträume abgrenzen. Maßgeblich ist einerseits der Zeitpunkt, in dem der Vermieter die entsprechende Rechnung bezahlt hat oder andererseits in dem die Leistung erbracht wurde.[41] Das Abflussprinzip kann bei Nutzerwechseln unbillige Ergebnisse zu Folge haben. Beim Leistungsprinzip können Schwierigkeiten entstehen, wenn Leistungszeitraum und Abrechnungszeitraum auseinanderfallen wie beim nachträglichen Festsetzen öffentlich-rechtlicher Lasten (z. B. Grundsteuernachforderung). Für die Zuweisung der Kosten der **Wärme und Warmwasserversorgung** aus zentralen Anlagen gilt das **Leistungsprinzip**. Der Vermieter muss aus § 7 Abs. 2 HeizkostenV ersichtlich nach dem tatsächlich im Abrechnungszeitraum verbrauchten Brennstoff abrechnen.[42] 59

3. Abrechnungsfrist

a) Wohnraum

Die Abrechnung[43] ist dem Mieter spätestens bis **zum Ablauf des zwölften Monats nach Ende des Abrechnungszeitraums** mitzuteilen (Abrechnungsfrist für preisfreien Wohnraum aus § 556 Abs. 3 Satz 2 BGB; für preisgebundenen Wohnraum gilt § 20 Abs. 3 Satz 4 NMV). Der Vermieter einer **Eigentumswohnung** muss grundsätzlich auch dann innerhalb der Jahresfrist abrechnen, wenn noch kein Beschluss der Wohnungseigentümer nach § 28 Abs. 5 WEG über die Jahresabrechnung der Wohnungseigentümergemeinschaft vorliegt.[44] Findet im Abrechnungszeitraum ein **Mieterwechsel** statt, ist der Vermieter aus § 556 Abs. 3 Satz 3 BGB nicht zu einer vorzeitigen Betriebskostenabrechnung verpflichtet.[45] Er muss lediglich bei der regulären Betriebskostenabrechnung für alle Mietverhältnisse am Ende des Abrechnungszeitraums die Betriebskosten des bisherigen und des neuen Mieters abgrenzen (z. B. durch Zwischenablesung oder zeitanteilig, vgl. § 9b Abs. 1 und 2 HeizkostenV). Erstellt der Vermieter die Betriebskostenabrechnung erst kurz vor Fristablauf, sollte er sicherstellen, dass er den rechtzeitigen **Zugang** der Abrechnung beim Mieter beweisen kann (siehe Rn. H 114 ff.). Ist dem Vermieter keine fristgerechte Betriebskostenabrechnung gleich aus welchem Grund möglich, sollte er vorsorglich fristgerecht eine **Teilabrechnung** über die abrechenbaren Betriebskostenpositionen durchführen und sich die Abrechnung im Übrigen **vorbehalten.** Dies begrenzt seinen Schaden, wenn die Gründe für das Nichteinhalten der Abrechnungsfrist als vom Vermieter zu vertreten beurteilt werden. 60

---

[40] Vgl. OLG Düsseldorf, Urt. v. 11.11.1997 – 24 U 216/96, ZMR 1998, 219.
[41] BGH, Urt. v. 20.2.2008 – VIII ZR 49/07, NJW 2008, 1300.
[42] BGH, Urt. v. 1.2.2012 – VIII ZR 156/11, NJW 2012, 1141.
[43] Ausführlich Lützenkirchen NJW 2015, 3078.
[44] AG Wetzlar, Urt. v. 8.9.2005 – 38 C 968/05, NZM 2006, 260; nicht thematisiert von BGH, Urt. v. 18.1.2006 – VIII ZR 71/05, NJW 2006, 1422 Rn. 16; a. A. AG Frankenthal, Urt. v. 30.10.2014 – 3a C 270/14 ZMR 2016, 295, juris Rn. 25; AG Hamburg-Barmbek, Urt. v. 12.11.2009 – 813b C 34/09, WuM 2010, 153 juris Rn. 36 f.
[45] BGH, Urt. v. 25.1.2017 – VIII ZR 249/15, NJW 2017, 2608 Rn. 17 ff.

61 Nach Ablauf der Abrechnungsfrist kann der Vermieter **keine Nachforderungen** aus der Betriebskostenabrechnung geltend machen, es sei denn er hat die verspätete Geltendmachung **nicht zu vertreten** nach § 556 Abs. 3 Satz 3 BGB (z.B. Grundsteuernachforderung)[46]. Fällt das Abrechnungshindernis weg, muss der Vermieter die Nachforderung in der Regel innerhalb von **drei Monaten** geltend machen.[47] In einer nach Ablauf der Abrechnungsfrist zugehenden Betriebskostenabrechnung kann der Vermieter Betriebskosten **bis zur Höhe der geschuldeten Vorauszahlungen** geltend machen, da dies keine Nachforderung im Sinne des § 556 Abs. 3 Satz 3 BGB darstellt.[48]

62 Erteilt der Vermieter die Betriebskostenabrechnung **nicht innerhalb der Abrechnungsfrist,** kann der Mieter im **laufenden Mietverhältnis** nach § 273 Abs. 1 BGB die weiteren Vorauszahlungen auf die Betriebskosten *zurückbehalten,* bis der Vermieter abrechnet.[49] Ist das **Mietverhältnis beendet,** kann der Mieter in ergänzender Auslegung der Umlagevereinbarung sogleich die *Rückzahlung* aller geleisteten Vorauszahlungen verlangen, ohne zuvor seinen Abrechnungsanspruch geltend zu machen.[50] Dieser Rückforderungsanspruch besteht nicht, soweit der Mieter im laufenden Mietverhältnis ein Zurückbehaltungsrecht nach § 273 Abs. 1 BGB an den Betriebskostenvorauszahlungen ausüben konnte.[51] Gegen eine vom Mieter erhobene Rückzahlungsklage kann sich der Vermieter verteidigen, indem er den tatsächlichen Anfall von Betriebskosten beweist,[52] was nach § 556 Abs. 3 Satz 3 BGB nur bis zur Höhe der geschuldeten Vorauszahlungsbetrags Berücksichtigung findet.[53]

63 Der **Anspruch des Mieters auf Abrechnung** der Betriebskostenvorauszahlungen **verjährt** in drei Jahren ab Fälligkeit der Abrechnung (§§ 195, 199 Abs. 1 BGB). Dabei ist der Verjährungsbeginn unklar, weil offen ist, ob der Abrechnungsanspruch des Mieters mit Ablauf der Abrechnungsfrist bis zum 31.12. entsteht oder erst nach Ablauf der Abrechnungsfrist mit Beginn des nächsten Jahres.[54] Als Daumenregel kann man festhalten, dass der Abrechnungsanspruch des Mieters jedenfalls mit Ablauf des vierten Jahres nach Ende des Abrechnungszeitraums verjährt ist (Beispiel: Abrechnungszeitraum: 2016, Abrechnungsfrist: bis 31.12.2017, Fälligkeit des Abrechnungsanspruchs am 31.12.2017 oder am 1.1.2018 (str.), Verjährung des Abrechnungsanspruchs *jedenfalls* mit Ablauf des 31.12.2021).

b) Geschäftsraum

64 Für das Abrechnen der Nebenkosten in Mietverhältnissen über Geschäftsraum gilt § 556 BGB nicht, weil §§ 578 Abs. 1 und 2 BGB nicht hierauf verweist. Vielmehr sind die jeweiligen vertraglichen Vereinbarungen im konkreten Mietverhältnis maßgeblich.

65 Enthält der Mietvertrag keine **Abrechnungsfrist**, muss der Vermieter nach dem Rechtsgedanken des § 556 Abs. 3 Satz 2 BGB dem Mieter die Abrechnung spätestens ein Jahr nach Ablauf des Abrechnungszeitraums mitteilen.[55]

66 Das **Versäumen der Abrechnungsfrist hat nicht zur Folge,** dass Nachforderungen des Vermieters analog § 556 Abs. 3 Satz 3 BGB ausgeschlossen sind.[56] Auch das Ver-

---

[46] BGH, Urt. v. 5.6.2006 – VIII ZR 220/05, NJW 2006, 3350 Rn. 15.
[47] BGH, Urt. v. 5.6.2006 – VIII ZR 220/05, NJW 2006, 3350 Rn. 16 ff.
[48] BGH, Urt. v. 31.10.2007 – VIII ZR 261/06, NJW 2008, 142 Rn. 25.
[49] BGH, Urt. v. 29.3.2006 – VIII ZR 191/05, NJW 2006, 2552 Rn. 12 ff.
[50] BGH, Urt. v. 9.3.2005 – VIII ZR 57/04, NJW 2005, 1499, 1500 f.
[51] BGH, Urt. v. 26.9.2012 – VIII ZR 315/11, NJW 2012, 3508 Rn. 9 f.
[52] BGH, Urt. v. 9.3.2005 – VIII ZR 57/04, NJW 2005, 1499, 1502.
[53] BGH, Urt. v. 31.10.2007 – VIII ZR 261/06, NJW 2008, 142 Rn. 25.
[54] Vgl. Blank in Blank/Börstinghaus, Miete, § 556 BGB Rn. 243 a.A. J. Emmerich in Bub/Treier Rn. III 278.
[55] BGH, Urt. v. 27.1.2010 – XII ZR 22/07, NJW 2010, 1065 Rn. 37 f.
[56] BGH, Urt. v. 27.1.2010 – XII ZR 22/07, NJW 2010, 1065 Rn. 17 ff.

säumen einer ausdrücklich vereinbarten Abrechnungsfrist schließt Nachforderungen des Vermieters nicht aus.[57] Im **laufenden Mietverhältnis** kann der Mieter jedoch die Vorauszahlungen auf die Nebenkosten in ergänzender Auslegung des Mietvertrags nach § 273 Abs. 1 BGB *zurückbehalten*, um den Vermieter im laufenden Mietverhältnis zur Abrechnung anzuhalten.[58] Ist das **Mietverhältnis beendet,** kann der Mieter in ergänzender Auslegung der Umlagevereinbarung sogleich die *Rückzahlung* aller geleisteten Vorauszahlungen verlangen, ohne zuvor seinen Abrechnungsanspruch geltend zu machen.[59] Dieser Rückforderungsanspruch besteht nicht, soweit der Mieter im laufenden Mietverhältnis ein Zurückbehaltungsrecht nach § 273 Abs. 1 BGB an den Nebenkostenvorauszahlungen ausüben konnte.[60] Gegen eine vom Mieter erhobene Rückzahlungsklage kann sich der Vermieter verteidigen, indem er den tatsächlichen Anfall von Nebenkosten beweist, indem er die Abrechnung nachholt.[61]

Die **Verwirkung** des Nachforderungsanspruchs nach § 242 BGB kommt in Betracht, wenn der Vermieter Nebenkosten über **mehrere Jahre nicht abrechnet** und der Mieter darauf **vertrauen** darf, nicht mehr mit Nachforderungen aus früheren Abrechnungsperioden belastet zu werden. Welcher Untätigkeitszeitraum für das Zeitmoment der Verwirkung erforderlich ist, ist nicht abschließend geklärt. Schmid plädiert dafür, die **dreijährige Frist** des § 195 BGB entsprechend ab Ablauf des Abrechnungszeitraums anzuwenden, damit der untätige Vermieter nicht besser steht als ein Vermieter der fristgemäß abrechnet.[62] Ist das Mietverhältnis mehr als vier Jahre beendet, ohne dass der Vermieter sich die Nachforderung der Nebenkosten vorbehält, soll die Nachforderung ebenfalls verwirkt sein.[63] Bei entsprechendem Umstandsmoment kommt eine Verwirkung auch früher in Betracht, beispielsweise wenn der Vermieter über einen späteren Abrechnungszeitraum abrechnet[64] oder auf sachliche Einwendungen des Mieters gegen eine Nebenkostenabrechnung über längere Zeit schweigt.[65] Der Vermieter kann die **Verwirkung seines Nachforderungsanspruchs verhindern,** indem er den Mieter mit Zugangsnachweis – ggf. wiederholt – anschreibt und sich die Nebenkostenabrechnung **ausdrücklich vorbehält**. In Betracht kommt ferner eine **Teilabrechnung** in Verbindung mit einem Vorbehalt für die noch nicht abgerechneten Kosten.

67

Der **Anspruch des Mieters auf Abrechnung** der Nebenkostenvorauszahlungen **verjährt** in drei Jahren ab Fälligkeit der Abrechnung (§§ 195, 199 Abs. 1 BGB) wie bei Wohnraum (siehe Rn. E 63).

68

4. Wirksame Betriebskostenabrechnung

a) Rechtsnatur

Die Betriebskostenabrechnung ist ein **Rechenvorgang** im Sinne des § 259 Abs. 1 BGB, mit dem der Vermieter den Ausgleichsbetrag zwischen Vorauszahlungen und tatsäch-

69

---

[57] BGH, Urt. v. 20.1.2016 – VIII ZR 152/15, NZM 2016, 307.
[58] BGH, Urt. v. 29.3.2006 – VIII ZR 191/05, NJW 2006, 2552 Rn. 12 ff.
[59] BGH, Urt. v. 9.3.2005 – VIII ZR 57/04, NJW 2005, 1499, 1500 f.
[60] BGH, Urt. v. 26.9.2012 – VIII ZR 315/11, NJW 2012, 3508 Rn. 9 f.; OLG Düsseldorf, Urt. v. 28.9.2000 – 10 U 179/99, ZMR 2001, 25.
[61] BGH, Urt. v. 9.3.2005 – VIII ZR 57/04, NJW 2005, 1499, 1502.
[62] M.J. Schmid in GE 2010, 306, 307; Harsch in M.J. Schmid, Handbuch der Betriebs- und Nebenkosten, Rn. 3355 und 3358; KG Berlin, Urteil vom 11.1.2001 – 8 U 9158/98, NZM 2002, 563; streitig.
[63] LG Berlin, Urt. v. 4.7.2003 – 64 S 144/03, NZM 2005, 377, 378.
[64] BGH, Beschl. v. 27.10.2009 – VIII ZR 334/07, NZM 2010, 243.
[65] BGH, Beschl. v. 21.2.2012 – VIII ZR 146/11, NZM 2012, 677.

lichen Kosten ermittelt und dem Mieter mitteilt.[66] Da § 556 Abs. 3 BGB **keine Schriftform** vorsieht, genügt bei preisfreiem Wohnraum eine schriftliche Abrechnung ohne Unterschrift. Bei preisgebundenem Wohnraum ist Schriftform mit Unterschrift zu empfehlen, es sei denn die Abrechnung ist mittels automatischer Einrichtungen erstellt (§ 20 Abs. 4, § 4 Abs. 7 und 8 NMV, § 10 Abs. 1 Satz 1 WoBindG).

70 Bei **Fehlern** der Betriebskostenabrechnung ist grundsätzlich danach zu unterscheiden, ob die Abrechnung hierdurch insgesamt unwirksam wird (formelle Fehler) oder lediglich inhaltlich unrichtig (materielle Fehler). Eine **formell unwirksame** Betriebskostenabrechnung steht einer Nichtabrechnung gleich und wahrt daher die Abrechnungsfrist des § 556 Abs. 3 Satz 3 BGB nicht. Dagegen berühren **materielle Unrichtigkeiten** die Wirksamkeit der Abrechnung nicht, sodass nur die fehlerhafte Betriebskostenposition nicht durchsetzbar ist.

b) Formelle Wirksamkeit

71 Damit eine Betriebskostenabrechnung wirksam ist, muss sie nach § 259 Abs. 1 BGB folgende **Mindestangaben** enthalten:
- eine Zusammenstellung der Gesamtkosten,
- die Angabe und Erläuterung der zugrunde gelegten Umlagemaßstäbe,
- die Berechnung des Anteils des Mieters und
- den Abzug zumindest der (Soll-)Vorauszahlungen des Mieters.[67]

72 Typischerweise ist die formelle Wirksamkeit der Abrechnung berührt, wenn Fehler die *Abrechnung insgesamt* betreffen und unverständlich machen (z. B. fehlende Mindestangaben, fehlende Angabe des Abrechnungszeitraums, fehlende Nachvollziehbarkeit der Abrechnung).[68] Faustregel: *„Das ist unverständlich!".*[69] Die Rechtsprechung hat die formellen Anforderungen an die Betriebskostenabrechnung zunehmend abgesenkt. Zum Beispiel genügt dass der Mieter aus der Abrechnung erkennen kann, welchen Umlagemaßstab der Vermieter verwendet; dessen Richtigkeit ist eine Frage der materiellen Richtigkeit der Abrechnung.[70]

73 Bei formellen Fehlern liegt in der Regel **keine wirksame Betriebskostenabrechnung** vor. Nach Ablauf der Abrechnungsfrist des § 556 Abs. 3 Satz 3 BGB sind Betriebskostennachforderungen ausgeschlossen.

c) Materielle Richtigkeit

74 Materielle Fehler (materielle Unrichtigkeiten) berühren die **Wirksamkeit der Betriebskostenabrechnung nicht**, so dass die Abrechnung trotz inhaltlicher Fehler geeignet ist, die Abrechnungsfrist zu wahren. Lediglich die betroffene Betriebskostenposition ist nicht durchsetzbar.[71]

75 Typischerweise handelt es sich um Fehler der Betriebskostenabrechnung, die nur **einzelne Positionen** betreffen (z. B. Abrechnung nicht umlagefähiger Kosten, offensichtliche Rechen- und Schreibfehler, Anwendung unzutreffender Umlagemaßstäbe). Faustregel: *„Das ist falsch!".*[72]

---

[66] BGH, Urt. v. 28.4.2010 –VIII ZR 263/09, NJW 2010, 1965 Rn. 8. Die Rechtsnatur der Abrechnung ist nicht geklärt.
[67] BGH, Urt. v. 23.11.1981 – VIII ZR 298/80, NJW 1982, 573, 574.
[68] Im Einzelnen Lützenkirchen NJW 2015, 31.
[69] Wall, Betriebskosten-Kommentar, Rn. 1715.
[70] BGH, Urt. v. 19.7.2017 – VIII ZR 3/17, NZM 2017, 732 Rn. 17.
[71] Im Einzelnen Lützenkirchen NJW 2015, 1740.
[72] Wall, Betriebs- und Heizkosten-Kommentar, Rn. 1715.

5. Wirtschaftlichkeitsgebot

Der Grundsatz der Wirtschaftlichkeit aus §§ 556 Abs. 3 Satz 1 Halbsatz 2 BGB und 560 Abs. 5 BGB ist eine allgemeine **Nebenpflicht** des Vermieters **preisfreien Wohnraums**, den Mieter nur mit Betriebskosten zu belasten, die erforderlich und angemessen sind. Der Vermieter muss bei der Umlage auf ein angemessenes Kosten-Nutzen-Verhältnis achten. Er hat einen Ermessensspielraum und muss nicht die billigste Lösung wählen.[73] Eine Pflicht zur Modernisierung begründet das Wirtschaftlichkeitsgebot nicht.[74] 76

Für **preisgebundenen Wohnraum** ist das Wirtschaftlichkeitsgebot in § 20 Abs. 1 Satz 2 NMV und § 24 Abs. 2 der II. BV etwas konkreter geregelt. 77

Für **Geschäftsraum** ergibt sich das Wirtschaftlichkeitsgebot aus dem allgemeinen Gebot zur Rücksichtnahme auf den Vertragspartner aus §§ 242, 241 Abs. 1 BGB.[75] 78

Verstößt der Vermieter schuldhaft gegen das Wirtschaftlichkeitsgebot, kann dies **Schadensersatzansprüche** des Mieters wegen Pflichtverletzung aus § 280 Abs. 1 BGB auf **Freistellung** von den Mehrkosten begründen.[76] Ein Verstoß soll mangels Pflichtverletzung gegenüber dem Mieter ausscheiden, wenn der unwirtschaftliche Betriebskosten verursachende Vertrag bei Abschluss des Mietvertrags bereits bestand.[77] Die **Darlegungs- und Beweislast** für die Pflichtverletzung des Vermieters, die zu überhöhten Kosten führt, trägt der Mieter.[78] Er hat konkret darzulegen, inwieweit der Vermieter gleichwertige Leistungen zu einem deutlich geringeren Preis beschaffen konnte.[79] Ein pauschaler Verweis auf Betriebskostenspiegel genügt hierfür nicht.[80] Praktisch kann der Mieter einen solchen Beweis nur schwer führen, weil er die Umstände der Auftragsvergabe des Vermieters nicht kennt, weshalb eine abgestufte Beweislastumkehr in Betracht kommt. 79

6. Abrechnungssaldo

Der Anspruch auf Ausgleich des aus der Abrechnung resultierenden Saldos wird sofort mit fristgerechtem Zugang einer formell wirksamen Abrechnung **fällig**. Dabei steht dem Mieter keine Prüfungsfrist zu.[81] Lediglich wenn der Vermieter die Belegeinsicht verweigert, kommt ein Zurückbehaltungsrecht des Mieters aus § 273 Abs. 1 BGB an der Betriebskostennachforderung in Betracht.[82] Die Klage des Vermieters auf Nachzahlung der Nachforderung ist abzuweisen. Eine Verurteilung des Mieters zur sofortigen Nachzahlung Zug-um-Zug gegen Belegeinsicht nach § 274 BGB wäre sinnwidrig, weil dies den Mieter von der hiermit bezweckten Nachprüfung abschneiden würde.[83] 80

Erhebt der Vermieter **gesonderte Vorauszahlungen** für unterschiedliche Kostenarten (z. B. einerseits für warme und andererseits für kalte Betriebs- oder Nebenkosten), darf der Vermieter mit einer Nachforderung aus einer Kostenart gegen eine Überzahlung aus 81

---

[73] BGH, Urt. v. 28.11.2007 – VIII ZR 243/06, NJW 2008, 440.
[74] BGH, Urt. v. 12.5.2010 – VIII ZR 170/09, NJW 2010, 2571 Rn. 8.
[75] BGH, Urt. v. 13.10.2010 – XII ZR 129/09, NJW 2010, 3647 Rn. 16 f.
[76] BGH, Urt. v. 28.11.2007 – VIII ZR 243/06, NJW 2008, 440 und BGH, Urt. v. 6.7.2011 – VIII ZR 340/10, NJW 2011, 3028.
[77] BGH, Urt. v. 28.11.2007 – VIII ZR 243/06, NJW 2008, 440 Rn. 13 ff.
[78] BGH, Urt. v. 6.7.2011 – VIII ZR 340/10, NJW 2011, 3028.
[79] BGH, Urt. v. 17.12.2014 – XII ZR 170/13, NJW 2015, 855.
[80] BGH, Urt. v. 6.7.2011 – VIII ZR 340/10, NJW 2011, 3028.
[81] BGH, Urt. v. 8.3.2006 – VIII ZR 78/05, NJW 2006, 1419 Rn. 20.
[82] BGH, Urt. v. 8.3.2006 – VIII ZR 78/05, NJW 2006, 1419 Rn. 21; Urt. v. 7.2.2018 – VIII ZR 189/17, NJW 2018, 1599.
[83] BGH, Urt. v. 7.2.2018 – VIII ZR 189/17, NJW 2018, 1599 Rn. 28.

der anderen Kostenart **aufrechnen.** Ein möglicher Treuhandcharakter der jeweiligen Vorauszahlungen steht dem nicht entgegen, weil die Treuhand jedenfalls nicht im Interesse des Mieters besteht.[84]

82 Der Nachzahlungsanspruch des Vermieters und der Rückzahlungsanspruch des Mieters **verjähren** innerhalb von drei Jahren ab dem Schluss des Jahres, in dem eine wirksame Abrechnung zugeht (§§ 195, 199 Abs. 1 BGB).

7. Nachträgliche Korrektur der Abrechnung

83 Der Vermieter von **Wohnraum** kann eine fehlerhafte Betriebskostenabrechnung innerhalb der *Abrechnungsfrist* des § 556 Abs. 3 Satz 3 BGB ohne Weiteres korrigieren.[85] Nach Fristablauf ist die Korrektur der Abrechnung zu Lasten des Mieters ausgeschlossen.[86] Dass der Mieter eine *Nachforderung vorbehaltlos bezahlt* oder der Vermieter ein sich aus der Abrechnung ergebendes *Guthaben vorbehaltlos erstattet,* steht als reiner Zahlvorgang einer Korrektur der Betriebskostenabrechnung zu Gunsten oder zu Lasten des Mieters nicht entgegen.[87] Eine konkludente Einigung der Vertragsparteien auf das Abrechnungsergebnis (deklaratorische Schuldverhältnis) kommt in Betracht, soweit Anhaltspunkte für einen Bindungswillen bestehen (z. B. Ausgleich einer zunächst streitigen Betriebskostenposition).

84 Der Vermieter von **Geschäftsraum** kann eine fehlerhafte Nebenkostenabrechnung grundsätzlich bis zur zeitlichen Grenze der Verwirkung nach § 242 BGB korrigieren, da die Ausschlussfrist des § 556 Abs. 3 Satz 3 BGB nicht gilt. Auch in Mietverhältnissen über Geschäftsraum hindert der vorbehaltlose Ausgleich einer Nachforderung oder die vorbehaltlose Erstattung eines Guthabens die Korrektur der Abrechnung nicht, soweit keine Anhaltspunkte für einen Einigungswillen der Vertragsparteien hinzutreten.[88]

IV. Belegeinsicht und Einwendungen

1. Belegeinsicht

85 Der Vermieter ist nach § 259 Abs. 1 BGB verpflichtet, dem Mieter auf Verlangen Einsicht in die **Originalunterlagen** zu gewähren (z. B. Rechnungen und Verträge), solange Einwendungen gegen die Betriebs- oder Nebenkostenabrechnung möglich sind (§ 556 Abs. 3 Satz 5 und 6 BGB bzw. § 242 BGB).[89] Soweit eine verbrauchsabhängige Abrechnung stattfindet, hat der Mieter Anspruch auf Einsichtnahme in die Einzelverbrauchsdaten der anderen Nutzer des Mietobjekts.[90] Inwieweit der Vermieter unter dem Gesichtspunkt der Datensparsamkeit (Art. 6 Abs. 1c) DSGVO) verpflichtet ist, personenbezogene Daten zu anonymisieren, z. B. durch Schwärzung der Namen anderer Nutzer,[91] ist noch nicht geklärt.

---

[84] LG Berlin, Urt. v. 3.12.1998 – 62 S 197/98, WuM 1999, 343 unter Aufgabe von LG Berlin, Urt. v. 2.5.1994 – 62 S 16/94, GE 1994, 999 und von LG Berlin, Urt. v. 24.4.1995 – 62 S 35/95, GE 1995, 1085.
[85] BGH, Urt. v. 17.11.2004 – VIII ZR 115/04, NJW 2005, 219.
[86] BGH, Urt. v. 17.11.2004 – VIII ZR 115/04, NJW 2005, 219.
[87] BGH, Urt. v. 12.1.2011 – VIII ZR 296/09, NJW 2011, 843 Rn. 18 ff.
[88] BGH, Urt. v. 28.5.2014 – XII ZR 6/13, NJW 2014, 2780 Rn. 25 ff.; BGH Urt. v. 10.7.2013 – XII ZR 62/12 – NJW 2013, 2885.
[89] Im Einzelnen Lützenkirchen NJW 2015, 3624; zur Einsicht in elektronische Belege ders. NZM 2018, 266.
[90] BGH, Urt. v. 7.2.2018 – VIII ZR 189/17, NJW 2018, 1599 Rn. 14 ff.; Eisenschmid NZM 2019, 313, 322, der aus Gründen der Datensparsamkeit ggf. eine Pseudonymisierung vorschlägt.
[91] AG Coesfeld, Urt. v. 7.9.2017 – 11 C 24/17, juris Rn. 8.

Einsichtsort ist grundsätzlich der Sitz des Vermieters oder das Büro der Hausverwaltung. Auf **Übersendung von Kopien** hat der Mieter nur ausnahmsweise einen Rechtsanspruch aus § 242 BGB, wenn ihm die Einsichtnahme der Originalunterlagen nicht zumutbar ist, beispielsweise aufgrund großer Entfernung, und er dem Vermieter dessen Auslagen erstattet.[92] Der Mieter preisgebundenen Wohnraums hat ein umfassendes Kontrollrecht und stets Anspruch auf Ablichtungen gegen Auslagenerstattung aus § 29 Abs. 1 und Abs. 2 Satz 1 NMV.

Für die Belegeinsicht des **Geschäftsraummieters** gilt im Prinzip das Gleiche wie bei preisfreiem Wohnraum.

Vor **Einwendungen** gegen die Betriebs- oder Nebenkostenabrechnung ist die Belegeinsicht in der Regel unerlässlich, da der Mieter seine Einwendungen sonst nicht hinreichend substantiieren kann (z. B. Einwendungen gegen die Höhe einer bestimmten Betriebskostenposition).

2. Einwendungen

Einwendungen gegen die Richtigkeit der Betriebskostenabrechnung muss der Mieter von Wohnraum innerhalb von **zwölf Monaten nach Zugang** einer formell wirksamen Abrechnung geltend machen (§ 556 Abs. 3 Satz 5 BGB[93]). Dabei muss der Mieter für jede Betriebskostenposition **konkrete Einwendungen** erheben. Dies erfordert in der Regel eine **Belegeinsicht,** es sei denn der Fehler ergibt sich ausnahmsweise direkt aus der Betriebskostenabrechnung.

Nach Ablauf der Ausschlussfrist des § 556 Abs. 3 Satz 6 ist der Mieter grundsätzlich mit **Einwendungen** gegen die **materielle Richtigkeit** der Betriebskostenabrechnung **ausgeschlossen.**[94] Dies gilt nicht, soweit der Mieter die verspätete Geltendmachung nicht zu vertreten hat (z. B. plötzliche Erkrankung). Ferner muss sich der Vermieter nach Treu und Glauben gem. § 242 BGB auch nach Ablauf der Ausschlussfrist daran festhalten lassen, wenn er der Betriebskostenabrechnungserklärung für eine vermietete Eigentumswohnung die Hausgeldabrechnung der Eigentümergemeinschaft beifügt, in der die umgelegten Kosten ausdrücklich als „nicht umlagefähig" bezeichnet sind.[95] Ob der Einwendungsausschluss das *Wirtschaftlichkeitsgebot* des § 556 Abs. 3 Satz 1 Halbsatz 2 BGB erfasst, dessen Verletzung die materielle Richtigkeit der Abrechnung nicht berührt (siehe Rn. E 76 und 79),[96] ist bislang nicht geklärt.

Unberührt von der Ausschlussfrist bleiben Einwendungen gegen die **formelle Wirksamkeit** der Betriebskostenabrechnung für teilweise unklare Umlagemaßstäbe.

Bei **Geschäftsraummiete** gilt die **Ausschlussfrist** des § 556 Abs. 3 Satz 6 BGB für Einwendungen gegen die Nebenkostenabrechnung **nicht,** weil § 578 Abs. 1 und 2 BGB nicht hierauf verweisen und die Rechtsprechung eine Analogie abgelehnt hat.[97] Allein durch Abrechnung und Ausgleich des Nebenkostensaldos **erkennen** die Vertragsparteien das Abrechnungsergebnis **nicht konkludent an,** weil ihnen der Rechtsbindungswille hierfür fehlt.[98] Um sich das Nachprüfungsrecht sicher zu bewahren, kann der Mieter bis zum Ausgleich des Saldos beweisbar erklären, dass er sich die Nachprüfung **vorbehält.**

---

[92] BGH, Urt. v. 8.3.2006 – VIII ZR 78/05, NJW 2006, 1419 Rn. 21 ff.
[93] BGH, Versäumnisurt. v. 8.12.2010 – VIII ZR 27/10, NJW 2011, 1867 Rn. 15.
[94] Im Einzelnen Lützenkirchen NJW 2015, 3078.
[95] BGH, Urt. v. 11.5.2016 – VIII ZR 209/15, NJW 2016, 2254 Rn. 28.
[96] BGH, Versäumnisurt. v. 8.12.2010 – VIII ZR 27/10, NJW 2011, 1867 Rn. 14 ff.
[97] Vgl. BGH, Urt. v. 27.1.2010 – XII ZR 22/07, NJW 2010, 1065 für § 556 Abs. 3 Satz 3.
[98] BGH, Urt. v. 10.7.2013 – XII ZR 62/12, NJW 2013, 2885.

F. Mietänderung

Die Mietänderungsmöglichkeiten des Vermieters hängen vorrangig davon ab, ob er **Wohnraum** oder **andere Mietsachen** vermietet. In Mietverhältnissen über **preisfreien Wohnraum** sind Mieterhöhungen nur nach Maßgabe der §§ 557 ff. BGB möglich. In Mietverhältnissen über **preisgebundenen Wohnraum** gelten in der Regel Preisbindungen. Bei anderen Mietsachen als Wohnraum kann der Vermieter Mietänderungen grundsätzlich durch **Änderungskündigung** durchsetzen. Bei **Weitervermietung von Wohnraum** an Personen mit dringendem Wohnbedarf im Sinne des § 578 Abs. 3 Satz 1 BGB sind Mieterhöhungen wie bei preisfreiem Wohnraum möglich.

I. Preisfreier Wohnraum

Die **Kündigung** von Mietverhältnissen über preisfreien Wohnraum zum Zweck der Mieterhöhung ist nach § 573 Abs. 1 Satz 2 BGB ausgeschlossen.

Die **Mietänderungsmöglichkeiten** regeln die §§ 557 ff. BGB abschließend. Als Ausgleich für diese Beschränkung der Privatautonomie gewähren die §§ 558 ff. BGB einen Anspruch des Vermieters auf Zustimmung des Mieters zur Mieterhöhung.

Bestimmte in § 549 Abs. 2 und 3 BGB bezeichnete Mietverhältnisse sind von diesem Schutz gegen Mieterhöhungen **ausgenommen**. Diese Ausnahme betrifft Wohnraum, der nur zum *vorübergehenden Gebrauch* vermietet ist, möblierten *Einliegerwohnraum*, *weitervermieteter Wohnraum* für dringenden Wohnungsbedarf sowie Wohnraum in einem *Studenten- oder Jugendwohnheim* (siehe Rn. H 150a f.).

1. Mietvertragliche Regelung

Beim Vereinbaren einer Mieterhöhung sind grundlegend zwei Konstellationen zu unterscheiden: **Im laufenden Mietverhältnis** („Während des Mietverhältnisses") können die Vertragsparteien eine *bestimmte* Mieterhöhung jeweils nach § 557 Abs. 1 BGB frei vereinbaren. Um **künftige Änderungen der Miethöhe** *generell* zu regeln, können die Vertragsparteien nach § 557 Abs. 2 und 4 BGB ausschließlich Staffel- oder Indexmieten nach den gesetzlichen Vorgaben (§§ 557a und 557b BGB) wirksam vereinbaren. Dies gilt auch, wenn die Vertragsparteien Mietänderungen in Nachtragsverträgen regeln.

a) Staffelmiete

Die Staffelmiete ist die Vereinbarung, dass sich die Miete für von vornherein bestimmte Zeiträume **automatisch** auf eine **bestimmte Miete** oder um einen **bestimmten Erhöhungsbetrag** verändert (§ 557 Abs. 1 BGB). Die Miete muss jeweils **ein Jahr unverändert** bleiben (§ 557a Abs. 2 BGB). Das ordentliche Kündigungsrecht des Mieters kann während der Mietstaffeln für höchstens **vier Jahre** ausgeschlossen sein (§ 557a Abs. 3 BGB). Im Geltungsbereich der so genannten Mietpreisbremse dürfen die Staffeln die im jeweiligen Zeitpunkt der Mieterhöhung ortsübliche Vergleichsmiete um maximal 10 % übersteigen (§ 556 Abs. 4 BGB). Dies soll eine Umgehung durch Staffelmieten vermeiden.

7   **Während der Laufzeit der Mietstaffeln** sind **gesetzliche Mieterhöhungen** bis zur ortsüblichen Vergleichsmiete (§§ 558 ff. BGB) und nach Modernisierung (§ 559 BGB) **ausgeschlossen** gemäß § 557a Abs. 2 Satz 2 BGB. Unberührt bleibt lediglich die Anpassung von Betriebskostenpauschalen nach § 560 Abs. 1 bis 3 BGB. Nach **Erreichen der letzten Mietstaffel** entfällt diese Beschränkung, so dass die gesetzlichen Mieterhöhungsmöglichkeiten wieder aufleben, sobald deren Voraussetzungen vorliegen (z. B. Mieterhöhung bis zur ortsüblichen Vergleichsmiete, wenn die Miete 15 Monate unverändert und die Jahressperrfrist eingehalten ist, § 558 Abs. 1 Satz 1 und 2 BGB).

8   Das Wirksamwerden einer neuen Mietstaffel begründet **kein außerordentliches Kündigungsrecht** des Mieters. Vielmehr stellt § 557a Abs. 3 BGB klar, dass die Vertragsparteien das ordentliche Kündigungsrecht des Mieters für bis zu vier Jahre wirksam abbedingen können.

b) Indexmiete

9   Eine **Indexmiete** ist die Vereinbarung, dass die Miete durch den vom statistischen Bundesamt ermittelten Preisindex für die Lebenshaltung aller privaten Haushalte in Deutschland bestimmt wird (§ 557b Abs. 1 BGB).

10 Die Zulässigkeit von Indexmieten für Wohnraum ist abschließend in § 557b Abs. 1 BGB geregelt, der dem Preisklauselgesetz (PrKG) nach § 1 Abs. 3 PrKG vorgeht.

11 Zulässige Bezugsgröße ist nach § 557b Abs. 1 BGB der Verbraucherpreisindex für Deutschland (**VPI**). Diesen veröffentlicht das Statistische Bundesamt laufend.[1] Die Indexmiete kann entweder für die gesamte Mietzeit gelten oder zeitlich befristet sein.

12 Die **Erhöhung oder Ermäßigung** der Miete tritt **nicht automatisch** mit der Änderung des Preisindexes ein, sondern eine Vertragspartei muss sie gegenüber der anderen durch schriftliche Erklärung geltend machen. In dieser **Mietänderungserklärung** ist die Änderung des Preisindexes sowie die jeweilige Miete oder die Mietänderung in einem Geldbetrag anzugeben, ohne dass der Vermieter dem Mieter die Mietänderung „vorrechnen" muss.[2] Die mitgeteilte Änderung wird mit **Beginn des übernächsten Monats** nach Zugang der Erklärung wirksam. Die Miete muss jedoch jeweils mindestens ein **Jahr unverändert** bleiben (§ 557b Abs. 2 BGB). Im Geltungsbereich der Mietpreisbremse wird – anders als bei der Staffelmiete – nur die Zulässigkeit der Ausgangsmiete nach § 557b Abs. 4 BGB geprüft.

13 Der Vermieter ist grundsätzlich nicht verpflichtet, die Mieterhöhungen sofort mit jeder Indexänderung geltend zu machen. Er kann längere Zeiträume abwarten, um dann größere Mieterhöhungen durchzusetzen.

14 **Gemeinden** dürften haushaltsrechtlich verpflichtet sein, mögliche Mieterhöhungen **zeitnah** geltend zu machen, soweit dies nicht außer Verhältnis zum Vollzugsaufwand steht.[3]

15 **Während der Geltung einer Indexmiete (Indexierung)** sind Mieterhöhungen bis zur ortsüblichen Vergleichsmiete nach §§ 558 ff. BGB **ausgeschlossen.** Gleiches gilt für Mieterhöhungen nach **Modernisierung der Mietsache** nach § 559 BGB, soweit der Vermieter den Grund der Modernisierung *zu vertreten* hat. Nicht zu vertreten hat der Vermieter Modernisierungsmaßnahmen, zu denen er gesetzlich oder behördlich verpflichtet ist (z. B. Einbau vorgeschriebener Kaltwasserzähler[4]). Unberührt bleibt die **Anpassung von Betriebskostenpauschalen** nach § 560 Abs. 1 bis 3 BGB. Nach Ende der Indexierung leben

---

[1] Abrufbar unter www.destatis.de.
[2] BGH, Urt. v. 22.11.2017 – VIII ZR 291/16, NZM 2018, 82.
[3] Art. 75 Abs. 2 und Art. 61 Abs. 2 Satz 1 GO.
[4] BGH, Urt. v. 17.12.2008 – VIII ZR 41/08, NJW 2009, 839 Rn. 15 für Einbaupflicht aus § 39 BauO (Hamburg).

die gesetzlichen Mieterhöhungsmöglichkeiten wieder auf, sobald deren Voraussetzungen vorliegen.

Eine Mietänderung nach § 557b Abs. 3 Satz 3 BGB begründet **kein außerordentliches Kündigungsrecht** des Mieters, auch nicht analog § 561 BGB.

2. Vereinbarte Mieterhöhung während der Mietzeit

Nach Abschluss des Mietvertrags können die Vertragsparteien eine bestimmte Mieterhöhung **vereinbaren** (§ 557 Abs. 1 BGB). Hierfür genügt, dass sich die Vertragsparteien auf einen **bestimmten Betrag** einigen. Die Voraussetzungen der §§ 558 ff. BGB müssen nicht vorliegen. Dafür steht die Zustimmung des Mieters zur Mieterhöhung in dessen Belieben. Für die **Höhe** der neuen Miete gelten die gesetzlichen Grenzen (siehe Rn. C 76–78). Die Mietänderung kann zum nächsten Fälligkeitstermin, oder auch später wirksam werden. In Abgrenzung zu künftigen Mietänderung*en* im Sinne des § 557 Abs. 2 BGB darf nach § 557 Abs. 1 BGB nur **eine Erhöhung** der Miete vereinbart werden. Vereinbarungen über wiederholte künftige Mietänderungen nach Mietvertragsschluss sind nach § 557 Abs. 2 BGB nur als Staffel- oder Indexmiete zulässig.

Freiwillige Mieterhöhungsvereinbarungen unterliegen **keiner Form** und können auch konkludent erfolgen. Im Hinblick auf § 550 BGB ist ein förmlicher **Nachtragsvertrag** zu empfehlen (siehe B 98 ff.).

Bei Vereinbarungen **außerhalb der Geschäftsräume** des Vermieters und bei **Fernabsatzverträgen** sollten vermietende Unternehmer den Mieter förmlich über dessen Widerrufsrecht nach §§ 312 ff. BGB belehren, um die gesetzliche Widerrufsfrist zu verkürzen (siehe Rn. B 182 ff.).

3. Mieterhöhung bis zur ortsüblichen Vergleichsmiete

Die zentrale Mieterhöhungsmöglichkeit für Vermieter preisfreien Wohnraums ist die Mieterhöhung bis zur ortsüblichen Vergleichsmiete nach §§ 558 ff. BGB. Sie soll dem Vermieter Gelegenheit geben, die Miete an allgemeine Kostensteigerungen anzupassen.

a) Rechtsnatur

Formal ist die Mieterhöhung nach §§ 558 ff. BGB eine **Vertragsänderung**. Das **Angebot** zur Fortführung des Mietvertrags zu einer höheren Miete unterbreitet der Vermieter dem Mieter durch das **Mieterhöhungsverlangen** (§ 558a BGB). Wenn die gesetzlichen Voraussetzungen vorliegen, hat der Vermieter nach § 558 Abs. 1 Satz 1 BGB einen Anspruch auf **Zustimmung** des Mieters zu der geforderten Mietänderung **(Annahme)**. Soweit der Mieter der Mieterhöhung nicht innerhalb der Überlegungsfrist zustimmt (§ 558b Abs. 2 Satz 1 BGB), kann der Vermieter dessen Zustimmung einklagen. Hat die Klage Erfolg, ersetzt das Gericht die Zustimmung des Mieters durch Urteil (§ 558b Abs. 2 Satz 1 BGB, § 894 Satz 1 ZPO).

b) Mieterhöhungsverlangen

Das Mieterhöhungsverlangen (§ 558a BGB) müssen *sämtliche Vermieter*[5] gegenüber *sämtlichen Mietern*[6] erklären. Dabei sollte der Vermieter für einen **beweisbaren Zugang**

---
[5] OLG Hamburg, Beschl. v. 24.8.2009 – 4 U 5/09, ZMR 2010, 109, 110.
[6] BGH, Beschl. v. 10.9.1997 – VIII ARZ 1/97, NJW 1997, 3437 zur Wirksamkeit formularvertraglicher Empfangsvollmachten.

des Mieterhöhungsverlangens nach §§ 130 ff. BGB sorgen (siehe Rn. H 108 ff.). Um zu vermeiden, dass das Mieterhöhungsverlangen durch unverzügliche **Vollmachtsrüge** des Mieters entsprechend § 174 Satz 1 BGB unwirksam wird,[7] sollten Bevollmächtigte eine *Orginal*vollmacht des Vermieters beifügen (siehe Rn. H 62 ff.).

23 Der **Anspruch auf Zustimmung des Mieters** zur Mieterhöhung aus § 558 Abs. 1 Satz 1 BGB besteht nur, wenn und soweit das Mieterhöhungsverlangen formell wirksam und materiell begründet ist.

aa) Formelle Wirksamkeit

24 Eine Klage des Vermieters auf Zustimmung zur Mieterhöhung ist **unzulässig,** wenn ihr kein formell **wirksames Mieterhöhungsverlangen** vorausgegangen ist.[8] Die **Zustimmung** des Mieters zu einem formell unwirksamen Mieterhöhungsverlangen kann trotzdem zu einer Mieterhöhung führen (siehe Rn. F 66). Die formelle Wirksamkeit setzt Folgendes voraus:

25 **(1) Sperrfrist.** Das Mieterhöhungsverlangen kann der Vermieter frühestens **ein Jahr nach der letzten Mieterhöhung** geltend machen (§ 558 Abs. 1 S. 2 BGB). Die Sperrfrist läuft ab Beginn der Mietzeit oder der erstmaligen Fälligkeit der letzten wirksamen Mieterhöhung. Mieterhöhungen wegen Modernisierung (§ 559 BGB) und wegen Veränderung von Betriebskosten bleiben außer Betracht (§ 558 Abs. 1 S. 3 BGB). Ein vor Ablauf der Sperrfrist dem Mieter zugegangenes Erhöhungsverlangen ist **unwirksam.**[9] Ein unwirksames Mieterhöhungsverlangen setzt die Sperrfrist nicht erneut in Lauf, so dass der Vermieter ein neues Mieterhöhungsverlangen erklären kann, ohne erneut eine Sperrfrist abzuwarten.

26 **(2) Form.** Das Mieterhöhungsverlangen muss der Vermieter in **Textform** erklären (§§ 558a Abs. 1, 126b BGB); andernfalls ist das Mieterhöhungsverlangen **nichtig** nach § 125 Satz 1 BGB.

27, 28 Damit vereinbarte Kündigungsverzichte oder Befristungen der Mietzeit nicht durch einen Schriftformmangel der Mietzeitabrede nach § 550 BGB hinfällig werden, sollten die Vertragsparteien sowohl beim Mieterhöhungsverlangen als auch bei der Zustimmung des Mieters die gesetzliche **Schriftform** des Mietvertrags und nachfolgender Änderungen beachten (siehe Rn. B. 98 ff.).

29 **(3) Inhalt.** Das Mieterhöhungsverlangen muss die **erhöhte Miete betragsmäßig angeben.**[10] Ob statt des Endbetrags auch die Angabe des Erhöhungsbetrags genügt, ist umstritten. Die zusätzliche Angabe der künftigen **Miete je m² Wohnfläche** ist bei Mieterhöhungen mittels Mietspiegel empfehlenswert, damit der Mieter die Begründung der Mieterhöhung besser nachvollziehen kann.

30 **Drittmittel** wie Zuschüsse aus öffentlichen Haushalten zu Modernisierungsmaßnahmen muss der Vermieter angeben und abziehen nach § 558 Abs. 5 BGB. Unterbleibt dies, ist das Mieterhöhungsverlangen **unwirksam.**[11]

31 Der Vermieter hat lediglich einen Anspruch aus § 558 Abs. 1 Satz 1 BGB auf Zustimmung des Mieters zur *Mieterhöhung.* Verlangt der Vermieter darüber hinaus **Vertrags-**

---

[7] OLG Hamm, Beschl. v. 28.5.1982 – 4 REMiet 11/81, NJW 1982, 2076; offen gelassen von BGH, Urt. v. 18.12.2002 – VIII ZR 72/02, NZM 2003, 229.

[8] BGH, Urt. v. 13.11.2013 – VIII ZR 413/12, NJW 2014, 1173; BayObLG, RE v. 22.3.2000 – REMiet 2/99, NZM 2000, 488 Rn. 11.

[9] BGH, RE vom 16.6.1993 – VIII ARZ 2/93, NJW 1993, 2109 und BGH, Urt. v. 28.4.2004 – VIII ZR 178/03, NJW-RR 2004, 945.

[10] KG RE vom 15.9.1997 – 8 RE-Miet 6517/96, NZM 1998, 107.

[11] BGH, Urt. v. 25.2.2004 – V III ZR 116/03, NJW-RR 2004, 947.

I. Preisfreier Wohnraum

änderungen, ist das Mieterhöhungsverlangen insgesamt **unwirksam**.[12] Stellt die geforderte Mieterhöhung zugleich eine **Änderung der Mietstruktur** dar (z. B. die Umstellung einer Bruttokaltmiete auf Nettokaltmiete), ist das Mieterhöhungsverlangen **unwirksam**.[13]

Ist eine **Bruttowarmmiete** entgegen § 2 HeizkostenV vereinbart, hat eine Mieterhöhung auf dieser Grundlage nicht die Unwirksamkeit des Mieterhöhungsverlangens zur Folge.[14] Da der Vermieter auf Rüge des Mieters die Heiz- und Warmwasserkosten aus der bisherigen Miete herausrechnen und verbrauchsabhängig abrechnen muss, sollte der Vermieter die Mietstruktur unbedingt *vor* dem Mieterhöhungsverfahren bereinigen. 32

Beinhaltet die Grundmiete Betriebskosten (z. B. Bruttokaltmiete oder Teilinklusivmiete) und begründet der Vermieter das Mieterhöhungsverlangen mit Werten aus einem **Nettomietspiegel**, der Vergleichsmieten ohne Betriebskosten ausweist, genügt es für die *formelle Wirksamkeit* des Mieterhöhungsverlangens, wenn der Vermieter die *durchschnittlichen* Betriebskostenanteile aus der Grundmiete herausrechnet[15] (zur materiellen Begründetheit siehe Rn. F 52). Das Herausrechnen kann ausnahmsweise entbehrlich sein, wenn die geforderte Grundmiete unter der ortsüblichen Nettokaltmiete des Mietspiegels liegt. In diesem Fall hängt die Berechtigung der Mieterhöhung nicht von den Betriebskostenanteilen ab.[16] 33

Nicht erforderlich ist die Angabe im Mieterhöhungsverlangen, **ab wann** der Mieter die erhöhte Miete schuldet.[17] Ohne ausdrückliche Regelung, schuldet der Mieter die erhöhte Miete nach § 558b Abs. 1 BGB mit Beginn des dritten Kalendermonats nach dem Zugang des Mieterhöhungsverlangens. 34

(4) Begründung. Zur **Begründung** der Mieterhöhung muss der Vermieter nach § 558a Abs. 2 BGB Bezug nehmen auf ein Begründungsmittel. Dabei kann er wählen zwischen 35
- einem Mietspiegel (§§ 558c oder 558d BGB),
- der Auskunft einer Mietdatenbank (§ 558e BGB),
- einem Gutachten eines öffentlich beeidigten und bestellten Sachverständigen,
- entsprechenden Entgelten für mindestens drei Vergleichswohnungen oder
- einem sonstigen ebenso geeigneten Begründungsmittel.

Die **Begründungspflicht bezweckt**, dass der Vermieter die **Tatsachen mitteilt** (z. B. Wohnungsgröße, Baujahr, Lage, Ausstattung, Beschaffenheit), anhand derer der Mieter innerhalb der Überlegungsfrist die Berechtigung der geforderten Mieterhöhung überprüfen kann. Dies soll eine außergerichtliche Einigung fördern und Zustimmungsklagen vermeiden. 36

Ein **einfacher Mietspiegel** ist eine Übersicht über die ortsübliche Vergleichsmiete für eine oder mehrere Gemeinden, welche von der Gemeinde oder von den Interessenvertretern der Vermieter und der Mieter gemeinsam erstellt oder anerkannt worden ist (§ 558c Abs. 1 und 2 BGB). Er stellt ein Indiz dafür dar, dass die dargestellten Entgelte zutreffend wiedergegeben sind.[18] Ist der Mietspiegel nach *anerkannten wissenschaftlichen Grundsätzen* erstellt und von der Gemeinde oder den Interessenvertretern als **qualifizierter Mietspiegel** anerkannt (§ 558d Abs. 1 BGB), kommt ihm ggf. nach Aktualisierung (§ 558d Abs. 2 BGB) gemäß § 558d Abs. 3 BGB eine *widerlegliche Vermutung für* 37

---

[12] OLG Hamburg, RE vom 20.12.1982 – 4 U 25/82, NJW 1983, 580.
[13] LG Berlin, Urt. v. 5.2.2002 – 65 S 354/01, GE 2002, 737.
[14] BGH, Urt. v. 19.7.2006 – VIII ZR 212/05, NZM 2006, 652; a. A. zuvor LG München I, Urt. v. 10.8.2005 – 14 S 5765/05.
[15] BGH, Urt. v. 19.7.2006 – VIII ZR 212/05, NJW 2006, 3350.
[16] BGH, Urt. v. 10.10.2007 – VIII ZR 331/06, NZM 2008, 124.
[17] BayObLG, Beschl. v. 9.7.1984 – ReMiet 7/82 –, ZMR 1984, 356 Rn. 16.
[18] BGH, Urt. v. 13.2.2019 – VIII ZR 245/17, juris Rn. 17 f.

die Richtigkeit der ortsüblichen Vergleichsmiete zu. Mietspiegel können nach unterschiedlichen statistischen Metthoden erstellt sein. In **Tabellenmietspiegeln** sind die Vergleichsmieten nach Wohnlagen, Baujahr und Ausstattung in Tabellen geordnet. In **Regressionsmietspiegeln** wird die ortsübliche Vergleichsmiete aus der Miete für unterschiedliche Baujahre und Wohnungsgrößen sowie Ab- und Zuschlägen für Lage und Ausstattung errechnet. Da dies aufwändiger und teurer ist, finden sich Regressionsmietspiegel eher in finanzstarken Großstädten (z. B. München, Frankfurt), während kleinere oder kostenbewusste Gemeinden und Städte einen Tabellenmietspiegel erstellen (z. B. Berlin).

38 Begründet der Vermieter das Mieterhöhungsverlangen mit einem **Mietspiegel**, muss daraus erkennbar sein, wie er die Wohnung in den Mietspiegel **eingruppiert** hat und die entsprechenden **Tatsachen** hierzu vortragen.[19] Dem Vermieter hierbei unterlaufende Begründungsmängel beurteilt die Rechtsprechung zunehmend großzügiger. Während früher die richtige Einordnung in die Kategorie des Mietspiegels und die vorgesehene Mietspanne Wirksamkeitsvoraussetzung war,[20] genügt inzwischen, dass der Vermieter die Wohnung in das *nach seiner Auffassung* zutreffende Mietspiegelfeld einordnet.[21] Ordnet der Vermieter die Wohnung einem unzutreffenden Mietspiegelfeld zu, soll dies die Wirksamkeit des Mieterhöhungsverlangens auch dann nicht berühren, wenn der Mieter dies *nicht erkennen* kann.[22] Teilweise wird dafür plädiert, dass für den Mieter *nicht erkennbare* unrichtige Tatsachenangaben die Unwirksamkeit des Mieterhöhungsverlangens zur Folge haben.[23] Ist nur das **Ergebnis der Begründung** falsch (z. B. zu hoch berechnete ortsübliche Vergleichsmiete), ist das Mieterhöhungsverlangen *formal wirksam*, aber *materiell* nur in Höhe der zutreffenden Berechnung *begründet*.[24] Den Mietspiegel muss der Vermieter dem Mieterhöhungsverlangen nur **beifügen,** wenn er nicht allgemein und kostenlos zugänglich ist.[25]

39 Begründet der Vermieter das Mieterhöhungsverlangen mit einem **Sachverständigengutachten**, erfordert die formelle Wirksamkeit nicht, dass der Sachverständige die Mietsache für die Erstellung des Gutachtens besichtigt hat, was bei einem *Typengutachten*[26] die Regel ist. Es genügt, dass das Gutachten diejenigen Tatsachenangaben enthält, aus denen der Vermieter die Mieterhöhung herleitet, sodass der Mieter diesen nachgehen und die Berechtigung der geforderten Miete zumindest ansatzweise selbst überprüfen kann.[27]

40 Bei Begründung der Mieterhöhung mit den Entgelten für **Vergleichswohnungen** muss der Vermieter *mindestens drei* vergleichbare Wohnungen angeben, deren Miete mindestens so hoch ist wie die geforderte.[28] Die Vergleichbarkeit der Wohnungen richtet sich nach den fünf Wohnwertmerkmalen des § 558 Abs. 2 Satz 1 BGB. Es müssen nicht sämtliche Wohnwertmerkmale vorliegen; vielmehr genügt, dass die Wohnungen bei Anlegung eines großzügigen Maßstabs in einer *Gesamtschau* vergleichbar sind, weil sie zum selben Teilmarkt gehören.[29] Die Wohnungen können aus dem *eigenen Bestand* des Ver-

---

[19] Börstinghaus in Schmitt-Futterer, § 558a BGB Rn. 42.
[20] BGH, Urt. v. 12.11.2003 – VIII ZR 52/03, NJW 2004, 1379.
[21] BGH, Urt. v. 12.12.2007 – VIII ZR 11/07, NJW 2008, 573 Rn. 16 f.
[22] BGH, Urt. v. 11.3.2009 – VIII ZR 316/07, ZMR 2009, 521.
[23] Börstinghaus in Schmidt-Futterer, 12. Aufl. 2015, § 558 Rn. 4 und ders. in Blank/Börstinghaus, 5. Aufl. 2017 § 558a BGB Rn. 12.
[24] Für zu hoch berechnete ortsübliche Vergleichsmiete BGH, Urt. v. 12.11.2003 – VIII ZR 52/03, NJW 2004, 1379.
[25] BGH, Urt. v. 12.12.2007 – VIII ZR 11/07, NJW 2008, 573 Rn. 15.
[26] BGH, Urt. v. 19.5.2010 – VIII ZR 122/09, NZM 2010, 576.
[27] BGH, Urt. v. 11.7.2018 – VIII ZR 190/17, ZMR 2019, 109.
[28] BGH, Urt. v. 28.3.2012 – VIII ZR 79/11, NZM 2012, 415 Rn. 10.
[29] BGH, Beschl. v. 8.4.2014 – VIII ZR 216/13, NZM 2014, 747 Rn. 1 ff.

mieters stammen.³⁰ Sie müssen so *genau bezeichnet* sein, dass der Mieter sie ohne nennenswerte Schwierigkeiten auffinden kann.³¹

(5) Angaben eines qualifizierten Mietspiegels. Im Geltungsbereich **qualifizierter** **41** **Mietspiegel** (§ 558d BGB) muss der Vermieter nach § 558a Abs. 3 BGB die **Angaben des Mietspiegels für die konkrete Wohnung** mitteilen, auch wenn er ein anderes Begründungsmittel nach § 558a Abs. 2 BGB wählt. Eine **Qualifizierung** des Mietspiegels ist gegeben, wenn er nach *anerkannten wissenschaftlichen Grundsätzen* erstellt und entweder von der Gemeinde oder von Interessenvertretern der Vermieter und der Mieter *anerkannt* worden ist (§ 558d Abs. 1 BGB). Die Mitteilung erfordert keine zusätzliche Mietspiegelberechnung, sondern nur die Werte des konkreten Mietspiegelfeldes oder der Spanne des Mietspiegelfeldes im Mieterhöhungsverlangen. Stützt der Vermieter die Mieterhöhung auf ein *anderes* Begründungsmittel, braucht er dem Mieterhöhungsverlangen nach dem klaren Wortlaut des § 558a Abs. 3 BGB *keinen Mietspiegel* beizufügen.³²

Unterbleibt ein erforderlicher Hinweis auf die Angaben des qualifizierten Mietspiegels, **42** ist das Mieterhöhungsverlangen **unwirksam**.³³

bb) Materielle Begründetheit

Der Anspruch des Vermieters auf Zustimmung des Mieters zur Mieterhöhung besteht, **43** soweit das Mieterhöhungsverlangen **begründet** ist.

(1) Kein Ausschluss der Mieterhöhung. Die Mieterhöhung darf **nicht ausgeschlossen** **44** sein.

Dies kann sich ergeben aus einem vertraglichen Verzicht (§ 557 Abs. 3 Halbsatz 2 **45** Alt. 1 BGB), einer Staffel- oder Indexmietvereinbarung (§ 557a Abs. 2 Satz 2 oder § 557b Abs. 2 Satz 3 BGB) oder aus den Umständen (§ 557 Abs. 3 Halbsatz 2 Alt. 2 BGB).

Ein konkludenter Verzicht auf Mieterhöhungen kann darin liegen, dass der Vermieter **46** eine **Werkmietwohnung** zu einer **Vergunstmiete** unter der ortsüblichen Vergleichsmiete an einen Arbeitnehmer vermietet. Dies kann eine Pflicht des Vermieters begründen, die Mietermäßigung als Sozialleistung für die Dauer des Arbeitsverhältnisses beizubehalten.³⁴ Entfällt das Dienst- oder Arbeitsverhältnis zwischen Vermieter und Mieter, dürfte auch der Vermieter nicht mehr an die Mieterhöhungsbeschränkung gebunden sein.³⁵ Um Streitigkeiten über die Berechnung der Mietermäßigung zu vermeiden, sollte der Vermieter im Mietvertrag klarstellen, dass der absolute Unterschiedsbetrag von der *neuen ortsüblichen Vergleichsmiete* abzuziehen ist. Bei Eingreifen der Kappungsgrenze wäre sonst unklar, ob die gekappte Miete um den absoluten Unterschiedsbetrag zu ermäßigen ist.

(2) Wartefrist. Die Miete muss in dem Zeitpunkt, zu dem die Erhöhung eintreten soll, **47** **seit 15 Monaten unverändert** sein (**Wartefrist**) nach § 558 Abs. 1 Satz 1 BGB. Maßgeblich für den *Fristbeginn* ist bei einer seit Mietvertragsschluss nicht erhöhten Miete der *Beginn der Mietzeit*.³⁶ Bei einer erhöhten Miete läuft die Wartefrist ab dem Zeitpunkt, in

---

³⁰ BT-Drs. 14/4553 S. 45 f.; BayObLG, Beschl. v. 16.12.1998 – RE-Miet 3/98, NZM 1999, 215, 218.
³¹ BGH, Urt. v. 28.3.2012 – VIII ZR 79/11, NZM 2012, 415 Rn. 14; zur datenschutzrechtlichen Zulässigkeit nach Art. 6 Abs. 1c) DSGVO Eisenschmid NZM 2019, 313, 324.
³² Börstinghaus in Schmitt-Futterer, § 558a BGB Rn. 163; dies gilt erst recht bei kostenloser Verfügbarkeit vgl. BGH, Urt. v. 12.12.2007 – VIII ZR 11/07, NJW 2008, 573 Rn. 15.
³³ LG München I, Urt. v. 12.6.2002 – 14 S 21762/01, NJW 2002, 2885 und LG München I, Urt. v. 8.5.2002 – 14 S 20654/01, WuM 2002, 496.
³⁴ BayObLG, RE v. 22.2.2001 – RE-Miet 2/00 – „Vergunstmiete", NZM 2001, 372.
³⁵ Vgl. LG Wiesbaden, Urt. v. 8.11.2001 – 2 S 74/01, ZMR 2002, 278, auch zur fehlenden Bindung des Erwerbers an die Vergunstmiete bei Veräußerung des Mietobjekts.
³⁶ Börstinghaus in Schmitt-Futterer, § 558 BGB Rn. 20.

dem die *erhöhte Miete erstmals fällig* wurde.[37] Außer Betracht bleiben Mieterhöhungen wegen Modernisierung (§ 559 BGB) und wegen Veränderung von Betriebskosten (§ 558 Abs. 1 S. 3 BGB).

48 Die Wartefrist entspricht *in etwa* der *einjährigen* **Sperrfrist** des § 558 Abs. 1 Satz 2 BGB zuzüglich der anschließenden **Überlegungsfrist** des Mieters aus § 558b Abs. 1 Satz 1 BGB, die *bis zu drei Monate* beträgt (siehe Rn. F 60).

Übersicht: Fristen im Normalfall

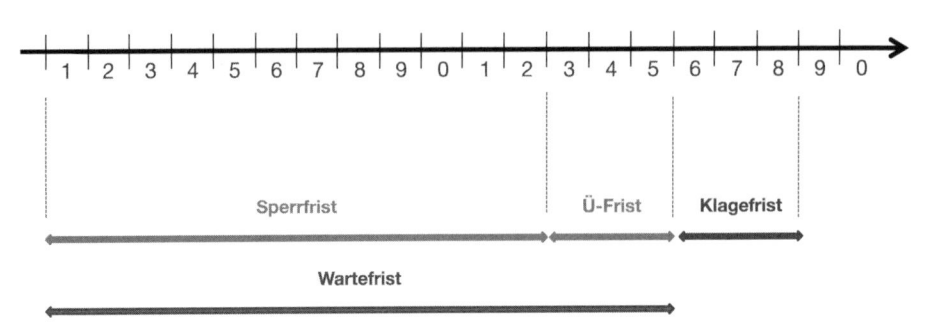

49 **Eigenständige Bedeutung** erlangt die Wartefrist nur, wenn die Miete nicht zu Monatsbeginn fällig ist. In diesem Fall ist die Überlegungsfrist des Mieters (siehe Rn. F 60) kürzer als drei Monate (z. B. bei letzter Mietänderung zum 15. Kalendertag des Monats). Wenn der Vermieter die Mieterhöhungsklage sofort nach Ablauf der Überlegungsfrist des Mieters aber noch vor Ablauf der Wartefrist erhebt, berührt dies nicht die Zulässigkeit der Mieterhöhungsklage. Nach dem Wortlaut des § 558 Abs. 1 BGB ist der Ablauf der Wartefrist lediglich materielle Voraussetzung des Zustimmungsanspruchs („kann die Zustimmung verlangen").

Übersicht: Fristen im Ausnahmefall

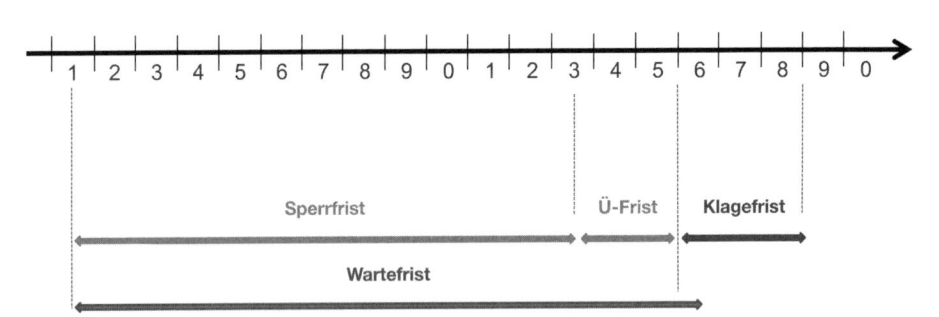

50 **(3) Einhalten der ortsüblichen Vergleichsmiete.** Die verlangte Miete (**Einzelvergleichsmiete**) darf die **ortsübliche Vergleichsmiete** nicht übersteigen (§ 558 Abs. 1 Satz 1 BGB). Letztere wird gebildet aus den üblichen Entgelten, die in der Gemeinde oder einer vergleichbaren Gemeinde für preisfreien Wohnraum vergleichbarer Art, Größe, Ausstattung, Beschaffenheit und Lage einschließlich der energetischen Ausstattung und Beschaffenheit in den letzten vier Jahren vereinbart oder – von Betriebskostenerhö-

---

[37] BGH, Urt. v. 28.4.2004 – VIII ZR 178/03, NZM 2004, 545; BayObLG, Rechtsentscheid v. 30.6.1989 – RE-Miet 4/88, NJW-RR 1989, 1172.

hungen abgesehen – geändert worden sind (§ 558 Abs. 2 BGB).[38] Maßgeblicher Zeitpunkt ist der Zugang des Mieterhöhungsverlangens.

Für den Abgleich der begehrten Einzelvergleichsmiete mit der ortsüblichen Vergleichsmiete ist die **tatsächliche Wohnfläche** der vermieteten Wohnung maßgeblich; abweichende Vereinbarungen über die Wohnfläche spielen insoweit keine Rolle.[39] 51

Beinhaltet die Grundmiete Betriebskosten (z. B. Bruttokaltmiete oder Teilinklusivmiete) und begründet der Vermieter das Mieterhöhungsverlangen mit Werten aus einem **Nettomietspiegel**, muss der Vermieter die *tatsächlichen* Betriebskosten aus der Grundmiete herausrechnen (zur formellen Wirksamkeit siehe Rn. F 32).[40] Das Herausrechnen ist ausnahmsweise entbehrlich, wenn die vom Vermieter geforderte Grundmiete unter der ortsüblichen Nettokaltmiete des Mietspiegels liegt. In diesem Fall kann der Mieter in die Berechtigung der Mieterhöhung prüfen, ohne dass es auf Betriebskostenanteile ankommt.[41] 52

Die ortsübliche Vergleichsmiete ist aus der Formulierung „übliche Entgelte" ersichtlich **kein punktgenauer Betrag**. Sie bewegt sich in der Regel innerhalb einer bestimmten Spanne.[42] Diese darf der Vermieter bei einem Regressionsmietspiegel bis zum oberen Wert ausschöpfen; bei einem Tabellenmietspiegel ist hingegen das arithmetische Mittel von Mindest- und Höchstwert üblich.[43] Ist die von einem Sachverständigen ermittelte Bandbreite der Vergleichswerte größer, ist die verlangte bzw. ausgeurteilte Einzelvergleichsmiete näher zu begründen.[44] Tritt *nach Zugang* des Mieterhöhungsverlangens ein **neuer Mietspiegel** mit einer höheren Vergleichsmiete in Kraft, kann das Gericht durch Schätzung einen Stichtagszuschlag erheben, den es durch lineares Fortschreiben des älteren Mietspiegels ermittelt.[45] 53

(4) Kappungsgrenze. Die **Kappungsgrenze** muss eingehalten sein. Das heißt die Miete darf sich gegenüber der **vor drei Jahren** geschuldeten **Ausgangsmiete um höchstens 20 % erhöhen** (§ 558 Abs. 3 Satz 1 BGB). 54

Diesen Prozentsatz können die Landesregierungen in den einzelnen Gemeinden für die Dauer von fünf Jahren auf **15 %** in den Gemeinden **absenken**, in denen eine angemessene Versorgung mit Mietwohnungen zu angemessenen Bedingungen gefährdet ist (§ 558 Abs. 3 Satz 2 und 3 BGB).[46] 55

Selbst bei erheblichen **Flächenabweichungen** ist die Kappungsgrenze aus der zu Beginn des Vergleichszeitraums geschuldeten Ausgangsmiete zu berechnen. Eine Berechnung der Kappungsgrenze aus der tatsächlichen größeren oder kleineren Wohnfläche („fiktive Kappungsgrenze") ist nicht mit dem Gesetzeswortlaut vereinbar.[47] 56

Erhöhungen der Miete wegen Modernisierung oder Veränderung der Betriebskosten bleiben für die Berechnung der Kappungsgrenze **außer Betracht**. Ferner können sich für den Vermieter Erleichterungen beim Wegfall der Preisbindung nach § 558 Abs. 4 BGB ergeben. 57

---

[38] Zu den Wohnwertmerkmalen vgl. Börstinghaus in Schmidt-Futterer § 558 BGB Rn. 49 ff.
[39] BGH, Urt. v. 18.11.2015 – VIII ZR 266/14, NJW 2016, 239 Rn.
[40] BGH, Versäumnisurt. v. 12.7.2006 – VIII ZR 215/05 Rn. 12 ff., NZM 2006, 864 und BGH, Urt. v. 26.10.2005 – VIII ZR 41/05, NZM 2006, 101 Rn. 18 ff.
[41] BGH, Urt. v. 10.10.2007 – VIII ZR 331/06, NZM 2008, 124.
[42] BGH, Urt. v. 20.4.2005 – VIII ZR 110/04, NJW 2005, 2074.
[43] Börstinghaus in Schmidt-Futterer § 558 BGB Rn. 137.
[44] BGH, Urt. v. 24.4.2019 – VIII ZR 82/18, juris Rn. 15 ff. für vom Sachverständigen festgestellte Spanne von 2,50 €.
[45] BGH, Urt. v. 15.3.2017 – VIII ZR 295/15, NJW 2017, 2679 Rn. 16 ff.
[46] Die Bayerische Staatsregierung hat mit der **Mieterschutzverordnung** vom 10.11.2015 (MiSchuV, GVBl. 2015, 398) von dieser Möglichkeit Gebrauch gemacht.
[47] BGH, Urt. v. 18.11.2015 – VIII ZR 266/14, NJW 2016, 239 Rn. 20; BGH, Urt. v. 17.4.2019 – VIII ZR 33/18, juris Rn. 20 ff.

58 Soweit die geforderte Miete die **Kappungsgrenze überschreitet**, ist Klage des Vermieters auf Zustimmung des Mieters zur Mieterhöhung **unbegründet**. Die Überschreitung der Kappungsgrenze löst keine **Unwirksamkeit** des Mieterhöhungsverlangens aus.[48]

59 (5) **Drittmittel**. Hat der Vermieter Drittmittel in Anspruch genommen, sind diese nach §§ 558 Abs. 5, 559a Abs. 1 bis 4 BGB von dem Jahresbetrag **abzuziehen**, der sich bei einer Mieterhöhung auf die ortsübliche Vergleichsmiete ergäbe.[49] Dies bezweckt, dass öffentliche Fördermittel in jedem Fall dem Mieter zugutekommen. Das Absenken des Abzugs des Zuschusses von der Mieterhöhung von bislang 11 % auf 8 % in § 558 Abs. 5 BGB schafft eine größere Mieterhöhungsmöglichkeit für den Vermieter. Die ist vermutlich ein Redaktionsversehen, das mangels Überleitungsvorschrift sogar rückwirkend für alle Mieterhöhungen gilt.[50]

c) Überlegungsfrist

60 Mit Zugang des Mieterhöhungsverlangens läuft für den Mieter eine **Überlegungsfrist**, innerhalb derer er sich darüber schlüssig werden kann, ob er dem Mieterhöhungsverlangen zustimmt. Diese Frist endet mit Ablauf des zweiten Kalendermonats der auf den Zugang folgt (§ 558b Abs. 2 BGB).

61 Wegen **Mängeln** der Mietsache darf der Mieter die Abgabe der Zustimmungserklärung nicht verweigern, weil ihm für seinen Gegenanspruch auf Mängelbeseitigung **kein Zurückbehaltungsrecht** aus § 273 Abs. 1 BGB zusteht. Das Leistungsverweigerungsrecht entfällt, weil ein angemessener Interessenausgleich zwischen Mieterschutz und Vermieterinteresse an einem marktangemessenen Ertrag bereits durch §§ 558 ff. BGB hinreichend Rechnung getragen ist und das Minderungsrecht aus § 536 Abs. 1 BGB auch gegenüber dem erhöhten Mietzins besteht.[51]

62 Innerhalb der Überlegungsfrist ist der Mieter berechtigt, das Mietverhältnis in Ausübung seines **Sonderkündigungsrechts** aus § 561 Abs. 1 Satz 1 BGB außerordentlich zum Ablauf des übernächsten Monats zu kündigen (siehe Rn. H 349 ff.).

d) Klagefrist

63 Liegt nach Ablauf der Überlegungsfrist keine Zustimmung des Mieters zur Mieterhöhung vor, kann der Vermieter innerhalb von weiteren **drei Monaten** auf Zustimmung zur Mieterhöhung klagen. Diese Klagefrist ist eine **Ausschlussfrist** (§ 558b Abs. 2 Satz 1 und 2 BGB). Nach Ablauf der Klagefrist ist die Klage des Vermieters auf Zustimmung zur Mieterhöhung **unzulässig**.[52] Der Vermieter kann ein neues Mieterhöhungsverlangen stellen, für das neue Überlegungs- und Klagefristen anlaufen. **Mangelnde Form und Begründung** des Mieterhöhungsverlangens im Sinne des § 558a BGB kann der Vermieter im Rechtsstreit **nachholen** nach § 558b Abs. 3 BGB.

e) Zustimmung

64 Stimmt der Mieter dem Mieterhöhungsverlangen **zu** oder wird seine Zustimmung durch Gerichtsurteil ersetzt nach § 894 Satz 1 ZPO, schuldet er die erhöhte Miete mit Beginn des dritten Kalendermonats nach Zugang des Erhöhungsverlangens (§ 558b Abs. 1 BGB). Zustimmen kann der Mieter auch **konkludent**, zum Beispiel durch vorbehaltlose Zahlung

---

[48] OLG Celle, RE v. 31.10.1995 – 2 UH 1/95, ZMR 1996, 194.
[49] Vgl. Börstinghaus in Schmidt-Futterer, § 558 BGB Rn. 214 ff.
[50] Artz/Börstinghaus NZM 2019, 12, 22 f. sprechen von „Kollateralschäden".
[51] OLG Frankfurt a. M., RE v. 29.7.1999 – 20 ReMiet 1/96, NJW 2000, 2115.
[52] LG Hamburg, Urt. v. 5.11.2009 – 307 S 75/09, ZMR 2010, 188.

der erhöhten Miete.⁵³ Besteht der Mieter aus einer Personenmehrheit, müssen sämtliche Mieter der Mieterhöhung zustimmen; fehlt die Zustimmung eines Mieters, ist sie wegen der Einheitlichkeit des Mietverhältnisses nicht erteilt.⁵⁴ Ein Anspruch auf eine **schriftliche Zustimmungserklärung** besteht aus § 558b Abs. 1 BGB auch dann nicht, wenn der Mietvertrag der Schriftform des § 550 BGB unterliegt. Ist eine deklaratorische Schriftformklausel vereinbart, kommt ein Nachholanspruch aus § 127 Abs. 2 Satz 2 BGB nur dann in Betracht,⁵⁵ wenn der Mieter in der Form des § 127 Abs. 2 Satz 1 BGB zugestimmt hat.

Abweichend von § 150 Abs. 2 BGB kann der Mieter einem Mieterhöhungsverlangen nach § 558b Abs. 1 BGB auch **teilweise** zustimmen.⁵⁶ Eine Teilzustimmung ist für den Mieter zweckmäßig, wenn die eingeklagte Zustimmung zur Mieterhöhung nur teilweise gerechtfertigt ist (z. B. bei Eingreifen der Kappungsgrenze). **65**

Stimmt der Mieter einem *formell unwirksamen* oder *materiell unbegründeten* **Mieterhöhungsverlangen** vorbehaltlos zu, führt dies in der Regel zu einer **vertraglichen Einigung** über die geforderte Zustimmung zur Mieterhöhung. Dabei ist das formell unwirksame Mieterhöhungsverlangen nach § 140 BGB umzudeuten in ein Angebot zur vertraglichen Mietänderung nach § 557 Abs. 1 BGB, für welche die §§ 558 ff. BGB nicht einzuhalten sind. **66**

Dem Mieter steht **kein Verbraucherwiderrufsrecht** aus §§ 312g, 355 ff. BGB für seine Zustimmung im Mieterhöhungsverfahren nach §§ 558 ff. BGB zu. Die Zustimmung ist vom Anwendungsbereich des Verbraucherwiderrufs bei Fernabsatzverträgen nach § 312c Abs. 1 BGB nicht erfasst, weil bereits der Begründungszwang und die Überlegungsfrist für den Mieter einen ausreichenden Verbraucherschutz im gesetzlichen Mieterhöhungsverfahren sicherstellen.⁵⁷ **67**

4. Mieterhöhung nach Modernisierung

Nach Modernisierungsmaßnahmen kann der Vermieter die Miete gemäß §§ 559 ff. BGB **einseitig** durch Erklärung erhöhen.⁵⁸ Diese Mieterhöhung soll die Erweiterung der Leistungspflicht des Vermieters nach §§ 555b ff. BGB ausgleichen und ist daher neben Mieterhöhungen auf die ortsübliche Vergleichsmiete nach §§ 558 ff. BGB zulässig. **68**

a) Ausschluss

Ausgeschlossen ist die Mieterhöhung wegen Modernisierung während der Laufzeit einer Staffelmiete (§ 557a Abs. 2 Satz 1 BGB). Während der Laufzeit einer Indexmiete kommt sie nur in Betracht, soweit der Vermieter die Modernisierung nicht zu vertreten hat (§ 557b Abs. 2 Satz 2 BGB). Noch nicht abschließend geklärt ist, ob der Vermieter die ausgeschlossenen Mieterhöhungen wegen während der Laufzeit durchgeführter Modernisierungsmaßnahmen nachholen kann, wenn diese beendet ist.⁵⁹ Ferner ist ein ausdrücklich oder konkludent vereinbarter Ausschluss der Mieterhöhung möglich (§ 557 Abs. 3 Halbsatz 2 BGB). Schließlich gilt eine fünfjährige Sperrfrist nach Mieterhöhungen im vereinfachten Verfahren gemäß § 559c Abs. 4 BGB. **69**

---

⁵³ BGH, Urt. v. 7.7.2010 – VIII ZR 321/09, NJW 2010, 2945 Rn. 9; BGH, Beschl. v. 30.1.2018 – VIII ZB 74/16, NZM 2018, 279 Rn. 11 ff.; Börstinghaus in Schmidt-Futterer, § 558 BGB Rn. 25.
⁵⁴ Börstinghaus in Schmidt-Futterer, § 558b BGB Rn. 34.
⁵⁵ Vgl. Einsele in Münchener Kommentar, § 127 BGB Rn. 15.
⁵⁶ BayObLG, RE v. 30.6.1989 – RE-Miet 4/88, ZMR 1989, 412.
⁵⁷ BGH, Urt. v. 17.10.2018 – VIII ZR 94/17, NZM 2018, 1011 Rn. 13 ff.
⁵⁸ BGH, Urt. v. 21.3.2007 – XII ZR 176/04, NZM 2007, 514 Rn. 11.
⁵⁹ Dafür Börstinghaus NZM 2018, 600; a. A. LG Berlin, Urt. v. 28.2.2018 – 65 S 225/17, NZM 2018, 599.

b) Modernisierungsmaßnahme

70 Die Mieterhöhung nach Modernisierung erfordert nach § 559 Abs. 1 BGB, dass der Vermieter als **Bauherr** eine **Modernisierungsmaßnahme** im Sinne des § 555b Nr. 1, 3, 4, 5 oder 6 BGB durchgeführt hat, beispielsweise einen neuen Fahrstuhl einbaut (Nr. 4). Modernisierungsmaßnahmen nach § 555b Nr. 2 BGB, die lediglich nicht erneuerbare Primärenergie einsparen (z. B. Umstellung der Beheizung mit Öl auf Holz) oder dem Klimaschutz dienen (z. B. Umstellung der Stromversorgung auf Solarenergie), ohne dass damit eine Einsparung der in der Mietsache verbrauchten *End*energie verbunden ist wie bei einer Wärmedämmung der Mietsache, muss der Mieter nur nach § 555d Abs. 1 BGB dulden, aber nicht finanzieren.

c) Berechnung der Mieterhöhung

71 Was die **Berechnung der Mieterhöhung** angeht, sind auf die jährliche Miete sind **bis zu 8 Prozent**[60] der für die Wohnung aufgewendeten Kosten für **Modernisierungsmaßnahmen** im Sinne des § 555b Nr. 1, 3, 4, 5 oder 6 BGB umlagefähig. Abzuziehen sind die Kosten, die vom Vermieter für **Erhaltungsmaßnahmen** aufzuwenden wären (§ 559 Abs. 2 BGB) sowie sämtliche **Drittmittel** (§ 559a BGB). Der Abzug für ersparte Instandsetzungskosten setzt die *Fälligkeit* der Instandsetzungsmaßnahmen voraus.[61]

72 Eine Mieterhöhung nach Modernisierung ist ab dem 1.1.2019[62] im **vereinfachten Verfahren** des § 559c BGB möglich, wenn Vermieter lediglich Kosten für die Modernisierung **bis zu 10.000 Euro je Wohnung** geltend macht. Dieses Verfahren erlaubt dem Vermieter den **pauschalen Abzug der Kosten für Erhaltungsmaßnahmen mit 30 Prozent** der Kosten der Modernisierungsmaßnahme (§ 555c Abs. 1 Satz 1 und 2 BGB).[63] Weiterhin abzuziehen sind Drittmittel, ausgenommen zinsverbilligte oder zinslose Darlehen (§ 559c Abs. 1 Satz 3 BGB). Schließlich sind nach § 555c Abs. 2 BGB die in den letzten fünf Jahren vom Vermieter geltend gemachten Modernisierungskosten abzuziehen. Dies verhindert, dass der Vermieter die Miete wegen derselben Modernisierungsmaßnahme zugleich nach § 559 BGB und § 559c BGB erhöht. Nach § 559c Abs. 3 BGB gilt nach Mieterhöhung im vereinfachten Verfahren eine **fünfjährige Sperrfrist** für Mieterhöhungen nach Modernisierung gemäß § 559 BGB; ausgenommen sind vom Vermieter nicht zu vertretende Modernisierungen (§ 559c Abs. 3 Nr. 1 und Nr. 2 BGB).

73 Betrifft die Modernisierung **mehrere Wohnungen**, muss der Vermieter die Kosten der Modernisierung nach § 559 Abs. 3 BGB angemessen **aufteilen**. Die Entscheidung obliegt dem Vermieter gemäß § 315 BGB nach billigem Ermessen. Je nach Modernisierungsmaßnahme kann eine Aufteilung nach dem Anteil der Wohnung an der Gesamtwohnfläche[64], nach der Anzahl der Wohnungen[65] oder nach Stückzahl der jeweils verbauten Fenster[66] angemessen sein.

---

[60] § 559 Abs. 1 BGB a. F. ermöglichte dem Vermieter eine Umlage von 11 Prozent der für die Wohnung aufgewendeten Kosten. Nach der Übergangsvorschrift in Art. 229 § 49 Abs. 1 Satz 1 EGBGB ist diese Fassung anzuwenden, wenn dem Mieter eine ordnungsgemäße Modernisierungsankündigung nach § 555c Abs. 1 Satz 1 BGB bis zum 31.12.2018 zugegangen ist.
[61] BGH, Urt. v. 17.12.2014 – VIII ZR 88/13 Rn. 29 ff.
[62] Art. 229 § 49 Abs. 1 Satz 3 EGBGB.
[63] Vgl. Artz/Börstinghaus NZM 2019, 12, 20.
[64] LG Münster, Urt. v. 26.11.2009 – 8 S 131/09, WuM 2010, 93.
[65] LG Frankfurt, Urt. v. 9.3.1982 – 2/11 S 215/81, WuM 1983, 115 für Kabelanschluss eines Mietshauses.
[66] LG Stralsund, Urt. v. 14.9.1995 – 1 S 217/94, WuM 1996, 229.

Für ab dem 1.1.2019 zugegangene Modernisierungsankündigungen bzw. Mieterhöhungen[67] gilt die **absolute Kappungsgrenze** des § 559 Abs. 3a BGB. Danach darf die monatliche Miete durch die Mieterhöhung nach Modernisierungsmaßnahmen innerhalb von sechs Jahren um höchstens **3 Euro/m²** Wohnfläche steigen; beträgt die bisherige monatliche Miete weniger als 7 Euro/m² Wohnfläche, sind es höchstens **2 Euro/m²**. Außer Betracht bleiben dabei Mieterhöhungen bis zur ortsüblichen Vergleichsmiete nach § 558 BGB und Veränderungen von Betriebskosten nach § 560 BGB.

74

d) Mieterhöhungserklärung

Die **Mieterhöhungserklärung** (§ 559b Abs. 1 BGB) müssen sämtliche Vermieter nach der Modernisierung gegenüber sämtlichen Mietern abgeben. Dafür muss die Modernisierungsmaßnahme grundsätzlich vollständig **abgeschlossen** sein; bei trennbaren Maßnahmen, die der Mieter getrennt nutzen kann, sind ausnahmsweise gesonderte Mieterhöhungserklärungen zulässig.[68] Dabei ist noch nicht geklärt, ob der Vermieter bis zur Geltendmachung der Mieterhöhung die *Schlussrechnung* abwarten muss.[69] Die Mieterhöhungserklärung bedarf zu ihrer Wirksamkeit der Textform (§ 126b BGB). Wenn **Bevollmächtigte** die Mieterhöhung für den Vermieter erklären, sollten sie ihre Vertretungsmacht durch Vorlage von **Originalvollmachten** nachweisen. Andernfalls besteht die Gefahr, dass die Mieterhöhungserklärung nach § 174 Satz 1 BGB infolge unverzüglicher Vollmachtsrüge des Mieters unwirksam wird (siehe Rn. H 62 ff.).

75

Inhaltlich erfordert die Mieterhöhungserklärung zumindest die Angabe des **Erhöhungsbetrags**; ob der Vermieter auch den **Gesamtbetrag der neuen Miete** angeben muss, ist noch nicht geklärt. Zur **Begründung** der Mieterhöhung ist sowohl eine **Berechnung** des Erhöhungsbetrags für die Wohnung des Mieters als auch eine **nachvollziehbare Erläuterung** erforderlich. Das heißt eine plausible Beschreibung anhand der Mieter – ggf. mit Hilfe einer sachkundigen Person – nachvollziehen kann, dass die Voraussetzungen des § 559 Abs. 1 bis 3 BGB vorliegen.[70] So muss bei Maßnahmen zur Einsparung von Heizenergie keine Wärmebedarfsberechnung vorliegen;[71] es genügt, dass der Vermieter plausibel einen Energieinspareffekt darlegt, sei es durch gegenständliche Beschreibung oder die Angabe der alten und neuen Wärmedurchgangskoeffizienten der renovierten Teile.[72] Zur Erläuterung, in welchem Umfang der Vermieter **Erhaltungskosten** erspart hat, muss er keine Vergleichsrechnung mit hypothetischen Erhaltungskosten beifügen; die nachvollziehbare Darlegung einer Quote genügt.[73] Schließlich muss der Vermieter erläutern, in welchem Umfang die Mieterhöhung wegen Inanspruchnahme von **Drittmitteln** gekürzt ist (§ 559a BGB).[74] Erfolgt die Mieterhöhung im **vereinfachten Verfahren** des § 559c BGB, muss der Vermieter angeben, dass er hiervon Gebrauch macht (§ 559c Abs. 5 Nr. 2 BGB), damit er die Mieterhöhung mit dem pauschalem Abzug der Erhaltungskosten begründen kann und in der Modernisierungsankündigung keine Auswirkungen auf die Betriebskosten darstellen muss (§ 559c Abs. 5 Nr. 2 BGB).

76

---

[67] Übergangsvorschrift in Art. 229 § 49 Abs. 1 Satz 1 bzw. 2 EGBGB.
[68] BGH, Urt. v. 17.12.2014 – VIII ZR 88/13, NJW 2015, 934 Rn. 39.
[69] Vgl. hierzu Sternel in Mietrecht aktuell Rn. IV 375; LG Berlin, Urt. v. 26.9.1988 – 62 S 75/88, GE 1989, 41; LG Potsdam, LG Potsdam, Urt. v. 20.9.2001 – 11 S 371/00, WuM 2001, 559.
[70] BGH, Urt. v. 17.12.2014 – VIII ZR 88/13, NJW 2015, 934 Rn. 28; BGH, RE v. 10.04 2002 – VIII ARZ 3/01, NJW 2002, 2036, 2036 f.
[71] BGH, RE v. 10.4.2002 – VIII ARZ 3/01, NJW 2002, 2036, 2037.
[72] BGH, Urt. v. 25.1.2006 – VIII ZR 47/05, NJW 2006, 1126 Rn. 9.
[73] BGH, Urt. v. 17.12.2014 – VIII ZR 88/13, NJW 2015, 934 Rn. 30.
[74] KG, RE v. 17.1.2002 – 8 RE-Miet 4/01, NZM 2002, 211.

e) Rechtsfolgen

77 Die **erhöhte Miete** schuldet der Mieter grundsätzlich ab dem dritten Monat nach Zugang der Erhöhungserklärung (§ 559b Abs. 2 Satz 1 BGB). Mängel der Ankündigung der Modernisierungsmaßnahme können diesen Zeitpunkt um sechs Monate verschieben (§ 559b Abs. 2 Satz 2 BGB).

78 Gegen die Mieterhöhung steht dem Mieter ein fristgebundener **Härteeinwand** zu nach §§ 559 Abs. 5 Satz 1, § 555d Abs. 4 bis 5 BGB. Die laufende Ausschlussfrist von einem Monat zwingt den Mieter, dem Vermieter Härtegründe gegen die *Mieterhöhung* bereits **frühzeitig** nach ordnungsgemäßer Ankündigung der *Modernisierungs*maßnahme mitzuteilen (siehe Rn. C 136). Für die Interessenabwägung bei der Prüfung des Härtegrunds nach § 559 Abs. 5 BGB sind grundsätzlich die Verhältnisse der Vertragsparteien im **Zeitpunkt** des Zugangs der Mieterhöhungserklärung maßgeblich.[75]

79 Im vereinfachten Verfahren des § 559c BGB wird die Mieterhöhung regelmäßig keine Härte für den Mieter darstellen. Sie beträgt monatlich höchstens 46,67 Euro.[76] Dass die Mieterhöhung für den Mieter eine unzumutbare Härte darstellt, berührt nicht dessen Pflicht zur *Duldung der Modernisierung* (§ 555d Abs. 2 Satz 2 BGB).

80 Nach § 561 BGB steht dem Mieter ein außerordentliches **Sonderkündigungsrecht** zu, wenn der Vermieter eine Mieterhöhung nach Modernisierung geltend macht (siehe Rn. H 344 ff.).

81 **Kritisiert** wird an der Mieterhöhung nach §§ 559 ff. BGB vor allem das Abgehen vom Vergleichsmietensystem und dass der Mietzuschlag auch fortbesteht, wenn die Modernisierung längst **abbezahlt** ist.[77] **Alternativ** zur Mieterhöhung nach Modernisierung kann der Vermieter die Miete auch nach §§ 558 ff. BGB **bis zur ortsüblichen Vergleichsmiete** unter Berücksichtigung ihres verbesserten Zustands erhöhen. Ferner sind **Kombinationen** dieser Mieterhöhungsmöglichkeiten möglich.[78]

82 Unabhängig von §§ 559 ff. BGB können die Vertragsparteien die künftige Miete **einvernehmlich** im Rahmen einer **Modernisierungsvereinbarung** regeln nach § 555f Nr. 3 BGB. Dabei darf die Mieterhöhungsvereinbarung entweder nur einmal stattfinden (§ 557 Abs. 1 und 4 BGB) oder sie muss den gesetzlichen Vorgaben für Staffel- bzw. Indexmieten entsprechen (§ 557 Abs. 2 und 4 BGB, siehe Rn. F 17 ff.).

II. Preisgebundener Wohnraum

83 Die Miete für preisgebundenen Wohnraum, der nach §§ 48 ff. WoFG noch den Vorschriften des Wohnungsbindungsgesetzes unterliegt[79], kann der Vermieter die Kostenmiete **einseitig durch schriftliche Erklärung** auf das **gesetzlich zulässige Entgelt** erhöhen nach § 10 Abs. 1 WoBindG. Die Mietänderung wird grundsätzlich zum auf die Erklärung folgenden Monat wirksam nach § 10 Abs. 2 Satz 1 Halbsatz 1 WoBindG. Dieses Verfahren ist angemessen, weil bereits die Kostenmiete überzogene Mieten verhindert (§ 8 Abs. 1 und 2 WoBindG).

---

[75] Börstinghaus NZM 2014, 689; Börstinghaus in Schmidt-Futterer, § 559 BGB Rn. 108a ff.
[76] Jährliche Mieterhöhung 8 % aus (10.000 Euro – 3.000 Euro) / 12 Monate.
[77] Blank WuM 2011, 195, 199; Gsell NZM 2017, 305, 311 f.; Weitemeyer NZM 2001, 562, 569.
[78] Fleindl NZM 2016, 65 mit Berechnungsbeispielen.
[79] Dies betrifft in der Regel bis 31.12.2001, in Ausnahmefällen bis 31.12.2002 mit Föderung nach I. oder II. WoBauG errichtete Sozialwohnungen, ausführlich Börstinghaus in Schmidt-Futterer, Nach § 561 BGB Rn. 12 ff.

Auch bei **Modernisierung** preisgebundenen Wohnraums kann der Vermieter die Miete 84
nur nach § 10 Abs. 1 WoBindG erhöhen. Nach § 11 Abs. 7 Satz 1 und 2 der II. BV ist
die Modernisierung für die Berechnung der Kostenmiete nur mit Zustimmung der Bewilligungsstelle berücksichtigungsfähig.

Nach der Mieterhöhungserklärung hat der Mieter ein **außerordentliches Kündigungs-** 85
recht gemäß § 11 Abs. 1 WoBindG (siehe Rn. H 355 ff.).

III. Geschäftsraum

In Mietverhältnissen über Geschäftsraum ist das Grundmodell der Mieterhöhung die 86
ordentliche Kündigung zum Zweck der Mieterhöhung. Die Kündigungsbeschränkung
des § 573 Abs. 1 Satz 2 BGB gilt nur für Wohnraum. Gleichzeitig kommt der Vermieter
nicht in den Genuss **gesetzlicher Mietanpassungsregeln** wie §§ 558 ff. BGB.

Bei **Weitervermietung von Wohnraum** an Personen mit dringendem Wohnbedarf 87
durch juristische Personen öffentlichen Rechts oder anerkannte Träger der Wohlfahrtspflege ist die Mieterhöhung auch im Hauptmietverhältnis gemäß § 578 Abs. 3 Satz 1
BGB nur nach den für Wohnraum geltenden Vorschriften der §§ 557 ff. BGB zulässig
(siehe Rn. F 2 ff.).

Bei **längeren Mietzeiten** ohne ordentliche Kündigungsmöglichkeit ist für den Vermieter daher unerlässlich, **künftige Mietänderungen bereits im Mietvertrag zu regeln.** 88
Dabei ist der Vermieter freier als bei Wohnraum, weil die Beschränkung des § 557 Abs. 2
BGB auf bestimmte Formen der Staffel- und Indexmiete nicht gilt.

Bei **kurzen Mietzeiten** (z.B. einjährige Festmietzeit) ist eine Regelung der Mietände- 89
rung im Mietvertrag entbehrlich. Gleiches gilt bei kurzfristig **ordentlich kündbaren**
Mietverhältnissen (z.B. nach § 580a Abs. 2 BGB). Hier kann der Vermieter Mieterhöhungen regelmäßig durch Änderungskündigung durchsetzen.

1. Änderungskündigung

Die im Mietvertrag vereinbarte Miete gilt nach dem Grundmodell des § 535 Abs. 2 90
BGB für die gesamte Mietzeit. Es steht den Vertragsparteien jedoch frei, die Höhe der
Miete **während der Mietzeit** durch **Vereinbarung** zu ändern (§ 311 Abs. 1 Alt. 2
BGB), die der Vermieter in der Regel durch Androhen einer **Änderungskündigung**
durchsetzt.

Zur Wahrung der **gesetzlichen Schriftform** der §§ 550, 578 BGB sollten Mietände- 91
rungsvereinbarungen stets in einem **förmlichen Nachtragsvertrag** stattfinden (siehe
Rn. B 98 ff.). Sie sollten die **Mietstruktur** klar regeln (siehe Rn. E 29 ff.) und hinsichtlich
der **Höhe der Miete** die allgemeinen gesetzlichen Grenzen beachten (siehe Rn. C 76 ff.).

Auch bei langer Mietzeit ist der Mieter von Geschäftsraum **nicht verpflichtet,** einer 92
vom Vermieter geforderten Mieterhöhung **zuzustimmen.** Die Möglichkeit der **Änderungskündigung** durch den Vermieter ist deshalb entscheidend für das Zustandekommen einer Mieterhöhungsvereinbarung.

Formal sind folgende **Varianten** zu unterscheiden: 93

- In der einfachsten Variante der Änderungskündigung verbindet der Vermieter die **ordentliche Kündigung** des Mietverhältnisses mit dem förmlichen **Angebot,** das Mietverhältnis nach dem Kündigungstermin zu einer **höheren Miete** fortzusetzen (Nachtragsvertrag). Nimmt der Mieter das Angebot an, kommt ein *neuer Mietvertrag* zur höheren Miete zu Stande. Andernfalls endet das Mietverhältnis zum Kündigungstermin.

- Ferner kann der Vermieter das Mietverhältnis ordentlich unter der **auflösenden Bedingung kündigen** (§ 158 Abs. 2 BGB), dass der Mieter das förmliche **Angebot** des Vermieters (Nachtragsvertrag) annimmt, das Mietverhältnis nach dem Kündigungstermin zu einer **höheren Miete** fortzusetzen. Nimmt der Mieter das Angebot an, verliert die Kündigung ihre Wirkung und das *bisherige Mietverhältnis* besteht mit geänderter Miete fort. So wird kein neues Mietverhältnis über renovierungsbedürftige Räume begründet, was die Wirksamkeit von **Schönheitsreparaturklauseln** nach § 307 Abs. 1 Satz 1 BGB gefährdet (siehe Rn. C 202).

- Schließlich kann der Vermieter dem Mieter die **ordentliche Kündigung** des Mietverhältnisses **in Aussicht stellen,** wenn dieser nicht das förmliche **Angebot** des Vermieters (Nachtragsvertrag) annimmt, das Mietverhältnis ab einem bestimmten Termin zu einer geänderten Miete anzunehmen. Nimmt der Mieter das Angebot an, besteht das Mietverhältnis mit geänderter Miete fort. Andernfalls erklärt der Vermieter die ordentliche Kündigung. Da das ursprüngliche Mietverhältnis fortbesteht, besteht keine Gefahr, dass die Vertragsparteien eine unwirksame Schönheitsreparaturklausel vereinbaren.

94 **Vorteil** der Änderungskündigung für den Vermieter ist deren hohe Flexibilität. Er kann nicht nur einmalig die Miete erhöhen, sondern darüber hinaus gehende Änderungen am Mietvertrag durchsetzen (z. B. Nachbessern einer unwirksamen Schönheitsreparaturklausel).

95 Als **Nachteil** kann sich erweisen, dass der Mieter anlässlich der Änderungskündigung vom Mietverhältnis Abstand nimmt oder seinerseits den Mietvertrag nachverhandelt.

2. Mietvertragliche Regelung

96 In Mietverhältnissen **ohne ordentliche Kündigungsmöglichkeit,** z. B. mit befristeter Mietzeit (§ 542 Abs. 2 BGB), mit Kündigungsverzicht des Vermieters oder mit Optionsrecht des Mieters besteht wenig Aussicht, den Mieter zu Mieterhöhungsvereinbarungen zu veranlassen. Die Mieterhöhungsmöglichkeit des Vermieters hängt daher davon ab, dass bereits im Mietvertrag künftige Mietänderungen angelegt sind. Hierfür gibt es verschiedene Regelungsmöglichkeiten. Welche vertragliche Regelung wirksam möglich und wirtschaftlich angemessen ist, hängt vor allem von der **Länge der Mietzeit** ab.

a) Staffelmiete

97 Für Staffelmietvereinbarungen in Mietverhältnissen über Geschäftsraum gelten nicht die Beschränkungen, die § 557a BGB für Wohnraummietverhältnisse vorsieht (z. B. Ausweisung der erhöhten Miete in einem Geldbetrag, Konstanz der Miete für jeweils ein Jahr, Kündigungsmöglichkeit des Mieters nach vier Jahren).

98 Die **Wirksamkeit** von Staffelmietklauseln ist am **Transparenzgebot** des § 307 Abs. 1 Satz 2 BGB zu messen, das nach § 307 Abs. 3 Satz 2 BGB auch für Preisregelungen gilt. § 309 Nr. 1 BGB greift nicht ein, da es sich bei Mietstaffeln nicht um kurzfristige Preiserhöhungen handelt. Zur sicheren Wahrung der Transparenz kann der Vermieter vorsorglich die Vorgaben des § 557a Abs. 1 und Abs. 2 Satz 1 BGB einhalten, die seine Gestaltungsfreiheit nur unwesentlich beschränken.

99 Für die **Funktionsweise** der Staffelmiete wird auf die Ausführungen zur Wohnraummiete verwiesen (siehe Rn. F 6 ff.).

100 **Vorteile** der Staffelmiete sind der automatische Eintritt der Mieterhöhung und das Vermeiden von Streit über die klar geregelte Miethöhe.

Nachteil der Staffelmiete ist, dass sich diese gerade bei langen Mietzeiten deutlich von der Marktmiete entfernen kann. Daher ist eine Staffelmiete nur bei Festmietzeiten bis zu fünf Jahren zu empfehlen. 101

b) Wertsicherungsklauseln

Wertsicherungsklauseln, die die Mietentwicklung **ohne Ermessensspielraum** streng an einen **Preisindex** koppeln, können die Vertragsparteien eines Geschäftsraummietvertrags **nicht frei vereinbaren.** 102

Seit 14.9.2007 gilt das **Preisklauselgesetz** (PrKG), welches das bisherige Genehmigungssystem abgeschafft und in ein System der **Legalausnahmen** überführt hat.[80] Das Bundesamt für Wirtschaft und Ausfuhrkontrolle (BAFA) hat die Prüfung und Genehmigung von Wertsicherungsklauseln eingestellt. Stattdessen müssen die Vertragsparteien die Zulässigkeit von Wertsicherungsklauseln **eigenverantwortlich prüfen.** Prüfungsmaßstab sind die §§ 1 ff. PrKG. Die Regelung der Indexmiete in § 557b Abs. 1 BGB gilt nur für Mietverhältnisse über Wohnraum und wird vom PrKG ausweislich dessen § 1 Abs. 4 nicht berührt. 103

Als **besondere Zulässigkeitsvoraussetzung** erfordert § 3 Abs. 1 Nr. 1e) PrKG zunächst, dass entweder der Vermieter für die Dauer von **mindestens zehn Jahren** auf das Recht zur ordentlichen *Kündigung verzichtet* oder der Mieter das *Optionsrecht* hat, die Mietzeit einseitig auf mindestens zehn Jahre zu verlängern. Somit kann das Optionsrecht als „goldene Brücke" zur automatschen Wertsicherung dienen, wenn der Mietvertrag die an sich die notwendige Mindestlaufzeit nicht erreicht. Umgekehrt können **Mängel der gesetzlichen Schriftform** des Mietvertrags nach §§ 550, 578 BGB dazu führen, dass der Mietvertrag die erforderliche Vertragsbindung nicht erreicht (siehe Rn. B 83 f.). 104

Weitere besondere Zulässigkeitsvoraussetzung nach § 3 Abs. 1 Nr. 1e) PrKG ist eine **zulässige Bezugsgröße.** Zulässig sind nur **amtliche Preisindexes für die Gesamtlebenshaltung.** Üblich ist vor allem der Verbraucherpreisindex für Deutschland **(VPI),** den das Statistische Bundesamt laufend im Internet veröffentlicht.[81] 105

Schließlich müssen Preisklauseln den **allgemeinen Zulässigkeitsvoraussetzungen** des § 2 PrKG genügen. Sie müssen hinreichend **bestimmt** sein (§ 2 Abs. 2 PrKG). Ferner dürfen Preisklauseln keine Vertragspartei **unangemessen benachteiligen,** beispielsweise dadurch, dass sie nur Erhöhungen der Miete zulassen, nicht aber Ermäßigungen („upwards only") oder dass Indexveränderungen überproportionale Mietänderungen bewirken (§ 2 Abs. 3 Nr. 1 bis 3 PrKG). 106

Die **Gestaltung der Preisklauseln im Übrigen** ist freier als unter den starren Vorgaben der Indexmiete des § 557b BGB.[82] So können die Vertragsparteien vereinbaren, dass Indexveränderungen **automatische Mietänderungen** zur Folge haben, ohne dass der Vermieter diese erklären muss. Verbreitet sind Vereinbarungen, wonach die Mietänderung entweder **zu bestimmten Zeitpunkten** eintritt oder bei Erreichen einer **bestimmten Indexänderung** (z. B. 5 %) gegenüber dem Index bei Mietvertragsschluss oder der letzten Mietänderung. Da die Preisindexes erst nach Ende des Kalenderjahres veröffentlicht werden, können die Vertragsparteien zur Meidung größerer Mietnachzahlungen vereinbaren, dass die automatische **Mietänderung erst später** eintritt. Um beim Umstellen des Basisjahres von Preisindexes (z. B. von 2010 auf 2015) ein aufwändiges Umbasieren zu 107

---

[80] Zum Wirksamwerden bislang Genehmigungserfordernis nach § 2 II PaPkG genehmigungsbedürftiger Preisklauseln durch Inkrafttreten des PrKG am 14.9.2007 vgl. BGH, Urt. v. 13.11.2013 – XII ZR 142/12, NJW 2014, 52 Rn. 24 ff.
[81] Abrufbar unter www.destatis.de.
[82] Zur Vertragsgestaltung vgl. Schultz NZM 2008, 425; Usinger NZM 2009, 297; Hellner/Rousseau NZM 2009, 301; Nehlep/Hupertz, ZfIR 2009, 126.

vermeiden, sollten die Vertragsparteien ausschließlich **Prozentklauseln** vereinbaren („Indexänderung = (Neuer Indexstand/Alter Indexstand) x 100 – 100"). Keinesfalls sollten sie so genannte Punkteklauseln vereinbaren, die an eine absolute Veränderung der Punktzahl des Index anknüpfen (z. B. Veränderung um 10 Punkte).

108 Verbotswidrige Preisklauseln werden erst **unwirksam,** wenn ein Gericht den Verstoß gegen das Preisklauselgesetz **rechtskräftig festgestellt** hat (§ 8 Satz 1 Halbsatz 1 PrKG). Für die Zeit bis zur rechtskräftigen Feststellung sind unzulässige Preisklauseln wirksam (§ 8 Satz 2 PrKG). Dies soll die Folgen der eigenverantwortlichen Prüfung der Zulässigkeit von Preisklauseln durch die Vertragsparteien abmildern, kann aber bei langer Prozessdauer dazu führen, dass verbotswidrige Preisklauseln mehrere Jahre zu vollziehen sind. Daher wird hinterfragt, ob neben § 8 PrKG Raum für eine Unwirksamkeit von Preisklauseln nach den Vorschriften für Allgemeine Geschäftsbedingungen besteht.[83]

109 **Vorteile** von Wertsicherungsklauseln sind der automatische Eintritt der Mietänderung und das Vermeiden von Streit über die klar geregelte Miethöhe sowie die grundsätzliche Eignung zur Wertsicherung der Miete über längere Zeiträume, für die eine Staffelmiete nicht mehr geeignet ist.

110 **Nachteile** sind die notwendige Vertragsbindung des Vermieters für 10 Jahre, deren Einhaltung Schwierigkeiten bei nachträglichen Vertragsänderungen bereiten kann, und eine erhöhte Sorgfalt bei Wahrung der gesetzlichen Schriftform erfordert.[84] Ferner kann die wertgesicherte Miete deutlich von der Marktmiete abweichen, wenn Index- und Mietentwicklung auseinanderfallen. Schließlich entsteht ein erhöhter Vollzugsaufwand für den Mietvertrag, weil der Vermieter die Indexveränderung überwachen und die daraus folgenden Mietänderungen berechnen und geltend machen muss.

c) Leistungsvorbehalte

111 Leistungsvorbehalte sind nach der Legaldefinition des § 1 Abs. 2 Nr. 1 PrKG Vereinbarungen, bei denen die Mietänderung zwar an bestimmte Voraussetzungen anknüpft, aber zugleich ein **Ermessensspielraum** besteht, der es ermöglicht, die neue Höhe der Miete nach Billigkeitsgrundsätzen zu bestimmen. Zum Beispiel: „Der Vermieter prüft, ob die Miete noch ortsüblich oder sonst angemessen ist. Bei einer Änderung setzt er den zusätzlich oder weniger zu zahlenden Betrag nach billigem Ermessen (§ 315 BGB) fest und teilt dem Mieter die Höhe des künftig zu zahlenden Nutzungsentgelts mit."[85]

112 Aufgrund des Ermessensspielraums ist die Wirksamkeit von Leistungsvorbehalten nicht am PrKG zu messen, sondern an §§ 315 ff. BGB und am Recht der Allgemeinen Geschäftsbedingungen (§ 307 Abs. 1 Satz 2, Abs. 3 Satz 2 BGB). An die Mietzeit stellen Leistungsvorbehalte keine besonderen Anforderungen, sie sind **stets zulässig.**

113 Leistungsvorbehalte können die Vertragsparteien wie folgt regeln:

- Ein **einseitiges Leistungsbestimmungsrecht** des Vermieters im Sinne des § 315 Abs. 1 und 2 BGB ist formularvertraglich zulässig. Eine Formularklausel, wonach der Vermieter berechtigt ist, bei einer Änderung der ortsüblichen oder angemessenen Miete den vom Mieter zusätzlich oder weniger zu zahlenden Betrag nach billigem Ermessen festzusetzen, hat der BGH als wirksam beurteilt.[86] Die Angemessenheit der Leistungsbestimmung ist nach § 315 Abs. 3 Satz 2 BGB gerichtlich überprüfbar.

- Alternativ können die Vertragsparteien vereinbaren, dass der Vermieter unter bestimmten Voraussetzungen einen **Anspruch auf Zustimmung des Mieters** zu einer angemessenen Mietänderung hat. Zur Wahrung der gesetzlichen Schriftform der §§ 550, 578

---

[83] Gerber NZM 2008, 152.
[84] Aufderhaar/ Jaeger, NZM 2009, 564; Birnbach/Gassert, MietRB 2010, 372.
[85] Vgl. BGH, Urt. v. 9.5.2012 – XII ZR 79/10, NJW 2012, 2187.
[86] BGH, Urt. v. 9.5.2012 – XII ZR 79/10, NJW 2012, 2187.

BGB muss die Einigung über die Mietänderung in einem förmlichen **Nachtragsvertrag** erfolgen (siehe B 98 ff.). Für den Fall, dass die Zustimmung des Mieters bis zu einem bestimmten Zeitpunkt ausbleibt, ist üblich, eine Leistungsbestimmung durch einen **Sachverständigen** gemäß § 317 Abs. 1 BGB zu vereinbaren. Diese ist nach § 319 Abs. 1 Satz 2 BGB auf offenbare Unbilligkeit überprüfbar.[87] Ergänzend sollten die Vertragsparteien regeln, wer die Sachverständigenkosten in welcher Höhe trägt.

Die **Voraussetzungen der Mietänderung** (z. B. Zeitpunkte der Mietanpassung oder -neufestsetzung) sind in beiden Fällen präzise zu formulieren. Ferner sind **klare Kriterien für die Mietänderung** festzulegen. Ungenau ist ein Verweis auf die Änderung der „Marktmiete". Da es keinen Mietspiegel für Geschäftsraum gibt, sind exakte Vorgaben für Vergleichsobjekte wie z. B. Lage, Größe, Nutzungszweck, Ausstattung, mietvertragliche Lastenverteilung erforderlich. Alternativ möglich ist auch ein Anknüpfen des Leistungsvorbehalts an eine Indexveränderung. Darüber hinaus muss klar geregelt sein, ob die Miete **neu festgesetzt** oder **angepasst** wird. *Anpassung* bedeutet, dass eine Abweichung der bisherigen Miete von der ortsüblichen Miete fortgeschrieben wird; bei der *Neufestsetzung* spielt dagegen die bisherige Miethöhe keine Rolle, weil die Miete wie bei einer Neuvermietung zu ermitteln ist.

Vorteile von Leistungsvorbehalten sind, dass sie keine zehnjährige Vertragsbindung des Vermieters erfordern und dass hiermit eventuell eine größere Nähe zur Marktmiete erzielbar ist. So ist auch eine billige Bestimmung der Miete anhand von Preisindex-Veränderungen für kürzere Mietzeiten wirksam möglich.

Nachteile sind die Erforderlichkeit präziser Vorgaben für die Mietanpassung (z. B. Vorgaben für Vergleichsobjekte) sowie das Ermessen bei der Mietfestsetzung. Beides birgt ein hohes Streitpotential. Hinzu kommen der wiederkehrende Bewertungsaufwand und gegebenenfalls die Kosten eines Sachverständigen. Schließlich ist es notwendig, Mietanpassungen aktiv geltend zu machen.

---

[87] Z. B. wegen Einbeziehung nicht vermieteter Flächen, vgl. LG Bremen, Urt. v. 16.10.2018 – 1 O 26/18, juris.

G. Wechsel der Vertragsparteien

Da Mietverhältnisse als Dauerschuldverhältnisse in der Regel über längere Zeiträume bestehen, folgt ein Wechsel der Vertragsparteien oft aus einer Veränderung der tatsächlichen Umstände. Die wichtigsten Fallgruppen sind die Vertragsübernahme (§ 311 Abs. 1 BGB), die Veräußerung der Mietsache (§ 566 ff. BGB), die gewerbliche Weitervermietung (§ 565 BGB) und der Tod einer Vertragspartei (§ 1922 Abs. 1 und §§ 563 ff. BGB).

I. Vertragsübernahme

Das rechtsgeschäftliche **Übertragen der Rechtsstellung einer Partei als Ganzes** ist im BGB nicht geregelt. Dieses enthält lediglich Vorschriften über die Abtretung einzelner Forderungen (§§ 398 ff. BGB) und über die Übernahme einzelner Schulden (§§ 414 ff. BGB).

Nach der Rechtsprechung des BGH ist die Übernahme der Gesamtheit aller Rechte und Pflichten einer Partei durch einen Dritten ohne Neuabschluss eines Mietvertrags möglich, wenn sich **Vermieter, Mieter und der Dritte** hierüber **einig** sind (§ 311 Abs. 1 BGB). Dies gilt sowohl für den häufiger vorkommenden Wechsel des Mieters[1] als auch für den Wechsel des Vermieters[2].

Konstruktiv handelt es sich um ein **einheitliches Rechtsgeschäft**. Als Verfügung über das Schuldverhältnis als Ganzes bedarf es der Zustimmung sämtlicher Beteiligten. Dies kann entweder als **dreiseitiger Vertrag erfolgen** oder als **zweiseitiger Vertrag** zwischen Vermieter und Altmieter, zwischen Vermieter und Neumieter oder zwischen Altmieter und Neumieter jeweils mit **Zustimmung des dritten Beteiligten**.

Der **Übertragungs-Vertrag** bedarf unabhängig von der Gestaltung der **gesetzlichen Schriftform** der §§ 550, 578 BGB. Eine **Zustimmung** des dritten Beteiligten ist nach § 182 Abs. 2 BGB **formfrei** möglich.[3] Damit die Vertragsübernahme beweisbar ist, sollten alle Erklärungen stets der Schriftform des § 126 Abs. 2 bzw. Abs. 1 BGB entsprechen.

Ein **Anspruch des Mieters** auf Zustimmung des Vermieters zur Übertragung des Mietverhältnisses auf einen Dritten besteht grundsätzlich nur bei ausdrücklicher Vereinbarung (z.B. aus einer echten Ersatzmieter-Klausel). Ferner kann der Vermieter bei **Unternehmensveräußerung** verpflichtet sein, bei der Übertragung des Mietverhältnisses auf den Erwerber mitzuwirken, wenn es bei dem Mietvertrag nicht so sehr auf die Person des Mieters ankommt, sondern der Mietvertrag auf das Unternehmen des Mieters bezogen war.[4]

Übernimmt der der Dritte den Betrieb des Mieters, ist zu bedenken, dass vom Mieter begründete **Arbeitsverhältnisse** infolge des Betriebsübergangs nach § 613a Abs. 1 Satz 1

---

[1] BGH, Urt. v. 3.12.1997 – XII ZR 6/96, NJW 1998, 531 und BGH, Urt. v. 20.4.2005 – XII ZR 29/02, NZM 2005, 584.

[2] BGH, Urt. v. 20.6.1985 – IX ZR 173/84, NJW 1985, 2528 und BGH, Versäumnisurt. v. 12.3.2003 – XII ZR 18/00, NJW 2003, 2158.

[3] BGH, Versäumnisurt. v. 12.3.2003 – XII ZR 18/00, NJW 2003, 2158 und BGH, Urt. v. 30.1.2013 – XII ZR 38/12, NJW 2013, 1083.

[4] BGH, Urt. v. 21.12.1966 – VIII ZR 195/64, NJW 1967, 821.

BGB auf den Dritten **übergehen** können, sofern die betroffenen Arbeitnehmer nicht nach § 613a Abs. 6 BGB widersprechen.[5]

II. Veräußerung der Mietsache

8   Um den Mieter bei **Veräußerung der Mietsache** vor dem Entzug der Mietsache durch den Erwerber zu schützen,[6] tritt der Erwerber nach § 566 Abs. 1 BGB anstelle des Vermieters in die Rechte und Pflichten aus dem Mietverhältnis ein („Kauf bricht nicht Miete"). Für andere Mietverhältnisse als Wohnraum ergibt sich dies aus den Verweisungen in § 578 Abs. 1 und 2 BGB.

1. Eintrittsvoraussetzungen

9   Das Eingreifen der §§ 566 Abs. 1, 578 BGB erfordert, dass der Vermieter die Mietsache auf Grundlage eines **wirksamen Mietvertrags vor** Veräußerung an den Mieter **überlassen** hat. An einen nicht in Vollzug gesetzten Mietvertrag, bei dem noch keine Übergabe der Mietsache stattgefunden hat, ist der Erwerber nach § 567a BGB nur gebunden, wenn er gegenüber dem Vermieter die Erfüllung des Mietvertrags übernommen hat.

10, 11   Ferner ist erforderlich, dass der Vermieter die **in seinem Eigentum** stehende Mietsache an den Erwerber **veräußert**. Maßgeblich ist der Zeitpunkt, in dem das **Eigentum** durch Auflassung und anschließende **Eintragung im Grundbuch** auf den Erwerber **übergeht** (§§ 925, 873 BGB). Auf den Zeitpunkt des der Veräußerung zu Grunde liegenden Kausalgeschäfts (z.B. Abschluss des notariellen Kauf-, Tausch- oder Schenkungsvertrags) kommt es *nicht* an. Daran ändert auch die Eintragung einer Auflassungsvormerkung nach §§ 883, 885 BGB nichts.[7] Klauseln in Grundstückskaufverträgen, wonach **Besitz, Nutzen und Lasten** zu einem früheren Zeitpunkt auf den Erwerber übergehen, entfalten gegenüber dem am Vertragsschluss nicht beteiligten Mieter grundsätzlich keine Wirkung. Nur wenn der Mieter der Klausel zustimmt, kann darin eine rechtsgeschäftliche Vertragsübernahme liegen.

12   Für die Eigentumsübertragung vom Bund auf die Bundesanstalt für Immobilienaufgaben durch das **BImA-Errichtungsgesetz** gilt § 566 Abs. 1 BGB analog.[8] Bei fehlender Identität zwischen Vermieter und Veräußerer ist § 566 Abs. 1 BGB analog anwendbar, wenn die Vermietung des veräußerten Grundstücks mit Zustimmung und im alleinigen wirtschaftlichen Interesse des Eigentümers erfolgt und der Vermieter kein eigenes Interesse am Fortbestand des Mietverhältnisses hat.[9] Umgekehrt ist § 566 Abs. 1 BGB wegen seines entgegengesetzten Schutzzwecks nicht analog anwendbar, wenn ein Miteigentümer seinen Anteil auf den anderen Miteigentümer überträgt, so dass dieser Alleineigentümer wird.[10]

13   In der **Zwangsversteigerung** erfolgt der Eintritt des Erstehers gem. §§ 57 ZVG, § 566 Abs. 1 BGB. Maßgeblicher Zeitpunkt ist der Zeitpunkt der *Zuschlagserteilung* nach § 90 Abs. 1 ZVG. Nach §§ 57a, 57c ZVG kann der Ersteher das Mietverhältnis erleichtert

---

[5] Vgl. Wichert ZMR 2016, 756; BAG, Urt. v. 11.9.1997 – 8 AZR 555/95, NJW 1998, 1253 zur Neuverpachtung einer eingerichteten Gaststätte.
[6] BGH, Urt. v. 12.7.2017 – XII ZR 26/16, NZM 2017, 847 Rn. 29.
[7] BGH, Urt. v. 19.10.1988 – VIII ZR 22/88, NJW 1989, 451.
[8] BGH, Urt. v. 9.7.2008 – VIII ZR 280/07, NJW 2008, 2773.
[9] BGH, Urt. v. 12.7.2017 – XII ZR 26/16, NZM 2017, 847.
[10] BGH, Beschl. v. 9.1.2019 – VIII ZB 26/17, juris Rn. 9 ff.

kündigen, muss allerdings bei Wohnraummiete §§ 573, 574 BGB beachten (siehe Rn. H 399 ff.).

2. Rechtsfolgen für den Erwerber

Der Erwerber tritt gem. § 566 Abs. 1 BGB an Stelle des Vermieters **in sämtliche miettypischen Rechte und Pflichten aus dem Mietverhältnis** ein, die im **Zeitpunkt des Eigentumsübergangs** zwischen Vermieter und Mieter bestehen. Dabei entsteht ein **neues Mietverhältnis** mit dem Inhalt des bisherigen Mietverhältnisses.[11] Kein Eintritt des Erwerbers erfolgt in **sonstige Rechte und Pflichten,** die nicht als mietrechtlich zu qualifizieren sind (z. B. Ankaufsrecht des Mieters[12] oder Lieferpflichten).

Nach dem so genannten **Fälligkeitsprinzip** stehen dem Erwerber sämtliche *nach Eigentumsübergang fälligen* **Ansprüche** zu. So hat der Erwerber Anspruch auf Zahlung der Miete aus § 535 Abs. 2 BGB, soweit die Forderung nach Eigentumsübergang fällig wird, auch wenn die Mietforderung zum Teil auf einen Zeitraum vor Eigentumsübergang bezogen ist. Er kann die Rückgabe der Mietsache aus § 546 Abs. 1 BGB verlangen, wenn der Kündigungstermin nach dem Eigentumsübergang liegt.[13] Ein Mieterhöhungsverlangen des veräußernden Vermieters nach §§ 558 ff. BGB, das vor dem Eigentumsübergang zugeht, wirkt zugunsten des während der Zustimmungsfrist eintretenden Erwerbers.[14]

Umgekehrt muss der Erwerber für sämtliche *nach Eigentumsübergang fälligen* gesetzlichen und vertraglichen **Pflichten** des Vermieters einstehen. So muss er dem Mieter den vertragsgemäßen Gebrauch gewähren und Mängel der Mietsache beseitigen nach § 535 Abs. 1 Satz 1 und 2 BGB. Er schuldet dem Mieter Aufwendungsersatz nach § 536a Abs. 2 BGB, soweit dessen Ersatzansprüche nach Eigentumsübergang fällig werden.

3. Rechtsfolgen für den bisherigen Vermieter

Der bisherige Vermieter bleibt hinsichtlich aller *vor Eigentümerwechsel begründeten* und *fällig* gewordenen Ansprüche aus dem Mietverhältnis berechtigt (§ 566 Abs. 1 BGB e. c.). Er kann die Zahlung der vor Eigentümerwechsel fälligen Mieten auch nach Eintritt des Erwerbers in das Mietverhältnis verlangen und weiterhin Schadensersatz fordern, soweit dieser vor dem Eintritt des Erwerbers fällig ist.

Unabhängig von § 566 Abs. 1 BGB kann der bisherige Vermieter seine Ansprüche gem. §§ 398 ff. BGB an den Erwerber **abtreten** und diesem nicht abtretbare Gestaltungsrechte durch **Vollmachten** gem. § 167 Abs. 1 BGB zur Ausübung überlassen (z. B. Kündigungsrechte, siehe Rn. H 75 f.).

Der bisherige Vermieter **haftet** dem Mieter gem. § 566 Abs. 2 Satz 1 BGB wie ein selbstschuldnerischer Bürge (§ 773 Abs. 1 Nr. 1 BGB), wenn der Erwerber die gem. § 566 Abs. 1 BGB auf ihn übergegangenen Verpflichtungen nicht erfüllt und dem Mieter deshalb Schadensersatz schuldet. Von dieser Haftung wird der Vermieter gem. § 566 Abs. 2 Satz 2 BGB befreit, wenn er dem Mieter den erfolgten Eigentümerwechsel mitteilt und der Mieter daraufhin das Mietverhältnis nicht zum nächstmöglichen Termin kündigt.

---

[11] BGH, Urt. v. 3.5.2000 – XII ZR 42/98, NJW 2000, 2346.
[12] BGH, Urt. v. 12.10.2016 – XII ZR 9/15, NJW 2017, 254 Rn. 18 und 27 ff.
[13] BGH, Urt. v. 28.6.1978 – VIII ZR 139/77, NJW 1978, 2148.
[14] LG Kassel, Urt. v. 3.11.1994 – 1 S 434/94, WuM 1996, 417.

4. Betriebs- und Nebenkostenabrechnung

20   Für das Abrechnen von **Betriebs- und Nebenkosten** gilt, sofern der veräußernde Vermieter und der Erwerber keine andere Regelung im Kaufvertrag treffen:
- Über Abrechnungszeiträume, die **vor dem Eigentümerwechsel enden,** bleibt *bisherige Vermieter* zur Abrechnung und zum Ausgleich des Saldos berechtigt bzw. verpflichtet.[15] In Durchbrechung des Fälligkeitsprinzips kommt es nicht darauf an, wann der Saldo fällig wird. Dies vermeidet, dass die Abrechnung der Betriebs- bzw. Nebenkosten und der Ausgleich des Abrechnungsergebnisses auseinanderfallen.
- Über alle Abrechnungszeiträume, die im **Zeitpunkt des Eigentümerwechsels nicht beendet** sind, ist der *Erwerber* zur Abrechnung und zum Ausgleich des Saldos berechtigt bzw. verpflichtet. Dabei hat der Erwerber einen Anspruch gegen den bisherigen Vermieter auf **Mitwirkung** an der Erstellung der Abrechnung. In der Regel muss der bisherige Vermieter hierfür dem Erwerber eine Abrechnung für die Mietzeit bis zum Eigentümerwechsel übergeben, so dass dieser die Ergebnisse in seine Abrechnung gegenüber dem Mieter einarbeiten kann. Gegenüber dem Mieter besteht keine Pflicht zur Zwischenabrechnung.

5. Mietsicherheit

21   Hat der Mieter dem bisherigen Vermieter eine **Mietsicherheit** geleistet, kann der Mieter die Rückgewähr der Mietsicherheit nach § 566a Abs. 1 Satz 1 BGB generell vom Erwerber verlangen. Der bisherige Vermieter haftet nach § 566a Abs. 1 Satz 2 lediglich subsidiär.

22   Daher sollten der Erwerber und der bisherige Vermieter die Weitergabe von geleisteten Mietsicherheiten an den Erwerber ausdrücklich vertraglich regeln (z. B. im Kaufvertrag).

23   Fand der Eigentümerwechsel vor dem **1.9.2001** statt, gilt § 572 S. 2 BGB a. F. fort. Die Neuregelung in § 566a Abs. 1 BGB findet keine Anwendung, um eine verfassungsrechtlich unzulässige Rückwirkung auf abgeschlossene Erwerbsvorgänge zu vermeiden.[16] Nach der früheren Regelung ist der Erwerber zur Rückgewähr der Mietsicherheit an den Mieter nur verpflichtet, wenn die ihm vom bisherigen Vermieter *ausgehändigt* wurde oder sich der Erwerber gegenüber dem bisherigen Vermieter zur Rückgewähr der Mietsicherheit *verpflichtet* hat. Andernfalls bleibt der bisherige Vermieter zur Rückgewähr der Mietsicherheit verpflichtet.

6. Vorausverfügungen und Rechtsgeschäfte über zukünftige Mietansprüche

24   Die §§ 566b bis 566d BGB bezwecken, bei Vorausverfügungen über die Miete den Mieter vor Doppelzahlung und den Erwerber vor dem Verlust des Anspruchs auf Mietzahlung zu schützen.

25   Die Bindung des Erwerbers an **Vertragsänderungen** zwischen bisherigem Vermieter und Mieter ergibt sich aus § 566 Abs. 1 BGB.

26   Die Wirkung von **Vorausverfügungen des Vermieters über die Miete** gegenüber dem Erwerber ist in § 566b BGB geregelt. Betroffen sind einseitige Verfügungen des Ver-

---

[15] BGH, Urt. v. 3.12.2003 – VIII ZR 168/03, NJW 2004, 851.
[16] BGH, Urt. v. 9.3.2005 – VIII ZR 381/03, NZM 2005, 639 und BGH, Urt. v. 16.11.2005 – XII ZR 124/03, NZM 2006, 179.

mieters über Mietforderungen vor Eigentumsübergang, deren Wirkungen zumindest teilweise in die Zeit nach dem Eigentumsübergang fallen (z. B. Aufrechnung des Vermieters, Abtreten oder Verpfänden der Mietforderung an einen Dritten).

Für die Wirkung von **Vereinbarungen zwischen Mieter und Vermieter über die Miete** gegenüber dem Erwerber, die **keine Vertragsänderung auf Dauer** beinhalten und **nicht über den Einzelfall hinausgehen** (z. B. Stundung, Erlass, Aufrechnungsvertrag oder Vorauszahlung), gilt § 566c BGB. 27

Die **Aufrechnung des Mieters** gegen Mietforderungen des Erwerbers mit Forderungen des Mieters gegen den bisherigen Vermieter ist in § 566d BGB geregelt. 28

Nach **Mitteilung des Eigentumsübergangs durch den Vermieter,** kann der Mieter auch dann mit befreiender Wirkung an den genannten Erwerber bezahlen, wenn die mitgeteilte Übertragung nicht erfolgt oder unwirksam ist (§ 566e Abs. 1 BGB). Die Mitteilung kann der Vermieter nur mit Zustimmung des als neuen Eigentümer Bezeichneten zurücknehmen (§ 566e Abs. 2 BGB). 29

7. Sonderfälle

Belastet der Vermieter die Mietsache mit dem **dinglichen Recht** eines Dritten und *entzieht* dessen Ausübung dem Mieter den vertragsgemäßen Gebrauch, ordnen die §§ 567 Satz 1 BGB, 566 Abs. 1, 578 BGB an, dass der Dritte als Vermieter in das Mietverhältnis eintritt (z. B. bei Nießbrauchbestellung nach §§ 1030 ff. BGB). *Beschränkt* die Ausübung des dinglichen Rechts lediglich den vertragsgemäßen Gebrauch, ist der Dritte dem Mieter gegenüber nach § 567 Satz 2 BGB zur Unterlassung verpflichtet. 30

Bei **Weiterveräußerung oder Belastung** der Mietsache durch den **Erwerber** gelten die §§ 566 und 567, nach §§ 567b, 578 BGB entsprechend. 31

Schließlich gelten die §§ 566 ff. BGB **kraft Verweisung** entsprechend bei Erlöschen des Nießbrauchrechts (§§ 1056 Abs. 1 BGB), Eintritt der Nacherbfolge (§§ 2135, 1056 Abs. 1 BGB), Erlöschen des Erbbaurechts (§ 30 Abs. 1 ErbbauRG) oder bei Zwangsversteigerung der Mietsache (§ 57 ZVG). 32

III. Gewerbliche Weitervermietung von Wohnraum

Bei der gewerblichen Weitervermietung von Wohnraum im Sinne des § 565 Abs. 1 BGB vermietet der Vermieter Räume an den Mieter (Zwischenvermieter), damit dieser sie als Wohnraum an einen oder mehrere Untermieter weitervermietet. Das **Hauptmietverhältnis** zwischen Vermieter und Zwischenvermieter ist *nicht als Wohnraummietverhältnis* zu qualifizieren, da der Zwischenvermieter keine eigenen Wohnbedürfnisse befriedigt. Lediglich die **Untermietverhältnisse** zwischen Zwischenvermieter und Untermietern sind *Wohnraummietverhältnisse*. Endet das Hauptmietverhältnis, könnte der Vermieter an sich nach § 546 Abs. 2 BGB und § 985 BGB vom Untermieter die Herausgabe der Mietsache verlangen. Auf den Untermietvertrag und den Kündigungsschutz für Wohnraum aus §§ 573 ff. BGB kann sich der Untermieter nicht berufen, weil er keine eigene vertragliche Beziehung zum Vermieter unterhält. 33

In der Vergangenheit hatten Vermieter diese Rechtslage durch Modelle **sog. gewerblicher Zwischenvermietung** ausgenutzt, um den Kündigungsschutz der Untermieter auszuhebeln. Dies hat dazu geführt, dass das BVerfG den Untermietern mit Beschluss vom 11.6.1991 nach Art. 3 Abs. 1 GG Kündigungsschutz gewährte.[17] Der Gesetzgeber 34

---

[17] BVerfG, Beschl. v. 11.6.1991 – 1 BvR 538/90, NJW 1991, 2272.

hat 1993 die Initiative ergriffen und mit § 549a BGB a. F. eine Regelung geschaffen, die dem heutigen § 565 BGB entspricht.

1. Ein- und Austritt des Vermieters

35 Nach § 565 Abs. 1 Satz 1 BGB genießt der Untermieter dadurch Kündigungsschutz, dass der **Vermieter** bei **Beendigung des Hauptmietverhältnisses** automatisch in die Rechte und Pflichten des Zwischenvermieters aus den Untermietverhältnissen **eintritt**. Wie bei Veräußerung § 566 Abs. 1 BGB sind nur Rechte und Pflichten erfasst, die als **mietrechtlich** zu qualifizieren sind; sonstige Rechte und Pflichten (z. B. Betreuungspflicht oder Lieferpflicht) gehen nicht auf den Vermieter über. Überwiegend wird davon ausgegangen, dass die Beendigung des Hauptmietverhältnisses zu einer **Zäsur** führt,[18] so dass vor diesem Zeitpunkt fällige Pflichten beim Zwischenvermieter verbleiben und später fällige Pflichten auf den Hauptvermieter übergehen (wie bei Veräußerung nach § 566 Abs. 1 BGB, siehe Rn. G 14 ff.).

36 Bei **erneuter Vermietung** an einen Zwischenvermieter zur gewerblichen Weitervermietung von Wohnraum, tritt der neue Zwischenvermieter gem. § 565 Abs. 1 Satz 2 BGB an Stelle des Vermieters in die Untermietverhältnisse ein. Die §§ 566a bis 566e BGB betreffend Vorausverfügungen und Rechtsgeschäfte über zukünftige Mietansprüche bei Veräußerung der Mietsache gelten entsprechend.

2. Voraussetzungen

37 Tatbestandlich erfordert die **gewerbliche** Weitervermietung im Sinne des § 565 Abs. 1 BGB, erstens, dass der **Zweck** des Hauptmietvertrags die **Weitervermietung von Wohnraum** zu Wohnzwecken ist (z. B. „soll ... weitervermieten") und zweitens, dass der Zwischenvermieter **gewerblich** handelt. Gewerbliches Handeln setzt geschäftsmäßiges Handeln mit **Gewinnerzielungsabsicht** oder **eigenem wirtschaftliches Interesse** des Zwischenvermieters voraus wie sie bei privaten Immobilienunternehmen oder Bauträgern typisch sind.[19] Das Weitervermieten angemieteter Wohnungen an Arbeitnehmer des Zwischenvermieters als **Werkmietwohnung** erfolgt auch ohne Gewinnerzielungsabsicht gewerblich, weil die hiermit verfolgte Bindung der Arbeitnehmer an den Betrieb des Zwischenvermieters dessen wirtschaftlichen Interessen dient.[20]

38 Die Gewinnerzielungsabsicht fehlt, wenn der Zwischenvermieter den Wohnraum **nicht auf dem allgemeinen Wohnungsmarkt zu üblichen Bedingungen** anbietet, sondern zu einer **besonders günstigen Miete** an **Mitglieder einer Selbsthilfe-Genossenschaft** weitervermieten soll.[21] Ferner kann die Gewinnerzielungsabsicht fehlen, wenn der Zwischenvermieter **karitative Zwecke** verfolgt und die Wohnungen an Personen untervermieten soll, die er betreut und unterstützt.[22] Gleiches gilt bei Weitervermietung an einen **gemeinnützigen** Verein, der den **ideellen Zweck** verfolgt, künstlerische und gestaltende Berufe zu fördern.[23]

---

[18] Vgl. hierzu Kunze NZM 2012, 740, 750; Sternel in Mietrecht aktuell, Rn. I 214; BGH, Urt. v. 9.3.2005 – VIII ZR 394/03, NJW 2005, 2552, 2553 lässt dies offen.
[19] BGH, Urt. v. 03. Juli 1996 – VIII ZR 278/95, NJW 1996, 2862.
[20] BGH, Urt. v. 17.1.2018 – VIII ZR 241/16, NZM 2018, 281.
[21] BGH, Urt. v. 20.1.2016 – VIII ZR 311/14, NJW 2016, 1086.
[22] BayObLG, RE v. 28.7.1995 – RE-Miet 4/94, NJW-RR 1996, 73.
[23] BGH, Urt. v. 30.4.2003 – VIII ZR 162/02, NJW 2003, 3054.

3. Entsprechende Anwendung

Ob § 565 Abs. 1 BGB **analog** gilt, wenn der Zwischenvermieter keine Gewinnerzielungsabsicht des hat, ist vor allem bei **Weitervermietung in sozialem Interesse** umstritten. Die Analogie **verneint** hat der BGH bei Weitervermietung durch eine Selbsthilfe-Genossenschaft zu einer *besonders günstigen Miete* an ihre *Mitglieder*.[24]   39

Zwar nicht für eine Analogie aber für eine generelle **Gleichbehandlung** nach Art. 3 Abs. 1 GG könnte sprechen, dass die Schutzwürdigkeit der Untermieter nicht von einer Gewinnerzielungsabsicht des Zwischenvermieters abhängt.[25] So hat der BGH den Untermietern bei Weitervermietung von Wohnraum durch einen gemeinnützigen Verein Kündigungsschutz gegenüber dem Hauptvermieter gewährt, weil dieser die Untermietverhältnisse *auch direkt* mit den Untermietern hätte schließen können. Die *Miethöhe* war *angemessen* und die *Personen der Untermieter* waren dem Hauptvermieter *zumutbar*.[26]   40

Die Voraussetzungen der Analogie und der Gleichbehandlung sind noch nicht abschließend geklärt. Derzeit dürfte bei der gebotenen Interessenabwägung eine **Tendenz** bestehen, den Schutz der Untermieter **restriktiver** zu handhaben. Dabei dürfte das Gewähren von Kündigungsschutz umso schwerer begründbar sein, je mehr sich die beabsichtigte Weitervermietung von einer Vermietung auf dem *allgemeinen Wohnungsmarkt zu Marktbedingungen* unterscheidet, die § 549a BGB a. F. im Blick hatte („Bauträgermodell"). Insoweit sind Indizien, die gegen den Kündigungsschutz sprechen: das erhebliche *Unterschreiten der Marktmiete*, das Erbringen *atypischer Nebenleistungen* durch den Zwischenvermieter (z. B. Betreuung oder Pflege), ein *Näheverhältnis* zwischen Untermieter zum Zwischenvermieter (z. B. Mitgliedschaft) und die Unzumutbarkeit der Person des Untermieters für den Hauptvermieter (vgl. Wertung des § 549 Abs. 2 Nr. 3 BGB, z. B. Weitervermietung an Obdachlose, Drogensüchtige oder Asylbewerber).   41

4. Schutz des Hauptmietverhältnisses

Der **Gesetzgeber** hat die aus seiner Sicht bestehende Schutzlücke für Zwischenvermietungen in sozialem Interesse durch § 578 Abs. 3 BGB geschlossen.[27] Danach gelten im Hauptmietverhältnis bestimmte Vorschriften des **Wohnraummietrechts,** wenn erstens der Zwischenvermieter entweder eine *Person des öffentlichen Rechts* oder ein *anerkannter Träger der Wohlfahrtspflege* ist und zweitens die Anmietung erfolgt, um die Räume an *Personen mit dringendem Wohnbedarf* zu überlassen (§ 549 Abs. 2 Nr. 3 BGB). Dieser Schutz des Hauptmietverhältnisses soll mittelbar den Bestand der Wohnraummietverhältnisse zwischen Zwischenvermieter und Untermieter sichern (siehe Rn. A 35; zur **vereinbarten Anwendung** des Wohnraummietrechts siehe Rn. H 147).   42

Im Hauptmietverhältnis ist die Folge,[28] dass eine wirksame **Befristung der Mietzeit** einen Befristungsgrund erfordert (§§ 575, 575a BGB mit zusätzlichen Befristungsgründen in § 578 Abs. 3 Satz 2 BGB). Für die **ordentliche Kündigung** benötigt der Vermieter ein berechtigtes Interesse (§§ 573 bis 573d BGB). Die **außerordentliche fristlose**   42a

---

[24] BGH, Urt. v. 20.1.2016 – VIII ZR 311/14, NJW 2016, 1086 Rn. 30.
[25] BGH, Urt. v. 30.4.2003 – VIII ZR 162/02, NJW 2003, 3054, 3055.
[26] BGH, Urt. v. 30.4.2003 – VIII ZR 162/02, NJW 2003, 3054. 3055.
[27] Vgl. BR-Drs. 19/6153 vom 28.11.2018, S. 23; kritisch Artz/Börstinghaus NZM 2019, 12, 24.
[28] Nach der Überleitungsvorschrift des Art. 229 § 49 Abs. 3 EGBGB sind bis einschließlich 31.12.2018 entstandene Mietverhältnisse ausgenommen.

Kündigung ist wie bei Wohnraum zu Gunsten des Mieters modifiziert (§ 569 Abs. 3 bis 5 BGB). Die Kündigung bedarf stets der **Schriftform** (§ 568 Abs. 1 BGB). Für **Mietänderungen** gilt Wohnraummietrecht (§§ 557 ff. BGB). Das heißt die Miete kann der Vermieter regulär nur nach §§ 558 ff. BGB erhöhen auf die ortsübliche Vergleichsmiete für Wohnraum, es sei denn die Ausgangsmiete ist gestaffelt (§ 557a BGB) oder an den Verbraucherpreisindex gekoppelt (§ 557b BGB) oder der Vermieter hat die Mietsache modernisiert (§§ 559 ff. BGB).

IV. Tod einer Vertragspartei

43 Stirbt eine Vertragspartei, geht das Mietverhältnis an sich nach den allgemeinen erbrechtlichen Vorschriften auf den oder die Erben der Vertragspartei über, sog. **Gesamtrechtsnachfolge** in das Vermögen des Verstorbenen als Ganzes (§§ 1922 Abs. 1, 1967 BGB). Dies gilt auch für den Besitz an der Mietsache (§ 857 BGB).

44 Beim Tod des Mieters von Wohnraum gelten mietrechtliche **Sonderrechtsnachfolgen** (§§ 563 und 563a BGB). Sie berechtigen dem Mieter nahestehende Personen zum Eintritt in das Mietverhältnis bzw. zur Fortsetzung des Mitverhältnisses. Eine Sondererbfolge nahestehender Personen schließt die Gesamtrechtsnachfolge der Erben des Mieters in das Mietverhältnis gemäß § 1922 Abs. 1 BGB aus.

1. Tod des Mieters von Wohnraum

45–48
> **Fall 5: Mietersterben**
> V vermietete in seinem Mietshaus verschiedene Wohnungen. In diesen ereigneten sich mehrere Todesfälle. Wer ist nach dem Tod der Mieter Vertragspartner des V?
> 1. Die Wohnung im Erdgeschoss vermietete V an die Ehegatten Frau M und Herrn M. Diese bewohnen die Wohnung zusammen mit ihren volljährigen Kindern K1 und K2. M stirbt an der Vogelgrippe. In seinem kurz nach der Eheschließung verfassten Testament setzte Herr M seine Geliebte G als Alleinerbin ein, seine Ehefrau M und die Kinder K1 und K2 sollen nur den gesetzlichen Pflichtteil erhalten.
> 2. Wie ist die Rechtslage, wenn der Mietvertrag nur zwischen V und Herrn M geschlossen war?
> 3. Die Wohnung im Obergeschoss hat der alleinstehende Künstler K gemietet. Am Weihnachtsabend erliegt er den Folgen seiner Alkoholabhängigkeit, die ihn bereits sein Vermögen gekostet hat. Sämtliche gesetzlichen Erben des K schlagen die Erbschaft form- und fristgerecht aus.

a) Eintritt bei Tod des Mieters

49 Personen, die mit dem Mieter gemeinsam in einem Haushalt leben, treten mit dessen Tod **automatisch** in das mit dem Mieter bestehende Mietverhältnis ein (§ 563 Abs. 1 und 2 BGB). Dies bezweckt **Bestandsschutz** für die Familie des Mieters und dessen Haushaltsangehörige.

50 **Eintrittsberechtigt** sind der Ehegatte oder Lebenspartner des Mieters (§§ 1 ff. LPartG), die Kinder des Mieters sowie nachrangig andere Familienangehörige und Personen, die mit dem Mieter einen auf Dauer angelegten gemeinsamen Haushalt führen.

51 Dabei gilt folgendes **Rangverhältnis:** Der Ehegatte und der Lebenspartner haben Vorrang vor allen anderen Eintrittsberechtigten. Sie verdrängen auch die Kinder des Mieters.

Danach treten gleichrangig die Kinder des Mieters, andere Familienangehörige und Personen, die mit dem Mieter einen auf Dauer angelegten gemeinsamen Haushalt führen ein (§ 563 Abs. 2 BGB), so dass eine Mehrheit von Mietern entstehen kann (z. B. Tante und Kinder des Mieters).

Die unterschiedliche Nähe der Eintrittsberechtigten zum Mieter entspricht den gestuften Anforderungen des § 563 Abs. 1 und 2 BGB an die **Intensität des Zusammenlebens** mit dem Mieter. Ehegatte und Lebenspartner müssen mit dem Mieter *gemeinsam einen Haushalt* führen, Kinder des Mieters im gemeinsamen Haushalt des Mieters *leben* und die übrigen Eintrittsberechtigten müssen gemeinsam einen *auf Dauer* angelegten Haushalt führen. 52

Die eingetretenen Personen können den **Eintritt** nach § 563 Abs. 3 BGB **ablehnen.** Erklären sie **innerhalb eines Monats** nach Kenntnis vom Tod des Mieters schriftlich gegenüber dem Vermieter, dass sie das Mietverhältnis nicht fortsetzen wollen, gilt der Eintritt rückwirkend als nicht erfolgt. So können nachrangig Eintrittsberechtigte in das Mietverhältnis eintreten. Sind mehrere Personen eingetreten, kann **jeder die Erklärung für sich** abgeben. Bei nicht voll Geschäftsfähigen ohne gesetzlichen Vertreter ist der Fristablauf gem. §§ 563 Abs. 3 Satz 2, 210 Abs. 1 Satz 2 BGB gehemmt: Die Ablehnungsfrist läuft nicht vor Ablauf eines Monats nach Erlangen der vollen Geschäftsfähigkeit oder Behebung des Vertretungsmangels ab.[29] Ist der Eintrittsberechtigte zugleich **Erbe**, sollte er das abgelehnte Mietverhältnis auch nach § 564 Satz 2 BGB außerordentlich kündigen oder die Erbschaft nach § 1945 BGB ausschlagen. 53

Liegt in der Person eines Eintretenden ein **wichtiger Grund** vor, kann der **Vermieter** gem. § 563 Abs. 4 BGB das Mietverhältnis **außerordentlich mit gesetzlicher Frist kündigen** (siehe Rn. H 359 ff.). 54

Für die bis zum Tod des Mieters entstandenen **Verbindlichkeiten des Mieters** haften die eintretenden Personen gem. § 563b Abs. 1 BGB neben dem Erben des Mieters als Gesamtschuldner (§§ 421 ff. BGB). Im Innenverhältnis der Mieter ist der Erbe allein verpflichtet, soweit der verstorbene Mieter zu Lebzeiten keine anderen Vereinbarungen mit den übrigen Mietern getroffen hat. Hat der verstorbene Mieter für einen nach seinem Tod liegenden Zeitraum **die Miete im Voraus entrichtet,** sind die eintretenden Personen gem. § 563b Abs. 2 BGB verpflichtet, dem Erben des Mieters dasjenige herauszugeben, dass sie infolgedessen ersparen oder erlangen. Falls der verstorbene Mieter keine **Mietsicherheit** geleistet, kann der Vermieter von den eintretenden Personen gem. § 563b Abs. 3 BGB nach Maßgabe des § 551 BGB Sicherheit verlangen. 55

b) Fortsetzung mit überlebenden Mietern

Sind mehrere Personen im Sinne des § 563 BGB Mieter, wird das Mietverhältnis beim Tod eines Mieters dem überlebenden Mieter fortgesetzt nach § 563a Abs. 1 BGB. Grundgedanke dieser Regelung ist, dass der Tod eines Mieters die vertragliche Bindung anderer Mieter nicht berührt. 56

Der Mieter kann das Mietverhältnis (bei Personenmehrheit gemeinsam) nach § 563a Abs. 2 BGB innerhalb eines Monats, nachdem er vom Tod des Mieters Kenntnis erlangt haben, **außerordentlich kündigen** mit gesetzlicher Frist des § 573d Abs. 2 BGB (siehe Rn. H 366 ff.). 57

Für die **Haftung** der Personen, mit denen das Mietverhältnis fortgesetzt wird, gilt § 563b BGB wie beim Eintritt nahe stehender Personen nach §§ 563, 563b BGB (siehe Rn. G 55). 58

---

[29] Streyl in Schmidt-Futterer, § 563 BGB Rn. 60.

c) Eintritt der Erben des Mieters

59 Findet beim Tod des Mieters von Wohnraum keine Sonderrechtsnachfolge gemäß §§ 563 oder 563a BGB statt, treten die **Erben des Mieters** nach §§ 1922 Abs. 1, 1967 Abs. 1 BGB als **Gesamtrechtsnachfolger** des Mieters in das Mietverhältnis ein, was § 564 Satz 1 BGB ausdrücklich klarstellt.

60 In diesem Fall ist sowohl der Erbe als auch der Vermieter berechtigt, das Mietverhältnis gemäß §§ 564 Satz 2, 573d BGB innerhalb eines Monats **außerordentlich mit gesetzlicher Frist zu kündigen**, nachdem sie vom Tod des Mieters und davon Kenntnis erlangt haben, dass ein Eintritt in das Mietverhältnis oder dessen Fortsetzung nicht erfolgt sind (siehe Rn. H 372 ff.). Mehrere Erben können das Mietverhältnis nach § 2040 Abs. 1 BGB nur gemeinschaftlich kündigen.

d) Eintritt des Fiskus als Eben

61 Wenn bei Versterben des Mieters keine Sonderrechtsnachfolge nach §§ 563, 563a BGB eingreift und weder ein durch Verfügung von Todes wegen bestimmter Erbe (z. B. Testament, Erbvertrag) noch ein gesetzlicher Erbe nach §§ 1924 ff. BGB (Ehegatte, Lebenspartner, Verwandte) vorhanden ist oder wenn sämtliche Erben die Erbschaft gemäß §§ 1942 ff. BGB ausschlagen, wird gem. §§ 1922 Abs. 1, 1936 Satz 1 der Fiskus des Bundeslandes **gesetzlicher Zwangserbe**, dem der Mieter zum Zeitpunkt seines Todes angehört. Ist kein erbberechtigtes Bundesland feststellbar, erbt der Bund.

62 Um den Fiskus zur Wahrnehmung seiner Funktion als Gesamtrechtsnachfolger zu ertüchtigen, ist nach §§ 1966, 1964 Abs. 1 BGB die **Feststellung des Nachlassgerichts** erforderlich, dass ein anderer Erbe als der Fiskus nicht vorhanden ist. Anschließend kann der Vermieter das Mietverhältnis durch **Aufhebungsvertrag** mit dem Fiskus oder durch **außerordentliche Kündigung mit gesetzlicher** Frist nach § 564 Satz 2 BGB beenden.

63 Zum Ausschlagen des Erbes ist der Fiskus gem. § 1942 Abs. 2 BGB nicht berechtigt. Hinsichtlich der Nachlassverbindlichkeiten des Mieters aus dem Mietverhältnis ist bei Ausschlagung anderer Erben mit der **Dürftigkeitseinrede** gem. § 1990 Abs. 1 Satz 1 BGB zu rechnen.

e) Nachlasspflegschaft

64 Vor Feststellung des Erben kann der Vermieter beim Amtsgericht – Nachlassgericht – nach §§ 1961, 1960 Abs. 1 Satz 2 BGB die **Anordnung einer Nachlasspflegschaft** beantragen. Der Antrag hat Aussicht auf Erfolg, wenn der Erbe unbekannt ist oder ungewiss ist, ob er die Erbschaft angenommen hat, und der Vermieter ein Rechtsschutzinteresse an der Fürsorgemaßnahme besitzt. Dies ist der Fall, wenn der Vermieter Ansprüche gegen den Nachlass geltend machen möchte oder jemanden benötigt, mit der er über die Abwicklung des Mietverhältnisses verhandeln kann.[30] Der Umstand, dass der Mieter vermögenslos war und der Nachlass voraussichtlich dürftig ist, steht der Anordnung der Pflegschaft nicht entgegen, da nicht das Sicherungsbedürfnis des Nachlasses, sondern die Gläubigerinteressen entscheidend sind.[31] Das Nachlassgericht darf auch bei einem dürftigen Nachlass keinen Vorschuss auf die Gerichtskosten vom Ver-

---

[30] LG Köln, Beschl. v. 3.7.2008 – 11 T 160/08, NZM 2009, 782; Wotte/Ungerer, NZM 2012, 412.

[31] KG, Beschl. v. 2.8.2017 – 19 W 102/17, NZM 2017, 823.

mieter fordern.³² Die Frage, ob der Erbe unbekannt ist, ist aus der Sicht des Vermieters zu beurteilen.³³

2. Tod des Mieters anderer Mietsachen

Stirbt der Mieter von Geschäftsraum, sonstiger Räume oder eines Grundstücks, treten dessen Erbe oder Erben gem. §§ 1922 Abs. 1, 1967 Abs. 1 BGB im Wege der **Gesamtrechtsnachfolge** in das Mietverhältnis ein. Mehrere Erben werden als Erbengemeinschaft Mieter nach §§ 2032 ff. BGB. 65

Ist die Mietsache an **mehrere Mieter** vermietet und stirbt einer der Mieter, tritt dessen Erbe neben den oder die überlebenden Mieter in das Mietverhältnis ein. 66

Nach § 580 BGB sind sowohl der Erbe als auch der Vermieter berechtigt, das Mietverhältnis innerhalb eines Monats, nachdem sie vom Tod des Mieters Kenntnis erlangt haben, **außerordentlich mit gesetzlicher Frist** des § 580a Abs. 4 BGB zu **kündigen** (siehe Rn. H 380 ff.). 67

Um sich einen Ansprechpartner für verstorbenen Mieter zu verschaffen, kann der Vermieter die Anordnung einer **Nachlasspflegschaft** beantragen (siehe Rn. H 64). 68

3. Tod des Vermieters

Stirbt der Vermieter, tritt dessen Erbe unabhängig von der Art des Mietverhältnisses nach §§ 1922 Abs. 1, 1967 Abs. 1 BGB im Wege der Gesamtrechtsnachfolge in das Mietverhältnis ein. Hiermit übernimmt der Erbe sämtliche Rechte und Pflichten des Vermieters. Er haftet nicht nur für die beim Erbfall bestehenden Verbindlichkeiten, sondern auch für die weitere Erfüllung des Mietvertrags. 69

Anders als beim Tod des Mieters sind beim Tod des Vermieters **keine außerordentlichen Kündigungsrechte** für die Parteien vorgesehen. 70

V. Veränderungen im persönlichen Lebensbereich des Mieters

Veränderungen im persönlichen Lebensbereich des Mieters können ebenfalls zu einem Mieterwechsel führen.³⁴ 71

Die Rechtsverhältnisse der Ehegatten an der gemeinsam bewohnten Ehewohnung kann das Familiengericht anlässlich einer **Scheidung** nach § 1568a Abs. 1 und 3 BGB durch richterlichen Gestaltungsakt regeln. Vor Einleitung des Scheidungsverfahrens ermöglicht § 1361b BGB eine vorläufige Zuweisung der Ehewohnung an einen der getrenntlebenden Ehegatten. 72

Für **Lebenspartner** gelten für die vorläufige Zuweisung der gemeinsamen Wohnung während des Getrenntlebens § 14 LPartG und für die Zuweisung nach Aufhebung der Lebenspartnerschaft §§ 17 LPartG, 1568a Abs. 1 und 3 BGB. 73

Nach § 2 **GewaltschutzG** kann das Opfer gegen den Täter einen Anspruch auf Überlassung einer gemeinsam genutzten Wohnung zur alleinigen Benutzung haben. 74

---

³² LG Frankfurt a. d. Oder, Beschl. v. 5.6.2007 – 19 T 220/07, ZMR 2007, 699; LG Köln, Beschl. v. 3.6.2008 – 11 T 160/08, NZM 2009, 782.
³³ OLG Hamm, Beschl. v. 22.6.2010 – 15 W 308/10, NJW-RR 2010, 1594; 1595; OLG Köln, Beschl. v. 10.12.2010 – 2 Wx 198/10, ZMR 2011, 634.
³⁴ Vgl. Götz NZM 2010, 383; Paschke WuM 2008, 59.

75 Das Familiengericht kann nach §§ 1666, 1666a Abs. 1 Satz 2 BGB einem Elternteil im Interesse des **Kindeswohls** die Nutzung der Familienwohnung untersagen (sog. „go order"), wenn es von der Gefährdung des Kindeswohls Kenntnis erlangt.

76 Im Übrigen gilt der Grundsatz, dass sich kein Mieter **durch Auszug** seinen mietvertraglichen Pflichten entziehen kann. Zur Entlassung eines Mieters aus dem Mietvertrag ist ein **dreiseitiger Vertrag** zwischen Vermieter, verbleibendem Mieter und ausscheidendem Mieter erforderlich, bei dessen Abschluss die Mieter untereinander zur Mitwirkung verpflichtet sind.[35]

---

[35] BGH, Urt. v. 16.3.2005 – VIII ZR 14/04, NJW 2005, 1715.

H. Beendigung des Mietverhältnisses

Zur Beendigung des Mietverhältnisses bestehen in Abhängigkeit von der mietvertraglichen Regelung verschiedene Möglichkeiten:

Bei **Befristung oder auflösender Bedingung** der Mietzeit endet das Mietverhältnis infolge der Vereinbarung *automatisch* durch Zeitablauf bzw. Bedingungseintritt (§§ 542 Abs. 2 und 158 Abs. 2 BGB mit Schranken in §§ 575 und 572 Abs. 2 BGB).

Ferner können die Vertragsparteien ein bestehendes Mietverhältnis jederzeit einvernehmlich durch **Aufhebungsvertrag** beenden entweder mit sofortiger Wirkung oder zu dem vereinbarten Beendigungstermin (§ 311 Abs. 1 BGB).

Das Recht zur **Kündigung** des Mietverhältnisses (§§ 542 Abs. 1, 568 ff., 580 f BGB) ist ein einseitiges Gestaltungsrecht. Es bedarf der Ausübung durch die berechtigte Vertragspartei. Die Kündigung beendet das Mietverhältnis entweder **sofort** (außerordentliche fristlose Kündigung) oder nach Ablauf der vertraglichen oder gesetzlichen **Kündigungsfrist** (ordentliche Kündigung und außerordentliche Kündigung mit gesetzlicher Frist).

Die Beendigung des Mietverhältnisses tritt nicht ein, wenn es sich nach § 545 BGB dadurch **stillschweigend verlängert**, dass der Mieter den Gebrauch der Mietsache fortsetzt und keine Vertragspartei der Verlängerung widerspricht.

Zur **Anfechtung** des Mietvertrags wegen Willensmängeln und zum **Verbraucherwiderrufsrecht** siehe Rn. B 144 ff.

I. Befristung und Bedingung

1. Wohnraum

Mietverhältnisse über Wohnraum können die Vertragsparteien seit 1.9.2001 nur wirksam befristen, wenn der Vermieter einen **Befristungsgrund** hat (**Zeitmietvertrag**). Die zulässigen Befristungsgründe sind in § 575 Abs. 1 Nr. 1 bis 3 BGB abschließend aufgezählt. Eine wirksame Befristung hat zur Folge, dass das Mietverhältnis automatisch durch Zeitablauf endet, es sei denn der Befristungsgrund tritt später ein (§ 575 Abs. 3 BGB). Liegt kein zulässiger Befristungsgrund vor, gilt das Mietverhältnis nach § 575 Abs. 1 Satz 2 BGB als auf unbestimmte Zeit geschlossen. Eine unwirksame Befristung der Mietzeit kann ergänzend nach § 157 BGB als ein beiderseitiger Verzicht auf das ordentliche Kündigungsrecht für die Befristungsdauer auszulegen sein.[1]

Ausgenommen vom Befristungserfordernis sind Mietverhältnisse im Sinne des § 549 Abs. 2 und 3 BGB, die § 575 BGB ausdrücklich für unanwendbar erklären. Hierzu zählt Wohnraum, der nur zum *vorübergehenden Gebrauch* vermietet ist (z. B. Hotelzimmer, Ferienwohnung), möblierter *Einliegerwohnraum*, *weitervermieteter Wohnraum* für dringenden Wohnungsbedarf sowie Wohnraum in einem *Studenten- oder Jugendwohnheim* (siehe Rn. H 150a f.). Eine Befristung auf *Lebenszeit des Mieters* könnte bereits den Schutzzweck des § 575 BGB nicht berühren,[2] ist aber bei Unwirksamkeit der Befristung zumindest als Verzicht auf das ordentliche Kündigungsrecht für diese Dauer auslegbar.

---

[1] BGH, Urt. v. 10.7.2013 – VIII ZR 388/12, NJW 2013, 2820; BGH, Versäumnisurt. v. 11.12.2013 – VIII ZR 235/12, NZM 2014, 235.

[2] LG Freiburg, Urt. v. 21.3.2013 – 3 S 368/12, ZMR 2014, 449.

9   Auf eine **auflösende Bedingung** des Mietvertrags zum Nachteil des Mieters darf sich der Vermieter von Wohnraum nach § 572 Abs. 2 BGB nicht berufen. Unzulässige Beispiele wären, dass das Untermietverhältnis automatisch mit Ende des Hauptmietverhältnisses endet[3] oder dass das Mietverhältnis über eine Werkmietwohnung automatisch mit dem Arbeitsverhältnis des Mieters endet. Ob die gesetzliche Regelung Raum dafür lässt, dass der *Mieter* sich auf die auflösende Bedingung beruft, ist ebenso umstritten wie die Frage, ob das Mietverhältnis *vor* Eintritt der unzulässigen Bedingung ordentlich kündbar ist.

2. Geschäftsraum

10   Mietverhältnisse über Geschäftsraum können die Vertragsparteien nach § 542 Abs. 2 BGB ohne Weiteres befristen, so dass sie automatisch durch Zeitablauf enden (Beispiel: „Das Mietverhältnis beginnt am … und endet am …"). Durch Vereinbaren einer bestimmten Mietzeit ist die **ordentliche Kündigung** des Mietverhältnisses **ausgeschlossen.** Dies dient dem beiderseitigen Interesse der Vertragsparteien, eine bestimmte Mietdauer abzusichern (Festmietzeit). Ein (mehrfaches) Optionsrecht des Mieters auf Verlängerung der Mietzeit erlischt mit (erstmaliger) Nichtausübung, spätestens jedoch mit Ablauf der vereinbarten Vertragsdauer.[4]

11   Bei **Weitervermietung von Wohnraum** durch juristische Personen öffentlichen Rechts oder anerkannte Träger der Wohlfahrtspflege an Personen mit dringendem Wohnbedarf bedarf die Befristung der Mietzeit im Hauptmietverhältnis eines Befristungsgrunds nach §§ 578 Abs. 3 Satz 1, 575, 575a BGB (siehe Rn. G 42 f.). Dieser kann auch darin bestehen, dass der Zwischenvermieter die Räume nach Ablauf der Mietzeit für ihm obliegende oder ihm übertragende *öffentliche Aufgaben* nutzen will (§ 578 Abs. 3 Satz 2 BGB).

12   Eine abweichende Mietzeit kann sich daraus ergeben, dass eine Vertragspartei das Mietverhältnis **außerordentlich kündigt** oder dass sich das Mietverhältnis nach § 545 BGB **verlängert,** weil der Mieter den Gebrauch der Mietsache nach Ende der Mietzeit fortsetzt (§ 542 Abs. 2 Nr. 1 und 2 BGB). Unabhängig davon können die Vertragsparteien stets einen Aufhebungsvertrag schließen oder die ursprünglich vereinbarte Mietzeit durch einen Nachtragsvertrag zu verändern.

13   Ist der Mietvertrag für **mehr als 30 Jahre** geschlossen, so kann jede Vertragspartei nach § 544 Satz 1 BGB das Mietverhältnis 30 Jahre nach Überlassung der Mietsache außerordentlich mit gesetzlicher Frist nach § 580a Abs. 4 BGB kündigen. Ausgenommen sind Mietverträge, die für die Lebenszeit des Vermieters oder des Mieters geschlossen sind nach § 544 Satz 2 BGB.

II. Aufhebungsvertrag

14   Durch Aufhebungsvertrag können die Vertragsparteien das zwischen ihnen bestehende Mietverhältnis **einvernehmlich** zu einem bestimmten Zeitpunkt beenden. Die Voraussetzungen einer solchen Vereinbarung sind gesetzlich nicht geregelt. Sie ist entsprechend § 311 Abs. 1 BGB zulässig. Aufhebungsverträge sind unabhängig von der Art der **Mietsache** möglich und unabhängig davon, ob die Mietzeit **befristet** oder **unbefristet** ist.

---

[3] LG Osnabrück, Urt. v. 15.12.1993 – 1 S 161/93, WuM 1994, 24.
[4] BGH, Urt. v. 14.7.1982 – VIII ZR 196/81, NJW 1982, 2270.

1. Vertragsschluss

Für die **Einigung** der Vertragsparteien über die Aufhebung des Mietverhältnisses gelten die allgemeinen Regeln für den Vertragsschluss (§§ 145 ff. und §§ 305 ff. BGB). Bei Personenmehrheiten müssen sämtliche Mieter und Vermieter mit der Aufhebung des Mietverhältnisses einverstanden sein.[5]

Die Aufhebungsvereinbarung können die Vertragsparteien **ausdrücklich** oder **konkludent** schließen. An eine konkludente Einigung sind jedoch hohe Anforderungen zu stellen. Der Wille der Vertragsparteien zur einvernehmlichen Beendigung des Mietverhältnisses muss eindeutig erkennbar sein.

Eine **unwirksame Kündigungserklärung** kann in der Regel **nicht** nach § 140 BGB in ein Angebot auf Abschluss eines Aufhebungsvertrags **umgedeutet** werden. Hierfür müsste sich der Kündigende bewusst gewesen sein, dass die Kündigung als einseitige Erklärung nicht wirksam werden könnte, und dass die Beendigung des Mietverhältnisses hilfsweise, der Zustimmung der anderen Vertragspartei bedarf.[6]

Umgekehrt begründet die **Rücknahme der Mietsache** nach unwirksamer Kündigung in der Regel **keine Aufhebungsvereinbarung,** weil die Vertragsparteien davon ausgehen, dass das Mietverhältnis bereits beendet ist. Auch die Rücknahme der Schlüssel ist mangels Alternativen des Vermieters insoweit nicht als Einverständnis mit einer Mietaufhebung auszulegen.[7]

2. Inhalt

Der Aufhebungsvertrag erfordert, dass der **Beendigungswille** der Vertragsparteien eindeutig erkennbar ist. Ferner sollten sich die Vertragsparteien einen bestimmten **Beendigungszeitpunkt** festlegen, um Auslegungsschwierigkeiten zu vermeiden (Beispiel: „*Die Vertragsparteien heben hiermit das mit Mietvertrag vom ... begründete Mietverhältnis über ... mit Ablauf des ... auf.*"). Auch eine **Teilaufhebung** des Mietverhältnisses durch Ausscheiden einer von mehreren Parteien ist möglich.[8]

Über diesen Mindestinhalt hinaus, sollte der Aufhebungsvertrag klarstellen, welche **Regelungen des Mietvertrags** für das Abwickeln des Mietverhältnisses gelten. Enthält der Mietvertrag unterschiedliche Regelungen für die ordentliche und die außerordentliche Beendigung des Mietverhältnisses, sollten die Vertragsparteien unbedingt klarstellen, welche der beiden gilt.

Ferner sollten die Vertragsparteien eine Vorbesichtigung der Mietsache durchführen und im Aufhebungsvertrag **mögliche Streitpunkte** wie das Schicksal von Mietereinbauten, Schönheitsreparaturpflichten des Mieters oder die Beseitigung von Schäden möglichst durch Individualvereinbarung zu regeln. Beispielsweise kann der Vermieter dafür, dass er dem Mieter durch vorzeitige Entlassung aus dem Mietverhältnis entgegenkommt, im Gegenzug **erneut** zur Vornahme der Schönheitsreparaturen **verpflichten,** deren Vornahme der Mieter bislang wegen Unwirksamkeit der Schönheitsreparaturklausel abgelehnt hat. Auch ein Verzicht auf Ansprüche zur Erleichterung der Abwicklung des Mietverhältnisses kommt in Betracht (z. B. Verzicht des Vermieters auf Abrechnung von Betriebs- oder Nebenkosten im Gegenzug für Verzicht des Mieters auf vorbehaltene Mietminderung).

---

[5] Zu einer Billigkeitskorrektur bei Auszug eines Mitmieters nach § 242 BGB vgl. BGH, Urt. v. 16.3.2005 – VIII ZR 14/04, NJW 2005, 1715.
[6] BGH, Urt. v. 24.9.1980 – VIII ZR 299/79, NJW 1981, 43.
[7] BGH, Urt. v. 24.9.1980 – VIII ZR 299/79, NJW 1981, 43.
[8] BayObLG, Beschl. v. 21.2.1983 – Allg Reg 112/81, WuM 1983, 107.

22 Gewährt der Vermieter dem Mieter **Ausgleichszahlungen** (z. B. für Umzugsaufwendungen), sollte er möglichst vereinbaren, dass diese erst nach fristgerechter Herausgabe und vollständiger Räumung **fällig** werden („Räumungsprämie"). Gegebenenfalls kann der Vermieter die Fälligkeit eines Teils der Ausgleichszahlung an die Rückgabe in einem bestimmten Zustand knüpfen (z. B. fachgerechte Schönheitsreparaturen in hellen und deckenden Farben oder die Beseitigung bestimmter Schäden).

23 Einer **Verlängerung des Mietverhältnisses** durch Fortsetzung des Mietgebrauchs nach Beendigung gemäß § 545 BGB sollten die Vertragsparteien vorsorglich widersprechen.

24 Bei **Mietverhältnissen über Wohnraum** ist in Ablöse- und Abstandsvereinbarungen mit einem Nachmieter eine Unwirksamkeit nach § 4a Abs. 1 und 2 WoVermittG zu vermeiden. Ferner können die Vertragsparteien ausdrücklich klarstellen, dass **kein Widerspruchsrecht** des Mieters aus §§ 574 ff. BGB besteht. Dies beugt einer analogen Anwendung des Härteeinwands vor, wenn dem Aufhebungsvertrag eine Kündigung zum vereinbarten Beendigungszeitpunkt vorausging.

25 Eine Unterwerfung des Mieters unter die sofortige Zwangsvollstreckung durch **notarielle Räumungsurkunde** ist nach § 794 Abs. 1 Nr. 5 ZPO nur bei *anderen Mietverhältnissen als Wohnraum* möglich. Die Vertragsparteien eines Wohnraummietverhältnisses können gemeinsam am schnellsten einen **gerichtlichen Räumungstitel** erwirken, indem der Vermieter eine Räumungsklage gegen den Mieter erhebt und dem Gericht einen mit dem Mieter abgestimmten schriftlichen Vergleichsvorschlag unterbreitet, dessen Zustandekommen das Prozessgericht durch Beschluss feststellt nach § 278 Abs. 6 ZPO.

3. Form

26 Für den Aufhebungsvertrag besteht **kein gesetzliches Formerfordernis**. Selbst wenn der aufzuhebende Mietvertrag der gesetzlichen Schriftform der §§ 550, 578 BGB unterliegt, dürfte der Formzweck nicht berührt sein. Das Aufheben des Mietverhältnisses entlastet einen nach §§ 566 Abs. 1, 578 BGB in das Mietverhältnis eintretenden Erwerber lediglich von Rechten und Pflichten. Zu Beweiszwecken und wegen noch ausstehender höchstrichterlicher Rechtsprechung ist gleichwohl eine schriftliche Vereinbarung anzuraten.

27 Die **Unterwerfung** des Mieters **unter die Zwangsvollstreckung** erfordert eine notarielle Räumungsvereinbarung bzw. einen Beschluss des zuständigen Prozessgerichts (siehe Rn. H 25).

4. Verbraucherwiderrufsrecht

28 Wenn ein vermietender Unternehmer (§ 14 BGB) einen Aufhebungsvertrag mit einem **Verbraucher** (§ 13 BGB) außerhalb der Geschäftsräume des Unternehmers (§ 312b BGB) oder als Fernabsatzvertrag (§ 312c BGB) abschließt, sollte er den Verbraucher (vorsorglich) förmlich über dessen **Verbraucherwiderrufsrecht** nach §§ 312 ff. BGB **belehren** (siehe Rn. B 182 ff.). Ob ein Aufhebungsvertrag auch dann eine **entgeltliche Leistung** des Vermieters zu Gegenstand hat, wenn er keine sonstigen Leistungspflichten des Mieters beinhaltet (z. B. Schönheitsreparaturpflicht), ist noch nicht abschließend geklärt. Nach der Rechtsprechung zu § 1 HaustürWG ist die Entgeltlichkeit gegeben, wenn kein den Mieter einseitig begünstigender Vertrag vorliegt.[9] Das ist hier wegen des Verzichts auf das Nutzungsrecht an der Mietsache zu bejahen.[10]

---

[9] BGH, Urt. v. 9.3.1993 – XI ZR 179/92, NJW 1993, 1594, 1595 betreffend § 1 Abs. 1 HaustürWG.
[10] Rolfs/Möller, NJW 2017, 3275, 3277.

II. Aufhebungsvertrag

Bei Belehrung des Mieters beträgt die **Frist** für den Widerruf des Aufhebungsvertrags lediglich **14 Tage** (§ 355 Abs. 2 BGB). Ohne ordnungsgemäße Belehrung kann der Mieter einen Aufhebungsvertrag innerhalb einer Frist von zwölf Monaten und 14 Tagen widerrufen (§ 356 Abs. 3 Satz 2 BGB). 29

5. Anspruch auf Aufhebung des Mietverhältnisses

Grundsätzlich sind die Vertragsparteien an die **vereinbarte Mietzeit** bzw. die ordentlichen Kündigungsvoraussetzungen gebunden. Sie können das Mietverhältnis nur vorzeitig kündigen, wenn außerordentliche Kündigungsrechte bestehen (§ 542 Abs. 1 bzw. Abs. 2 BGB). 30

Ein Anspruch des Mieters auf vorzeitige Aufhebung des Mietverhältnisses kommt in Betracht, wenn die Vertragsparteien **vertraglich eine Aufhebungspflicht** des Vermieters vereinbaren oder – in seltenen Ausnahmefällen – nach **Treu und Glauben** (§ 242 BGB). 31

a) Ersatzmieterklauseln

Ein vertraglicher Anspruch des Mieters auf Entlassung aus dem Mietverhältnis kann sich aus einer **echten Ersatzmieterklausel** ergeben. Diese berechtigt den Mieter, dem Vermieter *verbindlich* einen zumutbaren Ersatzmieter zu benennen, der an seiner Stelle in das Mietverhältnis eintritt. Wenn die Person und die wirtschaftlichen Verhältnisse des Ersatzmieters dem bisherigen Mieter entsprechen, muss der Vermieter den *Mieterwechsel durch Vertragsübernahme* ermöglichen (siehe G 2 ff.), so dass der bisherige Mieter aus dem Mietverhältnis ausscheidet. 32

Eine **unechte Ersatzmieterklausel** verschafft dem Mieter lediglich einen Anspruch auf einvernehmliche Aufhebung des Mietverhältnisses, wenn er dem Vermieter einen zumutbaren Ersatzmieter benennt. Für den Vermieter ist die Benennung *unverbindlich*. Er ist in der Entscheidung frei, ob er den neuen Mietvertrag mit dem benannten Ersatzmieter oder einem anderen Mietinteressenten schließt. 33

Bestehen trotz Ausschöpfung aller Auslegungsmöglichkeiten **Zweifel** über die Verbindlichkeit des Vorschlagsrechts des Mieters, ist zu dessen Gunsten von einer echten Ersatzmieterklausel auszugehen.[11] Dafür spricht bei allgemeinen Geschäftsbedingungen des Vermieters auch die Unklarheitenregel des § 305c Abs. 2 BGB. 34

b) Treu und Glauben

Ein Anspruch des Mieters auf Aufhebung des Mietvertrags gegen Stellung eines dem Vermieter zumutbaren Nachmieters aus Treu und Glauben gemäß § 242 BGB besteht in der Regel nicht. Auch Mietverträge müssen die Vertragsparteien einhalten.[12] 35

Bei Mietverhältnissen über **Wohnraum** ist nach § 242 BGB erforderlich, dass der Mieter ein **berechtigtes Interesse** an vorzeitigen Beendigung des Mietverhältnisses darlegt und dem Vermieter einen **geeigneten und zumutbaren Ersatzmieter** stellt, der hinsichtlich seiner wirtschaftlichen Verhältnisse und seiner Person dem bisherigen Mieter entspricht.[13] Bei der Interessenabwägung dürfte erforderlich sein, dass das Beendigungsinteresse des Mieters das Bestandsinteresse des Vermieters **ganz erheblich überwiegt**.[14] In der Regel **scheitert ein Aufhebungsanspruch** des Wohnraummieters daran, dass er 36

---

[11] OLG Frankfurt a. M. OLG Frankfurt, Urt. v. 24.6.1991 – 11 U 3/91, NJW-RR 1992, 143.
[12] BGH, Urt. v. 18.4.2007 – VIII ZR 182/06, NZM 2007, 439 Rn. 28.
[13] BGH, Urt. v. 22.1.2003 – VIII ZR 244/02, NJW 2003, 1246.
[14] OLG Karlsruhe, RE v. 25.3.1981 – 3 RE-Miet 2/81, NJW 1981, 1741; Überholung durch BGH, Urt. v. 22.1.2003 – VIII ZR 244/02, NJW 2003, 1246, offengelassen.

das Mietverhältnis ordentlich mit der **dreimonatigen Kündigungsfrist** des § 573c Abs. 1 Satz 1 BGB kündigen kann. Der Gesetzgeber hat das Mobilitätsinteresse des Mieters in der **kurzen asymmetrischen Kündigungsfrist** bereits berücksichtigt, so dass Raum für § 242 BGB allenfalls in Extremfällen besteht (vgl. auch § 573d Abs. 2 Satz 1 BGB).

37 Bei Mietverhältnissen über **Geschäftsraum** findet prinzipiell dieselbe Interessenabwägung wie bei Wohnraum statt. Dabei bestehen **noch höhere Anforderungen an das Beendigungsinteresse des Mieters,** obwohl in der Praxis lange Mietzeiten häufig vorkommen. Ein Anspruch aus § 242 BGB auf Aufhebung des Mietvertrags kann sich ergeben, wenn die Beendigung des Mietverhältnisses im *dringenden und überwiegenden Interesse* des Mieters liegt, das ihm ein Festhalten an dem Vertrag aus Umständen unzumutbar macht, die er nicht bewusst herbeigeführt hat, und der *angebotene Ersatzmieter dem Vermieter zumutbar* ist.[15] Verwirklich sich lediglich das **Verwendungsrisiko** der Mietsache (z. B. enttäusche Gewinnerwartungen) oder will der Mieter seinen **Betrieb verlegen,** rechtfertigt dies keine Mietaufhebung (§ 537 Abs. 1 BGB). Ferner scheidet ein Anspruch des Mieters auf Aufhebung des Mietverhältnisses regelmäßig aus, wenn der Mieter **zur Untervermietung berechtigt** ist.[16] Erst Recht besteht kein Anspruch aus Treu und Glauben, dass der Vermieter den Ersatzmieter akzeptiert, der zur Zahlung einer *besonders hohen Ablöse an den Mieter* bereit ist.[17]

III. Kündigung – Grundlagen

38 Das Recht zur Kündigung des Mietverhältnisses (§§ 542 Abs. 1, 568 ff., 580 f BGB) ist ein **einseitiges Gestaltungsrecht.** Es bedarf der Ausübung durch die berechtigte Vertragspartei.

39 Die Kündigung ist bereits **vor Vollzug des Mietverhältnisses** zulässig, weil dessen Rechtswirkungen bereits mit Vertragsschluss eintreten. Die Übergabe der Mietsache ist keine Kündigungsvoraussetzung.[18]

Fall 6: Telefax-Kündigung

40–44 Mit schriftlichem Grundstücks-Mietvertrag vermietete V eine 2.500 m² große Lagerfläche an die M-GbR, vertreten durch ihre nur gemeinschaftlich vertretungsberechtigten Gesellschafter A und B. Nach § 2 des Grundstücks-Mietvertrags läuft das Mietverhältnis auf unbestimmte Zeit und kann von beiden Vertragsparteien mit einer Frist von sechs Monaten jeweils zum 31.12. gekündigt werden. Dort ist auch vereinbart, dass die Kündigung des Mietverhältnisses zu ihrer Wirksamkeit der Schriftform bedarf.
Am 30.6. um 12:00 Uhr sendet A auf dem Briefpapier der M-GbR folgende Kündigungserklärung an das Telefax des V, wo es fehlerfrei ausgedruckt wird:
„Sehr geehrter Herr V,
hiermit kündigen wir das mit dem Grundstücks-Mietvertrag begründete Mietverhältnis über den Lagerplatz ordentlich zum 31.11. dieses Jahres, weil wir das Grundstück nicht mehr nutzen.
Mit freundlichen Grüßen
Unterschrift A
Anlage"
Die Anlage besteht aus einer von B unterschriebenen Vollmacht zu dessen Vertretung als Gesellschafter der M-GbR in allen Angelegenheiten.

---

[15] OLG München, Urt. v. 18.10.2002 – 21 U 2900/02, NZM 2003, 23, 24.
[16] OLG Naumburg, Urt. v. 18.6.2002 – 9 U 8/02, WuM 2002, 537.
[17] OLG München, Urt. v. 8.9.1995 – 21 U 6375/94, ZMR 1995, 579.
[18] BGH, Urt. v. 21.2.1979 – VIII ZR 88/78, NJW 1979, 1288, 1288.

> V bezweifelt die Wirksamkeit der Kündigung und möchte die M-GbR möglichst lange am Mietvertrag über die schwer vermarktbaren Flächen festhalten.
> 1. Ist die Kündigung wirksam und wenn ja zu welchem Termin?
> 2. Was kann V gegen die Kündigung unternehmen?

1. Gesetzessystematik

Die **Kündigung** von **Mietverhältnissen** ist zentral in § 542 Abs. 1 BGB (ordentliche Kündigung) und § 543 BGB (außerordentliche fristlose Kündigung) geregelt. 45

Für die Kündigung von Mietverhältnissen über **Wohnraum** gelten ergänzend die *Kündigungsschutzvorschriften* des § 568 BGB (Schriftform), des § 569 BGB (außerordentliche fristlose Kündigung), der §§ 573 ff. BGB (ordentliche Kündigung) und der §§ 574 ff. BGB (Widerspruch des Mieters gegen die Kündigung). 46

Bei **Weitervermietung von Wohnraum** an Personen mit dringendem Wohnbedarf im Sinne des § 578 Abs. 3 Satz 1 BGB genießt der Mieter auch im Hauptmietverhältnis einen an *Wohnraum angenäherten Kündigungsschutz* (siehe Rn. G 42 f.). Es gelten § 568 Abs. 1 BGB (Schriftform), § 569 Abs. 3 bis 5 BGB (außerordentliche fristlose Kündigung) und §§ 573 ff. BGB (ordentliche Kündigung). 47

Für die Kündigung von Mietverhältnissen über **andere Sachen** gelten § 542 Abs. 1 BGB und die Kündigungsfristen des § 580a BGB. 48

Daneben existieren verschiedene **Sonderkündigungsrechte** (außerordentliche Kündigung mit gesetzlicher Frist), beispielsweise für alle Mietsachen aus § 544 Satz 1, für Wohnraum aus § 561 BGB, § 564 Satz 2 BGB oder für Geschäftsraum aus § 580 BGB. 49

2. Kündigungsarten

Die **ordentliche Kündigung** kann nur Mietverhältnisse auf unbestimmte Zeit beenden (§ 542 Abs. 1 BGB). Sie bedarf *grundsätzlich keiner Begründung*. Lediglich der Vermieter von Wohnraum muss ein berechtigtes Interesse an der Beendigung haben (§ 573 BGB), soweit keine Ausnahme nach § 549 Abs. 2, Abs. 3, § 573a oder § 573b BGB eingreift. Die ordentliche Kündigung beendet das Mietverhältnis nach Ablauf einer vertraglichen oder gesetzlichen *Kündigungsfrist* (§ 573c BGB oder § 580a Abs. 1 und 2 BGB). 50

In Härtefällen kann der Mieter von Wohnraum der Kündigung widersprechen und vorübergehend die Fortsetzung des Mietverhältnisses verlangen (Sozialwiderspruch nach §§ 574 ff. BGB).

Die **außerordentliche fristlose Kündigung** ist geeignet, Mietverhältnisse auf bestimmte und unbestimmte Zeit zu beenden (§ 542 Abs. 1 und Abs. 2 Nr. 1 BGB). Die fristlose Kündigung bedarf eines *Kündigungsgrunds* (§§ 543 und 569 BGB) wie zum Beispiel erheblicher Vertragsverletzungen (§ 543 Abs. 2 Nr. 1 bis 3 BGB), die in der Regel eine erfolglose *Abmahnung* des Mieters voraussetzen (§ 543 Abs. 3 BGB). Die außerordentliche fristlose Kündigung beendet das Mietverhältnis *sofort* mit Zugang der Kündigungserklärung. Ein Widerspruchsrecht gegen die Kündigung besteht auch in Härtefällen nicht, was § 574 Abs. 1 Satz 2 BGB für Wohnraum ausdrücklich klarstellt. 51

Die **außerordentliche Kündigung mit gesetzlicher Frist** ist geeignet, Mietverhältnisse auf unbestimmte und bestimmte Mietzeit zu beenden (§ 542 Abs. 1 und Abs. 2 Nr. 1 BGB). Sie bedarf eines *Kündigungsgrunds*, der sich aus verschiedenen Sonderkündigungstatbeständen ergeben kann (z. B. aus § 544 Satz 1 BGB, § 561 BGB, § 564 Satz 2 BGB oder § 580 BGB). Zur außerordentlichen Kündigung von Wohnraummietverhältnissen 52 mit gesetzlicher Frist bedarf der *Vermieter* nach § 573d Abs. 1 BGB in der Regel zusätzlich eines berechtigten Interesses im Sinne des § 573 BGB. Die *gesetzliche Frist* der außerordentlichen Kündigung ergibt sich für Wohnraum aus § 573d Abs. 2 BGB und für andere Mietsachen aus § 580a Abs. 4 BGB. In Härtefällen kann der Mieter von Wohnraum der Kündigung widersprechen (Sozialwiderspruch nach §§ 574 ff. BGB). Hauptzweck der außerordentlichen Kündigung mit gesetzlicher Frist ist, den Vertragsparteien eine *geordnete Lösung vom Mietverhältnis* vergleichbar mit einer ordentlichen Kündigung zu ermöglichen, wenn das Mietverhältnis an sich nicht ordentlich kündbar ist (z. B. bei langer Festmietzeit oder Kündigungsverzichten).

Übersicht: Kündigungsarten

Ordentliche Kündigung	**Außerordentliche Kündigung mit gesetzlicher Frist**	**Außerordentliche fristlose Kündigung**
§ 542 I	z. B. § 540, § 544, *§ 563 I,II*	§ 543, *§ 569*
Mietzeit unbefristet	Mietzeit befristet oder unbefristet	Mietzeit befristet oder unbefristet
keine Begründung; *bei Wohnraum: berechtigtes Interesse des Vermieters (§ 573)*	**Sonderkündigungsgrund** ggf. mit **Ausschlussfrist** *(z. B. § 564 S. 2) bei Wohnraum: i. d. R. zusätzlich berechtigtes Interesse des Vermieters (§§ 573, 573d I)*	**Wichtiger Grund** (§ 543 I, II, *§ 569*)
Kündigungsfrist vertraglich oder gesetzlich *(§ 573c bzw. § 580a I-II)*	Kündigungsfrist gesetzlich *(§ 573d II bzw. § 580a IV)*	Abmahnung/Fristsetzung Gesetzlich, ggf. vertraglich (§ 543 III)
Kündigungserklärung	Kündigungserklärung	Kündigungserklärung
bei Wohnraum: Sozialwiderspruch (§§ 574 ff.)	*bei Wohnraum:* Sozialwiderspruch (§§ 574 ff.)	kein Sozialwiderspruch *(§ 574 I 2)*

3. Erklärender und Empfänger

53   Die Kündigung ist eine **einseitige empfangsbedürftige Willenserklärung**. Damit die sie wirksam wird, muss der richtige Erklärende sie gegenüber dem richtigen Empfänger abgeben. Maßgeblich ist dabei der Zeitpunkt des Zugangs der Kündigungserklärung.

a) Erklärender

aa) Einzelperson

54   Die Kündigung muss die kündigende **Vertragspartei** erklären. Maßgeblich ist die Stellung als Partei des Mietvertrags, nicht wer Eigentümer oder tatsächlicher Nutzer der Mietsache ist.

III. Kündigung – Grundlagen

bb) Personenmehrheit

Besteht eine Vertragspartei aus mehreren Personen, müssen wegen der Einheitlichkeit des Mietverhältnisses grundsätzlich **sämtliche Personen** die Kündigungserklärung abgeben (gemeinsame Kündigungsberechtigung). 55

Ausnahmsweise kann ein gemeinsam Kündigungsberechtigter allein mit Wirkung für alle Kündigungsberechtigten kündigen. Dazu benötigt er die **vorherige Zustimmung** der übrigen Kündigungsberechtigten (**Ermächtigung** nach §§ 182 Abs. 3, 183 Satz 1 BGB). Trotz vorheriger Zustimmung wird die Kündigung unwirksam, wenn der Kündigende keine schriftliche Einwilligung der übrigen Kündigungsberechtigten vorlegt und der Empfänger die Kündigung unverzüglich (ohne schuldhaftes Zögern, § 121 BGB) aus diesem Grund **zurückweist** (§§ 182 Abs. 3, 111 Satz 2 und 3, 121 Abs. 1 Satz 1 BGB). 56

Eine **ohne Zustimmung** der anderen Kündigungsberechtigten erklärte Kündigung ist stets unwirksam.[19] Eine nachträgliche Genehmigung nach § 185 Abs. 2 BGB scheidet aus, weil Gestaltungsrechte keinen Schwebezustand vertragen.[20] 57

cc) Stellvertretung

Die Kündigungserklärung kann ein Stellvertreter für die kündigende Vertragspartei (auch bei Personenmehrheit) abgeben nach § 164 Abs. 1 Satz 1 BGB. 58

Die Vertretungsmacht kann unmittelbar auf **Gesetz** beruhen (z. B. Nachlasspfleger gem. § 1960 Abs. 2 BGB, zur Regelung der Rechtsverhältnisse an der Wohnung bestellter Betreuer nach § 1902 BGB). Sie kann auf der **Stellung als Organ** einer juristischen Person beruhen, die in der Regel aus dem Handels- oder Vereinsregister ersichtlich ist (z. B. GmbH-Geschäftsführer nach § 35 GmbHG oder der Bürgermeister einer Gemeinde im Rahmen seiner eigenen Befugnisse[21], andernfalls siehe Rn. H 63). Schließlich kann die Vertretungsmacht auf einer durch Rechtsgeschäft erteilten **Vollmacht** beruhen (§ 167 Abs. 1 BGB). Dabei sind *formularvertragliche Kündigungsvollmachten*, in denen sich mehrere Mieter gegenseitig zur Kündigung des Mietverhältnisses bevollmächtigen, nach § 307 Abs. 1 BGB wegen unangemessener Benachteiligung des Mieters unwirksam.[22] 59

Dass der Vertreter **im Namen des Vertretenen** kündigt, muss sich nach § 164 Abs. 1 Satz 2 BGB entweder ausdrücklich aus der Kündigungserklärung ergeben (z. B. „Namens und in Vollmacht des Mieters ... kündige ich") oder aus den Umständen (z. B. Kündigung durch Hausverwaltung für den Vermieter). 60

Kündigt ein Bevollmächtigter das Mietverhältnis ohne Vorlage einer Vollmachtsurkunde im **Original** (keine Fotokopie, Telefax oder beglaubigte Abschrift) und weist der Kündigungsempfänger die Kündigung aus diesem Grund unverzüglich zurück (**Vollmachtsrüge**), wird die Kündigung nach § 174 Satz 1 BGB unwirksam. Diese bezweckt, dass der Empfänger bei Zugang der Kündigungserklärung Klarheit über die Vertretungsmacht hat. **Unverzüglich** bedeutet nach § 121 Abs. 1 Satz 1 BGB ohne schuldhaftes Zögern. Die Rechtsprechung ist aufgrund des Verschuldenselements nicht einheitlich und berücksichtigt die Umstände des jeweiligen Einzelfalls. Eine Rüge *später als eine Woche* nach Kenntnis des Empfängers hat das Bundesarbeitsgericht als zu verspätet beurteilt.[23] Bereits *sechs Tage* können zu lang sein.[24] Ab *zwei Wochen* dürfte unverzügliches Handeln auszuschließen sein, wenn nicht besondere Umstände wie Urlaub und unvorhersehbare 61

---

[19] BGH, Urt. v. 21.10.2009 – VIII ZR 64/09, NJW 2009, 3781 Rn. 16.
[20] BGH, Urt. v. 14.11.1996 – I ZR 201/94, NJW 1997, 1150, 1151.
[21] Art. 38 Abs. 1 GO.
[22] OLG Frankfurt, Urt. v. 19.12.1991 – 6 U 108/90, NJW-RR 1992, 396, 400.
[23] BAG, Urt. v. 8.12.2011 – 6 AZR 354/10, NJW 2012, 2539.
[24] OLG Hamm, Urt. v. 26.10.1990 – 20 U 71/90, NJW 1991, 1185.

Krankheit des Kündigungsempfängers vorliegen.[25] Die Zurückweisung ist nach § 174 Satz 2 BGB ausgeschlossen, wenn der Vollmachtgeber den Erklärungsgegner zuvor von der Vollmacht in Kenntnis gesetzt hat, was regelmäßig eine gesonderte Mitteilung erfordert. Bei *gesetzlicher oder organschaftlicher Vertretungsmacht* besteht kein Zurückweisungsrecht, weil diese nicht durch Rechtsgeschäft erteilt und Zweifel über die Vertretungsmacht regelmäßig ausgeschlossen sind.

62 Der Bevollmächtigte sollte der Kündigungserklärung stets eine **lückenlose Kette sämtlicher Vollmachten im Original** beifügen, aus denen seine Kündigungsvollmacht ersichtlich ist.

63 Erklärt ein Bevollmächtigter im Namen einer Gemeinde eine Kündigung, welche der vorherigen Entscheidung des Gemeinderats oder eines seiner Ausschüsse bedarf (z. B. keine Angelegenheit der laufenden Verwaltung, siehe Rn. B 30 ff.), ist als *Nachweis der Vertretungsmacht auch* das Beifügen einer beglaubigten Ausfertigung des **Beschlusses** empfehlenswert.[26]

64 Ist das Beifügen dieser Nachweise nicht möglich, sollte der Bevollmächtigte die Kündigung so frühzeitig erklären, dass er sie im bei Vollmachtsrüge ohne Rechtsnachteil für die kündigende Vertragspartei mit Originalvollmachten wiederholen kann. Allein das Bestehen dieser **Nachholmöglichkeit** reduziert das Interesse des Kündigungsempfängers an der Rüge. Wenn der Kündigungsempfänger die Vollmachtsrüge durch einen Bevollmächtigten erhebt und dabei selbst keine Vollmachtsurkunde im Original vorlegt, kann der Kündigende die Vollmachtsrüge unverzüglich zurückweisen, so dass sie entsprechend § 174 Satz 1 BGB unwirksam wird. Dieser **Rückrüge** sollte der Bevollmächtigte unbedingt eine lückenlose Kette von Originalvollmachten beifügen.

65 Eine **ohne Vertretungsmacht** erklärte Kündigung im Namen einer Vertragspartei ist unwirksam nach § 180 Satz 1 BGB. Eine spätere Genehmigung durch den Kündigungsberechtigten ist ausgeschlossen nach § 180 Satz 2 BGB.

b) Empfänger

aa) Einzelperson

66 Die Kündigung muss der Kündigende gegenüber der **anderen Vertragspartei** erklären. Das heißt aus der Erklärung muss sich ergeben, wem gekündigt wird.

bb) Personenmehrheit

67 Sind mehrere Personen Vertragspartei, so muss der Kündigende die Kündigung **einheitlich gegenüber allen** Personen erklären.[27] Wegen der Einheitlichkeit der Kündigung müssen die Kündigungserklärungen den Empfängern in *engem zeitlichem Zusammenhang* zugehen.[28] *Empfangsvollmachten* in Mietverträgen, mit denen sich mehrere Mieter gegenseitig zum Empfang von Kündigungen bevollmächtigen, (§ 164 Abs. 3 BGB) befreien nicht von der Notwendigkeit, die Kündigungserklärung an alle Vertragspartner zu *adressieren*. Sie erleichtern lediglich den Zugang der Kündigungserklärung.

---

[25] OLG München, Urt. v. 4.8.1995 – 21 U 5934/94, NJW-RR 1997, 904.
[26] Vgl. OLG München, Beschl. v. 18.6.2010 – Wx 65/10, juris betreffend Nachweis der Vertretungsmacht für Grundstücksgeschäfte gegenüber dem Grundbuchamt und BAG, Urt. v. 20.9.2006 – 6 AZR 82/06, NZA 2007, 377 Rn. 40 ff. für Vollmacht aufgrund verwaltungsinterner Regelung ohne Gesetzesqualität.
[27] BGH, Urt. v. 26.11.1957 – VIII ZR 92/57, NJW 1958, 421, 421; BGH, Urt. v. 28.6.2000 – VIII ZR 240/99, NJW 2000, 3133, 3135.
[28] LG München I, Urt. v. 24.2.1999 – 14 S 18218/98, WuM 1999, 218.

Ist die Kündigung nur an **einen von mehreren Vertragspartnern** gerichtet, ist sie **68** insgesamt **unwirksam**, weil das Mietverhältnis nur einheitlich kündbar ist.[29]

Bei **unklaren Vertragsverhältnissen** sollte der Erklärende die Kündigung an alle **69** Personen richten, die als Vertragspartner in Frage kommen, obwohl dies Schadensersatzansprüche gegenüber unzutreffenden Kündigungsadressaten auslösen kann (z. B. Rechtsanwaltskosten für die Verteidigung gegen die Kündigung). Ist **ungewiss**, ob der Vermieter einen von mehreren Mietern **konkludent aus dem Mietverhältnis entlassen** hat, sollte der Vermieter die Kündigung auch an diesen richten. In Ausnahmefällen, kann der Einwand des Mieters, die Kündigung müsse auch gegenüber einem vor einigen Jahren ausgezogenen Mietmieter erklärt werden, kann **rechtsmissbräuchlich** sein nach § 242 BGB.[30]

cc) Stellvertretung

Beim **Empfang** der Kündigungserklärung können Stellvertreter die gekündigte Ver- **70** tragspartei vertreten, so dass Kündigungserklärung sofort mit Zugang bei ihnen wirksam wird (§ 164 Abs. 3 BGB). Aus der Kündigungserklärung muss ersichtlich sein, dass der Empfänger diese für den Vertretenen empfängt (§ 164 Abs. 1 Satz 2, Abs. 3 BGB).

Isolierte Empfangsvollmachten, mit denen sich mehrere Mieter gegenseitig zur Ent- **71** gegennahme von Kündigungen bevollmächtigen, können die Vertragsparteien formularvertraglich wirksam vereinbaren.[31] Teilt ein ausgezogener Mieter dem Vermieter nach Auszug seine neue Anschrift mit, kann dies einen **konkludenten Widerruf** der Empfangsvollmacht der Mitmieter nach §§ 168 Satz 3, 167 Abs. 1 Alt. 2 BGB darstellen.[32] Bestehen Zweifel an der Empfangsvollmacht der Mieter, sollte der Vermieter sich nicht auf diese verlassen, sondern die Kündigung vorsorglich gegenüber sämtlichen Mietern erklären.

Bei **juristischen Personen** und **Minderjährigen** ist die Kündigung gegenüber dem **72** empfangsberechtigten Organ bzw. gesetzlichen Vertreter (§ 131 Abs. 1 BGB) zu erklären. Ist für den Empfänger ein **Betreuer** nach §§ 1896 ff. BGB bestellt, muss die Kündigung gegenüber dem Betreuer erklärt werden, wenn dieser zur Regelung der Rechtsverhältnisse an der Wohnung bestellt ist.

c) Veräußerung der Mietsache

Veräußert der Vermieter die überlassene Mietsache, tritt der Erwerber mit Eigentums- **73** übergang in die Rechte und Pflichten des bisherigen Vermieters aus dem Mietverhältnis ein (§§ 566 Abs. 1, 578 BGB). Mit dessen **Eintragung im Grundbuch** gehen die Erklärungs- und Empfangsbefugnis des bisherigen Vermieters für Kündigungen auf den Erwerber über (siehe Rn. G 14 ff.).

aa) Vermieterkündigung

Ab Eintragung des Eigentümerwechsels im Grundbuch muss der **Erwerber** die Kündi- **74** gung gegenüber dem Mieter **erklären**. Bedarf die Kündigung einer Begründung (z. B. Eigenbedarf an Wohnraum), ist grundsätzlich die *Person des Erwerbers* maßgeblich. Inwiefern sich der Erwerber ausnahmsweise auf Kündigungsgründe berufen darf, die vor Eigentumsübergang entstanden sind (z. B. Störung des Hausfriedens, Zahlungsverzug), ist noch nicht abschließend geklärt.

---

[29] BGH, Urt. v. 26.11.1957 – VIII ZR 92/57, NJW 1958, 421, 421.
[30] BGH, Beschl. v. 14.9.2010 – VIII ZR 83/10, NZM 2010, 815.
[31] BGH, Beschl. v. 10.9.1997 – VIII ARZ 1/97, NJW 1997, 3437.
[32] BGH, Beschl. v. 10.9.1997 – VIII ARZ 1/97, NJW 1997, 3437, 3438.

75 Hat der bisherige Vermieter das Mietverhältnis vor Eigentumsübergang **wirksam gekündigt,** tritt der Erwerber grundsätzlich nach §§ 566 Abs. 1, 578 BGB in das *Abwicklungsverhältnis* ein (siehe I 144 ff.). Das Beharren des Erwerbers auf einer Kündigung, die mit dem Eigenbedarf des bisherigen Vermieters im Sinne des § 573 Abs. 2 Nr. 2 BGB begründet ist, kann nach § 242 BGB rechtsmissbräuchlich sein (siehe Rn. B 174 f.).

76 Soll der Erwerber **vor Eintragung ins Grundbuch** zur Kündigung befugt sein, kann der bisherige Vermieter ihn zur Kündigung **bevollmächtigen.** Der Erwerber kann die Kündigung dann im Namen des bisherigen Vermieters erklären. Soweit die Kündigung einer Begründung bedarf, ist die *Person des bisherigen Vermieters* maßgeblich.

bb) Mieterkündigung

77 Ab Eintragung des Eigentümerwechsels im Grundbuch muss der Mieter die Kündigung des Mietverhältnisses gegenüber dem **Erwerber** erklären.

78 Hat der Mieter *keine Kenntnis* vom Eigentümerwechsel und kündigt er gegenüber dem bisherigen Vermieter, muss der *Erwerber* dies entsprechend §§ 407 Abs. 1, 412 BGB gegen sich gelten lassen.[33] Zeigt der bisherige Vermieter dem Mieter einen Eigentümerwechsel auf den „Erwerber" an, der tatsächlich (noch) nicht stattgefunden hat, muss er eine Kündigung des Mieters gegenüber dem „Erwerber" entsprechend § 409 Abs. 1 BGB auch gegen sich gelten lassen.[34]

d) Insolvenzverfahren

79 Wird ein Insolvenzverfahren über das Vermögen der zu kündigenden *Vertragspartei* beantragt, kann die Empfangsbefugnis für Kündigungserklärungen bei dieser verbleiben oder durch Sicherungsmaßnahmen des Insolvenzgerichts auf den (vorläufigen) **Insolvenzverwalter** übergegangen sein (§§ 22, 23 und § 80 InsO). Der Umfang der Befugnisse des Verwalters ist aus den Sicherungsbeschlüssen bzw. dem Eröffnungsbeschluss des Insolvenzgerichts ersichtlich. Bei **Eigenverwaltung des Schuldners** nach §§ 270 ff. InsO kann dieser auch nach Eröffnung des Insolvenzverfahrens zur Kündigung befugt sein. Im Zweifel sollte der Kündigende die Kündigungserklärung sowohl an die Vertragspartei richten als auch an den Insolvenzverwalter.

4. Inhalt

a) Beendigungswille

80 Aus der Kündigungserklärung muss eindeutig erkennbar sein, dass der Kündigende das Mietverhältnis **einseitig beenden will.** Das Wort „kündigen" muss dazu nicht unbedingt fallen, im Interesse der Rechtssicherheit ist dies jedoch zu empfehlen *(„Hiermit kündige ich").* Keine Kündigung liegt vor, wenn der Erklärende diese lediglich in Aussicht stellt, beispielsweise um zu drohen.

b) Gegenstand

81 Neben dem Kündigenden und dem Kündigungsempfänger muss aus der Kündigung auch hervorgehen, **welches Mietverhältnis** sie beenden soll (Beispiel: „das mit Wohnraummietvertrag vom 1.1.2000/5.1.2000 begründete Mietverhältnis in der Nibelungenstraße 3, 80639 München").

---

[33] BGH, Urt. v. 23.2.2012 – IX ZR 29/11, NJW 2012, 1881 Rn. 15 ff. betreffend Freigabeerklärung des Insolvenzverwalters.
[34] Streyl in Schmidt-Futterer, § 566 BGB Rn. 117.

III. Kündigung – Grundlagen

Grundsätzlich unzulässig ist eine **Teilkündigung**, die das Mietverhältnis nur hinsichtlich eines Teils der Mietsache aufhebt, da dies der Einheitlichkeit des Mietverhältnisses widersprechen würde.[35] In diesem Zusammenhang ist zu beachten, dass die zeitgleiche Vermietung von **Wohnung und Garage** in getrennten Mietverträgen als einheitliches Mietverhältnis beurteilt werden kann, wenn diese auf *demselben Grundstück* liegen (siehe Rn. A 40).[36] Ausnahmsweise zulässig ist die Teilkündigung eines Wohnraummietverhältnisses, wenn der Vermieter bestimmte Nebenräume oder Teile des Mietgrundstücks einer **Nutzung als Wohnraum** zuführen will (§ 573b BGB). Ferner kommen vor allem in Mietverhältnissen über Geschäftsraum vertraglich ausbedungene Teilkündigungsrechte in Betracht.

82

c) Bedingungen

Die Kündigung ist als einseitiges Rechtsgeschäft im Grundsatz **bedingungsfeindlich**. Sie darf nicht an Bedingungen (§ 158 Abs. 1 und 2 BGB) geknüpft sein, die den Empfänger in eine ungewisse Lage versetzen.[37]

83

Zulässig sind **Potestativbedingungen**, deren Eintritt der Kündigungsempfänger selbst beeinflusst,[38] beispielsweise die Änderungskündigung des Vermieters von Geschäftsraum, falls der Mieter der angebotenen Mieterhöhung nicht zustimmt.

84

Zulässig sind auch **Rechtsbedingungen**, die an das Bestehen einer bestimmten Rechtslage anknüpfen, beispielsweise „vorsorglich" für den Fall, dass ein Mietverhältnis besteht. Ferner können mehrere Kündigungen durch Rechtsbedingungen gestaffelt werden. So kann ein Mietverhältnis sofort außerordentlich fristlos und **hilfsweise** (für den Fall, dass die fristlose Kündigung nicht wirksam ist) ordentlich zu einem späteren Kündigungstermin gekündigt werden.[39] Dabei sollte der Erklärende stets auf eine **Rangfolge** zwischen den unterschiedlichen Kündigungen achten, um deren Wirksamkeit nicht zu gefährden.[40]

85

d) Begründung

Die **ordentliche Kündigung** eines Mietverhältnisses bedarf grundsätzlich *keiner* Begründung. Nur der *Vermieter von Wohnraum* muss die Gründe für ein berechtigtes Interesse an der Kündigung nach § 573 Abs. 3 Satz 1 BGB angeben, es sei denn es handelt sich um ein in § 549 Abs. 2 Nr. 1 bis 3 BGB genanntes Mietverhältnis. Andere Gründe als die in der Kündigung aufgeführten kann der Vermieter nur nachschieben, soweit diese nach Zugang der Kündigung entstehen (§ 573 Abs. 3 Satz 2 BGB).

86

In der **außerordentlich fristlosen Kündigung** von *Wohnraum* muss der Vermieter den zur Kündigung führenden wichtigen Grund angeben, damit die Kündigung wirksam ist (§ 569 Abs. 4 BGB); bei Weitervermietung von Wohnraum an Personen mit dringendem Wohnbedarf im Sinne des § 578 Abs. 3 Satz 1 BGB folgt dies aus der Verweisung in § 578 Abs. 3 Satz 1 BGB. Bei *anderen Mietsachen* und bei der Kündigung des Mieters von Wohnraum sieht die gesetzliche Regelung keine Begründung vor. Insoweit schließt die Angabe eines bestimmten Kündigungsgrundes in der Kündigungserklärung ein Nachschieben anderer Gründe nicht aus, wenn diese schon zur Zeit der Kündigung vorliegen.[41]

87

---

[35] BGH, Urt. v. 12.10.2011 – VIII ZR 251/10, NJW 2012, 224 Rn. 11.
[36] BGH, Beschl. v. 8.10.2013 – VIII ZR 254/13, GE 2013, 1650.
[37] BGH, Urt. v. 4.4.1973 – VIII ZR 47/72, ZMR 73, 378.
[38] BGH, Urt. v. 4.4.1973 – VIII ZR 47/72, ZMR 73, 378.
[39] BGH, Urt. v. 16.2.2005 – VIII ZR 6/04, NZM 2005, 334.
[40] LG Wiesbaden, Urt. v. 10.3.1998 – 8 S 416/97, WuM 1998, 284.
[41] BGH, Urt. v. 29.10.1986 – VIII ZR 144/85, NJW 1987, 432 Rn. 20.

87a Die **Umdeutung** einer unwirksamen fristlosen Kündigung in eine ordentliche Kündigung nach § 140 BGB ist möglich, wenn der Empfänger aus der Kündigungserklärung klar erkennen kann, dass der Kündigende das Mietverhältnis zum nächsten möglichen Termin beenden will.[42] Umgekehrt ist die Umdeutung einer ordentlichen Kündigung in eine außerordentliche Kündigung in der Regel nicht möglich, weil letztere weitergehende Rechtsfolgen hat[43] und der Wille zur sofortigen Beendigung des Mietverhältnisses fehlt.[44]

88 Ob die Wirksamkeit der **außerordentlichen Kündigung mit gesetzlicher Frist** eine *Begründung des Sonderkündigungsrechts* erfordert oder ob es genügt, dass der zur Kündigung berechtigte Sachverhalt im Zeitpunkt des Zugangs der Kündigung tatsächlich vorliegt, hat die Rechtsprechung bislang nicht geklärt. Wenn der Vermieter ein Wohnraummietverhältnis kündigt, muss er wegen der Verweisung in § 573d Abs. 1 auf § 573 Abs. 3 BGB grundsätzlich ein *berechtigtes Interesse* an der Kündigung angeben. **Unabhängig von Rechtspflichten** ist der kündigenden Vertragspartei dringend zu empfehlen, die Kündigung in der Kündigungserklärung umfassend so zu **begründen** wie es für Wohnraum in §§ 573 Abs. 3, 569 Abs. 4 BGB vorgesehen ist. So kann der Kündigungsempfänger den zur Kündigung führenden Umstand erkennen und Missverständnisse noch außerprozessual ausräumen.

89 Den **Sachverhalt**, der den Kündigungsgrund bildet, muss der Erklärende so konkret darstellen, dass er von anderen Lebenssachverhalten *unterscheidbar* ist.[45] Bei Pflichtverletzungen muss der Vermieter hierfür angeben, wer, wann, was getan oder unterlassen hat und bei anderen Kündigungsgründen die Tatsachen, die den Kündigungsgrund identifizieren (z. B. den Eigenbedarf des Vermieters). Dabei tritt der BGH der Tendenz der Instanzgerichte entgegen, überzogene formalen Anforderungen an die Kündigungserklärung zu stellen.[46]

e) Kündigungstermin

90 Die Angabe eines Kündigungstermins ist **keine Wirksamkeitsvoraussetzung** der Kündigung. Eine Kündigungserklärung ohne Angabe des Zeitpunkts, zu dem das Mietverhältnis enden soll, beendet dieses in der Regel zum nächsten zulässigen Termin.[47]

91 Dennoch ist die **Angabe** des Kündigungstermins sinnvoll einerseits zur Selbstkontrolle des Erklärenden und andererseits damit der Empfänger erfährt, zu welchem Zeitpunkt der Kündigende das Mietverhältnis beenden will. Damit eine verspätete Kündigung zu einem bestimmten Kündigungstermin nach § 140 BGB leichter in eine Kündigung zum nächsten zulässigen Termin umgedeutet werden kann, kann die Kündigungserklärung zum Ausdruck bringen, dass die Beendigung des Mietverhältnisses zum nächsten möglichen Termin gewollt ist (Beispiel: „Hiermit kündige ich das mit Mietvertrag vom … begründete Mietverhältnis ordentlich zum nächsten möglichen Termin, das ist …").

92 Die Kündigung zu einem **unbestimmten Termin** ist unwirksam, weil sie den Empfänger in Ungewissheit versetzen würde, wann das Mietverhältnis endet („Die außerordentliche Kündigung wird nicht mit sofortiger Wirkung ausgesprochen, sondern zu dem Zeitpunkt, in dem wir andere Geschäftsräume beziehen können").[48]

---

[42] BGH, Urt. v. 11.4.2018 – XII ZR 43/17, NZM 2018, 515 Rn. 27.
[43] Sternel in Mietrecht, Rn. IV. 42.
[44] BGH, Urt. v. 22.6.2005 – VIII ZR 326/04, WuM 2005, 584.
[45] BGH, Urt. v. 27.6.2007 –VIII ZR 271/06, NJW 2007, 2845 Rn. 23.
[46] BGH, Urt. v. 13.10.2010 – VIII ZR 78/10, NJW 2010, 3775.
[47] LG Berlin, Urt. v. 15.11.2010 – 67 S 115/10, ZMR 2012, 274 und OLG Frankfurt, Beschl. v. 23.1.1990 – 5 U 61/89, NJW-RR 1990, 337.
[48] BGH Urt. v. 22.10.2003 – XII ZR 112/02, NJW 2004, 284, 284.

f) Widerspruch gegen Verlängerung des Mietverhältnisses

Damit sich das gekündigte Mietverhältnis nicht stillschweigend gemäß § 545 BGB auf unbestimmte Zeit verlängert, wenn der Mieter nach dem Kündigungstermin den Gebrauch der Mietsache fortsetzt, kann der Kündigende dieser Rechtsfolge im Kündigungsschreiben widersprechen.[49] Dies ist keine Wirksamkeitsvoraussetzung der Kündigung, vermeidet aber Unsicherheiten über das Ende der Mietzeit. Ein formularvertraglicher Widerspruch des Vermieters gegen die Verlängerung des Mietverhältnisses ist bereits im Mietvertrag wirksam möglich (siehe Rn. H 428).

93

g) Belehrung über Sozialwiderspruchsrecht

Der Vermieter soll den Mieter von **Wohnraum** nach § 568 Abs. 2 BGB auf Form und Frist des Sozialwiderspruchs nach §§ 574 ff. BGB hinweisen. Unterlässt er dies oder belehrt er den Mieter verspätet, berührt dies nicht die Wirksamkeit der Kündigung, verlängert aber die Widerspruchsfrist des Mieters gem. § 574b Abs. 2 Satz 2 BGB.

94

h) Auskunft über weitere Besitzer

Kündigt der Vermieter das Mietverhältnis, sollte er den Mieter in der Kündigungserklärung auffordern, sämtliche Personen mitzuteilen, denen dieser den Besitz an der Mietsache überlassen hat. Ein Auskunftsanspruch besteht als Nebenpflicht des Mieters bei der Abwicklung des Mietverhältnisses gemäß § 242 BGB.[50]

95

Dies ist zweckmäßig, damit der Vermieter Personen, die **ohne Mieterstellung Besitz** an der Mietsache haben, nach § 546 Abs. 2 BGB zur Räumung auffordern und den Räumungsanspruch notfalls gerichtlich durchsetzen kann (z. B. Untermieter, Partner oder erwachsene Kinder des Mieters, siehe Rn. I 40 ff.).

96

Unterlässt der Mieter die Mitteilung und handelt es sich um ein Mietverhältnis über Wohnraum, kann das Vollstreckungsgericht die Zwangsvollstreckung gegen nachträglich auftauchende Dritte durch **Räumungsverfügung** anordnen gemäß § 940a Abs. 2 ZPO (siehe Rn. I 55).

97

5. Form

Die Kündigung von Mietverhältnissen über **Wohnraum** bedarf nach § 568 Abs. 1 BGB der **Schriftform** unabhängig davon, welche Vertragspartei kündigt und ob § 549 BGB den Kündigungsschutz lockert. Das Schriftformerfordernis gilt auch für die Kündigung des Hauptmietverhältnisses bei Weitervermietung von Wohnraum an Personen mit dringendem Wohnbedarf im Sinne des § 578 Abs. 3 Satz 1 BGB (siehe Rn. G 42a).

98

Eine ohne Beachtung der Schriftform erklärte Kündigung ist **nichtig** nach § 125 Satz 1 BGB. Sie kann nach § 141 Abs. 1 BGB nicht durch Bestätigung geheilt, sondern nur neu vorgenommen werden. Die Schriftform erfordert, dass der Aussteller die Kündigungserklärung **eigenhändig durch Namensunterschrift** unterzeichnet (§ 126 Abs. 1 BGB). Der Namenszug muss sich am Ende der Urkunde befinden und den gesamten vorstehenden Inhalt der Kündigungserklärung abdecken. Die schriftliche Kündigungserklärung muss dem Empfänger **im Original** zugehen. Telefax und E-Mail wahren die Schriftform im Umkehrschuss aus § 127 Abs. 2 BGB nicht.[51]

99

---

[49] BGH, Beschl. v. 21.4.2010 – VIII ZR 184/09, NJW 2010, 2124 Rn. 11.
[50] LG Kiel, Urt. v. 8.3.2010 – 18 O 233/09, ZMR 2010, 532 Rn. 37 ff.
[51] Vgl. BGH, Urt. v. 28.1.1993 – IX ZR 259/91, NJW 1993, 1126 für die Schriftform der Bürgschaftserklärung; a. A. Schürmann NJW 1992, 3005.

100 Die Kündigung **anderer Mietverhältnisse** ist **formlos** möglich (z. B. mündlich, per E-Mail oder Telefax). Wegen der schlechten Beweisbarkeit ist dies jedoch nicht zu empfehlen. Häufig ist mietvertraglich *als Wirksamkeitsvoraussetzung* der Kündigung eine **vereinbarte Schriftform** im Sinne des § 127 BGB vorgesehen (z. B. „Die Kündigung des Mietverhältnisses bedarf zu ihrer Wirksamkeit der Schriftform"), so dass eine formlos erklärte Kündigung nach § 125 Satz 2 BGB *unwirksam* ist. Damit die Kündigungserklärung die vereinbarte Schriftform wahrt, muss sie der gesetzlichen Schriftform genügen (§§ 127 Abs. 1, 126 Abs. 1 BGB). Für den Zugang der Kündigungserklärung erlaubt § 127 Abs. 2 Satz 1 BGB auch die *telekommunikative Übermittlung* der Kündigungserklärung (z. B. E-Mail, Telefax; nicht Telefon), soweit nicht ein anderer Wille der Parteien anzunehmen ist. Bei der Vereinbarung „Kündigung nur durch **Einschreiben mit Rückschein**" bedarf die Kündigung zu ihrer Wirksamkeit der vereinbarten Schriftform (§ 127, 125 Satz 2 BGB); das Abweichen von der vorgegebenen Versandart ist unschädlich, weil diese lediglich den Zugang sicherstellen soll.[52]

6. Zustimmung des Betriebs- oder Personalrats

101 Unterliegt die Kündigung eines Mietverhältnisses über Wohnraum der Mitbestimmung des Betriebsrats nach § 87 Abs. 1 Nr. 9 BetrVG oder des Personalrats,[53] ist dessen vorherige Zustimmung **Wirksamkeitsvoraussetzung** der ordentlichen oder außerordentlichen Kündigung (§ 182 Abs. 3 BGB).[54] Liegt der Kündigungserklärung kein schriftlicher Nachweis der Zustimmung bei, kann die Kündigung durch **Rüge** des Mieters **unwirksam** werden nach §§ 182 Abs. 3, 111 Satz 2 BGB.

102 Das Zustimmungserfordernis betrifft **Werkmietwohnungen** (§ 576 BGB), deren gerechte Vergabe die Personalvertretung als soziale Angelegenheit mitbestimmt. *Nach Beendigung des Dienstverhältnisses* des Mieters soll das Zustimmungserfordernis fortbestehen, weil der Bestand des Mietverhältnisses einer Neuvermietung an aktive Beschäftigte entgegensteht.[55] Für funktionsgebundene Werkmietwohnungen (siehe Rn. H 188) ist das Zustimmungserfordernis zweifelhaft. Dieses betrifft nur soziale Angelegenheiten des Mieters; aufgrund des Funktionszusammenhangs stehen jedoch betriebliche Erfordernisse des Vermieters im Vordergrund.[56]

103 Die Beendigung des Rechtsverhältnisses über eine **Werk*dienst*wohnung** (§ 576b Abs. 1 BGB) bedarf *keiner* Zustimmung des Personal- oder Betriebsrats, weil kein selbständiges Mietverhältnis vorliegt und die dienstlich geprägte Nutzungsüberlassung keine sozialen Mitbestimmungsrechte berührt.[57]

7. Zeitnahe Kündigung

104 Bei Kündigungen wegen Verletzung von Pflichten aus dem Mietverhältnis obliegt es dem Kündigenden, die Kündigung **zeitnah nach Kenntnis der Pflichtverletzung zu erklären,** ggf. nach vorausgegangener fruchtloser Fristsetzung oder Abmahnung.

105 Zwar ist die allgemeine Ausschlussfrist für fristlose Kündigungen aus § 314 Abs. 3 BGB wegen Spezialität der mietrechtlichen Kündigungstatbestände nicht anwendbar.[58]

---

[52] BGH, Urt. v. 21.1.2004 – XII ZR 214/00, NJW 2004, 1320.
[53] Art. 75 Abs. 3 Nr. 2 Alt. 2 BayPVG.
[54] Vgl. OLG Frankfurt, RE v. 14.8.1992 – 20 RE Miet 1/92, NJW-RR 1992, 1294.
[55] BAG, Beschl. v. 28.7.1992 – 1 ABR 22/92, NZA 1993, 272, 274; a. A. OLG Frankfurt a. a. O.
[56] Rech, Werkwohnungen, 1. Aufl. 2016, § 8 III, S. 105 f.
[57] BAG, Urt. v. 15.12.1992 – 1 AZR 308/92, WuM 1993, 353.
[58] BGH, Versäumnisurt. v. 13.7.2016 – VIII ZR 296/15, NJW 2016, 3720 Rn. 14 ff.

Es kommt aber eine **Verwirkung** des Kündigungsrechts nach § 242 BGB in Betracht, 106
wenn über das *Zeitmoment* hinaus ein begründetes *Vertrauen* des Kündigungsempfängers
in die Nichtausübung des Kündigungsrechts entsteht. Ferner kann eine späte Kündigung
ein Indiz dafür sein, dass das Fortsetzen des Mietvertrags dem Kündigungsberechtigten
nicht unzumutbar ist im Sinne des § 543 Abs. 1 BGB[59] oder dass die Pflichtverletzung
nicht erheblich ist im Sinne des § 543 Abs. 2 Satz 1 Nr. 2 BGB oder des § 573 Abs. 2
Nr. 1 BGB.

Duldet der Vermieter den **Zahlungsverzug** mit der Miete über längere Zeit, muss er 107
den Mieter wegen des hierdurch entstandenen Vertrauens des Mieters in die Nichtausübung des Kündigungsrechts **abmahnen,** bevor er fristlos nach § 543 Abs. 2 Satz 1 Nr. 3
BGB kündigt. Andernfalls ist die Kündigung nach § 242 BGB unwirksam, obwohl nach
§ 543 Abs. 3 Satz 2 Nr. 3 BGB an sich kein Abmahnerfordernis besteht.[60] Nimmt umgekehrt der Mieter längere Zeit hin, dass der Vermieter die **Mängelbeseitigung trotz Fristsetzung unterlässt,** muss er den Vermieter nach § 242 BGB **abmahnen,** bevor er das
Mietverhältnis wegen des mangelhaften Zustands fristlos kündigt nach § 543 Abs. 2
Satz 1 Nr. 1 oder § 569 Abs. 1 BGB;[61] dass der Mieter die Miete rügelos bezahlt,
begründet keinen Verzicht entsprechend § 536b BGB auf sein fristloses Kündigungsrecht.
Seit der Mietrechtsreform 2001 besteht keine planwidrige Regelungslücke mehr.[62]

8. Zugang

a) Wirksamwerden

Die Kündigung wird in dem **Zeitpunkt** wirksam, in dem die Kündigungserklärung 108
dem Empfänger **zugeht.** Zudem muss im Zeitpunkt des Zugangs der entsprechende
Kündigungsgrund bestehen, wenn die Kündigung eine Begründung erfordert.

Bei persönlicher **Übergabe** der Kündigungserklärung an den **anwesenden** Empfänger 109
geht sie entsprechend § 130 Abs. 1 Satz 1 BGB mit Aushändigung zu.[63]

Einem persönlich **nicht anwesenden** Empfänger geht die Kündigungserklärung nach 110
§ 130 Abs. 1 Satz 1 BGB zu, wenn sie so in dessen *Machtbereich* gelangt, dass unter
normalem Lauf der Dinge nach der Verkehrserwartung mit der Kenntnisnahme gerechnet
werden kann.[64] Zum Machtbereich des Empfängers gehören Empfangseinrichtungen wie
Briefkasten oder Postfach. Es genügt die abstrakte Möglichkeit zumutbarer Kenntnisnahme, eine tatsächliche Kenntnisnahme ist nicht erforderlich. Hindernisse aus der Sphäre
des Mieters wie Urlaub, Krankenhausaufenthalt oder sonstige Ortsabwesenheit sind
unbeachtlich. In diesen Fällen hat der Mieter geeignete Empfangsvorkehrungen zu treffen, die ihm die Kenntnisnahme ermöglichen.[65] Kann der Postzusteller die per **Einschreiben mit Rückschein** versandte Kündigung nicht zustellen und hinterlässt er einen
Benachrichtigungszettel im Briefkasten, geht die Kündigung erst mit der Abholung des
Einschreibens zu.[66] Holt der Empfänger das Schreiben nicht oder nicht rechtzeitig ab,
obwohl es ihm möglich wäre, kommt nach den Umständen des jeweiligen Einzelfalls in

---

[59] BGH, Beschl. v. 13.4.2010 – VIII ZR 206/09, NZM 2011, 32 Rn. 5.
[60] BGH, Urt. v. 24.2.1959 – VIII ZR 33/58, NJW 1959, 766, 767.
[61] BGH, Beschl. v. 13.4.2010 – VIII ZR 206/09, NZM 2011, 32 Rn. 4.
[62] BGH, Urt. v. 18.10.2006 – XII ZR 33/04, NJW 2007, 147 Rn. 16.
[63] BGH, Urt. v. 15.6.1998 – II ZR 40/97, NJW 1998, 3344, 3344.
[64] BGH, Urt. v. 13.2.1980 – VIII ZR 5/79, NJW 1980, 990 und BGH, Urt. v. 5.12.2007 – XII ZR 148/05, NJW 2008, 843.
[65] BGH, Urt. v. 21.1.2004 – XII ZR 214/00, NJW 2004, 1320.
[66] BGH, Urt. v. 3.11.1976 – VIII ZR 140/75, NJW 1977, 194.

H. Beendigung des Mietverhältnisses

Betracht, ihn nach § 242 BGB wegen *Zugangsvereitelung* so zu behandeln, als wäre ihm die Kündigung zugegangen.[67]

111 Bei Einwurf der Kündigungserklärung in den **Briefkasten** geht diese zu, sobald nach der Verkehrsanschauung mit der nächsten regelmäßigen Leerung zu rechnen ist. Bis wann eine Erklärung eingeworfen sein muss, damit sie noch am selben Tag zugeht, ist umstritten. Nach einer Auffassung soll der Einwurf um 18:05 Uhr diesem Erfordernis genügen.[68] Nach anderer Ansicht bewirkt der Einwurf um 16:30 Uhr den Zugang erst am nächsten Tag.[69] Derartige Unsicherheiten lassen sich durch frühzeitige Kündigung vermeiden.

112 Laufzeiten für die **interne Postverteilung** innerhalb eines arbeitsteilig organisierten Unternehmens oder einer Behörde bewirken keinen späteren Zugang, weil die selbst gewählte Organisation nicht zu Lasten des Erklärenden gehen darf.

113 Bei Einwurf der Kündigung in den **Nachtbriefkasten** einer Behörde, in den der Absender fristgebundene Anträge nach Dienstschluss noch bis 24.00 Uhr fristwahrend einwerfen kann, gilt die durch Ausweisung als Sonderbriefkasten *geänderte Verkehrserwartung*, so dass die Kündigung noch am selben Tag zugeht. Eine Unterscheidung zwischen öffentlich-rechtlichen und zivilrechtlichen Willenserklärungen erscheint nicht begründbar. Die erweiterte Zugangsmöglichkeit schafft einen angemessenen Ausgleich dafür, dass der Absender keine empfangsbereite Person herausklingeln und den Zugang in letzter Minute bewirken kann. Dass die Kenntnisnahme vom Erklärungsinhalt erst am nächsten Arbeitstag nach Wiederaufnahme des Dienstbetriebs möglich ist, spielt insoweit keine Rolle.

b) Beweis

114 Die gerichtliche Durchsetzbarkeit der Kündigung eines Mietverhältnisses hängt davon ab, dass der Erklärende den Zugang der Kündigungserklärung beweisen kann.

115 Eine **mündliche oder telefonische** Kündigung ist aufgrund der schlechten Beweisbarkeit sowohl des Zugangs als auch des Erklärungsinhalts durch Einvernahme etwaiger Zeugen in höchstem Maße unsicher.

116 Vom Übermitteln der Kündigungserklärung durch **Telefax** ist abzuraten, weil ein Versandprotokoll des Geräts grundsätzlich nicht geeignet ist, den lesbaren Eingang beim Empfänger zu beweisen.[70] Zudem wahrt es nicht die gesetzliche Schriftform des § 568 Abs. 1 BGB.

117 Das Übermitteln per **E-Mail** ist nicht geeignet, den Zugang der Kündigungserklärung nachzuweisen. Der Absender weiß nicht, ob die Nachricht ins Postfach des Empfängers gelangt (Spam- und Virenfilter) und ob dieser die Nachricht überhaupt abruft. Selbst eine automatische Empfangsbestätigung besagt nichts darüber, ob die Nachricht lesbar angekommen ist. Schließlich wahrt E-Mail nicht die gesetzliche Schriftform des § 568 Abs. 1 BGB.

118 Das Versenden der Kündigung als **einfacher Brief** ist nicht zu empfehlen, weil der Absender keinen Zugangsnachweis erhält. Das Absenden eines Briefs ist kein Anscheinsbeweis für den Zugang.[71]

119 Das Überbringen der Kündigung entweder **persönlich** oder durch **Boten** beweist den Zugang, wenn der Bote den Empfänger oder einen anderen Empfangsberechtigten antrifft

---

[67] BGH, Urt. v. 3.11.1976 – VIII ZR 140/75, NJW 1977, 194, 195; BGH, Urt. v. 26.11.1997 – VIII ZR 22/97, NJW 1998, 976, 977; BGH, Urt. v. 17.4.1996 – IV ZR 202/95, NJW 1996, 1967, 1968.
[68] BayVerfGH, Urt. v. 15.10.1992 – Vf. 117-VI-91, NJW 1993, 518, 520.
[69] BAG, Urt. v. 8.12.1983 – 2 AZR 337/82, NJW 1984, 1651.
[70] BGH, Urt. v. 19.2.2014 – IV ZR 163/13, NJW-RR 2014, 683 Rn. 27 ff.
[71] BGH, Urt. v. 21.1.2009 – VIII ZR 107/08, NJW 2009, 2197 Rn. 11.

III. Kündigung – Grundlagen

und dieser den Erhalt der Kündigung schriftlich mit Datum und Unterschrift *quittiert* (z. B. auf Zweitschrift der Kündigung). Trifft der Bote niemanden an, kann er das Kündigungsschreiben in den Briefkasten des Empfängers einlegen und dies mit Datum und *Uhrzeit* sowie Unterschrift schriftlich vermerken. Diesen Zugangsvermerk kann der Absender im Prozess vorlegen und den Boten als Zeugen anbieten. Dem Einwand des Empfängers, er habe einen leeren Umschlag erhalten, kann man dadurch vorzubeugen, dass der Bote die Kündigung vor der Zustellung durchliest, sie selbst kuvertiert und dies auf dem Zugangsvermerk schriftlich festhält.

Das Erklären der Kündigung durch **Übergabe-Einschreiben mit Rückschein** ist prinzipiell geeignet, den Zugang nachzuweisen. Der Rückschein, mit dem der Empfänger oder eine empfangsberechtigte Person den Erhalt der Kündigung bestätigt, ist ein sicherer Zugangsnachweis (Privaturkunde). Trifft der Postzusteller jedoch niemanden an, ersetzt die in den Briefkasten eingelegte *Abholbenachrichtigung* nicht den Zugang der Kündigungserklärung.[72] Holt der Empfänger das auf der nächsten Postfiliale hinterlegte Einschreiben nicht ab, gilt dieses nicht automatisch gemäß § 242 BGB als zugegangen. Eine *Zugangsvereitelung* erfordert zusätzliche Umstände, beispielsweise dass der Empfänger mit der Zustellung rechnen musste.[73] Dies ist bei nur einem Zustellversuch kaum zu beweisen. Bei *eiligen Kündigungen* ist das Einschreiben mit Rückschein daher nicht empfehlenswert. 120

Bei Versand als **Einwurf-Einschreiben** wirft der Postbedienstete die Kündigungserklärung in den Briefkasten und vermerkt dies, sodass der Absender den Sendungsverlauf online abrufen und ausdrucken kann. Dieser Sendungsverlauf hat nicht die Beweiskraft eines Rückscheins, auf dem der Empfänger den Erhalt persönlich bestätigt, da Fehler des Postzustellers nicht auszuschließen sind.[74] Diese Versandart ist deshalb nicht anzuraten. 121

Der sicherste Weg ist das Zustellen der Kündigung durch **Vermittlung eines Gerichtsvollziehers** nach § 132 Abs. 1 BGB in Verbindung mit §§ 191 ff. ZPO. Der örtlich zuständige Gerichtsvollzieher kann die Kündigung entweder **selbst** zustellen (§ 193 ZPO) oder die **Zustellung durch die Post** beauftragen (§ 194 ZPO). Die Zustellung richtet sich jeweils nach den Vorschriften für die Zustellung von Amts wegen (§§ 191, 177 ff. ZPO). Vorteilhaft ist dabei die Ersatzzustellung durch Niederlegung der Kündigung im Briefkasten des Empfängers, die einen sofortigen Zugang bewirkt (§ 181 Abs. 1 Satz 4 ZPO). Über die Zustellung erhält der Kündigende vom Gerichtsvollzieher eine Zustellungsurkunde, die als *öffentliche Urkunde* die höchste Beweiskraft hat. In eiligen Fällen empfiehlt sich die persönliche Kontaktaufnahme mit dem Gerichtsvollzieher, um die Bearbeitungszeit vorab abzuklären. 122

Schließlich kann der Kündigende den Zugang der Kündigungserklärung nach § 132 Abs. 2 BGB i. V. m. §§ 185 ff. ZPO durch **öffentliche Zustellung** bewirken, wenn ihm der *Aufenthalt* des Erklärungsempfängers unverschuldet *unbekannt* ist. Die öffentliche Zustellung muss das Prozessgericht beantragen, dass dies regelmäßig streng handhabt (fruchtlose Nachforschungen bei Einwohnermeldeamt und Post sowie ggf. bei Bank, Verwandten und Nachbarn des Kündigungsempfängers). Das Prozessgericht hängt die Kündigung in der Regel einen Monat an der Gerichtstafel aus, anschließend gilt sie als zugestellt (§§ 186 Abs. 2, 188 Satz 1 ZPO). 123

---

[72] BGH, Urt. v. 26.11.1997 – VIII ZR 22/97, NJW 1998, 976, 977.
[73] BGH, Urt. v. 17.4.1996 – IV ZR 202/95, NJW 1996, 1967, 1968.
[74] BGH, Urt. v. 11.7.2007 – XII ZR 164/03, NJW-RR 2007, 1567 Rn. 26; OLG Koblenz, Beschl. v. 31.1.2005 – 11 WF 1013/04, OLGR Koblenz 2005, 869 Rn. 10.

Übersicht: Zugang der Kündigungserklärung

Zugang	Sicherheit	Eilfall-Eignung	Schriftform
Mündlich/telefonisch	□□□□	■■■■	□
Telefax	□□□□	■■■■	□
E-Mail	□□□□	■■■□	□
Brief	□□□□	■■■□	■
Persönliche Übergabe gegen Empfangsbestätigung	■■■■	■■■■	■
Bote mit Zugangsvermerk	■■■□1)	■■■■	■
Übergabe-Einschreiben mit Rückschein	■■■□2)	■■□□4)	■
Einwurf-Einschreiben mit Sendungsverlauf	■□□□3)	■■■□	■
Vermittlung des Gerichtsvollziehers	■■■■	■■□□5)	■
Öffentliche Zustellung	■■■■	□□□□6)	■

1) Einwand „leerer Umschlag" 2) Nichtabholung 3) Einwand „Zustellfehler" 4) Abholverzögerung 5) Bearbeitungszeit 6) Nachforschungsdauer und Bekanntmachungsfrist

■ = erfüllt; = □ nicht erfüllt

9. Widerruf und Rücknahme

124 Die Kündigungserklärung wird nach § 130 Abs. 1 Satz 2 BGB nicht wirksam, wenn dem Empfänger **vor deren Zugang oder gleichzeitig** ein **Widerruf** zugeht. Für die Rechtzeitigkeit ist nicht die Reihenfolge des Eingangs der Erklärungen maßgeblich, sondern jeweils wann unter normalen Umständen mit der Kenntnisnahme des Empfängers gerechnet werden kann. Solange nicht geklärt ist, ob die Schriftform einer Kündigungserklärung auch für den Widerruf gilt, sollte der Erklärende den Widerruf vorsorglich vorab formlos (z. B. per Telefax) und zusätzlich den Anforderungen der Schriftform genügend beweisbar erklären (z. B. durch Boten). Dabei sollte er den Zugang der Widerrufserklärungen auf die Minute genau dokumentieren.

125 **Nach Zugang** der Kündigungserklärung kann der Erklärende diese **weder widerrufen noch zurücknehmen**.[75]

126 Ein verspäteter Widerruf kann jedoch als konkludentes Angebot auszulegen sein, die Rechtsfolgen der Kündigung einvernehmlich zu beseitigen (**Rücknahmevertrag** nach § 311 Abs. 1 BGB). Soweit die Kündigungsfrist noch läuft, können die Vertragsparteien das gekündigte *Mietverhältnis fortsetzen*.[76] Hat die zu spät widerrufene Kündigung das Mietverhältnis bereits beendet (z. B. nach fristloser Kündigung), können die Vertragsparteien die Kündigungsfolgen nur beseitigen, indem sie ein *neues Mietverhältnis* zu den bisherigen Mietbedingungen begründen, wofür die Schriftform der §§ 550, 578 BGB gilt.[77] Das Einverständnis zu dem konkludenten Rücknahmevertrag sollte der Empfänger

---

[75] BGH, Urt. v. 24.6.1998 – XII ZR 195/96, NJW 1998, 2664, 2666.
[76] BGH, Urt. v. 20.3.1974 – VIII ZR 31/73, NJW 1974, 1081.
[77] BGH, Urt. v. 24.6.1998 – XII ZR 195/96, NZM 1998, 628, 630.

unverzüglich erklären und vorsorglich um schriftliche Gegenbestätigung bitten. Bei Neubegründung des Mietverhältnisses ist ein förmlicher Nachtragsvertrag empfehlenswert (siehe Rn. B 79 ff.).

Schließlich kann sich das gekündigte Mietverhältnis nach § 545 BGB dadurch **still- 127 schweigend verlängern,** dass der Mieter nach dem Ende der Mietzeit (Kündigungstermin) den Gebrauch der Mietsache fortsetzt, ohne dass eine Vertragspartei der Vertragsverlängerung rechtzeitig widerspricht (siehe Rn. H 426 ff.).

10. Verhalten nach Zugang

Die Berufung des Vermieters auf eine Kündigung kann durch widersprüchliches Ver- 128 halten unzulässig werden nach § 242 BGB. Dies ist der Fall, wenn der Vermieter nach Zugang der Kündigung die Zustimmung des Mieters zu einer **Mieterhöhung** bis zur ortsüblichen Vergleichsmiete verlangt, weil er mit dem Angebot einer Vertragsänderung (siehe Rn. F 21) zeigt, dass er das Mietverhältnis fortsetzen möchte.

Kündigt die Dienststelle einer Gemeinde ein Mietverhältnis über Wohnraum wegen 129 Zahlungsverzugs (z. B. Liegenschaftsverwaltung), sollte sie vor dem Erheben der Räumungsklage ausschließen, dass eine *andere* Dienststelle eine **Verpflichtungserklärung** abgibt (z. B. Sozialverwaltung), die zur Unwirksamkeit der Kündigung führt nach § 569 Abs. 3 Nr. 2 Satz 1 Alt. 2 BGB.

Sobald **Zweifel** an der Wirksamkeit der Kündigungserklärung auftreten, sollte der 130 Kündigende die Kündigungserklärung vorsorglich nachbessern und **zeitnah wiederholen.**

IV. Ordentliche Kündigung

Die ordentliche Kündigung ist der Regelfall zur Beendigung unbefristeter Mietverhält- 131 nisse. Sie beendet diese zum Ablauf einer Kündigungsfrist (§ 542 Abs. 1 BGB). Für die Kündigung von Wohnraummietverhältnissen durch den *Vermieter* gelten in der Regel zusätzlich die Kündigungsschutzvorschriften der §§ 573 ff. BGB. Bei Weitervermietung von Wohnraum an Personen mit dringendem Wohnbedarf im Sinne des § 578 Abs. 3 Satz 1 BGB folgt dies aus der dortigen Verweisung.

Damit die ordentliche Kündigung Erfolg hat, darf sie nicht durch Vereinbarung aus- 131a geschlossen sein. Einen Kündigungsgrund benötigt in der Regel nur der *Vermieter* von Wohnraum (§ 573 BGB). In jedem Fall muss die Kündigung die vereinbarte oder die gesetzliche Kündigungsfrist (§ 573c bzw. § 580a Abs. 1 und 2 BGB) einhalten. Schließlich kann der Mieter von Wohnraum fristgebunden die Fortsetzung des Mietverhältnisses verlangen, wenn Härtegründe vorliegen (§§ 574 ff. BGB).

1. Abweichende Vereinbarungen

Das Recht der Vertragsparteien zur ordentlichen Kündigung des Mietverhältnisses 132 kann durch Befristung der Mietzeit (Festmietzeit) oder Kündigungsverzicht ausgeschlossen sein. Leidet der Mietvertrag an einem Mangel der gesetzlichen Schriftform, kann dies dazu führen, dass das Mietverhältnis trotzdem ordentlich kündbar ist.

a) Vereinbarungen

Vereinbaren die Vertragsparteien eine **bestimmte Mietzeit,** ist das ordentliche Kündi- 133 gungsrecht beider Vertragsparteien ausgeschlossen (§ 542 Abs. 2 BGB).

134   Bei unbestimmter Mietzeit (§ 542 Abs. 1 BGB) kann sich eine Beschränkung des Kündigungsrechts aus dem **vertraglichen Verzicht** *einer* oder *beider* Vertragsparteien ergeben.

135   In Mietverträgen über **Wohnraum** benachteiligt ein vom Vermieter vorformulierter *zweijähriger* Verzicht beider Vertragsparteien auf das ordentliche Kündigungsrecht den Mieter nicht unangemessen.[78] Einen *einseitigen* Kündigungsverzicht des Mieters beurteilt die Rechtsprechung wegen § 557a Abs. 3 Satz 1 BGB bis zu einer Dauer von *vier Jahren* als wirksam, wenn der Vermieter seine Formularklausel mit einer Staffelmietvereinbarung verbindet.[79] Dass die kurze Kündigungs*frist* des Mieters nach § 573c Abs. 1 Satz 1 und Abs. 4 BGB nicht abdingbar ist, schließt nicht aus, dass der Mieter vollständig auf sein Kündigungs*recht* verzichtet. § 557a Abs. 3 Satz 1 BGB zeigt, dass ein solcher Verzicht möglich ist.[80] *Individualvertraglich* soll ein dauerhafter Verzicht auf das Recht der ordentlichen Kündigung nicht wegen Sittenwidrigkeit nach § 138 Abs. 1 BGB nichtig sein, solange keine weiteren Gesichtspunkte wie eine Zwangslage einer Vertragspartei hinzutreten;[81] nach Ablauf von 30 Jahren dürfte bei vollständigem Verzicht des Vermieters auf das ordentliche Kündigungsrecht eine außerordentliche Kündigung entsprechend § 544 BGB zulässig sein.[82] Eine im *Kaufvertrag* über die Mietsache enthaltene Kündigungsschutzklausel, die ein lebenslanges Wohnrecht des Mieters vorsieht, kann als echter Vertrag zu Gunsten Dritter nach § 328 BGB eine ordentliche Kündigung durch einen in das Mietverhältnis eintretenden Erwerber wirksam ausschließen.[83]

136   In Mietverträgen über **Geschäftsraum** dürfte ein *beiderseitiger* Verzicht auf das ordentliche Kündigungsrecht bis zu einer Grenze von dreißig Jahren (§ 544 BGB) formularvertraglich wirksam sein, weil die Vertragsparteien dieselbe Vertragsbindung durch eine Befristung der Mietzeit erzielen können. Auch ein zeitweiliger Verzicht *nur einer Vertragspartei* auf das ordentliche Kündigungsrecht dürfte formularvertraglich möglich sein. Eine unterschiedliche Vertragsbindung des Mieters von neun Jahren und des Vermieters von 20 Jahren hat die Rechtsprechung nicht als unangemessene Benachteiligung beurteilt.[84]

b) Rechtsfolgen von Schriftformmängeln

Fall 7: Formsache

137   Mit schriftlichem Grundstücks-Mietvertrag vermietete V dem M eine Teilfläche von 1.000 m² aus seinem Grundstück befristet auf 10 Jahre als Lagerplatz für eine monatliche Miete von 2.500 €. Die Lage der vermieteten Teilfläche innerhalb des 10.000 m² großen Grundstücks ist nicht ersichtlich. Ab dem zweiten Jahr der Mietzeit reduzierte der Vermieter auf Bitten des Mieters wegen der schlechten wirtschaftlichen Lage des Mieters die Miete für zwei Jahre um 15 %, was er dem Mieter per Brief mitteilt. Im dritten Jahr der ansonsten reibungslos verlaufenen Mietzeit reuen V sowohl der langfristige Vertragsschluss als auch die Mietermäßigung. Er kündigt das Mietverhältnis Anfang Mai zum Ablauf des Kalenderjahres. Beendete die Kündigung des V das Mietverhältnis zum Kündigungstermin?

---

[78] BGH, Urt. v. 30.6.2004 – VIII ZR 379/03, NJW 2004, 3117.
[79] BGH, Urt. v. 12.11.2008 – VIII ZR 270/07, NJW 2009, 353; kritisch Börstinghaus NJW 2009, 1391.
[80] BGH, Urt. v. 22.12.2003 –VIII ZR 81/03, NJW 2004, 1448.
[81] BGH, Beschl. v. 8.5.2018 – VIII ZR 200/17 NZM 2018, 556 Rn. 15 f.
[82] OLG Karlsruhe, Urt. v. 21.12.2007 – 1 U 119/07, ZMR 2008, 533; Blank in Blank/Börstinghaus § 544 BGB Rn. 9.
[83] BGH, Urt. v. 14.11.2018 – VIII ZR 109/18, NZM 2019, 209 Rn. 17.
[84] BGH, Urt. v. 30.5.2001 – XII ZR 273/98, NJW 2001, 3480.

Die vorzeitige Kündigung anlässlich eines Schriftformmangels nach §§ 550, 578 BGB 138
ist vor allem bei Mietverhältnissen über **Geschäftsraum** beliebt, um sich vorzeitig von
missliebig gewordenen Verträgen zu lösen. Häufiger Anlass der Kündigung ist auf Seiten
des Mieters eine enttäuschte Geschäftserwartung oder gesunkene Marktmieten und auf
Seiten des Vermieters der Wunsch, die Räume anderweitig oder teurer zu vermieten.

Dagegen sind Mietverträge über **Wohnraum** in der Regel auf unbestimmte Zeit ge- 139
schlossen und Kündigungsverzichte selten, so dass die Wahrung der Schriftform kaum
eine Rolle spielt.

aa) Kündbarkeit des Mietverhältnisses

Wahrt der Mietvertrag nicht die gesetzliche **Schriftform** (siehe Rn. B 80 ff.), ist er nicht 140
nach § 125 Satz 1 BGB nichtig, sondern die Vereinbarung über die Mietzeit erfährt nach
§§ 550 Satz 1, 578 BGB eine Inhaltsänderung. Das Mietverhältnis **gilt** als auf unbestimmte **Zeit** geschlossen (§ 542 Abs. 1 BGB), so dass es beide Vertragsparteien **ordentlich
kündigen** können. Dies bedingt gerade bei langfristigen Investitionen einer Vertragspartei
in die Mietsache erhebliche wirtschaftliche Folgen und kann die Wirksamkeit automatischer Wertsicherungsklauseln gefährden, die nach § 3 Abs. 1 Nr. 1e) PrKG eine Vertragsbindung des Vermieters für mindestens zehn Jahre erfordern (siehe Rn. F 109).

Die Kündigung ist nach §§ 550 Satz 2, 578 BGB frühestens zum **Ablauf des ersten** 141
Vertragsjahres nach Überlassung der Mietsache zulässig. In der Regel gilt für diese
Kündigung die gesetzliche **Kündigungsfrist** (§ 573c BGB bzw. § 580a Abs. 1 und 2
BGB). Eine vereinbarte Kündigungsfrist ist jedenfalls dann unbeachtlich, wenn sie länger
ist als die gesetzliche Kündigungsfrist.[85]

Entsteht der **Schriftformmangel nachträglich** durch eine formwidrige **Änderung**, 142
infiziert er grundsätzlich das *gesamte Mietverhältnis,* so dass die Kündigung frühestens
ein Jahr *ab Überlassung* der Mietsache zulässig ist.[86] Dagegen gilt bei einem Schriftformmangel einer *reinen Verlängerungsvereinbarung* die im ursprünglichen Mietvertrag vereinbarte Mietzeit, so dass eine ordentliche Kündigung frühestens ein Jahr *ab Abschluss
der Änderungsvereinbarung* zulässig ist.[87] Entsprechendes gilt, wenn ein *zusätzlicher
Mieter* durch eine formwidrige Vereinbarung in das Mietverhältnis eintritt.[88] In beiden
Fällen sind die Interessen eines in das Mietverhältnis eintretenden Erwerbers nicht
berührt, weil er die Vertragsbindung aus dem formgerechten ursprünglichen Mietvertrag
ersehen kann.

bb) Treuwidrigkeit der Kündigung

Die Kündigung eines Mietverhältnisses unter Berufung auf einen Formmangel ist auch 143
nach jahrelangem beanstandungslosem Vertragsvollzug in der Regel **nicht treuwidrig**
gemäß § 242 BGB.[89] Der *rügelose Vertragsvollzug* begründet kein Vertrauen, dass der
Vertragspartner bei einem Schriftformmangel nicht von der Kündigungsmöglichkeit nach
§§ 550, 578 BGB Gebrauch macht. Dies gilt auch bei erheblichen Investitionen in die
Mietsache.[90] Eine Pflicht zum Nachholen der gesetzlichen Schriftform aus einer *salvatori-*

---

[85] BGH, Urt. v. 30.1.2013 – XII ZR 38/12, NJW 2013, 1083 Rn. 28.
[86] BGH, Urt. v. 13.11.2013 – XII ZR 142/12, NJW 2014, 52 Rn. 22 a. E.
[87] BGH, Urt. v. 22.2.1994 – LwZR 4/93, NJW 1994, 1649, 1651; BGH, Urt. v. 24.1.1990 – VIII
ZR 296/88, NJW-RR 1990, 518.
[88] BGH, Urt. v. 2.7.1975 – VIII ZR 223/73, NJW 1975, 1653.
[89] BGH, Urt. v. 25.11.2015 – XII ZR 114/14, NJW 2016, 311 Rn. 24 ff.; BGH, Urt. v. 5.11.2003 –
XII ZR 134/02, NJW 2004, 1103.
[90] BGH, Urt. v. 5.11.2003 – XII ZR 134/02, NJW 2004, 1103 betreffend Vermieterinvestitionen;
OLG Düsseldorf, Urt. v. 22.12.2009 21 U 14/09, MietRB 2010, 262 betreffend Mieterinvestitionen.

schen Schriftformklausel (Schriftformheilungsklausel) steht einer ordentlichen Kündigung nicht entgegen, weil solche Klauseln unwirksam sind (siehe Rn. B 105). Dass der Kündigende über längere Zeit *Vorteile* aus einem nicht formgerechten Mietvertrag gezogen hat,[91] führt grundsätzlich nicht zur Treuwidrigkeit der Kündigung, weil die Vertragsparteien bis zur Kündigung die Erfüllung des nicht formgerechten Vertrags schulden.[92] Auch dass eine Vertragspartei den Schriftformmangel *objektiv verursacht* hat, hindert sie nicht an der Kündigung.[93] Schließlich soll ein Treuwidrigkeitseinwand generell ausgeschlossen sein, wenn der Vertragspartner selbst *nicht schutzwürdig* ist, beispielsweise weil er die Formbedürftigkeit einer mündlichen Abrede als professioneller gewerblicher Vermieter kannte oder grob fahrlässig verkannte.[94]

144 **Ausnahmsweise** kann die vorzeitige Kündigung des Mietverhältnisses **treuwidrig** sein, wenn die vorzeitige Kündigung des Mietvertrags nicht nur zu einem harten, sondern *schlechthin untragbarem Ergebnis* führt. Dies ist der Fall, wenn die kündigende Vertragspartei die andere schuldhaft vom Einhalten der Schriftform *bewusst abhielt*[95] oder *abredewidrig unterließ*, einen Nachtrag dem Mietvertrag *beizuheften*[96], bei *Existenzgefährdung* der anderen Vertragspartei[97] oder wenn die formwidrige Vereinbarung *ausschließlich dem Interesse der kündigenden Vertragspartei* diente[98].

145 Gegen eine vorzeitige Kündigung des Mietverhältnisses durch den **Erwerber**, der nach §§ 566 Abs. 1, 578 BGB in das Mietverhältnis eintritt, kann der Mieter grundsätzlich *kein treuwidriges Verhalten* des bisherigen Vermieters einwenden.[99] Der Erwerber soll das Mietverhältnis nach §§ 550, 578 BGB kündigen können, wenn er aus dem schriftlichen Mietvertrag nicht die künftigen Rechte und Pflichten erkennen kann. Das gilt auch, wenn der Erwerber die Umstände kennt, die vor seinem Eintreten in den Mietvertrag zu einem Formmangel geführt haben.[100] In Betracht kommt allenfalls, dem Erwerber ausnahmsweise die vorzeitige Kündigung nach § 242 BGB zu versagen, wenn er das Mietobjekt kauft, obwohl *beide* Vertragsparteien ihn vorher über die formwidrige Vereinbarung informieren.[101]

---

[91] BGH, Urt. v. 28.1.1993 – IX ZR 259/91, NJW 1993, 1126 betreffend einen *nichtigen* einseitigen Vertrag.

[92] BGH, Urt. v. 5.11.2003 – XII ZR 134/02, NJW 2004, 1103.

[93] OLG Hamm, Urteil 16.2.2011 – 30 U 53/10, NZM 2011, 584, 587; BGH, Urt. v. 10.6.1977 – V ZR 99/75, NJW 1977, 2072 betreffend notarielle Beurkundungspflicht; a.A. OLG Köln, Urt. v. 23.11.2004 – 22 U 77/04, GuT 2005, 52.

[94] OLG Brandenburg, Urt. v. 2.4.2008 – 3 U 80/07, NZM 2008, 406; Lammel in Schmidt-Futterer, § 550 BGB Rn. 67.

[95] BGH, Urt. v. 25.7.2007 – XII ZR 143/05, NZM 2007, 730; BGH, Urt. v. 27.10.1967 – V ZR 153/64, NJW 1968, 39.

[96] BGH, Urt. v. 6.4.2005 – XII ZR 132/03, NJW 2005, 2225.

[97] BGH, Urt. v. 22.1.2014 – XII ZR 68/10, NJW 2014, 1082; BGH, Urt. v. 24.1.1990 – VIII ZR 296/88, NJW 1990, 518.

[98] BGH, Urt. v. 2.7.1975 – VIII ZR 223/73, NJW 1975, 1653 für Mietermäßigung zu Gunsten des Mieters; OLG Karlsruhe, Urt. v. 10.12.2002 – 17 U 97/02, NZM 2003, 513 für *Mieterhöhung zu Gunsten des Vermieters;* BGH, Urt. v. 27.9.2017 – XII ZR 114/16, NJW 2017, 3772 Rn. 41 ff. für Umstellung der automatischen Wertsicherung auf Prozentklausel zu Gunsten des Vermieters; BGH, Urt. v. 19.9.2007 – XII ZR 198/05, NJW 2008, 365 Rn. 16 für Änderung der Fälligkeit der Miete von quartalsweise *auf monatlich zu Gunsten des Vermieters*.

[99] BGH, Urt. v. 30.5.1963 – VIII ZR 173/61, NJW 1962, 1388.

[100] BGH, Urt. v. 27.9.2017 – XII ZR 114/16, NJW 2017, 3772 Rn. 29; BGH, Urt. v. 22.1.2014 – XII ZR 68/10, NJW 2014, 1087 Rn. 27.

[101] OLG Celle, Beschl. v. 6.1.2017 – 2 U 101/16, NZM 2017, 526.

2. Begründung

a) Kündigung ohne Begründung

Die ordentliche Kündigung von Mietverhältnissen bedarf grundsätzlich **keiner Begründung** (§ 542 Abs. 1 BGB). Dies gilt vor allem für die Kündigung von Mietverhältnissen über **Geschäftsraum**, aber auch für die Kündigung von **Wohnraummietverhältnissen** durch den **Mieter**. 146

Schließen die Vertragsparteien einen Mietvertrag über Geschäftsräume mit einem Mustermietvertrag für Wohnraum, kann darin die konkludente **Vereinbarung** liegen, dass der Vermieter das Mietverhältnis nur unter Beachtung des **Kündigungsschutzes für Wohnraum** kündigen kann, was insbesondere einen Kündigungsgrund erfordert.[102] 147

b) Kündigung mit berechtigtem Interesse des Vermieters

Kündigt der **Vermieter von Wohnraum** ein Mietverhältnis ordentlich, muss er im Gegensatz zum Mieter die Gründe für ein **berechtigtes Interesse** an der Kündigung in der Kündigungserklärung mitteilen (§ 573 Abs. 3 Satz 1 BGB), sonst ist die Kündigung unwirksam.[103] Nicht angegebene Gründe kann der Vermieter nur nachschieben, soweit diese nach Zugang der Kündigung entstehen (§ 573 Abs. 3 Satz 2 BGB). 148

Dass die ordentliche Kündigung grundsätzlich nur bei berechtigtem Interesse des Vermieters an der Beendigung des Mietverhältnisses möglich ist, trägt dem **besonderen Schutzbedürfnis des Wohnraummieters** Rechnung, für den die Wohnung Lebensmittelpunkt ist; umgekehrt darf der Vermieter in der Nutzung seines nach Art. 14 Abs. 1 GG geschützten **Eigentums** weder über die Sozialbindung des Art. 14 Abs. 2 GG hinaus noch unverhältnismäßig beschränkt werden.[104] 149

Vom Begründungserfordernis gelten folgende **Ausnahmen:** 150

- Genießt der vermietete **Wohnraum keinen Mieterschutz** nach § 549 Abs. 2 Nr. 1 bis 3 (Wohnraum zum vorübergehenden Gebrauch, *möblierter* Einliegerwohnraum, Weitervermietung für dringenden Wohnbedarf), benötigt der *Vermieter weder ein berechtigtes Interesse*, an der ordentlichen Kündigung noch ist der Mieter berechtigt, der Kündigung nach §§ 574 ff. BGB zu *widersprechen*. 150a

- Handelt es sich um Wohnraum in einem **Studenten- oder Jugendwohnheim** nach § 549 Abs. 3 BGB[105], benötigt der Vermieter *kein berechtigtes Interesse* für die ordentliche Kündigung; der Mieter kann der Kündigung aber nach §§ 574 ff. BGB widersprechen. 150b

- **Einliegerwohnungen** und **Einliegerwohnraum** kann der Vermieter *ohne berechtigtes Interesse* ordentlich kündigen (§ 573a Abs. 1 Satz 1 bzw. 2 BGB), wenn er die Kündigung auf die *erleichterte Kündigungsmöglichkeit* stützt (§ 573a Abs. 3 BGB). Als Ausgleich *verlängert sich die Kündigungsfrist* des Vermieters aus § 573c Abs. 1 Satz 2 BGB *um drei Monate* (§ 573a Abs. 1 Satz 2 BGB). Ferner ist der Mieter nach §§ 574 ff. BGB zum Sozialwiderspruch berechtigt. 150c

- Die **Teilkündigung** von Nebenräumen und Grundstücksteilen wie Dachböden oder Gartenflächen **zur Schaffung neuen Wohnraums** kann der Vermieter nach § 573b 150d

---

[102] LG Berlin, Urt. v. 15.10.2015 – 67 S 187/15, ZMR 2016, 31; Bedenken im Hinblick auf die gesetzliche Schriftform äußert LG Berlin, Beschl. v. 23.5.2017 – 67 S 110/17, GE 2017, 833.
[103] Gesetzesbegründung RegE, BT-Drs. 14/4553, S. 66, NZM 2000 415, 448.
[104] BVerfG, Urt. v. 14.2.1989 – 1 BvR 308/88, NJW 1989, 970.
[105] Zur Belegung nach Rotationsprinzip vgl. BGH, Urt. v. 13.6.2012 – VIII ZR 92/11, NJW 2012, 2881.

BGB *ohne berechtigtes Interesse* erklären. Dabei verkürzt *§ 573b Abs. 2 BGB die Kündigungsfrist auf zwei Monate*. Vorsorglich sollte der Vermieter die Kündigung mit dem Vorliegen der *Teilkündigungsvoraussetzungen* des § 573b Abs. 1 BGB begründen, obwohl der Gesetzeswortlaut keine Begründungspflicht vorsieht. Der Mieter ist nach §§ 574 ff. BGB zum Sozialwiderspruch berechtigt.

151 Außerdem muss der Vermieter die ordentliche Kündigung nach §§ 573 ff. BGB begründen, wenn er dem Zwischenvermieter das Hauptmietverhältnis über **Wohnraum für Personen mit dringendem Wohnbedarf** im Sinne des §§ 578 Abs. 3 Satz 1 BGB kündigt (siehe Rn. G 42a).

152 Ob das **Interesses** des Vermieters an der ordentlichen Kündigung **berechtigt** ist, ist zunächst anhand der *Regelbeispiele* des § 573 Abs. 2 Nr. 1 bis 3 BGB zu beurteilen und hilfsweise anhand der *Generalklausel* des § 573 Abs. 1 Satz 1 BGB. Dabei stellt § 573 Abs. 1 Satz 2 BGB klar, dass eine Kündigung zum Zwecke der Mieterhöhung ausgeschlossen ist, weil nach § 557 Abs. 3 BGB die gesetzlichen Mieterhöhungsregelungen zwingend sind.

153 Im Einzelnen kann der Vermieter die ordentliche Kündigung von Wohnraum wie folgt **begründen:**

aa) Schuldhafte Pflichtverletzung

154 Ein berechtigtes Interesse des Vermieters an der Beendigung des Mietverhältnisses liegt nach § 573 Abs. 2 Nr. 1 BGB vor, wenn der Mieter seine vertraglichen Pflichten schuldhaft nicht unerheblich verletzt.

155 Als **Pflichten** kommen Haupt- und Nebenpflichten aus dem Mietverhältnis in Betracht, unabhängig davon, ob sich diese aus dem Mietvertrag oder dem Gesetz ergeben.

156 Die **Verletzung** der Pflicht kann in einem Tun oder Unterlassen des Mieters bestehen. Dabei hat der Mieter auch Pflichtverletzungen seiner Erfüllungsgehilfen zu vertreten (§ 278 BGB) sowie Pflichtverletzungen Dritter, denen er den Gebrauch der Mietsache überlässt (§ 540 Abs. 2 BGB).

157 Als **Verschulden** des Mieters oder seines Erfüllungsgehilfen kommen Vorsatz und Fahrlässigkeit in Betracht (§ 276 BGB). Ein **Rechtsirrtum** des Mieters über das Bestehen eines Zurückbehaltungsrechts an der Miete entschuldigt dessen Zahlungsverzug grundsätzlich nicht; vielmehr sind dem Mieter Beratungsfehler nach § 278 BGB zuzurechnen.[106] Auch ein **Irrtum über die tatsächlichen Voraussetzungen** eines Minderungsrechts entschuldigt den Zahlungsverzug des Mieters nicht, wenn er bei verkehrsüblicher Sorgfalt erkennen kann, dass diese nicht bestehen.[107]

158 Die Pflichtverletzung darf **nicht unerheblich** sein. Diese Voraussetzung ist stets zu bejahen, wenn das Verhalten des Mieters auch eine außerordentliche fristlose Kündigung nach §§ 543, 569 BGB rechtfertigen würde. Nicht ausreichend ist hingegen, wenn die Belange des Vermieters nur geringfügig beeinträchtigt sind oder eine geringfügige Pflichtverletzung ohne Wiederholungsgefahr vorliegt.

159 Obwohl § 573 Abs. 2 Nr. 1 BGB **formal kein Abmahnerfordernis** formuliert, kann das Abmahnen **erforderlich** sein. Oft erhalten *leichtere Pflichtverletzungen* erst das für eine Beendigung des Mietverhältnisses erforderliche Gewicht, wenn der Mieter die Abmahnung des Vermieters missachtet.[108] Zudem kann die Abmahnung vor der Kündigung

---

[106] Für Fehlberatung des Mietervereins BGH, Urt. v. 25.10.2006 – VIII ZR 102/06, NJW 2007, 428.

[107] Für Ursachen der Schimmelbildung BGH, Urt. v. 13.4.2016 – VIII ZR 39/15, NJW 2012, 2882 Rn. 19 ff.

[108] BGH, Urt. v. 28.11.2007 – VIII ZR 145/07 NJW 2008, 508.

erforderlich sein, wenn der Vermieter die Pflichtverletzung *längere Zeit geduldet* hat.[109] Für die Abmahnung gelten im Prinzip dieselben formellen Anforderungen wie für die Kündigungserklärung (siehe Rn. 309 ff.), obwohl sie formal eine geschäftsähnliche Handlung ist.

Die Rechtsprechung hat folgende **Fallgruppen** typischer Pflichtverletzungen gebildet: 160

(1) Verletzung von Zahlungspflichten. Bei **Zahlungsverzug des Mieters** ist die ordentliche Kündigung des Vermieters berechtigt, wenn zugleich die Voraussetzungen einer *außerordentlich fristlosen Kündigung* nach § 543 Abs. 2 Satz 1 Nr. 3 vorliegen.[110] Der Zahlungsverzug mit *Miete und Betriebskostenvorauszahlungen* nach § 543 Abs. 2 Satz 1 Nr. 3a) BGB ist auch bei der ordentlichen Kündigung nach der Wertung des § 569 Abs. 3 Nr. 1 BGB *unerheblich*, wenn er eine Monatsmiete nicht übersteigt und die Verzugsdauer nicht mehr als einen Monat beträgt.[111] Auch dürfte der Zahlungsverzug nach der Wertung des § 543 Abs. 2 Satz 2 BGB unerheblich sein, wenn der Vermieter *vor Zugang* der Kündigung vollständig befriedigt wird.[112] Dagegen wird die ordentliche Kündigung nicht entsprechend § 569 Abs. 3 Nr. 2 BGB unwirksam, wenn der Vermieter innerhalb von zwei Monaten nach Rechtshängigkeit der Räumungsklage hinsichtlich der Mietrückstände befriedigt wird. Die Rechtsprechung hat das analoge Anwenden der *Schonfristregelung* abgelehnt, weil keine bewusste Regelungslücke vorliegt.[113] Ausnahmsweise kann der Räumungsanspruch nach § 242 BGB nicht durchsetzbar sein, wenn der gekündigte Mieter sämtliche Mietrückstände vor Zustellung der Räumungsklage vollständig ausgleicht und die Kündigung unter Abwägung sämtlicher Umstände des Einzelfalls, *rechtsmissbräuchlich* erscheint (siehe auch Rn. H 281).[114] 161

Der Verzug des Mieters mit der **Nachforderung aus der Betriebskostenabrechnung** kann eine erhebliche Pflichtverletzung begründen, wenn der Verzugsbetrag *eine Monatsmiete* übersteigt und *länger als einen Monat* dauert.[115] 162

Die **ständige unpünktliche Mietzahlung** berechtigt den Vermieter zur ordentlichen Kündigung des Mietverhältnisses, wenn der Mieter seine Zahlungspflicht schuldhaft verletzt.[116] Anders als bei der Kündigung wegen Zahlungsverzugs genügt **nicht das Vertretenmüssen** des Mieters unter der Grundannahme „Geld hat man zu haben" (§ 286 Abs. 4 BGB, Wertverschaffungsschuld nach § 276 Abs. 1 Satz 1 BGB a. E.), sondern der klare Wortlaut des § 573 Abs. 2 Nr. 1 BGB erfordert ein **schuldhaftes Verhalten des Mieters** (§ 276 Abs. 1 BGB). Beruht die Verspätung von Zahlungen ausschließlich auf Fehlern des **Sozialamts oder des Jobcenters,** gerät der Mieter zwar in Zahlungsverzug, der eine fristlose Kündigung nach §§ 543 Abs. 2 Satz 1 Nr. 3, 569 Abs. 3 BGB begründen kann. Eine ordentliche Kündigung des Mietverhältnisses wegen *schuldhafter* Pflichtverletzung nach § 573 Abs. 2 Nr. 1 BGB scheitert hingegen daran, dass das Fehlverhaltens der hoheitlich tätigen Behörde dem Mieter nicht zurechenbar ist. Das Jobcenter ist kein Erfüllungsgehilfe des Mieters bei der Mietzahlung im Sinne des § 278 BGB, weil es nicht seiner Weisungsbefugnis unterliegt.[117] Wenn der Vermieter *vor Zugang* der Kündigung hinsichtlich der Mietrückstände **vollständig befriedigt** wird, dürften die unpünktlichen Mietzahlungen nicht entsprechend der Wertung des § 543 Abs. 2 Satz 2 BGB als un- 163

---

[109] BGH, Urt. v. 4.5.2011 – VIII ZR 191/10, NJW 2011, 2201 Rn. 21 f.
[110] BGH, Urt. v. 28.11.2007 – VIII ZR 145/07, NJW 2008, 508 Rn. 14.
[111] BGH, Urt. v. 10.10.2012 – VIII ZR 107/12 NJW 2013, 159 Rn. 20.
[112] Blank in Schmidt-Futterer § 543 Rn. 35; streitig.
[113] BGH, Urt. v. 10.10.2012 – VIII ZR 107/12, NJW 2013, 159 Rn. 27 ff.
[114] BGH, Beschl. v. 23.2.2016 – VIII ZR 321/14, WuM 2016, 225.
[115] LG Berlin, Urt. v. 24.11.2015 – 63 S 158/15, GE 2016, 126.
[116] BGH, Urt. v. 11.1.2006 – VIII ZR 364/04, NJW 2006, 1585 Rn. 18.
[117] BGH, Beschl. v. 17.2.2015 – VIII ZR 236/14, NJW 2015, 1749 Rn. 6 und Flatow NZM 2015, 654.

erhebliche Pflichtverletzung zu beurteilen sein. Die Pflichtverletzung des Mieters besteht nicht um Zahlungsverzug, sondern in der wiederholten Unpünktlichkeit seiner Zahlungen.

164 **(2) Vertragswidriger Gebrauch.** Dass der Mieter die Mietsache **schuldhaft** vertragswidrig gebraucht (§ 541 BGB), kann den Vermieter zur der ordentlichen Kündigung berechtigen. Der Vermieter braucht zuvor keinen rechtskräftigen Unterlassungstitel aus § 541 BGB erstreiten.[118]

165 Eine ordentliche Kündigung wegen vertragswidrigen Gebrauchs ist stets berechtigt, wenn die Voraussetzungen einer außerordentlichen fristlosen Kündigung wegen **erheblicher Gefährdung der Mietsache** nach § 543 Abs. 2 Satz 1 Nr. 2 Alt. 1, Abs. 3 BGB vorliegen.

166 Im Übrigen begründen Pflichtverletzungen ein berechtigtes Interesse des Vermieters an der ordentlichen Kündigung, wenn sie **nicht unerheblich** sind. Beispiele sind die *teilgewerbliche Nutzung der Mietwohnung*,[119] *bauliche Veränderungen*,[120] *nächtliche Lärmstörungen*[121] oder *verbotswidriges Parken*[122], jeweils ohne Zustimmung des Vermieters. Ist der Vermieter zum Erteilen der Zustimmung verpflichtet, kann die Kündigung ausnahmsweise nach § 242 BGB rechtsmissbräuchlich sein.[123]

167 Häufig wird eine fruchtlose **Abmahnung** des Mieters erforderlich sein (siehe Rn. H 309 ff.), damit die infolge der beharrlichen Fortsetzung des abgemahnten Verhaltens schwerer wiegende Pflichtverletzung eine ordentliche Kündigung rechtfertigt.

168 **(3) Unbefugtes Überlassen des Mietgebrauchs an Dritte.** Dass der Mieter die Mietsache unbefugt einem Dritten überlässt, kann die ordentliche Kündigung des Mietverhältnisses wegen schuldhafter Pflichtverletzung rechtfertigen. Der wesentliche *formale Unterschied* zur außerordentlichen fristlosen Kündigung nach § 543 Abs. 2 Satz 1 Nr. 2 Alt. 2 BGB ist, dass die ordentliche Kündigung ein *Verschulden* des Mieters erfordert, die außerordentliche fristlose Kündigung hingegen eine erfolglose *Abmahnung* des Mieters nach § 543 Abs. 3 BGB. Praktisch ist dieser Unterschied dadurch abgeschwächt, dass *leichtere Pflichtverletzungen* die ordentliche Kündigung erst nach fruchtloser Abmahnung rechtfertigen.[124] So können drei Untervermietungen an Touristen für jeweils wenige Tage über einen Internetanbieter eine ordentliche Kündigung erst rechtfertigen, wenn der abgemahnte Mieter das Untervermieten fortsetzt.[125]

169 Da sich die Tatbestände der ordentlichen und der außerordentlichen Kündigung gleichen, wird für Einzelheiten auf die Ausführungen zur außerordentlich fristlosen Kündigung verwiesen (siehe Rn. H 238 ff.).

170 **(4) Verletzung von Obhutspflichten.** Dass der Mieter Obhutspflichten schuldhaft verletzt, kann eine ordentliche Kündigung rechtfertigen. Beispiele sind, dass der Mieter Mängel nicht unverzüglich nach § 536c Abs. 1 BGB anzeigt oder dass er die Mietsache trotz rechtskräftiger Verurteilung falsch lüftet.[126]

---

[118] BGH, Versäumnisurt. v. 15.4.2015 – VIII ZR 281/13, NJW 2015, 2417.
[119] BGH, Urt. v. 14.7.2009 – VIII ZR 165/08, NJW 2009, 3157 Rn. 15; BGH, Beschl. v. 31.7.2013 – VIII ZR 149/13 NZM 2013, 786.
[120] LG Hamburg, Urt. v. 26.4.1991 – 311 S 1/91, WuM 1992, 190.
[121] AG München, Urt. v. 3.2.2014 – 417 C 17705/13, ZMR 2015, 458.
[122] LG München I, Urt. v. 22.10.2014 – 14 S 3661/14, NZM 2015, 893.
[123] BGH, Urt. v. 2.2.2011 – VIII ZR 74/10, NJW 2011, 1065 Rn. 20 ff. betreffend eine Untermieterlaubnis.
[124] BGH, Urt. v. 28.11.2007 – VIII ZR 145/07 NJW 2008, 508.
[125] LG Berlin, Beschl. v. 27.7.2016 – 67 S 154/16, WuM 2016, 559; zur Entbehrlichkeit bei schwereren Verstößen vgl. LG München I, Beschl. v. 9.4.2018 – 14 S 17192/17, ZMR 2018, 770.
[126] BGH, Urt. v. 13.4.2016 – VIII ZR 39/15, NZM 2016, 550.

(5) **Verletzung von Duldungspflichten.** Dass der Mieter Duldungspflichten in Bezug 171
auf Erhaltungs- oder Modernisierungsmaßnahmen (§§ 555a Abs. 1 oder § 555d BGB)
schuldhaft verletzt, kann den Vermieter zur ordentlichen Kündigung berechtigen. Einen
rechtskräftigen Duldungstitel braucht er zuvor nicht erstreiten.[127]

bb) Eigenbedarf

Ein berechtigtes Interesse des Vermieters an der Beendigung des Mietverhältnisses 172
besteht nach § 573 Abs. 2 Nr. 2 BGB, wenn der Vermieter die Räume als Wohnung für
sich, seine Familienangehörigen oder Angehörige seines Haushalts **benötigt**. Dies setzt
voraus, dass der Nutzungswunsch des Vermieters auf **vernünftigen und nachvollziehbaren Gründen** beruht.[128] Dabei ist die Angemessenheit des geltend gemachten Wohnbedarfs nicht gerichtlich überprüfbar, weil die Lebensplanung des Vermieters bzw. der
Bedarfsperson zu respektieren ist.[129] Allerdings kann die *Ernsthaftigkeit* des Nutzungswunschs im Rahmen der Beweiswürdigung hinterfragt werden, so dass vorgeschobene
Kündigungen keinen Erfolg haben.[130] Das Nutzungsinteresse des Vermieters muss bereits
im Zeitpunkt der Kündigung *konkret* sein; eine **Vorratskündigung** für eine vage zukünftige Nutzung ist unwirksam.[131] Bei Umwandlung der Wohnung in eine *Eigentumswohnung* (§ 577a Abs. 1 BGB) oder gleichgestellter Veräußerung an eine Personengesellschaft (§ 577a Abs. 1a BGB) kann die Kündigung wegen Eigenbedarfs für bis zu zehn
Jahre ausgeschlossen sein (§ 577a Abs. 2 BGB.) **Juristische Personen** des privaten und
des öffentlichen Rechts können keinen Eigenbedarf nach § 573 Abs. 2 Nr. 2 BGB geltend
machen, weil sie selbst nicht wohnen und keine Familien- und Haushaltsangehörigen
haben;[132] soweit dort beschäftigte Personen Wohnraum benötigen, kommt jedoch so
genannter *Betriebsbedarf* als sonstiges berechtigtes Interesse nach § 573 Abs. 1 Satz 1
BGB in Betracht (siehe Rn. H 186 ff.).

Ist eine **Gesellschaft des bürgerlichen Rechts (GbR)** als *teilrechtsfähige Außengesellschaft*[133] Vermieter, kann die GbR sich *entsprechend* § 573 Abs. 2 Nr. 2 BGB auf den 173
Eigenbedarf eines Gesellschafters oder dessen Angehörigen berufen.[134] Dies gilt unabhängig davon, ob der Gesellschafter der GbR bei Abschluss des Mietvertrages oder bei
Eintritt der Gesellschaft in einen bestehenden Mietvertrag bereits angehörte.[135] Hierauf
hat der Gesetzgeber die Kündigungsbeschränkung für bis zu zehn Jahre bei Veräußerungen an Personengesellschaften gemäß § 577a Abs. 1a und 2 BGB eingeführt, die keine
Absicht des Erwerbers zur Aufteilung des Mietobjekts in Wohnungseigentum erfordern.[136] Sind die *Gesellschafter* der GbR *persönlich Vertragspartei* (sog. Innengesellschaft),

---

[127] BGH, Versäumnisurt. v. 15.4.2015 – VIII ZR 281/13, NJW 2015, 2417.
[128] BGH, Urt. v. 1.7.2015 – VIII ZR 14/15, NJW 2015, 2727 Rn. 9; BGH, RE v. 20.1.1988 – VIII ARZ 4/87, NJW 1988, 904.
[129] BGH, Urt. v. 4.3.2015 – VIII ZR 166/14, NJW 2015, 1590, z.B. der Nutzungswunsch als *Zweitwohnung*, BGH, Beschl. v. 22.8.2017 – VIII ZR 19/17, NZM 2017, 846; BGH, Beschl. v. 21.8.2018 – VIII ZR 186/17, NZM 2018, 983 Rn. 20 mit Anm. Kappus; BGH, Beschl. v. 23.10.2018 – VIII ZR 61/18, NZM 2018, 988 Rn. 19.
[130] BGH, Beschl. v. 21.8.2018 – VIII ZR 186/17, NZM 2018, 983 Rn. 21 mit Anm. Kappus; zur Beweisführung und Prozesstaktik Fleindl NZM 2014, 781,782 und Milger NZM 2014, 769, 778 f.; NZM 2018, 988 Rn. 20; LG Berlin, Beschl. v. 19.2.2018 – 65 S 241/17, juris zum Nutzungswunsch einer sechzehnjährigen Schülerin.
[131] BGH, Beschl. v. 11.10.2016 – VIII ZR 300/15, NZM 2017, 23 Rn. 19.
[132] BGH, Urt. v. 27.6.2007 –VIII ZR 271/06, NJW 2007, 2845 Rn. 18.
[133] BGH, Urt. v. 29.1.2001 – II ZR 331/00, NJW 2001, 1056.
[134] BGH, Urt. v. 14.12.2016 – VIII ZR 232/15, NJW 2017, 547 Rn. 15 ff; BGH, Urt. v. 15.3.2017 – VIII ZR 92/16, NZM 2017, 285 Rn. 13 ff.
[135] BGH, Urt. v. 23.11.2011 – VIII ZR 74/11, NZM 2012, 150 Rn. 17 ff.
[136] BGH, Urt. v. 21.3.2018 – VIII ZR 104/17, NJW 2018, 2187 Rn. 23 ff.

können die Vermieter das Mietverhältnis *direkt* gemäß § 573 Abs. 2 Nr. 2 BGB wegen Eigenbedarfs eines jeden Gesellschafters oder dessen Angehörigen kündigen (z. B. Ehegatten).[137]

174 Durch **treuwidriges Verhalten** des Vermieters kann die Eigenbedarfskündigung **unwirksam** werden nach § 242 BGB.[138] Dies ist der Fall, wenn nach Zugang der Kündigung und **vor Ablauf der Kündigungsfrist** der *Eigenbedarf entfällt* und der Vermieter trotzdem die Räumung verlangt[139] oder wenn eine **für den Vermieter** geeignete **Alternativwohnung** innerhalb desselben Mietobjekts frei wird.[140] In diesem Fall besteht eine **Anbietpflicht des Vermieters** aus dem Rücksichtnahmegebot des § 241 Abs. 2 BGB. Das Verletzen dieser Pflicht berührt *nicht die Wirksamkeit der Kündigung*, sondern begründet nur Schadensersatzansprüche aus § 280 Abs. 1 BGB.[141]

175 Änderungen des der Kündigung zu Grunde liegenden Sachverhalts **nach Ablauf der Kündigungsfrist** haben grundsätzlich keinen Einfluss auf die Durchsetzbarkeit der Kündigung (siehe Rn. H 74 f.). Für den Mieter soll kein Anreiz bestehen, die Abwicklung des Mietverhältnisses möglichst lange zu verzögern.[142]

176 Stützt der Vermieter die ordentliche Kündigung schuldhaft auf einen in Wirklichkeit **nicht bestehenden Eigenbedarf** im Sinne des § 573 Abs. 2 Nr. 2 BGB, kann der Mieter nach § 280 Abs. 1 BGB Ersatz des ihm dadurch entstehenden Schadens wie Umzugskosten oder Mehrbelastung mit einer höheren Miete verlangen.[143]

cc) Wirtschaftliche Verwertung

177 Ein berechtigtes Interesse des Vermieters an der Beendigung des Mietverhältnisses besteht nach § 573 Abs. 2 Nr. 3 BGB, wenn das Mietverhältnis den Vermieter an einer angemessenen wirtschaftlichen Verwertung des Grundstücks hindert und er dadurch erhebliche Nachteile erleiden würde.

178 Die **Verwertung** bedeutet, dass der Vermieter den materiellen Wert realisiert, der dem Grundstück mit der Mietsache innewohnt. Dies umfasst vor allem den Verkauf[144], die Vermietung, die Bestellung eines Erbbaurechts oder den Abriss des baufälligen Mietgebäudes zur Errichtung eines Neubaus[145]. Der **ersatzlose Abriss** eines Gebäudes ist keine Verwertung, weil der Vermieter hierbei nicht den Wert des Mietgrundstücks realisiert; sein Interesse am Vermeiden von Unterhaltskosten kann die ordentliche Kündigung als sonstiges berechtigtes Interesse rechtfertigen nach § 573 Abs. 1 Satz 1 BGB[146] (siehe Rn. H 184 f.).

179 Die Verwertung ist **angemessen**, wenn sie *vernünftigen und nachvollziehbaren Erwägungen* entspricht und das Verwertungsinteresse des Vermieters das Bestandsinteresse des Mieters *überwiegt*.[147] Dabei ist umstritten, inwieweit Härten für den Mieter im Sinne der

---

[137] LG Berlin, Urt. v. 3.8.1990 – 64 S 155/90, GE 1992, 207; vgl. BGH, Urt. v. 27.6.2007 – VIII ZR 271/06, NJW 2007, 2845 Rn. 20 betreffend Außen-GbR.
[138] BGH, Urt. v. 9.7.2003 – VIII ZR 276/02, NJW 2003, 2604, 2604; kritisch Fleindl NZM 2016, 289, 298, der dafür plädiert, lediglich die Berufung auf die Kündigung zu versagen.
[139] BGH, Urt. v. 9.11.2005 – VIII ZR 339/04, NJW 2006, 220.
[140] BVerfG, Beschl. v. 13.11.1990 – 1 BvR 275/90, NJW 1991, 157.
[141] BGH, Urt. v. 14. Dezember 2016 – VIII ZR 232/15, NJW 2017, 547 Rn. 56 ff.
[142] Milger NZM 2014, 769, 776.
[143] BGH, Urt. v. 10.6.2015 – VIII ZR 99/14, NJW 2015, 2324.
[144] BGH, Urt. v. 8.6.2011 – VIII ZR 226/09, NZM 2011, 773.
[145] BGH, Urt. v. 28.1.2009 –VIII ZR 8/08, NJW 2009, 1200.
[146] BGH, Urt. v. 24.3.2004 – VIII ZR 188/03, NJW 2004, 1736.
[147] BGH, Urt. v. 28.1.2009 – VIII ZR 8/08, NJW 2009, 1200 Rn. 12.

§§ 574 ff. BGB berücksichtigungsfähig sind.[148] Rechtswidrige Verwertungen sind nicht angemessen.

Ist eine erforderliche Genehmigung für die **Zweckentfremdung von Wohnraum** im Zeitpunkt des Zugangs der Kündigung nicht erteilt, ist die Kündigungserklärung unwirksam.[149] Erfordert die Verwertung eine baurechtliche **Abrissgenehmigung,** braucht diese bei Zugang der Kündigung nicht erteilt sein; insoweit genügt die Genehmigungsfähigkeit des Abrisses.[150] 180

Unzulässig ist eine Verwertungskündigung, um durch eine andere Vermietung des Wohnraums eine höhere Miete zu erzielen (§ 573 Abs. 2 Nr. 3 Halbsatz 3 BGB) oder um die Mietwohnung vor oder nach Veräußerung in eine Eigentumswohnung umzuwandeln (§ 573 Abs. 2 Nr. 3 Halbsatz 3 BGB, der die Kündigungssperre des § 577a Abs. 1 und 2 BGB flankiert). 181

Der Fortbestand des Mietverhältnisses muss den Vermieter an der angemessenen Verwertung **hindern.** Diese Ursächlichkeit ist gegeben, wenn der Vermieter das Grundstück mit der Mietsache überhaupt nicht oder nur zu wirtschaftlich unzumutbaren Bedingungen verkaufen kann.[151] 182

Der **Nachteil** aus dem Fortbestand des Mietverhältnisses kann bei Verkauf des Mietgrundstücks in einem Mindererlös bestehen. Bei anderen Verwertungen kommen Renditeeinbußen oder Kostenbelastungen in Betracht, denen keine ausreichenden Mieterträge gegenüberstehen. **Erheblich** ist der Nachteil für den Vermieter nicht erst, wenn ihn der Fortbestand des Mietverhältnisses in Existenznot bringt[152], sondern wenn er die dem Mieter durch den Wohnungsverlust entstehenden Nachteile weit übersteigt[153]. Da die persönlichen und wirtschaftlichen Verhältnisse des Vermieters sowie seine Motive für die Verwertung im Rahmen einer **Gesamtabwägung** zu gewichten sind[154], gibt es weder für Kaufpreiseinbußen noch für die Kostenbelastung von Abbruchobjekten objektive Richtwerte für erhebliche Nachteile. Im Kündigungsschreiben sollte der Vermieter den Nachteil durch eine **Wirtschaftlichkeitsberechnung** belegen, aus der seine Vermögenslage mit und ohne Fortbestand des Mietverhältnisses hervorgeht. Für Abrisskündigungen ist dies zwar keine Wirksamkeitsvoraussetzung der Kündigungserklärung nach § 568 Abs. 1 BGB, aber später für den Beweis eines Nachteils im Räumungsprozess erforderlich.[155] 183

dd) Sonstiges berechtigtes Interesse

Nach § 573 Abs. 1 Satz 1 BGB kann auch ein sonstiges berechtigtes Interesse des Vermieters eine ordentliche Kündigung des Mietverhältnisses rechtfertigen. Damit die Generalklausel eingreift, muss das Kündigungsinteresse ein ähnliches Gewicht haben wie in den Regelbeispielen des § 573 Abs. 2 Nr. 1 bis 3 BGB. 184

Praktisch sind – neben der im Zusammenhang mit der Verwertungskündigung dargestellten Abrisskündigung (siehe Rn. H 177 ff.) – vor allem folgende Fallgruppen hervorzuheben: 185

---

[148] J. Emmerich 2015, 259 WuM 2015, 259.
[149] OLG Hamburg, RE v. 25.3.1981 – 4 U 201/80, NJW 1981, 2308, 2309; LG München II, Urt. v. 29.9.1994 – 8 S 2264/94, WuM 1997, 115; AG München, Urt. v. 18.11.2013 – 463 C 9569/13, ZMR 2014, 553; AG Hamburg, Urt. v. 29.8.2013 – 44 C 20/13, juris.
[150] BayObLG, RE v. 31.8.1993 – RE-Miet 2/93, NJW-RR 1994, 78.
[151] BVerfGE 79, 283, 290 f.; WuM 1992, 46, 47; BGH NZM 2008, 281 = WuM 2008, 233 unter Ziff. II 1b.
[152] BVerfG, Urt. v. 14.2.1989 – 1 BvR 1131/87, NJW 1989, 972.
[153] BVerfG, Beschl. v. 12.11.2003 – 1 BvR 1424/02, NZM 2004, 134.
[154] BGH, Urt. v. 28.1.2009 – VIII ZR 8/08, NJW 2009, 1200 Rn. 15.
[155] BGH, Urt. v. 9.2.2011 – VIII ZR 155/10, NJW 2011, 1135 Rn. 15.

186 **(1) Betriebsbedarf.** Benötigt der Vermieter eine vermietete Wohnung für einen seiner Bediensteten, kommt Betriebsbedarf als berechtigtes Interesse für eine ordentliche Kündigung nach § 573 Abs. 1 Satz 1 BGB in Betracht.

187 Wichtigster Fall ist die ordentliche Kündigung eines Mietverhältnisses über eine **Werkmietwohnung** (§ 576 BGB, siehe Rn. A 22) kurz vor oder nach dem **Ausscheiden des Mieters aus dem Dienstverhältnis**[156], um diese künftig an einen aktiven Beschäftigten zu vermieten. Aufgrund der Nähe zur Eigenbedarfskündigung nach § 573 Abs. 2 Nr. 2 BGB muss der Vermieter eine *bestimmte Bedarfsperson* benennen.[157] Ferner muss der Nutzungswunsch des Vermieters auf *vernünftigen und nachvollziehbaren Gründen* beruhen, die das Bestandsinteresse des Mieters überwiegen.[158]

188 Ausnahmsweise dürfte ein Mietverhältnis über eine **funktionsgebundene Werkmietwohnung** im Sinne des § 576 Abs. 1 Nr. 2 BGB unter Fortbestand des Dienstverhältnisses kündbar sein, wenn der Mieter eine **andere Tätigkeit** im Betrieb des Vermieters übernimmt und der **Funktionsnachfolger** die Werkmietwohnung benötigt (z. B. Wechsel des ständig anwesenden Hausmeisters in eine Verwaltungstätigkeit). Die ordentliche Kündbarkeit entspricht der gesetzlichen Wertung des § 576 Nr. 1 Nr. 2 BGB, der die besondere Dringlichkeit des funktionsgebundenen Betriebsbedarfs anerkennt.

189 Schließlich ist die ordentliche Kündigung eines Mietverhältnisses mit einem **Betriebsfremden** über eine reguläre Mietwohnung denkbar, wenn der Vermieter die Wohnung künftig als Werkmiet- oder Werkdienstwohnung für einen Betriebsangehörigen benötigt **(Umnutzung in Werkwohnung).** Für den Erfolg der Kündigung dürfte ein *gesteigerter Betriebsbedarf* erforderlich sein, der mit dem *betrieblichen* Bedarf an einer funktionsgebundenen Werkmietwohnung vergleichbar ist (z. B. ständige Anwesenheit eines Hausmeisters). Das Interesse eines Beschäftigten an einen kurzen Heimweg ist kein ausreichender Kündigungsgrund, der das Bestandsinteresse eines betriebsfremden Mieters überwiegt.[159]

190 Für die Unwirksamkeit einer Kündigung wegen Betriebsbedarfs nach **Treu und Glauben** sowie für die **Anbietpflicht** des Vermieters gelten die Ausführungen zur Eigenbedarfskündigung entsprechend (siehe Rn. H 174 ff.).

Sonderfälle:

191 Die Nutzung einer **Werk*dienst*wohnung** (siehe Rn. A 22) kann der Vermieter dem Mieter nicht isoliert entziehen, weil eine **Teilkündigung** des Dienstverhältnisses **unwirksam ist.**[160] Ist das **Dienstverhältnis des Mieters beendet,** verbleibt zwischen den Parteien des Dienstvertrags nach § 576b Abs. 1 BGB ein **gesetzliches Nutzungsverhältnis** über die **Wohnung.** Dieses muss der Vermieter in der Regel nach § 576b Abs. 1 BGB **gesondert kündigen,** um es zu beenden. Die ordentliche Kündigung kann der Vermieter nach § 573 Abs. 1 Satz 1 BGB mit dem **Wohnbedarf eines anderen Beschäftigten** begründen. Die Ausführungen zur Kündigung von Werk*miet*wohnungen wegen Betriebsbedarfs gelten entsprechend (siehe Rn. H 187 ff.).

192 Bei **Dienstwohnungen** (siehe Rn. A 22) richtet sich das Ende des öffentlich-rechtlichen Nutzungsverhältnisses mit dem Beamten nach öffentlichem Recht (z. B. Pensionierung; Ausscheiden aus dem Dienst, Widerruf der Zuweisung).[161]

---

[156] Das Ausscheiden des Mieters aus dem **Arbeitsverhältnis** mit dem Vermieter ist stets ein Ausscheiden aus einem Dienstverhältnis (§§ 611 ff. BGB), vgl. Weidenkaff in Palandt, Einf. v. § 611 BGB Rn. 1 ff.
[157] AG Frankfurt, Urt. v. 26.3.1992 – Hö 3 C 5469/91, NJW-RR 1993, 526.
[158] BGH, Beschl. v. 5.10.2005 – VIII ZR 127/05, NJW 2005, 3782.
[159] BGH, Urt. v. 23.5.2007 – VIII ZR 122/06, NZM 2007, 639 Rn. 13 ff.
[160] BAG, Urt. v. 23. August 1989 – 5 AZR 569/88, WuM 1990, 284.
[161] § 11 DWV für Beamte des Freistaats Bayern.

(2) Öffentliche Interessen. Juristische Personen des öffentlichen Rechts können ein berechtigtes Interesse an der Kündigung eines Mietverhältnisses nach § 573 Abs. 1 Satz 1 BGB begründen, wenn das Erfüllen einer **öffentlich-rechtlichen Aufgabe** die Beendigung des Mietverhältnisses **erfordert** und ihr Interesse an der Aufgabenerfüllung **gewichtig** ist.[162] Dabei sind auch Umstände aus dem Interessenbereich **Dritter** berücksichtigungsfähig, wenn sich aufgrund eines wirtschaftlichen oder rechtlichen Zusammenhangs mit dem Dritten ein eigenes Interesse des Vermieters an der Beendigung des Mietverhältnisses ergibt.[163]

Ist eine **Gemeinde** Vermieter, kann sie eine ordentliche Kündigung sowohl mit der Erfüllung von **Pflicht-** als auch **freiwilligen Aufgaben** rechtfertigen.[164] Dies steht im Einklang mit § 578 Abs. 3 Satz 2 BGB, der die Erfüllung öffentlicher Aufgaben als eigenbedarfsähnlich anerkennt. Dagegen soll das **allgemeine städtebauliche Interesse** einer Gemeinde keine ordentliche Kündigung des Mietverhältnisses rechtfertigen, beispielsweise an der Errichtung eines Mehrzweckhauses mit Parkplätzen[165] oder an der Beseitigung eines Schandflecks für das Ortsbild[166]. Ein solches Verständnis dürfte der kommunalen Planungshoheit aus Art. 28 Abs. 2 Satz 1 GG nicht gerecht werden[167] und im Widerspruch zur Eigenbedarfskündigung nach § 573 Abs. 2 Nr. 2 BGB stehen, für die ein vernünftiger und nachvollziehbarer Nutzungswunsch des Vermieters genügt.

Die Kündigung eines Mietverhältnisses durch eine Gemeinde zur Unterbringung von **Flüchtlingen** kann grundsätzlich über gemeindliche Pflichtaufgaben begründet werden. Allerdings wird eine solche Aufgabenerfüllung nur erforderlich sein, nachdem die Gemeinde vorrangig alle anderen Unterbringungsmöglichkeiten wie Hinzumieten von Wohnraum und Umnutzen von Geschäftsraum ausgeschöpft hat.[168]

3. Kündigungsfrist

a) Wohnraum

Der **Mieter** von Wohnraum kann das Mietverhältnis in der Regel am dritten Werktag eines Kalendermonats zum Ablauf des übernächsten Monats (Dreimonatsfrist) ordentlich kündigen nach § 573c Abs. 1 Satz 1 BGB. Dies berücksichtigt das besondere Mobilitätsbedürfnis des Mieters, beispielsweise für einen kurzfristigen Arbeitsplatzwechsel oder für einen eiligen Einzug in ein Alten- oder Pflegeheim.

Kündigt der **Vermieter**, verlängert sich die Dreimonatsfrist nach § 573c Abs. 1 Satz 2 BGB nach fünf und acht Jahren seit der Überlassung des Wohnraums um jeweils drei Monate (Sechs- bzw. Neunmonatsfrist). Für die *Dauer der Überlassung* ist maßgeblich, wann der Vermieter dem Mieter den Besitz an der Mietsache verschafft hat (Schlüsselübergabe).

---

[162] BGH, Urt. v. 9.5.2012 – VIII ZR 238/11, NJW 2012, 2342 Rn. 12 ff.; a. A. OLG Frankfurt, RE v. 6.3.1981 – 20 RE-Miet 1/80, NJW 1981, 1277, das ein deutliches Überwiegen des Beendigungsinteresses fordert.
[163] BGH, Urt. v. 9.5.2012 – VIII ZR 238/11, NJW 2012, 2342 Rn. 12 ff. betreffend die Umnutzung der Mietwohnung eines kirchlichen Gesamtverbands in eine Beratungsstelle des rechtlich selbständigen Diakonie e. V.
[164] BayObLG, Beschl. v. 21.11.1980 – Allg. Reg. 83/80, NJW 1981, 580, 582 betreffend die Umnutzung in Schulungsräume der Feuerwehr bzw. in Räume für kulturelle und soziale Zwecke.
[165] OLG Frankfurt, RE v. 6.3.1981 – 20 RE-Miet 1/80, NJW 1981, 1277.
[166] LG Görlitz, Beschl. v. 28.11.2005 – 2 S 99/04, WuM 2006, 160.
[167] LG Bochum, Urt. v. 13. Dezember 1988 – 11 S 227/88, WuM 1989, 242 Rn. 18.
[168] Willems NZM 2016, 153; Streyl/Wietz WuM 2015, 651.

198 Die Kündigungsfristen des § 573c Abs. 1 Satz 1 und 2 BGB gelten auch für die Kündigung des Hauptmietverhältnisses über **Wohnraum für Personen mit dringendem Wohnbedarf** im Sinne des § 578 Abs. 3 Satz 1 BGB (siehe Rn. G 42a).

Übersicht: Fristen der ordentlichen Kündigung von Wohnraum

Zugang bis 3. Werktag des Monats	Kündigungstermin für **Mieter** 3 Monate	Kündigungstermin für **Vermieter**		
		Ü < 5 J 3 Monate	5 J ≤ Ü < 8 J 6 Monate	Ü ≥ 8 J 9 Monate
Januar	31.03.	30.06.	30.09.	
Februar	30.04	31.07.	31.10.	
März	31.05.	31.08.	30.11.	
April	30.06.	30.09.	31.12.	
Mai	31.07.	31.10.	31.01.	
Juni	31.08.	30.11.	28./29.02.	
Juli	30.09.	31.12.	31.3.	
August	31.10.	31.01.	30.4	
September	30.11.	28./29.02.	31.05.	
Oktober	31.12.	31.3.	30.06.	
November	31.01.	30.4	31.07.	
Dezember	28./29.02.	31.05.	31.08.	

199 **Verkürzte Kündigungsfristen** sind möglich bei zum *vorübergehenden Gebrauch* vermietetem Wohnraum (§§ 573c Abs. 2, 549 Abs. 2 Nr. 1 BGB) und bei *Einliegerwohnraum* (§§ 573c Abs. 3, 549 Abs. 2 Nr. 2 BGB). Dies soll dem Vermieter den Entschluss zur Vermietung erleichtern. Bei Werkmietwohnungen verkürzt § 576 Abs. 1 BGB die Kündigungsfristen des Vermieters. *Funktionsgebundene Werkmietwohnungen* im Sinne der Nr. 2 BGB sind wegen Betriebsbedarfs des Funktionsnachfolgers des Mieters binnen eines Monats kündbar (§ 576 Abs. 1 Nr. 2 BGB, Beispiele: Wohnung für Hausmeister, Bereitschaftsdienst, Wachpersonal). Für *Werkdienstwohnungen* gelten diese Erleichterungen entsprechend nach §§ 576b Abs. 1, 576 BGB.

200 Das Vereinbaren **abweichender Kündigungsfristen** zum Nachteil des Mieters ist nach § 573c Abs. 4 BGB bzw. § 576 Abs. 2 BGB unwirksam. Unbeschadet dessen ist **ein befristeter Verzicht** auf das Kündigungsrecht insgesamt wirksam möglich § 573c Abs. 4 BGB (siehe Rn. H 135).

201 Sind in **Altmietverträgen** aus der Zeit vor dem 1.9.2001 durch Allgemeine Geschäftsbedingungen Kündigungsfristen vereinbart, die zum Nachteil des Mieters von § 573c Abs. 1 oder 3 BGB abweichen, sind diese nach § 573c Abs. 4 BGB in Verbindung mit Art. 229 § 3 Abs. 10 Satz 2 EGBGB unwirksam. Dies gilt auch bei Wiedergabe der früheren gesetzlichen Kündigungsfristen des § 565 BGB a. F. im Mietvertrag.[169] Lediglich individuell vereinbarte Kündigungsfristen gelten nach dem 1.9.2001 fort gemäß Art. 229 § 3 Abs. 10 Satz 1 EGBGB.

---

[169] BGH, Urt. v. 18.6.2003 – VIII ZR 240/02, NJW 2003, 2739, 2740.

b) Andere Mietsachen

Für andere Mietsachen als Wohnraum sieht § 580a Abs. 1 und 2 BGB folgende Kündigungsfristen vor: — 202

- Bei **Grundstücken** oder **Räumen**, die keine Geschäftsräume sind, hängt die Kündigungsfrist des § 580a Abs. 1 Nr. 1 bis 3 BGB davon ab, nach welchen Zeitabschnitten die **Miete** bemessen ist (z.B. Tagesmiete, Wochenmiete, Monatsmiete). Dies muss nicht mit der Fälligkeit der Miete identisch sein. Ist die Miete nach **Monaten** oder längeren Zeitabschnitten bemessen, beträgt die Kündigungsfrist nach § 580a Abs. 1 Nr. 3 BGB drei Monate. Der Kündigungstermin ist das Ende des Kalendermonats, bei Mietverhältnissen über **gewerblich genutzte unbebaute Grundstücke** das Ende des Quartals (z.B. Mietverhältnis über gewerbliches Lager, KfZ-Abstellplatz für einen Betrieb). Bei **Tagesmiete** ist die Kündigung an jedem Tag zum Ablauf des folgenden Tags zulässig nach § 580a Abs. 1 Nr. 1 BGB, bei **Wochenmiete** spätestens am ersten Werktag einer Woche zum Ablauf des folgenden Samstags nach § 580a Abs. 1 Nr. 2 BGB. — 203
- Bei **Geschäftsraum** beträgt die Kündigungsfrist nach § 580a Abs. 2 BGB sechs Monate. Der Kündigungstermin ist das Ende des Quartals. — 204

Übersicht: Fristen der ordentlichen Kündigung anderer Mietsachen

Zugang bis 3. Werktag des Monats	Sonstige Räume und Grundstücke*) 3 Monate	Gewerblich genutzte unbebaute Grundstücke*) 3 Monate/Quartal	Geschäftsraum 6 Monate/Quartal
Januar	31.03.	31.03.	30.06.
Februar	30.04	30.06.	30.09.
März	31.05.		
April	30.06.		
Mai	31.07.	30.09.	31.12.
Juni	31.08.		
Juli	30.09.		
August	31.10.	31.12.	31.03.
September	30.11.		
Oktober	31.12.		
November	31.01.	31.03.	30.06.
Dezember	28./29.02.		

*) Mietbemessung nach Monaten oder längeren Zeitabschnitten

Das Vereinbaren **abweichender Kündigungsfristen und Kündigungstermine** ist individualvertraglich und formularvertraglich wirksam möglich. **Unterschiedliche Kündigungsfristen** für Mieter und Vermieter in Formularverträgen sind nicht zwingend wegen unangemessener Benachteiligung der länger gebundenen Vertragspartei **unwirksam** nach § 307 Abs. 1 Satz 1 BGB, da sich eine kürzere Vertragsbindung des Mieters auch aus — 205 einem Optionsrecht oder außerordentlichen Kündigungsrechten ergeben kann.[170] Das **Verkürzen** der Kündigungsfristen des § 580a Abs. 1 und 2 BGB **zu Lasten des Mieters** ist nach § 307 Abs. 1 Satz 1, Abs. 2 Nr. 1 BGB unwirksam, weil es den Kerngehalt der gesetzlichen Regelung berührt.[171]

c) Fristberechnung

206 Die ordentliche Kündigung muss an einem zulässigen **Kündigungstag** zugehen und die **Kündigungsfrist** wahren, damit sie das Mietverhältnis zum **Kündigungstermin** beendet.

207 Für den **Kündigungstag,** bis zu dem die Kündigungserklärung dem Mieter spätestens zugehen muss, um den nächsten Kündigungstermin zu wahren, gilt regelmäßig eine *Karenzzeit* von drei Werktagen („bis zum dritten Werktag"). Dabei ist der **Samstag** grundsätzlich als Werktag mitzuzählen, da dies sowohl dem allgemeinen als dem Sprachgebrauch verschiedener Gesetze wie § 3 Abs. 2 BUrlG entspricht[172] (anders bei der Fälligkeit der Miete, siehe Rn. C 88). Entfällt der *letzte Tag der Karenzfrist* auf einen Samstag, dürfte dieser unbeschadet § 193 BGB mitzuzählen sein. Die Zeit vor Beginn der Kündigungsfrist ist selbst keine Frist, weil sie keinen Beginn, sondern nur einen Endzeitpunkt hat.[173]

208 Bei **Kündigung vor Übergabe** der Mietsache laufen Kündigungsfristen nicht ab dem ersten Tag der Mietzeit, sondern ab dem Zeitpunkt, in dem der anderen Vertragspartei die Kündigungserklärung zugeht.[174] Dies ermöglicht eine Beendigung des Mietverhältnisses vor Übergabe, wenn entsprechend kurze Kündigungsfristen vereinbart sind.

209 Für das Berechnen von **Kündigungsfrist** und **-termin** gelten die §§ 187 ff. BGB.

4. Widerspruchsrecht des Wohnraummieters

210 Der ordentlichen Kündigung eines Mietverhältnisses über **Wohnraum** kann der Mieter nach §§ 574 ff. BGB widersprechen und vom Vermieter die **Fortsetzung des Mietverhältnisses** auf bestimmte oder unbestimmte Zeit verlangen, wenn die Beendigung des Mietverhältnisses für ihn oder eine ihm nahestehende Person im Sinne des § 574 Abs. 1 Satz 1 BGB eine **unbillige Härte** bedeuten würde. Dies gilt auch, wenn die Kündigung des Vermieters durch ein berechtigtes Interesse nach § 573 BGB gerechtfertigt ist (sog. dualer Kündigungsschutz[175]).

211 Früher bestand der Kündigungsschutz des Wohnraummieters ausschließlich im **Sozialwiderspruchsrecht**, das den heutigen §§ 574 ff. BGB entspricht. Dieses hat an Bedeutung verloren, seitdem der Vermieter für die ordentliche Kündigung eines Wohnraummietverhältnisses ein **berechtigtes Interesse** im Sinne des § 573 BGB benötigt. Der Kündigungsschutz ist hiermit vor allem auf die Frage nach dem berechtigten Interesse des

---

[170] BGH, Urt. v. 30.5.2001 – XII ZR 273/98, NJW 2001, 3480, 3482 betreffend einseitiges Kündigungsrecht des *Mieters* eines Supermarkts in *dessen* Miet-AGB; fortgeführt in BGH, Urt. v. 24.2.2016 – XII ZR 5/15, NJW 2016, 1441 Rn. 43 betreffend einseitiges Kündigungsrecht des Mieters einer Freifläche für einen Mobilfunkmast nach 20 Jahren unter Vertragsbindung des Vermieters für 30 Jahre.

[171] BGH, Urt. v. 30.5.2001 – XII ZR 273/98, NJW 2001, 3480, 3482.

[172] BGH, Urt. v. 27.4.2005 – VIII ZR 206/04, NJW 2005, 2154, 2155; a. A. für *Zahlungs*fristen BGH, Urt. v. 13.7.2010 – VIII ZR 129/09, NJW 2010, 2879.

[173] Für Kündigung eines Werbevertrags BGH, Urt. v. 17.2.2005 – III ZR 172/04, NJW 2005, 1354, 1355; offengelassen für Kündigung eines Mietvertrags BGH, Urt. v. 27.4.2005 – VIII ZR 206/04, NJW 2005, 2154, 2155; a. A. LG Berlin, Urt. v. 22.2.2017 – 65 S 395/16, WuM 2017, 215.

[174] BGH, Urt. v. 21.2.1979 – VIII ZR 88/78, NJW 1979, 1288.

[175] Zum Begriff und zur gesetzlichen Ausgestaltung Sternel, NZM 2018, 473, 477.

IV. Ordentliche Kündigung

Vermieters an der Beendigung des Mietverhältnisses verlagert, das gegen die Bestandsinteresse des Mieters – teilweise einschließlich[176] Härtegründen im Sinne des § 574 Abs. 1 BGB – abzuwägen ist.

Das **Widerspruchsrecht** des Mieters besteht nicht für vom Mieterschutz ausgenommenen Wohnraum nach § 549 Abs. 2 Nr. 1–3 BGB (siehe Rn. H 150a). Es **entfällt,** wenn ein Kündigungsgrund vorliegt, der den Vermieter zur *außerordentlichen fristlosen Kündigung* berechtigt (§ 574 Abs. 1 Satz 2 BGB). Bei *Werkmietwohnungen* kann das Widerspruchsrecht zudem entfallen, wenn es sich um eine funktionsgebundene Betriebswohnung handelt oder der Mieter das Dienstverhältnis selbst gelöst hat (§ 576a Abs. 2 Nr. 1 oder 2 BGB); andernfalls ist das Widerspruchsrecht zumindest eingeschränkt nach § 576a Abs. 1 BGB. Für *Werkdienstwohnungen* gelten diese Modifikationen nach § 576b BGB entsprechend. Kein Widerspruchsrecht hat der *Zwischenvermieter*, der Wohnraum an Personen mit dringendem Wohnbedarf überlässt, weil § 578 Abs. 3 Satz 1 BGB nicht auf §§ 574 ff. BGB verweist.

212

Der **Widerspruch** des Mieters gegen die Kündigung bedarf der **Schriftform** nach §§ 574b Abs. 1 Satz 1, 126 Abs. 1 Satz 1 BGB. Hat der Vermieter den Mieter rechtzeitig auf die Form und die Frist des Widerspruchs hingewiesen (z. B. im Kündigungsschreiben gemäß § 568 Abs. 2 BGB) und erklärt der Mieter den Widerspruch nicht spätestens **zwei Monate vor Beendigung des Mietverhältnisses,** kann der Vermieter eine Fortsetzung des Mietverhältnisses allein wegen der Verspätung ablehnen gemäß § 574b Abs. 2 Satz 1 BGB. Hat der Vermieter den Hinweis auf das Widerspruchsrecht unterlassen, kann der Mieter den Widerspruch noch im ersten Termin des Räumungsrechtsstreits erklären gemäß § 574b Abs. 2 Satz 2 BGB.

213

Der Widerspruch ist **begründet,** wenn die Beendigung des Mietverhältnisses für den Mieter oder eine ihm nahestehende Person im Sinne des § 574 Abs. 1 Satz 1 BGB auch unter Würdigung der berechtigten Interessen des Vermieters eine **unbillige Härte** bedeuten würde. Dies erfordert mehr als Unbequemlichkeiten, Unannehmlichkeiten oder Kosten für den Mieter, die mit jedem Wohnungswechsel verbunden sind.[177] Beispielhaft nennt § 574 Abs. 2 BGB den Fall, dass *angemessener Ersatzwohnraum zu angemessenen Bedingungen nicht beschafft* werden kann.[178] Bei der Abwägung sind **Interessen des Vermieters** nur zu berücksichtigen, wenn er sie nach §§ 574 Abs. 3, 573 Abs. 3 BGB bereits im Kündigungsschreiben angegeben hat (z. B. Eigenbedarf und die Kerntatsachen die diesen begründen). Diese Einschränkung gilt nicht, wenn die Gründe nach Versand der Kündigung entstanden sind oder die ordentliche Kündigung ausnahmsweise ohne berechtigtes Interesse (siehe Rn. H 150a ff.) im Sinne des § 573 BGB zulässig ist. Das Gericht ist zu einer **umfassenden Sachverhalts**aufklärung und **besonders sorgfältiger Abwägung** im Einzelfall verpflichtet, wenn grundrechtlich geschützte Belange bei der Vertragsparteien wie Eigentum und Gesundheit betroffen sind; Gesundheitsgefahren sind ggf. mit sachverständiger Hilfe aufzuklären.[179]

214

Den Fortsetzungsanspruch des Mieters aus § 574 Abs. 1 BGB kann der Vermieter erfüllen, indem er sich freiwillig mit ihm über die Fortsetzung des Mietverhältnisses **einigt** (§§ 574a Abs. 1, 311 Abs. 1 BGB). Andernfalls bestimmt das Gericht nach § 574a Abs. 2 BGB **durch Urteil,** ob, wie lange und zu welchen Bedingungen das Mietverhältnis fortgesetzt wird. In der Regel ist die Fortsetzung auf die voraussichtliche Dauer des Härtegrunds befristet (§ 574a Abs. 2 Satz 2 BGB). Ist dem Vermieter die Fortsetzung zu

215

---

[176] Kritisch J. Emmerich, WuM 2015, 259.
[177] BGH, Urt. v. 20.3.2013 – VIII ZR 233/12, NJW 2013, 1596 Rn. 15.
[178] Zu Einzelheiten Fleindl WuM 2019, 165.
[179] BGH, Urt.v. 22.5.2019 – VIII ZR 180/18 und Urt. v. 22.5.2019 – VIII ZR 167/17, bislang nur als Pressemitteilung Nr. 68/19 v. 22.5.2019 vorliegend.

den bisherigen **Mietbedingungen** nicht zumutbar, sind diese angemessen abzuändern (§ 574a Abs. 1 Satz 2 oder Abs. 2 Satz 1 BGB).

216 Wegen der hohen praktischen Bedeutung ist ergänzend darauf hinzuweisen, dass das Gericht dem Mieter im **Zwangsvollstreckungsverfahren** nach § 721 ZPO auf Antrag oder von Amts wegen Vollstreckungsaufschub von **bis zu einem Jahr** gewähren kann.[180]

V. Außerordentliche fristlose Kündigung

217 Die außerordentliche fristlose Kündigung aus wichtigem Grund ist sowohl bei Mietverhältnissen auf **bestimmte** als auch auf **unbestimmte Zeit** zulässig gemäß § 542 Abs. 1 und Abs. 2 Nr. 1 BGB.

218 Der zentrale Tatbestand der fristlosen Kündigung ist § 543 BGB geregelt, der für **sämtliche Mietverhältnisse** gilt. Für Mietverhältnisse über **Wohnraum** gilt ergänzend § 569 Abs. 1 bis 5 BGB.

Für Mietverhältnisse über **Aufenthaltsräume** einschließlich weitervermietetem Wohnraum für Personen mit dringendem Wohnbedarf im Sinne des § 578 Abs. 3 Satz 1 BGB gilt nur § 569 Abs. 1 BGB durch die Verweisung in § 578 Abs. 2 Satz 3 BGB.

219 Diese mietrechtlichen Kündigungstatbestände gehen dem allgemeinen Kündigungsrecht für Dauerschuldverhältnisse aus § 314 BGB vor.[181] In seltenen Ausnahmefällen ist eine fristlose Kündigung wegen **Störung der Geschäftsgrundlage** nach § 313 Abs. 3 Satz 2 BGB möglich.

Damit die fristlose Kündigung Erfolg hat, darf sie nicht durch Vereinbarung ausgeschlossen sein. Sie erfordert stets einen wichtigen Grund (§§ 543, 569 oder § 314 Abs. 3 Satz 2 BGB) und in der Regel die fruchtlose Abmahnung der anderen Vertragspartei (§ 543 Abs. 3 BGB). Die fristlose Kündigung beendet das Mietverhältnis sofort mit Zugang. Ein Sozialwiderspruchsrecht des Mieters besteht nicht (§ 574 Abs. 1 Satz 2 BGB).

1. Abweichende Vereinbarungen

a) Beschränkungen des Kündigungsrechts

220 In Mietverträgen über **Wohnraum** sind nach § 569 Abs. 5 Satz 1 BGB Vereinbarungen **unwirksam**, die das fristlose Kündigungsrecht des **Mieters** aus §§ 543, 569 BGB ausschließen oder beschränken. Gestaltungsspielraum besteht nur für Vereinbarungen, die fristlose Kündigungsrechte zu Gunsten des Mieters ändern, indem sie dem Vermieter die fristlose Kündigung erschweren (z. B. zusätzliches Abmahnerfordernis) oder dem Mieter die Kündigung erleichtern (z. B. Verzicht auf Abmahnerfordernis).

221 In Mietverträgen über **Geschäftsraum** ist ein Verzicht auf das *Kündigungsrecht aus wichtigem Grund* aus § 543 Abs. 1 BGB nach § 138 Abs. 1 BGB unwirksam.[182] Darüber hinaus kann sich der Vermieter nicht auf einen Kündigungsausschluss berufen, wenn er den der Kündigung zu Grunde liegenden Mangel *arglistig* verschwiegen hat (§ 536d BGB). In *Allgemeinen Geschäftsbedingungen* sind Beschränkungen des fristlosen Kündigungsrechts unwirksam, wenn sie mit wesentlichen Grundgedanken der gesetzlichen

---

[180] Zur Abwägung des Wiedererlangungsinteresses des Vermieters gegen das Bestandsinteresse des Mieters vgl. Lehmann-Richter in Schmidt-Futterer, § 721 ZPO Rn. 17 ff.

[181] BGH, Versäumnisurt. v. 13.7.2016 – VIII ZR 296/15, NJW 2016, 3720 für das Abmahnerfordernis.

[182] BGH, Urt. v. 5.6.1992 – LwZR 11/91, NJW 1992, 2628, 2629 für den Landpachtvertrag.

Regelung unvereinbar sind (§ 307 Abs. 1 Satz 1, Abs. 2 Nr. 1 BGB). Der Verwender darf das grundsätzliche Recht der anderen Vertragspartei zur fristlosen Kündigung bei Vorliegen besonders schwer wiegender Gründe nicht ausschließen.[183] Zusätzliche Kündigungsvoraussetzungen, welche die andere Vertragspartei von der Ausübung des außerordentlichen Kündigungsrechts abhalten können, sind wegen unangemessener Benachteiligung unwirksam.[184]

In Mietverträgen über **Räume, die zum Aufenthalt von Menschen dienen,** einschließlich Wohnraum ist ein Verzicht des Mieters auf das Kündigungsrecht wegen *erheblicher Gesundheitsgefährdung* unwirksam nach §§ 569 Abs. 1 Satz 2, 578 Abs. 2 Satz 3 BGB. 222

b) Erweiterungen des Kündigungsrechts

In Mietverträgen über **Wohnraum** sind nach § 569 Abs. 4 Satz 2 BGB Vereinbarungen **unwirksam,** nach denen der **Vermieter** berechtigt sein soll, aus anderen als den gesetzlich zugelassenen Gründen außerordentlich fristlos zu kündigen. 223

In Mietverträgen über **Geschäftsraum** sind *individualvertragliche* Erweiterungen des außerordentlichen fristlosen Kündigungsrechts wirksam, wenn sie nicht die Grenze der Sittenwidrigkeit des § 138 Abs. 1 BGB erreichen. In *Allgemeinen Geschäftsbedingungen* darf der Verwender sein Kündigungsrecht nicht über den gesetzlich geregelten Bereich hinaus erweitern.[185] Damit sind allenfalls Konkretisierungen der Kündigungsgründe zulässig. Ein vertragliches außerordentliches fristloses Kündigungsrecht des Vermieters bei *Insolvenz des Mieters* ist nach § 119 InsO unwirksam, weil es dem grundsätzlichen Fortbestand des Mietverhältnisses nach § 108 Abs. 1 InsO widerspricht und mit der Kündigungssperre des § 112 InsO kollidieren kann.[186] 224

2. Wichtiger Grund

Ob ein wichtiger Grund eine außerordentliche fristlose Kündigung des Mietverhältnisses rechtfertigt, ist zunächst anhand der Regelbeispiele des § 543 Abs. 2 Satz 1 Nr. 1 bis 3 BGB sowie des § 569 Abs. 1 bis 2a BGB zu prüfen, bevor die Generalklausel des § 543 Abs. 1 Satz 2 BGB anwendbar ist. 225

---

[183] BGH, Urt. v. 30.5.2001 – XII ZR 273/98, NJW 2001, 3480, 3482.
[184] BGH, Versäumnisurt. v. 8.2.2012 – XII ZR 42/10, NJW 2012, 1431.
[185] BGH, Urt. v. 30.5.2001 – XII ZR 273/98, NJW 2001, 3480, 3482.
[186] BGH, Urt. v. 22.10.2013 – II ZR 394/12 NJW 2014, 698 Rn. 12 ff.

Übersicht: Außerordentliche fristlose Kündigung

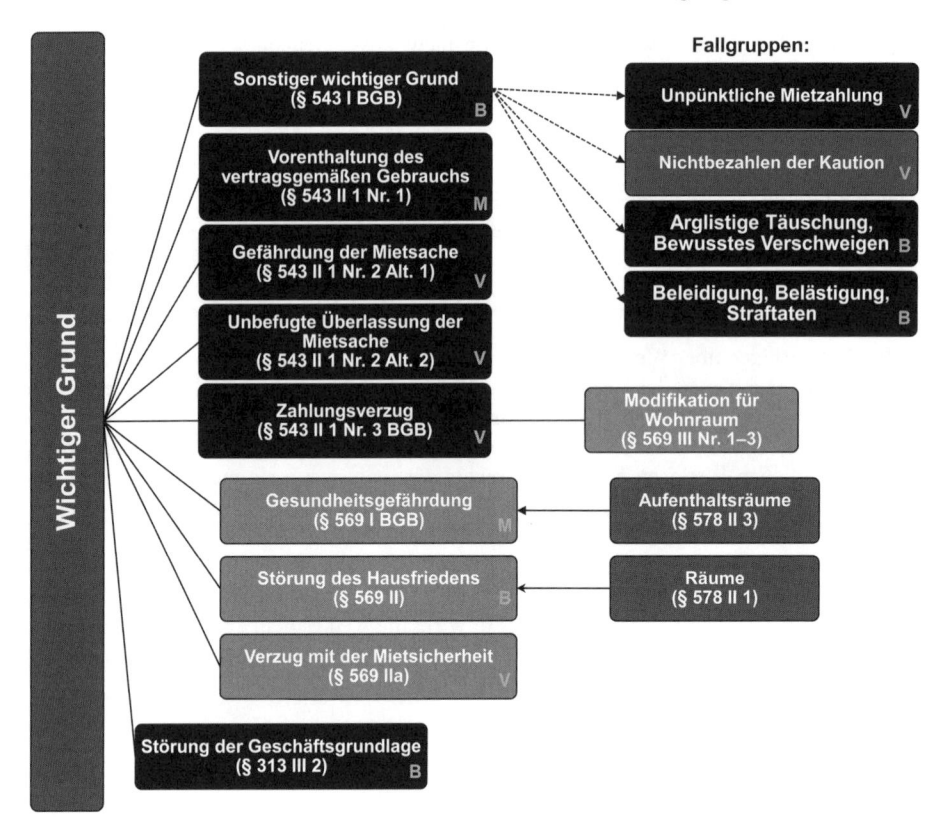

Wichtiger Grund:
- Sonstiger wichtiger Grund (§ 543 I BGB) — B
- Vorenthaltung des vertragsgemäßen Gebrauchs (§ 543 II 1 Nr. 1) — M
- Gefährdung der Mietsache (§ 543 II 1 Nr. 2 Alt. 1) — V
- Unbefugte Überlassung der Mietsache (§ 543 II 1 Nr. 2 Alt. 2) — V
- Zahlungsverzug (§ 543 II 1 Nr. 3 BGB) — V
- Gesundheitsgefährdung (§ 569 I BGB) — M
- Störung des Hausfriedens (§ 569 II) — B
- Verzug mit der Mietsicherheit (§ 569 IIa) — V
- Störung der Geschäftsgrundlage (§ 313 III 2) — B

Fallgruppen:
- Unpünktliche Mietzahlung — V
- Nichtbezahlen der Kaution — V
- Arglistige Täuschung, Bewusstes Verschweigen — B
- Beleidigung, Belästigung, Straftaten — B

Modifikation für Wohnraum (§ 569 III Nr. 1–3)
- Aufenthaltsräume (§ 578 II 3)
- Räume (§ 578 II 1)

Kündigungsrecht für M = Mieter; V = Vermieter; B = beide Vertragsparteien.

a) Vorenthaltung des vertragsgemäßen Gebrauchs

226 Nach § 543 Abs. 2 Satz 1 Nr. 1 BGB kann der **Mieter** das Mietverhältnis fristlos kündigen, wenn ihm der vertragsgemäße Gebrauch der Mietsache ganz oder zum Teil nicht rechtzeitig gewährt oder wieder entzogen wird **(Gewährleistungskündigung)**. Für *Gesundheitsgefährdungen* durch vermieteten Wohnraum beinhalt § 569 Abs. 1 BGB einen speziellen Kündigungstatbestand, der nach § 578 Abs. 2 Satz 3 BGB auch für vermietete Räume gilt (siehe Rn. H 282 ff.).

227 Der vom Vermieter zu gewährende **vertragsgemäße Gebrauch** der Mietsache richtet sich nach der Hauptleistungspflicht des Vermieters aus § 535 Abs. 1 Satz 1 und 2 BGB (siehe Rn. H 17 ff.).

228 Dem Mieter **vorenthalten** ist der Gebrauch der Mietsache, wenn die tatsächliche Leistung des Vermieters *anfänglich* oder *nachträglich* hinter der vereinbarten Leistung zurückbleibt (Nichtgewährung bzw. Entziehung des Mietgebrauchs). Der Mietgebrauch ist stets vorenthalten, wenn die Mietsache einen *Sach- oder Rechtsmangel* im Sinne des § 536 Abs. 1 bis 3 BGB aufweist (siehe Rn. D 5 ff.). Daneben kommen weitere Störungen des Mietgebrauchs in Betracht wie Übergabeverzögerungen, das Angebot einer nicht vertragsgemäß erstellten Mietsache oder das unberechtigte Verweigern der Untervermietung.[187]

---

[187] BGH, Urt. v. 11.1.1984 – VIII ZR 237/82, NJW 1984, 1031.

V. Außerordentliche fristlose Kündigung

Bei unerheblicher **Hinderung des Mietgebrauchs** ist eine fristlose Kündigung allenfalls gerechtfertigt, wenn ein besonderes Interesse des Mieters die Kündigung rechtfertigt.[188] Dies war in der früheren gesetzlichen Regelung des § 542 Abs. 2 BGB a. F. noch ausdrücklich formuliert und folgt inzwischen aus allgemeinen Rechtsgedanken wie § 536 Abs. 1 Satz 3 BGB oder § 242 BGB. **Nicht erforderlich** ist die **Unzumutbarkeit** der Fortsetzung des Mietvertrags im Sinne des § 543 Abs. 1 Satz 2 BGB.[189]

Ein **Verschulden** des Vermieters erfordert das fristlose Kündigungsrecht **nicht**. Weshalb der Vermieter die vereinbarte Leistung nicht erbringt, ist unerheblich.

Wie die anderen Gewährleistungsrechte kann das **fristlose Kündigungsrecht** des Mieters **ausgeschlossen** sein durch *Mangelkenntnis bei Vertragsschluss oder Annahme* nach §§ 543 Abs. 4 Satz 1, 536b, 536d BGB (zu Einzelheiten siehe Rn. D 43). Bei *unterlassener Mängelanzeige* ist der Mieter erst nach fruchtloser Abmahnung des Vermieters gemäß §§ 536c Abs. 2 Nr. 3, 543 Abs. 3 BGB zur fristlosen Kündigung berechtigt. Ferner ist das fristlose Kündigungsrecht des Mieters ausgeschlossen, wenn er die Vorenthaltung des Mietgebrauchs selbst *zu vertreten* hat.[190] Gleiches gilt bei *Erhaltungsmaßnahmen*, die der Mieter nach § 555a Abs. 1 BGB dulden muss, weil dies sein Gebrauchsrecht beschränkt.[191]

Eine gesetzliche Frist zur Ausübung des Kündigungsrechts existiert nicht. § 314 Abs. 3 BGB ist aufgrund der Spezialität des § 543 Abs. 3 BGB nicht anwendbar.[192] Allenfalls kommt eine **Verwirkung** des Kündigungsrechts nach § 242 BGB in Betracht, wenn der Mieter dieses über *längere Zeit* nicht ausübt und *Umstände* vorliegen, die ein Vertrauen des Vermieters in die Nichtausübung begründen.[193] Das rügelose Bezahlen der Miete begründet keinen Verzicht auf das fristlose Kündigungsrecht entsprechend § 536b BGB, weil seit der vorausgegangenen Mietrechtsreform keine planwidrige Lücke mehr besteht.[194]

b) Gefährdung der Mietsache

Nach § 543 Abs. 2 Satz 1 Nr. 2 Alt. 1 BGB kann der **Vermieter** das Mietverhältnis fristlos kündigen, wenn der Mieter seine Rechte dadurch in erheblichem Maße verletzt, dass er die Mietsache durch Vernachlässigung der ihm obliegenden Sorgfalt erheblich gefährdet.

Die **Vernachlässigung der Sorgfaltspflicht** kann unter anderem darin bestehen, dass der Mieter Anzeige- und Obhutspflichten verletzt (siehe Rn. C 124 ff.), vertraglich übernommene Erhaltungspflichten nicht erfüllt (siehe Rn. C 144 ff.), die Mietsache vertragswidrig gebraucht (siehe Rn. C 64 ff.), sie baulich verändert oder eine Brandgefahr verursacht.

Der Mangel an Sorgfalt muss die **Mietsache erheblich gefährden**. Dies ist zu bejahen, wenn die Mietsache bereits beschädigt ist oder wenn eine konkrete Gefahr für eine Beschädigung droht.

Schließlich muss die Gefährdung der Mietsache die **Rechte des Vermieters erheblich verletzen**. Dies erfordert eine umfassende Interessenabwägung der Umstände des jeweiligen Einzelfalls. Maßgeblich sind vor allem die Auswirkungen der Vertragsverletzung auf den Vermieter sowie das Bestandsinteresse des Mieters.[195]

---

[188] BGH, Urt. v. 18.10.2006 – XII ZR 33/04, NJW 2007, 147 Rn. 20.
[189] BGH, Urt. v. 18.10.2006 – XII ZR 33/04, NJW 2007, 147 Rn. 10.
[190] BGH, Urt. v. 10.11.2004 – XII ZR 71/01, NZM 2005, 17, auch zur Beweislastverteilung.
[191] KG Berlin, Urt. v. 26.8.2002 – 8 U 181/01, GE 2002, 1561 Rn. 51 f.
[192] BGH, Versäumnisurt. v. 13.7.2016 – VIII ZR 296/15, NJW 2016, 3720.
[193] BGH, Urt. v. 18.10.2006 – XII ZR 33/04, NJW 2007, 147 Rn. 14.
[194] BGH, Urt. v. 18.10.2006 – XII ZR 33/04, NJW 2007, 147 Rn. 16.
[195] BGH, Beschl. v. 14.7.1993 – VIII ARZ 1/93, NJW 1993, 2528, 2529.

c) Unbefugte Überlassung der Mietsache

238 Nach § 543 Abs. 2 Satz 1 Nr. 2 **Alt.** 2 BGB kann der **Vermieter** das Mietverhältnis fristlos kündigen, wenn der Mieter seine Rechte dadurch in erheblichem Maße verletzt, dass er die Mietsache **unbefugt einem Dritten überlässt**. Dies soll das Einholen der Erlaubnis des Vermieters nach § 540 Abs. 1 Satz 1 BGB absichern. Anders als eine ordentliche Kündigung wegen unbefugter Überlassung des Mietgebrauchs nach § 573 Abs. 2 Nr. 1 BGB (siehe Rn. H 168 ff.) erfordert die fristlose Kündigung nicht zwingend ein Verschulden des Mieters, sondern grundsätzlich dessen Abmahnung nach § 543 Abs. 3 BGB.

239 Der Kündigungstatbestand des § 543 Abs. 2 Satz 1 Nr. 2 **Alt.** 2 BGB setzt voraus, dass der Mieter die Mietsache ganz oder in Teilen unbefugt **an einen Dritten überlässt** (siehe Rn. C 56 ff.). Ebenso erfasst ist, wenn der Mieter dem Untermieter nach Widerruf der Untermieterlaubnis dem Dritten den Mietgebrauch **belässt**, obwohl er ihn unterbinden kann.[196]

240 Die Gebrauchsüberlassung ist **unbefugt,** wenn sie **ohne Erlaubnis** des Vermieters stattfindet (§ 540 Abs. 1 Satz 2 BGB). Dabei entbindet ein Anspruch des Mieters auf Erteilung der Erlaubnis ihn nicht davon, diese einzuholen.

241 Schließlich müssen die **Rechte des Vermieters in erheblichem Maße verletzt sein.** Ob diese Voraussetzung stets infolge unbefugter Überlassung des Mietgebrauchs erfüllt ist, oder ob *zusätzlich* im Einzelfall die Erheblichkeit der Rechtsverletzung zu prüfen ist, hat der BGH bislang nicht entschieden.[197] Relevant ist dies vor allem, wenn der Mieter einen Anspruch auf die Erlaubnis zur Überlassung an den Dritten aus Vertrag oder § 553 Abs. 1 BGB hat, so dass die fristlose Kündigung auf einem bloßen Formalverstoß beruht. Dieser dürfte die Rechte des Vermieters nicht erheblich verletzen.[198] Jedenfalls aber darf sich der Vermieter nach § 242 BGB wegen des Verbots widersprüchlichen Verhaltens nicht das Fehlen der Erlaubnis berufen, wenn er selbst zu deren Erteilung verpflichtet ist.[199]

d) Zahlungsverzug

242 Nach § 543 Abs. 2 Satz 1 Nr. 3 BGB kann der **Vermieter** das Mietverhältnis fristlos kündigen, wenn der Mieter mit der Miete in **Zahlungsverzug** gerät.

243 Für Mietverhältnisse über **Wohnraum** sowie Mietverhältnisse über weiterzuvermietenden Wohnraum im Sinne des § 578 Abs. 3 Satz 1 BGB gelten die Modifikationen des § 569 Abs. 3 bis 5 BGB. Häufig verbinden Vermieter von Wohnraum die fristlose Kündigung wegen Zahlungsverzugs **hilfsweise** mit einer **ordentlichen Kündigung** wegen schuldhafter Verletzung der Mietzahlungspflicht (§ 573 Abs. 2 Nr. 1 BGB). Dies bezweckt, das Mietverhältnis auch dann zu beenden, wenn Vermieter innerhalb der Schonfrist des § 569 Abs. 3 Nr. 3 BGB befriedigt und die fristlose Kündigung unwirksam wird (siehe Rn H 271 ff.).

---

[196] BGH, Urt. v. 4.12.2013 – VIII ZR 5/13, NZM 2014, 128.
[197] BGH, Beschl. v. 25.4.2008 – LwZR 10/07, GuT 2009, 110 Rn 25 ff.
[198] BayObLG, RE v. 26.10.1990 – RE-Miet 1/90, NJW-RR 1991, 461 und BayObLG, RE v. 26.4.1995 – RE-Miet 3/94, NJW-RR 1995, 969; str.
[199] BGH, Urt. v. 2.2.2011 – VIII ZR 74/10, NJW 2011, 1065 Rn. 22 für die ordentliche Kündigung.

aa) Kündigungstatbestand

> **Fall 8: Zahlungsverzugs-Mathematik**
> Mit Wohnraummietvertrag vom 01.01. vermietete V an M eine Wohnung zu einer monatlichen Miete von 500 € zuzüglich einer Betriebskostenvorauszahlung von 100 €. Miete und Betriebskostenvorauszahlung sind nach dem Mietvertrag im Voraus, spätestens zum dritten Werktag eines jeden Kalendermonats fällig.
> Inwiefern lag ein Zahlungsverzug mit der Miete vor, der V zur fristlosen Kündigung des Mietverhältnisses berechtigt, wenn M wie folgt bezahlte?
> Variante 1: Am 03.06. 250 € und am 03.07. 600 €.
> Variante 2: Am 02.06. 250 € und am 13.07. 600 €.
> Variante 3: Am 02.06. 250 € und am 03.07. 300 €.
> Variante 4: Am 02.06. 300 €, am 03.07. 600 € und für August überhaupt nicht.
> Vereinfachend ist davon auszugehen, dass die ersten drei Tage aller Kalendermonate auf Werktage entfallen.

244–246

§ 543 Abs. 2 Satz 1 Nr. 3 BGB beinhaltet **drei Kündigungstatbestände**, die jeweils unterschiedliche Voraussetzungen in Bezug auf **Dauer** und **Höhe** des Zahlungsverzugs haben:

- Verzug für **zwei aufeinander folgende Zahlungstermine** („Doppelverzug") mit der **gesamten** Miete (§ 543 Abs. 2 Satz 1 Nr. 3a) Alt. 1)
Typisch hierfür ist der Fall, dass der Mieter keine Zahlungen leistet.
- Verzug für **zwei aufeinander folgende Zahlungstermine** („Doppelverzug") mit einem *nicht unerheblichen* Teil der Miete (§ 543 Abs. 2 Satz 1 Nr. 3a) Alt. 2 BGB)
Bei vermietetem *Wohnraum* ist ein Mietrückstand nach § 569 Abs. 3 Nr. 1 Satz 1 BGB *nicht unerheblich*, wenn er die *Summe* der Rückstände aus beiden Terminen *die Miete für einen Monat übersteigt*.[200] Für die monatliche Miete ist die vertraglich vereinbarte Miete maßgeblich; eine Mietminderung bleibt außer Betracht.[201]
Bei Mietverhältnissen über *Geschäftsraum* gilt dies erst Recht.[202] Hier kann sogar ein geringerer Mietrückstand erheblich sein, wenn besondere Umstände des Einzelfalls hinzutreten wie die schlechte Kreditwürdigkeit des Mieters, die finanzielle Situation des Vermieters und die Auswirkungen des konkreten Zahlungsrückstands.[203] Bei Weitervermietung von Wohnraum an Personen mit dringendem Wohnbedarf im Sinne des § 578 Abs. 3 Satz 1 BGB gilt § 569 Abs. 3 Nr. 1 Satz 1 BGB infolge Verweisung.
- Verzug über **mehr als zwei Zahlungstermine** mit mindestens **zwei Mieten** (§ 543 Abs. 2 Satz 1 Nr. 3b) BGB). Typisch hierfür ist der Fall, dass der Mieter über einen längeren Zeitraum nur Teilbeträge bezahlt, beispielsweise weil er unberechtigt die Miete mindert. Maßgeblich ist einheitlich die Miethöhe im Kündigungszeitpunkt, auch wenn die Mietrückstände aus Zeiten stammen, in denen die Miete niedriger war.[204]

247

Für das **Abgrenzen** dieses Kündigungstatbestands ist entscheidend, dass der Zahlungsverzug bei Nr. 3b) aus **mehr als zwei Zahlungsterminen** stammt, während der Verzug bei Nr. 3a) in **aufeinander folgenden Terminen** besteht. Dabei berechtigt ein *Gesamtrückstand* von mehr als einer Monatsmiete den Vermieter nicht zur fristlosen Kündigung nach Nr. 3a), da es insoweit auf den Verzug in *aufeinander folgenden* Terminen ankommt.[205]

248

---

[200] BGH, Urt. v. 15.4.1987 – VIII ZR 126/86, NJW–RR 1987, 903, 905.
[201] BGH, Urt. v. 27.9.2017 – VIII ZR 193/16, NJW 2018, 939, Rn. 19 ff.
[202] BGH, Urt. v. 23.7.2008 – XII ZR 134/06, NJW 2008, 3210.
[203] BGH, Urt. v. 13.5.2015 – XII ZR 65/14, NJW 2015, 2419 Rn. 49 ff.
[204] AG Lübeck, Beschl. v. 9.1.2017 – 31 C 2199/16, NZM 2017, 477 m. Anm. Börtsinghaus; LG Osnabrück, Urt. v. 13.5.1988 – 11 S 102/88, WuM 1988, 268.
[205] BGH, Urt. v. 23.7.2008 – XII ZR 134/06, NJW 2008, 3210 Rn. 34 ff.

Praktisch hat dies zur Folge, dass das Bezahlen jeder zweiten Monatsmiete („Springen") den Vermieter erst zur fristlosen Kündigung berechtigt, wenn ein Mietrückstand von zwei Monatsmieten erreicht ist.

249 Ob der kündigungsrelevante Zahlungsverzug nach § 130 Abs. 1 Satz 1 BGB erst **bei Zugang** der Kündigungserklärung bestehen muss,[206] oder ob es auf den Zeitpunkt der **Abgabe** der Kündigungserklärung ankommt, was unbegründete Kündigungen „ins Blaue" verhindern würde,[207] ist noch nicht geklärt.

250 Mit **welchen Mieten** der Mieter in Verzug gerät, wenn **mehrere Mietforderungen** offen sind oder er **Teilzahlungen** leistet, richtet sich nach §§ 366, 367 BGB (siehe Rn. C 107 ff.).

bb) Miete

251 Die Miete im Sinne des § 543 Abs. 2 Satz 1 Nr. 3 BGB umfasst die **regelmäßig wiederkehrenden Zahlungen** des Mieters **für die Nutzung der Mietsache** (§ 535 Abs. 2 BGB). Hierzu gehören neben der Grundmiete auch die Vorauszahlungen auf Betriebs- oder Nebenkosten oder Pauschalen hierfür, jeweils zuzüglich etwa anfallender Umsatzsteuer.[208]

252 Nicht zur Miete gehören **einmalige Zahlungspflichten** des Mieters wie **Nachforderungen aus der Abrechnung der Betriebs- oder Nebenkosten**[209]; deren Nichtbezahlen kann eine ordentliche Kündigung wegen schuldhafter Pflichtverletzung nach § 573 Abs. 2 Nr. 1 BGB rechtfertigen (siehe Rn. H 162).

253 Die **Mietsicherheit** ist trotz Teilzahlungsbefugnis des Mieters wie sie § 551 Abs. 2 BGB für Wohnraum vorsieht keine Miete, weil sie *kein Entgelt* für die Nutzung der Mietsache ist. Insoweit ist für das fristlose Kündigungsrecht des Vermieters von Wohnraum § 569 Abs. 2a BGB maßgeblich und bei anderen Mietsachen § 543 Abs. 1 BGB (siehe Rn. H 294 ff. bzw. H 304).

254 Hat das Gericht den Mieter nach einer **Mieterhöhungsklage** gemäß §§ 558 ff. BGB zur Zahlung einer erhöhten Miete verurteilt, kann der Vermieter das Mietverhältnis innerhalb von zwei Monaten ab formeller Rechtskraft des Urteils (§ 705 ZPO) nur wegen eines Zahlungsverzugs mit der Miete **ohne den Erhöhungsbetrag** kündigen nach § 569 Abs. 3 Nr. 3 BGB. Für Erhöhungen der **Kostenmiete** nach § 10 WoBindG gilt § 569 Abs. 3 Nr. 3 BGB nicht entsprechend, weil keine ungewollte Regelungslücke besteht.[210]

cc) Verzug

255 Der **Zahlungsverzug** des Mieters mit der Miete erfordert nach § 286 Abs. 1 und 4 BGB grundsätzlich eine von ihm zu vertretende Nichtleistung trotz Fälligkeit und Mahnung.

256 Hervorzuheben ist, dass für die fristlose Kündigung wegen **Zahlungsverzugs** nach § 543 Abs. 2 Satz 1 Nr. 3 BGB ein **Vertretenmüssen** des Mieters genügt. Er muss ohne Rücksicht auf ein Verschulden für seine finanzielle Leistungsfähigkeit einstehen,[211] beispielsweise bei unverschuldeter Krankheit oder Arbeitslosigkeit.[212] Dagegen erfordert die

---

[206] Blank in Schmidt-Futterer § 543 BGB Rn. 125; V. Emmerich in Staudinger § 543 BGB Rn. 95.
[207] Börstinghaus WuM 2006, 605 unter Verweis auf § 569 Abs. 4 BGB; Sternel in Mietrecht aktuell Rn. XII 122.
[208] BGH, Urt. v. 23.7.2008 – XII ZR 134/06, NJW 2008, 3210 Rn. 29 ff.
[209] OLG Koblenz, RE v. 26.7.1984 – 4 W-RE-386/84, NJW 1984, 2369 und AG München, Urt. v. 29.1.2009 – 412 C 29663/08, ZMR 2009, 696; a. A. bezogen auf § 216 Abs. 3 BGB BGH, Versäumnisurt. v. 20.6.2016 – VIII ZR 263/14, NJW 2016, 3231 Rn. 16 ff.
[210] BGH, Urt. v. 9.5.2012 – VIII ZR 327/11, NJW 2012, 2270 Rn. 16.
[211] BGH, Urt. v. 4.2.2015 – VIII ZR 175/14, NJW 2015, 1296 Rn. 18.
[212] BGH, Urt. v. 16.2.2005 – VIII ZR 6/04, NZM 2005, 334, 335.

ordentliche Kündigung des Mietverhältnisses wegen **Pflichtverletzung** nach § 573 Abs. 2 Nr. 1 BGB ein **Verschulden** des Mieters im Sinne von Vorsatz oder Fahrlässigkeit (§ 276 Abs. 1 BGB, siehe Rn. C 100 ff. bzw. H 163).

Für die weiteren Einzelheiten des **Zahlungsverzugs** wird auf die Ausführungen zur Hauptleistungspflicht des Mieters verwiesen (siehe Rn. C 89 ff.). 257

dd) Begründung der Kündigung

Der Vermieter von **Wohnraum** muss den zur Kündigung führenden wichtigen Grund nach § 569 Abs. 4 BGB im Kündigungsschreiben angeben (siehe Rn. H 87). Damit eine wegen Zahlungsverzugs erklärte Kündigung wirksam ist, muss aus der schriftlichen Kündigungserklärung ersichtlich sein, von **welchem Mietrückstand** der Vermieter ausgeht und dass er diesen Rückstand als gesetzlichen Grund für die fristlose **Kündigung wegen Zahlungsverzugs** heranzieht (zur Zuordnung von Teilzahlungen des Mieters auf fällige Miete und Betriebs- bzw. Nebenkostenvorauszahlungen siehe Rn. H 107 ff.) Weitere Angaben wie der Zahlungsverzug mit der Miete nach Monaten oder über die Verrechnung einzelner Zahlungen (§§ 366, 367 BGB, siehe Rn. H 107 ff.) sind für die Wirksamkeit der Kündigung entbehrlich. Dies gilt sowohl bei einfacher und klarer Sachlage[213] als auch bei umfangreichen oder schwierig zu ermittelnden Rückständen.[214] Eine **fehlerhafte Berechnung** des Rückstands berührt die Wirksamkeit der Kündigung nicht, wenn der der Kündigung zugrundeliegende Kündigungstatbestand auch bei richtiger Berechnung gegeben ist.[215] 258

Bei Mietverhältnissen über **andere Mietsachen** als Wohnraum besteht keine Pflicht des Vermieters, den zur Kündigung führenden wichtigen Grund im Kündigungsschreiben angeben (siehe Rn. H 87). Damit die Kündigung für den Mieter von anderen Kündigungsgründen unterscheidbar ist, sollte der Vermieter zumindest mitteilen, dass er das Mietverhältnis außerordentlich fristlos wegen Zahlungsverzugs kündigt. Auch das Aufschlüsseln der Mietrückstände nach Monaten und die Mitteilung wie der Vermieter die Zahlungen des Mieters verrechnet hat (§§ 366, 367 BGB, siehe Rn. H 107 ff.) ist zu empfehlen, um abzusichern, dass tatsächlich einer der drei Kündigungstatbestände des § 543 Abs. 2 Satz 1 Nr. 3 BGB vorliegt. 259

ee) Ausschluss des Kündigungsrechts

(1) **Befriedigung des Vermieters.** Das fristlose Kündigungsrecht des Vermieters wegen Zahlungsverzugs ist nach § 543 Abs. 2 Satz 2 BGB ausgeschlossen, wenn **er vor Zugang der Kündigung beim Mieter befriedigt** wird. Dies setzt voraus, dass der **gesamte Mietrückstand** ausgeglichen wird.[216] 260

Beispiel: Aus einem Wohnraummietverhältnis schuldet M dem V eine zum dritten Werktag eines jeden Kalendermonats fällige Miete von 600 €. Für den Monat April zahlt M bei Fälligkeit 300 €. Für den Monat Mai bezahlt er am 10. Mai 600 €. Am 12. Mai überlegt V, ob das Mietverhältnis fristlos wegen Zahlungsverzugs kündigen kann? 261
Am dritten Werktag des Monats Mai ist ein fristloses Kündigungsrecht des V aus §§ 543 Abs. 2 Satz 1 Nr. 3a), 569 Abs. 3 Nr. 1 BGB wegen des Verzugs mit 300 € + 600 € = 900 € entstanden. Der Zahlungsverzug ist erheblich, weil er eine Monatsmiete überschreitet. Mit Zahlung der Miete für Mai vom 10. Mai ist das Kündigungsrecht des V *nicht* nach § 543 Abs. 2 Satz 2 BGB erloschen, weil M ihn nicht *vollständig* befriedigte.

Zur **Aufrechnung** des Mieters gegen Mietforderungen siehe Rn. H 267 ff. 262

---

[213] BGH, Beschl. v. 22.12.2003 – VIII ZB 94/03, NJW 2004, 850, 851.
[214] BGH, Urt. v. 12.5.2010 – VIII ZR 96/09, NJW 2010, 3015 Rn. 28 ff.
[215] BGH, Urt. v. 12.5.2010 – VIII ZR 96/09, NJW 2010, 3015 Rn. 38.
[216] BGH, Urt. v. 14.7.1970 – VIII ZR 12/69, ZMR 1971, 27; BGH, Urt. v. 27.9.2017 – VIII ZR 193/16, NZM 2018, 28, Rn. 23 ff.

263 Exkurs: Eine hilfsweise erklärte **ordentliche Kündigung** des Mietverhältnisses wegen *schuldhafter Verletzung der Mietzahlungspflicht* nach § 573 Abs. 2 Nr. 1 BGB dürfte bei vollständiger Befriedigung des Vermieters vor Zugang nicht begründet sein, weil nach der Wertung des § 543 Abs. 2 Satz 2 BGB keine erhebliche Pflichtverletzung vorliegt.[217] Dagegen dürfte die Befriedigung des Vermieters eine ordentliche Kündigung wegen schuldhafter *wiederholt unpünktlicher Mietzahlungen* nach § 573 Abs. 2 Nr. 1 BGB nicht berühren, weil es hier nicht um Zahlungsverzug geht, sondern um wiederholte Unpünktlichkeit.

264 **(2) Kündigungssperre in der Mieterinsolvenz.** Nach der **Kündigungssperre** des § 112 Nr. 1 InsO kann der Vermieter ein Mietverhältnis nicht gemäß § 543 Abs. 2 Satz 1 Nr. 3 BGB wegen eines Verzugs mit der Zahlung der Miete kündigen, der in der Zeit **vor Antrag auf Eröffnung eines Insolvenzverfahrens** entstanden ist. Die Wirksamkeit einer dem Mieter vor dem Eröffnungsantrag zugegangenen fristlose Kündigung wegen Zahlungsverzugs berührt dies nicht.

265 Die Kündigungssperre des § 112 Nr. 1 InsO ergänzt § 108 Abs. 1 InsO, nach dem ein bei **Eröffnung** des Insolvenzverfahrens **bestehendes Mietverhältnis mit Wirkung für die Masse fortbesteht.** Während auf die Zeit **vor** der Verfahrenseröffnung entfallende Mieten *Insolvenzforderungen* sind, die lediglich zur Quote befriedigt werden (§ 108 Abs. 3, § 38 und §§ 174 ff. InsO), ist die Miete für die Zeit **nach** Verfahrenseröffnung *Masseverbindlichkeit*, die voll aus der Insolvenzmasse zu befriedigen ist (§ 55 Abs. 1 Nr. 2 Alt. 2 InsO). Dies bezweckt, dem Mieter die Nutzung der Mietsache gegen Zahlung des vollen Entgelts zu erhalten, damit er beispielsweise seinen Betrieb fortführen kann. Wenn der Mieter die Mietsache nicht benötigt, kann der Insolvenzverwalter die durch das Mietverhältnis bedingte Kostenbelastung grundsätzlich dadurch vermeiden, dass er das Mietverhältnis nach § 109 Abs. 1 Satz 1 InsO *außerordentlich mit gesetzlicher Frist von drei Monaten kündigt*. Bei Mietverhältnissen über Wohnraum tritt an Stelle der außerordentlichen Kündigung nach § 109 Abs. 1 Satz 2 InsO das Recht zur *Freigabe des Mietverhältnisses,* damit die Insolvenzmasse nicht mehr für die Miete haftet. Anschließend schuldet der Wohnraummieter die Mietzahlung *wieder persönlich* aus dem pfändungsfreien Teil seines Vermögens.[218] Einen vor Stellung des Insolvenzantrags entstandenen Verzug des Mieters mit der Mietzahlung kann der Vermieter wieder zur Begründung einer Kündigung nach § 543 Abs. 2 Satz 1 Nr. 3 BGB heranziehen.[219]

266 Wegen eines Zahlungsverzugs mit der Miete, der **nach dem Insolvenzantrag** entstanden ist, kann der Vermieter das Mietverhältnis regulär unter den Voraussetzungen des § 543 Abs. 2 Satz 1 Nr. 3 BGB kündigen.

ff) Unwirksamwerden der Kündigung

267 **(1) Aufrechnung.** Wenn der Mieter sich unverzüglich **nach Zugang** der Kündigung durch Aufrechnung von seiner Mietschuld befreit, kann eine fristlose Kündigung wegen Zahlungsverzugs nach § 543 Abs. 2 Satz 3 BGB **unwirksam werden.** Dies erfordert angesichts des klaren Wortlauts („von seiner Schuld befreien konnte") die *vollständige* Befriedigung des Vermieters.[220]

268 **Beispiel:** Aus einem Geschäftsraummietverhältnis schuldet M dem V eine zum dritten Werktag eines jeden Kalendermonats fällige Miete von 2.000 €. Weil M für die Monate April und Mai keine Miete

---

[217] BGH, Urt. v. 10.10.2012 – VIII ZR 107/12 NJW 2013, 159 Rn. 20 überträgt die Wertung des § 569 Abs. 3 Nr. 1 BGB auf die ordentliche Kündigung; für entsprechende Anwendung von § 569 Abs. 3 Nr. 1 und Nr. 2 BGB Blank in Schmidt-Futterer, § 543 BGB Rn. 35; Einzelheiten str.
[218] Zur Verfügungsbefugnis des Mieters über das Mietverhältnis nach Freigabe vgl. BGH, Urt. v. 22.5.2014 – IX ZR 136/13, NJW 2014, 2585.
[219] BGH, Versäumnisurt. v. 17.6.2015 – VIII ZR 19/14, NJW 2015, 3087 Rn. 17 ff.
[220] BGH, Urt. v. 24.8.2016 – VIII ZR 261/15, NJW 2016, 3437 Rn. 22 f.

bezahlt, kündigt V das Mietverhältnis am 15. Mai fristlos wegen Zahlungsverzugs. Daraufhin rechnet M unverzüglich in Höhe von 2.500 € mit einer Gegenforderung auf und bezahlt gleichzeitig weitere 1.500 €. Ist das Mietverhältnis beendet?

Die fristlose Kündigung wegen Zahlungsverzugs hat das Mietverhältnis nach § 543 Abs. 2 Satz 1 Nr. 3a) BGB wirksam beendet („Doppelverzug"). Sie wurde nicht infolge unverzüglicher Aufrechnung des M nach § 543 Abs. 2 Satz 2 BGB unwirksam, weil M sich nicht von der *gesamten* Schuld durch Aufrechnung befreien konnte. Insoweit erfolgte die zusätzliche Zahlung des M zu spät (§ 543 Abs. 2 Satz 1 BGB: „vorher"). M kommt nicht in den Genuss der Schonfristregelung des § 569 Abs. 3 Nr. 2 BGB, weil § 578 Abs. 2 BGB hierauf nicht verweist.

In einem Wohnraummietverhältnis kann auch eine **verspätete Aufrechnung** des Mieters zur Unwirksamkeit der Kündigung führen, sofern sie innerhalb der **Schonfrist** des § 569 Abs. 3 Nr. 2 BGB stattfindet (siehe Rn. H 271 ff.). 269

Rechnet der Mieter **vor Zugang** der fristlosen Kündigung wegen Zahlungsverzugs gegen Mietforderungen auf, kann auch eine **teilweise Aufrechnung** bewirken, dass kein kündigungsrelevanter Mietrückstand im Sinne des § 543 Abs. 2 Satz 1 Nr. 3a) oder b) BGB besteht. Anders als bei einer Zahnung nach Zugang gemäß § 543 Abs. 2 Satz 2 BGB ist *keine vollständige Befriedigung* des Vermieters erforderlich, weil die Aufrechnung nach §§ 387, 389 BGB *zurückwirkt*. 270

(2) Schonfristregelung

> **Fall 9: Der geschonte Mieter.** Mit Wohnraummietvertrag vom 01.01. vermietete V an M eine Wohnung zu einer monatlichen Miete von 500 € zuzüglich Betriebskostenvorauszahlung von 100 €.
> Inwiefern kann V das Mietverhältnis fristlos wegen Zahlungsverzugs kündigen, wenn M wie folgt bezahlt?
> **Variante 1:**   Am 03.06. 200 €, am 03.07. 300 € und am 03.08. 1.200 €.
> **Variante 2:**   Am 03.06. 200 €, am 03.07. 300 € und am 31.07. 1.200 € und im August überhaupt nicht.
> Vereinfachend ist davon auszugehen, dass die ersten drei Tage aller Kalendermonate auf Werktage entfallen.

271–274

Bei Mietverhältnissen über **Wohnraum** wird eine zunächst wirksame fristlose Kündigung wegen Zahlungsverzugs nach § 569 Abs. 3 Nr. 2 Satz 1 BGB **unwirksam,** wenn der Vermieter hinsichtlich der fälligen Miete (§ 535 Abs. 2 BGB) *und* der fälligen Nutzungsentschädigung (§ 546a Abs. 1 BGB) **vollständig befriedigt** wird gleich ob durch Zahlung oder Aufrechnung. Gleiches gilt, wenn eine öffentliche Stelle eine entsprechende **Verpflichtungserklärung** abgibt. 275

Ein solches Nachholrecht des Mieters besteht nur binnen einer **Schonfrist** von **zwei Monaten,** die ab Zustellung der Räumungsklage an den Mieter läuft (§§ 253 Abs. 1, 263 Abs. 1 ZPO). Das Nachholrecht besteht nach § 569 Abs. 3 Nr. 2 Satz 2 BGB **nur alle zwei Jahre** ab Zugang einer durch Ausübung des Nachholrechts unwirksam gewordenen Kündigung. 276

Durch **Teilleistungen** wird die Kündigung grundsätzlich nicht unwirksam gemäß § 569 Abs. 3 Nr. 2 Satz 1 BGB. Dies gilt auch, wenn der verbleibende Zahlungsrückstand die Voraussetzungen für eine fristlose Kündigung wegen Zahlungsverzugs nicht mehr erfüllt. Ausnahmsweise kann eine fast vollständige Befriedigung des Vermieters nach § 242 BGB für die Unwirksamkeit genügen, wenn **außergewöhnliche Umstände** vorliegen.[221] 277

Die **Verpflichtungserklärung** der öffentlichen Stelle ist in der Regel als **zivilrechtlicher Schuldbeitritt** im Sinne des § 311 Abs. 1 BGB auszulegen, durch die Mieter und 278

---

[221] BGH, Beschl. v. 17.2.2015 – VIII ZR 236/14, NJW 2015, 1749 bei Zahlungsversehen des Jobcenters und geringem Restbetrag von 43,88 € bei monatlicher Miete von 378 €.

Behörde Gesamtschuldner im Sinne der §§ 421 ff. BGB werden.[222] Aus der Verpflichtungserklärung muss sich ein eigener Anspruch des Vermieters auf **vollständige Befriedigung** ergeben. Der Schuldbeitritt bedarf zivilrechtlich keiner besonderen Form,[223] so dass die Behörde ihn auch per Telefax erklären kann. Die Verpflichtungserklärung muss dem Vermieter innerhalb der Schonfrist zugehen. Die **Annahme** der Verpflichtungserklärung braucht der Vermieter nach § 151 Satz 1 BGB nicht erklären. Soweit kein konkludenter Verzicht der öffentlichen Stelle auf die Annahmeerklärung vorliegt, dürfte jedenfalls ein lediglich rechtlich vorteilhaftes Rechtsgeschäft vorliegen.[224]

279 Die Verpflichtungserklärung darf grundsätzlich nicht an **Bedingungen** wie die Sozialhilfeberechtigung des Mieters geknüpft sein, weil dem Vermieter keine Unsicherheiten über die Zahlung der öffentlichen Stelle zumutbar sind. Ob die Bedingung zulässig ist, dass der Mieter in der Wohnung verbleiben kann, ist noch nicht abschließend geklärt. Nach einer Ansicht soll ein unzulässiger Verzicht des Vermieters auf andere Kündigungsgründe vorliegen.[225] Nach anderer Ansicht handelt es sich um eine vom Willen des Vermieters abhängige Potestativbedingung, die ihm im Hinblick auf § 15 BSHG zumutbar ist.[226] Denkbar ist auch, die Bedingung dahingehend auszulegen, dass die Schuldübernahme nicht gilt, wenn die Schonfristregelung das Mietverhältnis nicht rettet, weil der Vermieter hilfsweise ordentlich wegen Zahlungsverzugs gekündigt hat oder weil § 569 Abs. 3 Nr. 2 Satz 2 BGB dem Nachholrecht entgegensteht.[227]

280 **Gemeinden**, die Wohnraum vermieten und eine **eigene Sozialbehörde** unterhalten, sollten **vor** Erhebung einer auf § 543 Abs. 2 Satz 1 Nr. 3 BGB gestützten Räumungsklage intern sicherstellen, dass die Sozialbehörde **keine Verpflichtungserklärung** abgibt, sodass die Kündigung nach § 569 Abs. 3 Nr. 2 Satz 1 BGB unwirksam wird.

281 Hat der Vermieter das Mietverhältnis nicht nur fristlos wegen Zahlungsverzugs gekündigt, sondern auch **hilfsweise ordentlich wegen schuldhafter Verletzung der Mietzahlungspflicht** nach § 573 Abs. 2 Nr. 1 BGB, wird durch eine Befriedigung des Vermieters innerhalb der Schonfrist nur die fristlose Kündigung nach § 569 Abs. 3 Nr. 2 Satz 1 BGB unwirksam. Die **ordentliche Kündigung** bleibt von der Schonfristregelung **unberührt**;[228] sie geht nicht wegen fristloser Beendigung des Mietverhältnisses „ins Leere".[229] Der nachträgliche Ausgleich der Mietschuld kann allenfalls dazu führen, dass fahrlässige Verletzungen der Zahlungspflicht in einem milden Licht zu beurteilen sind, so dass keine **erhebliche Pflichtverletzung** im Sinne des § 573 Abs. 2 Nr. 1 BGB vorliegt (siehe Rn. H 161). Dies ist jedoch kein Automatismus, sondern hängt von einer Gesamtabwägung der Umstände des jeweiligen Einzelfalls ab.[230]

e) Gesundheitsgefährdung

282 Der **Mieter** von **Räumen, die zum Aufenthalt von Menschen bestimmt sind**, einschließlich Wohnraum kann das Mietverhältnis nach §§ 569 Abs. 1 Satz 1, 578 Abs. 2

---

[222] BVerwG, Beschl. v. 18.10.1993 – V 5 B 26/93, NJW 1994, 1169; BayObLG, Beschl. v. 7.9.1994 – RE Miet 1/94, NJW 1995, 338.
[223] BGH, Urt. v. 31.1.1991 – III ZR 150/88, NJW 1991, 3095, 3098.
[224] BGH, Urt. v. 22.2.1999 – II ZR 99-98, NJW 1999, 1328.
[225] LG München I, Urt. v. 16.4.2003 – 14 S 20598/02, NZM 2004, 66.
[226] LG Berlin, Urt. v. 3.9.1992 – 67 S 148/92, GE 1993, 157.
[227] Blank in Schmidt-Futterer, Mietrecht, § 569 BGB Rn. 48 m. w. Nachw.; a. A. AG München, Urt. v. 8.1.2019 – 472 C 20873/18, juris, das die Bedingung als unbeachtliches Motiv auslegt.
[228] BGH, Urt. v. 16.2.2005 – VIII ZR 6/04, NZM 2005, 334, 334.
[229] BGH, Urt. v. 19.9.2018 – VIII ZR 231/17, NJW 2018, 3517; BGH, Urt. v. 19.9.2018 – VIII ZR 261/17, NZM 2018, 1017.
[230] BGH, Urt. v. 16.2.2005 – VIII ZR 6/04, NZM 2005, 334, 335; BGH, Beschl. v. 20.7.2016 – VIII ZR 238/15, WuM 2016, 682 Rn. 18, Milger NZM 2013, 553, 555.

Satz 3 BGB fristlos kündigen, wenn der gemietete Raum so beschaffen ist, dass seine Benutzung mit einer erheblichen Gefährdung der Gesundheit verbunden ist. Systematisch handelt es sich um einen **Spezialfall der Gewährleistungskündigung** nach § 543 Abs. 2 Satz 1 Nr. 1 BGB, weil eine gesundheitsgefährdende Mietsache nicht vertragsgemäß ist. Anders als bei der Gewährleistungskündigung (§ 543 Abs. 4 Satz 1 BGB) stehen jedoch **Kenntnis und Kennenmüssen** des Mieters einer fristlosen Kündigung wegen Gesundheitsgefährdung nicht entgegen (§ 569 Abs. 1 Satz 2 BGB).

Die **Gesundheitsgefährdung** muss **objektiv** vorliegen und **konkret** sein.[231] Je schwerer sie wiegt (z. B. Lebensgefahr), desto geringer braucht die Wahrscheinlichkeit ihrer Verwirklichung zu sein.[232] Das Überschreiten von **Grenz- oder Richtwerten** begründet allein noch keine Gesundheitsgefährdung; umgekehrt schließt das Einhalten dieser Werte eine Gefährdung auch nicht aus.[233] Zum Nachweis der Gefährdung wird häufig ein Sachverständigengutachten erforderlich sein.[234] Typische Gefahrenquellen sind Feuchtigkeit und Schimmel, unzureichender Brandschutz, Einsturzgefahr, Umweltgifte sowie Hitze und Kälte. Ob der Vermieter von *Arbeitsräumen* die Vorgaben des § 3a Abs. 1 ArbeitstättV i. V. m Nr. 3.5 ASR für die *Raumtemperatur* einhalten muss, ist umstritten, da Adressat der Norm Arbeitgeber sind. Keine Gesundheitsgefährdung begründet elektromagnetische Strahlung einer Mobilfunkanlage, welche die Grenzwerte der 26. BImSchV einhält.[235] 283

Die Gesundheitsgefährdung muss **Personen** betreffen, die sich nach dem Vertragszweck zumindest vorübergehend in der Mietsache aufhalten. Geschützt sind neben dem Mieter auch dessen Mitarbeiter, Lieferanten und Kunden.[236] Da § 569 Abs. 1 BGB eine Vermietung gesundheitsgerechter Räume bezweckt, kann ein Zwischenvermieter das gewerbliche Hauptmietverhältnis fristlos wegen Gesundheitsgefährdung kündigen, obwohl er die untervermietete Wohnung selbst nicht nutzt.[237] 284

Die Gesundheitsgefährdung muss **erheblich** sein. Hieran fehlt es, wenn der Vermieter bereit und in der Lage ist, sich die Gefährdung sofort zu beheben.[238] Sind nur **einzelne Räume** gefährlich, kann der Mieter fristlos kündigen, wenn dies die Benutzbarkeit der Mietsache insgesamt erheblich beeinträchtigt. 285

Die Gesundheitsgefährdung muss ihre Ursache in der dauernden **Beschaffenheit der Räume** haben. Dies trifft zu, wenn entweder die Mietsache selbst die Gefahrenquelle ist oder Einwirkungen von außen auf die Räume so schwerwiegend sind, dass sie einen Mangel im Sinne des § 536 Abs. 1 BGB begründen (z. B. Feuchtigkeit nach Hochwasser[239]). Dagegen verwirklicht sich bei Ausschreitungen Dritter das allgemeine Lebensrisiko des Mieters.[240] 286

Die fristlose Kündigung setzt **kein Verschulden** des Vermieters voraus. Aufgrund des Schutzzwecks des § 569 Abs. 1 BGB und wegen der strukturellen Vergleichbarkeit mit § 543 Abs. 2 Satz 1 Nr. 1 BGB genügt ein gesundheitsgefährdender Zustand der Mietsache. 287

---

[231] OLG Brandenburg, Urt. v. 25.2.2014 – 3 U 154/11, ZMR 2014, 719.
[232] Für Brandschutz KG, Urt. v. 22.9.2003 – 12 U 15/02, ZMR 2004, 259; die hiergegen gerichtete Nichtzulassungsbeschwerde hat der BGH mit Beschl. v. 19.10.2005 – XII ZR 211/03, GuT 2006, 28, zurückgewiesen.
[233] BayObLG, RE v. 4.8.1999 – RE-Miet 6/98, NJW-RR 1999, 1533.
[234] BGH, Urt. v. 18.4.2007 – VIII ZR 182/06 NZM 2007, 439 Rn. 30 betreffend Schimmelpilzbefall.
[235] BGH, Urt. v. 15.3.2006 – VIII ZR 74/05, NZM 2006, 504.
[236] KG, Urt. v. 22.9.2003 – 12 U 15/02, ZMR 2004, 259.
[237] BGH, Urt. v. 17.12.2003 – XII ZR 308/00, NJW 2004, 848; a. A. OLG Köln, Urt. v. 25.9.2000 – 16 U 46/2000, NZM 2001, 195.
[238] OLG Brandenburg, Urt. v. 2.7.2008 – 3 U 156/07, ZMR 2009, 190.
[239] Vgl. AG Grimma, Urt. v. 22.1.2003 – 2 C 0983/02, NJW 2003, 904.
[240] Vgl. OLG Koblenz, Urt. v. 19.5.1989 – 2 U 86/88, NJW-RR 1989, 1247.

288 Hat der **Mieter** den gefährlichen Zustand der Mietsache **selbst herbeigeführt** oder ist er zu dessen **Beseitigung verpflichtet**, ist sein fristloses Kündigungsrecht ausgeschlossen.[241]

f) Störung des Hausfriedens

289 **Beide Vertragsparteien** können ein Mietverhältnis über **Wohnraum** oder **sonstige Räume** nach §§ 569 Abs. 2, 578 Abs. 2 Satz 1 BGB fristlos kündigen, wenn die andere Vertragspartei den Hausfrieden nachhaltig stört, so dass ihnen die Fortsetzung des Mietverhältnisses unzumutbar ist. Es handelt sich *nicht* um einen speziellen Kündigungstatbestand für *schuldhafte* Verletzung des Rücksichtnahmegebots. Vielmehr konkretisiert § 569 Abs. 2 BGB die **Unzumutbarkeit** der Fortsetzung des Mietverhältnisses nach § 543 Abs. 1 BGB, bei der das Verschulden lediglich *ein* gewichtiges Abwägungsmoment ist. Somit erlaubt § 569 Abs. 2 BGB die fristlose Kündigung auch gegenüber **schuldunfähigen**, vor allem geisteskranken Personen, wenn die Störung entsprechend schwer wiegt.

290 Die **Störung des Hausfriedens** erfordert, dass eine Vertragspartei die Pflicht aus § 241 Abs. 2 BGB verletzt, andere Nutzer des Mietgebäudes nicht mehr als unvermeidlich zu stören.[242] Mietvertraglich können Rücksichtnahmepflichten in der Hausordnung konkretisiert sein (z. B. Ruhezeiten), deren Einhaltung die Mitmieter nach § 328 Abs. 1 BGB verlangen können.[243] Auch die Hellhörigkeit einer Altbauwohnung kann Rücksichtnahme gebieten (z. B. Einhalten der Zimmerlautstärke, Tragen von Hausschuhen zur Reduzierung des Trittschalls).[244] Das Verhalten ihrer Erfüllungsgehilfen ist den Vertragsparteien nach § 278 BGB zurechenbar. Dies gilt beispielsweise für Mitbewohner des Mieters sowie für Mitarbeiter und mit der Erfüllung von Vermieterpflichten beauftragter Dienstleister des Vermieters. Störungen des Hausfriedens können auch bestehen in unberechtigten Strafanzeigen[245], Tätlichkeiten[246] und beharrlichen Beleidigungen[247], Heroinhandel in der Wohnanlage[248], oder in unzumutbaren Immissionen durch Lärm[249] oder Geruch[250].

291 **Nachhaltig** ist die Störung des Hausfriedens, wenn die Verletzung des Rücksichtnahmegebots schwer wiegt. Bei lediglich geringfügigen, kurz dauernden oder vereinzelten Pflichtverletzungen ist dies in der Regel zu verneinen. Im Ausnahmefall können auch einzelne schwere Pflichtverletzungen eine Kündigung rechtfertigen.[251]

292 Ob die Fortsetzung des Mietverhältnisses **unzumutbar** ist, richtet sich nach einer umfassenden Abwägung der beiderseitigen Interessen im Einzelfall (z. B. Gewicht der Störung, bisherige Mietdauer, Verhalten nach der Störung). Ein **Verschulden** der gekündigten Vertragspartei ist **nicht** erforderlich, aber ein gewichtiges Abwägungsmoment. Fehlt ein Verschulden oder handelt es sich um einen nicht verschuldensfähigen Vertragspartner (§§ 827, 828 BGB), ist die Unzumutbarkeit der Fortsetzung des Mietverhältnisses

---

[241] BGH, Urt. v. 17.12.2003 – XII ZR 308/00, NJW 2004, 848, 850.
[242] BGH, Urt. v. 18.2.2015 – VIII ZR 186/14, NJW 2015, 1239 Rn. 13.
[243] BGH, Urt. v. 12.12.2003 – V ZR 180/03, NJW 2004, 775.
[244] LG München I, Urt. v. 8.11.1990 – 25 O 7514/89, DWW 1991, 111.
[245] BVerfG, Beschl. v. 2.10.2001 – 1 BvR 1372/01, NZM 2002, 61; einschränkend im Hinblick auf hohes Alter und lange Mietzeit LG München I, Urt. v. 20.3.2002 – 14 S 17178/01, NZM 2002, 697.
[246] LG Berlin, Beschl. v. 16.7.2013 – 67 S 232/13, ZMR 2014, 638.
[247] AG München, Urt. v. 28.11.2014 – 474 C 18543/14, ZMR 2015, 725 „Sie promovierter Arsch".
[248] AG Pinneberg, Urt. v. 29.8.2002 – 68 C 23/02, NZM 2003, 553.
[249] BGH, Urt. v. 8.12.2004 – VIII ZR 218/03, NZM 2003, 553.
[250] BGH, Urt. v. 18.2.2015 – VIII ZR 186/14, NJW 2015, 1239 zum angeblichen Lüften der Raucherwohnung in das Treppenhaus und BGH, Urt. v. 16.1.2015 – V ZR 110/14, NJW 2015, 2023 zum Rauchen auf dem Balkon.
[251] LG München I, Urt. v. 10.10.2012 – 14 S 9204/12, NZM 2013, 25 betreffend die Bedrohung eines als Zeugen benannten Mitmieters.

schwerer zu begründen[252]; bei Gefährdung der öffentlichen Sicherheit oder Ordnung durch psychisch Kranke ist eine **Unterbringung** durch die Sicherheitsbehörde zu erwägen.[253] Für Lärmstörungen durch **Kinder** gilt grundsätzlich eine erhöhte Toleranz; diese ist jedoch nicht grenzenlos. Erziehungsberechtigte sind nach § 241 Abs. 2 BGB verpflichtet, erzieherisch auf Kinder einzuwirken oder sogar bauliche Maßnahmen vorzunehmen, wenn dies objektiv geboten ist.[254]

Zum **Beweis** wiederholter Störungen in einem gerichtlichen Verfahren dürfte nicht zwingend ein **detailliertes Störungsprotokoll** erforderlich sein; auch bei Kündigungen dürfte eine Beschreibung genügen, um welche Beeinträchtigungen es geht, zu welchen Tageszeiten, über welche Dauer und mit welcher Frequenz die Störungen in etwa auftreten.[255] Trotzdem ist es ratsam, dass möglichst viele Nutzer schriftliche Störungsprotokolle über Art und Ausmaß sowie die Ursache der Störungen führen, damit sie sich hiermit bei späterer Vernehmung als **Zeuge** im Räumungsprozess besser erinnern können. 293

g) Verzug mit der Mietsicherheit

Der **Vermieter** kann ein Mietverhältnis über **Wohnraum** nach § 569 Abs. 2a Satz 1 und Satz 2 BGB fristlos ohne Interessenabwägung kündigen, wenn der Mieter mit der Leistung der **Mietsicherheit** in Höhe der **zweifachen Netto-Kaltmiete** in Verzug ist. Diese an § 543 Abs. 2 Satz 1 Nr. 3 und § 569 Abs. 2 Nr. 2 BGB angelehnte Vorschrift hat der Gesetzgeber 2013 eingefügt, um die fristlose Kündigung so genannter Mietnomaden zu erleichtern, die laufend ohne Zahlungsabsicht neue Wohnungen anmieten. Bei **anderen Mietsachen** als Wohnraum ist die fristlose Kündigung an der Generalklausel des § 543 Abs. 1 BGB zu messen (siehe Rn. H 304), weil § 578 BGB nicht auf § 569 Abs. 2a BGB verweist. 294

Die Kündigung rechtfertigt nur ein **Verzug** nach § 286 BGB mit der **erstmaligen Leistung** der Mietsicherheit gemäß § 551 BGB; außer Betracht bleiben Ansprüche aus § 240 BGB auf Wiederauffüllung der Mietsicherheit im laufenden Mietverhältnis.[256] Besteht die Mietsicherheit in einer **Geldsumme,** ergibt sich die **Fälligkeit** der Teilzahlungen zwingend aus § 551 Abs. 2 und 4 BGB. Inwieweit § 569a Abs. 2a BGB **andere Mietsicherheiten** wie z. B. Bürgschaften erfasst, ist umstritten, weil der Gesetzgeber aus der Gesetzesbegründung ersichtlich nur Geldleistungen im Blick hatte.[257] 295

Ausgeschlossen ist das **Kündigungsrecht** ist nach §§ 569 Abs. 2a Satz 4, 543 Abs. 2 Satz 2 BGB, wenn der Vermieter vor Zugang der Kündigung beim Mieter befriedigt wird. Nach Zugang der Kündigung wird diese gemäß §§ 569 Abs. 2a Satz 4, Abs. 3 Nr. 2 BGB Satz 1 BGB unwirksam, wenn der Vermieter **innerhalb der Schonfrist** befriedigt wird. Beides erfordert, dass *sämtliche fälligen Teilzahlungen* auf die Mietsicherheit **vollständig** geleistet sind. 296

h) Sonstiger wichtiger Grund

Beide Vertragsparteien können ein Mietverhältnis nach § 543 Abs. 1 BGB aus **wichtigem Grund** fristlos kündigen, wenn ihnen dessen Fortsetzung bis zum Ablauf der 297

---

[252] BGH, Urt. v. 8.12.2004 – VIII ZR 218/03, NZM 2005, 300, 301.
[253] Vgl. Art. 1 Abs. 1 BayUnterbrG.
[254] BGH, Beschl. v. 22.8.2017 – VIII ZR 226/16, NZM 2017, 694 Rn. 13 ff.; BayObLG, Beschl. v. 16.12.1993 – 2 Z BR 113/93, NJW-RR 1994, 598, 599.
[255] BGH, Urt. v. 29.2.2012 – VIII ZR 155/11, NJW 2012, 1647 Rn. 17 betreffend Mietminderung und Unterlassung wegen Lärmstörungen; BGH, Beschl. v. 22.8.2017 – VIII ZR 226/16, NZM 2017, 694 Rn. 18 betreffend Mietminderung und Unterlassung von Lärmstörungen.
[256] BT-Drs. 17/10485, Seite 25.
[257] BT-Drs. 17/10485, Seite 18.

Kündigungsfrist oder sonstigen Beendigung unter Berücksichtigung aller Umstände des Einzelfalls **nicht zumutbar ist.**

298 Die **Generalklausel** des § 543 Abs. 1 BGB gilt für Mietverhältnisse über **sämtliche Mietsachen** und verdrängt als spezielle Regelung das allgemeine Kündigungsrecht für Dauerschuldverhältnisse aus § 314 BGB. Die häufigsten Fälle der Unzumutbarkeit decken die vorrangig zu prüfenden gesetzlich typisierten Fälle der §§ 543 Abs. 2 und 569 Abs. 1 bis 2a BGB ab. Die dort geregelten Kündigungsvoraussetzungen dürfen die Vertragsparteien **nicht umgehen,** indem sie bei Fehlen einzelner Tatbestandsmerkmale auf § 543 Abs. 1 BGB zurückgreifen (z. B. bei Zahlungsverzug, der nicht die Schwellen des § 543 Abs. 2 Satz 1 Nr. 3 BGB erreicht). Eine Kündigung nach § 543 Abs. 1 BGB ist nur zulässig, soweit die gesetzliche Typisierung die Unzumutbarkeit der Vertragsfortsetzung nicht abdeckt (z. B. Kündigung wegen fortdauernder unpünktlicher Mietzahlung, die anders als § 543 Abs. 2 Satz 1 Nr. 3, Abs. 3 Satz 2 Nr. 3 BGB ein *Verschulden* und eine *Abmahnung* erfordert).

aa) Abwägung

299 Ein **wichtiger Grund** liegt nach § 543 Abs. 1 Satz 2 BGB vor, wenn dem Kündigenden nach **umfassender Abwägung aller Umstände des Einzelfalls,** insbesondere eines Verschuldens der Vertragsparteien, und der beiderseitigen Interessen eine Fortsetzung des Mietverhältnisses bis zum Ablauf einer Kündigungsfrist oder bis zur sonstigen Beendigung des Mietverhältnisses nicht zumutbar ist. Typisch hierfür ist eine schuldhafte Verletzung von Pflichten aus dem Mietverhältnis. Jedoch ist ein **Verschulden** im Sinne des § 276 Abs. 1 und 2 BGB **keine zwingende Kündigungsvoraussetzung,** sondern lediglich ein gewichtiges Abwägungsmoment. Ohne Verschulden der gekündigten Vertragspartei ist die Unzumutbarkeit der Fortsetzung des Mietverhältnisses schwerer begründbar.[258] Die Zurechnung des schuldhaften Verhaltens von Erfüllungsgehilfen und Untermietern richtet sich nach § 278 BGB bzw. § 540 Abs. 2 BGB. **Weitere Gesichtspunkte** der Abwägung sind in der Regel das bisherige Verhalten der Vertragsparteien, die Art, Dauer und Auswirkung der Störung oder Pflichtverletzung, deren Verursachung bzw. die Mitverursachung durch den Kündigenden[259] und die Wiederholungsgefahr. Pflichtverletzungen gewinnen nach fruchtloser **Abmahnung** des Kündigungsempfängers an Gewicht.

300 Mit Umständen, die zu seinem **Vertragsrisiko** gehören, kann der Kündigende grundsätzlich keine Unzumutbarkeit der Fortsetzung des Mietverhältnisses begründen. Ein beabsichtigter Umzug des Mieters rechtfertigt in der Regel nicht die fristlose Kündigung nach § 543 Abs. 1 BGB, weil der Mieter aus § 537 Abs. 1 BGB ersichtlich das *Verwendungsrisiko* der Mietsache trägt.[260] Umgekehrt kann der Vermieter das Mietverhältnis nicht wegen teurer Sanierungsmaßnahmen nach § 543 Abs. 1 BGB fristlos kündigen, weil er nach § 535 Abs. 1 BGB die *Instandsetzungspflicht* trägt.[261]

301 Für die Unzumutbarkeit der Fortsetzung des Mietverhältnisses ist die **Dauer der Vertragsbindung** ohne fristlose Kündigung maßgeblich. Da der Mieter von Wohnraum das Mietverhältnis in der Regel mit einer Frist von drei Monaten ordentlich kündigen kann (§§ 542 Abs. 1, 573c Abs. 1 Satz 1 BGB), ist die Unzumutbarkeit für ihn schwieriger zu begründen als für eine langfristig gebundene Vertragspartei.

---

[258] BGH, Urt. v. 8.12.2004 – VIII ZR 218/03, NZM 2005, 300, 301.
[259] BGH, Urt. v. 4.6.2014 – VIII ZR 289/13, NJW 2014, 2566 Rn. 14 f. für Hinaussetzen nach Überschreitung des Besichtigungsrechts.
[260] BGH, Urt. v. 4.5.2016 – XII ZR 62/15, NJW 2016, 3718 Rn. 12 ff. für Fitness-Studio-Vertrag.
[261] OLG Dresden, Urt. v. 16.8.2012 – 5 U 1350/11, ZMR 2013, 429 Rn. 23.

bb) Fallgruppen

Die Rechtsprechung hat **Fallgruppen** typischer Pflichtverletzungen gebildet, die eine 302
fristlose Kündigung nach § 543 Abs. 1 BGB rechtfertigen können:

Fortdauernde unpünktliche Zahlungen können einen wichtigen Grund für eine frist- 303
lose Kündigung durch den **Vermieter** nach § 543 Abs. 1 BGB darstellen.[262] Hierbei
stellen sich ähnliche Fragen wie bei der ordentlichen Kündigung nach § 573 Abs. 2 Nr. 1
BGB (siehe Rn. H 163). Das fristlose Kündigungsrecht wegen Zahlungsverzugs aus
§§ 543 Abs. 2 Nr. 3, 569 Abs. 2 bis 5 BGB lässt Raum für eine Kündigung wegen
erschütterten Vertrauens in die Zahlungswilligkeit und -fähigkeit des Mieters.[263] Dabei
erfordert § 543 Abs. 1 BGB anders als die Kündigung wegen Zahlungsverzugs erstens ein
Verschulden des Mieters im Sinne des § 276 BGB für die Zahlungsunpünktlichkeit, bei
der ein schuldhaftes Verhalten des Sozialamts mangels Weisungsbefugnis des Mieters
nicht nach § 278 BGB zurechenbar ist[264], zweitens dessen **Abmahnung** nach § 543
Abs. 3 Satz 1 BGB und gilt drittens für **sämtliche Zahlungen** innerhalb des Mietverhältnisses einschließlich *Betriebskostennachforderungen*[265]. Schließlich muss das Zahlungsver-
halten des Mieters bei *Abwägung aller Umstände* des Einzelfalls das Vertrauensverhältnis
zum Vermieter **erheblich erschüttern**. Dafür genügt in der Regel ein Überschreiten von
sechs Zahlungsterminen innerhalb eines Jahres, so dass die Verspätung insgesamt mindestens 13 Werktage beträgt.[266] Der nachträgliche Ausgleich der Zahlungsrückstände führt
nicht zur Unwirksamkeit der Kündigung entsprechend der Schonfristregel des § 569
Abs. 3 Nr. 2 BGB.[267] Ändert der Mieter seine Zahlungsweise nachhaltig, kann allenfalls
das Durchsetzen der Kündigung nach § 242 BGB **treuwidrig** sein.[268]

Das **Nichtbezahlen der Kaution** in anderen Mietverhältnissen als Wohnraum kann 304
einen wichtigen Grund für eine fristlose Kündigung des Mietverhältnisses durch den
Vermieter nach § 543 Abs. 1 BGB darstellen; in Mietverhältnissen über Wohnraum gilt
§ 569 Abs. 2a BGB (siehe Rn. H 294 ff.). Das Nichtbezahlen der Kaution ist grundsätzlich eine erhebliche Pflichtverletzung, weil die Mietsicherheit ein legitimes Sicherungs-
interesse des Vermieters befriedigt.[269] Jedenfalls nach mehrfacher fruchtloser **Abmahnung** kann die fristlose Kündigung unter **Abwägung** aller Umstände des Einzelfalls
einschließlich eines Verschuldens des Mieters gerechtfertigt sein.[270] Die Kündigung kann
der Vermieter auch erklären, ohne dass er die Mietsache übergeben hat.[271]

Das schuldhafte **Täuschen** der anderen Vertragspartei kann einen wichtigen Grund für 305
eine fristlose Kündigung des Mietverhältnisses nach § 543 Abs. 1 BGB darstellen.[272]
Hierzu gehören vorsätzlich falsche Angaben des Mieters auf *zulässige Fragen* des Ver-

---

[262] BGH, Urt. v. 6.11.1996 – XII ZR 60/95, NJW-RR 1997, 203 für Geschäftsraum und BGH, Urt. v. 11.1.2006 – VIII ZR 364/04, NJW 2006, 1585 für Wohnraum.
[263] BGH, Urt. v. 26.3.1969 – VIII ZR 76/67, WM 1969, 625.
[264] BGH, Beschl. v. 17.2.2015 – VIII ZR 236/14, NJW 2015, 1749 Rn. 6 und Flatow NZM 2015, 654.
[265] OLG Koblenz, RE v. 26.7.1984 – 4 W 386/84, NJW 1984, 2369; vgl. auch LG Berlin, Urt. v. 24.11.2015 – 63 S 158/15, GE 2016, 126 zur ordentlichen Kündigung wegen schuldhafter Pflichtverletzung.
[266] LG Würzburg, Urt. v. 10.7.2013 – 42 S 406/13, WuM 2014, 548, sog. „19'er-Regel" (**6** Termine + insgesamt **13** Tage Verzug = **19**) , Einzelheiten str.
[267] BGH, Urt. v. 23.9.1987 – VIII ZR 265/86, NJW-RR 1988, 77.
[268] LG Berlin, Urt. v. 30.3.1998 – 62 S 412/97, MM 1998, 260 und LG Berlin, Urt. v. 10.2.1994 – 62 S 374/93, GE 1994, 459.
[269] BGH, Urt. v. 21.3.2007 – XII ZR 255/04, NZM 2007, 401 Rn. 16.
[270] OLG München, Beschl. v. 17.4.2000 – 3 W 1332/00, NZM 2000, 908.
[271] OLG Celle, Urt. v. 20.2.2002 – 2 U 183/01, NZM 2003, 64, 65 f. und OLG München, Urt. v. 6.10.1995 – 21 U 6746/94 NJWE-MietR 1996, 127.
[272] LG München I, Urt. v. 25.3.2009 – 14 S 18532/08, NZM 2009, 782.

mieters in der Selbstauskunft und das Verletzen von *Aufklärungspflichten* aus § 311 Abs. 2, 241 Abs. 2 BGB oder § 242 BGB[273] (siehe Rn. B 2 ff. und Rn. B 144 ff.).

306 Für eine fristlose Kündigung wegen **Beleidigungen, Belästigungen und Straftaten** nach § 543 Abs. 1 BGB besteht Raum, soweit sich diese nicht auf andere Nutzer des Mietgebäudes auswirken. Andernfalls ist vorrangig eine fristlose Kündigung wegen Störung des Hausfriedens nach §§ 569 Abs. 2, 578 Abs. 2 Satz 1 BGB zu prüfen (siehe Rn. H. V.2.f).

3. Abmahnung und Fristsetzung

307 Besteht der wichtige Grund für die Kündigung des Mietverhältnisses in einer **Pflichtverletzung**, ist die Kündigung grundsätzlich erst nach erfolgloser Fristsetzung oder Abmahnung zulässig (§ 543 Abs. 3 Satz 1 BGB). Hat der Mieter eine erforderliche *Mängelanzeige unterlassen*, ist die fristlose Kündigung wegen Mängeln erst nach Fristsetzung zulässig nach §§ 536c Abs. 2 Satz 2, 543 Abs. 3 Satz 1 BGB. Das grundsätzliche Abmahnerfordernis gilt auch für die fristlose Kündigung wegen einer *Gesundheitsgefahr* nach § 569 Abs. 1 BGB;[274] hier wird die Abmahnung nach § 543 Abs. 3 Satz 2 Nr. 2 BGB allerdings eher entbehrlich sein als bei anderen Pflichtverletzungen. Schließlich kann sich ein Abmahnerfordernis aus einer *Vereinbarung* ergeben. Zweck des Abmahnerfordernisses ist, dass die andere Vertragspartei – wie beim Unterlassungsanspruch aus § 541 BGB – zunächst Gelegenheit bekommt, ihr Verhalten zu ändern.[275]

308 Das **Fristsetzungserfordernis** gilt, wenn die Pflichtverletzung oder zumindest deren Folgen noch *andauern* (z. B. unerlaubt auf Gemeinschaftsflächen abgestellte Gegenstände), das **Abmahnerfordernis** gilt für *beendete* Pflichtverletzungen ohne andauernde Folgen (z. B. einmalige Lärmstörung anlässlich eines Geburtstags).

309 Abmahnung und Fristsetzung sind **geschäftsähnliche Handlungen**.[276] Die Vorschriften für Willenserklärungen, vor allem über den **Erklärenden, den Empfänger und den Zugang,** gelten entsprechend (siehe Rn. H 53 ff. und H 108 ff.). Die Abmahnung und die Fristsetzung sind **formlos** möglich; um ihren Zugang in einem gerichtlichen Verfahren beweisen zu können, ist jedoch Schriftform empfehlenswert. Eine von einem Bevollmächtigten ohne Beigabe einer lückenlosen Kette von **Originalvollmachten** erklärte Abmahnung wird entsprechend § 174 Satz 1 BGB unwirksam, wenn der Empfänger sie aus diesem Grunde unverzüglich zurückweist (siehe Rn. H 61 ff.).

310 **Inhaltlich** erfordert die Abmahnung die *Beanstandung* einer *konkreten Pflichtverletzung* verbunden mit der Aufforderung, diese *künftig zu unterlassen*. Bei der Fristsetzung ist die Aufforderung darauf gerichtet, die Pflichtverletzung innerhalb einer *angemessenen Abhilfefrist* zu unterlassen.[277] Ist die gesetzte Abhilfefrist zu kurz, läuft eine *angemessene Frist.* Selbst Abhilfefristen wie „in angemessener Zeit", „umgehend" oder „so schnell wie möglich" genügen, weil der Gesetzeswortlaut anders als § 286 Abs. 2 Nr. 1 BGB keine kalendermäßig bestimmte Frist erfordert.[278] Das **Androhen der Kündigung** ist in der Abmahnung grundsätzlich nicht erforderlich, aber zur Warnung des Gekündigten empfehlenswert. Sind in der Abmahnung ausschließlich andere Maßnahmen als die fristlose Kündigung angedroht, kann eine Kündigung ohne erneute Abmahnung wegen widersprüchlichen Ver-

---

[273] BGH, Urt. v. 9.4.2014 – VIII ZR 107/13, NJW 2014, 1954 Rn. 18.
[274] BGH, Urt. v. 18.4.2007 – VIII ZR 182/06, NJW 2007, 2177 Rn. 10 ff.
[275] BGH, Urt. v. 11.1.2006 – VIII ZR 364/04, NJW 2006, 1585 Rn. 14.
[276] BGH, Urt. v. 20.2.2008 – VIII ZR 139/07, NJW 2008, 1303 Rn. 7 für die Abmahnung.
[277] BGH, Urt. v. 4.2.2009 – VIII ZR 66/08, NJW 2009, 1491 Rn. 20.
[278] BGH, Versäumnisurt. v. 12.8.2009 – VIII ZR 254/08, NJW 2009, 3153 Rn. 10 betreffend § 281 Abs. 1 BGB.

haltens nach § 242 BGB unzulässig sein.[279] Praktisch ist zudem empfehlenswert, den Empfänger zu bitten, kurzfristig zur abgemahnten Pflichtverletzung *Stellung zu nehmen*.

Aufgrund einer **Umdeutung** nach § 140 BGB kann auch eine vorausgegangene unwirksame Kündigung das Abmahnerfordernis erfüllen, wenn der Empfänger hieraus erkennen kann, dass der Kündigende dessen pflichtwidriges Verhalten nicht länger hinnimmt.[280]

Anders als im Arbeitsrecht hat der **unberechtigt Abgemahnte keinen Anspruch auf Unterlassung oder Beseitigung** der Abmahnung entsprechend § 1004 Abs. 1 BGB, weil diese den Abgemahnten nicht in seinem Persönlichkeitsrecht verletzt. Eine Feststellungsklage über die Rechtmäßigkeit der Abmahnung ist unzulässig, weil es sich lediglich um eine Vorfrage der Kündigung handelt.[281] Bei **Werkmietwohnungen** besteht keine gesetzliche Pflicht des Vermieters, den **Personal- oder Betriebsrat** an der Abmahnung des Mieters zu beteiligen (die gesetzliche Zustimmungspflicht betrifft nur Kündigungen, siehe Rn. H 101 ff.). Ein solches Erfordernis kann sich aber aus Tarifverträgen oder Dienst- bzw. Betriebsvereinbarungen ergeben.

Entbehrlich ist die Fristsetzung oder Abmahnung nach § 543 Abs. 3 Satz 2 BGB bei *fehlender Erfolgsaussicht* (Nr. 1), wenn ein *besonderer Grund* die sofortige Kündigung unter Abwägung der beiderseitigen Interessen rechtfertigt (Nr. 2), bei der Kündigung wegen *Zahlungsverzugs* im Sinne des § 543 Abs. 2 Satz 1 Nr. 3a) oder b) BGB (Nr. 3) und bei der Kündigung des Wohnraummieters wegen *Verzugs mit der Mietsicherheit* nach § 569 Abs. 2a Satz 3 BGB.

Bei der Kündigung wegen **Zahlungsverzugs** kann abweichend von § 543 Abs. 3 Satz 2 Nr. 3 BGB eine Abmahnung nach **Treu und Glauben** gemäß § 242 BGB erforderlich sein, wenn der Vermieter Mietrückstände über längere Zeit geduldet hat,[282] wenn Anhaltspunkte für die Zahlungsunfähigkeit oder -unwilligkeit des Mieters fehlen[283] oder wenn der Verzug im Verhältnis zur bisherigen Vertragsdauer und -erfüllung unbedeutend ist[284].

Aufgrund der erheblichen Beurteilungsspielräume bei § 543 Abs. 3 Satz 2 Nr. 1 und Nr. 2 BGB ist der sicherste Weg, **beim geringsten Zweifel** über die Voraussetzungen des Ausnahmetatbestands **vorsorglich** vor dem Erklären der Kündigung **abzumahnen**. Eine trotz Abmahnung fortgesetzte Pflichtverletzung wiegt zudem schwerer, was die Erfolgsaussichten der Kündigung steigert.

4. Kein Widerspruchsrecht

Gegen eine fristlose Kündigung des Mietverhältnisses gibt es **kein Sozialwiderspruchsrecht** des Mieters ausweislich § 574 Abs. 1 Satz 2 BGB.

5. Störung der Geschäftsgrundlage

In **seltenen Ausnahmefällen** kommt eine fristlose Kündigung wegen Störung der Geschäftsgrundlage nach **§ 313 Abs. 3 Satz 2 BGB** in Betracht, die wegen der unterschiedlichen Voraussetzungen nicht vom speziellen Kündigungsrecht aus wichtigem Grund nach § 543 Abs. 1 BGB verdrängt wird.[285]

---

[279] BGH, Urt. v. 13.6.2007 – VIII ZR 281/06 NJW 2007, 2474 Rn. 11.
[280] BGH, Beschl. v. 7.9.2011 – VIII ZR 345/10, WuM 2011, 676 Rn. 12; BGH, Urt. v. 1.6.2011 – VIII ZR 91/10 NJW 2011, 2570 Rn. 15.
[281] BGH, Urt. v. 20.2.2008 – VIII ZR 139/07, NJW 2008, 1303 Rn. 8 f.
[282] BGH, Urt. v. 22.9.1971 – VIII ZR 135/70, ZMR 1972, 306.
[283] OLG Düsseldorf, Urt. v. 25.3.2004 – 10 U 109/03, NZM 2004, 786.
[284] OLG Düsseldorf, Urt. v. 28.3.2002 – 10 U 17/01, ZMR 2002, 818.
[285] BGH, Urt. v. 13.12.1995 – XII ZR 185/93, ZMR 1996, 309.

318 Das Kündigungsrecht nach § 313 Abs. 3 Satz 2 BGB setzt zunächst den **Wegfall der Geschäftsgrundlage** voraus. Dieser erfordert nach § 313 Abs. 1 BGB, dass sich die Umstände, die zur *Grundlage des Mietvertrags* geworden sind, nach Vertragsschluss *schwerwiegend verändert* haben und die Vertragsparteien den Mietvertrag *nicht oder mit anderem Inhalt geschlossen hätten*, wenn sie diese Veränderung vorausgesehen hätten. Das **Fehlen der Geschäftsgrundlage** ist nach § 313 Abs. 2 BGB gleichgestellt. Als weitere Voraussetzung muss die Fortsetzung des Mietverhältnisses dem Kündigenden unter Berücksichtigung aller Umstände des Einzelfalls **unzumutbar** sein. Hierfür sind alle Umstände des Einzelfalls abzuwägen, insbesondere die vertragliche oder gesetzliche Risikoverteilung. Vorrangig ist jedoch nach § 313 Abs. 3 Satz 1 zu prüfen, ob eine Fortsetzung des Mietverhältnisses unter **Vertragsanpassung** möglich ist.

319 Die Rechtsprechung hat dem Vermieter die fristlose Kündigung eines gewerblichen Mietverhältnisses *gegen* Zahlung eines Geldausgleichs ermöglicht, weil er das Mietgrundstück für einen *Kraftwerksneubau benötigte*.[286] Dagegen kann der Mieter einer Asylbewerberunterkunft das Mietverhältnis nicht wegen *Rückgangs der Asylbewerberzahlen* kündigen, weil dies aus § 537 Abs. 1 BGB ersichtlich sein Vertragsrisiko ist.[287]

VI. Außerordentliche Kündigung mit gesetzlicher Frist

320 Die außerordentliche Kündigung mit gesetzlicher Frist ist nach § 542 Abs. 2 Nr. 1 BGB sowohl bei Mietverhältnissen auf **bestimmte** als auch auf **unbestimmte Zeit** möglich.

321 Bei Mietverhältnissen auf unbestimmte Zeit ist diese Kündigungsmöglichkeit bedeutsam, wenn sie ein **früheres Mietende** als die ordentliche Kündigungsfrist ermöglicht. Für den Mieter von **Wohnraum** ist das außerordentliche Kündigungsrecht nur bei Zeitmietverträgen (§ 575 BGB) sowie bei Verzicht auf das ordentliche Kündigungsrecht wichtig, weil er ohnehin mit dreimonatiger Kündigungsfrist des § 573c Abs. 1 Satz 1 BGB ordentlich kündigen kann.

322 Einen allgemeinen Tatbestand der außerordentlichen Kündigung mit gesetzlicher Frist gibt es nicht. Die außerordentlichen **Kündigungstatbestände** stehen in verschiedenen Abschnitten des BGB sowie in anderen Gesetzen. Teilweise sehen die Kündigungstatbestände eine **Ausübungsfrist** vor, die unabhängig von der gesetzlichen Kündigungsfrist zu beachten ist (z. B. §§ 563 Abs. 4, 563a Abs. 2, 564 Satz 2 BGB).

323 **Systematisch** handelt es sich bei einer außerordentlichen Kündigung mit gesetzlicher Frist um ein dem *ordentlichen Kündigungsrecht stark angenähertes* Sonderkündigungsrecht. Es gilt eine zentral geregelte **außerordentliche Kündigungsfrist** (§§ 573d Abs. 2, 575a Abs. 3 oder § 580a Abs. 4 BGB). Kündigt der Vermieter ein Mietverhältnis über **Wohnraum**, genießt der Mieter grundsätzlich Kündigungsschutz durch das Erfordernis eines **berechtigten Interesses** (§§ 573 f. BGB) und durch das **Sozialwiderspruchsrecht** (§§ 574 ff. BGB).

1. Abweichende Vereinbarungen

324 Bei Mietverhältnissen über **Wohnraum** sind Vereinbarungen nach § 573d Abs. 3 BGB unwirksam, die zum Nachteil des Mieters vom Erfordernis des *berechtigten Interesses* nach § 573d Abs. 1 BGB oder der *Kündigungsfrist* des § 573d Abs. 2 BGB abweichen. Für befristete Wohnraummietverhältnisse ergibt sich dies aus § 575a Abs. 4 BGB. Zudem

---
[286] BGH, Urt. v. 13.12.1995 – XII ZR 185/93, ZMR 1996, 309.
[287] OLG Brandenburg, Urt. v. 19.6.1998 – 3 U 104/95, NZM 1999, 222, 223.

scheitert das **Abbedingen** außerordentlicher Kündigungsrechte des **Mieters** in der Regel daran, dass die jeweilige gesetzliche Regelung halbseitig zwingend ist (z. B. § 555e Abs. 3 BGB, § 563a Abs. 3 BGB, 575a Abs. 4 BGB). Zusätzliche vertragliche Sonderkündigungsrechte für den Mieter können die Vertragsparteien grundsätzlich wirksam vereinbaren. In der Regel hat der Mieter jedoch kein Interesse hieran, weil er ohnehin ordentlich mit der kurzen Frist des § 573c Abs. 1 Satz 1 BGB kündigen kann.

Ob in Mietverhältnissen über **Geschäftsraum** außerordentliche Kündigungsrechte mit gesetzlicher Frist durch Vereinbarung **beschränkbar** sind, lässt sich *nicht generell beantworten*. Anders als bei § 543 Abs. 1 BGB geht es nicht um *einen* zentralen Kündigungstatbestand, sondern um *verschiedene Kündigungstatbestände*. Deren Abdingbarkeit ist im Rahmen der jeweiligen Kündigungsvoraussetzungen erläutert. 325

Das **Erweitern** der Kündigungsmöglichkeiten durch vereinbarte Sonderkündigungsrechte mit Kündigungsfrist ist durch Individualvereinbarungen wirksam bis zur Grenze der Sittenwidrigkeit des § 138 Abs. 1 BGB. Bei Formularklauseln muss der Verwender neben dem Überraschungsverbot des § 305c Abs. 1 BGB darauf achten, dass das Sonderkündigungsrecht nicht wegen unangemessener Benachteiligung seines Vertragspartners nach § 307 Abs. 1 Satz 1 BGB unwirksam ist. Ob dafür der vereinbarte Sonderkündigungsgrund ähnliches Gewicht haben muss wie die gesetzlich normierten Gründe einer außerordentlichen Kündigung oder ob ein voraussetzungsloses Sonderkündigungsrecht zulässig ist, weil die Vertragsparteien dieselbe Befristung auch durch Optionsrechte erzielen können, ist bislang nicht geklärt. Beim Vereinbaren vertraglicher Sonderkündigungsrechte unter *automatischer Wertsicherung* der Miete ist müssen die Vertragsparteien darauf achten, dass sie infolge des Sonderkündigungsrechts die nach § 1 Abs. 1 Nr. 1e) PrKG erforderliche zehnjährige Vertragsbindung des Vermieters nicht unterschreiten (siehe Rn. F 104). 326

2. Begründung

Die außerordentliche Kündigung mit gesetzlicher Frist erfordert stets einen **außerordentlichen Kündigungsgrund,** der in einem außerordentlichen Kündigungstatbestand formuliert ist (z. B. bei Vertrag über mehr als 30 Jahre in § 544 Satz 1 BGB). 327

Betrifft die außerordentliche Kündigung ein Mietverhältnis über kündigungsgeschützten **Wohnraum**, benötigt der **Vermieter** in der Regel zusätzlich ein **berechtigtes Interesse** an der Beendigung des Mietverhältnisses nach §§ 573d Abs. 1, 573, 573a BGB (z. B. Eigenbedarf). Insoweit bedarf die Kündigung des Vermieters einer **doppelten Begründung.** 328

Übersicht: Außerordentliche Kündigung mit gesetzlicher Frist

Kündigungsgrund	Mietsache	Kündigungs-berechtigter	Berechtigtes Interesse
Verweigerung der Untermieterlaubnis (§ 540 I 2)	alle Mietsachen	M	☐
Mietvertrag über mehr als 30 Jahre (§ 544 S. 2)	alle Mietsachen	M / V	☐ / ■
Modernisierungsankündigung (§§ 555e I 1, 578 II 1)	Wohnraum, sonstige Räume	M	☐

Kündigungsgrund	Mietsache	Kündigungs-berechtigter	Berechtigtes Interesse
Mieterhöhung (§ 561)	Wohnraum	M	□
Mieterhöhung der Kostenmiete (§ 10 I WoBindG)	preisgebundener Wohnraum	M	□
Eintritt nahe stehender Personen (§ 563 IV)	Wohnraum	V	■
Fortsetzung mit überlebenden Mietern (§ 563a II)	Wohnraum	M	□
Eintritt der Erben des Mieters (§ 564 S. 2 BGB)	Wohnraum	M / Erbe (V)	□ / □
Eintritt der Erben des Mieters (§ 580)	andere Mietsachen als Wohnraum	M / Erbe (V)	□ / □
Erlöschen des Nießbrauchsrechts (§ 1056 II 1)	alle Mietsachen	Erwerber (V)	■
Eintritt des Nacherben (§ 2135)	alle Mietsachen	Nacherbe (V)	■
Erlöschen des Erbbaurechts (§ 30 II ErbbauRG)	alle Mietsachen	Eigentümer (V)	■
Zwangsversteigerung (§ 57a ZVG)	alle Mietsachen	Ersteher (V)	■
Veräußerung der Mietsache in der Vermieterinsolvenz (§ 111 S. 1 InsO)	alle Mietsachen	Erwerber (V)	■
Kündigung in der Mieterinsolvenz (§ 109 I 1 InsO)	andere Mietsachen als Wohnraum	Insolvenzverwalter (M)	□

M = Mieter; V = Vermieter; ■ = erforderlich; □ = nicht erforderlich

329 Die **inhaltlichen Anforderungen an die Kündigungserklärung** sind noch nicht vollständig geklärt. Ob das *Sonderkündigungsrecht* einer Begründung bedarf oder ob es genügt, dass der zur Kündigung berechtigte Sachverhalt im Zeitpunkt des Zugangs der

Kündigung tatsächlich vorliegt, hat die Rechtsprechung noch nicht entschieden. Unabhängig von Rechtspflichten sollte der Kündigende daher die Kündigung in Anlehnung an § 569 Abs. 4 BGB begründen. Soweit der Vermieter ein *berechtigtes Interesse* an der Kündigung benötigt, muss er dieses nach dem eindeutigen Wortlaut der §§ 573d Abs. 1, 573 Abs. 3 BGB in der Kündigungserklärung angeben. Ferner sollte der Vermieter in der Kündigungserklärung nach § 568 Abs. 2 BGB auf ein bestehendes Sozialwiderspruchsrecht nach §§ 574 ff. BGB hinweisen und seine Interessen an der Kündigung darlegen (§ 574 Abs. 3 BGB).

a) Verweigerung der Untermieterlaubnis

Der **Mieter** kann das Mietverhältnis nach § 540 Abs. 1 Satz 2 BGB außerordentlich 330 mit gesetzlicher Frist kündigen, wenn ihm der Vermieter die Untermieterlaubnis verweigert, ohne dass in der Person des Dritten ein wichtiger Grund vorliegt. Das Kündigungsrecht **bezweckt,** einem die Mietsache nicht mehr benötigenden Mieter zu ermöglichen, entweder unterzuvermieten oder das Mietverhältnis vorzeitig zu beenden. Dieses Kündigungsrecht gilt für **alle Mietsachen** und unabhängig davon, ob der Mieter einen vertraglichen oder gesetzlichen Anspruch auf eine Untermieterlaubnis hat (siehe Rn. C 59 f.).

Tatbestandlich erfordert die außerordentliche Kündigung nach § 540 Abs. 1 Satz 2 331 BGB, dass der Mieter eine **Untermieterlaubnis** für einen *namentlich benannten* Dritten **verlangt.** Auf Anforderung des Vermieters ist der Mieter ergänzend zur Erteilung der *Auskünfte* verpflichtet, die dieser zur Prüfung eines möglichen Versagungsgrunds benötigt (z. B. Geburtsdatum und Beruf des Dritten, beabsichtigte Nutzung und Belegung der Mietsache[288]). Über die wirtschaftlichen Verhältnisse des Dritten besteht grundsätzlich keine Auskunftspflicht, da der Mieter für die Mietzahlung verantwortlich bleibt und für schuldhafte Pflichtverletzungen des Untermieters haftet nach § 540 Abs. 2 BGB. Ausnahmsweise können sich weitergehende Auskunftspflichten aus den Umständen des Einzelfalls ergeben, z. B. über die die wirtschaftliche Leistungsfähigkeit des Untermieters und die Eckpunkte des Untermietvertrags, wenn der Untermieter Betriebspflichten aus dem Mietvertrag erfüllen soll.[289] Das Verlangen des Mieters ist **entbehrlich,** wenn der Vermieter die Untermieterlaubnis generell verweigert hat.[290]

Eine **Verweigerung der Erlaubnis** liegt vor, wenn der Vermieter ausdrücklich erklärt, 332 dass er mit der Person des Dritten *nicht einverstanden* ist. Gleiches gilt, wenn der Vermieter die Erlaubnis unter *Einschränkungen* erteilt, die der Mietvertrag[291] bzw. § 553 Abs. 2 BGB nicht vorsieht. Ein *Schweigen* des Vermieters auf die vom Mieter unter angemessener Fristsetzung verlangte konkrete Untermieterlaubnis, kann eine Verweigerung darstellen.[292] Hat der Mieter keinen konkreten Dritten benannt, liegt im Schweigen des Vermieters keine Verweigerung der Untermieterlaubnis.[293]

Das **Kündigungsrecht** des Mieters ist nach § 540 Abs. 1 Satz 2 Halbsatz 2 BGB 333 **ausgeschlossen,** wenn in der Person des Dritten ein **wichtiger Grund zur** Verweigerung der Untermieterlaubnis vorliegt. Dieser kann beispielsweise darin bestehen, dass Beeinträchtigungen der Hausgemeinschaft zu besorgen sind oder der Untermieter unzuverlässig ist. Ferner besteht kein Kündigungsrecht, wenn die erstrebte Nutzung durch den Untermieter nicht vom Gebrauchsrecht des Mieters gedeckt ist, weil sie nicht dem Miet-

---

[288] BGH, Urt. v. 15.11.2006 – XII ZR 92/04, NZM 2007, 127 Rn. 16 ff.
[289] BGH, Urt. v. 15.11.2006 – XII ZR 92/04, NZM 2007, 127 Rn. 20.
[290] BGH, Urt. v. 8.5.1972 – VIII ZR 36/71, NJW 1972, 1267, 1268.
[291] BGH, Urt. v. 8.5.1972 – VIII ZR 36/71, NJW 1972, 1267, 1267.
[292] OLG Köln, Urt. v. 1.9.2000 – 19 U 53/00, ZMR 2001, 186.
[293] OLG Koblenz, RE v. 30.4.2001 – 4 W-RE 525/00, NZM 2001, 581.

zweck entspricht[294] oder den Konkurrenzschutz verletzt[295]. Schließlich kann das Kündigungsrecht wegen Rechtsmissbrauchs nach § 242 BGB ausgeschlossen sein, wenn der benannte Dritte tatsächlich kein Untermietinteresse hat.[296]

334 Für das Kündigungsrecht gilt weder eine **Ausübungsfrist**, noch muss der Mieter die Kündigung zum ersten zulässigen Termin nach Verweigerung der Untermieterlaubnis erklären. Er kann das Kündigungsrecht allenfalls nach § 242 BGB **verwirken,** wenn er es nicht innerhalb angemessener Überlegungsfrist nach Verweigerung der Erlaubnis ausübt.[297]

335 In Mietverträgen über **Wohnraum** dürfte dieses Kündigungsrecht durch *Individualvereinbarung nicht abdingbar* sein, weil nicht abdingbare Rechtspositionen des Mieters aus § 553 BGB bzw. § 543 Abs. 2 Satz 1 Nr. 1 BGB betroffen sind.[298] Jedenfalls sind entsprechende Formularklauseln nach § 307 Abs. 1 Satz 1 BGB unwirksam, weil den Mieter der Verlust des außerordentlichen Kündigungsrechts über die gesetzliche Risikoverteilung hinaus unangemessen benachteiligt.[299]

336 In Mietverträgen über **Geschäftsraum** können die Vertragsparteien das außerordentliche Kündigungsrecht des Mieters aus § 540 Abs. 1 Satz 2 BGB wirksam durch *Individualvereinbarung* ausschließen. Ein formularvertraglicher Kündigungsverzicht dürfte wegen unangemessener Benachteiligung des Mieters nach §§ 307 Abs. 1 Satz 1, 307 Abs. 2 Nr. 1 BGB unwirksam sein.[300] Für **Pachtverträge** besteht nach § 584a Abs. 1 BGB kein außerordentliches Kündigungsrecht wegen Verweigerung der Untermieterlaubnis. Dies berücksichtigt den stärkeren persönlichen Einschlag, der dem Pachtvertrag durch das Fruchtziehungsrecht des Pächters innewohnt.

b) Mietvertrag über mehr als 30 Jahre

337 Ist ein Mietvertrag für eine längere Zeit als 30 Jahre geschlossen, kann **jede Vertragspartei** das Mietverhältnis nach § 544 Satz 1 BGB nach Ablauf von 30 Jahren ab Überlassung der Mietsache außerordentlich mit gesetzlicher Frist kündigen. Die Kündigung ist nach § 544 Satz 2 BGB unzulässig, wenn der Mietvertrag für die Lebenszeit des Vermieters oder des Mieters geschlossen ist.

338 Dieses außerordentliche Kündigungsrecht gilt für **alle Mietsachen**. Es **bezweckt,** dass der Mieter durch eine schuldrechtliche Vereinbarung keine eigentümerähnliche Stellung außerhalb des Grundbuchs erlangt *(„Verhinderung der Erbmiete")*. Die Ausnahme für Lebenszeitverträge nach § 544 Satz 2 BGB berücksichtigt die Bedürfnisse natürlicher Personen (*zur Notwendigkeit eines Befristungsgrunds* für Mietverträge auf Lebenszeit des Mieters von Wohnraum nach § 575 Abs. 1 Satz 1 Nr. 1 bis 3 BGB siehe Rn. H 7 f.).

339 **Tatbestandlich** erfordert das Kündigungsrecht aus § 544 Satz 1 BGB zunächst, dass der Mietvertrag für **eine längere Zeit als 30 Jahre** geschlossen ist, sei es durch eine *bestimmte* Mietzeit von mehr als 30 Jahren oder eine *unbestimmte* Mietzeit, die eine ordentliche Kündigung des Mietverhältnisses erst nach 30 Jahren erlaubt. Gleichgestellt sind Gestaltungen, die eine ordentliche Kündigung mehr als 30 Jahre *unzumutbar erschweren*.[301] Da *Änderungen der Vertragsparteien* kraft Gesetzes die **Identität des Miet-**

---

[294] BGH, Urt. v. 11.1.1984 – VIII ZR 237/82, NJW 1984, 1031; OLG Koblenz, Urt. v. 25.2.1986 – 3 U 1073/85, NJW-RR 1986, 1343.
[295] OLG Nürnberg, Urt. v. 3.11.2006 –5 U 754/06, NZM 2007, 567, 567.
[296] BGH, Urt. v. 11.11.2009 – VIII ZR 294/08, NZM 2010, 120.
[297] BGH, Urt. v. 8.5.1972 – VIII ZR 36/71, NJW 1972, 1267, 1268.
[298] Vgl. Überlegungen in BGH, Urt. v. 24.5.1995 – XII ZR 172/94, NJW 1995, 2034; BGH, Urt. v. 11.1.1984 – VIII ZR 237/82, NJW 1984, 1031.
[299] LG Hamburg, Urt. v. 19.5.1992 – 316 S 320/90, NJW-RR 1992, 1363.
[300] BGH, Urt. v. 24.5.1995 – XII ZR 172/94, NJW 1995, 2034 bei beliebiger Verweigerungsmöglichkeit der Untermieterlaubnis.
[301] BGH, Urt. v. 27.11.2003 – IX ZR 76/00, NJW 2004, 1523, 1524 f.

vertrags wahren, unterbrechen diese nicht den Lauf der Dreißigjahresfrist, z. B. durch Veräußerung nach §§ 566 Abs. 1, 578 BGB oder Erbfolge nach §§ 563 ff., 1922 BGB.[302] Keine außerordentliche Kündigungsbefugnis entsteht, wenn die Vertragsparteien (wiederholt) freiwillig die Mietzeit verlängern, so dass diese insgesamt mehr als 30 Jahre beträgt *(Kettenmietverträge)*. Auch wenn unbefristete Mietverträge *tatsächlich länger laufen* als 30 Jahre, entsteht kein außerordentliches Kündigungsrecht. In beiden Fällen fehlt es **im Zeitpunkt des Vertragsschlusses** jeweils an einer Vertragsbindung über mehr als 30 Jahre. Das Kündigungsrecht **entsteht** 30 Jahre *nach Übergabe* der Mietsache („nach Ablauf von 30 Jahren nach Überlassung"). Vereinbaren die Vertragsparteien die über dreißigjährige Bindung erst in einer *Verlängerungsvereinbarung*, läuft die Frist des § 544 Satz 1 BGB ab deren *Abschluss*.[303]

Betrifft die außerordentliche Kündigung ein dem Kündigungsschutz unterliegendes **Wohnraummietverhältnis,** benötigt der **Vermieter** nach § 573d Abs. 1 ein **berechtigtes Interesse** an der Beendigung des Mietverhältnisses nach §§ 573, 573a BGB (siehe Rn. H 148 ff.). 340

Für das Kündigungsrecht gilt weder eine **Ausübungsfrist,** noch muss der Kündigende die Kündigung zum ersten möglichen Termin erklären.[304] In der Regel ist die außerordentliche Kündigung nicht treuwidrig nach § 242 BGB, selbst bei langfristigen Investitionen des Mieters.[305] 341

Die **Kündigungsfrist** ist für Wohnraum in § 573d Abs. 2 BGB und für andere Mietsachen in § 580a Abs. 4 BGB geregelt. 342

Aufgrund des Ordnungsziels, eine „Erbmiete" zu verhindern, ist das außerordentliche Kündigungsrecht aus § 544 Satz 1 BGB **nicht abdingbar**.[306] Ein ohne Beachtung des § 544 BGB geschlossener Mietvertrag ist nicht nichtig, sondern wird 30 Jahre nach Übergabe der Mietsache außerordentlich kündbar.[307] 343

c) Modernisierungsankündigung

Kündigt der Vermieter von **Wohnraum** Modernisierungsmaßnahmen an (siehe Rn. C 131 ff.), kann der **Mieter** das Mietverhältnis grundsätzlich nach § 555e Abs. 1 Satz 1 BGB außerordentlich kündigen. Dieses Kündigungsrecht besteht ebenfalls bei Mietverhältnissen über **andere Räume** als Wohnraum nach § 578 Abs. 2 Satz 1 BGB. 344

Das Kündigungsrecht **bezweckt,** dem Mieter eine kurzfristige Beendigung des Mietverhältnisses zu ermöglichen, um die Folgen der Modernisierung zu vermeiden; dies ergänzt das Kündigungsrecht des Wohnraummieters zur Meidung einer Mieterhöhung nach Modernisierung gemäß § 561 Abs. 1 BGB. 345

Tatbestandlich erfordert § 555e Abs. 1 Satz 1 BGB die Ankündigung einer *Modernisierungsmaßnahme* im Sinne des § 555b Nr. 1 bis 7 BGB. Bei *Bagatellmaßnahmen*, die nur unerheblich auf die Mietsache einwirken werden, besteht kein Kündigungsrecht nach §§ 555e Abs. 2, 555c Abs. 4 BGB. 346

Die Kündigung kann der Mieter innerhalb der zweimonatigen **Ausübungsfrist** des § 555e Abs. 1 Satz 2 BGB erklären, das heißt bis zum Ablauf des Monats, der auf die Modernisierungsankündigung folgt. Der **Kündigungstermin** ist nach § 555e Abs. 1 347

---

[302] BGH, Urt. v. 15.10.2014 – XII ZR 163/12, NJW 2014, 3775 Rn. 16 für Berechnung der ordentlichen Kündigungsfrist nach Veräußerung.
[303] BGH, Urt. v. 17.4.1996 – XII ZR 168/94, NJW 1996, 2028.
[304] BGH, Urt. v. 20.2.1992 – III ZR 193/90, NJW-RR 1992, 780, 781.
[305] BGH, Urt. v. 2011.1967 – VIII ZR 92/65, WuM 1968, 7.
[306] BGH, Urt. v. 27.11.2003 – IX ZR 76/00, 1523, 1524; BGH, Urt. v. 27.9.1951 – I ZR 85/50, BB 51, 969; RGZ 130, 146; kritisch Wiese ZMR 2017, 122.
[307] BGH, Urt. v. 2709.1951 – I ZR 85/50, BB 1951, 974, RGZ 130, 143.

Satz 1 BGB der Ablauf des übernächsten Monats nach dem Zugang der Modernisierungsankündigung.

348 **Abweichende Vereinbarungen** zum Nachteil des Mieters von *Wohnraum* sind bei Abschluss des Mietvertrags unwirksam nach § 555e Abs. 3 BGB, können aber zu einem späteren Zeitpunkt Gegenstand einer Modernisierungsvereinbarung im Sinne des § 555f BGB sein. Bei Mietverhältnissen über *andere Räume* sind abweichende Vereinbarungen individualvertraglich möglich. Ob ein formularvertraglicher Kündigungsverzicht wegen der erheblichsten Auswirkungen langfristiger Sanierungen auf den Geschäftsbetrieb des Mieters diesen unangemessen benachteiligt, hat die Rechtsprechung noch nicht geklärt.[308]

d) Mieterhöhung für Wohnraum

aa) Preisfreier Wohnraum

349 Macht der Vermieter preisfreien Wohnraums eine Mieterhöhung bis zur ortsüblichen Vergleichsmiete (§§ 558 ff. BGB) geltend oder nach Modernisierung der Mietsache (§ 559 BGB), kann der **Mieter** das Mietverhältnis nach § 561 Abs. 1 Satz 1 BGB außerordentlich kündigen zum Ablauf des übernächsten Monats nach Zugang der Erklärung des Vermieters.

350 Das außerordentliche Kündigungsrecht **bezweckt,** eine Bindung des Mieters an ein für ihn zu teuer gewordenes Mietverhältnis zu verhindern, indem es ihm ein Sonderkündigungsrecht gewährt.

351, 352 **Tatbestandlich** erfordert § 561 Abs. 1 Satz 1 BGB den Zugang eines *Mieterhöhungsverlangens* nach § 558 Abs. 1 BGB oder einer *Mieterhöhungserklärung* nach § 559 Abs. 1 BGB. Auf die Wirksamkeit der Mieterhöhung kommt es nicht an.[309] Eine Mieterhöhung nach § 560 BGB wegen gestiegener Betriebskosten genügt nicht.[310]

353 Die Kündigung muss der Mieter innerhalb der **Überlegungsfrist** des § 561 Abs. 1 Satz 1 BGB erklären, das heißt bis zum Ablauf des zweiten Monats nach Zugang der Erklärung des Vermieters. Der **Kündigungstermin** ist der Ablauf des vierten Monats nach Zugang der Erklärung des Vermieters, selbst wenn der Mieter die Überlegungsfrist nicht ausschöpft. Dies folgt daraus, dass die zweimonatige Kündigungsfrist an die Überlegungsfrist anschließt.[311]

354 **Abweichende Vereinbarungen** zum Nachteil des Mieters sind nach § 561 Abs. 2 unwirksam.

bb) Preisgebundener Wohnraum

355 Erklärt der Vermieter preisgebundenen Wohnraums eine Mieterhöhung nach § 10 Abs. 1 WoBindG, kann der **Mieter** das Mietverhältnis gem. § 11 Abs. 1 WoBindG **außerordentlich kündigen.**

356 **Tatbestandlich** erfordert das Kündigungsrecht den Zugang einer einseitigen Mieterhöhungserklärung nach § 10 Abs. 1 Satz 1 WoBindG beim Mieter. Die Mieterhöhung kann – anders als bei preisfreiem Wohnraum – auch in erhöhten Betriebskostenvorauszahlungen bestehen.[312] Die Wirksamkeit der Mieterhöhungserklärung ist keine Kündigungsvoraussetzung.[313]

---

[308] Nicht problematisiert in BGH, Urt. v. 31.10.2012 – XII ZR 126/11, NJW 2013, 223.
[309] BT-Drucks. 14/4553, 59.
[310] BT-Drucks. 7/2011, 13.
[311] BT-Drucks. 14/4553, 60.
[312] LG Bonn, Beschl. v. 2.10.1981 – 6 S 449/81, WuM 1981, 282.
[313] AG Brakel, Urt. v. 23.9.1983 – 7 C 405/83, WuM 1983, 349.

Die Kündigung muss der Mieter innerhalb der knappen **Überlegungsfrist** der §§ 11 Abs. 1, 10 Abs. 2 Satz 1 WoBindG erklären, das heißt grundsätzlich innerhalb eines Monats ab Zugang der Mieterhöhungserklärung („spätestens am dritten Werktag des Kalendermonats, von dem an die Miete erhöht werden soll"). Der **Kündigungstermin** ist der Ablauf des nächsten Kalendermonats nach der Mieterhöhungserklärung. Diese knappen Fristen berücksichtigen die geringere Schutzbedürftigkeit des Mieters infolge der Preisbindung des § 8 Abs. 1 und 2 WoBindG. Den Eintritt der Mieterhöhung im gekündigten Mietverhältnis verhindert § 11 Abs. 2 WoBindG.   357

Abweichende Vereinbarungen zum Nachteil des Mieters sind nach § 11 Abs. 3 Wo-BindG unwirksam.   358

e) Eintritt nahestehender Personen bei Tod des Mieters

Der **Vermieter** kann ein Mietverhältnis über **Wohnraum** außerordentlich nach § 563 Abs. 4 BGB kündigen, wenn mit dem Tod des Mieters eine dem Mieter nahestehende Person nach § 563 Abs. 1 oder 2 BGB eintritt (siehe G 49 ff.), die dem Vermieter nicht als Vertragspartner zumutbar ist.   359

Dieses Kündigungsrecht **bezweckt**, dem Vermieter keinen unzumutbaren Mieter durch Sondererbfolge aufzuzwingen.   360

Tatbestandlich erfordert das Kündigungsrecht aus § 563 Abs. 4 BGB zunächst, dass eine dem Mieter nahestehende Person nach § 563 Abs. 1 oder 2 BGB in das Mietverhältnis *eingetreten* ist und diesen Eintritt nicht innerhalb der Monatsfrist des § 563 Abs. 3 BGB ablehnt. Ferner muss in der *Person des Eintretenden* ein *wichtiger Grund* vorliegen, der dem Vermieter den Vollzug des Mietverhältnisses unzumutbar macht. Die Interessenlage ist vergleichbar der bei § 553 Abs. 1 Satz 2 BGB. Der wichtige Grund kann beispielsweise bestehen in persönlicher Feindschaft oder in Zahlungsunfähigkeit in Verbindung mit einem Verschleiern des Todesfalls.[314] Dass dem Vermieter die finanzielle Leistungsfähigkeit Eintretenden gefährdet erscheint, genügt nur in Ausnahmefällen; in der Regel muss diese feststehen.[315]   361

Bei kündigungsgeschütztem Wohnraum benötigt der Vermieter nach dem klaren Wortlaut der eng gefassten Ausnahmeregelung des § 573d Abs. 1 BGB ein **berechtigtes Interesse** an der Kündigung gemäß §§ 573, 573a BGB. Das Erleichtern der Kündigung wäre nicht angemessen, weil die eingetretene Person – anders als der Erbe – in der Mietsache einen gemeinsamen Hausstand mit dem verstorbenen Mieter führte.   362

Die Kündigung muss der Vermieter innerhalb der **Ausübungsfrist** von einem Monat erklären, nachdem er vom endgültigen Eintritt Kenntnis erlangt (§ 563 Abs. 4 BGB).   363

Die **Kündigungsfrist** ist in § 573d Abs. 2 BGB geregelt.   364

Abweichende **Vereinbarungen** zum Nachteil des Eintrittsberechtigten wie Erleichterungen der außerordentlichen Kündigung sind unwirksam nach § 563 Abs. 5 BGB.   365

f) Fortsetzung des Mietverhältnisses mit überlebenden Mietern

Der überlebende **Mieter** kann ein Mietverhältnis über **Wohnraum** außerordentlich nach § 563a Abs. 2 BGB kündigen, wenn das Mietverhältnis beim Tod des anderen Mieters mit ihm fortgesetzt wird.   366

Das Kündigungsrecht **bezweckt**, dem überlebenden Mieter die vorzeitige Beendigung des Mietverhältnisses zu ermöglichen, beispielsweise weil ihm die Miete allein zu teuer oder die Wohnung zu groß ist. Umgekehrt ist der Vermieter nicht zur außerordentlichen Kündigung berechtigt, weil er den überlebenden Mieter als Vertragspartei ausgewählt hat.   367

---

[314] AG München, Urt. v. 18.8.2016 – 432 C 9516/16, ZMR 2017, 749.
[315] BGH, Urt. v. 31.1.2018 – VIII ZR 105/17, NZM 2018, 325.

368 Tatbestandlich erfordert das Kündigungsrecht, dass das Mietverhältnis nach § 563a Abs. 1 BGB mit dem überlebenden Mieter fortgesetzt wird.

369 Die Kündigung muss der Mieter innerhalb der **Ausübungsfrist** von einem Monat erklären, nachdem er vom Tod des anderen Mieters Kenntnis erlangt (§ 563a Abs. 2 BGB). *Mehrere überlebende Mieter* können die Kündigung wegen der Einheitlichkeit des Mietverhältnisses nur gemeinsam erklären (siehe Rn. H. I.3.a.bb).

370 Die **Kündigungsfrist** ist in § 573d Abs. 2 BGB geregelt.

371 Abweichende **Vereinbarungen** zum Nachteil des Mieters sind nach § 563a Abs. 3 BGB unwirksam.

g) Eintritt der Erben des Mieters

aa) Wohnraum

372 Tritt ein Erbe nach dem Tod des Mieters im Wege der Gesamtrechtsnachfolge ein in Mietverhältnis über **Wohnraum** (siehe Rn. G 59 f.), können sowohl der **Vermieter** als auch der **Erbe** das Mietverhältnis nach § 564 Satz 2 BGB außerordentlich mit gesetzlicher Frist kündigen. Praktisch ist dieses Kündigungsrecht vor allem für den Vermieter wichtig, weil er ausnahmsweise *kein berechtigtes Interesse* im Sinne des § 573 BGB benötigt.

373 **Zweck** des Kündigungsrechts ist, beiden Vertragsparteien eine vorzeitige Beendigung des Mietverhältnisses zu ermöglichen. Dies rechtfertigen der persönliche Einschlag des Mietverhältnisses sowie das geringe Schutzbedürfnis des eingetretenen Erben. Für ihn ist die Mietwohnung – anders als die nach §§ 563 oder 563a BGB privilegierten Haushaltsangehörigen – nicht der Lebensmittelpunkt.

374 **Tatbestandlich** erfordert das Kündigungsrecht, dass der Erbe des Mieters nach § 1922 Abs. 1 BGB als **Gesamtrechtsnachfolger** des Mieters in das Mietverhältnis eingetreten ist. Es darf *keine vorrangige Sondererbfolge* eingreifen, also weder eine dem Mieter nahestehenden Person in das Mietverhältnis eintreten (§ 563 Abs. 1 oder 2 BGB) noch darf das Mietverhältnis mit dem überlebenden Mieter fortgesetzt werden (§ 563a Abs. 1 BGB). Tritt der Erbe *neben einen überlebenden Mieter* in das Mietverhältnis ein, ist umstritten, ob er das Mietverhältnis außerordentliche nach § 564 Satz 2 BGB kündigen kann oder ob die Vertragsbindung mit dem überlebenden Mieter Vorrang genießt.[316]

375 Auch bei kündigungsgeschütztem Wohnraum benötigt der Vermieter nach § 573d Abs. 1 BGB **kein berechtigtes Interesse** an der Kündigung gemäß §§ 573, 573a BGB. Der Gesetzgeber erachtet einen zufällig eintretenden Erben für nicht so schutzwürdig wie einen Mieter, der in der Mietwohnung einen gemeinsamen Haushalt mit dem Verstorbenen führte.

376 Die Kündigung muss der Kündigende innerhalb der **Ausübungsfrist** von **einem Monat** ab Kenntnis vom Tod des Mieters *und* vom Nichteintritt der Sondererbfolgen der §§ 563, 563a BGB erklären. Entgegen dem Wortlaut des § 564 Satz 2 BGB läuft die Frist erst, wenn der Vermieter die *Person des Erben*[317] bzw. der Erbe seine *Erbenstellung* kennt[318], weil ohne dieses Wissen keine Kündigung möglich ist. Allerdings darf der Vermieter nach dem Tod des Mieters nicht untätig bleiben. Unternimmt er nicht alles Zumutbare, um sich *Gewissheit über die Person des Erben* zu verschaffen (z. B. Einsicht in den Erbschein, Nachfrage beim Nachlassgericht und bei Angehörigen des Mieters), kann er sein Kündigungsrecht auch ohne Kenntnis der Person des Erben verlieren.[319] Bei unübersichtlichen Erbschaftsverhältnissen kann der Vermieter die Anordnung einer

---

[316] Häublein, Münchener Kommentar, § 536 BGB Rn. 13 ff.
[317] LG Berlin, Urt. v. 7.12.1987 – 61 S 201/87, ZMR 1988, 181.
[318] OLG Düsseldorf, Urt. v. 28.10.1993 – 10 U 12/93, ZMR 1994, 114, ZMR 1994, 114.
[319] OLG Hamm, Urt. v. 8.1.1981 – 4 U 203/80, ZMR 1981, 211.

Nachlasspflegschaft beantragen, um den Zugang der Kündigung fristgerecht gegenüber dem Nachlasspfleger zu bewirken (siehe Rn. G 64). Handelt es sich beim Erben des Mieters um eine Personenmehrheit, muss die Kündigung gegenüber bzw. von sämtlichen Erben erklärt werden (siehe Rn. H 67 ff. bzw. H 55 ff.).

Die **Kündigungsfrist** ist in § 573d Abs. 2 BGB geregelt. 377

Das **Widerspruchsrecht** des Mieters nach §§ 574 ff, 573d Abs. 2 BGB besteht zwar 378 formal. Es ist jedoch schwer vorstellbar, dass die Beendigung des Mietverhältnisses eine unzumutbare Härte für einen zufällig eingetretenen Erben darstellt, dessen Lebensmittelpunkt sich nicht in der Mietwohnung befindet.

Das außerordentliche Kündigungsrecht ist *individualvertraglich* abdingbar.[320] Die 379 Wirksamkeit entsprechender *Formularklauseln* ist nicht abschließend geklärt, weil streitig ist, ob die Kündigungsmöglichkeit zum gesetzlichen Leitbild der Miete im Sinne des § 307 Abs. 2 Nr. 1 BGB gehört.

bb) Andere Mietsachen

Tritt ein Erbe nach dem Tod des Mieters in ein Mietverhältnis über eine andere 380 Mietsache als Wohnraum ein (siehe Rn. G 65 ff.), können sowohl der **Vermieter** als auch der **Erbe** das Mietverhältnis nach § 580 BGB außerordentlich mit gesetzlicher Frist kündigen. Anders als bei Wohnraum ist das Kündigungsrecht für beide Vertragsparteien bedeutsam, um langfristige Mietverträge vorzeitig zu beenden.

Das außerordentliche Kündigungsrecht berücksichtigt den **persönlichen Einschlag** des 381 Mietverhältnisses[321] und das Interesse des Erben, der die Mietsache häufig nicht weiter nutzen kann.

Tatbestandlich erfordert § 580 BGB, dass der Mieter gestorben und der Erbe des 382 Mieters nach § 1922 Abs. 1 BGB als **Gesamtrechtsnachfolger** des Mieters in das Mietverhältnis eingetreten ist. Dem Kündigungsrecht des Erben steht nicht entgegen, dass der Mieter sich selbst tötete.[322] Ist der Erbe neben einen anderen Mieter in das Mietverhältnis eingetreten, ist umstritten, ob eine außerordentliche Kündigung nach § 580 BGB zulässig ist oder ob die Vertragsbindung mit den überlebenden Mietern Vorrang genießt.

Die Kündigung muss der Kündigende innerhalb der **Ausübungsfrist** von einem Monat 383 ab Kenntnis vom Tod des Mieters erklären. Entgegen dem Wortlaut des § 580 BGB läuft die Frist erst, wenn der Vermieter die *Person des Erben*[323] bzw. der Erbe seine *Erbenstellung* kennt[324], weil ohne dieses Wissen keine Kündigung möglich ist. Allerdings darf der Vermieter nach dem Tod des Mieters nicht untätig bleiben. Unternimmt er nicht alles Zumutbare, um sich *Gewissheit über die Person des Erben* zu verschaffen, kann er sein Kündigungsrecht auch ohne Kenntnis der Person des Erben verlieren.[325]

Die **Kündigungsfrist** ist in § 580a Abs. 4 BGB geregelt. 384

Das außerordentliche Kündigungsrecht ist *individualvertraglich* abdingbar.[326] Der 385 Gestaltungsspielraum bei *Formularklauseln* ist unklar, weil streitig ist, ob die Kündi-

---

[320] BGH, Beschl. v. 12.3.1997 – VIII ARZ 3/96, NJW 1997, 1695, 1695.
[321] Bei Pacht ist eine außerordentliche Kündigung durch den Verpächter nach § 584a Abs. 2 BGB ausgeschlossen, um eine Frustration von Aufwendungen des Pächters auszuschließen. Bei Landpacht gilt die spezielle Regelung des § 594a Abs. 2 BGB.
[322] BGH, Urt. v. 6.7.1990 – LwZR 8/89, NJW-RR 1991, 75, 76.
[323] OLG Hamm, Urt. v. 8.1.1981 – 4 U 203/80, ZMR 1981, 211.
[324] OLG Düsseldorf, Urt. v. 28.10.1993 – 10 U 12/93, ZMR 1994, 114.
[325] OLG Hamm, Urt. v. 8.1.1981 – 4 U 203/80, ZMR 1981, 211; siehe auch die Ausführungen zu § 564 Satz 2 BGB in Kapitel H. III.4 b. aa. 5.a.
[326] Vgl. BGH, Beschl. v. 12.3.1997 – VIII ARZ 3/96, NJW 1997, 1695, 1695 betreffend Wohnraum.

gungsmöglichkeit zum gesetzlichen Leitbild der Miete im Sinne des § 307 Abs. 2 Nr. 1 BGB gehört.

h) Erlöschen des Nießbrauchs an der Mietsache

386 Der Inhaber eines **Nießbrauchsrechts** im Sinne der §§ 1030 ff. BGB ist dinglich berechtigt, die Nutzungen an einem Grundstück und darauf befindlicher Gebäude zu ziehen, insbesondere durch Vermietung. Vereinbart er mit dem Mieter eine Mietzeit, welche die Dauer des Nießbrauchs überschreitet, geht das Mietverhältnis mit Erlöschen des Nießbrauchsrechts auf den Eigentümer über (§§ 1056 Abs. 1, 566 ff. BGB, siehe Rn. G 32). Der **Eigentümer** kann das Mietverhältnis jedoch nach **§ 1056 Abs. 2 Satz 1 BGB** außerordentlich mit gesetzlicher Frist kündigen. Bei Nießbrauchsverzicht ist die Kündigung nach § 1056 Abs. 2 Satz 2 BGB erst ab dem Zeitpunkt zulässig, zu dem der Nießbrauch regulär erlöschen würde.

387 Dieses außerordentliche Kündigungsrecht **bezweckt** einem Ausgleich zwischen dem Interesse des Eigentümers, dass über die Dauer des Nießbrauchsrechts reichende Mietverträge ihm gegenüber nicht gelten (vgl. § 986 Abs. 1 BGB), und dem Interesse des Mieters, die Mietsache nicht sofort an den Eigentümer herausgeben zu müssen.[327]

388 Das Kündigungsrecht gilt sowohl für Mietverhältnisse über **Wohnraum** als auch für **andere Mietsachen**. Betrifft die außerordentliche Kündigung ein dem Kündigungsschutz unterliegendes **Wohnraummietverhältnis**, benötigt der **Eigentümer** nach § 573d Abs. 1 ein **berechtigtes Interesse** an der Beendigung des Mietverhältnisses nach §§ 573, 573a BGB (siehe Rn. H 148 ff.).

389 Die Kündigung muss der Eigentümer innerhalb einer angemessenen **Ausübungsfrist** erklären, wenn der Mieter ihm diese nach § 1056 Abs. 3 BGB setzt.

i) Eintritt der Nacherbfolge hinsichtlich der Mietsache

390 Durch Einsetzen eines **Nacherben** nach §§ 2100 ff. BGB wendet der Erblasser sein Vermögen im Erbfall zunächst dem Vorerben zu. Nach dessen Tod erben nicht die Erben des Vorerben, sondern ein vom Erblasser bestimmter Nacherbe.

391 Hat der Vorerbe eine zur Erbschaft gehörende Mietsache vermietet, geht ein bei dessen Tod bestehendes Mietverhältnis (siehe Rn. G 32) auf den Nacherben über nach §§ 2135, 1056 Abs. 1, 566 Abs. 1 BGB. Der **Nacherbe** kann dieses Mietverhältnis nach **§§ 2135, 1056 Abs. 2 BGB** wie bei Erlöschen eines Nießbrauchsrechts außerordentlich kündigen. Dies gilt sowohl für Mietverhältnisse über **Wohnraum** als auch über **andere Mietsachen**. Die Ausführungen zum Erlöschen des Nießbrauchsrechts gelten entsprechend (siehe Rn. H 386 ff.).

j) Erlöschen des Erbbaurechts an der Mietsache

392 Der Inhaber eines **Erbbaurechts** im Sinne der §§ 1 ff. ErbbauRG ist dinglich berechtigt, auf oder unter der Oberfläche des Grundstücks ein Bauwerk zu haben und darf beides auch vermieten. Das Erbbaurecht kann entweder erlöschen durch Zeitablauf (z. B. befristetes Erbbaurecht) oder vorzeitig (z. B. durch Heimfall oder Aufhebung).

393 Bei Erlöschen des Erbbaurechts geht ein vom Erbbauberechtigten begründetes Mietverhältnis nach § 30 Abs. 1 ErbbauRG i. V. m. §§ 566 Abs. 1, 578 BGB auf den Eigentümer über (siehe Rn. G 32). In diesem Fall kann der **Eigentümer** das Mietverhältnis nach **§ 30 Abs. 2 Satz 1 ErbbauRG** außerordentlich kündigen. Erlischt das Erbbaurecht *vorzeitig*, kann der Eigentümer erst kündigen, wenn das Erbbaurecht auch durch Zeitablauf

---

[327] BGH, Urt. v. 27.11.2009 – LwZR 12/08, NZM 2010, 474 Rn. 17.

erlöschen würde (§ 30 Abs. 2 Satz 3 ErbbauRG). Dieses Kündigungsrecht gilt sowohl für Mietverhältnisse über **Wohnraum** als auch für **andere Mietsachen**.

Betrifft die außerordentliche Kündigung ein dem Kündigungsschutz unterliegendes **Wohnraummietverhältnis**, benötigt der **Eigentümer** nach § 573d Abs. 1 ein **berechtigtes Interesse** an der Beendigung des Mietverhältnisses nach §§ 573, 573a BGB (siehe Rn. H 148 ff.).

394

Erlischt das Erbbaurecht durch **Zeitablauf**, kann die Kündigung nur **zu einem der ersten beiden Termine** erfolgen, für die sie zulässig ist (§ 30 Abs. 2 Satz 2 ErbbauRG). Unabhängig davon kann der Mieter den Eigentümer nach § 30 Abs. 3 ErbbauRG auffordern, sich binnen **angemessener Frist** über die Ausübung des Kündigungsrechts zu erklären. Der Eigentümer kann dann nur bis zum Ablauf dieser Frist außerordentlich kündigen.

395

Fall 10: Lucky Loser
Eigentümer E bestellte für den eingetragenen Verein V ein auf 50 Jahre befristetes Erbbaurecht an seinem Grundstück. Vereinbarungsgemäß errichtete und betrieb V auf dem Grundstück eine Sportanlage für den Breitensport nebst Hausmeisterwohnung und Kiosk. Entgegen Vereinbarungen im Erbbaurechtsvertrag funktionierte V die Sportanlage zu einem exklusiven Tennisclub um und erzielte aus dem Betrieb erhebliche Gewinne.
Im letzten Jahr der Laufzeit des Erbbaurechts schloss V in Erwartung einer Verlängerung des Erbbaurechtsvertrags folgende Mietverträge: Den Kiosk vermietete V mit für zehn Jahre als Geschäftsraum an M. Die bisherige Hausmeisterwohnung vermietete V als Wohnraum an die tennisbegeisterte Tochter des Vereinsvorsitzenden T.
Nach Erlöschen des Erbbaurechts mit Ablauf der vereinbarten Laufzeit zum 31.12. des Vorjahres Jahres entschädigte E den V für die errichteten Bauwerke. Um das Grundstück künftig selbst zu nutzen, möchte E die Mietverhältnisse mit M und T außerordentlich nach § 30 Abs. 2 ErbbauRG kündigen.
1. Bis wann muss E die außerordentliche Kündigung jeweils erklären?
2. Wie sind die Erfolgsaussichten der beiden Kündigungen?

396–398

k) Zwangsversteigerung der Mietsache

In der **Zwangsversteigerung** tritt der Ersteher eines Grundstücks nach §§ 57 ZVG, § 566 Abs. 1 BGB in die bei Zuschlagserteilung bestehenden Mietverhältnisse ein (siehe Rn. G 32). Der **Ersteher** ist als neuer Vermieter berechtigt, das Mietverhältnis außerordentlich mit gesetzlicher Frist nach **§ 57a Satz 1 ZVG** außerordentlich zu kündigen. Dies gilt für sowohl für Mietverhältnisse über **Wohnraum** als auch über **andere Mietsachen**; bei preisgebundenem Wohnraum können sich Einschränkungen ergeben aus § 17 WoBindG.

399

Das außerordentliche Kündigungsrecht **bezweckt**, in der Zwangsversteigerung einen Anreiz für hohe Gebote zu setzen.

400

Betrifft die außerordentliche Kündigung ein dem Kündigungsschutz unterliegendes **Wohnraummietverhältnis**, benötigt der **Ersteher** nach § 573d Abs. 1 ein **berechtigtes Interesse** an der Beendigung des Mietverhältnisses nach §§ 573, 573a BGB.[328] Hat der Eigentümer nach Mietvertragsschluss Wohnungseigentum an der Mietsache begründet und erlangt der Ersteher dieses durch Zuschlag in der Zwangsversteigerung, schützt den Mieter vorübergehend die Kündigungssperrfrist des § 577a Abs. 1 und 3 BGB.[329]

401

Ferner kann das außerordentliche Kündigungsrecht des Erstehers auf Antrag des Mieters durch **Versteigerungsbedingungen** ausgeschlossen sein (§ 59 Abs. 1 ZVG).

402

---

[328] BGH, Beschl. v. 21.4.1982 – VIII ARZ 16/81, NJW 1982, 1696, 1699; siehe Kapitel H. IV.2.b.
[329] BGH, Versäumnisurt. v. 14.4.1999 – VIII ZR 384-97, NJW 1999, 2044, 2046; BayObLG, RE v. 10.6.1992 – REMiet 2/92, NJW-RR 1992, 1166, 1167 f.

Steht nicht fest, ob dies das versteigerte Eigentum beeinträchtigt, folgt hieraus ein Doppelausgebot mit und ohne Kündigungsverzicht nach § 59 Abs. 2 ZVG.

403 Die Beschränkung des Kündigungsrechts bei *Vorleistungen des Mieters* durch §§ 57c und 57d ZVG a. F. ist ab 1.1.2007 ersatzlos entfallen[330], weil die Regelung nur den Schutz so genannter Aufbaumieter nach dem Zweiten Weltkrieg bezweckte.[331]

404 Das Kündigungsrecht erlischt nach § 57a Satz 2 ZVG, wenn der Ersteher die Kündigung nicht für den **ersten zulässigen Termin** nach der Erteilung des Zuschlags erklärt. Maßgeblich ist insoweit die Verkündung bzw. die Zustellung des Zuschlags zuzüglich einer Prüf- und Überlegungsfrist, die länger als ein Tag, aber nicht länger als eine Woche ist.[332]

405 Die außerordentliche **Kündigungsfrist** ist für Wohnraum in § 573d Abs. 2 BGB geregelt und für andere Mietsachen in § 580a Abs. 4 BGB.

l) Veräußerung der Mietsache in der Vermieterinsolvenz

406 Veräußert der Insolvenzverwalter über das Vermögen des Vermieters die Mietsache freihändig, tritt der Erwerber an dessen Stelle in das Mietverhältnis ein nach §§ 566 Abs. 1, 578 BGB (siehe Rn. G 8 ff.). Der **Erwerber** kann das Mietverhältnis nach **§ 111 Satz 1 InsO** außerordentlich mit gesetzlicher Frist kündigen. Dies gilt sowohl für Mietverhältnisse über **Wohnraum** als auch über andere **Mietsachen.**

407 Das außerordentliche Kündigungsrecht **bezweckt** wie § 57a Satz 1 ZVG, dass der Erwerber einen möglichst hohen Preis für das Mietobjekt bietet. **Abweichende Vereinbarungen** sind unwirksam nach § 119 InsO.

408 Betrifft die außerordentliche Kündigung ein dem Kündigungsschutz unterliegendes **Wohnraummietverhältnis**, benötigt der **Erwerber** nach § 573d Abs. 1 ein **berechtigtes Interesse** an der Beendigung des Mietverhältnisses nach §§ 573, 573a BGB.[333]

409 Das Kündigungsrecht erlischt nach § 111 Satz 2 InsO, wenn der Erwerber die Kündigung nicht für den **ersten zulässigen Termin** erklärt. Da das Kündigungsrecht erst mit Eintragung im Grundbuch entsteht, muss der Erwerber die Kündigung unverzüglich (ohne schuldhaftes Zögern, § 121 Abs. 1 BGB) nach seiner Eintragung im Grundbuch erklären.

410 Die **Kündigungsfrist** ist für Wohnraum geregelt in § 573d Abs. 2 BGB und für andere Mietsachen in § 580a Abs. 4 BGB.

m) Kündigungsrecht in der Mieterinsolvenz

411 Im Insolvenzverfahren über das Vermögen des Mieters kann der **Insolvenzverwalter** in Vollzug gesetzte Mietverhältnisse über **andere Mietsachen als Wohnraum** ohne Rücksicht auf die vereinbarte Vertragsdauer nach **§ 109 Abs. 1 Satz 1 InsO** außerordentlich mit gesetzlicher Frist kündigen. Dies gilt auch, wenn das Insolvenzverfahren nur das Vermögen eines mehrerer Mieter betrifft.[334]

412 Das Kündigungsrecht **bezweckt** den Schutz der Insolvenzmasse im Interesse der Gläubiger des Mieters. Es ergänzt § 108 Abs. 1 Satz 1 InsO. Danach bestehen Mietverhältnisse ungeachtet der Insolvenz fort, damit der Insolvenzverwalter den Betrieb des Mieters in den Mieträumen fortführen und das Unternehmen gegebenenfalls sanieren kann. Zudem gilt die Kündigungssperre des § 112 InsO (siehe Rn. H 264). Wenn die Mietsache für den

---

[330] Art. 28 Abs. 2 des 2. JuModG vom 22.12.2006, BGBl. I 3416, 3421.
[331] BT-Drucks. 16/3038, 42.
[332] OLG Oldenburg, Urt. v. 17.12.2001 – 11 U 63/01, GuT 2002, 48; OLG Düsseldorf, Urt. v. 26.6.1986 – 10 U 21/86, DWW 1987, 330; OLG Düsseldorf, Urt. v. 5.9.2002 – 10 U 66/02, ZMR 2003, 177.
[333] RegE BT-Drs. 12/2443, 148.
[334] BGH, Urt. v. 13.3.2013 – XII ZR 34/12, NJW 2013, 3232.

Betrieb nicht mehr wirtschaftlich sinnvoll nutzbar ist und die Mietverbindlichkeiten lediglich die zu verteilende Insolvenzmasse schmälern, kann der Insolvenzverwalter das Mietverhältnis nach § 109 Satz 1 InsO außerordentlich kündigen. Als Ausgleich für die vorzeitige Beendigung erhält der Vermieter einen **Schadensersatzanspruch** nach § 109 Abs. 1 Satz 3 InsO, den er als Insolvenzforderung anmelden kann. Das Kündigungsrecht ist nach § 119 InsO **nicht abdingbar.**

Das Kündigungsrecht unterliegt **keiner Ausübungsfrist,** damit der Insolvenzverwalter unter wirtschaftlichen Gesichtspunkten frei entscheiden kann, ob und wann er das Mietverhältnis vorzeitig beendet. 413

Die außerordentliche **Kündigungsfrist** beträgt volle **drei Monate** zum Monatsende nach § 109 Abs. 1 Satz 1 Halbsatz 2 InsO. Da die Regelung keine Karenzfrist enthält, muss die Kündigungserklärung zum Ende des Kalendermonats zugehen.³³⁵ 414

Bei Mietverhältnissen über **Wohnraum** tritt an Stelle der außerordentlichen Kündigung nach § 109 Abs. 1 Satz 2 InsO das Recht zur **Freigabe des Mietverhältnisses,** damit die Insolvenzmasse nicht mehr für die Miete haftet. Anschließend schuldet der Wohnraummieter die Mietzahlung wieder persönlich aus dem pfändungsfreien Teil seines Vermögens.³³⁶ Einen vor Stellung des Insolvenzantrags entstandenen Verzug des Mieters mit der Mietzahlung kann der Vermieter nach Freigabe wieder zur Begründung einer fristlosen Kündigung wegen Zahlungsverzugs nach § 543 Abs. 2 Satz 1 Nr. 3 BGB heranziehen.³³⁷ 415

Übersicht: Kündigungsrechte in der Insolvenz

	Eröffnungsverfahren	Insolvenzverfahren	
		Wohnraum	sonstige Räume, Grundstücke
Mieterinsolvenz Kündigung durch Vermieter	Kündigungssperre für Zahlungsverzug (§ 112 InsO)	Kündigungssperre für Zahlungsverzug (§ 112 InsO)	Kündigungssperre für Zahlungsverzug (§ 112 InsO)
Mieterinsolvenz Kündigung durch Mieter	keine Besonderheiten	Freigabeerklärung Insolvenzverwalter (§ 109 I 2 InsO)	außerordentliches Kündigungsrecht Insolvenzverwalter (§ 109 I 1 InsO)
Vermieterinsolvenz Kündigung durch Vermieter	keine Besonderheiten	außerordentliches Kündigungsrecht Erwerber: • Zwangsversteigerung (§ 57a ZVG) • Freihändiger Verkauf (§ 111 S. 1 InsO)	außerordentliches Kündigungsrecht Erwerber: • Zwangsversteigerung (§ 57a ZVG) • Freihändiger Verkauf (§ 111 S. 1 InsO)
Vermieterinsolvenz Kündigung durch Mieter	keine Besonderheiten	keine Besonderheiten	keine Besonderheiten

---

³³⁵ Hinz NZM 2014, 137, 114.
³³⁶ Zur Verfügungsbefugnis des Mieters über das Mietverhältnis nach Freigabe vgl. BGH, Urt. v. 22.5.2014 – IX ZR 136/13, NJW 2014, 2585.
³³⁷ BGH, Versäumnisurt. v. 17.6.2015 – VIII ZR 19/14, NJW 2015, 3087 Rn. 17 ff.

3. Kündigungsfrist

416 Soweit der Kündigungstatbestand eine gesetzliche **Ausübungsfrist** beinhaltet, muss der Kündigende diese zusätzlich zur Kündigungsfrist einhalten (siehe Rn. H 330 ff. unter dem jeweiligen Kündigungsgrund).

417 **Spezielle außerordentliche Kündigungsfristen** gelten bei **Modernisierungsankündigung** (§ 555e Abs. 1 Satz 1 BGB) und bei **Mieterhöhung** preisfreien bzw. preisgebundenen Wohnraums (§ 561 Abs. 1 Satz 1 BGB bzw. § 11 Abs. 1 WoBindG).

418 Im Übrigen gelten für die außerordentliche Kündigung folgende **allgemeinen gesetzlichen Kündigungsfristen:**

419 Bei **Wohnraum** ist die Kündigung grundsätzlich am dritten Werktag eines Kalendermonats zum Ablauf des übernächsten Monats zulässig (Dreimonatsfrist, § 573d Abs. 1 BGB. Bei befristeter Mietzeit ergibt sich dies aus § 575a Abs. 3 Satz 1 Halbsatz 1 und Satz 2 BGB. Bei *möbliertem Einliegerwohnraum* im Sinne des 549 Abs. 2 Nr. 2 BGB ist die außerordentliche Kündigung spätestens zum 15. eines Monats zum Ablauf dieses Monats zulässig (§ 573d Abs. 3 bzw. § 575a Abs. 3 Satz 1 Halbsatz 2 BGB).

420 Bei **Geschäftsraum** beträgt die gesetzliche Kündigungsfrist *sechs Monate* zum *Quartalsende* (§ 580a Abs. 2 und 4 BGB).

421 Bei **Grundstücken und sonstigen Räumen** ist die Kündigung von Mietverhältnissen mit einer nach Monaten oder längeren Zeitabschnitten bemessenen Miete spätestens am dritten Werktag eines Kalendermonats zum Ablauf des übernächsten Kalendermonats zulässig (*Dreimonatsfrist*, § 580a Abs. 1 Nr. 3 und Abs. 4 BGB); handelt es sich um ein **unbebautes gewerblich genutztes Grundstück**, ist die Kündigung nur zum *Quartalsende* zulässig.

Übersicht: Fristen der außerordentlichen Kündigung

Zugang bis 3. Werktag des Monats	Wohnraum, sonstige Räume und Grundstücke*) 3 Monate	Gewerblich genutzte unbebaute Grundstücke*) 3 Monate/Quartal	Geschäftsraum 6 Monate/Quartal
Januar	31.03.	31.03.	30.06.
Februar	30.04		
März	31.05.	30.06.	30.09.
April	30.06.		
Mai	31.07.		
Juni	31.08.	30.09.	31.12.
Juli	30.09.		
August	31.10.		
September	30.11.	31.12.	31.03.
Oktober	31.12.		
November	31.01.	31.03.	31.06.
Dezember	28./29.02.		

*) Mietbemessung nach Monaten oder längeren Zeitabschnitten

Abweichende Vereinbarungen zum Nachteil des Mieters von *Wohnraum* sind nach 422
§ 573d Abs. 3 BGB bzw. § 575a Abs. 4 BGB unwirksam. In Mietverhältnissen über
andere Mietsachen sind die gesetzlichen Kündigungsfristen des § 580a Abs. 4 BGB durch
Individualvereinbarung abdingbar. Inwieweit formularvertraglicher Gestaltungsspielraum
zur Veränderung der Kündigungsfristen besteht, hat die Rechtsprechung bislang nicht
ausgeurteilt. Eine wirksame Formularklausel dürfte zumindest erfordern, dass die vereinbarten Fristen als ordentliche Kündigungsfristen einer Inhaltskontrolle Stand halten
(siehe Rn. H 205).

4. Widerspruchsrecht des Mieters

Der Mieter von dem Kündigungsschutz unterliegenden **Wohnraum** ist nach §§ 574 ff. 423
BGB zum **Widerspruch** gegen die außerordentliche Kündigung mit gesetzlicher Frist
berechtigt. Dies ergibt sich sowohl aus der systematischen Stellung des Widerspruchsrechts hinter § 573d BGB als auch aus dem ausdrücklichen Verweis in § 575a Abs. 2
BGB, der die Rechtsfolgen des Sozialwiderspruchs im Hinblick auf die Befristung des
Mietverhältnisses modifiziert.

Wegen der **Ausschlusswirkung** § 574 Abs. 3 BGB sollte der Vermieter im Kündi- 424
gungsschreiben neben dem Hinweis auf das Widerspruchsrecht des Mieters (§ 568 Abs. 2
BGB) sämtliche Tatsachen angeben, die einen wichtigen Grund bzw. ein berechtigtes
Interesse begründen können.

Für Einzelheiten wird auf die Ausführungen zum Sozialwiderspruch des Mieters gegen 425
die ordentliche Kündigung verwiesen (siehe Rn. H 210 ff.).

VII. Stillschweigende Verlängerung des Mietverhältnisses

Setzt der Mieter den Gebrauch der Mietsache nach dem Ende der Mietzeit fort, **ver-** 426
längert sich das Mietverhältnis nach § 545 BGB **auf unbestimmte Zeit,** sofern nicht eine
Vertragspartei ihren entgegenstehenden Willen der anderen Vertragspartei erklärt.

Dies gilt für **alle Mietsachen** und für **jede Beendigung der Mietzeit,** sei es durch 427
Befristung, durch *Kündigung* – auch wenn diese fristlos erfolgt[338] – sowie durch *Aufhebungsvertrag,* soweit § 545 BGB darin nicht abbedungen ist[339]. Ob bei rückwirkender
Nichtigkeit des Mietvertrags infolge *Anfechtung* Raum für eine (entsprechende) Anwendung des § 545 BGB besteht, ist noch nicht geklärt.[340]

Die stillschweigende Verlängerung nach § 545 BGB **bezweckt,** den Vertragsparteien 428
Klarheit über den Fortbestand des Mietverhältnisses zu verschaffen[341] und einen vertragslosen Zustand verhindern[342]. **Abweichende Vereinbarungen** sind wirksam möglich
durch Individualvereinbarung oder allgemeine Geschäftsbedingungen. Ein formularvertraglicher Widerspruch des Vermieters gegen die Verlängerung des Mietverhältnisses im
Mietvertrag benachteiligt dem Mieter nicht unangemessen im Sinne des § 307 Abs. 1
Satz 1, Abs. 2 Nr. 1 BGB.[343] Zur Wahrung des Transparenzgebots aus § 307 Abs. 1

---

[338] BGH, Urt. v. 26.3.1980 – VIII ZR 150/79, NJW 1980, 1577, 1578 f.
[339] BGH, Urt. v. 10.2.1965 – VIII ZR 76/63, ZMR 1966, 241.
[340] Dagegen Weidenkaff in Palandt, § 545 BGB Rn. 10; a. A. Blank in Schmidt-Futterer § 545
BGB Rn. 7.
[341] BGH, Urt. v. 16.9.1987 – VIII ZR 156/86, NJW-RR 1988, 76, 76.
[342] BGH, Urt. v. 27.4.2016 – VIII ZR 323/14, NZM 2016, 467 Rn. 34.
[343] BGH, Urt. v. 15.5.1991 – VIII ZR 38/90, NJW 1991, 1750, 1751.

Satz 2 BGB sollte er vor allem bei Wohnraummietverhältnissen die Rechtsfolge erläutern.[344]

429 **Tatbestandlich** erfordert eine Verlängerung nach § 545 BGB zunächst, dass der Mieter den **Gebrauch der Mietsache fortsetzt**, das heißt seinen bisherigen Mietgebrauch nach Art und Umfang über den Zeitpunkt der Beendigung aufrechterhält (z. B. weitere Nutzung wie im bestehenden Mietverhältnis).[345] Dass der Mieter lediglich die Mietsache nicht zurückgibt oder sie dem Vermieter im Sinne des § 546a BGB vorenthält, genügt nicht. Ferner darf keine Vertragspartei der anderen ihren entgegenstehenden Willen innerhalb von *zwei Wochen* erklären. Dieser **Widerspruch** ist eine empfangsbedürftige Willenserklärung, für die grundsätzlich dieselben Voraussetzungen wie für eine Kündigungserklärung gelten (siehe Rn. H 53 ff. und H 108 ff.). Besteht eine Vertragspartei aus **mehreren Personen,** soll anders als bei der Kündigung genügen, dass eine von ihnen ihren entgegenstehenden Willen erklärt, weil hiermit ein Einverständnis der Personenmehrheit ausgeschlossen ist.[346] Der Widerspruch muss nach allgemeinen Regeln allen Personen zugehen, aus denen der Empfänger des Widerspruchs besteht.[347] Der Widerspruch ist *formlos* möglich und kann daher auch *konkludent* erklärt werden. In der Regel wird er im Kündigungsschreiben erklärt, was zulässig ist (siehe Rn. H 93). Der Widerspruch muss der anderen Vertragspartei spätestens innerhalb einer Frist von *zwei Wochen* zugehen. Nach § 545 Satz 2 BGB beginnt die Frist für den Mieter mit der Fortsetzung des Mietgebrauchs (Nr. 1) und für den Vermieter in dem Zeitpunkt, in dem er von der Fortsetzung Kenntnis erlangt (Nr. 2).

430 Die **Verlängerung** nach § 545 Satz 1 BGB hat zur Folge, dass das an sich beendete Mietverhältnis kraft Gesetzes als auf **unbestimmte Zeit** weiterläuft. Das Mietverhältnis entsteht nicht neu, sondern wird unter *Wahrung der Identität* fortgesetzt.[348] Lediglich die bisherigen *Vereinbarungen über die Mietzeit* werden überholt. Ob für die dann zulässige ordentliche Kündigung wie bei § 550 BGB die gesetzlichen Kündigungsfristen (§§ 573, 580a BGB) oder die vertraglich vereinbarten Kündigungsfristen gelten, ist offen.[349]

431 Kündigt der Vermieter ein befristetes Mietverhältnis außerordentlich fristlos, ist der Mieter auch dann zum Ersatz des **Mietausfalls** als Kündigungsfolgeschaden *bis zum vereinbarten Mietende* verpflichtet, wenn das Mietverhältnis sich zunächst nach § 545 BGB stillschweigend verlängert und der Mieter es zu einem früheren als dem vereinbarten Kündigungstermin ordentlich kündigt.[350] Allerdings ist der Vermieter nach § 254 Abs. 2 Satz 1 BGB zur Schadensminderung verpflichtet, sich um die Wiedervermietung zu bemühen.[351]

---

[344] Vgl. OLG Schleswig, RE v. 27.3.1995 – 4 RE-Miet 1/93, NJW 1995, 2858.
[345] BGH, Urt. v. 16.9.1987 – VIII ZR 156/86, NJW-RR 1988, 76, 76.
[346] OLG Rostock, Beschl. v. 23.3.2004 – 3 U 273/03, NZM 2004, 423.
[347] LG Aschaffenburg, Urt. v. 4.7.1991 – S 111/91, WuM 1994, 691.
[348] BGH, Urt. v. 27.4.2016 – VIII ZR 323/14, NZM 2016, 467 Rn. 34.
[349] Offen gelassen von BGH, Urt. v. 7.1.2004 – VIII ZR 103/03, NZM 2004, 354, 355.
[350] BGH, Urt. v. 24.1.2018 – XII ZR 120/16, NZM 2018, 333 Rn. 23 ff.
[351] BGH, Urt. v. 24.1.2018 – XII ZR 120/16, NZM 2018, 333 Rn. 29.

I. Abwicklung des Mietverhältnisses

Nach Beendigung des Mietverhältnisses ist es von den Vertragsparteien abzuwickeln. Dabei ist der **Mieter** vor allem zur *Rückgabe* der Mietsache (§ 546 Abs. 1 BGB) im *vereinbarten Zustand* verpflichtet (z. B. fällige Schönheitsreparaturen, Reinigung, Beseitigung von Mietereinrichtungen). Besondere Bedeutung hat in diesem Zusammenhang das *Rückgabeprotokoll*, das sowohl das Durchsetzen von Ansprüchen erleichtern als auch zum Rechtsverlust führen kann. Gerät der Mieter mit der Rückgabe der Mietsache in Verzug, entsteht ein *gesetzliches Abwicklungsverhältnis*. Hieraus schuldet der Mieter statt der Miete eine gesetzliche Nutzungsentschädigung mindestens in Höhe der bisherigen Miete (§ 546a Abs. 1 BGB). 1

Der **Vermieter** ist vor allem zur *Rückgabe* der Mietsicherheit, zur Abrechnung der Betriebs- bzw. Nebenkostenvorauszahlungen und in Ausnahmefällen zum Ersatz von Vermögenseinbußen des Mieters verpflichtet. Bei Verzug des Mieters mit der Rückgabe der Mietsache bestehen aus dem *Abwicklungsverhältnis* deutlich reduzierte Vermieterpflichten, die nur noch auf Treu und Glauben beruhen. 2

Die **kurze Verjährung** zahlreicher Ansprüche beider Vertragsparteien in sechs Monaten ab Rückgabe der Mietsache bzw. Beendigung des Mietverhältnisses (§ 548 Abs. 1 und 2 BGB) gebietet dessen zügige Abwicklung. 3

I. Rückgabe der Mietsache

1. Rückgabeanspruch gegen den Mieter

Nach Beendigung des Mietverhältnisses hat der **Vermieter** einen Anspruch gegen den **Mieter** auf Rückgabe der Mietsache aus § 546 Abs. 1 BGB. Dieser schuldrechtliche Anspruch tritt selbständig neben den dinglichen Herausgabeanspruch des vermietenden Eigentümers aus § 985 BGB gegen den (nicht mehr) zum Besitz berechtigten Besitzer der Mietsache.[1] 4

a) Anspruchsvoraussetzungen

Der Rückgabeanspruch des Vermieters aus § 546 Abs. 1 BGB erfordert, dass ein wirksames **Mietverhältnis** bestand, das – gleich aus welchem Grund – **beendet** ist (z. B. durch Zeitablauf, Kündigung, Aufhebungsvertrag). Bestand nie ein wirksames Mietverhältnis[2] oder entfiel es rückwirkend durch Anfechtung nach § 142 Abs. 1 BGB, kommen nur Ansprüche aus Eigentum (§§ 985 ff. BGB) und aus ungerechtfertigter Bereicherung (§§ 812 ff. BGB) in Betracht. 5

Der Rückgabeanspruch setzt **nicht** voraus, dass der Mieter unmittelbaren oder mittelbaren **Besitz** an der Mietsache hat. Dieser kann auch nach Aufgabe des Besitzes auf den aktuellen Besitzer einwirken, damit er die Mietsache zurückgibt.[3] Daher besteht der 6

---

[1] BGH, Urt. v. 8.7.1998 – XII ZR 116/96, NZM 1998, 779, 779 f.
[2] BGH, Urt. v. 15.5.2013 – XII ZR 115/11, NZM 2013, 511 Rn. 21.
[3] BGH, Urt. v. 30.6.1971 – VIII ZR 147/69, WuM 1971, 994.

Rückgabeanspruch auch gegen einen *ausgezogenen Mitmieter*[4] sowie gegen einen *untervermietenden Mieter*[5].

7   Hat der Vermieter an **mehrere Mieter** vermietet, schulden diese die Rückgabe der Mietsache nach §§ 431, 421 BGB als *Gesamtschuldner*.[6] Mieter ohne Besitz an der Mietsache haben im Innenverhältnis mit den anderen Mietern einen Anspruch darauf, dass diese bei der Räumung mitwirken. Erfüllt einer der Mieter den Rückgabeanspruch des Vermieters, wirkt dies auch für die übrigen Mieter nach § 422 Abs. 1 BGB.

b) Inhalt

8   Der Rückgabeanspruch des Vermieters aus § 546 Abs. 1 BGB beinhaltet sowohl einen Anspruch auf **Herausgabe** der Mietsache als auch auf deren **Räumung**. Im Gegensatz zur Übergabepflicht es Vermieters aus § 535 Abs. 1 Satz 2 BGB ist die Rückgabepflicht des Mieters **grundsätzlich keine Hauptleistungspflicht** im Sinne der §§ 320 ff. BGB. Nur wenn die Kosten zur Wiederherstellung des ursprünglichen Zustands erheblich sind, kann die Rückgabe ausnahmsweise Hauptleistungspflicht sein.[7]

aa) Herausgabe

9   Die Herausgabe erfordert, dass der Mieter dem Vermieter den **Besitz an der Mietsache** verschafft (§ 854 BGB). Dies geschieht dadurch, dass der Mieter eine *Besitzveränderung zu Gunsten des Vermieters* herbeiführt und der Vermieter hiervon *Kenntnis* erlangt, so dass er ungestört die *Sachherrschaft über die Mietsache ausüben kann*.[8]

10 Zur Herausgabe von **Miethäumen** überträgt der Mieter dem Vermieter den unmittelbaren Besitz in der Regel dadurch, dass er ihm sämtliche **Schlüssel** zur Mietsache zurückgibt, die ihrem Besitzer die tatsächliche Sachherrschaft über die Mietsache vermitteln.[9] Dass der Mieter dem Vermieter den Schlüssel ausschließlich für einen Besichtigungstermin überlässt, genügt nicht zur Herausgabe, weil die Zweckbindung einer ungestörten Sachherrschaft des Vermieters entgegensteht.[10] Auch das Einwerfen der Schlüssel in den Briefkasten der geräumten Mietsache genügt nicht für eine Besitzverschaffung, da der Vermieter damit noch nicht über die Mietsache verfügen kann.[11] *Nachgefertigte Schlüssel* muss der Mieter ebenfalls übergeben (gegen Kostenerstattung) oder unbrauchbar machen, weil der Mieter seinen Besitz sonst nicht vollständig aufgibt.[12] Bei *Schlüsselverlust* kann der Mieter den Besitz an der Mietsache vollständig aufgeben, indem er dem Vermieter alle vorhandenen Schlüssel zurückgibt und das Abhandenkommen der fehlenden Schlüssel mitteilt. Zur Besitzübertragung können die Vertragsparteien auch vereinbaren, dass ein *Dritter* die Mietsache bzw. die Schlüssel für den Vermieter entgegennimmt (z. B. Hausverwalter, Nachmieter). Inwieweit ein Hausmeister empfangsberechtigt ist, hängt von der konkreten Ausgestaltung seiner Tätigkeit ab.[13]

11 Zur Herausgabe von frei zugänglichen **Grundstücken** genügt nach § 854 Abs. 2 BGB die Einigung über den Übergang der Sachherrschaft vom Mieter auf den Vermieter.[14]

---

[4] BGH, Beschl. v. 22.11.1995 – VIII ARZ 4/95, NJW 1996, 515.
[5] BGH, Urt. v. 12.8.2009 – XII ZR 76/08, NZM 2009, 701 Rn. 20.
[6] BGH, Urt. v. 29.10.1975 – VIII ZR 136/74, NJW 1976, 287, 287.
[7] BGH, Beschl. v. 2.10.1996 – XII ZR 65/95, WuM 1997, 217.
[8] BGH, Urt. v. 19.11.2003 – XII ZR 68/00, NJW 2004, 774, 775.
[9] BGH, Urt. v. 10.1.1983 – VIII ZR 304/81, NJW 1983, 1049, 1050.
[10] OLG München, Urt. v. 12.7.1996 – 21 U 4334/95, ZMR 1996, 557.
[11] BGH, Urt. v. 12.10.2011 – VIII ZR 8/11 NJW 2012, 144 Rn. 16.
[12] M. J. Schmid MDR 2010, 1367, 1370; OLG München, Urt. v. 17.9.1986 – 21 U 5063/85, DWW 1987, 124.
[13] BGH, Urt. v. 23.10.2013 – VIII ZR 402/12, NJW 2014, 684 Rn. 18.
[14] OLG Hamm, Urt. v. 23.8.2012 – 10 U 68/12, NZM 2013, 234, 235.

I. Rückgabe der Mietsache

Neben der Mietsache muss der Mieter **mitvermietete bewegliche Sachen** wie Möbel 12
oder Haushaltsgeräte sowie **Zubehör** der Mietsache nach § 97 BGB wie Schlüssel an den
Vermieter zurückgeben. Soweit die Vertragsparteien keine Vereinbarung über die Mietvermietung von *Einbauküchen* treffen, ist die jeweilige regionale Verkehrsanschauung
maßgeblich[15], ob der Mieter die Rückgabe der Einbauküche als wesentlicher Bestandteil
der Mietsache (§ 94 Abs. 2 BGB) oder als deren Zubehör schuldet.

Der **Untermieter** kann die Herausgabepflicht des Mieters dadurch erfüllen, dass er die 13
Mietsache an den Hauptvermieter zurückgibt.[16]

bb) Räumung

(1) **Bewegliche Sachen.** Die Räumung erfordert, dass der Mieter die **eingebrachten** 14
Gegenstände wie Möbel, Hausstand oder Maschinen vollständig aus der Mietsache entfernt.[17]

Vom **Vormieter** durch Vereinbarung **übernommene Gegenstände** muss der Mieter 15
entfernen; dies gilt nicht, wenn er sie lediglich in der Mietsache *vorgefunden* hat.[18]

Soweit der Vermieter sein *Pfandrecht* aus § 562 BGB an den *eingebrachten Gegen-* 16
ständen des Mieters geltend macht, entfällt dessen Räumungspflicht.

(2) **Einrichtungen.** Einrichtungen, mit denen der Mieter die Mietsache versehen hat, 17
muss der Mieter nach § 546 Abs. 1 BGB am Ende der Mietzeit grundsätzlich **entfernen**.[19]
Diese Entfernungs*pflicht* ist das Gegenstück zum Wegnahme*recht* des Mieters aus § 539
Abs. 2 BGB (siehe Rn. I 166 ff.).

Einrichtungen sind bewegliche Sachen, welche der Mieter mit der Mietsache *kör-* 18
perlich verbindet (z. B. durch Verschrauben), damit sie deren Zweck dienen.[20] Wenn die
Verbindung wie in der Regel nur zu einem vorübergehenden Zweck erfolgt, bleiben
Einrichtungen trotz fester Verbindung eine *bewegliche Sache* des Mieters (§ 95 Abs. 2
BGB). Aber auch wenn der Mieter ausnahmsweise sein Eigentum durch Verbindung mit
der Mietsache an den Vermieter verliert (§§ 946, 93 ff. BGB), berührt dies die Entfernungspflicht des Mieters für die Einrichtung nicht, weil er nach § 539 Abs. 2 BGB zur
Abtrennung und *Wiederaneignung befugt* ist.[21] Zusammenfassend kann man daher festhalten, dass die Räumungspflicht aus § 546 Abs. 1 BGB auch auf die *wieder abtrenn-*
baren eingebrachten beweglichen Sachen des Mieters erfasst. Vom Vormieter durch
Vereinbarung *übernommene Einrichtungen*, muss der Mieter bei Ende der Mietzeit
entfernen.[22]

Beispiele für Einrichtungen des Mieters sind Einbauküchen[23], Toiletten und Badein- 19
richtungen[24], Bodenbeläge[25], eine Klimaanlage im EDV-Raum nebst Leitungsnetz und

---

[15] BGH, Versäumnisurt. v. 20.11.2008 – IX ZR 180/07, NJW 2009, 1078 Rn. 28 ff.
[16] BGH, Urt. v. 4.10.1995 – XII ZR 215/94, NJW 1996, 46, 47; siehe Kapitel I.I.2.
[17] BGH, Urt. v. 19.10.1995 – IX ZR 82/94, NJW 1996, 321, 322; BGH, Urt. v. 10.7.2002 – XII ZR 107/99, NJW 2002, 3234, 3234.
[18] OLG Hamburg, Urt. v. 13.6.1990 – 4 U 118/89, ZMR 1990, 341.
[19] BGH, Urt. v. 8.7.1981 – VIII ZR 326/80, NJW 1981, 2564, 2565.
[20] BGH, Urt. v. 13.5.1987 – VIII ZR 136/86, NJW 1987, 2861, 2861.
[21] BGH, Urt. v. 8.7.1981 – VIII ZR 326/80, NJW 1981, 2564, 2565; BGH, Urt. v. 12.6.1991 – XII ZR 17/90, NJW 1991, 3031, 3031.
[22] OLG Köln, Urt. v. 15.6.1998 – 19 U 259/97, NZM 1998, 767 betreffend einen Pachtvertrag.
[23] BGH, Versäumnisurt. V. 20.11.2008 – IX ZR 180/07, NZM 2009, 121 Rn. 31; OLG München, Urt. v. 22.6.1984 – 18 U 2537/84, WuM 1985, 90.
[24] OLG Düsseldorf, Beschl. v. 4.8.2011 – 24 U 48/11, GE 2012, 129.
[25] OLG Frankfurt, Urt. v. 6.5.1986 – 8 U 164/85, ZMR 1986, 358.

Telefonanlage[26] sowie in Ausnahmefällen umpflanzbare Pflanzen[27]. Auch *Namens- und Firmenschilder* sind als Einrichtungen am Ende der Mietzeit zu entfernen; Geschäftsraummieter dürfen jedoch aufgrund allgemeiner Verkehrssitte für angemessene Zeit ein Hinweisschild mit ihrer neuen Adresse belassen.[28]

20 **Keine Entfernungspflicht** besteht, soweit der Vermieter die Wegnahme durch Zahlung einer angemessenen Entschädigung abwendet nach §§ 552 Abs. 1, 578 Abs. 2 BGB (**Abwendungsbefugnis** des Vermieters bei Raummiete, siehe Rn. I 167).

21 Nach Wegnahme einer Einrichtung muss der Mieter diese nach § 258 Satz 1 BGB auf seine Kosten in den **früheren Zustand versetzen**, der vor dem Abbringen der Einrichtung bestand. Verbleibt dabei eine Beschädigung der Mietsache, ist der Mieter dem Vermieter nach §§ 280 Abs. 1, 251 Abs. 1 BGB zum Schadensersatz in Geld verpflichtet.[29]

22 Die Entfernungspflicht für Mietereinrichtungen **entfällt**, wenn die Vertragsparteien einen Verzicht vereinbaren. Eine *Zustimmung* des Vermieters zu Veränderungen der Mietsache beinhaltet in der Regel keinen konkludenten Verzicht auf den Rückbau, weil sie nur für die Mietzeit gilt.[30] Keine Entfernungspflicht besteht, soweit der Mieter sich gegenüber dem Vermieter zum Einbringen von Einrichtungen *verpflichtet* hat. Soweit Mietereinrichtungen die Mietsache nach dem Willen der Vertragsparteien erst in einen *vertragsgemäßen Zustand* versetzen, entfällt die Entfernungspflicht am Ende der Mietzeit entsprechend dem Rechtsgedanken des § 536a Abs. 2 BGB.[31] Will der Vermieter die Räume nach Beendigung des Mietverhältnisses so *umbauen*, dass die Wiederherstellungsarbeiten des Mieters wieder beseitigt werden, entfällt die Entfernungspflicht des Mieters in ergänzender Auslegung des Mietvertrags nach § 157 BGB.[32] Ein *Geldausgleich* steht dem Vermieter *nicht* zu, weil die entfallene Entfernungspflicht – anders als die Pflicht zur laufenden Ausführung von Schönheitsreparaturen – keinen Entgeltcharakter hat.[33]

23 **(3) Bauliche Veränderungen.** Bauliche Veränderungen sind Veränderungen, die der Mieter an der Mietsache vorgenommen hat und – anders als Einrichtungen – *nicht zerstörungsfrei entfernen* kann (z. B. Mauerdurchbrüche, Zusatzwände, Deckenverkleidungen, verklebte Bodenbeläge einschließlich Klebereste, verlegte Rohrleitungen).

24 Diese muss der Mieter nach § 546 Abs. 1 BGB am Ende der Mietzeit wieder **zurückbauen**. Dahinter steht der Grundgedanke, dass der Mieter die Mietsache grundsätzlich in ihrem *ursprünglichen Zustand* zurückgeben muss und hierfür alle von ihm vorgenommenen Veränderungen, Um- und Anbauten an der Mietsache ohne Rücksicht auf die damit verbundenen Kosten beseitigen muss.[34] Ob der Mieter sein Eigentum am Material durch

---

[26] LG Hamburg, Urt. v. 24.1.2012 – 311 O 302/11, ZMR 2012, 871.
[27] OLG Köln, Urt. v. 8.6.1994 – 11 U 242/93, WuM 1995, 268 für einen Baum; LG Detmold, Urt. v. 26.3.2014 – 10 S 218/12, NZM 2014, 434 verneinend für Thujahecke; OLG Düsseldorf, Urt. v. 3.4.1998 – 22 U 161/97, NZM 1998, 1020 verneinend für Rhododendron.
[28] OLG Düsseldorf, Urt. v. 27.5.1988 – 16 U 56/88, NJW 1988, 2545.
[29] OLG Frankfurt, Urt. v. 6.5.1986 – 8 U 164/85, ZMR 1986, 358 juris Rn. 25.
[30] BGH, Urt. v. 17.3.1999 – XII ZR 101/97, NZM 1999, 478, 479.
[31] OLG Düsseldorf, Beschl. v. 3.5.2011 – 24 U 197/10, ZMR 2012, 438 für Teppichboden und Deckenlampen; LG Bochum, Urt. v. 10.02 1967 – 5 S 458/66, NJW 1967, 2015 für Fischbottiche aus Stahlbeton für ein Fischgeschäft; die Notwendigkeit betonierter Bottiche als Verkaufseinrichtung erscheint zweifelhaft.
[32] BGH, Urt. v. 23.10.1985 – VIII ZR 231/84, NJW 1986, 309; zu weiteren Einzelheiten siehe Kapitel I. II.1.b.
[33] BGH, Urt. v. 23.10.1985 – VIII ZR 231/84, NJW 1986, 309; ggf. anders, wenn die Räumungspflicht wegen ihrer wirtschaftlichen Bedeutung ausnahmsweise Hauptleistungspflicht ist, vgl. BGH, Beschl. v. 2.10.1996 – XII ZR 65/95, WuM 1997, 217.
[34] BGH, Urt. v. 14.5.1997 – XII ZR 140/95, NJW-RR 1997, 1216, 1216 für Betonsockel, Bauschutt, Oberflächenbefestigungen auf dem Mietgrundstück; OLG Karlsruhe, Urt. v. 31.10.1985 – 15 U 129/84, NJW-RR 1986, 1394, 1395.

Verbindung mit der Mietsache verloren hat (§§ 946, 93 ff. BGB), ist wie bei Einrichtungen unerheblich.[35]

Keine Rückbaupflicht besteht, wenn der Mieter vertraglich gegenüber dem Vermieter die *Pflicht zum Umbau* der Mietsache übernommen hat[36] oder wenn die Vertragsparteien einen *Verzicht* auf den Rückbau vereinbaren. Eine *Zustimmung* des Vermieters zu Veränderungen der Mietsache beinhaltet in der Regel keinen konkludenten Verzicht auf den Rückbau, da sie grundsätzlich nur für die Mietzeit gilt[37]; Ausnahmen können sich für auf Dauer angelegte rechtmäßige Baumaßnahmen ergeben, vor allem wenn sie die Mietsache objektiv verbessern.[38] Soweit bauliche Veränderungen die Mietsache erst in einen *vertragsgemäßen Zustand* versetzen, entfällt die Räumungspflicht des Mieters entsprechend dem Rechtsgedanken des § 536a Abs. 2 BGB.[39] 25

Die Rückbaupflicht **entfällt** in ergänzender Auslegung des Mietvertrags nach § 157 BGB, wenn der Vermieter die Mietsache nach Beendigung des Mietverhältnisses so **umbauen** will, dass die Rückbaumaßnahmen des Mieters wieder beseitigt werden.[40] Dafür steht dem Vermieter in der Regel kein *Geldausgleich* zu, weil die entfallene Rückbaupflicht – anders als die Pflicht zu laufenden Schönheitsreparaturen – keinen Entgeltcharakter hat.[41] 26

cc) Nicht- und Schlechterfüllung

Erfüllt der Mieter der Anspruch des Vermieters auf Herausgabe und Räumung der Mietsache aus § 546 Abs. 1 BGB **unvollständig,** kann dies aufgrund der grundsätzlichen Unzulässigkeit von **Teilleistungen** nach § 266 BGB entweder eine Nichterfüllung oder eine Schlechterfüllung der Rückgabepflicht darstellen. 27

Bei **Nichterfüllung** schuldet der Mieter dem Vermieter *weiterhin die Rückgabe* der Mietsache nach § 546 Abs. 1 BGB. Wegen der unterbliebenen Rückgabe nach Ablauf der Mietzeit schuldet der Mieter zudem Nutzungsentschädigung nach § 546a Abs. 1 BGB. 28

Bei **Schlechterfüllung** der Rückgabepflicht *erlischt der Rückgabeanspruch* gemäß § 362 Abs. 1 BGB. Der Vermieter hat keinen Anspruch auf Nutzungsentschädigung aus § 546a Abs. 1 BGB mehr, kann aber unter den Voraussetzungen der §§ 280, 281 BGB *Schadensersatz* für den infolge mangelhafter Rückgabe entstehenden Schaden verlangen (z. B. für die Räumung von Gerümpel). Ferner ist der Mieter nach § 286 BGB für den entstehenden *Verzögerungsschaden* ersatzpflichtig (z. B. Mietausfallschaden). Bei Schlechterfüllung des Rückgabeanspruchs darf der Vermieter die Rücknahme der Mietsache *nicht ablehnen.* Andernfalls gerät er in Annahmeverzug (§ 300 BGB), sodass der Mieter nach § 300 BGB privilegiert haftet und den Besitz an der Mietsache nach Maßgabe des § 303 BGB einseitig aufgeben kann.[42] 29

Die **Abgrenzung zwischen Nicht- und Schlechterfüllung** erfolgt im Kern danach, ob der Vermieter trotz des Zurückbleibens der Leistung des Mieters hinter der vollständigen 30

---

[35] BGH, Urt. v. 27.4.1966 – VIII ZR 148/64, ZMR 1966, 238 unter Ziffer 2 betreffend ein Bauwerk auf dem Mietgrundstück.
[36] BGH, Urt. v. 8.11.1995 – XII ZR 202/94, ZMR 1996, 122.
[37] BGH, Urt. v. 19.7.2013 – V ZR 93/12, NJW 2013, 3364 Rn. 8; BGH, Urt. v. 17.3.1999 – XII ZR 101/97, NZM 1999, 478, 479; BGH, Urt. v. 14.5.1997 – XII ZR 140/95, NJW-RR NJW-RR 1997, 1216, 1216; BGH, Urt. v. 13.10.1959 – VIII ZR 193/58, NJW 1959, 2163, 2163 f.
[38] OLG Frankfurt WuM 1992, 56 juris Rn. 180 f; Sternel in Mietrecht aktuell Rn. IV 603.
[39] OLG Düsseldorf, Beschl. v. 3.5.2011 – 24 U 197/10, ZMR 2012, 438; LG Bochum, Urt. v. 10.02 1967 – 5 S 458/66, NJW 1967, 2015; OLG Naumburg, Urt. v. 22.1.2018 – 1 U 108/17, ZMR 2018, 748.
[40] BGH, Urt. v. 23.10.1985 – VIII ZR 231/84, NJW 1986, 309.
[41] BGH, Urt. v. 23.10.1985 – VIII ZR 231/84, NJW 1986, 309; ggf. anders, wenn die Räumungspflicht wegen ihrer wirtschaftlichen Bedeutung ausnahmsweise Hauptleistungspflicht ist, vgl. BGH, Beschl. v. 2.10.1996 – XII ZR 65/95, WuM 1997, 217.
[42] OLG Düsseldorf, Urt. v. 21.1.1999 – 10 U 32/98, NZM 1999, 1142.

Rückgabe wieder über die Mietsache verfügen kann. Wesentlich hierfür ist vor allem eine vollstände **Herausgabe** des Besitzes an allen Mieträumen, da das Zurückbehalten von Teilen der Mietsache nach § 266 BGB grundsätzlich unzulässig ist.[43] Ausnahmsweise kann der Mieter zur Teilrückgabe nach Treu und Glauben gemäß § 242 BGB berechtigt sein, wenn dem Vermieter die Rücknahme bei verständiger Würdigung der Lage des Mieters und der berechtigten Interessen des Vermieters zuzumuten ist,[44] beispielsweise weil der Vermieter ohnehin künftig eine getrennte Vermietung der Teile beabsichtigt. Bei **unvollständiger Räumung** kommt es darauf an, ob diese nur als *teilweise Rückgabe* der Mietsache zu beurteilen ist oder ob eine nur *einzelne Gegenstände* zurückbleiben, die den Vermieter nicht an der Inbesitznahme der Mietsache hindern.[45] Eine unzulässige Teilrückgabe liegt vor, wenn Mietereinrichtungen wie Öltanks auf 10 % der Mietfläche zurückbleiben, deren Entfernung mit erheblichen Kosten verbunden ist und bei Einsatz mehrerer Arbeitskräfte zwei Wochen dauert.[46] Gleiches gilt für das Zurücklassen einer Einbauküche und eines Teppichbodens[47] oder einer Vielzahl von Einrichtungs- und Gebrauchsgegenständen nebst Gerümpel im Keller und auf dem Dachboden[48]. Umgekehrt steht es der Rückgabe nicht entgegen, wenn der Mieter einzelne geringwertige Gegenständen oder geringfügiges Gerümpel zurücklässt.[49]

31 **Im Zweifel** sollte der Vermieter die Mietsache *zurücknehmen*, ihren Zustand im *Übergabeprotokoll* detailliert *festhalten* und sich die spätere Geltendmachung seines Räumungsanspruchs *vorbehalten* (siehe Rn. I 123 ff.). Erfüllt der Mieter die Räumungspflicht nicht innerhalb einer vom Vermieter gesetzten **Nachfrist,** kann der Vermieter statt der Räumung **Schadensersatz** in Höhe der Räumungskosten verlangen. Dies setzt in der Regel eine Nachfristsetzung gemäß §§ 280 Abs. 3, 281 BGB voraus, die nach § 281 Abs. 2 BGB entbehrlich ist, wenn der Mieter die Räumung ernsthaft und endgültig verweigert hat. Ferner kann die Nachfristsetzung für den Schadensersatzanspruch des Vermieters entbehrlich sein, wenn der Vermieter Veränderungen der Mietsache ohne Zustimmung des Vermieters vorgenommen hat.[50]

32 Für vom Mieter **zurückgelassene Gegenstände** hat der Vermieter eine **Obhutspflicht** aus § 241 Abs. 2 BGB. Er muss diese vor Verlust und Beschädigung schützen.[51]

32a Eine **eigenmächtige Räumung** durch den Vermieter ohne Räumungstitel wäre einerseits **verbotene Eigenmacht** im Sinne des § 858 Abs. 1 BGB, gegen die der Mieter nach § 862 Abs. 1 BGB vorgehen kann. Anderseits würde sie eine unzulässige Selbsthilfe nach § 229 BGB darstellen, für deren Folgen der Vermieter nach § 231 BGB verschuldensunabhängig haftet.[52] Hat der Mieter die Räumungspflicht für die Mietsache lediglich *schlecht erfüllt*, darf der Vermieter Abfall und solche Gegenstände entsorgen, an denen der Mieter das Eigentum nach § 959 BGB aufgegeben hat. Im Übrigen muss der Vermieter werthaltige Gegenstände des Mieters angemessene Zeit aufbewahren. Dabei kann sich der Vermieter an dem in § 885a ZPO geregelten beschränkten Vollstreckungsauftrag orientieren (u. a. Dokumentation der Räumung Fotos und ein Verzeichnis der vorgefundenen Gegenstände[53]), sollte dem Mieter vor der Entsorgung aber vorsorglich eine Frist

---

[43] LG Mannheim, Urt. v. 21.10.1964 – 5 S 99/64, ZMR 1965, 211.
[44] BGH, Urt. v. 28.4.1954 – VI ZR 38/53, VersR 1954, 298, juris Rn. 36.
[45] BGH, Beschl. v. 21.1.2014 – VIII ZR 48/13, GE 2014, 661 Rn. 15; BGH, Urt. v. 11.5.1988 – VIII ZR 96/87, NJW 1988, 2665, 2666.
[46] BGH, Urt. v. 11.5.1988 – VIII ZR 96/87, NJW 1988, 2665, 2666.
[47] LG Köln, Urt. v. 4.7.1996 – 1 S 331/95, NJW-RR 1996, 1480.
[48] OLG Hamm, Urt. v. 12.12.1995 – 29 U 80/95, ZMR 1996, 372.
[49] OLG München, Urt. v. 22.12.1995 – 21 U 2049/95, ZMR 1996, 202.
[50] Fervers, WuM 2017, 429, 435.
[51] BGH, Urt. v. 27.4.1971 – VI ZR 191/69, WPM 71, 943, juris Rn. 10.
[52] BGH, Urt. v. 14.7.2010 – VIII ZR 45/09, NJW 2010, 3434.
[53] BGH, Urt. v. 23.6.2017 – V ZR 175/16, NJW 2017, 3656 Rn. 7 ff.

zur Abholung seiner Sachen setzen.⁵⁴ Dabei ist naheliegend, dem Vermieter das Verwahren wichtiger Unterlagen und unersetzlicher persönlicher Gegenständen des Mieters, die wenig Raum beanspruchen, länger zuzumuten als das Verwahren anderer zurückgelassener Gegenstände.

dd) Zustand der Mietsache

Für die Erfüllung der Rückgabepflicht ist der **Zustand** der geräumten Mietsache grundsätzlich **bedeutungslos**.⁵⁵ Es spielt keine Rolle, ob der Mieter die Räume in verwahrlostem oder in nicht vertragsgemäßen Zustand zurückgibt⁵⁶, ob er geschuldete Schönheitsreparaturen ausführt⁵⁷ oder ob er die Mietsache beschädigt oder ungereinigt zurückgibt. Die insoweit bestehenden Ansprüche des Vermieters haben ihre Grundlage nicht in § 546 Abs. 1 BGB. Daher ist ihre Nichterfüllung unabhängig von der Frage der Rückgabe der Mietsache zu würdigen (siehe Rn. I 56 ff.). Schließlich steht eine Abnutzung der Mietsache durch vertragsgemäßen Gebrauch nie der Rückgabe entgegen (§ 538 BGB).

c) Fälligkeit

Nach dem Wortlaut des § 546 Abs. 1 BGB ist der Mieter *nach* Beendigung des Mietverhältnisses verpflichtet, die Mietsache zurückzugeben, so dass die Rückgabe erst am nächsten Tag zu erfolgen hätte (§ 188 Abs. 1 BGB). Überwiegend wird vertreten, dass die Rückgabe bereits **am letzten Tag der Mietzeit** fällig ist, so dass der Vermieter Gelegenheit zur nahtlosen Weitervermietung hat.⁵⁸ Fällt der Rückgabetermin auf einen **Samstag, Sonntag oder gesetzlichen Feiertag** soll der Mieter die Rückgabe nach § 193 BGB erst am nächsten Werktag schulden.⁵⁹ Streitigkeiten über den Rückgabetermin sind durch die formularvertragliche Vereinbarung der Fälligkeit nach § 271 BGB vermeidbar, dass die Rückgabe „spätestens bei Beendigung des Mietverhältnisses" fällig ist.⁶⁰

Ob der Mieter **vor Fälligkeit** berechtigt ist, die Mietsache an den Vermieter zurückzugeben, ist nicht abschließend geklärt. Nach § 271 Abs. 2 BGB besteht ein solches Recht nur im Zweifel. Dagegen sprechen der vorzeitige Beginn der kurzen Verjährung der Ansprüche des Vermieters nach § 548 Abs. 1 BGB und die Belastung des Vermieters mit der Obhutspflicht für die Mietsache.⁶¹ Der Vermieter ist nicht zur jederzeitigen Rücknahme der Mietsache „auf Zuruf" verpflichtet.⁶² Gleiches gilt, wenn eine Gebrauchs- oder Betriebspflicht des Mieters besteht oder wenn der Vermieter ein berechtigtes Interesse daran hat, dass der Mieter seine Obhutspflichten für die Mietsache erfüllt (z. B. Heizen, Lüften, Anzeige von Mängeln und Gefahren für die Mietsache). Ob der Vermieter die Mietsache im letzten Monat der Mietzeit zurücknehmen muss, wird unterschiedlich beurteilt.⁶³

---

⁵⁴ Sternel NZM 2017, 169; J. Emmerich in Bub/Treier Rn. V 43.
⁵⁵ BGH, Urt. v. 11.4.2019 – IX ZR 79/18, juris Rn. 38; BGH, Beschl. v. 13.7.2010 – VIII ZR 326/09, NZM 2010, 815 Rn. 2.
⁵⁶ BGH, Urt. v. 10.1.1983 – VIII ZR 304/81, NJW 1983, 1049, 1050; BGH, Urt. v. 11.5.1988 – VIII ZR 96/87, NJW 1988, 2665, 2666.
⁵⁷ BGH, Beschl. v. 13.7.2010 – VIII ZR 326/09, NZM 2010, 815 Rn. 2.
⁵⁸ Teils unter Berufung auf BGH, Urt. v. 19.10.1988 – VIII ZR 22/88, NJW 1989, 451, 452: „am Tage der Beendigung des Mietverhältnisses"; teils nach § 271 Abs. 1 BGB aus den Umständen gefolgert; kritisch Börstinghaus NZM 2000, 583, 586.
⁵⁹ OLG Hamm, Urt. v. 4.11.1980 – 4 U 136/80, WuM 1981, 40.
⁶⁰ Gather NZM 2002, 719, 721.
⁶¹ Sternel in Mietrecht aktuell Rn. XIII 14.
⁶² BGH, Urt. v. 12.10.2011 – VIII ZR 8/11, NJW 2012, 144 Rn. 19.
⁶³ Dafür OLG Dresden, Urt. v. 20.6.2000 – 23 U 403/00, NZM 2000, 827; a. A. KG, Urt. v. 6.5.1999 – 8 U 1700/98, NZM 2000, 92.

36 Der Anspruch des Vermieters auf **Zahlung der Miete** besteht auch bei vorzeitiger Rückgabe grundsätzlich **bis zum Ende der Mietzeit** fort. Bei **Neuvermietung** vor Ende der Mietzeit entfällt der Anspruch des Vermieters auf Zahlung der Miete aus dem Altmietverhältnis nach § 537 Abs. 2 BGB. Soweit dabei die neue Miete die bisherige Miete unterschreitet und der Vermieter dem Mieter seine Neuvermietungsabsicht bei der Rückgabe angezeigt hat, bleibt der bisherige Mieter nach § 242 BGB zur Zahlung der Mietdifferenz verpflichtet. Er hat maßgeblich zu diesem Mietausfall beigetragen.[64]

37 Eine vom Vermieter gewährte **Räumungsfrist** kann entweder eine *Stundung* des Rückgabeanspruchs oder lediglich die Zusage beinhalten, dass er Vermieter seinen Räumungsanspruch erst nach Fristablauf *gerichtlich geltend* macht.[65] Beide Alternativen berühren die Beendigung des Mietverhältnisses nicht. Da eine Stundung zur Folge hat, dass Ansprüche des Vermieters auf Nutzungsentschädigung aus § 546a Abs. 1 BGB und auf Ersatz des Verzugsschadens aus §§ 546a Abs. 2, 286 BGB entfallen, ist in der Regel nur ein Absehen von der gerichtlichen Geltendmachung gewollt.[66] Unklarheiten kann der Vermieter durch die *Klarstellung* vermeiden, dass mit dem Gewähren der Räumungsfrist keine Stundung seiner Ansprüche verbunden ist.

38 Gegen den Rückgabeanspruch kann der Mieter nach §§ 570, 578 BGB **kein Zurückbehaltungsrecht** ausüben. Dies gilt auch, wenn der Vermieter Eigentümer der Mietsache ist und der konkurrierende Herausgabeanspruch aus § 985 BGB nicht besteht, weil der Mieter im Verhältnis zum Eigentümer nach § 986 Abs. 1 Satz 1 BGB besitzberechtigt ist[67] oder die Verwendungseinrede aus § 1000 Satz 1 BGB erhebt. Dies soll verhindern, dass der Mieter die wertvolle Nutzung der Mietsache wegen geringfügiger Gegenforderungen nach §§ 273 oder 320 BGB zurückhält (z.B. auf Verwendungsersatz oder auf Abrechnung von Betriebskosten).[68] Die Berufung des Vermieters auf § 570 BGB kann nach § 242 BGB *treuwidrig* sein, wenn er dem Mieter den herausgeforderten Besitz sofort wieder einräumen muss.[69]

d) Verjährung

39 Der Rückgabeanspruch aus § 546 Abs. 1 BGB verjährt in der Regel nach §§ 195, 199 BGB in **drei Jahren** ab dem Schluss des Jahres, in dem die Rückgabe der Mietsache fällig ist. Auf die zehnjährige Höchstfrist des § 199 Abs. 4 BGB kommt es nur an, wenn der Vermieter die anspruchsbegründenden Umstände weder kennt noch grob fahrlässig nicht kennt. Praktisch ist die Verjährung des Rückgabeanspruchs kaum relevant, weil die Duldung der Nutzung durch den Vermieter gegen laufende Entgeltzahlung durch den Mieter eine konkludente Begründung eines neuen Mietverhältnisses nahelegen (siehe Rn. B 27).

2. Rückgabeanspruch gegen Dritte

40 Der Rückgabeanspruch gegen Dritte aus § 546 Abs. 2 BGB ist ein **gesetzlicher Schuldbeitritt** des Dritten zur Rückgabeschuld des Mieters aus § 546 Abs. 1 BGB.[70] Dies ist vor allem für die Vermieter wichtig, die mangels Eigentums keine Herausgabe der Mietsache nach § 985 BGB verlangen können (z.B. Zwischenvermieter).

---

[64] BGH, Urt. v. 31.3.1993 – XII ZR 198/91, NJW 1993, 1645, 1646.
[65] BGH, Urt. v. 29.4.1987 – VIII ZR 258/86, NJW-RR 1987, 907, 907 f.
[66] BGH, Beschl. v. 23.8.2006 – XII ZR 214/04, NZM 2006, 820.
[67] BGH, Urt. v. 8.7.1998 – XII ZR 116/96, NZM 1998, 779, 779 f.
[68] BGH, Urt. v. 31.1.2003 –V ZR 333/01, NJW 2003, 1317, 1318.
[69] BGH, Urt. v. 8.7.1998 – XII ZR 116/96, NZM 1998, 779, 780.
[70] BGH, Urt. v. 21.1.1981 – VIII ZR 41/80, NJW 1981, 865, 866.

a) Voraussetzungen

Tatbestandlich erfordert der Rückgabeanspruch aus § 546 Abs. 2 BGB erstens die **Beendigung des mit dem Mieter bestehenden Mietverhältnisses** (siehe Rn. I 5).

Zweitens muss der Mieter **den Gebrauch der Mietsache einem Dritten überlassen haben**, beispielsweise einem Untermieter (siehe Rn. C 58 ff.). Der Rückgabeanspruch gegen den Dritten erfordert nicht, dass dieser Besitzer der Mietsache ist.[71] Allerdings kann eine Rückgabe der Mietsache an den Mieter das Erlöschen des Rückgabeanspruchs aus § 546 Abs. 2 BGB zur Folge haben.[72]

Drittens muss der Vermieter vom Dritten die **Rückgabe verlangen**. Dies folgt sowohl aus dem Wortlaut des § 546 Abs. 2 BGB („kann ... zurück*fordern*") als auch aus der praktischen Notwendigkeit, den Dritten über die Beendigung des Mietverhältnisses zu informieren. Nicht abschließend geklärt ist, ob das Rückgabeverlangen Anspruchs–[73], Fälligkeits- oder Verzugsvoraussetzung ist. Bevollmächtigte des Vermieters sollten dem Rückgabeverlangen daher eine Originalvollmacht beifügen, um eine erfolgreiche Vollmachtsrüge des Dritten nach § 174 Satz 1 BGB auszuschließen (siehe Rn. H 61 ff.). Eine bestimmte Form ist für das Rückgabeverlangen nicht vorgesehen; aus Beweisgründen sollte der Vermieter die Rückgabe stets schriftlich und mit Zugangsnachweis fordern (siehe Rn. H 114 ff.). Die Rückforderung vom Dritten ist vor Beendigung des Mietverhältnisses zulässig (z. B. gleichzeitig mit ordentlicher Kündigung des Mietverhältnisses gegenüber dem Mieter).

Im **Rückgabeverlangen** sollte der Vermieter einer *Begründung eines Mietverhältnisses* mit dem Dritten durch schlüssiges Verhalten *widersprechen*. Hierzu sollte der Vermieter klarstellen, dass er etwaige Mietzahlungen des Dritten nicht als Miete annimmt, sondern zur Befriedigung seiner gesetzlichen Ersatzansprüche zurückbehält (z. B. aus dem Eigentümer-Besitzer-Verhältnis gemäß §§ 987 ff. BGB). Eine vertragslose Nutzung durch den Dritten ohne Begründung eines Mietverhältnisses darf wegen des Verbots widersprüchlichen Verhaltens aus § 242 BGB nur kurze Zeit dauern. Insoweit obliegt dem Vermieter, seinen Räumungsanspruch gegen den Dritten zeitnah gerichtlich geltend zu machen.

Da der Rückgabeanspruch gegen den Dritten von der Rückgabepflicht des Mieters abhängt, kann sich der Dritte mit allen **Einwendungen des Mieters** verteidigen (z. B. Unwirksamkeit der Kündigung des Mietverhältnisses). Hat der Vermieter dem Mieter eine Räumungsfrist gewährt, gilt diese auch für den Dritten.[74] Umgekehrt besteht nach §§ 570, 578 BGB kein Zurückbehaltungsrecht des Dritten gegen den Rückgabeanspruch des Vermieters.[75] Bei **gewerblicher Weitervermietung** von Wohnraum und in vergleichbaren Ausnahmefällen ist der Dritte dadurch geschützt, dass der Vermieter mit Beendigung des Hauptmietverhältnisses in das Untermietverhältnis eintritt nach § 565 Abs. 1 Satz 1 BGB (siehe Rn. G 33 ff.).

b) Inhalt

Inhaltlich umfasst der Rückgabeanspruch gegen den Dritten sowohl die **Herausgabe** als auch die *Räumung* der Mietsache. Der Umfang der Rückgabeansprüche des Vermieters gegen den Dritten und den Mieter aus § 546 Abs. 1 bzw. Abs. 2 BGB ist weitgehend gleich.[76] Eine Begründungsmöglichkeit ist, dass es sich bei § 546 Abs. 2 BGB um

---

[71] BGH, Beschl. v. 22.11.1995 – VIII ARZ 4/95, NJW 1996, 515, 516.
[72] OLG München, Beschl. v. 8.12.1988 – 21 W 3055/88, NJW-RR 1989, 524.
[73] RG, Urt. v. 15.11.1937 – IV 152/37, RGZ 156, 150, 155.
[74] AG Aachen, Urt. v. 18.10.1989 – 11 C 448/89, WuM 1990, 150.
[75] OLG Hamm, Urt. v. 17.1.1992 – 30 U 36/91, NJW-RR 1992, 783, 784 f.
[76] BGH, Beschl. v. 22.11.1995 – VIII ARZ 4/95, NJW 1996, 515, 516.

einen gesetzlichen Schuldbeitritt des Dritten zur Rückgabepflicht des Mieters aus § 546 Abs. 1 BGB handelt.[77]

46a Inwieweit **Einschränkungen** der Räumungspflicht geboten sind, um den Dritten nicht übermäßig mit vertraglichen Pflichten des Mieters zu belasten, ist noch nicht abschließend geklärt. Sieht man den Hauptzweck des § 546 Abs. 2 BGB in der erleichterten Besitzerlangung durch den Vermieter, genügt der Dritte seiner Räumungspflicht, indem er die Mietsache so zurückgibt, dass der Vermieter hierüber verfügen kann; soweit das Unterlassen der Räumung lediglich eine Schlechterfüllung der Räumungspflicht darstellt (z. B. Zurücklassen von geringfügigem Gerümpel), kann der Vermieter den Dritten nicht nach § 546 Abs. 2 BGB auf Räumung in Anspruch nehmen.[78] Gleiches gilt für Ansprüche gegen den Mieter, die sich nicht aus § 546 Abs. 1 BGB ergeben, sondern aus dem Mietvertrag (z. B. Schönheitsreparaturen, Beseitigung vom Mieter verursachter Schäden). Unabhängig davon muss der Dritte sämtliche baulichen Änderungen und Einrichtungen beseitigen, die er *selbst* an der Mietsache vorgenommen hat.[79]

47 Mieter und Dritter schulden dem Vermieter die Rückgabe der Mietsache als **Gesamtschuldner** nach §§ 431, 421 BGB. Der Vermieter kann die Rückgabe an sich oder an den Mieter verlangen.[80] Der Dritte kann sich der Rückgabepflicht gegenüber dem Vermieter dadurch entziehen, dass er die Mietsache *an den Mieter zurückgibt*.[81] Dadurch vermeidet er, dass der Vermieter an ihn zu weitgehende Räumungsforderungen stellt, die nur im Verhältnis zum Mieter bestehen. Die Erfüllung der Rückgabepflicht durch einen Rückgabeschuldner wirkt nach § 422 Abs. 1 BGB auch für den anderen.

48 Damit der Vermieter die Herausgabe und Räumung der Mietsache auch gegen Dritte zwangsweise durchsetzen kann, benötigt er auch insoweit einen **Räumungstitel**.[82]

3. Räumungsvollstreckung

49 Hat der Vermieter einen vollstreckbaren **Räumungstitel** erwirkt (z. B. ein Räumungsurteil oder -vergleich) und hat der Mieter die Mietsache nicht fristgerecht zurückgegeben, kann der Vermieter aus dem Titel die Zwangsvollstreckung betreiben.[83] Der Räumungstitel muss für den Mieter und alle weiteren Personen vorliegen, die Mitbesitz an der Mietsache haben.[84] *Minderjährige Kinder* des Mieters haben grundsätzlich keinen Mietbesitz an der Mietsache, auch wenn sie während der Mietzeit volljährig werden.[85] Eine namentliche Bezeichnung der Räumungsschuldner ist nach § 750 Abs. 1 ZPO auch dann nicht entbehrlich, wenn dies den Vermieter vor erhebliche Schwierigkeiten stellt.[86]

50 Bei der **klassischen Räumungsvollstreckung** nach § 885 ZPO weist der beauftragte Gerichtsvollzieher den Vermieter wieder in den *Besitz* an der Mietsache ein (Herausgabe) und entfernt die Sachen des Mieters aus der Mietsache (Räumung), gegebenenfalls unter Zuhilfenahme von Fachfirmen wie Schlosser oder Spedition.

51 Zum Vollstrecken von **Rückbaupflichten** betreffend Einrichtungen, Aufbauten, Fundamente und sonstige bauliche Anlagen des Mieters, benötigt der Vermieter zusätzlich

---

[77] BGH, Urt. v. 21.1.1981 – VIII ZR 41/80, NJW 1981, 865, 866.
[78] Vgl. Streyl in Schmidt-Futterer, 13. Aufl. 2017 § 546 Rn. 104 f.
[79] BGH, Beschl. v. 17.1.2001 – XII ZB 194/99, NJW 2001, 1355, 1356.
[80] OLG München, Beschl. v. 8.12.1988 – 21 W 3055/88.
[81] BGH, Urt. v. 4.10.1995 – XII ZR 215/94, NJW 1996, 46, 47.
[82] BGH, Beschl. v. 18.7.2003 – IXa ZB 116/03, NJW-RR 2003, 1450.
[83] Grundlegend Schuschke NZM 2012, 209.
[84] BGH, Beschl. v. 25.6.2004 – IXa ZB 29/04, NJW 2004, 3041.
[85] BGH, Beschl. v. 19.3.2008 – I ZB 56/07, NJW 2008, 1959.
[86] BGH, Beschl. v. 13.7.2017 – I ZB 103/16, NZM 2018, 164 Rn. 8 ff. betreffend ein „Kulturkollektiv Arno-Nitzsche".

einen **gesonderten Beseitigungstitel** nach § 887 ZPO,[87] der ihm erlaubt, die jeweiligen *vertretbaren Handlungen* selbst vorzunehmen oder durch einen Dritten vornehmen zu lassen. Den Beseitigungsanspruch aus § 546 Abs. 1 BGB kann der Vermieter auch noch nach einem rechtskräftigen Räumungsurteil gerichtlich geltend machen, wenn sein Beseitigungsanspruch nicht nach § 548 Abs. 1 BGB verjährt ist.[88]

Zur Beschleunigung der Räumung und zur Meidung hoher Kosten einer umfassenden Räumungsvollstreckung kann der Vermieter nach § 885a ZPO einen **beschränkten Vollstreckungsauftrag** erteilen, der nur auf die Wiedereinweisung in den *Besitz* an der Mietsache (Herausgabe) gerichtet ist. In diesem Fall dokumentiert der Gerichtsvollzieher die vorhandenen Sachen des Mieters und belässt sie in der Mietsache. Der Vermieter kann die Sachen selbst wegschaffen, mindestens einen Monat ab Besitzeinweisung verwahren und nach vorheriger Ankündigung verwerten. Auf das Bestehen eines Vermieterpfandrechts und die Voraussetzungen einer Pfandverwertung nach §§ 562 ff., 578 BGB kommt es nicht an; dies ist lediglich bei der so genannten **Berliner Räumung** relevant, bei der die Verzichtbarkeit der Räumungsvollstreckung auf dem Vermieterpfandrecht an den eingebrachten Sachen des Mieters beruht.[89] Unpfändbare Sachen (§ 811 ZPO) und Sachen, bei denen ein Verwertungserlös nicht zu erwarten ist, hat der Vermieter an den Mieter herauszugeben.[90]

52

Wird der Mieter verurteilt, die Mietsache an den Vermieter herauszugeben und nach fruchtlosem Ablauf einer ihm zur Herausgabe gesetzten Frist **Schadensersatz statt der Leistung** zu zahlen, kann mit Fristablauf der titulierte Herausgabeanspruch nach §§ 281 Abs. 4 BGB, 255 Abs. 1 ZPO ausgeschlossen und der Schuldner nur noch zur Zahlung des ausgeurteilten Schadensersatzes verpflichtet sein.[91]

53

Um den Mieter von **Wohnraum** vor Obdachlosigkeit oder einem Umzug in unzumutbaren Ersatzwohnraum zu schützen, kann das Gericht ihm auf Antrag oder von Amts wegen nach § 721 ZPO eine **Räumungsfrist** von **bis zu einem Jahr** gewähren.[92] Dies begründet ein vorübergehendes Vollstreckungshindernis.

54

Zur **Beschleunigung der Vollstreckung** gegen den **Wohnraummieter** bestehen drei Möglichkeiten **einstweiligen Rechtsschutzes**:

55

- Auf Antrag kann das Vollstreckungsgericht nach § 940a Abs. 2 ZPO die **Räumungsvollstreckung gegen Dritte** anordnen, die im Besitz der Mietsache sind, vor allem gegen plötzlich auftauchende Untermieter. Dies setzt voraus, dass erstens ein vollstreckbarer Räumungstitel gegen den Mieter vorliegt, zweitens ein Dritter im Besitz der Mietsache ist und drittens der Vermieter vom Besitzerwerb des Dritten erst nach dem Schluss der mündlichen Verhandlung des Räumungsstreits Kenntnis erlangt hat.[93] Für **Geschäftsraum** wird die entsprechende Anwendung des § 940a Abs. 2 ZPO überwiegend bejaht.[94] Teilweise werden Lösungen über einen Anspruch des Vermieters

---

[87] OLG Düsseldorf, Beschl. v. 26.2.2015 24 W 81/14, NZM 2015, 895, 895.
[88] OLG Düsseldorf, Beschl. v. 26.2.2015 24 W 81/14, NZM 2015, 895, 895.
[89] BGH, Beschl. v. 17.11.2005 – I ZB 45/05, NJW 2006, 848.
[90] Zur Vertiefung vgl. Lehmann-Richter NZM 2014, 257.
[91] BGH, Urt. v. 9.11.2017 – IX ZR 305/16, NJW 2018, 786 Rn. 5 ff. betreffend ein Chorarchiv.
[92] Zur Abwägung des Wiedererlangungsinteresses des Vermieters gegen das Bestandsinteresse des Mieters vgl. Lehmann-Richter in Schmidt-Futterer, § 721 ZPO Rn. 17 ff.
[93] Zur früheren Rechtslage BGH, Beschl. v. 19.3.2008 – I ZB 56/07, NJW 2008, 1959.
[94] OLG München, Beschl. v. 12.12.2017 – 32 W 1939/17, ZMR 2018, 220; LG Krefeld, Beschl. v. 8.3.2016 – 2 S 60/15 ZMR 2016, 448; LG Hamburg, Urt. v. 27.6.2013 – 334 O 104/13, NJW 2013, 3666; Fleindl ZMR 2014, 938; Hinz NZM 2012, 793; a. A. KG Berlin, Beschl. v. 5.9.2013 – 8 W 64/13, NJW 2013, 3588; OLG Celle, Beschl. v. 24.11.2014 – 2 W 237/14, NZM 2015, 166; für die Berücksichtigung der Wertung des § 940a Abs. 2 BGB im Rahmen des § 940 ZPO OLG München, Beschl. v. 12.12.2017 – 32 W 1939/17, ZMR 2018, 220 und OLG Dresden, Urt. v. 29.11.2017 – 5 U 1337/17, NZM 2018, 335 Rn. 16 ff.

gegen den Mieter aus § 1004 Abs. 1 Satz 2 BGB auf Unterlassung von Untervermietungen gesucht.[95]
- Auf Antrag kann das Vollstreckungsgericht die Räumung der Mietsache im laufenden Räumungsprozess durch **Räumungsverfügung** nach § 940a Abs. 3 BGB anordnen. Diese Möglichkeit hat der Gesetzgeber zur Bekämpfung so genannter *Mietnomaden* geschaffen, die Wohnungen ohne Zahlungsabsicht anmieten. Wesentliches Erfordernis ist, dass der eingeklagte Räumungsanspruch auf einer *fristlosen Kündigung wegen Zahlungsverzugs* nach § 543 Abs. 2 Nr. 3 BGB beruht und dass der Mieter für die gleichzeitig eingeklagten *Mietrückstände* entgegen einer *gerichtlichen Sicherungsverfügung* nach § 283a ZPO nicht fristgerecht Sicherheit leistet. Die entsprechende Anwendung des § 940a Abs. 3 ZPO auf andere Mietsachen als Wohnraum als Wohnraum ist noch nicht abschließend geklärt.
- Auf Antrag kann das Vollstreckungsgericht zur **Verhinderung drohender Gewalt** bei konkreter Gefahr für Leib und Leben die Räumung der Wohnung nach § 940a Abs. 1 BGB anordnen.[96]

II. Zustand der Mietsache bei Rückgabe

56 In § 546 Abs. 1 BGB ist nicht geregelt, in welchem Zustand der Mieter die Rückgabe der Mietsache am Ende der Mietzeit schuldet.

57 Hierfür ist zunächst die Vereinbarung der Vertragsparteien maßgeblich, die sowohl Ansprüche des Vermieters schaffen (z. B. Renovierungspflichten) als auch vernichten kann (z. B. Verzicht auf Rückbau von Mietereinrichtungen). Daneben sind gesetzlichen Regelungen wie § 538 BGB, § 539 Abs. 2 BGB und §§ 280 Abs. 1, 249 ff. BGB zu beachten.

58 Der Vermieter kann seine Ansprüche in Bezug auf den Zustand der Mietsache vor allem durch vorbehaltlose Rückgabe verlieren (siehe Rn. I 128). Daneben droht beiden Vertragsparteien ein Rechtsverlust durch den Ablauf der kurzen Verjährung des § 548 Abs. 1 BGB (siehe Rn. I 114 ff.).

1. Schönheitsreparaturen

59–62

Fall 11: Malen nach Zahlen
V vermietete M eine in weißer Farbe komplett renovierte Wohnung bestehend aus einem Wohnzimmer, einem Schlafzimmer, einer Küche, einem Bad und einem Flur.
Der Mietvertrag enthält folgende Formularklausel:
„§ 5 Schönheitsreparaturen
(1) Der Mieter führt die laufenden Schönheitsreparaturen auf eigene Kosten aus.
(2) Die Schönheitsreparaturen sind fällig, sobald die Abnutzung der Räume durch den Mieter dies erfordert. Für das Streichen der Wände und Decken entsteht ein Renovierungsbedarf im Allgemeinen innerhalb folgender Fristen:
in Küchen, Bädern und Duschen   alle 5 Jahre,
in Wohnräumen, Schlafräumen, Fluren, Dielen und Toiletten   alle 8 Jahre und
in Nebenräumen wie Abstellräumen oder Besenkammern   alle 10 Jahre.
(3) Bei Beendigung des Mietverhältnisses schuldet der Mieter für die noch nicht fälligen Schönheitsreparaturen eine zeitanteilige Abgeltungszahlung für die Schönheitsreparaturkos-

---

[95] OLG München, Beschl. v. 4.9.2017 – 7 W 1375/17, NZM 2017, 813.
[96] Vgl. Streyl in Schmidt-Futterer § 940a ZPO Rn. 14.

> ten des Vermieters, die nach dem Kostenvoranschlag eines Malerfachgeschäfts ermittelt werden."
> Das Mietverhältnis endete nach *fünf Jahren Mietzeit*. Die Abnutzung der Mieträume durch M entspricht den Erfahrungswerten des vereinbarten Fristenplans. Welche Ansprüche hat V gegen M wegen Schönheitsreparaturen?
> **Variante:** Wie ist die Rechtslage, wenn V dem M zu Mietbeginn die zuletzt vor zehn Jahren in weißer Farbe gestrichene Wohnung übergibt und bei Rückgabe drei Wände farbig gestrichen sind, im Schlafzimmer rot, im Badezimmer blau und in der Küche gelb? Es handelt sich um kräftige Farben, die erst nach zweifachem Überstreichen mit weißer Farbe nicht mehr durchscheinen.

Damit Ansprüche des Vermieters wegen Schönheitsreparaturen gegen den Mieter bestehen können, müssen die Vertragsparteien diese Vermieterpflicht **wirksam auf den Mieter übertragen** haben, beispielsweise durch eine wirksame Schönheitsreparatur- oder Erhaltungsklausel (siehe Rn. C 145 ff. und C 191 ff.). Ist die Wirksamkeit einer Schönheitsreparaturklausel **ungewiss** kann der Mieter vom Vermieter verlangen, dass dieser sich darüber erklärt, ob er Renovierungsarbeiten vom Mieter verlangt. Unterbleibt dies, kann der Mieter die Wirksamkeit der Schönheitsreparaturklausel gerichtlich durch **Feststellungsklage** klären.[97] Unabhängig von der Wirksamkeit der Übertragungsvereinbarung kommt ein Schadensersatzanspruch des Vermieters gegen den Mieter in Betracht, wenn dieser eine bei Mietbeginn in neutraler Dekoration übernommene Wohnung in ausgefallener farblicher Dekoration zurückgibt (sog. **Farbexzess**, siehe Rn. I 71 ff.).

63

a) Vornahme

Der Anspruch des Vermieters auf Ausführung der Schönheitsreparaturen durch den Mieter am Ende der Mietzeit erfordert neben einer wirksamen Übertragungsvereinbarung (siehe Rn. C 149 ff. bzw. C 191 ff.), dass die Schönheitsreparaturen **fällig** sind. Dazu muss bei *objektiver Betrachtung ein Renovierungsbedarf* bestehen,[98] beispielsweise weil die Räume durch Vergilbung oder Verschmutzung unansehnlich sind. Darlegungs- und beweispflichtig für den Renovierungsbedarf ist der Vermieter. *Fristenpläne* mit Renovierungsintervallen von fünf, acht und zehn Jahren dürften für Wohnräume als Orientierungshilfe dienen; bei Geschäftsraum gilt dies nur, soweit die Nutzung mit einer Wohnraumnutzung vergleichbar ist.

64

Schönheitsreparaturen, die am Ende der Mietzeit **nicht fällig** sind, schuldet der Mieter nicht. So kann eine kurze Mietzeit von z. B. fünf Jahren dazu führen, dass der Mieter nur Renovierungsarbeiten in stärkerem Verschleiß unterliegenden Räumen wie Küche und Bad schuldet, während er in den weniger abgenutzten Räumen keine Schönheitsreparaturen schuldet.

65

Ausgeschlossen ist der Anspruch des Vermieters auf Vornahme der Schönheitsreparaturen nach § 242 BGB, wenn diese nach Beendigung dadurch **wieder zerstört** würden, dass der Vermieter die Mietsache umbaut[99]; die bloße Umbau*absicht* des Vermieters genügt insoweit nicht.[100] Als Ausgleich für das Entfallen der Schönheitsreparaturpflicht kommt ein Anspruch des Vermieters auf Geldersatz in Betracht (siehe Rn. I 69 f.).

66

---

[97] BGH, Urt. v. 13.1.2010 – VIII ZR 351/08, NJW 2010, 1877 Rn. 16 ff.
[98] BGH, Urt. v. 6.4.2005 – VIII ZR 192/04, NJW 2005, 1862 betreffend Wohnraum.
[99] BGH, Urt. v. 5.6.2002 – XII ZR 220/99, NJW 2002, 2383.
[100] BGH, Urt. v. 12.2.2014 – XII ZR 76/13, NJW 2014, 1521.

b) Abgeltung und Geldausgleich

67 **Abgeltungsklauseln**, nach denen der Mieter eine Ausgleichszahlung für die bei Mietende noch nicht fälligen Schönheitsreparaturen schuldet, sind in Mietverhältnissen über **Wohnraum** stets unwirksam. Ist die Höhe der Ausgleichszahlung nach **starren Renovierungsfristen** bemessen, benachteiligt dies den Mieter unangemessen und ist nach § 307 Abs. 1 Satz 1 BGB unwirksam.[101] Knüpft die Höhe der Abgeltungszahlung dagegen an **weiche Renovierungsfristen an**, ist die Klausel wegen der für den Mieter bei Mietvertragsschluss nicht abschätzbaren Kostenbelastung nach § 307 Abs. 1 Satz 1 *BGB* unwirksam.[102] Ob zugleich ein Verstoß gegen das Transparenzgebot des § 307 Abs. 1 Satz 2 BGB vorliegt, hat der BGH ausdrücklich offengelassen.[103] Bei Mietverhältnissen über **Geschäftsraum** dürften Abgeltungsklauseln unwirksam sein, die an starre Renovierungsfristen anknüpfen;[104] ob dies auch bei weichen Renovierungsfristen gilt, ist nicht höchstrichterlich geklärt.[105]

68 Die **Unwirksamkeit** einer Abgeltungsklausel schlägt in der Regel **nicht** auf die Verpflichtung des Mieters zu **laufenden Schönheitsreparaturen** durch, weil die Regelungen trennbar sind.[106] **Umgekehrt** führt die unwirksame Verpflichtung des Mieters zu Schönheitsreparaturen dazu, dass die Abgeltungsklausel **leer läuft**, weil nichts abzugelten ist.[107]

69 Würden am Ende der Mietzeit fällige Schönheitsreparaturen dadurch wieder zerstört, dass der Vermieter die Mietsache **umbaut**, kann der Vermieter deren Ausführung nach § 242 BGB nicht verlangen. Stattdessen steht dem Vermieter in ergänzender Vertragsauslegung des Mietvertrags nach § 157 BGB ein **Geldausgleich** zu, weil die Schönheitsreparaturen Teil des Mietentgelts sind und der Vermieter seine Gegenleistung erbracht hat.[108] Die bloße Umbau*absicht* des Vermieters genügt hierfür nicht.[109] Ob bei **Abriss** der Mietsache ein Geldausgleich geschuldet ist, ist umstritten, weil der Vermieter nach Beseitigung des Mietobjekts keinen Nachteil hat.[110]

70 Die **Höhe** des Geldausgleichs entspricht den ersparten Kosten, die der Mieter für die Vornahme der fälligen Schönheitsreparaturen hätte aufwenden müssen. Hätte der Mieter die Schönheitsreparaturen selbst oder zusammen mit Verwandten oder Bekannten ausgeführt, ist der Geldanspruch nur auf die *Materialkosten* und den *Wert der Eigenleistung* gerichtet. Hätte der Mieter eine *Fachkraft* beauftragt, ist deren *Vergütung* ansetzbar.[111]

c) Schadensersatz wegen Farbexzesses

71 Gibt der Mieter eine bei Mietbeginn in **neutraler Dekoration übernommene** Wohnung in einem ausgefallenen farblichen Zustand zurück, den viele Mietinteressenten nicht akzeptieren, schuldet er dem Vermieter Schadensersatz aus § 280 Abs. 1 BGB. Damit

---

[101] BGH, Urt. v. 18.10.2006 – VIII ZR 52/06, NJW 2006, 3778; BGH, Urt. v. 7.3.2007 – VIII ZR 247/05, NZM 2007, 355 beide Wohnraum betreffend.
[102] BGH, Urt. v. 18.3.2015 – VIII ZR 242/13, NJW 2015, 1871 Rn. 29 ff.
[103] BGH, Urt. v. 18.3.2015 – VIII ZR 242/13, NJW 2015, 1871 Rn. 29; ausführlicher zu Transparenzgesichtspunkten BGH, Urt. v. 26.9.2007 – VIII ZR 143/06, NJW 2007, 3632 Rn. 24 ff.
[104] BGH, Urt. v. 8.10.2008 – XII ZR 84/06, NJW 2008, 3772 Rn. 21 ff. betreffend starre Fristen für die *Vornahme* der Schönheitsreparaturen.
[105] Dafür Börner NZM 2015, 686.
[106] BGH, Urt. v. 18.6.2008 – VIII ZR 224/07, NJW 2008, 2499 Rn. 14.
[107] BGH, Urt. v. 5.4.2006 – VIII ZR 178/05, NJW 2006, 1728 Rn. 16.
[108] BGH, Beschl. v. 30.10.1984 – VIII ARZ 1/84, NJW 1985, 480, 481; BGH, Urt. v. 5.6.2002 – XII ZR 220/99, NJW 2002, 2383.
[109] BGH, Urt. v. 12.2.2014 – XII ZR 76/13, NJW 2014, 1521.
[110] Gegen Geldausgleich LG Berlin, Urt. v. 2.12.1997 – 64 S 352/97, ZMR 1998, 428; a. A. Langenberg in Schmidt-Futterer, § 538 BGB Rn. 349.
[111] BGH, Urt. v. 25.6.1980 – VIII ZR 260/79, NJW 1980, 2347, 2348; BGH, Beschl. v. 30.10.1984 – VIII ARZ 1/84, NJW 1985, 480, 482.

verletzt er schuldhaft seine Nebenpflicht aus § 241 Abs. 2 BGB zur **Rücksichtnahme** auf das Weitervermietungsinteresse des Vermieters.[112] Diese Nebenpflicht knüpft an der Rückgabe der Mietsache an. Sie setzt keine Verpflichtung des Mieters zu Schönheitsreparaturen voraus und ist daher bei unwirksamen Formularklauseln oft der „letzte Rettungsanker" des Vermieters.

Der Schadensersatzanspruch **umfasst** nach § 249 Abs. 1 BGB nur die durch den Farbexzess des Mieters bedingten **Mehrkosten**. Soweit die Mietsache Abnutzungserscheinungen aufweist, die auf vertragsgemäßem Gebrauch beruhen (§ 538 BGB) und der Mieter keine Schönheitsreparaturen schuldet, ist ein **Abzug „neu für alt"** vorzunehmen.[113] Dies kann den Schadensersatzanspruch bei langen Mietzeiten auf null reduzieren, wenn vom Vermieter ohnehin vorzunehmende Schönheitsreparaturen den Farbexzess ohne Mehrkosten beseitigen. Umgekehrt kann der Schadensersatzanspruch fast die vollen Schönheitsreparaturkosten umfassen, wenn der Mieter eine zu Mietbeginn neutral renovierte Wohnung nach dem Einzug eigenwillig gestaltet und nach wenigen Monaten auszieht[114] (Beispielfall siehe Rn. J 71). Daneben kann der Vermieter Schadensersatz für den ihm infolge der zusätzlich notwendigen Renovierungsarbeiten entstehenden **Mietausfall** nach § 280 Abs. 1 BGB verlangen.

72

Eine **Schadensersatzzahlung** kann der Mieter **vermeiden**, indem er Schönheitsreparaturen in neutraler Farbe ausführt, obwohl er vertraglich hierzu nicht verpflichtet ist. Strukturell ist dies vergleichbar mit dem Selbstvornahmerecht des Mieters, der eine Abgeltungszahlung für bei Mietende noch nicht fällige Schönheitsreparaturen durch Renovierung in Eigenarbeit abwendet.[115] Im Einzelfall kann es gerade bei langer Dauer des Mietverhältnisses genügen, dass der Mieter die farbig dekorierten Wände so überstreicht, dass dem Vermieter bei Ausführung der ohnehin fälligen Schönheitsreparaturen *keine Mehrkosten* entstehen.

73

d) Schadensersatz statt Schönheitsreparaturen

Statt der Vornahme der vom Mieter geschuldeten Schönheitsreparaturen kann dem Vermieter ein Schadensersatzanspruch aus §§ 281 Abs. 1 Satz 1, 280 Abs. 1 und 3 BGB zustehen, wenn der Mieter diese schuldhaft nicht ausführt. Voraussetzung ist, dass der Vermieter dem Mieter fruchtlos eine **angemessene Nachfrist** zur Vornahme der am Ende der Mietzeit fälligen Arbeiten setzt.[116] Dabei muss der Vermieter konkret mitteilen, welche *Mängel* bestehen und welche *konkreten Maßnahmen* der Mieter zur Renovierung auszuführen hat; eine bloße Zustandsbeschreibung genügt nicht.[117] Die Nachfrist sollte so bemessen sein, dass der Mieter die ausstehenden Schönheitsreparaturen bis zum Fristablauf ausführen kann, auch wenn die Rechtsprechung keinen konkreten Endtermin fordert.[118] In Ausnahmefällen kann die **Nachfristsetzung entbehrlich** sein nach § 281 Abs. 2 BGB, beispielsweise wenn der Mieter eindeutig und endgültig erklärt, dass er Ausführung der Arbeiten verweigert.[119] Ob dafür der Auszug des Mieters ohne Erfüllung

74

---

[112] BGH, Urt. v. 6.11.2013 – VIII ZR 416/12, NJW 2014, 143.
[113] BGH, Urt. v. 6.11.2013 – VIII ZR 416/12, NJW 2014, 143 Rn. 22.
[114] Zu Einzelheiten der Schadensberechnung Harsch MietRB 2014, 116, 118 ff.
[115] Vgl. BGH, Urt. v. 6.10.2004 – VIII ZR 215/03, NZM 2004, 903, 904.
[116] BGH, Urt. v. 12.2.2014 – XII ZR 76/13, NJW 2014, 1521 Rn. 25; Fervers WuM 2017, 429, 435.
[117] KG Berlin, TeilUrt. v. 22.1.2007 – 12 U 28/06, NJW-RR 2007, 1601; LG Itzehoe, Urt. v. 10.12.1996 – 1 S 206/96, WuM 1997, 175.
[118] BGH, Versäumnisurt. v. 12.8.2009 – VIII ZR 254/08, NJW 2009, 3153 Rn. 10 f. betreffend eine Aufforderung zur „umgehenden Beseitigung".
[119] BGH, Urt. v. 12.2.2014 – XII ZR 76/13, NJW 2014, 1521 Rn. 27.

seiner Schönheitsreparaturpflicht genügt,[120] ist angesichts der zunehmenden Unsicherheit über die Wirksamkeit von Schönheitsreparaturklauseln unsicher. Das Setzten einer Nachfrist ist dem Vermieter daher auch in diesem Fall anzuraten.

75 Nach Ablauf der Nachfrist hat der Vermieter die **Wahl,** ob der Erfüllung der Schönheitsreparaturpflicht verlangt oder Schadensersatz statt der Leistung. Erst wenn der Vermieter vom Mieter Schadensersatz *verlangt,* erlischt der Anspruch aus Vornahme der Schönheitsreparaturen nach § 281 Abs. 4 BGB. Der Schadensersatz **umfasst** nach § 251 BGB[121] stets die *tatsächlich entstandenen Kosten* der Beauftragung eines Fachbetriebs einschließlich dabei anfallender Umsatzsteuer. Ob eine Schadensberechnung nach *fiktiven Kosten* künftig wie im Bauvertragsrecht[122] ausgeschlossen ist, ist noch nicht geklärt. Dafür spricht, dass die Nichterfüllung der Schönheitsreparaturpflicht keinen Vermögensschaden des Vermieters in Höhe der fiktiven Malerkosten begründet und dass die Gefahr einer Überkompensation besteht.[123] Dagegen spricht, dass im Mietrecht Sonderregelungen vergleichbar den §§ 634ff. BGB fehlen, sodass ein praktisches Bedürfnis für eine fiktive Schadensberechnung besteht.[124]

76 Für den infolge Nichtausführung der Schönheitsreparaturen entstehenden **Mietausfall** kann der Vermieter Schadensersatz verlangen. Die Ersatzpflicht des Mieters besteht zunächst wegen *Verzugs mit den zum Mietende fälligen Schönheitsreparaturen* aus §§ 546a Abs. 2, 280 Abs. 2, 286 Abs. 1 BGB.[125] Erlischt die Schönheitsreparaturpflicht des Mieters gemäß § 281 Abs. 4 BGB, geht der Mietausfall als Rechnungsposten ein in den *Schadensersatz statt der Leistung* nach §§ 281 Abs. 1 Satz 1, 280 Abs. 1 BGB.[126] Ein Anspruch auf *Nutzungsentschädigung* nach § 546a Abs. 1 BGB besteht nicht. Dass der Mieter den Besitz an der Mietsache behält, um auf Wunsch des Vermieters Renovierungsarbeiten auszuführen, ist keine Vorenthaltung der Mietsache.[127] Die **Höhe** des Schadensersatzes für den Mietausfall richtet sich grundsätzlich nach der bisherigen Miete. Ein höherer Schaden ist anzuerkennen, wenn der Vermieter nachweist, dass er die Mietsache zu einer höheren Miete vermietet hätte, oder wenn der Nachmieter Schadensersatzansprüche gegen den Vermieter hat, weil dieser ihm die Mietsache nicht zum vereinbarten Mietbeginn überlässt.

e) Schadensersatz wegen mangelhafter Schönheitsreparaturen

77 Führt der Mieter am Ende der Mietzeit fällige Schönheitsreparaturen mangelhaft aus, kann dies einen Schadensersatzanspruch wegen **schuldhafter Pflichtverletzung** begründen aus § 280 Abs. 1 BGB. Da eine vom Mieter übernommene Hauptleistungspflicht betroffen ist, erfordert § 281 Abs. 1 Satz 1 BGB grundsätzlich, dass der Vermieter dem Mieter fruchtlos eine **angemessene Frist zur Nachbesserung** setzt.[128] Ausnahmsweise kann die Nachfristsetzung nach § 281 Abs. 2 BGB entbehrlich sein, worauf sich ein risikobewusster Vermieter wegen der bei der Abwägung bestehenden Beurteilungsspiel-

---

[120] BGH, Urt. v. 14.7.1971 – VIII ZR 28/70, NJW 1971, 1839; BGH, Urt. v. 10.7.1991 – XII ZR 105/90, NJW 1991, 2416, 2417.
[121] BGH, Urt. v. 11.12.2015 – V ZR 26/15, ZfIR 2016, 289 Rn. 21.
[122] BGH, Urt. v. 22.2.2018 – VII ZR 46/17, NJW 2018, 1463 Rn. 30ff.
[123] Lehmann-Richter, NZM 2018, 315, 316; Mäsch JuS 2018, 907, 908; für eine generelle Abkehr von der fiktiven Schadensberechnung LG Darmstadt, Urt. v. 24.10.2018 – 23 O 356/17, juris.
[124] Riehm NZM 2019, 273.
[125] BGH, Urt. v. 19.10.1988 – VIII ZR 22/88, NJW 1989, 451, 452; BGH, Beschl. v. 13.7.2010 – VIII ZR 326/09, NZM 2010, 815 Rn. 3.
[126] BGH, Urt. v. 19.11.1997 – XII ZR 281/95, NZM 1998, 147, 148.
[127] BGH, Beschl. v. 13.7.2010 – VIII ZR 326/09, NZM 2010, 815 Rn. 2; OLG Bamberg, Urt. v. 17.4.2002 – 8 U 112/01, ZMR 2002, 738.
[128] BGH, Urt. v. 18.2.2009 – VIII ZR 166/08, NZM 2009, 313 Rn. 14.

räume nicht verlassen sollte. Der Anspruch auf Nachbesserung der Schönheitsreparaturen erlischt § 281 Abs. 4 BGB, wenn der Vermieter Schadensersatz verlangt.

Der **Umfang** des Schadensersatzes ist wie bei Nichterfüllung der Schönheitsreparaturpflicht nach § 251 Abs. 1 BGB zu ermitteln (siehe Rn. I 75). 78

Der Anspruch des Vermieters auf Ersatz des **Mietausfallschadens** besteht zunächst als *Verzugsschaden* nach §§ 280 Abs. 2, 286 Abs. 1 BGB. Die mangelhafte Ausführung der Renovierungsarbeiten beendet den Verzug nicht, weil es die Pflicht erfolgsbezogen ist. Erst wenn die Schönheitsreparaturpflicht mit Ablehnungserklärung des Vermieters nach § 281 Abs. 4 erlischt, geht der Mietausfall als Rechnungsposten in den *Schadensersatz statt der Leistung* nach §§ 281 Abs. 1 Satz 1, 280 Abs. 1 BGB ein (siehe Rn. I 76). 79

f) Nicht geschuldete Schönheitsreparaturen

Hat der Mieter Schönheitsreparaturen ausgeführt und konnte der Vermieter die Unwirksamkeit der vereinbarten Schönheitsreparaturklausel erkennen, kommt ein **Schadensersatzanspruch** des Mieters gegen den Vermieter wegen fahrlässiger Verletzung vorvertraglicher Pflichten aus §§ 280 Abs. 1, 311 Abs. 2 Nr. 1, 249 Abs. 1 BGB in Betracht.[129] 80

Zudem kann der Mieter für rechtsgrundlos vor Auszug[130] geleistete Schönheitsreparaturen wegen **ungerechtfertigter Bereicherung** des Vermieters **Wertersatz** verlangen *direkt* aus §§ 812 Abs. 1 Satz 1 Alt. 1, 818 Abs. 2 BGB.[131] Für den Wert der rechtsgrundlos erbrachten Werkleistung ist maßgeblich, was der Mieter *billigerweise* neben einem Einsatz an *freier Zeit* als Kosten für das *notwendige Material* sowie als Vergütung für die Arbeitsleistung seiner Helfer aufgewendet hat oder hätte aufwenden müssen („Kiste Bier und Material"). Die *übliche Vergütung* ist ansetzbar, wenn die Ausführung der Schönheitsreparaturen zur selbstständigen beruflichen Tätigkeit des Mieters gehört oder wenn der Mieter einen Fachbetrieb beauftragt hat.[132] Dieser Bereicherungsanspruch ist nach § 814 BGB **ausgeschlossen,** wenn der Mieter bei Vornahme der Renovierungsarbeiten weiß, dass er keine Schönheitsreparaturen schuldet.[133] 81

Ein **Aufwendungsersatzanspruch** aus §§ 539 Abs. 1, 677, 683 Satz 1, 670 BGB scheitert am fehlenden Fremdgeschäftsführungswillen des Mieters, wenn dieser sich für verpflichtet hält, Schönheitsreparaturen auszuführen.[134] 82

Führt der Mieter nicht geschuldete **Schönheitsreparaturen mangelhaft** aus, ist er dem Vermieter wegen dieser Sorgfaltspflichtverletzung nach §§ 280 Abs. 1, 249 BGB nur zum **Schadensersatz** für den *Mehraufwand* verpflichtet, der durch die mangelhafte Renovierung entsteht.[135] Behebt eine fachgerechte Wiederholung der am Ende der Mietzeit fälligen Schönheitsreparaturen die Renovierungsmängel, ist kein Raum für einen Schadensersatzanspruch. 83

---

[129] BGH, Urt. v. 27.5.2009 – VIII ZR 302/07, NJW 2009, 2590 Rn. 10; Flatow NZM 2010, 641, 644.

[130] LG Berlin, Urt. v. 10-04.2015 – 63 S 318/14, GE 2105, 918; frühere Schönheitsreparaturen kommen dem Mieter selbst zu Gute.

[131] BGH, Urt. v. 27.5.2009 – VIII ZR 302/07, NJW 2009, 2590 Rn. 21 ff.

[132] BGH, Urt. v. 27.5.2009 – VIII ZR 302/07, NJW 2009, 2590 Rn. 24; Flatow NZM 2010, 641, 645; kritisch wegen systemwidriger Ermittlung der Bereicherung nach den Aufwendungen des Mieters Artz NZM 2015, 801, 804, Lorenz NJW 2009, 2576, 2577 und Jerger ZMR 2013, 853.

[133] AG München, Urt. v. 2.9.2010 – 432 C 13289/10, ZMR 2013, 725 nach Berichten in der Tagespresse über die Unwirksamkeit von Schönheitsreparaturklauseln mit „starren Fristen".

[134] BGH, Urt. v. 27.5.2009 – VIII ZR 302/07, NJW 2009, 2590 Rn. 20.

[135] LG Frankfurt a. M., Urt. v. 30.6.2000 – 2/17 S 340/99, NZM 2001, 191; BGH, Urt. v. 6.11.2013 – VIII ZR 416/12, NJW 2014, 143 Rn. 22 betreffend Farbexzess.

g) Altverträge der ehemaligen DDR

84 Vor dem 3.10.1990 im Staatsgebiet der ehemaligen DDR begründete Wohnraummietverhältnisse gelten nach Art. 232 § 2 Abs. 1 EGBGB unter Anwendung des BGB fort. Dabei sind die mietvertraglichen Vereinbarungen nach §§ 98 ff. ZGB auszulegen.

85 Hieraus folgt **während der Mietzeit** in der Regel eine vertragliche oder gesetzliche Schönheitsreparaturpflicht des Mieters (**malermäßige Instandhaltung** durch den Mieter, § 104 Abs. 1 Satz 2 ZGB).

86 **Am Ende der Mietzeit** ist der Mieter nur zur Vornahme von Schönheitsreparaturen verpflichtet, wenn infolge deren Nichtausführung oder infolge von Sorgfaltspflichtverletzungen **Schäden an der Gebäudesubstanz** entstanden sind (§§ 104 Abs. 1 Satz 3, 107 Abs. 2 ZGB). Das Abwohnen der Mietsache begründete nach damaligem Recht keinen Mangel der Mietsache.[136]

2. Erhaltungsmaßnahmen

87 Ein Anspruch des Vermieters darauf, dass der Mieter **Erhaltungsmaßnahmen ausführt**, setzt neben einer *wirksamen Übertragungsvereinbarung* (siehe Rn. C 148 und C 185 ff.) voraus, dass diese *fällig* sind. Dazu muss bei objektiver Betrachtung ein **Bedarf** für die **Instandhaltung- oder Instandsetzung** bestehen. Enthält der Vertrag keine Regelung für den vertragsgemäßen Zustand am Ende der Mietzeit, wird in der Regel maßgeblich sein, ob die Erhaltungsmaßnahme erforderlich ist, um die Mietsache in einen für den vereinbarten Mietzweck geeigneten Zustand zu versetzen.

88 Statt dem Erhaltungsanspruch kann dem Vermieter ein **Schadensersatzanspruch** aus §§ 281 Abs. 1 Satz 1, 280 Abs. 1 und 3 BGB zustehen, wenn der Mieter am Ende der Mietzeit fällige Instandhaltungs- oder Instandsetzungsmaßnahmen schuldhaft nicht erfüllt. Voraussetzung ist, dass der Vermieter dem Mieter fruchtlos eine **angemessene Nachfrist** zur Vornahme der konkret bezeichneten Arbeiten setzt,[137] falls diese nicht ausnahmsweise nach § 281 Abs. 2 BGB entbehrlich ist. Der Schadensersatz **umfasst** nach § 251 BGB[138] stets die *tatsächlichen entstandenen Kosten* der Beauftragung eines Fachbetriebs einschließlich dabei anfallender Umsatzsteuer. Ob eine Schadensberechnung nach fiktiven Mängelbeseitigungskosten künftig wie im Bauvertragsrecht[139] ausgeschlossen ist, ist noch nicht entschieden (Siehe Rn. I 75).

89 Würden am Ende der Mietzeit vom Mieter geschuldete Erhaltungsmaßnahmen dadurch wieder zerstört, dass der Vermieter die Mietsache **umbaut**, kann der Vermieter deren Ausführung nach § 242 BGB nicht verlangen. Stattdessen steht ihm in ergänzender Vertragsauslegung des Mietvertrags nach § 157 ein **Geldausgleich** zu, weil die Erhaltungsmaßnahmen Teil des Mietentgelts sind und der Vermieter seine Gegenleistung erbracht hat.[140] Die bloße Umbau*absicht* des Vermieters genügt hierfür nicht.[141] Ob bei *Abriss* der Mietsache ein Geldausgleich geschuldet ist, ist umstritten (siehe Rn. I 69). Die *Höhe* des Ausgleichs entspricht den ersparten Kosten des Mieters, die dieser für die Vornahme der Erhaltungsmaßnahme hätte aufwenden müssen (siehe Rn. I 70).

---

[136] KG, RE v. 16.10.2000 – 8 RE-Miet 7674/00, NZM 2000, 1174; LG Rostock, Urt. v. 16.3.2000 – 1 S 267/99, WuM 2000, 414.
[137] BGH, Urt. v. 8.1.2014 – XII ZR 12/13 NJW 2014, 920 Rn. 17, BGH, Urt. v. 12.2.2014 – XII ZR 76/13, NJW 2014, 1521 Rn. 25 für Schönheitsreparaturen; Fervers WuM 2017, 429, 435.
[138] BGH, Urt. v. 11.12.2015 – V ZR 26/15, ZfIR 2016, 289 Rn. 21.
[139] BGH, Urt. v. 22.2.2018 – VII ZR 46/17, NJW 2018, 1463 Rn. 30 ff.
[140] BGH, Urt. v. 5.6.2002 – XII ZR 220/99, NJW 2002, 2383, 2384.
[141] BGH, Urt. v. 12.2.2014 – XII ZR 76/13, NJW 2014, 1521.

3. Vertragsgemäße Abnutzung

Veränderungen oder Verschlechterungen der Mietsache, die auf **vertragsgemäßem** 90
Gebrauch der Mietsache beruhen (siehe Rn. C 46 ff.), muss der Mieter nach § 538 BGB nicht beheben. Sie unterliegen der Erhaltungspflicht des Vermieters aus § 535 Abs. 1 Satz 2 BGB, soweit der Mieter diese nicht vertraglich übernommen hat (siehe Rn. C 144 ff.). Das Gegenstück hierzu sind **Schäden,** die durch schuldhafte Überschreitung des Mietgebrauchs entstanden sind. Deren Behebung schuldet der Mieter als Schadensersatz nach §§ 280 Abs. 1, 249 Abs. 1 BGB.

Für die **Abgrenzung** zwischen vertragsgemäßer Abnutzung der Mietsache und Schäden ist primär der Mietzweck maßgeblich. Ergänzend sind Wertungskriterien wie die Verkehrsanschauung sowie Rücksichtnahme- und Obhutspflichten des Mieters heranzuziehen.[142] 91

Der vertragsgemäße Gebrauch der Mietsache umfasst die normale Abnutzung des 92
Fußbodens. Dies gilt auch für Druckstellen, die Pfennigabsätze von Kundinnen des Mieters im Parkett vermieteten *Geschäftsraums* hinterlassen. Das Ausziehen der Schuhe wäre nicht vermittelbar.[143] Ob Mietern von *Wohnraum* weitergehende Rücksicht zumutbar ist, ist nicht geklärt.[144] Teppichböden verschleißen bei normaler Abnutzung in etwa zehn Jahren; aus Qualität und Mietzweck können sich jedoch erhebliche Abweichungen ergeben. Für Beschädigungen eines Marmorfußbodens im Umgriff der Toilette durch Urinspritzer ist der Mieter nicht verantwortlich, wenn ihn der Vermieter nicht auf dessen besondere Empfindlichkeit hinweist.[145]

Bei **Badewannen** gehört das Aufrauen der Emaillierung nach zwölfjährigem Gebrauch 93
zur normalen Abnutzung.[146] Bei **Waschbecken** gehören stecknadelkopfgroße Abplatzungen und geringfügige Kratzer zu dem Folgen vertragsgemäßen Gebrauchs, weil sie auch bei größter Sorgfalt nicht auszuschließen sind.[147]

Durch **Rauchen** verursachte Ablagerungen an Decken und Wänden der Mietwohnung 94
sind ohne einschränkende Vereinbarung Folge des vertragsgemäßen Gebrauchs, wenn sie durch Schönheitsreparaturen behebbar sind.[148] Erst wenn **exzessives Rauchen** weitere Instandhaltungsmaßnahmen erfordert, kommt ein Schadensersatzanspruch wegen Überschreitung des vertragsgemäßen Gebrauchs in Betracht.[149] Dahinter steht die Erwägung, dass sich der Vermieter durch Vereinbaren einer wirksamen Schönheitsreparaturklausel schützen kann.

Verallgemeinert man diesen Grundgedanken zum Rauchen, gehören **kleinere Beschä-** 95
digungen der Mietsache wie Verfärbungen um Lichtschalter oder hinter Bildern, Stoßspuren an Wänden und Lackschäden an Türen oder Heizkörpern, welche durch Schönheitsreparaturen behebbar sind, zur vertragsgemäßen Abnutzung der Mietsache.[150] Bejaht man hingegen eine Beschädigung, ist der Ersatzanspruch des Vermieters, der keinen

---

[142] Sternel NZM 2017, 169, 170.
[143] OLG Karlsruhe, Urt. v. 26.9.1996 – 11 U 13/96, NJW-RR 1997, 139.
[144] OLG Karlsruhe, Urt. v. 26.9.1996 – 11 U 13/96, NJW-RR 1997, 139.
[145] AG Düsseldorf, Urt. v. 20.1.2015 – 42 C 10583/14, ZMR 2015, 318; nachfolgend LG Düsseldorf, Urt. v. 12.11.2015 – 21 S 13/15, ZMR 2016, 201; a. A. Sternel NZM 2017, 169, 180 und Schickedanz ZMR 2015, 860.
[146] AG Köln, Urt. v. 24.2.1977 – 154 C 1026/74, WuM 1984, 197.
[147] AG Rheinbach, Urt. v. 7.4.2005 – 3 C 199/04, BeckRS 2005, 08107, juris Rn. 20; AG Osnabrück, Urt. v. 3.9.2003 – 47 C 9/03, WuM 2007, 406, juris Rn. 38.
[148] BGH, Urt. v. 28.6.2006 – VIII ZR 124/05, NJW 2006, 2915 Rn. 23.
[149] BGH, Urt. v. 5.3.2008 – VIII ZR 37/07, NJW 2008, 1439 Rn 23; Stangl, ZMR 2002, 734, 735.
[150] Slomian in Hannemann/Wiegner, Münchener Anwaltshandbuch Mietrecht, 4. Aufl. 2014, § 31 Rn. 27; zur Beschädigung der Mietsache durch zulässige Tierhaltung M.J. Schmid IMR 2015, 259.

96 Inwieweit **Dübel** und **Bohrlöcher** zum vertragsgemäßen Gebrauch gehören, ist nicht abschließend geklärt. Die für den vertragsgemäßen Gebrauch des Mieters *unerlässlichen* Dübel muss dieser nach Rechtsprechung des BGH nicht beseitigen.[152] Gleiches dürfte für die nach der Verkehrsanschauung *übliche* Anzahl von Dübeln gelten.[153] Für die Notwendigkeit bzw. Üblichkeit kommt es auf die konkrete Vorausstattung der Mietsache an; ferner muss der Mieter auf Vermieterinteressen Rücksicht nehmen und z. B. Dübel möglichst schonend setzen, das heißt, wenn möglich nicht in Fliesen, sondern in Wände und Fugen.[154] Unabhängig von der Überschreitung des Mietgebrauchs kann sich eine Beseitigungspflicht des Mieters für Bohrlöcher aus einer wirksamen Schönheitsreparaturklausel ergeben, soweit es sich Vorarbeiten zu Malerarbeiten handelt.[155] Schließlich legt § 258 Satz 1 BGB nahe, dass der Mieter sämtliche zur Befestigung von Mietereinrichtungen dienende Dübel beseitigen muss[156] (siehe Rn. I 169).

Anspruch auf Schönheitsreparaturen hat, für die zulässige Abnutzung der Mietsache zeitanteilig zu kürzen.[151]

4. Schäden

97 Weist die Mietsache *während* oder am *Ende der Mietzeit* Schäden auf, die infolge einer vom Mieter zu vertretenden Überschreitung des Mietgebrauchs oder einer Obhutspflichtverletzung entstanden sind, kann der Vermieter ohne Nachfristsetzung Schadensersatz verlangen nach **§§ 280 Abs. 1, 241 Abs. 2, 249 Abs. 1 und 2 BGB**.[157]

98 **Tatbestandlich** setzt der Schadensersatzanspruch voraus, dass der Mieter oder dessen Erfüllungsgehilfe schuldhaft (§§ 276, 278, 541 Abs. 2 BGB) entweder den Mietgebrauch überschritten (§ 541 BGB) oder eine Obhutspflicht verletzt hat (§ 241 Abs. 2 BGB, siehe Rn. C 42 ff. bzw. C 126). Hierdurch muss ein Schaden an der Mietsache entstanden sein.

99 **Inhaltlich** ist der Anspruch auf *Beseitigung* des Schadens nach § 249 Abs. 1 BGB gerichtet. Alternativ kann der Vermieter wegen der Substanzverletzung auch *Schadensersatz in Geld* nach § 249 Abs. 2 Satz 1 BGB verlangen. Dass der Ansatz *fiktiver Reparaturkosten* im Bauvertragsrecht als unzulässig beurteilt wurde,[158] spielt keine Rolle. Dies betrifft nur den Schadensersatzanspruch *statt der Leistung*.[159] Die *Umsatzsteuer* kann der Vermieter nach § 249 Abs. 2 Satz 2 BGB nur als Schadensposition geltend machen, soweit sie tatsächlich anfällt. Der Schadensersatz in Geld erfordert *keine Fristsetzung* nach §§ 281, 280 Abs. 3 BGB, weil es – anders als z. B. bei unterlassenen Schönheitsreparaturen – nicht um Schadensersatz statt der Hauptleistungspflicht geht, sondern um Schadensersatz wegen Verletzung von Nebenpflichten.[160] Soweit neben dem Schadensersatzanspruch aus § 280 Abs. 1 BGB ein inhaltsgleicher Anspruch auf Ausführung

---

[151] Differenzierend Sternel, NZM 2017, 170; 171; zur Schadensberechnung BGH, Urt. v. 6.11.2013 – VIII ZR 416/12, NJW 2014, 143 Rn. 22 und Harsch MietRB 2014, 116, 118.
[152] BGH, Urt. v. 20.1.1993 – VIII ZR 10/92, NJW 1993, 1061, 1063.
[153] LG Hamburg, Urt. v. 30.11.2006 – 333 S 10/06, WuM 2007, 194; AG Rheinbach, Urt. v. 7.4.2005 – 3 C 199/04, juris, Rn. 23.
[154] LG Berlin, Urt. v. 10.1.2002 – 61 S 124/01, GE 2002, 261; Streyl NZM 2017, 785, 786.
[155] AG München, Urt. v. 18.2.2014 – 473 C 32372/13, ZMR 2014, 734, juris Rn. 19; LG Braunschweig, Urt. v. 27.7.1984 – 6 S 136/84, WuM 1986, 274; zur Abgrenzung von Substanzschäden Langenberg NZM 2000, 1125, 1130 f.
[156] Ähnlich Sternel NZM 2017, 169, 181, der über § 241 Abs. 2 BGB argumentiert.
[157] BGH, Urt. v. 28.2.2018 – VIII ZR 157/17, NJW 2018, 1746 Rn. 19 ff.; BGH, Urt. v. 27.6.2018 – XII ZR 79/17, NZM 2018, 717 Rn. 16 ff.
[158] BGH, Urt. v. 22.2.2018 – VII ZR 46/17, NJW 2018, 1463 Rn. 30 ff.
[159] Riehm NZM 2019, 273.
[160] BGH, Urt. v. 28.2.2018 – VIII ZR 157/17, NZM 2018, 320 Rn. 9 ff.

II. Zustand der Mietsache bei Rückgabe

von *Schönheitsreparaturen* besteht oder die Beseitigungspflicht wegen ihrer Bedeutung ausnahmsweise Hauptleistungspflicht ist, muss der Vermieter dem Mieter nach § 281 Abs. 1 BGB eine Nachfrist setzen.[161]

Damit der Vermieter durch den Schadensersatzanspruch wirtschaftlich nicht besser steht als ohne die Beschädigung der Mietsache, findet eine sog. **Vorteilsausgleichung** statt. Für *ältere Gegenstände* darf der Vermieter nicht die vollen Kosten der Neuherstellung ansetzen. Unter Berücksichtigung der *Restlebensdauer* des beschädigten Gegenstands ist ein *Abzug „neu für alt"* vorzunehmen (z. B. Badewanne 20 – 30 Jahre; Fliesen ca. 30 Jahre; Teppichboden je nach Qualität 10 – 15 Jahre; Waschbecken ca. 20 Jahre; Einbauküche 15 – 20 Jahre). Soweit Schäden durch *Schönheitsreparaturen* behebbar sind, ist der Ersatzanspruch des Vermieters, der keinen Anspruch auf Schönheitsreparaturen hat, für die zulässige Abnutzung der Mietsache zeitanteilig zu kürzen.[162] Der Schaden kann sich durch die Vorteilsausgleichung sogar auf null reduzieren (z. B. bei Beschädigung eines 30 Jahre alten Waschbeckens).

100

Bei **Schlüsselverlust** kann der Vermieter den Ersatz der Kosten der Beschaffung eines *Ersatzschlüssels* verlangen. Die Kosten einer neuen *Gesamtschließanlage* schuldet der Mieter nach §§ 281 Abs. 1 Satz 1, 249 **Abs. 1** BGB nur bei Gefahr missbräuchlicher Verwendung und *nach Austausch* der Schließanlage; für eine fiktive Schadensabrechnung nach § 249 **Abs. 2 Satz 1** BGB besteht kein Raum, weil keine Beschädigung der Schließanlage vorliegt.[163]

101

Unterhält der Vermieter *auf Kosten des Mieters* eine **Sachversicherung**, die den eingetretenen Schaden abdeckt (z. B. Feuerversicherung, Leitungswasserversicherung, Gebäudeversicherung, Glasversicherung) und hat der Mieter den Schaden lediglich durch *einfache Fahrlässigkeit* verursacht, muss der Vermieter den Schaden grundsätzlich direkt mit der Versicherung regulieren, die keinen Regress beim Mieter nehmen darf. Dies folgt aus einer ergänzenden Auslegung des Versicherungsvertrags, welche den Mieter bei Kostentragung der Versicherungskosten (§ 2 Nr. 13 BetrKV) entsprechend § 86 Abs. 1 VVG so stellt, als wäre er selbst Versicherungsnehmer (sog. **versicherungsrechtliche Lösung**[164]). Dass der Mieter die Versicherungskosten der Mietsache trägt, soll ihm im Schadensfall zu Gute kommen. Bei *grober Fahrlässigkeit* des Mieters besteht kein Raum für einen teilweisen Regressverzicht nach § 81 Abs. 2 VVG.[165] Unterhält der Mieter eine eigene *Haftpflichtversicherung*, kommen Ausgleichsansprüche zwischen Sach- und Haftpflichtversicherer in Betracht.[166] Ausnahmsweise darf der Vermieter den Mieter in Anspruch nehmen, wenn er ein *besonderes Interesse* an einem Schadensausgleich durch den Mieter hat. Dieses kann darin bestehen, dass die Einstandspflicht der Versicherung ungewiss ist und seine Inanspruchnahme ein außerordentliches Prozessrisiko im Deckungsprozess begründen würde. Nicht genügend ist eine Leistungsverweigerung der Versicherung, da sonst der Versicherungsschutz des Mieters entwertet würde.[167]

102

Die **Beweislast** ist in § 280 Abs. 1 Satz 1 BGB so verteilt, dass der Vermieter die objektive Pflichtverletzung des Mieters und deren Ursächlichkeit für die Beschädigung der Mietsache beweisen muss. Das Verschulden des Mieters wird nach § 280 Abs. 1

103

---

[161] BGH, Urt. v. 28.2.2018 – VIII ZR 157/17, NZM 2018, 320 Rn. 15.
[162] BGH, Urt. v. 6.11.2013 – VIII ZR 416/12, NJW 2014, 143 Rn. 22; Harsch MietRB 2014, 116, 118.
[163] BGH, Urt. v. 5.3.2014 – VIII ZR 205/13, NJW 2014, 1653 Rn. 15 ff.; Flatow NZM 2011, 660.
[164] BGH, Urt. v. 3.11.2004 – VIII ZR 28/04, NZM 2005, 100, 101; BGH, Urt. v. 19.11.2014 – VIII ZR 191/13, NJW 2015, 699 Rn. 28.
[165] BGH, Beschl. v. 26.10.2016 – IV ZR 52/14, NZM 2017, 29 Rn. 13 ff.
[166] BGH, Urt. v. 18.6.2008 – IV ZR 108/06, NZM 2008, 782; BGH, Urt. v. 27.1.2010 – IV ZR 5/09, WuM 2011, 577.
[167] BGH, Urt. v. 3.11.2004 – VIII ZR 28/04, NZM 2005, 100, 102.

Satz 2 BGB vermutet. Steht fest, dass die Beschädigung ihre Ursache allein im Verantwortungsbereich des Mieters hat (z. B. Brandloch im Teppichboden), genügt als Anscheinsbeweis für dessen Pflichtverletzung, dass die Mietsache bei Übergabe mangelfrei war.[168] Kommen andere Ursachen in Betracht (z. B. Beschädigung von Gemeinschaftseinrichtungen durch andere Nutzer), muss der Vermieter beweisen, dass diese auszuschließen sind.[169]

5. Reinigung

104 Die gemieteten Räume muss der Mieter in sauberem Zustand zurückgeben. Diese **allgemeine Reinigungspflicht** folgt bereits aus seiner *während der Mietzeit* bestehenden Obhutspflicht (§ 241 Abs. 2 BGB), die Räume von sich *allmählich ansammelnden Schmutz* zu reinigen. Sie umfasst auch das Abwischen verschmutzter Heizkörper, Fenster, Türen und Sanitäranlagen.[170] Im Lauf der Mietzeit nicht erfüllte Reinigungspflichten muss der Mieter bis zum Räumungstermin *nachholen*.[171]

105 Die **Vereinbarung**, dass der Mieter die Mietsache **besenrein** zurückzugeben hat, beschränkt die Reinigungspflicht auf das Beseitigen grober Verschmutzungen in Horizontale und Vertikale („mit dem Besen grob gereinigt").[172] Das Putzen der Fenster gehört dann nur dazu, soweit diese grob verschmutzt sind (z. B. durch Klebereste).[173]

106 Hat der Vermieter einen Teppichboden mitvermietet und den Mieter von **Geschäftsraum** mit einer wirksamen *Schönheitsreparaturklausel* zum „Streichen der Fußböden"[174] verpflichtet, ist dies als Pflicht zur **Grundreinigung des Teppichbodens** auszulegen (z. B. durch Shampoonieren).[175] Diese Vertragspflicht tritt neben die allgemeine Reinigungspflicht für den Teppichboden, die der Mieter durch Staubsaugen erfüllen kann. Ob diese Auslegung auch für Mietverhältnisse über **Wohnraum** gilt, ist noch nicht geklärt und erscheint fragwürdig, weil der Mieter hierfür spezielle Maschinen benötigt.[176] Ob die Erweiterung des Schönheitsreparaturbegriffs *Schadensersatzansprüche* des Vermieters aus § 280 Abs. 1 BGB wegen Verschmutzungen des Teppichbodens ausschließt, weil er sich – ebenso wie gegen die Folgen des Rauchens – durch eine *wirksame Schönheitsreparaturklausel* schützen kann, ist offen (siehe Rn. I 94 f.).

107 Bei **Nicht- oder Schlechterfüllung** der Reinigungspflicht ist der Mieter dem Vermieter nach §§ 280 ff. BGB zum Schadensersatz verpflichtet (wie Rn. I 74 ff. bzw. I 77 ff.).[177]

---

[168] BGH, Urt. v. 27.4.1994 – XII ZR 16/93, NJW 1994, 1880, 1880 f.
[169] BGH, Urt. v. 10.11.2004 – XII ZR 71/01, NZM 2005, 17, 18; BGH, Urt. v. 3.11.2004 – VIII ZR 28/04, NZM 2005, 100, 100.
[170] BGH, Urt. v. 8.10.2008 – XII ZR 15/07, NJW 2009, 510 Rn. 13 und 26 ff.; für eine Fensterputzpflicht des Mieters auch schlecht erreichbarer Außenfenster BGH, Beschl. v. 21.8.2018 – VIII ZR 188/16 Rn. 9; a. A. LG Berlin, Urt. v. 8.3.2016 – 63 S 213/15, WuM 2016, 279.
[171] Sternel NZM 2017, 169, 179, der zudem für eine umfassende Reinigungspflicht des Mieters aus § 241 Abs. 2 BGB aus Rücksicht auf das Weitervermietungsinteresse des Vermieters plädiert.
[172] BGH, Urt. v. 28.6.2006 – VIII ZR 124/05, NJW 2006, 2915 Rn. 26.
[173] BGH, Urt. v. 28.6.2006 – VIII ZR 124/05, NJW 2006, 2915 Rn. 27 f.; AG Schleiden, Urt. v. 17.3.2000 – 2 C 258/99, WuM 2000, 436; a. A. Streyl in Schmidt-Futterer, § 546 BGB Rn. 43: keine Fensterreinigung.
[174] Vgl. § 28 Abs. 4 Satz 3 II. BV.
[175] BGH, Urt. v. 8.10.2008 – XII ZR 15/07, NJW 2009, 510 Rn. 25 f.; kritisch Lehmann-Richter NZM 2009, 349.
[176] Vgl. Langenberg in Schmidt-Futterer, BGB § 538 Rn. 71 m. w. Nachw. in Fn. 198.
[177] Zum Fristsetzungserfordernis für Schadensersatzansprüche siehe Fervers WuM 2017, 429, 436.

6. Bodenkontaminationen

a) Zivilrechtliche Ansprüche

Hat der Mieter den Boden des gemieteten Grundstücks schuldhaft kontaminiert, kommen **vertragliche Schadensersatzansprüche** des Vermieters aus § 280 Abs. 1 BGB wegen Überschreitung des *vertragsgemäßen Gebrauchs* (§ 541 BGB) oder aus der Verletzung von *Obhutspflichten* für die Mietsache (§ 241 Abs. 2 BGB) in Betracht.[178] Daneben kann eine **deliktische Haftung** des Mieters aus § 823 Abs. 1 BGB wegen schuldhafter *Eigentumsverletzung* bestehen,[179] soweit es sich nicht um Folgen des *vertragsgemäßen Gebrauchs* des Grundstücks handelt (§ 538 BGB). Daher haftet der Mieter eines Grundstücks mit einer vom *Vermieter* errichteten Tankstelle grundsätzlich nicht für Bodenverunreinigungen, die der übliche, die an Ort und Stelle geltenden Umweltstandards einhaltende Betrieb der Tankstelle notwendigerweise mit sich bringt.[180] Umgekehrt soll die Bodenkontamination nicht durch den vertragsgemäßen Gebrauch des Grundstücks gedeckt sein, wenn der *Mieter* die Tankstelle selbst errichtet und so betreiben muss, dass dem Vermieter hieraus kein Schaden entsteht.[181]

108

Inhaltlich sind die Schadenersatzansprüche gerichtet auf Beseitigung der Bodenkontamination (§ 249 Abs. 1 BGB) oder Geldersatz für die Wertminderung am Grundstück (§ 249 Abs. 2 BGB). In der Regel sind die Ansprüche von erheblichster wirtschaftlicher Bedeutung, weil die Schadensbehebung aufwändig ist, z.B. Bodenuntersuchungen, Aushub des Bodens, Trennung nach Kontaminationsklassen und Entsorgung des belasteten Materials, Wiederverfüllen mit unbelastetem Material und Verdichten des Bodens zur Wiederherstellung der Standsicherheit. Hinzu kommt gegebenenfalls Ersatz für eine verbleibende Wertminderung des Grundstücks.

108a

b) Bodenschutzrechtlicher Ausgleichsanspruch

Außerdem kann ein bodenschutzrechtlicher Ausgleichsanspruch[182] des Vermieters aus § 24 Abs. 2 Satz 1 BBodSchG gegen den Mieter bestehen, wenn dem Vermieter eine Inanspruchnahme durch die Sicherheitsbehörde zur effektiven Gefahrenabwehr droht (§§ 4 Abs. 2 und Abs. 3 Satz 6 BBodSchG).[183] Der Umfang des Ausgleichsanspruchs hängt nach § 24 Abs. 2 Satz 2 BBodSchG von den *Verursachungsbeiträgen* der Vertragsparteien für die Bodenkontamination ab. Soweit die Vertragsparteien *etwas anderes vereinbart haben*, entfällt der Ausgleichsanspruch.

109

Eine solche Vereinbarung kann darin bestehen, dass der Vermieter dem Mieter die Nutzung der Mietsache zu einem bestimmten *Mietzweck* gestattet (§ 538 BGB)[184] oder dass der Mietvertrag die Verantwortung für Schadensursache einer Vertragspartei zuweist (z.B. § 535 Abs. 1 Satz 2 BGB)[185]. Der Ausgleichsanspruch ist nach § 24 Abs. 2 Satz 6 BBodSchG bei den Zivilgerichten geltend zu machen.

110

---

[178] Schürmann, MittRhNotK 1994, 1, 16.
[179] Schürmann, MittRhNotK 1994, 1, 16.
[180] BGH, Urt. v. 10.7.2002 – XII ZR 107/99, NZM 2002, 913, 915.
[181] BGH, Urt. v. 1.10.2008 – XII ZR 52/07 NZM 2008, 933 Rn. 15 f.
[182] Grundlegend Mohr ZMR 2017, 289.
[183] BGH, Urt. v. 1.10.2008 – XII ZR 52/07, NJW 2009, 139 Rn. 17 ff.
[184] BGH, Urt. v. 1.10.2008 – XII ZR 52/07, NJW 2009, 139 Rn. 14 für Mietvertrag über Grundstück mit Tankstelle; a. A. BGH, Urt. v. 1.10.2008 – XII ZR 52/07 NZM 2008, 933 Rn. 15 f. für Mietvertrag über Grundstück mit vom Mieter als dessen Scheinbestandteil errichteter Tankstelle.
[185] BGH, Urt. v. 28.7.2004 – XII ZR 163/03, NZM 2004, 916 für Abwasserschäden aus vom Vermieter unzureichend gewarteter Mietsache.

111 Umgekehrt sind **Vereinbarungen** möglich, wonach der Mieter die Beseitigung auch der durch die vertragsgemäße Nutzung entstehenden Kontaminationen schuldet, was ein teilweises Übertragen der Erhaltungspflicht des Vermieters aus § 535 Abs. 1 Satz 2 BGB darstellt.

c) Beweislast und Verjährung

112 Damit der Vermieter **beweisen** kann, dass Bodenkontaminationen erst nach Übergabe der Mietsache entstanden sind, sollte er sich Kenntnis der Historie des Mietgrundstücks verschaffen (z. B. durch Sichten des Altlastenkatasters) und vor der Vermietung gezielt ein **Altlastengutachten** einholen.[186]

113 Schadensersatzansprüche des Vermieters aus §§ 280, 281 Abs. 1 BGB unterliegen der **kurzen Verjährung** des § 548 Abs. 1 BGB (siehe Rn. I 114 ff.). Dem gegenüber verjährt der bodenschutzrechtliche Ausgleichsanspruch nach § 24 Abs. 2 Satz 3 BBodSchG in **drei Jahren**.[187] Diese Verjährung beginnt nach der Beitreibung der Kosten, wenn eine Behörde Maßnahmen selbst ausführt, im Übrigen nach der Beendigung der Maßnahmen durch den Verpflichteten zu dem Zeitpunkt, zu dem der Verpflichtete von der Person des Ersatzpflichtigen Kenntnis erlangt (§ 24 Abs. 2 Satz 3 BBodSchG).

7. Kurze Verjährung

114 Nach § 548 Abs. 1 Satz 1 BGB verjähren Ersatzansprüche des Vermieters wegen Veränderungen oder Verschlechterungen der Mietsache **in sechs Monaten** ab dem Zeitpunkt, in dem der Vermieter die Mietsache **zurückerhält**. Die kurze Frist **bezweckt** das schnelle Abwickeln der Vermieteransprüche wegen des Zustands der Mietsache und soll Beweisschwierigkeiten vermeiden.[188] Ein Rückerhalt im Sinne des § 548 Abs. 1 Satz 1 BGB erfordert grundsätzlich sowohl eine Änderung der Besitzverhältnisse zugunsten des Vermieters als auch eine vollständige und unzweideutige Besitzaufgabe des Mieters.[189] Ob die Verjährung bereits mit dem **Verzug** des Vermieters mit der Annahme der Mietsache beginnt, ist offen.[190]

115 Entsprechend dem Regelungsziel ist das **Verlängern** der kurzen Verjährungsfristen des § 548 Abs. 1 und 2 BGB auf zwölf Monate in einer Formularklausel des Vermieters wegen unangemessener Benachteiligung des Mieters **unwirksam** nach §§ 307 Abs. 1 Satz 1, Abs. 2 Nr. 1 BGB.[191]

116 **Ersatzansprüche wegen Veränderungen und Verschlechterungen** der Mietsache sind grundsätzlich alle Ansprüche des Vermieters, die darauf beruhen, dass der Mieter die Mietsache **nicht im geschuldeten Zustand** zurückgibt.[192] Dabei ist unerheblich, ob es sich um rein vertragliche oder konkurrierende gesetzliche Ansprüche handelt.[193] Die Rechtsprechung legt § 548 Abs. 1 Satz 1 BGB im Hinblick auf den Normzweck *weit* aus.[194] So unterliegen der kurzen Verjährung nicht nur Schadensersatzansprüche wegen

---

[186] Schürmann, MittRhNotK 1994, 1, 16.
[187] BGH, Urt. v. 18.10.2012 – III ZR 312/11, NJW 2012, 3777; zur früheren Rechtslage BGH, Urt. v. 1.10.2008 – XII ZR 52/07, NJW 2009, 139 Rn. 23 ff.
[188] BGH, Versäumnisurt. V. 23.6.2010 – XII ZR 52/08, NJW 2010, 2652 Rn. 12; BGH, Urt. v. 19.1.2005 – VIII ZR 114/04, NJW 2005, 739, 740.
[189] BGH, Urt. v. 27.2.2019 – XII ZR 63/18, juris Rn. 12.
[190] BGH, Urt. v. 27.2.2019 – XII ZR 63/18, juris Rn. 15 ff.
[191] BGH, Urt. v. 8.11.2017 – VIII ZR 13/17, NJW 2017, 3707 Rn. 21 ff.
[192] BGH, Urt. v. 8.12.1982 – VIII ZR 219/81, NJW 1983, 679, 681.
[193] BGH, Urt. v. 6.11.1991 – XII ZR 216/90, NJW 1992, 687, 687.
[194] BGH, Urt. v. 22.2.2006 – XII ZR 48/03, NJW 2006, 1936 Rn. 11.

unterlassener oder mangelhafter *Schönheitsreparaturen*[195] oder *Erhaltungsmaßnahmen*[196] und wegen *Beschädigung* der Mietsache, sondern auch die Erfüllungsansprüche auf Entfernung von *Einrichtungen* und anderer zurückgelassener *Gegenstände*[197], von *baulichen Veränderungen*[198] und auf Wiederherstellung des *ursprünglichen Zustands*[199]. Darüber hinaus wendet die Rechtsprechung § 548 Abs. 1 BGB auf einmalige *Renovierungspflichten* des Mieters am Ende der Mietzeit an.[200]

Außerdem soll die Hauptleistungspflicht des Mieters zur *Vornahme laufender Schönheitsreparaturen* oder anderer Erhaltungsmaßnahmen trotz ihres Entgeltcharakters der kurzen Verjährung unterliegen.[201] Unabhängig davon ob man dieser Ansicht folgt, **beginnt** die kurze Verjährung des Schadenersatzanspruchs wegen unterlassener Schönheitsreparaturen sofort **mit Rückgabe der Mietsache**.[202]

Der kurzen Verjährung unterliegen nach § 217 BGB auch *Nebenansprüche* wie der Verzugs- und der Mietausfallschaden sowie die Sachverständigenkosten für die Schadensermittlung.[203] Schließlich erfasst § 548 Abs. 1 Satz 1 BGB auch Ansprüche aus § 7 Abs. 1 StVG gegen den Kraftfahrzeughalter[204] sowie Regressansprüche bei Gewässerverunreinigung durch den Mieter.[205]

Keine Ersatzansprüche im Sinne des § 548 Abs. 1 BGB sind einerseits die *Erfüllungsansprüche* des Vermieters, z. B. auf Zahlung der Miete und Nutzungsentschädigung[206] und anderseits Ansprüche wegen *völliger Zerstörung* der Mietsache, da diese eine verjährungsauslösende Rückgabe ausschließt.[207] Der Ausgleichsanspruch des Vermieters wegen *Bodenkontaminationen* unterliegt nach der ausdrücklichen Regelung in § 24 Abs. 2 Satz 3 Halbsatz 2 BBodSchG nicht der kurzen Verjährung (siehe Rn. I 113).

Die Verjährung **beginnt** nach § 548 Abs. 1 Satz 2 BGB mit dem Zeitpunkt, in dem der Vermieter die Mietsache *zurückerhält*. Aus Gründen der Rechtssicherheit ist unerheblich, ob der Vermieter Veränderung oder Verschlechterung der Mietsache erkennen kann.[208] Maßgeblich ist der Zeitpunkt, in dem der Vermieter die *tatsächliche Sachherrschaft* über die Mietsache zurückerlangt, so dass sie dem Einfluss des Mieters entzogen ist. Dies gilt auch, wenn der Mieter die Mietsache vorzeitig zurückgibt.[209] Inwieweit ein Hausmeister für den Vermieter empfangsberechtigt ist, hängt von der konkreten Ausgestaltung seiner Tätigkeit ab.[210] § 548 Abs. 1 Satz 3 BGB stellt klar, dass die Ersatzansprüche des Vermieters spätes-

---

[195] BGH, Urt. v. 15.3.2006 – VIII ZR 123/05, NJW 2006, 1588 Rn. 8.
[196] BGH, Urt. v. 8.1.2014 – XII ZR 12/13, NJW 2014, 920 Rn. 15 ff.; BGH, Urteil vom 7.11.1979 – VIII ZR 291/78, NJW 1980, 389. 390.
[197] BGH, Urt. v. 15.3.2006 – VIII ZR 123/05, NJW 2006, 1588 Rn. 8.
[198] BGH, Urt. v. 10.4.2002 – XII ZR 217/98, NZM 2002, 605, 606.
[199] BGH, Urt. v. 16.3.1988 – VIII ZR 184/87, NJW 1988, 1778, 1779.
[200] BGH, Urt. v. 12.5.2004 – XII ZR 223/01, NZM 2004, 583, 583.
[201] Streyl in Schmidt-Futterer § 548 BGB Rn. 13 unter Verweis auf BGH, Urt. v. 8.12.1982 – VIII ZR 219/81, NJW 1983, 679, 681 und BGH NJW 2006, 1588; a. A. V. Emmerich in Staudinger § 548 BGB Rn. 10a und BGH, Urt. v. 10.7.1996 – VIII ZR 282/95, NJW 1996, 2860, 2861 betreffend den Anspruch des Leasinggebers auf Restwertausgleich aus Finanzierungs-Leasing-Vertrag für ein Kraftfahrzeug.
[202] BGH, Urt. v. 8.1.2014 – XII ZR 12/13, NZM 2014, 242 Rn. 17 betreffend Schönheitsreparaturen; kritisch Sternel in Mietrecht aktuell Rn. XIII 218 f.
[203] Vgl. Lüneborg, NJW 2012, 2145, 2149.
[204] BGH, Urt. v. 19.9.1973 – VIII ZR 175/72, NJW 1973, 2059, 2059 f.
[205] BGH, Urt. v. 18.9.1986 – III ZR 227/84, NJW 1987, 187.
[206] BGH, Versäumnis- u. Endurt. v. 11.2.2009 – XII ZR 114/06, NJW 2009, 1488 Rn. 16.
[207] BGH, Urt. v. 21.6.1988 – VI ZR 150/87, NJW-RR 1988, 1358, 1359; BGH, Urt. v. 23.5.2006 – VI ZR 259/04, NJW 2006, 2399 Rn. 16 ff.
[208] OLG Frankfurt, Urt. v. 8.6.2001 – 24 U 198/00, WuM 2001, 397 für zurückgebliebene Skorpione nach einer Reptilienausstellung.
[209] BGH, Urt. v. 23.10.2013 – VIII ZR 402/12, NJW 2014, 684 Rn 11 ff.
[210] BGH, Urt. v. 23.10.2013 – VIII ZR 402/12, NJW 2014, 684 Rn. 18.

I. Abwicklung des Mietverhältnisses

tens mit der Verjährung des Rückgabeanspruchs verjähren (siehe Rn. I 39). Die Verjährung des Schadensersatzanspruchs statt der Leistung **beginnt** unabhängig von dessen Entstehung durch Fristsetzung und Ablehnung gemäß § 281 Abs. 1 Satz 1 und Abs. 4 BGB, weil § 548 Abs. 1 Satz 2 BGB abweichend von § 200 Satz 1 BGB allein auf die Rückgabe abstellt.[211]

121 Zur **Hemmung** der Verjährung kann der Vermieter gegen den Mieter ein *selbständiges Beweisverfahren* (§ 204 Abs. 1 Nr. 7 BGB) oder ein *gerichtliches Mahnverfahren* betreiben (§ 204 Abs. 1 Nr. 3 BGB). Auf die Hemmung durch *Verhandeln* nach § 203 BGB sollte sich der Vermieter wegen der damit verbundenen Unschärfen in Bezug auf Gegenstand und Ende der Verhandlungen nicht verlassen, sondern die Verjährungsfrist durch eine schriftliche Vereinbarung nach Maßgabe des § 202 Abs. 2 BGB verlängern.

122 Ist die kurze **Verjährungsfrist abgelaufen,** kann sich der Vermieter ggf. nach § 215 BGB befriedigen, indem er z. B. mit seinem Schadenersatzanspruch gegen den Anspruch des Mieters auf Rückzahlung der Barkaution **aufrechnet** (§§ 387, 389 BGB, siehe Rn. I 159).

III. Rechtswirkungen des Rückgabeprotokolls

123 Bei Rückgabe der Mietsache erstellen die Vertragsparteien häufig ein **Rückgabeprotokoll,** in dem sie gemeinsam den **Zustand der Mietsache festzuhalten.**

124 Ob ohne Vereinbarung ein **Rechtsanspruch** auf *gemeinsame Erstellung* eines Rückgabeprotokolls besteht, ist nicht abschließend geklärt. Der Mieter dürfte jedenfalls nach § 368 BGB einen Anspruch auf eine Empfangsbestätigung für die Rückgabe der Mietsache haben (Quittung).

125 Die **Rechtswirkung** eines von beiden Vertragsparteien unterschriebenen Rückgabeprotokolls ist nach §§ 133, 157 BGB durch Auslegung vor allem anhand ihres Regelungswillens zu ermitteln.[212]

126 Im Protokoll enthaltene *Tatsachenbeschreibungen* (z. B. die Anzahl der zurückgegebenen Schlüssel, Art und Ausmaß von Mängeln, Zählerstände und Zwischenablesung nach erforderlich § 9b Abs. 1 HeizkostenV), sind stets **Beweisanzeichen,** welche die Vertragsparteien als Urkunde in einen Rechtsstreit einführen können. Hierdurch findet eine Beweislastumkehr statt. Der spätere Beweis der Unrichtigkeit bleibt möglich.[213] Ergänzend zum Rückgabeprotokoll ist empfehlenswert, den Zustand der Mietsache umfassend durch Fotos zu dokumentieren und den Fotografen zu vermerken, um ihn im Streitfall als Zeugen zu benennen.

127 Soll die Aufnahme bestimmter Mängel in das Protokoll einen *Streit oder eine Ungewissheit* über den Zustand der Mietsache *beilegen,* begründet dies ein **deklaratorisches Schuldanerkenntnis** nach § 781 Satz 1 BGB („Schuldbestätigung"). Der *Mieter* kann die im Protokoll festgehaltenen Mängel später nicht mehr bestreiten[214]; er kann aber behaupten, dass diese bereits bei Übergabe der Mietsache vorhanden waren oder nicht von ihm zu vertreten sind.[215]

128 Umgekehrt kann der *Vermieter* im Protokoll *nicht vermerkte Mängel* der Mietsache nicht mehr geltend machen. Die Rechtsprechung unterstellt insoweit großzügig ein

---

[211] BGH, Urt. v. 8.1.2014 – XII ZR 12/13, NZM 2014, 242 Rn. 17 betreffend Schönheitsreparaturen; kritisch Sternel in Mietrecht aktuell, Rn. XIII 218 f.
[212] Umfassend Hinz ZMR 2016, 622, 623 ff.
[213] BGH, Urteil vom 24.3.1976 – IV ZR 222/74, NJW 1976, 1259, 1260; V. Emmerich NZM 2000, 1155, 1162.
[214] LG Berlin, Beschl. v. 20.4.1999 – 64 S 408/98, ZMR 1999, 638 Anerkenntnis der Erforderlichkeit der Schönheitsreparaturen.
[215] Streyl in Schmidt-Futterer, § 546 BGB Rn. 396 f.

negatives **Schuldanerkenntnis** nach § 397 Abs. 2 BGB („Verzichtsvertrag"), wonach der Vermieter die zurückgegebene Mietsache als ordnungsgemäß akzeptiert und auf Geltendmachung weiterer Ansprüche verzichtet.[216] Auf die schwere Erkennbarkeit von Mängeln kann sich der Vermieter nicht berufen, weil er eine *Untersuchungspflicht* hat, die ihn ggf. zur Einschaltung von Fachkräften verpflichtet.[217] Vor dieser Ausschlusswirkung des Rückgabeprotokolls kann sich der Vermieter schützen, indem er sich im Rückgabeprotokoll ausdrücklich **vorbehält**, nicht erkannte Mängel an der Mietsache später geltend zu machen.[218] Empfehlenswert ist zudem, zu vermerken, wenn die Vertragsparteien Räume nicht in Augenschein nehmen können (z. B. bei Zugangshindernissen zum Keller).

Ausnahmsweise kann das Rückgabeprotokoll **neue vertragliche Pflichten** begründen, beispielsweise Renovierungs- oder Zahlungspflichten des Mieters. Ein solches **konstitutives Schuldanerkenntnis** nach § 781 Satz 1 BGB („Schuldbegründung") erfordert eine eindeutige Erklärung, aus der der Wille des Mieters hervorgeht, eine *neue* vom Mietvertrag unabhängige *Anspruchsgrundlage* zu schaffen. Das Nachbessern einer unwirksamen Schönheitsreparaturklausel kann unwirksam sein, wenn die Vereinbarung den Mieter unangemessen benachteiligt nach § 307 Abs. 1 Satz 1 BGB[219] oder sittenwidrig ist nach § 138 Abs. 1 BGB[220]. Zudem hat ein mietender Verbraucher gegenüber einem vermietenden Unternehmer in der Regel ein **Verbraucherwiderrufsrecht** aus §§ 312 ff. BGB, mit dem er außerhalb des Geschäftsraums des Vermieters geschlossene Vereinbarungen widerrufen kann[221] (siehe Rn. B 182 ff.). Damit die Widerrufsfrist nur 14 Tage beträgt (§ 355 Abs. 2 BGB), muss der Vermieter den Mieter förmlich über dessen Widerrufsrecht **belehren** (siehe Rn. B 186); andernfalls erlischt das Widerrufsrecht spätestens ein Jahr und 14 Tage nach Unterzeichnung des Übergabeprotokolls (§ 356 Abs. 3 Satz 2 BGB).

129

Das **Schweigen** des Mieters nach Zugang eines vom Vermieter unterschriebenen Rückgabeprotokolls bedeutet grundsätzlich keine Zustimmung. Nur wenn das Protokoll dem Mieter lediglich rechtlich vorteilhaft ist (z. B. infolge eines negativen Schuldanerkenntnisses des Vermieters), kommt eine Annahme ohne Erklärung nach § 151 Abs. 2 BGB in Betracht.[222] Sind beide Vertragsparteien Unternehmer, kann ein von einer Vertragspartei unterzeichnetes Rückgabeprotokoll nach den Grundsätzen des **kaufmännischen Bestätigungsschreibens** einem gemeinsam erstellten Rückgabeprotokoll gleich stehen, soweit die andere Vertragspartei nicht rechtzeitig nach Zugang widerspricht.[223]

130

IV. Verspätete Rückgabe

Gibt der Mieter die Mietsache nach Beendigung des Mietverhältnisses nicht oder verspätet zurück, schuldet er dem Vermieter nach § 546a Abs. 1 BGB **Nutzungsentschädigung.** Ergänzend stellt § 546a Abs. 2 BGB klar, dass **weitere Schadensersatzansprüche**

131

---

[216] BGH, Urt. v. 10.11.1982 – VIII ZR 252/81, NJW 1983, 446, 448; LG Hamburg, Urt. v. 15.10.1998 – 327 S 79, NZM 1999, 838, 839; kritisch V. Emmerich NZM 2000, 1155, 1162; B. Schneider NZM 2014, 743, 746; Hinz NZM 2016, 622, 625, der für unterschiedliche Behandlung von Unternehmern und privaten Kleinvermietern plädiert.
[217] BGH, Urt. v. 10.11.1982 – VIII ZR 252/81, NJW 1983, 446, 448.
[218] Hinz NZM 2016, 622, 625.
[219] AG Hildesheim, Beschl. v. 27.2.2009 – 49 C 144/08, NZM 2009, 738; zum Ausbleiben des Summierungseffekts bei nachträglichen individuell vereinbarten Renovierungspflichten des Mieters im Übergabeprotokoll siehe BGH, Urt. v. 14.1.2009 – VIII ZR 71/08, NJW 2009, 1075 m. Anm. Kappus.
[220] AG Hannover, Urt. v. 9.7.2008 – 564 C 16208/07, WuM 2008, 721.
[221] Ausführlich Hinz NZM 2016, 622, 629 ff;.
[222] Lehmann-Richter ZMR 2006, 833, 834 f.
[223] OLG Düsseldorf, Urt. v. 18.12.2003 – 10 U 184/02, NZM 2004, 260.

des Vermieters nicht ausgeschlossen sind. Zu Gunsten des Mieters von Wohnraum gelten ergänzend die Einschränkungen des § 571 BGB. Außerdem bestehen im so genannten **Abwicklungsverhältnis** nachvertragliche Rechte und Pflichten der Vertragsparteien aus § 242 BGB. § 546a BGB schließt konkurrierende Ansprüche des Vermieters aus einem **Eigentümer-Besitzer-Verhältnis** (§§ 987 ff. BGB)[224] oder wegen **ungerechtfertigter Bereicherung** des Mieters (§§ 812 ff. BGB)[225] nicht aus.

1. Nutzungsentschädigung

132 Der in § 546a Abs. 1 BGB geregelte Anspruch des Vermieters gegen den Mieter auf Nutzungsentschädigung gilt für **alle Mietsachen**.[226] Die Regelung **bezweckt**, dem Vermieter die Durchsetzung seines Mindestschadens in Höhe der vereinbarten oder der ortsüblichen Miete zu erleichtern und so Druck auf den Mieter auszuüben, damit er die Mietsache zurückgibt.[227] Der Anspruch auf Nutzungsentschädigung ist kein Schadenersatzanspruch, sondern ein **Entschädigungsanspruch eigener Art,** der im Abwicklungsverhältnis an die Stelle des Anspruchs auf Mietzahlung aus § 535 Abs. 2 BGB tritt.[228]

a) Voraussetzungen

133 **Tatbestandlich** erfordert der Anspruch aus § 546 Abs. 1 BGB zunächst, dass zwischen den Vertragsparteien ein **Mietverhältnis bestand,** das **beendet** ist. Hieran fehlt es, wenn die Vertragsparteien keinen wirksamen Mietvertrag geschlossen haben oder der Mietvertrag rückwirkend durch Anfechtung entfallen ist nach § 142 Abs. 1, §§ 119 ff. BGB. Auch gegen einen **Untermieter** oder andere Personen, die die Mietsache nutzen, ohne Vertragspartei zu sein, besteht kein Anspruch aus § 546a Abs. 1 BGB, da dem Vermieter im ungekündigten Mietverhältnis insoweit kein Anspruch auf Mietzahlung zustand (mietersetzende Funktion der Nutzungsentschädigung).[229]

134 Ferner muss der Mieter dem Vermieter nach § 546 Abs. 1 BGB **zur Rückgabe der Mietsache verpflichtet** sein (siehe Rn. I 4 ff.). Die Rückgabe der Mietsache in mangelhaftem Zustand (z. B. ohne Ausführung geschuldeter Schönheitsreparaturen) berührt die Erfüllung der Rückgabepflicht nicht, so dass keine Vorenthaltung der Mietsache vorliegt (siehe Rn. I 27 ff.). Der Rückgabepflicht steht nicht entgegen, dass der Mieter subjektiv nicht zur Rückgabe in der Lage ist, weil er die Mietsache einem Dritten überlassen hat (siehe Rn. I 6). Der Mieter kann aber Ersatz des entstehenden Mietausfalls schulden (siehe Rn. I 76 und I 79).

135 Weitere Voraussetzung ist die **Vorenthaltung** der Mietsache, das heißt, dass der Mieter dem Vermieter die Mietsache *entgegen dessen Willen* nicht zurückgibt.[230] Auf Seiten des Vermieters genügt der *grundsätzliche Wille zur Rückerlangung* der Mietsache;[231] ein Nutzungswille ist nicht erforderlich.[232] Die Vorenthaltung entfällt in der Regel nicht dadurch,

---

[224] BGH, Urt. v. 12.8.2009 – XII ZR 76/08, NZM 2009, 701 Rn. 17 ff.
[225] BGH, Urt. v. 10.11.1965 – VIII ZR 12/64, NJW 1966, 248; BGH, Urt. v. 12.7.2017 – VIII ZR 214/16, NJW 2017, 2997 Rn. 26.
[226] Für Pacht- und Landpachtverhältnisse gelten § 584b BGB bzw. § 597 BGB.
[227] BGH, Urt. v. 22.3.1989 – VIII ZR 155/88, NJW 1989, 1730, 1731 f.
[228] BGH, Urt. v. 11.5.1988 – VIII ZR 96/87, NJW 1988, 2665, 2666; BGH, Urt. v. 27.4.1977 – VIII ZR 246/75, NJW 1977, 1335, 1336.
[229] BGH, Versäumnisurt. v. 14.3.2014 – V ZR 218/13, NZM 2014, 582 Rn. 12 für Untermieter, der aber nach §§ 987 ff. BGB für die Nutzung den objektiven Mietwert der genutzten Sache schuldet.
[230] BGH, Urt. v. 13.10.1982 – VIII ZR 197/81, NJW 1983, 112, 113.
[231] BGH, Urt. v. 13.10.1982 – VIII ZR 197/81, NJW 1983, 112, 113.
[232] OLG München, Urt. v. 2.4.1993 – 21 U 4750/92, ZMR 1993, 466.

IV. Verspätete Rückgabe

dass der Vermieter dem Mieter außergerichtlich eine *Räumungsfrist* gewährt.[233] Dies gilt auch, wenn das Gericht dem Mieter eine Räumungsfrist (§§ 721, 794a ZPO)[234] oder Vollstreckungsschutz gewährt (§ 756a ZPO)[235]. Der entgegenstehende Willen des Vermieters fehlt, wenn er *nicht zur Rücknahme der Mietsache bereit* ist, beispielsweise weil er unzutreffend meint, das Mietverhältnis sei noch nicht beendet[236] oder seine Weigerung sei durch Nichtausführung von Schönheitsreparaturen gerechtfertigt[237]. Auch widerspricht es nicht dem Willen des Vermieters, wenn der Mieter auf dessen Geheiß nach Ende der Mietzeit den Besitz an der Mietsache behält, um Schönheitsreparaturen vorzunehmen[238] oder einen Anschlussmietvertrag abzuschließen[239]. Übt der Vermieter sein *Vermieterpfandrecht* gemäß §§ 562 ff., 578 BGB aus, ist das Zurücklassen der Pfandsachen mit dem Willen des Vermieters keine Vorenthaltung der Mietsache.[240] Unterbleibt die Rückgabe der Mietsache jedoch zugleich aus *anderen Gründen,* z. B. weil der Mieter auch die Schlüssel an der Mietsache nicht zurückgibt, begründet dies eine Vorenthaltung.[241] Die Vorenthaltung **endet** in dem Zeitpunkt, in dem der Vermieter die Mietsache zurück erhält[242]; für die Zeit bis zum Beginn des nächsten Kalendermonats kommt ein Schadensersatzanspruch des Vermieters wegen Verzugs mit der Rückgabe der Mietsache in Betracht.

b) Rechtsfolgen

Was die **Höhe der Nutzungsentschädigung** angeht, kann der Vermieter vom Mieter nach § 546a Abs. 1 BGB entweder die vereinbarte Miete oder die Miete verlangen, die für vergleichbare Sachen ortsüblich ist. 136

Zur **vereinbarten Miete** gehören auch die *Betriebs-* oder *Nebenkosten* sowie die *Umsatzsteuer*[243], soweit der Mieter diese Kosten als Mietbestandteil schuldete. War die Miete während der Mietzeit wegen eines Mangels *gemindert* nach § 536 Abs. 1 BGB, gilt dies grundsätzlich auch für die Nutzungsentschädigung.[244] Sind zukünftige Mietänderungen wie Staffel- oder Indexmieten vereinbart, steht dem Vermieter ab dem Zeitpunkt der vereinbarten Mieterhöhung eine Nutzungsentschädigung in gleicher Höhe zu, damit der Mieter nicht besser steht als bei Fortbestehen des Mietverhältnisses.[245] 136a

Die **ortsübliche Miete** ist die bei Neuabschluss eines Mietvertrags zu erzielende ortsübliche Miete *(Marktmiete)* und nicht ortsübliche Vergleichsmiete aus dem vierjährigen 136b

---

[233] BGH, Urt. v. 13.10.1982 – VIII ZR 197/81, NJW 1983, 112, 113; BGH, Beschl. v. 23.8.2006 – XII ZR 214/04, NZM 2006, 820; zur Auslegung des Gewährens einer Räumungsfrist siehe Kapitel I.1.1.c.

[234] BGH, Beschl. v. 23.8.2006 – XII ZR 214/04, NZM 2006, 820; BGH, Urt. v. 13.10.1982 – VIII ZR 197/81, NJW 1983, 112, 113.

[235] OLG Celle, Urt. v. 24.2.1967 – 4 U 169/66, ZMR 1967, 270.

[236] BGH, Urt. v. 22.3.1960 – VIII ZR 177/59, NJW 1960, 909; BGH, Urt. v. 21.2.1973 – VIII ZR 44/71, ZMR 73, 238; BGH, Urt. v. 7.1.2004 – VIII ZR 103/03, NZM 2004, 354, 356; BGH, Urt. v. 16.11.2005 – VIII ZR 218/04, NZM 2006, 12 Rn. 12; BGH, Urt. v. 12.7.2017 – VIII ZR 214/16, NJW 2017, 2997 Rn. 20 ff.

[237] BGH, Beschluss v. 13.7.2010 – VIII ZR 326/09, NZM 2010, 815 Rn. 2.

[238] OLG Hamburg, Urt. v. 6.12.1989 – 4 U 26/89, ZMR 1990, 141; AG Lemgo, Urt. v. 7.6.1999 – 17 C 22–99, NZM 1999, 961, 961.

[239] KG, Urteil vom 1.10.1970 – 8 U 2633/69, ZMR 1971, 321.

[240] OLG Hamburg, Urt. v. 25.10.1989 – 4 U 255/88, NJW-RR 1990, 86; OLG Dresden, Urt. v. 19.10.2011 – 13 U 1179/10, NZM 2012, 84, 89; KG, Urt. v. 14.2.2005 – 8 U 144/04, NZM 2005, 422, 423; OLG Koblenz, Urt. v. 25.4.2018 – 5 U 1161/17, NZM 2018, 564 Rn. 26.

[241] KG, Urt. v. 18.7.2016 – 8 U 234/14, ZMR 2016, 939.

[242] BGH, Urt. v. 5.10.2005 – VIII ZR 57/05, NZM 2006, 52 Rn. 4 ff.

[243] BGH, Urt. v. 11.5.1988 – VIII ZR 96/87, NJW 1988, 2665, 2667.

[244] BGH, Urt. v. 21.2.1990 – VIII ZR 116/89, NJW-RR 1990, 884, 885.

[245] BGH, Urt. v. 21.2.1973 – VIII ZR 44/71, ZMR 1973, 238 unter Ziffer IV.4.d.

Betrachtungszeitraum des § 558 Abs. 2 BGB.[246] Bei preisfreiem Wohnraum schlägt eine Begrenzung der Miethöhe durch die Mietpreisbremse der §§ 556d ff. BGB (siehe Rn. C 79 ff.) auf die Nutzungsentschädigung durch.[247] Bei preisgebundenem Wohnraum darf die Nutzungsentschädigung die nach § 8 Abs. 2 Satz 1 WoBindG zulässige Kostenmiete nicht überschreiten. War die Miete im laufenden Mietverhältnis wegen Mängeln der Mietsache gemindert, gilt dies auch für die anhand der ortsüblichen Miete berechnete Nutzungsentschädigung, weil Mängel die erzielbare Marktmiete reduzieren.[248]

136c Der Vermieter hat ein **Wahlrecht,** ob er die vereinbarte oder die ortsübliche Miete verlangt. Dieses bedarf keiner förmlichen Ausübungserklärung gegenüber dem Mieter, so dass der Vermieter einen Unterschiedsbetrag zur günstigeren Berechnungsmethode nachfordern kann.[249]

137 Nach Ablauf der Mietzeit **erstmals auftretende Mängel** berechtigen den Mieter grundsätzlich *nicht zur Minderung* der Nutzungsentschädigung entsprechend § 536 Abs. 1 BGB, um die schnelle Abwicklung des Mietverhältnisses nicht mit einem möglichen Streit über die Angemessenheit der Minderung zu belasten.[250] Dies kommt nur ausnahmsweise in Betracht, wenn der Vermieter *nachvertragliche Pflichten zur Mängelbeseitigung* verletzt, die aus dem Abwicklungsverhältnis nach § 242 BGB bestehen (siehe Rn. I 144 ff.).[251]

138 Die **Fälligkeit** der Nutzungsentschädigung richtet sich nach der für die Mietzahlung vereinbarten Fälligkeit[252]; hilfsweise gelten § 556b Abs. 1, § 579 Abs. 1 oder § 579 Abs. 2 BGB (siehe Rn. C 87). In **Zahlungsverzug** gerät der Mieter erst, wenn die Voraussetzungen des § 286 BGB vorliegen. Übersteigt die ortsübliche Miete die vereinbarte Miete, gerät der Mieter mit dem Unterschiedsbetrag erst ab dem Zeitpunkt in Verzug, ab dem der die ortsübliche Miete einfordert.

139 Der Anspruch auf Nutzungsentschädigung **verjährt** innerhalb der dreijährigen Regelfrist der §§ 195, 199 BGB.[253]

2. Weiterer Schadensersatz

140 Dass der Vermieter einen über die Nutzungsentschädigung **hinausgehenden Schaden** geltend machen kann, stellt § 546a Abs. 2 BGB ausdrücklich klar. Konkurrierende Ansprüche aus einem **Eigentümer-Besitzer-Verhältnis** (§§ 987 ff. BGB) oder aus **ungerechtfertigter Bereicherung** (§§ 812 ff. BGB) schließt dies nicht aus. Für einen Anspruch des Vermieters aus ungerechtfertigter Bereicherung genügt der Besitz des Mieters nicht; dieser muss die Mietsache *tatsächlich genutzt* haben.[254]

141 **Weitere Schadensersatzansprüche** im Sinne des § 546 Abs. 2 BGB sind vor allem Schadenersatzansprüche aus §§ 280 Abs. 2, 286 BGB wegen **Verzugs mit Rückgabepflicht** aus § 546 Abs. 1 BGB, beispielsweise weil der Vermieter die mitten im Kalendermonat zurückgegebene Mietsache erst ab Beginn des nächsten Kalendermonats wieder

---

[246] BGH, Urt. v. 18.1.2017 – VIII ZR 17/16, NJW 2017, 1022 Rn. 10 ff. betreffend Wohnraum.
[247] Artz NZM 2017, 281, 281 f.
[248] Streyl in Schmidt-Futterer, § 546a BGB Rn. 68.
[249] BGH, Urt. v. 14.7.1999 – XII ZR 215/97, NJW 1999, 2808, 2808 f.; V. Emmerich NZM 1999, 929, 932; zu prozessualen Gesichtspunkten Fleindl NZM 2017, 282.
[250] BGH, Urt. v. 27.5.2015 – XII ZR 66/13, NJW 2015, 2795 Rn. 12 ff. und 18 ff.; BGH, Urt. v. 7.12.1960 – VIII ZR 16/60, NJW 1961, 916, 916 f.; weitergehend LG Krefeld, Urt. v. 20.12.2017 – 2 S 65/16, NZM 2018, 787, nach dessen Auffassung die Minderung der Nutzungsentschädigung auch für nach Ablauf der Mietzeit erstmals angezeigte Mängel ausgeschlossen ist.
[251] BGH, Urt. v. 27.5.2015 – XII ZR 66/13, NJW 2015, 2795 Rn. 22 ff.
[252] BGH, Urt. v. 23.1.1974 – VIII ZR 219/72, NJW 1974, 556, 556.
[253] BGH, Versäumnis- u. Endurt. vom 11.2.2009 – XII ZR 114/06, NJW 2009, 1488 Rn. 16.
[254] BGH, Urt. v. 12.7.2017 – VIII ZR 214/16, NJW 2017, 2997 Rn. 32 ff.

vermieten kann (Mietausfallschaden).[255] Den neuen Mietvertrag vor Rückgabe der Mietsache zu schließen, ist dem Vermieter wegen des hiermit verbundenen Schadenersatzrisikos gegenüber dem neuen Mieter in der Regel nicht zumutbar.[256]

Weitere Schadensersatzansprüche können aus **Verzug des Mieters mit Pflichten** bestehen, die den **Zustand der Mietsache** am Ende der Mietzeit betreffen (z. B. Schönheitsreparaturen oder andere Erhaltungsmaßnahmen). Hierbei entsteht eine Ersatzpflicht des Mieters für den Mietausfallschaden zunächst durch *Verzug* mit zum Mietende fälligen Leistungspflichten aus §§ 280 Abs. 2, 286 Abs. 1 BGB.[257] Erlöschen diese nach Fristsetzung[258] gemäß § 281 Abs. 4 BGB, geht der Mietausfall als Rechnungsposten ein in den *Schadensersatz statt der Leistung* nach §§ 281 Abs. 1 Satz 1, 280 Abs. 1 BGB.[259]

142

Bei Mietverhältnissen über **Wohnraum** ist die Geltendmachung eines über die Nutzungsentschädigung hinausgehenden Schadens durch § 571 Abs. 1 BGB **ausgeschlossen,** wenn der Mieter das Mietverhältnis nicht gekündigt und die verspätete Rückgabe **nicht zu vertreten** hat. Beispiele hierfür sind, dass der Mieter Ersatzwohnraum nicht zu zumutbaren Bedingungen beschaffen kann oder dass ihm eine Erkrankung den Umzug unmöglich macht.[260] Hat der Mieter die verspätete Rückgabe zu **vertreten,** so besteht der Höhe nach nur eine **Billigkeitshaftung,** die in der Regel nicht über die Nutzungsentschädigung aus § 546a Abs. 1 BGB hinausgeht. Gewährt das Gericht dem Mieter eine **Räumungsfrist** nach § 721 oder § 794a ZPO ist die Geltendmachung eines über die Nutzungsentschädigung hinausgehenden Schadens nach § 571 Abs. 2 BGB *ausgeschlossen.* Dadurch soll der Mieter ohne Sorge vor Schadensersatzansprüchen, eine Fortsetzung des Mietverhältnisses verlangen (§§ 574 ff. BGB) oder Räumungsschutz einfordern können (§§ 721, 794a ZPO).

143

3. Nachvertragliche Pflichten im Abwicklungsverhältnis

Mit dem Ende der Mietzeit enden die vertraglichen Rechte und Pflichten der Vertragsparteien. Zwischen den Vertragsparteien entsteht ein **gesetzliches Abwicklungsverhältnis,** in dem der Mieter neben der Rückgabe der Mietsache nach § 546 Abs. 1 BGB auch Nutzungsentschädigung aus § 546a Abs. 1 BGB schuldet sowie den Ersatz des weiteren Vorenthaltungsschadens, was aus § 546a Abs. 2 BGB ersichtlich ist. Im Übrigen sind die nachvertraglichen Rechte und Pflichten der Vertragsparteien im Abwicklungsverhältnis nicht ausdrücklich geregelt.

144

Trotz der Beendigung des Mietverhältnisses darf der Vermieter dem Mieter den **Besitz** an der Mietsache **nicht entziehen** (z. B. Schlösser auswechseln). Dies ist verbotene Eigenmacht des Vermieters im Sinne des § 858 Abs. 1 BGB, die einen im einstweiligen Rechtsschutz durchsetzbaren Anspruch des Mieters aus § 861 Abs. 1 BGB auf sofortige Widereinräumung des Besitzes zur Folge hat. Für die Folgen einer eigenmächtigen Räumung haftet der Vermieter verschuldensunabhängig nach §§ 229, 231 BGB.[261]

145

Der Vermieter von *Wohnraum* ist nach Treu und Glauben (§ 242 BGB) im Rahmen des Zumutbaren verpflichtet, **Versorgungsleistungen** (z. B. Heizung, Strom, Wasser/Abwasser, Müllabfuhr) weiter zu erbringen, die Gesundheitsbeeinträchtigungen vermei-

146

---

[255] AG Lüdenscheid, Urt. v. 10.5.1989 – 8 C 53/89, WuM 1989, 295.
[256] OLG Düsseldorf, Urt. v. 8.5.2012 – 24 U 195/11, ZMR 2012, 861; zum Mitverschulden des Vermieters vgl. OLG München, Urt. v. 17.3.1989 – 21 U 3209/88, ZMR 1989, 224.
[257] BGH, Urt. v. 19.10.1988 – VIII ZR 22/88, NJW 1989, 451, 452; BGH, Beschl. v. 13.7.2010 – VIII ZR 326/09, NZM 2010, 815 Rn. 3.
[258] Zum Fristsetzungserfordernis für leistungsbezogene Pflichten BGH, Urt. v. 12.2.2014 – XII ZR 76/13, NJW 2014, 1521 Rn. 25 und Fervers WuM 2017, 429, 433.
[259] BGH, Urt. v. 19.11.1997 – XII ZR 281/95, NZM 1998, 147, 148.
[260] Streyl in Schmidt-Futterer, § 571 BGB Rn. 9.
[261] BGH, Urt. v. 14.7.2010 – VIII ZR 45/09, NJW 2010, 3434 Rn. 9.

den und dem Mieter ein angemessenes Wohnen ermöglichen[262]. Dagegen kann dem Vermieter von *Geschäftsraum* wegen des ständig wachsenden Schadens unzumutbar sein, den Mieter weiter mit Heizenergie zu versorgen, wenn er weder Miete noch Nutzungsentschädigung bezahlt.[263] In diesem Fall ist eine Versorgungssperre keine verbotene Eigenmacht des Vermieters im Sinne des § 858 Abs. 1 Alt. 2 BGB.[264] Unterhält der Mieter einen **Direktliefervertrag** mit dem Versorgungsunternehmen und unterbricht dieses infolge ausbleibender Zahlungen des Mieters die Versorgung wegen Zahlungsrückständen, berührt dies nicht das Mietverhältnis.[265]

147 **Verkehrssicherungspflichten** für die Mietsache muss der Vermieter gegenüber dem Mieter erfüllen wie gegenüber jedem Dritten, der nicht Vertragspartei ist.[266] Dem gegenüber kommt eine nachvertragliche Pflicht des Vermieters zur **Instandhaltung- oder Instandsetzung** nach § 242 BGB nur in Ausnahmefällen in Betracht, z. B. wenn schwerwiegende Gefahren für Leben, Gesundheit oder hohe Eigentumswerte des Mieters drohen.[267] In die Abwägung ist die vorrangige Pflicht des Mieters einzustellen, einen drohenden Schaden, dadurch abzuwenden, dass er seiner Räumungspflicht nachkommt.[268] Umgekehrt ist zu Gunsten des Mieters zu berücksichtigen, wenn ihm Rechtsvorschriften das Weiterbenutzen der Mietsache gestatten (z. B. §§ 721, 765a ZPO).[269] Bei Fortsetzung des Mietgebrauchs nach berechtigtem Sozialwiderspruch gemäß §§ 574 ff. BGB sollen die §§ 535 ff. BGB entsprechend gelten.[270]

148 Den Zugang des Mieters zu **Gemeinschaftseinrichtungen** darf der Vermieter nicht vereiteln (z. B. Breitbandkabelanschluss), soweit es sich nicht um Luxuseinrichtungen handelt (z. B. Schwimmbad, Sauna).[271] Umgekehrt hat der Mieter grundsätzlich keinen Anspruch auf Zustimmung des Vermieters zur Erweiterung der nachvertraglichen Nutzung (z. B. Überlassung des Mietgebrauchs an Dritte),[272] es sei denn zwingende familiäre Gründe oder Unterhaltspflichten gebieten dies.[273]

149 Der **Mieter** ist auch nachvertraglich aus § 241 Abs. 2 BGB zur **Obhut** über die Mietsache verpflichtet, von der er sich nicht durch die Erklärung befreien kann, er werde sich nicht mehr um die Mietsache kümmern.[274] Schließlich muss der Mieter dem Vermieter die *Besitzaufgabe* so rechtzeitig anzeigen, dass dieser sich zeitgerecht um die Neuvermietung kümmern kann.[275]

150 Wie lange das **Abwicklungsverhältnis dauern** darf, wenn die Vertragsparteien eine „Rückkehr" des Mieters in ein Mietverhältnis unter aufschiebenden Bedingungen **vereinbaren** (z. B. pünktliche Zahlung der laufenden Nutzungsentschädigung und Einhaltung eines Tilgungsplans für Altverbindlichkeiten), ist noch nicht abschließend geklärt.

---

[262] BGH, Urt. v. 6.5.2009 – XII ZR 137/07, NJW 2009, 1947 Rn. 16; Derleder WuM 2011, 552.
[263] BGH, Urt. v. 6.5.2009 – XII ZR 137/07, NJW 2009, 1947 Rn. 18.
[264] BGH, Urt. v. 6.5.2009 – XII ZR 137/07, NJW 2009, 1947 Rn. 24 ff. betreffend „Ausfrieren" des Meters durch Einstellen der Beheizung; zur besonderen Rücksichtnahmepflicht von Gemeinden aus dem Übermaßverbot LG Braunschweig, Urt. v. 10.10.1973 – 5 O 173/73, NJW 1974, 800, 800 f.
[265] BGH, Urt. v. 15.12.2010 – VIII ZR 113/10, NZM 2011, 198 für Unterbrechung der Stromlieferung.
[266] BGH, Urt. v. 27.5.2015 – XII ZR 66/13, NJW 2015, 2795 Rn. 25.
[267] BGH, Urt. v. 27.5.2015 – XII ZR 66/13, NJW 2015, 2795 Rn. 26.
[268] BGH, Urt. v. 27.5.2015 – XII ZR 66/13, NJW 2015, 2795 Rn. 27.
[269] BGH, Urt. v. 27.5.2015 – XII ZR 66/13, NJW 2015, 2795 Rn. 27; ausführlich Müller MDR 1971, 253.
[270] Lehmann-Richter PiG 90 (2011), 199, 213.
[271] Derleder WuM 2011, 551, 552 f.
[272] Lehmann-Richter PiG 90 (2011), 199, 206.
[273] J. Emmerich in Bub/Treier Rn. V 122.
[274] BGH, Urt. v. 10.1.1983 – VIII ZR 304/81, NJW 1983, 1049, 1050.
[275] LG Freiburg i. Br., Urt. v. 31.12.1979 – 9 S 226/79, WuM 1980, 223.

Hat der Vermieter seinen Räumungsanspruch tituliert, erscheinen zwei Jahre als angemessener Ausgleich zwischen dem Interesse des Vermieters, durch Nachsicht nicht vorschnell ein neues Mietverhältnis zu begründen, und dem Interesse des Mieters, nicht auf Dauer entrechtet im Abwicklungsverhältnis festgehalten zu werden.[276]

V. Betriebs- oder Nebenkostenabrechnung

Endet das Mietverhältnis innerhalb eines laufenden Abrechnungszeitraums, besteht aus § 556 Abs. 3 Satz 4 BGB ersichtlich **keine Pflicht zur vorzeitigen Abrechnung** über die Betriebs- bzw. Nebenkostenvorauszahlungen für den Vermieter.[277] **151**

Die Abrechnung erfordert eine **Kostenabgrenzung** zwischen dem ausziehenden Mieter und dem nachfolgenden Nutzer der Mietsache. Wenn die Umlage der Betriebs- oder Nebenkosten verbrauchsabhängig erfolgt, muss der Vermieter grundsätzlich eine *Zwischenablesung* der Verbrauchserfassungseinrichtungen durchführen (§ 9b Abs. 1 HeizkostenV für Heizung und Warmwasser). Die nach einem Flächenmaßstab verteilten *Grundkosten* sind zeitanteilig nach der Gradtagszahlmethode abzugrenzen (§ 9b Abs. 2 HeizkostenV). Eine vom beauftragten Ableseunternehmen abgerechnete **Nutzerwechselgebühr** ist nach § 556 Abs. 1 und 4 BGB nicht auf Wohnraummieter umlagefähig, da es sich mangels laufender Entstehung um Verwaltungskosten im Sinne des § 1 Abs. 2 Nr. 1 BetrKV handelt.[278] **152**

Der Vermieter muss die Betriebs- bzw. Nebenkostenabrechnung innerhalb der **regulären Abrechnungsfristen** für Wohn- bzw. Geschäftsraum erteilen, in der Regel bis zum Ablauf des zwölften Monats nach Ende des Abrechnungszeitraums (siehe Rn. E 60 ff.). **153**

Versäumt er die Abrechnungsfrist, treffen ihn grundsätzlich dieselben nachteiligen Rechtsfolgen wie im laufenden Mietverhältnis (siehe Rn. E 60 ff.). Vor allem kann der Mieter die *Rückzahlung* aller geleisteten Vorauszahlungen auf die Betriebs- bzw. Nebenkosten verlangen, *soweit* er im laufenden Mietverhältnis hieran kein Zurückbehaltungsrecht aus § 273 Abs. 1 BGB ausüben konnte.[279] **154**

Der **Anspruch des Mieters auf Abrechnung** der Betriebs- bzw. Nebenkostenvorauszahlungen **verjährt** in drei Jahren ab Fälligkeit der Abrechnung (§§ 195, 199 Abs. 1 BGB, siehe Rn. E 63 und 68). **155**

VI. Mietsicherheit

1. Abrechnung

Wegen seiner Forderungen aus dem Mietverhältnis kann sich der Vermieter aus der Mietsicherheit **befriedigen,** indem er über die Mietsicherheit **abrechnet.** **156**

---

[276] LG Hamburg, Urt. v. 20.5.1988 – 11 S 384/87, WuM 1989, 32; a.A. AG Hamburg, Urt. v. 8.3.2006 – 508 C 416/05, ZMR 2006, 783.
[277] Nicht thematisiert von BGH, Urt. v. 18.1.2006 – VIII ZR 71/05, NJW 2006, 1422 Rn. 16; gegen vorzeitige Abrechnungspflicht AG Wetzlar, Urt. v. 8.9.2005 – 38 C 968/05, NZM 2006, 260; a. A. AG Frankenthal, Urt. v. 30.10.2014 – 3a C 270/14 ZMR 2016, 295, juris Rn. 25 und AG Hamburg-Barmbek, Urt. v. 12.11.2009 – 813b C 34/09, WuM 2010, 153 juris Rn. 36 f.
[278] BGH, Urt. v. 14.11.2007 – VIII ZR 19/07, NJW 2008, 575 Rn. 17.
[279] BGH, Urt. v. 26.9.2012 – VIII ZR 315/11, NJW 2012, 3508 Rn. 9 f.

157 Die **Abrechnung** über die Mietsicherheit muss gemäß § 259 Abs. 1 BGB eine geordnete Zusammenstellung einerseits des Kautionsbetrags und der Erträge und andererseits der vom Vermieter geltend gemachten Gegenforderungen ausweisen.

158 Für **welche Forderungen** der Vermieter auf die Mietsicherheit zugreifen kann, regelt der von den Vertragsparteien vereinbarte Sicherungszweck. Ohne ausdrückliche Vereinbarung sichert die Mietsicherheit alle – auch noch nicht fällige – Ansprüche des Vermieters aus dem Mietverhältnis und dessen Abwicklung;[280] mit Forderungen, die nicht aus dem Mietverhältnis stammen, darf der Vermieter nicht aufrechnen.[281] Bei *preisgebundenem Wohnraum* sichert die Mietsicherheit gemäß § 9 Abs. 5 Satz 1 WoBindG nur Schäden an der Wohnung und Schadensersatzansprüche wegen unterlassener Schönheitsreparaturen. Ob der Vermieter im Abwicklungsverhältnis wegen **streitiger Forderungen** auf die Kaution zugreifen darf, ist wegen der auch im beendeten Mietverhältnis bestehenden *Verlustgefahr* durch unberechtigten Zugriff umstritten.[282]

159 Besteht die Mietsicherheit in einer **Barkaution** und *bejaht* man ein Befriedigungsrecht des Vermieters im Abwicklungsverhältnis, kann dieser nach § 215 BGB auch mit **verjährten** Forderungen aus dem Mietverhältnis aufrechnen. Dies setzt voraus, dass die Zahlungsansprüche des Vermieters dem Rückzahlungsanspruch des Mieters unverjährt gegenüberstanden.[283] Ansprüche des Vermieters, die nicht auf eine Geldleistung gerichtet sind (z. B. auf Vornahme von Schönheitsreparaturen), werden erst nach fruchtloser Nachfristsetzung und Wahl von Schadensersatz statt der Leistung aufrechenbar.[284]

Verneint man ein Zugriffsrecht des Vermieters auf die Barkaution, scheidet eine Aufrechnung mit verjährten Forderungen nach § 215 BGB generell aus, weil hier nie eine Aufrechnungslage bestand. Dies zwingt den Vermieter, seine Forderungen vor Ablauf der in der Regel kurzen Verjährung des § 548 Abs. 1 BGB gerichtlich geltend zu machen.

159a Besteht die Mietsicherheit in einem verpfändetem Guthaben auf einem **Sparbuch** (§§ 1273, 1274, 1205, 398 BGB), kann der Vermieter hierauf wegen einer verjährten Betriebskostennachforderung nicht gemäß § 216 Abs. 1 BGB zugreifen, weil es sich um eine wiederkehrende Leistung im Sinne des § 216 Abs. 3 BGB handelt.[285]

2. Rückgewähr

160 Der Anspruch des Mieters auf **Rückgewähr der Mietsicherheit** folgt aus der Sicherungsabrede, wenn der Mietvertrag keine ausdrückliche Rückgewährpflicht vorsieht.[286] Er entsteht mit Leistung der Sicherheit und ist nach § 158 Abs. 1 BGB **aufschiebend bedingt** durch die Beendigung des Mietverhältnisses.[287] Deshalb ist ein „Abwohnen" der Kaution in den letzten Monaten der Mietzeit unzulässig.[288]

---

[280] BGH, Urt. v. 18.1.2006 – VIII ZR 71/05, NJW 2006, 1422 Rn. 12.
[281] BGH, Urt. v. 11.7.2012 – VIII ZR 36/12, NJW 2012, 3300 Rn. 7 ff.
[282] Offen gelassen von BGH, Urt. v. 7.5.2014 – VIII ZR 234/13, NJW 2014, 2496 Rn. 13; für reines Sicherungsmittel LG Berlin, Urt. v. 20.7.2017 – 67 S 111/17, NZM 2018, 285; AG Dortmund, Urt. v. 13.3.2018 – 425 C 5350/17, ZMR 2018, 598 Rn. 21 ff.; LG Krefeld, Beschl. v. 27.12.2018 – 2 T 31/18, WuM 2019, 84; für Sicherungs- und Befriedigungsmittel OLG Hamm, Urt. v. 11.2.2016 – 18 U 42/15, ZMR 2016, 619; LG Hamburg, Urt. v. 29.11.2016 – 316 O 247/16, ZMR 2017, 164; Blank in Schmidt-Futterer, § 551 BGB Rn. 100.
[283] BGH, Beschl. v. 1.7.1987 – VIII ARZ 2/87, NJW 1987, 2372, 2373.
[284] AG Montabaur, Urt. v. 23.4.2013 – 5 C 309/12, ZMR 2013, 973; OLG Düsseldorf, Urt. v. 30.10.2001 – 24 U 77/01, ZMR 2002, 658; a. A. Stellwaag ZMR 2014, 350.
[285] BGH, Urt. v. 20.7.2016 – VIII ZR 263/14, NZM 2016, 762 Rn. 14 ff.
[286] BGH, Urt. v. 18.1.2006 – VIII ZR 71/05, NJW 2006, 1422 Rn. 8.
[287] BGH, RE v. 8.7.1982 – VIII ARZ 3/82, NJW 1982, 2186, 2187.
[288] BGH, Urt. v. 12.1.1972 – VIII ZR 26/71, NJW 1972, 625; AG München, Urt. v. 7.4.2016 – 432 C 1707/16, ZMR 2017, 69; siehe Kapitel B. VII.1 und Kapitel B. VII.2.

VI. Mietsicherheit

Fällig wird der Rückgewähranspruch erst, wenn eine **angemessene Frist** für die vom Vermieter nach § 259 Abs. 1 BGB vorzunehmende Abrechnung über die Mietsicherheit abgelaufen ist und dem Vermieter keine Forderungen aus dem Mietverhältnis mehr zustehen wegen derer er sich aus der Sicherheit befriedigen darf.[289] Die *Dauer* der Abrechnungsfrist hängt von den *jeweiligen Umständen des Einzelfalls* ab. In einfachen Fällen genügt eine Frist von *zwei bis drei Monaten*.[290] In durchschnittlichen Fällen orientieren sich die Instanzgerichte häufig an der Frist von *sechs Monaten* aus § 548 Abs. 1 BGB. Dies hat der BGH ausdrücklich *abgelehnt*.[291] Bei komplizierter Sachlage darf der Vermieter auch später abrechnen,[292] ist jedoch gehalten, die Abrechnung nicht treuwidrig zu verzögern.[293] Ist eine **Betriebs- oder Nebenkostennachforderung** zu erwarten, darf der Vermieter nicht die gesamte Mietsicherheit einbehalten, sondern lediglich einen angemessenen Teil.[294] Dessen Höhe sollte sich an der voraussichtlichen Nachzahlung orientieren.

161

Der Mieter kann den Vermieter in der Regel nicht zur **fristgerechten Kautionsabrechnung** zwingen. Weil er den Aufwand des Vermieters für die Abrechnung über die Mietsicherheit nicht kennt, kann er die angemessene Abrechnungsfrist nicht abschätzen. Daher wird ein klagbarer Auskunftsanspruch des Mieters erwogen, auf Verlangen des Mieters innerhalb von zwei Wochen erfüllen muss.[295]

162

Die **Rückgewähr** der Mietsicherheit erfolgt bei einer *Barkaution* durch Rückzahlung des aus der Abrechnung resultierenden Guthabens an den Mieter. Besteht der Mietvertrag mit einer Mietermehrheit, kann der Vermieter die Barkaution nach § 432 Abs. 1 Satz 1 BGB schuldbefreiend nur an alle Mieter gemeinschaftlich zurückzahlen.[296] Bei *Bürgschaften* hat der Mieter nach § 371 Satz 1 BGB einen Anspruch auf Rückgabe der Bürgschaftsurkunde an den Bürgen.[297] Verpfändete *Sparbücher* muss der Vermieter freigeben und *zur Sicherheit abgetretene Ansprüche* zurückabtreten.

163

Unbedingte und fällige Rückgewähransprüche, die der Mieter durch Klage durchsetzen kann, hat der Mieter erst nach Ablauf der Abrechnungsfrist.

163a

Die **vorbehaltslose Rückgabe der Mietsicherheit** kann als konkludenter Verzicht des Vermieters auf Geltendmachung fälliger Ansprüche nach § 397 Abs. 2 BGB auszulegen sein, der formlos möglich ist.[298] Nachforderungen des Vermieters auf einer Betriebs- oder Nebenkostenabrechnung bleiben unberührt, soweit sie bei Rückgabe der Mietsicherheit noch nicht fällig sind. Ergänzend ist anzumerken, dass der Vermieter nicht verpflichtet ist, dem Mieter eine sog. **Mietschuldenfreiheitsbescheinigung** zu erteilen.[299]

164

Der Rückgewähranspruch des Mieters **verjährt** nach §§ 195, 199 BGB in drei Jahren ab dem Schluss des Jahres, in dem der Rückforderungsanspruch fällig wird.[300]

165

---

[289] BGH, Versäumnisurt. v. 20.7.2016 – VIII ZR 263/14, NJW 2016, 3231 Rn. 12; a. A. LG Berlin, Urt. v. 20.7.2017 – 67 S 111/17, NZM 2018, 285 Verwertungsbefugnis nur für unstreitige Forderungen.
[290] OLG Köln, Beschl. v. 5.12.1997 – 19 W 45/97, ZMR 1998, 345; OLG Düsseldorf, Urt. v. 16.10.2003 – 10 U 46/03, WuM 2003, 621 juris Rn. 35.
[291] BGH, Versäumnisurt. v. 20.7.2016 – VIII ZR 263/14, NJW 2016, 3231 Rn. 13.
[292] BGH, Urt. v. 18.01 2006 – VIII ZR 71/05, NJW 2006, 1422 Rn. 10; BGH, Beschl. v. 1.7.1987 – VIII ARZ 2/87, NJW 1987, 2372, 2373.
[293] OLG Düsseldorf, Urt. v. 16.10.2003 – 10 U 46/03, WuM 2003, 621 juris Rn. 35.
[294] BGH, Urt. v. BGH, Urt. v. 18.1.2006 – VIII ZR 71/05, NJW 2006, 1422 Rn. 11 ff.
[295] Häublein ZMR 2017, 445.
[296] LG Flensburg, Beschl. v. 9.10.2008 – 1 S 56/08, ZMR 2009, 449; Einzelheiten streitig, vgl. Woitkewitsch ZMR 2005, 426.
[297] OLG München, Urt. v. 19.11.1997 – 27 U 177/97, NJW-RR 1998, 992, 992.
[298] OLG München, Urt. v. 14.7.1989 – 21 U 2279/89, NJW-RR 1990, 20.
[299] BGH, Urt. v. 30.9.2009 – VIII ZR 238/08, NJW 2010, 1135 Rn. 6 ff.
[300] OLG Düsseldorf, Beschl. v. 22.4.2005 – 24 W 16/05, NZM 2005, 783.

VII. Ansprüche des Mieters

1. Wegnahmerecht für Einrichtungen

166 Der Mieter ist nach § 539 Abs. 2 BGB jederzeit **berechtigt,** Einrichtungen wegzunehmen, mit denen er die Mietsache versehen hat. Das Wegnahmerecht für Einrichtungen aus § 539 Abs. 2 BGB ist das Gegenstück zur Räumungspflicht des Mieters für Einrichtungen aus § 546 Abs. 1 BGB. Für den Begriff der **Einrichtung** wird daher auf die Ausführungen zur Räumungspflicht verwiesen (siehe Rn. I 17 ff.).

167 Die Wegnahme kann der Vermieter von Räumen nach §§ 552 Abs. 1, 578 Abs. 2 Satz 1 BGB **abwenden,** indem er dem Mieter eine angemessene Entschädigung in Geld bezahlt, wenn nicht der Mieter ein berechtigtes Interesse an der Wegnahme der Mietsache hat (Abwendungsbefugnis des Vermieters bei Raummiete). Ausgangspunkt für die Höhe einer **angemessenen Entschädigung** ist der *Zeitwert* der Einrichtung (Anschaffungskosten abzüglich Abschreibung).[301] Noch nicht geklärt ist, ob die Kosten für die Wiederherstellung des ursprünglichen Zustands (§ 258 Satz 1 BGB) und die fiktive Verschlechterung der Einrichtung durch den Ausbau *abzuziehen* sind[302] oder umgekehrt der Nutzwert der Einrichtung für den Vermieter[303] oder die halben Einbaukosten[304] *hinzuzurechnen* sind. Keine Abwendungsbefugnis besteht, wenn der **Mieter berechtigtes Interesse** an der Wegnahme hat (z. B. hohe Wiederbeschaffungskosten oder Liebhaberinteresse).[305]

168 Das Wegnahmerecht besteht *unabhängig von der dinglichen Rechtslage* und beinhaltet über § 903 Satz 1 BGB hinausgehend eine **Wiederaneignungsbefugnis** für den Mieter, wenn er sein Eigentum durch Verbindung der Einrichtung mit der Mietsache nach §§ 946, 93 ff. BGB verloren hat.[306] Die Übernahme von Einrichtungen des *Vormieters* legt die Rechtsprechung als Abtretung seiner Aneignungsbefugnis an den Mieter aus.[307] Ob die Aneignungsbefugnis sechs Monate nach Beendigung des Mietverhältnisses des Vormieters verjährt, ist ungewiss. Dafür spricht, dass die kurze Verjährung des § 548 Abs. 2 BGB unabhängig von der Anspruchsentstehung beginnt.[308] Bei Einrichtungen des bisherigen Mieters, die auch während der Mietzeit des neuen Mieters in der Mietsache verbleiben sollen, erscheint jedoch eine konkludente Neubegründung der Aneignungsbefugnis des Mieters interessengerecht.

169 Nach Trennung der Einrichtung muss der Mieter die Mietsache nach § 258 Satz 1 BGB auf seine Kosten in den **vorigen Stand zurückversetzen.**

170 Hat der Mieter die Mietsache an den Vermieter **zurückgegeben,** muss dieser lediglich passiv die Wegnahme der Einrichtung dulden und dem Mieter hierzu Zutritt zur Mietsache gewähren nach § 258 Satz 2 Halbsatz 1 BGB.[309] Ist die Wegnahme der Einrichtung mit einer Beschädigung der Mietsache verbunden, kann der Vermieter die Duldung nach § 258 Satz 2 Halbsatz 2 BGB verweigern, bis ihm der Mieter hierfür **Sicherheit** leistet.

---

[301] Sternel in Mietrecht aktuell, Rn. XIII 145.
[302] Vgl. hierzu Langenberg in Schmidt-Futterer, § 552 BGB Rn. 9.
[303] Langenberg in Schmidt-Futterer, § 552 BGB Rn. 10.
[304] Bruns NZM 2017, 468, 471.
[305] Bruns NZM 2017, 468, 470.
[306] BGH, Urt. v. 8.7.1981 – VIII ZR 326/80, NJW 1981, 2564, 2565; BGH, Urt. v. 12.6.1991 – XII ZR 17/90, NJW 1991, 3031, 3031.
[307] BGH, Urt. v. 12.6.1991 – XII ZR 17/90, NJW 1991, 3031, 3031 (zur Abtretung) und 3032 (zur Verjährung).
[308] BGH, Urt. v. 8.1.2014 – XII ZR 12/13, NZM 2014, 242 Rn. 17.
[309] BGH, Urt. v. 8.7.1981 – VIII ZR 326/80, NJW 1981, 2564, 2565.

Wegen der zwischenzeitlichen Nutzung der Mietereinrichtungen stehen dem Mieter **keine Ersatzansprüche** gegen den Vermieter zu. Der Vermieter ist *berechtigter Besitzer* der Mietereinrichtungen, entweder infolge seines durch Verbindung erlangten Eigentums (§§ 946, 93 ff. BGB) oder weil § 539 Abs. 2 BGB den Herausgabeanspruch des Mieters aus § 985 BGB für in dessen Eigentum verbliebene Einrichtungen beschränkt (Der Vermieter muss diese nicht aktiv herausgeben, sondern lediglich die Wegnahme durch den Mieter dulden).[310]

171

In Mietverhältnissen über *Wohnraum* ist die Entschädigungspflicht nach § 552 Abs. 2 BGB **nicht abdingbar.** Bei *gewerblichen Mietverhältnissen* beurteilt die Rechtsprechung Vereinbarungen bislang als wirksam, wonach der Mieter seine Einrichtungen im Mietobjekt entschädigungslos zurücklassen muss.[311] Bei Formularklauseln spricht für deren Unwirksamkeit nach § 307 Abs. 1 Satz 2 BGB, dass sie zu unangemessenen Vermögenseinbußen beim Mieter führen können, wenn er teure Einrichtungen wie Maschinen oder unersetzbare Prototypen in die Mietsache einbringt.[312] Eine Einschränkung der Wegnahme kann sich aus dem **Vermieterpfandrecht** an Mietereinrichtungen nach §§ 562, 562b BGB ergeben (siehe Rn. B 213 ff.).

172

Der Anspruch des Mieters auf Gestattung der Wegnahme **verjährt** nach § 548 Abs. 2 BGB in sechs Monaten nach der *Beendigung des Mietverhältnisses.* Maßgeblich ist das rechtliche Ende der Mietzeit, nicht deren tatsächliches Ende durch Rückgabe der Mietsache.[313] Dies gilt auch, wenn die wirksame Beendigung des Mietverhältnisses erst nach mehrjährigem Rechtsstreit geklärt ist.[314] Nach Eintritt der Verjährung ist der Vermieter **dauerhaft zum Besitz** der Mietereinrichtung berechtigt.[315]

173

2. Ersatz für Vermögenseinbußen

a) Ersatz sonstiger Aufwendungen

Der Mieter kann vom Vermieter nach § 539 Abs. 1 BGB den Ersatz **sonstiger Aufwendungen,** die er während der Mietzeit tätigt[316], nach den Vorschriften über die Geschäftsführung ohne Auftrag (§§ 677 ff. BGB) verlangen.[317] Für **Aufwendungen** des Mieters **zur Mängelbeseitigung** (siehe Rn. D 33) hat § 536a Abs. 2 BGB hat Vorrang. Der Rückgriff auf § 539 Abs. 1 BGB ist ausgeschlossen, damit der Mieter die Voraussetzungen des § 536a Abs. 2 BGB nicht umgehen kann.[318] Für Aufwendungen des Mieters im Zusammenhang mit der Duldung von **Erhaltungs- und Modernisierungsmaßnahmen** haben die Ersatzansprüche aus §§ 555a Abs. 3 Satz 1 und 555d Abs. 6 BGB Vorrang.[319]

174

---

[310] BGH, Urt. v. 8.7.1981 – VIII ZR 326/80, NJW 1981, 2564, 2565.
[311] BGH, Urt. v. 21.2.2013 – III ZR 266/12, NZM 2013, 315 Rn. 19 ff. betreffend einen Kleingartenpachtvertrag; kritisch für Formularklauseln Krüger in Ghassemi-Tabar/Guhling/Weitemeyer § 552 Rn. 13.
[312] Krüger in Ghassemi-Tabar/Guhling/Weitemeyer § 552 Rn. 13 ff.
[313] BGH, Urt. v. 28.5.2008 – VIII ZR 133/07, NJW 2008, 2256 Rn. 15; BGH, Urt. v. 12.6.1991 – XII ZR 17/90, NJW 1991, 3031, 3033.
[314] OLG Bamberg, Urt. v. 6.6.2003 – 6 U 20/03, NZM 2004, 342.
[315] BGH, Urt. v. 8.7.1981 – VIII ZR 326/80, NJW 1981, 2564, 2565; OLG Hamm, Urt. v. 5.10.2017 – 18 U 23/15, ZMR 2018, 413.
[316] Zur Anwendung auf Aufwendungen vor Beginn und nach Ende der Mietzeit V. Emmerich NZM 1998, 49, 50.
[317] Bei Pacht gelten ergänzend §§ 582, 582a BGB und bei Landpacht die spezielle Regelung der §§ 590b, 591 BGB.
[318] BGH, Urt. v. 16.1.2008 – VIII ZR 222/06, NJW 2008, 1216 Rn. 18 ff.
[319] Sternel NZM 2015, 873, 879.

aa) Sonstige Aufwendungen

175 Sonstige Aufwendungen sind Vermögensaufwendungen des Mieters (z. B. Geld-, Sach- und Dienstleistungen), die der Erhaltung, Wiederherstellung oder Verbesserung der Mietsache dienen und nicht unter § 536a Abs. 2 oder § 555a Abs. 3 BGB fallen.[320] Beispiele sind der Einbau einer Heizung[321] oder der Umbau einer Scheune zu Geschäftsraum[322]. **Keine Aufwendungen** des Mieters sind Bauliche Veränderungen auf dem Mietgrundstück, die den Charakter der Mietsache und seine Nutzungsart grundlegend verändern (Beispiele: Errichtung eines Wohn- oder Geschäftsgebäudes durch den Mieter auf dem unbebaut gemieteten Grundstück; Gegenbeispiele: Deich gegen Hochwasser, Stützmauer gegen Abrutschen des Grundstücks).[323]

bb) Abdingbarkeit

176 Ersatzansprüche des Mieters aus § 539 Abs. 1 BGB sind abdingbar.[324] Dies gilt auch für Formularklauseln,[325] weil der Vermieter ein berechtigtes Interesse hat, einen unbegrenzten Ausgleich für aufgedrängte Veränderungen der Mietsache zu vermeiden. Entsprechend dieser Interessenlage bejaht die Rechtsprechung großzügig einen konkludenten Verzicht des Mieters auf Ausgleichsansprüche (z. B. durch Gestattung der Gartengestaltung nach Vorstellungen des Mieters).[326] Ferner sind Ausgleichsansprüche des Mieters ausgeschlossen, wenn der Mieter sich vertraglich zur Veränderung der Mietsache verpflichtet.[327] Eine unangemessene Benachteiligung des Mieters nach § 307 Abs. 1 Satz 1 BGB kann sich aber daraus ergeben, dass der Verzicht jegliche Bereicherungsansprüche des Mieters bei **vorzeitiger Beendigung des Mietverhältnisses** verfasst (Verfallklauseln, siehe Rn. I 189).

cc) Geschäftsführung ohne Auftrag

177 Ein Aufwendungsersatzanspruch nach §§ 539 Abs. 1 BGB besteht nur, wenn die Voraussetzungen einer Geschäftsführung ohne Auftrag nach **§§ 677 ff. BGB** vorliegen (Rechtsgrundverweisung),[328] die entweder berechtigt oder unberechtigt stattfinden kann.

178 (1) Bei **berechtigter Geschäftsführung ohne Auftrag** hat der Mieter nach §§ 683 Satz 1, 670 BGB einen Anspruch auf **Aufwendungsersatz**. Diese setzt nach § 677 BGB erstens voraus, dass der Mieter mit *Fremdgeschäftsführungswillen* handelt. Dafür muss der Mieter bei der Aufwendung zumindest auch für den Vermieter und um der Sache willen tätig werden.[329] Der Fremdgeschäftsführungswille fehlt, wenn der Mieter Aufwendungen nur für seine Zwecke und im eigenen Interesse macht[330] oder wenn er sich

---

[320] BGH, Urt. v. 4.5.2011 – VIII ZR 195/10, NJW 2011, 1866 Rn. 12.
[321] LG Mannheim, Urt. v. 20.12.1995 – 4 S 145/95, NJW-RR 1996, 1357.
[322] BGH, Urt. v. 16.9.1998 – XII ZR 136/96, NZM 1999, 19, 19 f.
[323] BGH, Urt. v. 12.7.1989 – VIII ZR 286/88, NJW 1989, 2745, 2746; BGH, Urt. v. 26.2.1964 – V ZR 105/61, NJW 1964, 1125, 1127; BGH, Urt. v. 10.7.1953 – V ZR 22/52, NJW 1953, 1466, 1466 f.
[324] BGH, Urt. v. 11.10.1989 – VIII ZR 285/88, NJW-RR 1990, 142, 143.
[325] BGH, Beschl. v. 26.9.2001 – XII ZR 130/99, NZM 2001, 1078, 1078;.
[326] BGH, Urt. v. 13.6.2007 – VIII ZR 387/04, NZM 2007, 682 Rn. 12.
[327] BGH, Urt. v. 8.11.1995 – XII ZR 202/94, ZMR 1996, 122 juris Rn. 14.
[328] BGH, Urt. v. 27.5.2009 – VIII ZR 302/07, NJW 2009, 2590 Rn. 16.
[329] BGH, Urt. v. 16.9.1998 – XII ZR 136/96, NZM 1999, 19, 20.
[330] Vgl. BGH, Urt. v. 13.6.2007 – VIII ZR 387/04, NZM 2007, 682 Rn. 10 ff, der sogar von einem konkludenten Ausschluss des Aufwendungsersatzes für gestattete Neupflanzung von Bäumen und Sträuchern ausgeht; OLG München, Urt. v. 24.1.1997 – 21 U 2244/96, ZMR 1997, 235 für Errichtung von Holzzäunen, die am Ende der Mietzeit abgenutzt sind; OLG Hamm, Urt. v. 5.10.2017 – 18 U 23/15, ZMR 2018, 413 für Maßnahmen im Geschäftsinteresse des Mieters.

irrtümlich zur Aufwendung verpflichtet hält.³³¹ Zweitens muss *die Geschäftsführung* dem *wirklichen oder mutmaßlichen Willen* des Vermieters entsprechen nach § 683 Satz 1 BGB. Dass der Vermieter lediglich mit der Maßnahme des Mieters einverstanden ist und den damit verbundenen Vorteil akzeptiert, genügt nicht.³³² In der Regel wird der Vermieter seine Zustimmung zur *Geschäftsführung* von der Einigung über die damit verbundene Kostenfolge abhängig machen.³³³ Dem mutmaßlichen Willen des Vermieters entsprechen in der Regel nur *notwendige Aufwendungen* (vergleichbar § 994 Abs. 1 Satz 1 BGB), nicht jedoch Luxusaufwendungen. Das Risiko von Fehleinschätzungen trägt der Mieter.³³⁴ Insgesamt handhabt die Rechtsprechung die Anforderungen der §§ 677 ff. BGB streng, um den Vermieter vor aufdringlicher Geschäftsführung zu schützen.³³⁵ Schließlich kann der Vermieter eine Geschäftsführung nach § 684 Satz 2 BGB nachträglich genehmigen.

Inhaltlich ist der Aufwendungsersatzanspruch auf Ersatz des **objektiven Werts der Aufwendungen** gerichtet. Ergänzend regelt § 256 BGB dessen Verzinsung und § 257 BGB einen Befreiungsanspruch für eingegangene Verbindlichkeiten. 178a

(2) Bei **unberechtigter Geschäftsführung** hat der Mieter nach §§ 539 Abs. 1, 684 Satz 1 BGB einen Anspruch gegen den Vermieter auf **Herausgabe des Erlangten** nach den Vorschriften über die ungerechtfertigte Bereicherung (§§ 812 ff., 818 Abs. 2 BGB). Diese Anspruchsvoraussetzungen sind nicht zu prüfen, da es sich um eine Rechtsfolgeverweisung handelt.³³⁶ Daher hat der Mieter einen Anspruch auf **Wertersatz** nach § 818 Abs. 2 BGB, wenn seine sonstigen Aufwendungen den Verkehrswert der Mietsache erhöhen.³³⁷ 179

Für die **Höhe** des Wertersatzes sind nicht die vom Mieter aufgewendeten Kosten maßgeblich, sondern die Erhöhung des Ertragswerts der Mietsache dadurch, dass der Vermieter *höhere Mieten*³³⁸ oder einen *höheren Kaufpreis* bei Veräußerung der Mietsache³³⁹ erzielen kann.³⁴⁰ Bei *Veräußerung* der Mietsache kann der Anspruch des Mieters auf Wertersatz für die erzielbaren höheren Mieten nach §§ 566 Abs. 1, 578 BGB auf den Erwerber über, soweit dieser den höheren Ertragswert der Mietsache realisieren kann.³⁴¹ Der Ausgleichsanspruch **entfällt**, wenn der Mieter entsprechend seiner Pflicht zur Rückgabe der Mietsache in vertragsgemäßem Zustand deren **ursprünglichen Zustand wiederherstellt** (§ 818 Abs. 3 BGB). 179a

(3) Handelte der Mieter in **Schenkungsabsicht**, stehen ihm nach § 685 Abs. 1 BGB weder Ansprüche aus berechtigter noch aus unberechtigter³⁴² Geschäftsführung ohne Auftrag zu. Ein Indiz für die fehlende Absicht des Mieters, vom Vermieter Ersatz zu 180

---

³³¹ BGH, Urt. v. 27.5.2009 – VIII ZR 302/07, NJW 2009, 2590 Rn. 20.
³³² BGH, Urt. v. 12.1.1955 – VI ZR 273/53, NJW 1955, 747, juris Rn. 21.
³³³ BGH, Urt. v. 20.1.1993 – VIII ZR 22/92, NJW-RR 1993, 522, 524; BGH, Urt. v. 16.9.1998 – XII ZR 136/96, NZM 1999, 19, 20.
³³⁴ BGH, Urt. v. 12.1.1955 – VI ZR 273/53, NJW 1955, 747, juris Rn. 21.
³³⁵ BGH, Urt. v. 20.1.1993 – VIII ZR 22/92, NJW-RR 1993, 522, 524; BGH, Urt. v. 16.9.1998 – XII ZR 136/96, NZM 1999, 19, 20; BGH, Urt. v. 12.1.1955 – VI ZR 273/53, NJW 1955, 747, juris Rn. 21.
³³⁶ BGH, Urt. v. 14.6.1976 – III ZR 81/74, WM 1976, 1056 juris Rn. 45; kritisch V. Emmerich.
³³⁷ BGH, Urt. v. 22.6.2001 – V ZR 128/00, NJW 2001, 3118, 3119 betreffend eine Bebauung des Mietgrundstücks; BGH, Urt. v. 13.6.2007 – VIII ZR 387/04, NZM 2007, 682 kritisch zur Wertsteigerung durch eine Bepflanzung.
³³⁸ BGH, Urt. v. 16.9.1998 – XII ZR 136/96, NZM 1999, 19, 20.
³³⁹ BGH, Urt. v. 20.1.1993 – VIII ZR 22/92, NJW-RR 1993, 522, 524; BGH, Urt. v. 28.5.2008 – VIII ZR 133/07, NJW 2008, 2256 Rn. 18.
³⁴⁰ Kritisch zur aufgedrängten Bereicherung V. Emmerich NZM 1998, 49, 54.
³⁴¹ BGH, Urt. v. 5.10.2005 – XII ZR 43/02, NZM 2006, 15 Rn. 25 betreffend den Bereicherungsanspruch des Mieters wegen vorzeitiger Vertragsbeendigung.
³⁴² OLG München, Urt. v. 26.4.1995 – 7 U 5093/94, ZMR 1995, 406 juris Rn. 58.

verlangen, ist, wenn eine *zeitnahe Inanspruchnahme* des Vermieters nach Abschluss der Maßnahme *unterbleibt*.

dd) Verjährung

181   Der Aufwendungsersatzanspruch des Mieters verjährt nach § 548 Abs. 2 BGB in sechs Monaten. Die Verjährung läuft erst nach der **rechtlichen Beendigung** des Mietverhältnisses, so dass infolge unterlassener Geltendmachung während der Mietzeit lediglich Verwirkung nach § 242 BGB in Betracht kommt.[343] Die **Veräußerung** der Mietsache gilt als Beendigung des Mietverhältnisses, weil der Vermieter mit Eintragung des Erwerbers im Grundbuch nach §§ 556 Abs. 1, 578 BGB aus dem Mietverhältnis ausscheidet.[344] In diesem Fall läuft die kurze Verjährung ab Kenntnis des Mieters von der Grundbucheintragung.[345]

b) Entschädigung für Eigentumsverlust durch Verbindung

182   Nach §§ 951 Abs. 1 Satz 1, 812 Abs. 1 Satz 1 Alt. 2 BGB hat der Mieter einen Anspruch auf **Entschädigung,** wenn er das **Eigentum an Sachen** nach §§ 946, 93 ff. BGB dadurch **verliert,** dass er sie mit der Mietsache verbindet (z. B. Baumaterial). Dies gilt unabhängig von Ersatzansprüchen des Mieters aus dem Mietverhältnis. Findet der Eigentumsverlust statt, *bevor* der Mieter ein Recht zum *Besitz aus dem Mietvertrag* erlangt, richten sich dessen Ersatzansprüche allein nach den im Eigentümer-Besitzer-Verhältnis vorrangigen §§ 994 ff. BGB. Außerdem können die Vertragsparteien § 951 Abs. 1 Satz 1 BGB **abbedingen**.[346]

183   Da es sich bei § 951 Abs. 1 Satz 1 BGB um eine Rechtsgrundverweisung handelt,[347] müssen die **Voraussetzungen** des §§ 812 Abs. 1 Satz 1 Alt. 2, 818 Abs. 2 BGB vorliegen. Die Entschädigungspflicht entfällt daher, wenn sich der Mieter zur Verbindung seines Eigentums mit der Mietsache verpflichtet hat. Inhaltlich ist der Anspruch auf **Wertersatz** für die Erhöhung des Verkehrswerts der Mietsache durch Steigerung deren Ertragsfähigkeit gerichtet, nicht auf die Kosten des Materials und der Verbindung.[348] Der Anspruch **entsteht** mit dem Eigentumsverlust des Mieters nach §§ 546, 93 ff. BGB; beim Errichten eines Gebäude auf dem Mietgrundstück ist dessen Fertigstellung maßgeblich.[349]

184   Der Entschädigungsanspruch **entfällt,** wenn der Vermieter den Mieter am Ende der Mietzeit nach § 546 Abs. 1 BGB auf **Rückbau** der Veränderung der Mietsache in Anspruch nimmt (siehe Rn. I 23 ff.), der nach § 818 Abs. 3 BGB zur Entreicherung des Vermieters führt. Dies gilt auch für vom Mieter errichtete Bauwerke, die lediglich Scheinbestandteil der Mietsache sind (§ 95 Abs. 1 Satz 1 BGB, siehe Rn. A 36).[350]

185   Ob der Entschädigungsanspruch der kurzen **Verjährung** des § 548 Abs. 2 BGB unterliegt, die erst ab Beendigung des Mietverhältnisses läuft,[351] oder der dreijährigen Regel-

---

[343] BGH, Urt. v. 12.5.1959 – VIII ZR 43/58, NJW 1959, 1629; a. A. Eckert NZM 2008, 313, 314 f.
[344] BGH, Urt. v. 19.3.1965 – V ZR 268/62, NJW 1965, 1225, 1225; BGH, Urt. v. 28.5.2008 – VIII ZR 133/07, NJW 2008, 2256 Rn. 18.
[345] BGH, Urt. v. 19.3.1965 – V ZR 268/62, NJW 1965, 1225, 1225; BGH, Urt. v. 28.5.2008 – VIII ZR 133/07, NJW 2008, 2256 Rn. 18.
[346] BGH, Urt. v. 13.6.2007 – VIII ZR 387/04, NZM 2007, 682 Rn. 10; BGH, Urt. v. 13.10.1959 – VIII ZR 193/58, NJW 1959, 2163, 2163.
[347] BGH, Urt. v. 19.9.2014 – V ZR 269/13 NJW 2015, 229 Rn. 20.
[348] BGH, Urt. v. 19.9.1962 – V ZR 138/61, NJW 1962, 2293, 2293.
[349] BGH, Urt. v. 14.11.1962 – V ZR 183/60, ZMR 63, 111.
[350] Vgl. OLG Hamm, Urt. v. 5.10.2017 – 18 U 23/15, ZMR 2018, 413.
[351] BGH, Urt. v. 28.5.2008 – VIII ZR 133/07, NJW 2008, 2256 Rn. 15; BGH, Urt. v. 12.6.1991 – XII ZR 17/90, NJW 1991, 3031, 3033.

verjährung der §§ 195, 199 BGB, ist nicht abschließend geklärt. Für § 548 Abs. 2 BGB spricht, dass der Entschädigungsanspruch anlässlich der Vermietung entsteht und dass dies (scheinbar) der schnelleren Abwicklung des Mietverhältnisses dient.[352] Für §§ 195, 199 BGB spricht, dass es sich um einen von den mietrechtlichen Beziehungen der Vertragsparteien unabhängigen Anspruch handelt.[353] Denkbar ist auch in der **Verjährung des Wegnahmerechts** des Mieters nach § 539 Abs. 2, 548 Abs. 2 BGB einen abschließenden Interessenausgleich zu sehen, mit der der Vermieter eine Besitzberechtigung an der Einrichtung erlangt (siehe Rn. I 173).[354]

c) Ansprüche wegen Investitionen

Endet das Mietverhältnis **vor der vereinbarten Mietzeit,** kann der Mieter vor allem für **langfristige Investitionen in die Mietsache,** die ihm nicht mehr zugutekommen, Anspruch auf Schadensersatz sowie auf Wertersatz für die ungerechtfertigte Bereicherung des Vermieters haben. 186

aa) Kündigungsfolgeschaden

Endet das Mietverhältnis aus *vom Vermieter zu vertretenden Gründen* vorzeitig (z.B. § 543 Abs. 2 Satz 1 Nr. 1 BGB), hat der Mieter einen Anspruch auf Ersatz des aus der Pflichtverletzung resultierenden Kündigungsfolgeschadens nach § 280 Abs. 1 BGB (z.B. für Umzugskosten, Mehrbelastung mit einer höheren Miete, frustrierte Mieterinvestitionen).[355] 187

bb) Bereicherungsanspruch

Daneben hat der Mieter einen Bereicherungsanspruch aus § 812 Abs. 1 Satz 2 Alt. 1 BGB (Leistung auf nicht bestehende Schuld) oder § 812 Abs. 1 Satz 2 Alt. 2 BGB (Leistung bei Nichteintritt des bezweckten Erfolgs) gegen Vermieter, wenn dieser infolge **vorzeitigen Endes der Mietzeit** durch **Investitionen des Mieters** früher in den Genuss eines erhöhten Ertragswerts der Mietsache gelangt.[356] 188

Für die **Höhe** des Wertersatzes (§ 818 Abs. 2 BGB) ist die Erhöhung des Verkehrswerts der Mietsache maßgeblich, die sich in der Regel in einem höheren Mietertrag bei der Neuvermietung niederschlägt (siehe Rn. I 179a zum Bereicherungsanspruch aus §§ 539 Abs. 1, 684 Satz 1 BGB). Der Bereicherungsanspruch steht dem Mieter nur bis zum *vereinbarten Mietende* bzw. bis zum *nächsten Kündigungstermin* zu. Eine vorzeitige ordentliche Kündbarkeit des Mietverhältnisses infolge eines Schriftformmangels nach §§ 550, 578 BGB bleibt außer Betracht, weil für den Bereicherungsanspruch die von den Vertragsparteien gewollte Vertragslaufzeit maßgeblich ist.[357] 188a

Das **Abbedingen** dieses Bereicherungsausgleichs ist in Mietverhältnissen über *Wohnraum* nach § 555 BGB unwirksam, weil der Rechtsverzicht des Mieters wie eine Vertrags- 189

---

[352] Vgl. BGH, Urt. v. 13.2.1974 – VIII ZR 233/72, NJW 1974, 743, 744.
[353] Vgl. BGH, Urt. v. 12.7.1989 – VIII ZR 286/88, NJW 1989, 2745 betreffend Bau auf dem Mietgrundstück in enttäuschter Erwartung, es zu erben.
[354] OLG Hamm, Urt. v. 5.10.2017 – 18 U 23/15, ZMR 2018, 413.
[355] Vgl. Blank in Schmidt-Futterer, § 542 BGB Rn. 102 ff. und Langenberg in Schmidt/Futterer, § 539 BGB Rn. 53 ff.
[356] BGH, Urt. v. 28.11.1984 – VIII ZR 186/83, NJW 1985, 2527, 2528; „nach § 812 Abs. 1 Satz 2 Alt. 1" bzw. BGH, Urt. v. 5.10.2005 – XII ZR 43/02, NZM 2006, 15 Rn. 24: „Bereicherung auf sonstige Weise"; BGH, Urt. v. 29.4.2009 – XII ZR 66/07, NJW 2009, 2374 Rn. 8: „Bereicherung in sonstiger Weise".
[357] BGH, Urt. v. 29.4.2009 – XII ZR 66/07, NJW 2009, 2374 Rn. 8.

strafe für die außerordentliche Beendigung des Mietverhältnisses wirkt.[358] In Mietverhältnissen über *Geschäftsraum* ist der Bereicherungsanspruch des Mieters individualvertraglich bis zur Grenze der Sittenwidrigkeit abdingbar.[359] Formularklauseln **(Verfallklauseln)** dürften nach § 307 Abs. 1 Satz 1 BGB unwirksam sein, weil sie einen von § 309 Nr. 6 BGB missbilligten Strafcharakter besitzen.[360] Dies gilt sowohl für den Verfall von Investitionen bei vom Mieter zur vertretender außerordentlicher Kündigung (Sanktion für Vertragsverletzung) als auch bei vom Vermieter zu vertretender außerordentlicher Kündigung (Sanktion der Ausübung des Kündigungsrechts durch den Mieter).

190, 191   Der Bereicherungsanspruch aus § 812 Abs. 1 Satz 2 BGB **verjährt** nach §§ 195, 199 BGB in *drei Jahren* ab dem Schluss des Jahres, in dem das Mietverhältnis endet. Die kurze Verjährung des § 548 Abs. 2 BGB greift *nicht*, weil der Anspruch – anders als Bereicherungsansprüche aus §§ 539 Abs. 1, 684 Satz 1, 812 Abs. 1 BGB – erst mit Beendigung des Mietverhältnisses entsteht.[361]

d) Erstattung im Voraus bezahlter Miete

192   Hat der Mieter die Miete für die Zeit nach Beendigung des Mietverhältnisses **im Voraus entrichtet,** hat der Vermieter sie am Ende der Mietzeit nach § 547 Abs. 1 BGB zurückzuerstatten.

193   Bei Mietverhältnissen über *Wohnraum* ist der Erstattungsanspruch des Mieters nach § 547 Abs. 2 BGB nicht **abdingbar.** Bei Mietverhältnissen über *Geschäftsraum* sind abweichende Individualvereinbarungen in Grenzen der Sittenwidrigkeit nach § 138 Abs. 1 BGB möglich; bei Wirkung wie eine Vertragsstrafe, kommt eine Reduzierung nach §§ 339, 334 BGB in Betracht.[362] Formularklauseln, die den Rückgewähranspruch ausschließen oder erheblich beschränken, sind wegen unangemessener Benachteiligung des Mieters unwirksam nach § 307 Abs. 1 Satz 1 BGB.[363]

194   Tatbestandlich erfordert § 547 Abs. 1 BGB zunächst, dass der Mieter die Miete **im Voraus bezahlt** hat. Hierunter fällt zunächst die kraft Vereinbarung oder Gesetzes (§§ 556b Abs. 1, 579 Abs. 2 BGB) *zu Beginn* des jeweiligen Mietbemessungszeitraums bezahlte Miete. Erfasst sind auch Mietzahlungen in einem *Einmalbetrag*[364], die Zahlung eines *abwohnbaren Baukostenzuschusses*[365] oder eines *abwohnbaren Finanzierungskostenzuschusses*[366]. **Keine** Mietvorauszahlung ist ein *verlorener Baukostenzuschuss*, der nach dem Willen der Vertragsparteien weder mit der laufenden Miete verrechnet, noch am Ende der Mietzeit erstattet werden soll;[367] insoweit kommt bei vorzeitigem Mietende lediglich eine Rückerstattung wegen ungerechtfertigter Bereicherung des Vermieters nach § 812 Abs. 1 Satz 2 Alt. 2 BGB (Leistung bei Nichteintritt des bezweckten Erfolgs) in Betracht[368] (siehe Rn. I 188 ff.) sowie im preisgebundenen Wohnraum nach § 9 Abs. 7 WoBindG.

---

[358] Langenberg in Schmidt-Futterer, § 539 BGB Rn. 21; zur Herabsetzung der Vertragsstrafe nach § 343 BGB BGH, Urt. v. 22.5.1968 – VIII ZR 69/66, NJW 1968, 1625, 1625.
[359] BGH, Urt. v. 11.10.1989 – VIII ZR 285/88, NJW-RR 1990, 142, 143.
[360] Langenberg in Schmidt-Futterer, § 539 BGB Rn. 21.
[361] BGH, Urt. v. 28.5.2008 – VIII ZR 133/07, NZM 2006, 15 Rn. 28.
[362] BGH, Urt. v. 22.5.1968 – VIII ZR 69/66, NJW 1968, 1625, 1625.
[363] OLG München, Urt. v. 9.12.1992 – 7 U 4858/92, ZMR 1994, 15 für Ausschluss der Rückzahlung für angefangene Kalenderjahre.
[364] BGH, Urt. v. 5.11.1997 – VIII ZR 55/97, NJW 1998, 595, 595 f.
[365] BGH, Urt. v. 21.10.1970 – VIII ZR 63/69, NJW 1970, 2289, 2289; BGH, Beschl. v. 19.7.2018 – IX ZR 212/17, juris Rn. 2.
[366] OLG München, Urt. v. 9.12.1992 – 7 U 4858/92, ZMR 1994, 15.
[367] J. Emmerich Bub/Treier Rn. V 459.
[368] J. Emmerich Bub/Treier Rn. V 459 ff.

VII. Ansprüche des Mieters 269

Die **Rückerstattungspflicht** des Vermieters besteht nach § 547 Abs. 1 Satz 1 BGB **195** grundsätzlich verzinst ab Empfang. Hat der Vermieter die Beendigung des Mietverhältnisses *nicht zu vertreten* (z. B. fristloser Kündigung wegen Zahlungsverzugs), schuldet er die Rückgabe lediglich nach den Vorschriften der Herausgabe einer ungerechtfertigten Bereicherung (§§ 812 ff. BGB).

Der Erstattungsanspruch **verjährt** innerhalb der dreijährigen Regelfrist nach §§ 195, **196** 199 BGB.[369] Die kurze Verjährung des § 548 Abs. 2 BGB gilt selbst dann nicht, wenn die Vertragsparteien einen Aufwendungsersatzanspruch des Mieters nach § 539 Abs. 1 BGB als Mietvorauszahlung behandeln.[370]

---

[369] BGH, Urt. v. 28.5.2008 – VIII ZR 133/07, NJW 2008, 2256 Rn. 11.
[370] BGH, Urt. v. 21.10.1970 – VIII ZR 63/69, NJW 1970, 2289, 2289.

J. Lösungen

Lösung 1: Normensuche[1]

Die Rechtsfragen sind wie folgt geregelt: 1
1. **Abschluss eines Wohnraummietvertrags:** §§ 145 ff. BGB mit Inhalt § 535 Abs. 1 und 2 BGB (keine Schriftform nach §§ 550, 126 Abs. 2 BGB, da ordentliche Kündigungsfrist des § 573c Abs. 1 BGB unter einem Jahr liegt).
2. **Zahlung der Miete:** § 535 Abs. 2 BGB; Fälligkeit der Miete: § 556b Abs. 1 BGB bei Wohnraum-, §§ 579 Abs. 2, 556b Abs. 1 BGB bei Geschäftsraum- und § 579 Abs. 1 BGB bei Grundstücksmiete.
3. **Mieterhöhung:** §§ 558 ff. BGB, ergänzend gelten in München nach § 558 Abs. 3 die bayerische KappungsgrenzensenkungsVO sowie nach § 558a Abs. 3, 558d BGB der Mietspiegel für München
4. **Untervermietung:** § 540 BGB, bei Wohnraummiete modifiziert durch § 553 BGB Frist der ordentlichen Kündigung: § 573c BGB bei Wohnraum-; § 580a Abs. 2 BGB bei Geschäftsraum- und § 580a Abs. 1 BGB bei Grundstücksmiete sowie § 594a BGB bei Landpacht; Fristberechnung: nach §§ 186 ff. BGB.
5. **Fristlose Kündigung wegen Zahlungsverzugs:** 543 Abs. 2 Satz 1 Nr. 2 BGB, bei Wohnraum modifiziert durch § 569 Abs. 3 Nr. 1 bis Nr. 3 BGB; Zahlungsverzug: §§ 286 ff. und § 270 Abs. 1 BGB.

Lösung 2: Hypnosepraxis[2]

Die ordentliche Kündigung des Mietverhältnisses vom 20.2. ist unwirksam, weil V kein 2
berechtigtes Interesse i. S. d. § 573 Abs. 1 und 2 BGB an der Beendigung hat.

1. Mischmietverhältnis

Das berechtigte Interesse ist erforderlich, weil es sich um ein **Mischmietverhältnis** über Wohn- und Geschäftsräume handelt, das nur **einheitlich** kündbar ist.

2. Anwendbarkeit des Wohnraummietrechts

Auf das vorliegende Mischmietverhältnis ist aufgrund seines **Schwerpunkts** Wohnraummietrecht anzuwenden. Die *vereinbarte Nutzung* als Wohnraum überwiegt nach §§ 133, 157 BGB die (auch eingeräumte) Nutzung des Erdgeschosses als Geschäftsraum. Die Vertragsparteien verwendeten einen Mustermietvertrag für Wohnraum. Dabei behielten sie den vorformulierten Vertragszweck „Wohnraum" ebenso bei wie die auf Wohnraum zugeschnittenen Formularklauseln (z. B. unbefristete Mietzeit; niedrige Kaution). Die Benutzung des Erdgeschosses *auch* als Hypnosepraxis ist lediglich als Nebenregelung vereinbart. Dass der Mieter seinen Lebensunterhalt aus der Mietsache bestreitet, erlaubt –

---
[1] Rn. A 9.
[2] Rn. A 38.

entgegen der bisherigen Rechtsprechung – *keinen* Rückschluss auf ein Überwiegen der vereinbarten Nutzung als Geschäftsraum.³

Lösung 3: Wahrheit oder Pflicht?⁴

1. Kühlschrank

3 V schuldet M nach § 535 Abs. 1 Satz 2 BGB gemäß eigener Wahl entweder die fachgerechte Reparatur oder die Erneuerung des Kühlschranks.

Die Erhaltungspflicht des V umfasst auch den Kühlschrank. Diesen hat V dem M als Zubehör der Wohnung *mitvermietet*. Dass das Gerät im schriftlichen Mietvertrag nicht erwähnt ist, schließt die Vermietung nicht aus. Vielmehr gilt der Kühlschrank entsprechend § 311c BGB im Zweifel als mietvermietet.⁵

Der Erhaltungsanspruch ist *fällig*, weil der Kühlschrank nicht mehr funktionsfähig ist.

Wie V den zum vertragsgemäßen Gebrauch geeigneten Zustand herstellt, entscheidet er selbst (erfolgsbezogene Leistungspflicht).⁶

2. Malerarbeiten

3a V schuldet M im Rahmen seiner Erhaltungspflicht aus § 535 Abs. 1 Satz 2 BGB die Vornahme der in der Wohnung erforderlichen Malerarbeiten.

a) Kein Abbedingen der Vermieterpflicht

Die Klausel, wonach M zu den Schönheitsreparaturen (§ 28 Abs. 4 Satz 3 II. BV) verpflichtet ist, ist nach § 307 Abs. 1 Satz 1 BGB *unwirksam*. Die Vorgabe, die laufenden Schönheitsreparaturen *während der Mietzeit* ausschließlich in *weißer Farbe* auszuführen, benachteiligt M unangemessen. Dies engt den Gestaltungspielraum des Mieters zu stark ein, für den die Wohnung Lebensmittelpunkt ist, während der Vermieter an der farblichen Gestaltung während der Mietzeit nur ein untergeordnetes Interesse hat.⁷

Nach § 306 Abs. 2 BGB gilt statt der unwirksamen Formularklausel die *gesetzliche Regelung*, so dass V nach § 535 Abs. 1 Satz 2 BGB die Ausführung der Schönheitsreparaturen schuldet. Diese sind *fällig*, weil nach 15 Jahren Nutzung objektiv in allen Räumen ein Renovierungsbedarf besteht.

b) Kein Ausschluss wegen Rauchens

Dass der Renovierungsbedarf auch auf das Rauchen des M zurückzuführen ist, hat M nicht zu vertreten (§ 538 BGB). *Normales Rauchen*, dessen Folgen durch Schönheitsreparaturen behebbar sind, ist vom Gebrauchsrecht des M gedeckt. Die hierdurch bedingten Verschlechterungen der Wohnung stellen eine *normale Abnutzung* der Mietsache dar, die mit der Miete abgegolten ist.⁸

---

³ BGH, Urt. v. 9.7.2014 – VIII ZR 376/13, NJW 2014, 2864.
⁴ Rn. C 15a.
⁵ Vgl. BGH, Versäumnisurt. v. 17.12.2008 – XII ZR 57/07, NZM 2009, 198 Rn. 17; zu Gestaltungsmöglichkeiten vgl. Isikay ZMR 2018, 973.
⁶ Vgl. auch LG Hamburg, Urt. v. 25.3.2010 – 307 S 152/09, ZMR 2010, 610)gl. auch LG Hamburg, Urt. v. 25.3.2010 – 307 S 152/09, ZMR 2010, 610).
⁷ BGH, Urt. v. 23.9.2009 – VIII ZR 344/08, NJW 2009, 3716.
⁸ BGH, Urt. v. 28.6.2006 – VIII ZR 124/05, NJW 2006, 2915 Rn. 23.

c) Farbwahl

Durch die Farbwahl „rosa" darf V den M beim Erfüllen der Schönheitsreparaturpflicht nicht schikanieren. Vielmehr ist V ist gemäß *Rücksichtnahmegebot* des § 241 Abs. 2 BGB gehalten, auf farbliche Wünsche des Mieters einzugehen, soweit diese keine Mehrkosten verursachen.[9] Auch die Farbwahl „weiß" wäre ohne Einverständnis des M oder absehbares Ende der Mietzeit unzulässig, weil diese Vorgabe Grund der Unwirksamkeit der Schönheitsreparaturklausel ist.

Umgekehrt ist V hinreichend geschützt, weil M bei Rückgabe der Wohnung nach § 241 Abs. 2 BGB auf das *Wiedervermietungsinteresse* des V *Rücksicht* nehmen muss und bei Rückgabe in ungewöhnlicher farblicher Gestaltung ggf. Schadensersatz wegen Nebenpflichtverletzung aus § 280 Abs. 1 BGB schuldet.[10]

3. Lärmstörungen

Ob V einen Anspruch aus § 535 Abs. 1 Satz 2 BGB auf Unterbindung der Lärmstörungen des N hat, ist unklar, weil Ausmaß und Intensität der Beeinträchtigung der Eigentumswohnung noch zu klären sind. Für das Bestehen des Erhaltungsanspruchs ist Folgendes maßgeblich:

a) Umfang der Erhaltungspflicht

Die Erhaltungspflicht des V aus § 535 Abs. 1 Satz 2 BGB umfasst den Schutz des M vor Störungen Dritter, soweit die Störungsabwehr *möglich und zumutbar* ist.[11]

b) Abwehrmöglichkeit des V

V kann als Eigentümer der Wohnung einen *Unterlassungsanspruch* aus § 1004 Abs. 1 Satz 2 BGB für künftige Lärmstörungen des N haben. Dies setzt voraus, dass die Immissionen durch den Musikunterricht das Eigentum des V *mehr als unwesentlich beeinträchtigen* (§ 906 Abs. 1 BGB).

Der BGH hat nur leise wahrnehmbares Trompetenspiel eines Berufsmusikers an insgesamt zwei Tagen die Woche, werktags für höchstens drei Stunden und an Wochenenden kürzer, als unwesentlich beurteilt.[12]

Etwas Anderes kann sich aus spezielleren Regelungen einer *Hausordnung* oder der einschlägigen gemeindlichen *Lärmschutzverordnung* ergeben. Ferner ist das *Gebot der Rücksichtnahme* aus § 241 Abs. 2 BGB auf andere Nutzer des Gebäudes abzuwägen, woraus sich ggf. *Zeitvorgaben für die Nutzungen* ergeben können.[13]

Damit V die Störungen beweisen kann, sollte M diese im Wesentlichen hinsichtlich Ausmaß und Intensität in einem Lärmprotokoll dokumentieren, das am besten weitere Zeugen unterschreiben.[14]

---

[9] LG Berlin, Beschl. v. 23.5.2017 – 67 S 416/16, ZMR 2017, 733.
[10] BGH, Urt. v. 6.11.2013 – VIII ZR 416/12, NJW 2014, 143, sog. Farbexzess.
[11] Vgl. V. Emmerich in Staudinger, § 535 BGB Rn. 26; Sternel, Mietrecht aktuell, Kap. VII Rn. 238.
[12] BGH, Urt. v. 26.10.2018 – V ZR 143/17, NJW 2019, 773.
[13] Vgl. BGH, Urt. v. 16.1.2015 – V ZR 110/14, NJW 2015, 2023 Rn. 18 mit Rauchstundenplan.
[14] Vgl. BGH, Urt. v. 29.2.2012 – VIII ZR 155/11, NJW 2012, 1647 Rn. 17; BGH, Beschl. v. 22.8.2017 – VIII ZR 226/16, NZM 2017, 694 Rn. 18; van Buggenum/Stanjek DWW 2001, 73, 74 mit Muster für Lärmprotokoll.

c) Zumutbarkeit für V

Dass M ggf. ein eigener **Abwehranspruch** wegen Besitzstörung aus §§ 862 Satz 2, 858 Abs. 1 Alt. 2 BGB gegen N zusteht, entbindet V nicht von seiner Plicht, den störungsfreien (vertragsgemäßem) Zustand der Wohnung zu erhalten, indem er die erheblichen Immissionen soweit möglich abwehrt.

d) Anmerkungen

Wenn N seine Wohnung ebenfalls von V mietet und die **berufliche Tätigkeit in der Mietwohnung** den Mietgebrauch überschreitet, kann V – jeweils nach Abmahnung – einen *mietrechtlichen Unterlassungsanspruch* geltend machen (§ 541 BGB) oder das *Mietverhältnis mit N kündigen* (§ 573 Abs. 2 Nr. 1 BGB oder §§ 569 Abs. 2, 543 Abs. 1 BGB). Das nach außen in Erscheinung tretende Erteilen von Musikunterricht in einer Mietwohnung überschreitet das Gebrauchsrecht des Mieters, wenn hiervon weitergehende Einwirkungen auf die Mietsache oder Mitmieter ausgehen als bei einer *üblichen Wohnnutzung*.[15]

Unabhängig von der Rechtslage ist V gut beraten, wenn er eine **einvernehmliche Lösung** zwischen M und N vermittelt (z. B. abgestimmte Nutzungszeiten). Hierzu ist es ratsam, den persönlichen Kontakt zu M und N aufzunehmen, um den *Sachverhalt, die Konfliktursachen und Interessenlage* zu klären.[16]

4. Telefonkabel

V schuldet M nach § 535 Abs. 1 Satz 2 BGB die Wiederherstellung eines funktionsfähigen Telefonanschlusses in der Mietwohnung.

Die Erhaltungspflicht des Vermieters erstreckt sich nicht nur auf die Wohnung, sondern auch auf *mitvermietete Hausteile* wie das im Keller verlegte Kabel, für dessen der Vermieter im Benehmen mit der Wohnungseigentümergemeinschaft zu sorgen hat.[17] Nach der Verkehrsanschauung gehört zum vertragsgemäßen Gebrauch einer Wohnung, dass jedenfalls ein bei Mietbeginn funktionierender Telefonanschluss weiterhin funktioniert, ohne dass der Mieter sich um eine Verkabelung der Wohnung bis zu einem allgemeinen Hausanschlusspunkt kümmern muss.[18] Der Erhaltungsanspruch ist *fällig*, weil der Telefonanschluss funktionsunfähig ist.

Der Erhaltungsanspruch aus § 535 Abs. 1 Satz 2 BGB setzt weder ein *Verschulden* des V voraus noch muss der Mietgebrauch erheblich beeinträchtigt sein. Selbst wenn – was fern liegt – ein *Bagatellmangel* vorliegen sollte, würde der Ausschluss nur *Gewährleistungsrechte* aus §§ 536 ff. BGB erfassen, nicht aber den Erfüllungsanspruch des M.

---

[15] BGH, Urt. v. 10.4.2013 – VIII ZR 213/12, NJW 2013, 1806.
[16] Vgl. Börstinghaus NZM 2004, 54; van Buggenum/Stanjek DWW 2001, 73.
[17] BGH, Urt. v. 5.12.2018 – VIII ZR 17/18, NZM 2019, 140 Rn. 20.
[18] BGH, Urt. v. 5.12.2018 – VIII ZR 17/18, NZM 2019, 140 Rn. 14 ff.

Lösung 4: Wohnflächenabweichung[19]

Grundfall:

1. Soll-Beschaffenheit der Mietsache

Die Angabe der Wohnfläche im Mietvertrag mit „100 m²" begründet nach der Verkehrsauffassung gemäß §§ 133, 157 BGB eine verbindliche Vereinbarung der Soll-Beschaffenheit.

Der „ca."-Zusatz nimmt der Flächenangabe nicht die Verbindlichkeit, sondern deutet lediglich auf die von der Rechtsprechung nach dem Grundgedanken des § 536 Abs. 1 Satz 3 BGB ohnehin zugebilligte Toleranz hin.[20]

Dass der Mieter die Wohnung vor Anmietung besichtigte, berührt die mietvertragliche Beschaffenheitsvereinbarung über die Wohnungsgröße nicht.

2. Mangel der Mietsache

Dass die tatsächliche Wohnfläche von *85 m²* die vereinbarte Wohnfläche von 100 m² um 15 m² (= 15 %) unterschreitet, begründet einen Sachmangel der Mietsache im Sinne des § 536 Abs. 1 Satz 1 BGB.

a) Negative Abweichung der Ist- von der Soll-Beschaffenheit

Die tatsächliche Wohnfläche von 85 m² (Ist-Beschaffenheit) unterschreitet die vereinbarte Wohnfläche von 100 m² (Soll-Beschaffenheit) um 15 m² (Abweichung von 15 %). Eine geringere Wohnungsgröße ist dem Mieter nachteilig.

b) Beeinträchtigung der Gebrauchstauglichkeit

Die Tauglichkeit des Wohnraums ist infolge der Unterschreitung der vereinbarten Wohnfläche von 15 % gemindert im Sine des § 536 Abs. 1 Satz 2 BGB. Der Mieter muss *keine konkrete Beeinträchtigung* seines Mietgebrauchs darlegen und beweisen. Bei Flächenunterschreitungen von mehr als 10 % ist *unwiderleglich zu vermuten,* dass diese den Mietgebrauch des Mieters beeinträchtigen.[21]

c) Erheblichkeit der Beeinträchtigung

Die Gebrauchstauglichkeit des Wohnraums ist nicht nur unerheblich gemindert, so dass Mängelrechte nach § 536 Abs. 1 Satz 3 ausscheiden. Flächenunterschreitungen von mehr als 10 % *gelten nach Rechtsprechung* des BGH stets als erheblich.

3. Kein Ausschluss der Mängelrechte des Mieters

a) Kein Ausschluss der Mängelrechte wegen Mangelkenntnis

Die Mängelrechte sind nicht nach § 536b BGB ausgeschlossen. Dadurch, dass M die Mietsache vor Vertragsschluss besichtigte, erlangte er keine Kenntnis von der tatsächlichen Wohnungsgröße im Sinne des § 536b Satz 1 BGB, weil die Wohnfläche nach

---

[19] Rn. D 5.
[20] BGH, Urt. v. 10.3.2010 – VIII ZR 144/09, NJW 2010, 1745.
[21] BGH, Urt. v. 24.3.2004 – VIII ZR 44/03, NJW 2004, 2230; BGH, Urt. v. 24.3.2004 – VIII ZR 295/03, NJW 2004, 1947; BGH, Urt. v. 24.3.2004 – VIII ZR 133/03, NZM 2004, 456.

komplexen Berechnungsverfahren ermittelt wird. Auch für fahrlässige Unkenntnis des M von der tatsächlichen Wohnungsgröße im Sinne des § 536b Satz 2 BGB besteht kein Anhaltspunkt, da M die tatsächliche Wohnungsgröße als Laie nicht erkennen kann, selbst wenn er die Grundflächen der Räume ausmisst, um die Stellbarkeit von Möbeln zu prüfen.[22]

b) Keine Verletzung der Mangelanzeigepflicht

9 Für die Geltendmachung von Mängelrechten ist eine vorherige Mängelanzeige des M nach § 536c Abs. 2 Nr. 1 BGB entbehrlich, weil die Beseitigung der Flächenabweichung nach § 275 Abs. 1 BGB unmöglich ist.

4. Mängelrechte des Mieters

10 M stehen gegen V die Mängelrechte aus §§ 536 ff. BGB zu einschließlich des Rechts zur fristlosen Kündigung wegen Nichtgewährung des vertragsgemäßen Gebrauchs nach § 543 Abs. 2 Nr. 1 BGB.

a) Minderung

11 Nach § 536 Abs. 1 Satz 2 BGB schuldet M nur eine entsprechend dem Ausmaß der Flächenabweichung von 15 % gekürzte Miete. Die Berechnungsbasis für die Mietminderung ist grundsätzlich die Bruttomiete,[23] so dass M eine monatliche Miete von 1.275 € zzgl. gekürzter Betriebskostenvorauszahlung von 425 € schuldet (insgesamt 1.700 €)

Bei der Betriebskostenabrechnung ist wie folgt zu unterscheiden: Soweit V die Betriebskosten nach dem Anteil der *tatsächlichen* Wohnfläche an der *tatsächlichen* Gesamtfläche des Mietobjekts umlegt (§ 556a Abs. 1 Satz 1 BGB und z.B. § 6 Abs. 2 HeizkostenV), folgt die Minderung automatisch aus dem um 15 % verringerten Flächenansatz (Kosten für 85 m² statt für 100m²). Soweit ein *anderer Umlagemaßstab* gilt (z.B. Verteilung nach erfasstem Verbrauch, nach Anzahl der Wohnungen), muss V von den umgelegten Betriebskosten 15 % abziehen.

Soweit M bereits volle Zahlungen geleistet hat, kann er den Minderungsbetrag wegen ungerechtfertigter Bereicherung des V nach §§ 812 Abs. 1 Satz 1 Alt. 1, 818 Abs. 2 BGB zurückfordern. Dieser Anspruch ist auch nicht wegen positiver Kenntnis des M von der Nichtschuld nach § 814 BGB ausgeschlossen, da er als Laie weder den Minderungsautomatismus noch die nur durch aufwändige Messung ermittelbare Unterschreitung der Wohnfläche kennt.

b) Schadensersatz

12 Soweit die Garantiehaftung des Vermieters aus § 536a Abs. 1 Alt. 1 BGB nicht wirksam ausgeschossen ist, kann M Schadensersatz von V wegen Vorhandensein eines anfänglichen Sachmangels bei Abschluss des Mietvertrags verlangen. Andernfalls kommt eine Verschuldenshaftung des V aus § 536a Abs. 1 Alt. 2 BGB in Betracht, wenn er die Flächenunterschreitung zu vertreten hat.

Der Schadensersatzanspruch umfasst nach § 249 Satz 1 BGB nur den durch die Flächenunterschreitung bedingten Schaden. Da die Miete und die Betriebskostenvorauszahlung bereits automatisch nach § 536 BGB gemindert sind, sind vorliegend keine ersatz-

---

[22] LG München I, Urt. v. 19.12.2013 – 31 S 6768/13, NZM 2014, 433; LG Krefeld, Urt. v. 7.11.2012 – 2 S 23/13, NJW 2013, 401; a. A. AG Bonn, Urt. v. 18.4.2012 – 203 C 55/11, MietRB 2012, 225.

[23] BGH, Urt. v. 20.6.2005 – VIII ZR 347/04, NJW 2005, 2773.

fähigen Schadenspositionen ersichtlich (z. B. Umzugskosten oder entgangenen Gewinn aus Untervermietung).

c) Außerordentliche fristlose Kündigung

M kann das Mietverhältnis nach § 543 Abs. 2 Satz 1 Nr. 1 BGB wegen Nichtgewährung des vertragsgemäßen Gebrauchs außerordentlich fristlos kündigen. Maßgeblich hierfür ist ausschließlich, ob eine erhebliche Wohnflächenunterschreitung, das heißt um mehr als 10 % von der vereinbarten Wohnfläche vorliegt; weitere Zumutbarkeitsgesichtspunkte sind nicht abzuwägen.[24] Eine Abmahnung nach § 543 Abs. 3 BGB ist entbehrlich, weil es sich um einen nicht behebbaren Sachmangel der Mietsache handelt. Mangels Kenntnis des Mieters von der Flächenabweichung ist das außerordentliche Kündigungsrecht nicht nach §§ 543 Abs. 4, 536b BGB ausgeschlossen.

13

Variante:

1. Sachmangel

Ob die Unterschreitung der vereinbarten Wohnfläche von 9 % geeignet ist, einen *erheblichen* Mangel des Wohnraums im Sinne des § 536 Abs. 1 Satz 2 und 3 BGB zu begründen, aus dem M Mängelrechte nach §§ 536 ff. BGB, vor allem eine Mietminderung von 9 % ableiten kann, ist noch nicht abschließend geklärt.

14

Da die tatsächliche Wohnfläche vorliegend nicht mehr als 10 % von der vereinbarten Wohnfläche abweicht, ist *nicht* nach Rechtsprechung des BGH unwiderleglich zu vermuten, dass die Flächenunterschreitung die Gebrauchstauglichkeit des Wohnraums für M spürbar beeinträchtigt. Vielmehr ist offen, ob bei geringeren Flächenabweichungen Raum für einen Sachmangel besteht.

Zieht man den Gegenschluss aus der ausgeurteilten 10 %-Toleranzschwelle, stellt die vorliegende Flächenunterschreitung von 9 % keinen Sachmangel dar.

Stellt man hingegen darauf ab, dass bei geringeren Flächenunterschreitungen lediglich keine generelle Vermutung für eine erhebliche Beeinträchtigung des Mietgebrauchs besteht, kann diese vorliegen, wenn M darlegt und ggf. beweist, dass er wegen der zu geringen Wohnfläche im Schlafzimmer kein Bett stellen kann (= konkrete Beeinträchtigung des Mietgebrauchs).

Die zweite Ansicht erscheint vorzugswürdig, weil sie der Einzelfallgerechtigkeit besser Rechnung trägt und im Einklang mit der Beurteilung anderer Bagatellmängel steht. Bei diesen ist die Mängelhaftung des Vermieters nach § 536 Abs. 1 Satz 3 BGB üblicherweise ausgeschlossen, wenn die Höhe der Minderung nicht mehr als 1 % bis 5 % der Miete erreichen würde.[25]

2. Mängelrechte

Es ist gut vertretbar, dass M die Miete um nach § 536 I BGB um 9 % auf 1.365 € gemindert ist (mit Berechnungsbasis Miete ohne Betriebskostenvorauszahlung; siehe Ziffer 4a), dass M das Mietverhältnis nach § 543 Abs. 2 Nr. 1 BGB fristlos kündigen und für entstehenden Schaden Ersatz aus § 536a Abs. 1 BGB verlangen kann.

15

---

[24] BGH, Urt. v. 29.4.2009 –VIII ZR 142/08, NJW 2009, 2297; a. A. LG Frankfurt a. M., Urt. v. 16.3.2018 – 21 O 167/17, ZMR 2018, 670.
[25] Cramer NZM 2017, 457 ff.

Lösung 5: Mietersterben[26]

1. Tod des Herrn M (Mietermehrheit)

16 Beim Tod des Herrn M wird das Mietverhältnis mit V aufgrund Sondererbfolge des § 563a Abs. 1 BGB mit Frau M als alleinige Mieterin fortgesetzt. Frau M war ebenso wie Herr M Partei des Mietvertrags. Sie lebte mit Herrn M in einem gemeinsamen Haushalt und ist begünstigte Person nach § 563 Abs. 1 Satz 1 BGB.

Will sich Frau M vom Mietvertrag lösen, so kann sie das Mietverhältnis innerhalb eines Monats nachdem sie vom Tod ihres Ehegatten Kenntnis erlangt hat nach §§ 563a Abs. 2, 573d Abs. 2 BGB außerordentlich mit gesetzlicher Frist kündigen (spätestens am dritten Werktag eines Kalendermonats zum Ablauf des übernächsten Monats).

Ob G aufgrund des Testaments des Herrn M dessen Gesamtrechtsnachfolge gem. § 1922 Abs. 1 BGB antritt, ist ohne Belang für das rechtliche Schicksal des Mietverhältnisses und spielt allenfalls im für Ausgleichsansprüche zwischen Mieter und Erben eine Rolle (z.B. Haftung für Altverbindlichkeiten und im Voraus entrichtete Miete nach § 563b Abs. 1 und 2 BGB).

2. Tod des Herrn M (Alleinmieter)

17 War Herr M alleiniger Mieter, tritt Frau M nach § 563 Abs. 1 BGB beim Tod ihres Ehegatten in das Mietverhältnis mit V ein. Sie ist Ehegattin des Mieters und führte mit ihm einen gemeinsamen Haushalt.

Das Eintrittsrecht der Ehegattin hat Vorrang gegenüber den Kindern K1 und K2 nach § 563 Abs. 2 Satz 1 Halbsatz 2 BGB. Deren Eintrittsrecht greift erst Platz, wenn nicht der überlebende Ehegatte in das Mietverhältnis eintritt.

Will sich Frau M vom Vertrag lösen, kann sie innerhalb eines Monats ab Kenntnis vom Tod des Herrn M von ihrem Ablehnungsrecht aus § 563 Abs. 3 Satz 1 BGB Gebrauch machen. Wenn Frau M fristgerecht gegenüber V erklärt, dass Sie das Mietverhältnis nicht „fortsetzen" möchte, gilt ihr Eintritt als nicht erfolgt. Folge wäre, dass die Kinder des Mieters K1 und K2 gemeinsam in das Mietverhältnis eintreten nach § 563 Abs. 2 Satz 1 BGB. Auch sie könnten dann innerhalb der Monatsfrist die „Fortsetzung" des Mietverhältnisses ablehnen nach § 563 Abs. 3 Satz 1 BGB. Die Erklärung kann jedes Kind für sich abgeben nach § 563 Abs. 3 Satz 3 BGB, so dass auch ein Kind allein in das Mietverhältnis eintreten kann.

Lediglich wenn Frau M, K1 und K2 jeweils die Fortsetzung des Mietverhältnisses fristgerecht ablehnen, tritt der Erbe des Herrn M im Wege der Gesamtrechtsnachfolge nach § 1922 Abs. 1 BGB auch in das Mietverhältnis ein, was auch aus § 564 Satz 1 BGB ersichtlich ist. Dies ist vorliegend die G, die aufgrund der Erbeinsetzung im Testament des Herrn M gem. §§ 1937, 2064, 2247 BGB dessen Alleinerbin geworden ist. Dass Frau M und die Kinder K1 und K2 vom Erbe ausgeschlossen sind, steht der Wirksamkeit des Testaments gem. § 138 Abs. 1 BGB grundsätzlich nicht entgegen, weil das Pflichtteilsrecht der §§ 2303 ff. BGB einen angemessenen Mindestausgleich für die von Herrn M voll in Anspruch genommene Testierfreiheit vorsieht.

Ein auf G übergegangenes Mietverhältnis können sowohl G als auch V außerordentlich mit gesetzlicher Frist kündigen nach §§ 564 Satz 2, 573d Abs. 2 BGB. Der Vermieter V braucht dabei ausnahmsweise kein berechtigtes Interesse an der Kündigung i.S.d. § 573 Abs. 2 BGB vorzuweisen nach § 573d Abs. 1 BGB). Als die Mietwohnung bislang nicht

---

[26] Rn. G 45.

nutzende Erbin hat G kein schutzwürdiges Interesse am Bestand des Mietverhältnisses, so dass ein nach §§ 574 ff. BGB zulässiger Sozialwiderspruch keine Aussicht auf Erfolg hätte.

3. Tod des Herrn K

An sich würde das Mietverhältnis zwischen V und K mangels vorrangiger Verfügung von Todes wegen mit den gesetzlichen Erben des K nach §§ 1922 Abs. 1 i. V. m. §§ 1924 ff. BGB fortgesetzt. Da vorliegend sämtliche in Frage kommenden Erben die Erbschaft form- und fristgerecht i. S. d. ausgeschlagen haben nach §§ 1944, 1945 BGB, greift § 1936 Abs. 1 Satz 1 BGB ein. Danach wird der Fiskus gesetzlicher Zwangserbe des K, ohne zur Ausschlagung berechtigt zu sein (§ 1942 Abs. 2 BGB).

Bevor der Fiskus die Gesamtrechtsnachfolge des K antreten kann, bedarf es der Feststellung des Nachlassgerichts gem. §§ 1966, 1964 Abs. 1 BGB, dass ein anderer Erbe als der Fiskus nicht vorhanden ist. Anschließend können der Vermieter oder der Fiskus das Mietverhältnis durch Aufhebungsvertrag außerordentlich mit gesetzlicher Frist gem. §§ 564 Satz 2, 573d BGB kündigen oder einen Aufhebungsvertrag schließen.

Vor Feststellung des Erben kann V beim Amtsgericht – Nachlassgericht – gem. §§ 1961, 1960 Abs. 1 Satz 2 BGB die Anordnung einer Nachlasspflegschaft beantragen, damit ihm zeitgerecht ein Vertreter des Mieters zur Verfügung steht, mit dem er das Mietverhältnis beenden und abwickeln kann.

18

Lösung 6: Telefax-Kündigung[27]

1. Wirksamkeit der Kündigungserklärung

a) Erklärender

Kündigungsberechtigt ist die *M-GbR als Mieter*. Sie wird nach §§ 714, 709 Abs. 1 BGB *gemeinschaftlich* von ihren Gesellschaftern A *und* vertreten.

Dass nur A das Kündigungsschreiben unterzeichnete, ist unschädlich, weil aus den Umständen ersichtlich war, dass er *auch in Vertretung* des B im Namen der M-GbR handelte (§ 164 Abs. 1 Satz 2 BGB). Dies folgt aus der Benutzung des Briefpapiers der M-GbR und der Beigabe der Vollmacht des B als Anlage.

19

b) Empfänger

Die Kündigung ist an den Vermieter V als zutreffenden Empfänger gerichtet.

20

c) Zugang

Das am 30.6. um 12 Uhr eingegangene Telefax bewirkt den Zugang nach § 130 Abs. 1 Satz 1 BGB noch am selben Tag, weil V die zumutbare Möglichkeit der Kenntnisnahme hatte.

21

d) Inhalt der Kündigungserklärung

Die Kündigungsabsicht und das betroffene Mietverhältnis sind aus dem Kündigungsschreiben ersichtlich.

Der unzutreffend angegebene Kündigungstermin „30.1<u>1</u>." macht die Kündigung nicht unwirksam. Die Angabe eines bestimmten Kündigungstermins ist bei der ordentlichen Kündigung nicht notwendig. Die vorliegende Kündigungserklärung ist wegen des darge-

22

---

[27] Rn. H 40.

legten Interesses der M-GbR an einer baldmöglichen Beendigung des Mietverhältnisses nach §§ 133, 157 BGB als ordentliche Kündigung zum nächst möglichen Termin auszulegen, das heißt zum 31.12. des Kalenderjahres.

e) Vereinbarte Schriftform

23   Die Kündigung bedarf zu ihrer Wirksamkeit nach § 2 des Grundstücks-Mietvertrags der vereinbarten Schriftform. Diese wahrt mangels anderer Vereinbarung auch das Telefax nach § 127 Abs. 2 Satz 1 BGB. Nachteilig für die M-GbR ist allerdings, dass das Versandprotokoll den lesbaren Zugang beim Empfänger nicht beweist, wenn V behauptet er habe nur „leere Seiten" empfangen.

2. Unwirksamwerden der Kündigung durch Vollmachtsrüge

24   Mangels Originalvollmacht des B für die Vertretung durch A ist die V nach § 174 Satz 1 BGB berechtigt, die Telefax-Kündigung vom 30.6. unverzüglich zurückzuweisen, so dass die Kündigungserklärung *unwirksam wird*. Vorsorglich sollte V dafür sorgen, dass der M-GbR die Vollmachtsrüge innerhalb einer Woche (§ 121 Abs. 1 Satz 1 BGB) beweisbar zugeht. Die M-GbR kann das Mietverhältnis dann erst zum 31.12. des nächsten Jahres kündigen und muss ein Jahr länger die Miete entrichten (§ 537 Abs. 1 Satz 1 BGB).

(Anmerkung: Eine Vertretungsbefugnis des A für B kraft Notgeschäftsführung entsprechend § 744 Abs. 2 BGB dürfte nicht vorliegen, weil eine vorhandene Vollmacht nicht in der richtigen Weise gebraucht wurde.)

Ergebnis:

25   Die Telefax-Kündigung der M-GbR vom 30.6. ist noch am 30.6. gegenüber V wirksam geworden. Sie beendet das Mietverhältnis über das Grundstück zum 31.12. des Kalenderjahres. Allerdings wird die Kündigungserklärung nach § 174 Satz 1 BGB unwirksam, wenn V unverzüglich nach § 174 Satz 1 BGB rügt, dass keine Originalvollmacht des B beigefügt ist. Hierbei sollte V auf einen schnellen und beweisbaren Zugang der Vollmachtsrüge bei der M-GbR achten.

Lösung 7: Formsache[28]

26   Die ordentliche Kündigung des V von Anfang Mai beendete das Mietverhältnis wirksam zum Ende des Kalenderjahres.

1. Ordentliches Kündigungsrecht

27   Die ordentliche Kündigung des Mietverhältnisses ist an sich durch **Befristung** der Mietzeit auf 10 Jahre ausgeschlossen (§ 542 Abs. 2 BGB). Auf die vereinbarte Mietzeit kommt es jedoch nicht an. Der Mietvertrag leidet an einem **Schriftformmangel**, so dass das länger als ein Jahr währende Mietverhältnis nach §§ 550, 578 Abs. 1 BGB als auf unbestimmte Zeit geschlossen gilt und nach § 542 Abs. 1 BGB sofort ordentlich kündbar ist.

Die **Mietsache** ist als wesentlicher Eckpunkt des Mietvertrags aus der Mietvertragsurkunde nicht ersichtlich. Es ist unklar, welche 1.000 m² große Teilfläche aus dem 10.000 m² großen Grundstück vermietet ist.

Die **Miethöhe** ist ein wesentlicher Eckpunkt des Mietvertrags, da hiervon die Kündigung des Mietverhältnisses wegen Zahlungsverzugs nach § 543 Abs. 2 Satz 1 Nr. 3a) und b) BGB und somit der Bestand des gesamten Mietverhältnisses abhängen kann. Die

---

[28] Rn. H 137.

Mietermäßigung von 15 % ist nicht unwesentlich, weil sie über ein Jahr gilt und der Vermieter sie nicht frei widerrufen kann. Die Einigung über die Mietänderung erfolgte durch Brief des V (Angebot) und **konkludenter Zustimmung** des M durch Zahlung der ermäßigten Mieten (Annahme). Dies genügt nicht der gesetzlichen Schriftform der §§ 550, 126 Abs. 2 BGB, weil nur die Erklärung des Vermieters schriftlich vorliegt.

2. Kündigungsfrist

Die dreimonatige Kündigungsfrist und der Kündigungsstichtag für den Grundstücks-Mietvertrag nach § 580a Abs. 1 Nr. 3 BGB ist mit der Kündigung im Mai zum Ablauf des Kalenderjahres eingehalten unabhängig davon, ob es sich um ein gewerbliches Lager handelt (siehe Rn. H 203 f.).

3. Keine Treuwidrigkeit

Die Berufung des Vermieters auf beide Formmängel ist trotz des mehrjährigen rügelosen Mietvertragsvollzugs nicht treuwidrig gemäß § 242 BGB. Insbesondere diente die Mietermäßigung nicht dem Interesse des V, sondern dem Interesse des M.

Lösung 8: Zahlungsverzugs-Mathematik[29]

Variante 1:

Aus den Zahlungen des M ergeben sich folgende Mietrückstände:

Fälligkeit	Geschuldet	Zahlung	Rückstand	Gesamtrückstand
03.06.	600 €	250 €	350 €	- 350 €
03.07.	600 €	600 €	0 €	- 350 €

Zur Miete im Sinne des § 543 Abs. 2 Satz 1 Nr. 3 BGB gehören der Anspruch des Vermieters auf Zahlung der monatlichen Grundmiete von 500 € sowie der monatlichen Betriebskostenvorauszahlung von 100 €. Insgesamt beträgt die Mietforderung monatlich 600 €.

Rechtliche Würdigung der Kündigungstatbestände:

1. § 543 Abs. 2 Satz 1 Nr. 3a) Alt. 1 BGB

Ein Verzug mit der ganzen Miete über zwei aufeinander folgende Termine liegt nicht vor.

2. § 543 Abs. 2 Satz 1 Nr. 3a) Alt. 2 i. V. m. § 569 Abs. 3 Nr. 1 Satz 1 BGB

Ein Verzug des M mit einem nicht unerheblichen Teil der Miete über zwei aufeinander folgende Termine liegt nicht vor. Zwar genügt, dass die Summe der Rückstände aus zwei aufeinander folgenden Monaten eine Monatsmiete übersteigt.[30] Dies ist hier nicht gegeben, da M nur mit der Miete für Juni in Höhe von 350 € in Verzug war und die Miete für Juli voll bezahlte, liegt die Summe der Rückstände unter einer Monatsmiete von 600 €.[31]

---

[29] Rn. H 244.
[30] BGH, Urt. v. 15.4.1987 – VIII ZR 126/86, NJW RR 1987, 903, 905.
[31] Vgl. Blank Schmidt-Futterer, § 543 BGB Rn. 111.

3. § 543 Abs. 2 Satz 1 Nr. 3b) BGB

32 Ein Verzug mit einem Saldo von mindestens zwei Monatsmieten über mehr als zwei Monate liegt nicht vor.

Ergebnis:

33 V kann das Mietverhältnis nicht fristlos wegen Zahlungsverzugs nach § 543 Abs. 2 Satz 1 Nr. 3a) oder b) BGB kündigen.

Variante 2:

34 M befand sich wie folgt in Zahlungsverzug:

Fälligkeit	Geschuldet	Zahlung	Rückstand	Gesamtrückstand
03.06.	600 €	250 €	350 €	- 350 €
03.07.	600 €	0 €	600 €	- 950 €
13.07.		600 €	0 €	- 350 €

Rechtliche Würdigung der Kündigungstatbestände:

1. § 543 Abs. 2 Satz 1 Nr. 3a) Alt. 1 BGB

35 Kein Verzug des M mit der ganzen Miete über zwei aufeinander folgende Termine.

2. § 543 Abs. 2 Satz 1 Nr. 3a) Alt. 2 BGB

36 Zahlungsverzug des M mit einem nicht unerheblichen Teil der Miete über zwei aufeinander folgende Termine ist gegeben:
Die Unerheblichkeitsschwelle des § 569 Abs. 3 Nr. 1 Satz 1 BGB von einer Monatsmiete (600 €) ist überschritten. Die insoweit maßgebliche Gesamthöhe der Rückstände[32] in den aufeinander folgenden Fälligkeitsterminen Juni und Juli beträgt 350 € + 600 €, das sind 950 €.
Dass M am 13.07. 600 € bezahlte, lässt das fristlose Kündigungsrecht nicht nach § 543 Abs. 2 Satz 2 BGB entfallen, weil dieser eine vollständige Befriedigung des Vermieters erfordert.[33] Vorliegend stehen jedoch noch EUR 350,00 aus.

3. § 543 Abs. 2 Satz 1 Nr. 3b) BGB

37 Ein Verzug mit einem Saldo von mindestens zwei Monatsmieten über mehr als zwei Monate liegt nicht vor.

Ergebnis:

38 V könnte das Mietverhältnis nach § 543 Abs. 2 Satz 1 Nr. 3a) Alt. 2 i. V. m. § 569 Abs. 3 Nr. 1 Satz 1 BGB fristlos wegen Zahlungsverzugs mit einem nicht unerheblichen Teil der Miete in zwei aufeinander folgenden Terminen kündigen. Dies gilt auch nach der Zahlung am 13.7.2004.

---

[32] BGH, Urt. v. 15.4.1987 – VIII ZR 126/86, NJW-RR 1987, 903, 905.
[33] BGH, Urt. v. 14.7.1970 – VIII ZR 12/69, ZMR 1971, 27; BGH, Urt. v. 27.9.2017 – VIII ZR 193/16, NZM 2018, 28 Rn. 23 ff.

Variante 3:

Aus den Zahlungen des M ergeben sich folgende Mietrückstände: 39

Fälligkeit	Geschuldet	Zahlung	Rückstand	Gesamtrückstand
03.06.	600 €	250 €	350 €	- 350 €
03.07.	600 €	300 €	300 €	- 650 €

Rechtliche Würdigung:

1. § 543 Abs. 2 Satz 1 Nr. 3a) Alt. 1 BGB

Kein Zahlungsverzug für zwei aufeinander folgende Termine mit der gesamten Miete. 40

2. § 543 Abs. 2 Satz 1 Nr. 3a) Alt. 2 BGB

Ein Zahlungsverzug für zwei aufeinander folgende Termine mit einem nicht unerheblichen Teil der Miete liegt vor. 41

M befand sich in den aufeinander folgenden Terminen am 3.6.2004 und am 3.7.2004 in Zahlungsverzug. Der Verzug betraf einen nicht unerheblichen Teil der Miete i. S. d. § 569 Abs. 3 Nr. 1 Satz 1 BGB, da der maßgebliche Gesamtrückstand von 350 € + 300 € = 650,00 eine Monatsmiete von EUR 600,00 überschreitet.

3. § 543 Abs. 2 Satz 1 Nr. 3b) BGB

Ein Verzug mit einem Saldo von mindestens zwei Monatsmieten über mehr als zwei Monate liegt nicht vor. 42

Ergebnis:

V könnte das Mietverhältnis nach § 543 Abs. 2 Satz 1 Nr. 3a) Alt. 2 i. V. m. § 569 Abs. 3 Nr. 1 Satz 1 BGB fristlos wegen Zahlungsverzugs mit einem nicht unerheblichen Teil der Miete in zwei aufeinander folgenden Terminen kündigen. 43

Variante 4:

M befand sich wie folgt in Zahlungsverzug: 44

Fälligkeit	Geschuldet	Zahlung	Rückstand	Gesamtrückstand
03.06.	600 €	300 €	300 €	- 300 €
03.07.	600 €	600 €	0 €	- 300 €
03.08.	600 €	0 €	600 €	- 900 €

Rechtliche Würdigung:

1. § 543 Abs. 2 Satz 1 Nr. 3a) Alt. 1 BGB

Kein Verzug des M für zwei aufeinander folgende Termine mit der gesamten Miete. 45

2. § 543 Abs. 2 Nr. 3a) Alt. 2 BGB

46 Ein Verzug des M für zwei aufeinander folgende Termine mit einem nicht unerheblichen Teil der Miete liegt nicht vor. Der Gesamtrückstand von 900 € überschreitet zwar die Erheblichkeitsschwelle des § 569 Abs. 3 Nr. 1 Satz 1 BGB, ist aber nicht in zwei aufeinander folgenden Terminen aufgelaufen, weil M die Miete für den Monat Juli bezahlte.

3. § 543 Abs. 2 Nr. 3b) BGB

47 Ein Verzug des M über mehr als zwei Zahlungstermine liegt vor, bleibt aber mit 900 € unterhalb der kündigungsbegründende Höhe von zwei Monatsmieten (2 x 600 € = 1.200 €).

Ergebnis:
48 V kann das Mietverhältnis nicht fristlos wegen Zahlungsverzugs nach § 543 Abs. 2 Satz 1 Nr. 3a) oder b) BGB kündigen.

Lösung 9: Der geschonte Mieter[34]

Variante 1:

1. Mietrückstand

49 Aus den Zahlungen des M ergeben sich folgende Mietrückstände:

Fälligkeit	Geschuldet	Zahlung	Rückstand	Gesamtrückstand
03.06.	600 €	200 €	400 €	- 400 €
03.07.	600 €	300 €	300 €	- 700 €
03.08.	600 €	1.200 €	100 €	- 100 €

Zur Miete im Sinne des § 543 Abs. 2 Satz 1 Nr. 3 BGB gehören der Anspruch des Vermieters auf Zahlung der monatlichen Grundmiete von 500 € sowie der monatlichen Betriebskostenvorauszahlung von 100 €. Insgesamt beträgt die Mietforderung monatlich 600 €.

Da M bei der Zahlung von 1.200 € am 03.08 keine Tilgungsbestimmung traf, ist die Zahlung nach § 366 Abs. 2 BGB jeweils auf die älteste Schuld zu verrechnen. Das heißt zu verrechnen sind zuerst 400 € für Juni, dann 300 € für Juli und schließlich 500 € für August. Der verbleibende Rückstand von 100 € betrifft somit den Monat August.

2. Kündigungstatbestand

50 V war ab dem 03.07. nach §§ 543 Abs. 2 Satz 1 Nr. 3a) Alt. 2, 569 Abs. 3 Nr. 1 BGB zur außerordentlich fristlosen Kündigung des Mietverhältnisses wegen Zahlungsverzug berechtigt. M befand sich in zwei aufeinander folgenden Terminen mit einem Teil der Miete in Zahlungsverzug, der insgesamt eine Monatsmiete überschreitet. Der Zahlungsverzug im Juni betrug 400 €, der im Juli 300 €. Dies ergibt insgesamt 700 €, was eine Monatsmiete von 600 € überschreitet.

---

[34] Rn. H 271.

3. Kein Ausschluss des Kündigungsrechts

Die Kündigung wegen Zahlungsverzugs ist nicht durch vollständige Befriedigung des V nach § 543 Abs. 2 Satz 2 BGB ausgeschlossen. Für die Miete im August schuldet M noch EUR 100 €.

4. Kein Eingreifen der Schonfristregelung

Die Zahlung von 1.200 € am 03.08. würde nicht dazu führen, dass eine von V bereits erklärte fristlose Kündigung nach § 569 Abs. 3 Nr. 2 Satz 1 BGB unwirksam wird. M hielt vorliegend zwar die Schonfrist ein (er braucht nicht die Zustellung der Räumungsklage abzuwarten, vgl. Gesetzeswortlaut „spätestens"), befriedigte V aber nicht hinsichtlich des gesamten Mietrückstands. Für die Miete im August schuldet M noch EUR 100,00.

Ergebnis:
V kann das Mietverhältnis außerordentlich fristlos wegen Zahlungsverzugs nach §§ 543 Abs. 2 Satz 1 Nr. 3a) Alt. 2, 569 Abs. 3 Nr. 1 BGB kündigen. Die Zahlung des M vom 04.08. steht nicht entgegen.

Variante 2:

1. Mietrückstand

Aus den Zahlungen des M ergeben sich folgende Mietrückstände:

Fälligkeit	Geschuldet	Zahlung	Rückstand	Gesamtrückstand
03.06.	600 €	200 €	400 €	- 400 €
03.07.	600 €	300 €	300 €	- 700 €
31.07.		1.200 €	0 €	Überzahlung + 500 €
03.08.	600 €	500 €	100 €	- 100 €

Zum 31.07. entsteht zu Gunsten des M durch die Zahlung von 1.200 € ein Guthaben in Höhe von EUR 500,00.

2. Kündigungstatbestand ab 03.07.

Von 03.07. bis 30.07. war M nach §§ 543 Abs. 2 Satz 1 Nr. 3a) Alt. 2, 569 Abs. 3 Nr. 1 BGB zur außerordentlich fristlosen Kündigung des Mietverhältnisses wegen Zahlungsverzugs berechtigt, da M mit der Miete für die aufeinander folgenden Monate Juni und Juli mit insgesamt 700 € in Verzug war, was eine Monatsmiete überschreitet.

3. Kündigungstatbestand ab 31.07.

Mit der Zahlung von 1.200 € am 31.07. erlosch das Kündigungsrecht des V gemäß § 543 Abs. 2 Satz 2 BGB bzw. würde eine bereits erklärte Kündigung durch Nachholen der Zahlung innerhalb der Schonfrist erlöschen nach § 569 Abs. 3 Nr. 2 Satz 1 BGB. Die Zahlung befriedigte V vollständig in Höhe von 700 €. Im Übrigen liegt eine Überzahlung von 500 € vor.

4. Kündigungstatbestand ab 03.08.

57 Nach Fälligkeit der Miete für August am 03.08. kann V das Mietverhältnis nicht wegen Zahlungsverzugs fristlos kündigen. Ein Zahlungsverzug in zwei aufeinander folgenden Terminen mit einem nicht unerheblichen Teil der Miete nach §§ 543 Abs. 2 Satz 1 Nr. 3a) Alt. 2, 569 Abs. 3 Nr. 1 BGB liegt nicht vor.

58 Nach Berücksichtigung der Überzahlung von 500 € bleibt zwar ein Mietrückstand von 100 €. Dieser rechtfertigt jedoch keine fristlose Kündigung wegen Zahlungsverzugs, weil er eine Monatsmiete nicht überschreitet.

Ergebnis:

59 V kann das Mietverhältnis nicht außerordentlich fristlos wegen Zahlungsverzugs nach §§ 543 Abs. 2 Satz 1 Nr. 3a) Alt. 2, 569 Abs. 3 Nr. 1 BGB kündigen. Das Kündigungsrecht des V entfiel durch die Zahlung von 1.200 € am 31.07. Der am 03.08. verbleibende Mietrückstand von 100 € rechtfertigt keine fristlose Kündigung.

60 Anmerkung: Hätte V die Kündigung noch vor Zahlungseingang am 31.07. erklärt, wäre diese zwar nach § 569 Abs. 3 Nr. 2 Satz 1 Alt. 1 BGB unwirksam geworden. Damit hätte V dem M jedoch gem. § 569 Abs. 3 Nr. 2 Satz 2 BGB die Nachholmöglichkeit für die nächsten zwei Jahre genommen. Diese Frist läuft ab Zugang der Kündigung.

Lösung 10: Lucky Loser[35]

1. Vorüberlegung

61 Mit Erlöschen des Erbbaurechts am 31.12. trat E in die ursprünglich zwischen V und M bzw. zwischen V und T bestehenden Mietverhältnisse ein nach § 30 Abs. 1 ErbbauRG, §§ 566 Abs. 1, 578 Abs. 2 BGB.

Die Voraussetzungen des außerordentlichen Kündigungsrechts aus § 30 Abs. 2 Satz 1 BGB liegen mit Erlöschen des Erbbaurechts vor. § 30 Abs. 2 Satz 3 BGB greift nicht ein, weil das Erbbaurecht nicht vorzeitig erloschen ist.

2. Rechtzeitige Ausübung des Kündigungsrechts

62 Das mit Ablauf des 31.12. entstandene außerordentliche Kündigungsrecht *erlischt* mit Ablauf der Ausschlussfrist des § 30 Abs. 2 Satz 2 ErbbauRG, wenn E es nicht für einen der ersten beiden zulässigen Kündigungstermine ausübt.

a) Mietverhältnis mit M

63 Die außerordentliche Kündigung muss E spätestens am dritten Werktag des Aprils zum 30.9. des laufenden Jahres erklären.

Die maßgebliche Kündigungsfrist ist für Mietverhältnisse über Geschäftsraum in § 580a Abs. 2 und 4 BGB geregelt. Danach ist die Kündigung spätestens am dritten Werktag eines Quartals zum Ablauf des nächsten Quartals zulässig (siehe Rn. H 421).

Die *erste Kündigungsmöglichkeit* für E besteht bis am dritten Werktag des Januars zum 30.06. des Jahres. Die *zweite Kündigungsmöglichkeit* besteht bis am dritten Werktag des Aprils zum 30.09. des laufenden Jahres.

---

[35] Rn. H 396.

b) Mietverhältnis mit T

Die außerordentliche Kündigung muss E spätestens am dritten Werktag des Februars zum 30.04. des laufenden Jahres erklären.

Die maßgebliche Kündigungsfrist ist für Mietverhältnisse über Wohnraum ist in § 573d Abs. 2 BGB geregelt. Danach ist die Kündigung spätestens am dritten Werktag eines Kalendermonats zum Ablauf des übernächsten Kalendermonats zulässig (siehe Rn. H 421).

Die *erste Kündigungsmöglichkeit* für E besteht bis am dritten Werktag des Januars zum 31.03. des Jahres. Die *zweite Kündigungsmöglichkeit* besteht bis am dritten Werktag des Februars zum 30.04. des laufenden Jahres.

3. Erfolgsaussichten der Kündigungen

a) Mietverhältnis mit M

Die außerordentliche Kündigung mit gesetzlicher Frist nach § 30 Abs. 2 ErbbauRG hat gute Aussicht auf Erfolg.

Sie ermöglicht E, das vor Ablauf der zehnjährigen Mietzeit ordentlich nicht kündbare Mietverhältnis zum außerordentlich zum 30.09. des laufenden Jahres zu beenden. Da es sich um ein Mietverhältnis über Geschäftsraum handelt, benötigt E weder ein berechtigtes Interesse an der Kündigung im Sinne des § 573 BGB, noch ist M zum Widerspruch nach §§ 574 ff. BGB befugt.

b) Mietverhältnis mit T

Die außerordentliche Kündigung mit gesetzlicher Frist nach § 30 Abs. 2 ErbbauRG hat keine gute Aussicht auf Erfolg.

Das außerordentliche Kündigungsrecht verbessert nicht die Rechtsposition des E.

Die außerordentliche Kündigungsfrist des § 573d Abs. 2 BGB ist aufgrund der kurzen Laufzeit des Mietverhältnisses nicht kürzer als bei ordentlicher Kündigung (§ 573c Abs. 1 Satz 1 BGB). Erst ab einer Mietdauer von fünf Jahren, bietet die außerordentliche Kündigung den Vorteil einer Fristverkürzung.

Die außerordentliche Kündigung bedarf eines berechtigten Interesses nach §§ 573d Abs. 1, 573 BGB, beispielsweise Betriebsbedarf für Hausmeister, wofür vorliegend aufgrund der noch wenig konkreten Nutzungsvorstellungen noch keine hinreichenden Anhaltspunkte vorliegen.

Schließlich ist die Mieterin T zum Widerspruch gegen die Kündigung befugt nach §§ 574 ff. BGB. Dies ergibt sich aus der systematischen Stellung des § 574 BGB direkt nach § 573d BGB.

Lösung 11: Malen nach Zahlen[36]

1. Vornahme von Schönheitsreparaturen

V kann von M nach § 5 Abs. 1 und 2 des Mietvertrags die Vornahme der Schönheitsreparaturen in *Küche und Bad* verlangen.

Diese Formularklausel ist nicht nach § 307 Abs. 1 Satz 1 BGB wegen unangemessener Benachteiligung des Mieters unwirksam. Es liegt weder ein starrer Fristenplan vor („im

---

[36] Rn. I 59.

Allgemeinen"),[37] noch sind die Regelfristen mit fünf, acht und zehn Jahren zu kurz bemessen.[38] Allenfalls die Verpflichtung des M zur Selbstbeseitigung von Mängeln könnte wegen Beeinträchtigung des nach § 536 Abs. 4 BGB unabdingbaren Minderungsrechts unwirksam sein, was keine gesicherte Rechtsprechung ist.[39] Eine etwaige Unwirksamkeit der Abgeltungsklausel in § 5 Abs. 3 des Mietvertrags berührt die Verpflichtung des Mieters zu laufenden Schönheitsreparaturen nicht, weil die Regelungen trennbar sind.[40]

Die Schönheitsreparaturen sind nur in Küche und Bad *fällig*. In den übrigen Räumen der Wohnung besteht noch kein Renovierungsbedarf.

2. Kein Abgeltungsanspruch

68 V hat gegen M keinen Anspruch auf zeitanteilige Abgeltung noch nicht fälliger Schönheitsreparaturen aus § 5 Abs. 3 des Mietvertrags. Diese Formularklausel ist wegen unangemessener Benachteiligung des Mieters nach § 307 Abs. 1 Satz 1 BGB unwirksam, weil die hieraus erwachsende Kostenbelastung nicht ersichtlich ist.[41] Daneben kommt ein Verstoß gegen das Transparenzgebot des § 307 Abs. 1 Satz 2 BGB in Betracht.

Variante:

1. Kein Anspruch auf Vornahme von Schönheitsreparaturen

69 V hat keinen Anspruch gegen M auf Vornahme von Schönheitsreparaturen aus § 5 Abs. 1 und 2 des Mietvertrags. Diese Formularklausel ist nach § 307 Abs. 1 Satz 1 BGB wegen Übergabe einer *unrenovierten Wohnung* unwirksam. Die ausgleichslose Verpflichtung eines Mieters zur Beseitigung von Gebrauchsspuren des Vormieters benachteiligt diesen unangemessen.[42]

2. Kein Abgeltungsanspruch

70 V hat gegen M keinen Anspruch auf zeitanteilige Abgeltung von Schönheitsreparaturen. aus § 5 Abs. 3 des Mietvertrags. Diese Abgeltungsklausel *läuft leer*, weil M mangels wirksamer Übertragung schon keine Schönheitsreparaturen schuldet. Außerdem ist die Abgeltungsklausel nach § 307 Abs. 1 Satz 1 und 2 BGB unwirksam.[43]

3. Anspruch auf Schadensersatz wegen Verletzung der Rücksichtnahmepflicht

71 V kann von M Schadensersatz wegen des *farblichen Zustands* der Wohnung nach § 280 Abs. 1 BGB in Höhe der hierdurch bedingten Mehrkosten verlangen. Bei der Rückgabe der Wohnung verletzte M schuldhaft seine Pflicht zur Rücksichtnahme aus § 241 Abs. 2 BGB auf das Weitervermietungsinteresse des V, indem er die in *neutraler Dekoration übernommene* Wohnung in einem ausgefallenen farblichen Zustand zurückgab, den viele Mietinteressenten nicht akzeptieren.[44]

---

[37] BGH, Urt. v. 28.4.2004 – VIII ZR 230/03, NJW 2004, 2087.
[38] BGH, Urt. v. 26.9.2007 – VIII ZR 143/06, NJW 2007, 3632 Rn. 13.
[39] Für die Unwirksamkeit LG Berlin, Urt. v. 9.3.2017 – 67 S 7/17, NZM 2017, 258; a. A. Lehmann-Richter WuM 2016, 529, 534.
[40] BGH, Urt. v. 18.6.2008 – VIII ZR 224/07, NJW 2008, 2499 Rn. 14.
[41] BGH, Urt. v. 18.3.2015 – VIII ZR 242/13, NJW 2015, 1871 Rn. 29 ff.
[42] BGH, Urt. v. 18.3.2015 – VIII ZR 185/14, NJW 2015, 1594.
[43] BGH, Urt. v. 5.4.2006 – VIII ZR 178/05, NJW 2006, 1728 Rn. 16.
[44] BGH, Urt. v. 6.11.2013 – VIII ZR 416/12, NJW 2014, 143.

Lösung 11: Malen nach Zahlen

Der Schadensersatzanspruch des V umfasst nach § 249 Abs. 1 BGB nur die durch den *„Farbexzess" verursachten Mehrkosten*. Dafür, dass M die Wohnung in den fünf Jahren Mietzeit vertragsgemäß abnutzte, schuldet er nach § 538 BGB keinen Ersatz. Die *Mehrkosten* bestehen vorliegend im zweiten Anstrich der blauen Wand in Badezimmer und der gelben Wand in der Küche. Im Schlafzimmer schuldet M $3/8$ der Kosten des Erstanstrichs aller Wände und Decken und die vollen Kosten Zweitanstrichs der roten Wand. Die Kosten des – bei normaler Abnutzung erst nach 8 Jahren erforderlichen – Erstanstrichs beruhen zu $5/8$ auf fünfjährigem Mietgebrauch.[45]

M kann die Schadensersatzzahlung *abwenden*, indem er jeweils die farbige Wand in Bad und Küche weiß überstreicht, so dass V bei Vornahme der regulär erforderlichen Schönheitsreparaturen *kein Mehraufwand* entsteht. Das Schlafzimmer müsste M hingegen vollständig streichen.

---

[45] BGH, Urt. v. 6.11.2013 – VIII ZR 416/12, NJW 2014, 143 Rn. 22 und Harsch MietRB 2014, 116, 118 ff.

K. Anhang: Nebengesetze

Hinweis: Bei den Hervorhebungen durch **Fettdruck** handelt es sich um redaktionelle Änderungen des Gesetzestexts. Sie sollen das schnelle Auffinden der benötigten Textpassage erleichtern. Die Texte werden in Auszügen wiedergegeben.

I. Betriebskostenrecht

1. Betriebskostenverordnung – BetrKV
vom 25.11.2003 (BGBl. I S. 2346),
geändert durch G v. 3.5.2012 (BGBl. I S. 958)

§ 1 Betriebskosten
(1) ¹**Betriebskosten** sind die Kosten, die dem Eigentümer oder Erbbauberechtigten durch das Eigentum oder Erbbaurecht am Grundstück oder durch den bestimmungsmäßigen Gebrauch des Gebäudes, der Nebengebäude, Anlagen, Einrichtungen und des Grundstücks laufend entstehen. ²Sach- und Arbeitsleistungen des Eigentümers oder Erbbauberechtigten dürfen mit dem Betrag angesetzt werden, der für eine gleichwertige Leistung eines Dritten, insbesondere eines Unternehmers, angesetzt werden könnte; die Umsatzsteuer des Dritten darf nicht angesetzt werden.
(2) Zu den Betriebskosten gehören nicht:
1. die Kosten der zur Verwaltung des Gebäudes erforderlichen Arbeitskräfte und Einrichtungen, die Kosten der Aufsicht, der Wert der vom Vermieter persönlich geleisteten Verwaltungsarbeit, die Kosten für die gesetzlichen oder freiwilligen Prüfungen des Jahresabschlusses und die Kosten für die Geschäftsführung (**Verwaltungskosten**),
2. die Kosten, die während der Nutzungsdauer zur Erhaltung des bestimmungsmäßigen Gebrauchs aufgewendet werden müssen, um die durch Abnutzung, Alterung und Witterungseinwirkung entstehenden baulichen oder sonstigen Mängel ordnungsgemäß zu beseitigen (**Instandhaltungs- und Instandsetzungskosten**).

§ 2 Aufstellung der Betriebskosten
Betriebskosten im Sinne von § 1 sind:
1. **die laufenden öffentlichen Lasten des Grundstücks,**
   hierzu gehört namentlich die Grundsteuer;
2. **die Kosten der Wasserversorgung,**
   hierzu gehören die Kosten des Wasserverbrauchs, die Grundgebühren, die Kosten der Anmietung oder anderer Arten der Gebrauchsüberlassung von Wasserzählern sowie die Kosten ihrer Verwendung einschließlich der Kosten der Eichung sowie der Kosten der Berechnung und Aufteilung, die Kosten der Wartung von Wassermengenreglern, die Kosten des Betriebs einer hauseigenen Wasserversorgungsanlage und einer Wasseraufbereitungsanlage einschließlich der Aufbereitungsstoffe;

3. **die Kosten der Entwässerung,**
   hierzu gehören die Gebühren für die Haus- und Grundstücksentwässerung, die Kosten des Betriebs einer entsprechenden nicht öffentlichen Anlage und die Kosten des Betriebs einer Entwässerungspumpe;
4. **die Kosten**
   a) **des Betriebs der zentralen Heizungsanlage einschließlich der Abgasanlage,**
      hierzu gehören die Kosten der verbrauchten Brennstoffe und ihrer Lieferung, die Kosten des Betriebsstroms, die Kosten der Bedienung, Überwachung und Pflege der Anlage, der regelmäßigen Prüfung ihrer Betriebsbereitschaft und Betriebssicherheit einschließlich der Einstellung durch eine Fachkraft, der Reinigung der Anlage und des Betriebsraums, die Kosten der Messungen nach dem Bundes-Immissionsschutzgesetz, die Kosten der Anmietung oder anderer Arten der Gebrauchsüberlassung einer Ausstattung zur Verbrauchserfassung sowie die Kosten der Verwendung einer Ausstattung zur Verbrauchserfassung einschließlich der Kosten der Eichung sowie der Kosten der Berechnung und Aufteilung
      oder
   b) **des Betriebs der zentralen Brennstoffversorgungsanlage,**
      hierzu gehören die Kosten der verbrauchten Brennstoffe und ihrer Lieferung, die Kosten des Betriebsstroms und die Kosten der Überwachung sowie die Kosten der Reinigung der Anlage und des Betriebsraums
      oder
   c) **der eigenständig gewerblichen Lieferung von Wärme, auch aus Anlagen im Sinne des Buchstabens a,**
      hierzu gehören das Entgelt für die Wärmelieferung und die Kosten des Betriebs der zugehörigen Hausanlagen entsprechend Buchstabe a
      oder
   d) **der Reinigung und Wartung von Etagenheizungen und Gaseinzelfeuerstätten,**
      hierzu gehören die Kosten der Beseitigung von Wasserablagerungen und Verbrennungsrückständen in der Anlage, die Kosten der regelmäßigen Prüfung der Betriebsbereitschaft und Betriebssicherheit und der damit zusammenhängenden Einstellung durch eine Fachkraft sowie die Kosten der Messungen nach dem Bundes-Immissionsschutzgesetz;
5. **die Kosten**
   a) **des Betriebs der zentralen Warmwasserversorgungsanlage,**
      hierzu gehören die Kosten der Wasserversorgung entsprechend Nummer 2, soweit sie nicht dort bereits berücksichtigt sind, und die Kosten der Wassererwärmung entsprechend Nummer 4 Buchstabe a
      oder
   b) **der eigenständig gewerblichen Lieferung von Warmwasser, auch aus Anlagen im Sinne des Buchstabens a,**
      hierzu gehören das Entgelt für die Lieferung des Warmwassers und die Kosten des Betriebs der zugehörigen Hausanlagen entsprechend Nummer 4 Buchstabe a
      oder
   c) **der Reinigung und Wartung von Warmwassergeräten,**
      hierzu gehören die Kosten der Beseitigung von Wasserablagerungen und Verbrennungsrückständen im Innern der Geräte sowie die Kosten der regelmäßigen Prüfung der Betriebsbereitschaft und Betriebssicherheit und der damit zusammenhängenden Einstellung durch eine Fachkraft;

6. die Kosten verbundener Heizungs- und Warmwasserversorgungsanlagen
   a) bei zentralen Heizungsanlagen entsprechend Nummer 4 Buchstabe a und entsprechend Nummer 2, soweit sie nicht dort bereits berücksichtigt sind,
   oder
   b) bei der eigenständig gewerblichen Lieferung von Wärme entsprechend Nummer 4 Buchstabe c und entsprechend Nummer 2, soweit sie nicht dort bereits berücksichtigt sind,
   oder
   c) bei verbundenen Etagenheizungen und Warmwasserversorgungsanlagen entsprechend Nummer 4 Buchstabe d und entsprechend Nummer 2, soweit sie nicht dort bereits berücksichtigt sind;
7. die Kosten des Betriebs des Personen- oder Lastenaufzugs,
   hierzu gehören die Kosten des Betriebsstroms, die Kosten der Beaufsichtigung, der Bedienung, Überwachung und Pflege der Anlage, der regelmäßigen Prüfung ihrer Betriebsbereitschaft und Betriebssicherheit einschließlich der Einstellung durch eine Fachkraft sowie die Kosten der Reinigung der Anlage;
8. die Kosten der Straßenreinigung und Müllbeseitigung,
   zu den Kosten der Straßenreinigung gehören die für die öffentliche Straßenreinigung zu entrichtenden Gebühren und die Kosten entsprechender nicht öffentlicher Maßnahmen; zu den Kosten der Müllbeseitigung gehören namentlich die für die Müllabfuhr zu entrichtenden Gebühren, die Kosten entsprechender nicht öffentlicher Maßnahmen, die Kosten des Betriebs von Müllkompressoren, Müllschluckern, Müllabsauganlagen sowie des Betriebs von Müllmengenerfassungsanlagen einschließlich der Kosten der Berechnung und Aufteilung;
9. die Kosten der Gebäudereinigung und Ungezieferbekämpfung,
   zu den Kosten der Gebäudereinigung gehören die Kosten für die Säuberung der von den Bewohnern gemeinsam genutzten Gebäudeteile, wie Zugänge, Flure, Treppen, Keller, Bodenräume, Waschküchen, Fahrkorb des Aufzugs;
10. die Kosten der Gartenpflege,
    hierzu gehören die Kosten der Pflege gärtnerisch angelegter Flächen einschließlich der Erneuerung von Pflanzen und Gehölzen, der Pflege von Spielplätzen einschließlich der Erneuerung von Sand und der Pflege von Plätzen, Zugängen und Zufahrten, die dem nicht öffentlichen Verkehr dienen;
11. die Kosten der Beleuchtung,
    hierzu gehören die Kosten des Stroms für die Außenbeleuchtung und die Beleuchtung der von den Bewohnern gemeinsam genutzten Gebäudeteile, wie Zugänge, Flure, Treppen, Keller, Bodenräume, Waschküchen;
12. die Kosten der Schornsteinreinigung,
    hierzu gehören die Kehrgebühren nach der maßgebenden Gebührenordnung, soweit sie nicht bereits als Kosten nach Nummer 4 Buchstabe a berücksichtigt sind;
13. die Kosten der Sach- und Haftpflichtversicherung,
    hierzu gehören namentlich die Kosten der Versicherung des Gebäudes gegen Feuer-, Sturm-, Wasser- sowie sonstige Elementarschäden, der Glasversicherung, der Haftpflichtversicherung für das Gebäude, den Öltank und den Aufzug;
14. die Kosten für den Hauswart,
    hierzu gehören die Vergütung, die Sozialbeiträge und alle geldwerten Leistungen, die der Eigentümer oder Erbbauberechtigte dem Hauswart für seine Arbeit gewährt, soweit diese nicht die Instandhaltung, Instandsetzung, Erneuerung, Schönheitsreparaturen oder die Hausverwaltung betrifft; soweit Arbeiten vom Hauswart ausgeführt werden, dürfen Kosten für Arbeitsleistungen nach den Nummern 2 bis 10 und 16 nicht angesetzt werden;

15. **die Kosten**
    a) **des Betriebs der Gemeinschafts-Antennenanlage,**
       hierzu gehören die Kosten des Betriebsstroms und die Kosten der regelmäßigen Prüfung ihrer Betriebsbereitschaft einschließlich der Einstellung durch eine Fachkraft oder das Nutzungsentgelt für eine nicht zu dem Gebäude gehörende Antennenanlage sowie die Gebühren, die nach dem Urheberrechtsgesetz für die Kabelweitersendung entstehen,
       oder
    b) **des Betriebs der mit einem Breitbandnetz verbundenen privaten Verteilanlage;**
       hierzu gehören die Kosten entsprechend Buchstabe a, ferner die laufenden monatlichen Grundgebühren für Breitbandanschlüsse;
16. **die Kosten des Betriebs der Einrichtungen für die Wäschepflege,**
    hierzu gehören die Kosten des Betriebsstroms, die Kosten der Überwachung, Pflege und Reinigung der Einrichtungen, der regelmäßigen Prüfung ihrer Betriebsbereitschaft und Betriebssicherheit sowie die Kosten der Wasserversorgung entsprechend Nummer 2, soweit sie nicht dort bereits berücksichtigt sind;
17. **sonstige Betriebskosten,**
    hierzu gehören Betriebskosten im Sinne des § 1, die von den Nummern 1 bis 16 nicht erfasst sind.

2. Heizkostenverordnung – HeizkostenV

vom 5.10.2009 (BGBl. I S. 3250)

§ 1 Anwendungsbereich

(1) Diese Verordnung gilt für die Verteilung der Kosten
1. des Betriebs zentraler Heizungsanlagen und zentraler Warmwasserversorgungsanlagen,
2. der eigenständig gewerblichen Lieferung von Wärme und Warmwasser, auch aus Anlagen nach Nummer 1, (Wärmelieferung, Warmwasserlieferung) durch den Gebäudeeigentümer auf die Nutzer der mit Wärme oder Warmwasser versorgten Räume.

(…)

(3) Diese Verordnung gilt auch für die Verteilung der Kosten der Wärmelieferung und Warmwasserlieferung auf die Nutzer der mit Wärme oder Warmwasser versorgten Räume, soweit der Lieferer unmittelbar mit den Nutzern abrechnet und dabei nicht den für den einzelnen Nutzer gemessenen Verbrauch, sondern die Anteile der Nutzer am Gesamtverbrauch zu Grunde legt; in diesen Fällen gelten die Rechte und Pflichten des Gebäudeeigentümers aus dieser Verordnung für den Lieferer.

(4) Diese Verordnung gilt auch für Mietverhältnisse über preisgebundenen Wohnraum, soweit für diesen nichts anderes bestimmt ist.

§ 2 Vorrang vor rechtsgeschäftlichen Bestimmungen

Außer bei Gebäuden mit nicht mehr als zwei Wohnungen, von denen eine der Vermieter selbst bewohnt, gehen die Vorschriften dieser Verordnung rechtsgeschäftlichen Bestimmungen vor.

§ 4 Pflicht zur Verbrauchserfassung

(1) Der Gebäudeeigentümer hat den anteiligen Verbrauch der Nutzer an Wärme und Warmwasser zu erfassen.

(2) ¹Er hat dazu die Räume mit Ausstattungen zur Verbrauchserfassung zu versehen; die Nutzer haben dies zu dulden. ²Will der Gebäudeeigentümer die Ausstattung zur Verbrauchserfassung mieten oder durch eine andere Art der Gebrauchsüberlassung beschaffen, so hat er dies den Nutzern vorher unter Angabe der dadurch entstehenden Kosten mitzuteilen; die Maßnahme ist unzulässig, wenn die Mehrheit der Nutzer innerhalb eines Monats nach Zugang der Mitteilung widerspricht. ³Die Wahl der Ausstattung bleibt im Rahmen des § 5 dem Gebäudeeigentümer überlassen.

(3) ¹Gemeinschaftlich genutzte Räume sind von der Pflicht zur Verbrauchserfassung ausgenommen. ²Dies gilt nicht für Gemeinschaftsräume mit nutzungsbedingt hohem Wärme- oder Warmwasserverbrauch, wie Schwimmbäder oder Saunen.

(4) Der Nutzer ist berechtigt, vom Gebäudeeigentümer die Erfüllung dieser Verpflichtungen zu verlangen.

§ 5 Ausstattung zur Verbrauchserfassung

(1) Zur Erfassung des anteiligen Wärmeverbrauchs sind Wärmezähler oder Heizkostenverteiler, zur Erfassung des anteiligen Warmwasserverbrauchs Warmwasserzähler oder andere geeignete Ausstattungen zu verwenden (…)

(2) ¹Wird der Verbrauch der von einer Anlage im Sinne des § 1 Absatz 1 versorgten Nutzer nicht mit gleichen Ausstattungen erfasst, so sind zunächst durch Vorerfassung vom Gesamtverbrauch die Anteile der Gruppen von Nutzern zu erfassen, deren Verbrauch mit gleichen Ausstattungen erfasst wird. ²Der Gebäudeeigentümer kann auch bei unterschiedlichen Nutzungs- oder Gebäudearten oder aus anderen sachgerechten Gründen eine Vorerfassung nach Nutzergruppen durchführen. (…)

§ 6 Pflicht zur verbrauchsabhängigen Kostenverteilung

(1) ¹Der Gebäudeeigentümer hat die Kosten der Versorgung mit Wärme und Warmwasser auf der Grundlage der Verbrauchserfassung nach Maßgabe der §§ 7 bis 9 auf die einzelnen Nutzer zu verteilen. ²Das Ergebnis der Ablesung soll dem Nutzer in der Regel innerhalb eines Monats mitgeteilt werden. ³Eine gesonderte Mitteilung ist nicht erforderlich, wenn das Ableseergebnis über einen längeren Zeitraum in den Räumen des Nutzers gespeichert ist und von diesem selbst abgerufen werden kann. ⁴Einer gesonderten Mitteilung des Warmwasserverbrauchs bedarf es auch dann nicht, wenn in der Nutzeinheit ein Warmwasserzähler eingebaut ist.

(2) ¹In den Fällen des § 5 Absatz 2 sind die Kosten zunächst mindestens zu 50 vom Hundert nach dem Verhältnis der erfassten Anteile am Gesamtverbrauch auf die Nutzergruppen aufzuteilen. ²Werden die Kosten nicht vollständig nach dem Verhältnis der erfassten Anteile am Gesamtverbrauch aufgeteilt, sind

1. die übrigen Kosten der Versorgung mit Wärme nach der Wohn- oder Nutzfläche oder nach dem umbauten Raum auf die einzelnen Nutzergruppen zu verteilen; es kann auch die Wohn- oder Nutzfläche oder der umbaute Raum der beheizten Räume zu Grunde gelegt werden,
2. die übrigen Kosten der Versorgung mit Warmwasser nach der Wohn- oder Nutzfläche auf die einzelnen Nutzergruppen zu verteilen.

Die Kostenanteile der Nutzergruppen sind dann nach Absatz 1 auf die einzelnen Nutzer zu verteilen.

(3) ¹In den Fällen des § 4 Absatz 3 Satz 2 sind die Kosten nach dem Verhältnis der erfassten Anteile am Gesamtverbrauch auf die Gemeinschaftsräume und die übrigen Räume aufzuteilen. ²Die Verteilung der auf die Gemeinschaftsräume entfallenden anteiligen Kosten richtet sich nach rechtsgeschäftlichen Bestimmungen. (…)

§ 7 Verteilung der Kosten der Versorgung mit Wärme

(1) ¹Von den Kosten des Betriebs der zentralen Heizungsanlage sind mindestens 50 vom Hundert, höchstens 70 vom Hundert nach dem erfassten Wärmeverbrauch der Nutzer zu verteilen. In Gebäuden, die das Anforderungsniveau der Wärmeschutzverordnung vom 16. August 1994 (BGBl. I S. 2121) nicht erfüllen, die mit einer Öl- oder Gasheizung versorgt werden und in denen die freiliegenden Leitungen der Wärmeverteilung überwiegend gedämmt sind, sind von den Kosten des Betriebs der zentralen Heizungsanlage 70 vom Hundert nach dem erfassten Wärmeverbrauch der Nutzer zu verteilen. ²In Gebäuden, in denen die freiliegenden Leitungen der Wärmeverteilung überwiegend ungedämmt sind und deswegen ein wesentlicher Anteil des Wärmeverbrauchs nicht erfasst wird, kann der Wärmeverbrauch der Nutzer nach anerkannten Regeln der Technik bestimmt werden. ³Der so bestimmte Verbrauch der einzelnen Nutzer wird als erfasster Wärmeverbrauch nach Satz 1 berücksichtigt. ⁴Die übrigen Kosten sind nach der Wohn- oder Nutzfläche oder nach dem umbauten Raum zu verteilen; es kann auch die Wohn- oder Nutzfläche oder der umbaute Raum der beheizten Räume zu Grunde gelegt werden. (…)

§ 12 Kürzungsrecht, Übergangsregelung

(1) ¹Soweit die Kosten der Versorgung mit Wärme oder Warmwasser entgegen den Vorschriften dieser Verordnung nicht verbrauchsabhängig abgerechnet werden, hat der Nutzer das Recht, bei der nicht verbrauchsabhängigen Abrechnung der Kosten den auf ihn entfallenden Anteil um **15 vom Hundert zu kürzen**. ²Dies gilt nicht beim Wohnungseigentum im Verhältnis des einzelnen Wohnungseigentümers zur Gemeinschaft der Wohnungseigentümer; insoweit verbleibt es bei den allgemeinen Vorschriften. (…)

II. Recht des preisgebundenen Wohnungsbaus

1. Wohnungsbindungsgesetz – WoBindG

vom 13.9.2001 (BGBl. I S. 2404),
zuletzt geändert durch VO v. 31.8.2015
(BGBl. I S. 1474)

§ 8 Kostenmiete

(1) ¹Der Verfügungsberechtigte darf die Wohnung nicht gegen ein höheres Entgelt zum Gebrauch überlassen, als zur Deckung der laufenden Aufwendungen erforderlich ist (**Kostenmiete**). ²Die Kostenmiete ist nach den §§ 8a und 8b zu ermitteln.
(2) ¹Soweit das vereinbarte Entgelt die Kostenmiete übersteigt, ist die Vereinbarung unwirksam. ²Soweit die Vereinbarung unwirksam ist, ist die Leistung zurückzuerstatten und vom Empfang an zu verzinsen. ³Der Anspruch auf Rückerstattung verjährt nach Ablauf von vier Jahren nach der jeweiligen Leistung, jedoch spätestens nach Ablauf eines Jahres von der Beendigung des Mietverhältnisses an.
(…)
(5) Die diesem Gesetz unterliegenden Wohnungen sind **preisgebundener Wohnraum**.

§ 9 Einmalige Leistungen

(…)
(5) ¹Die Vereinbarung einer **Sicherheitsleistung** des Mieters ist zulässig, soweit sie dazu bestimmt ist, Ansprüche des Vermieters gegen den Mieter aus Schäden an der

Wohnung oder unterlassenen Schönheitsreparaturen zu sichern. ²Im Übrigen gilt § 551 des Bürgerlichen Gesetzbuchs.

(...)

§ 10 Einseitige Mieterhöhung
(1) ¹Ist der Mieter nur zur Entrichtung eines niedrigeren als des nach diesem Gesetz zulässigen Entgelts verpflichtet, so kann der Vermieter dem Mieter gegenüber **schriftlich erklären**, dass das Entgelt um einen bestimmten Betrag, bei Umlagen um einen bestimmbaren Betrag, bis zur Höhe des zulässigen Entgelts erhöht werden soll. ²Die Erklärung ist nur wirksam, wenn in ihr die Erhöhung berechnet und erläutert ist. ³Der Berechnung der Kostenmiete ist eine Wirtschaftlichkeitsberechnung oder ein Auszug daraus, der die Höhe der laufenden Aufwendungen erkennen lässt, beizufügen. ⁴An Stelle einer Wirtschaftlichkeitsberechnung kann auch eine Zusatzberechnung zu der letzten Wirtschaftlichkeitsberechnung oder, wenn das zulässige Entgelt von der Bewilligungsstelle auf Grund einer Wirtschaftlichkeitsberechnung genehmigt worden ist, eine Abschrift der Genehmigung beigefügt werden. ⁵Hat der Vermieter seine Erklärung mit Hilfe automatischer Einrichtungen gefertigt, so bedarf es nicht seiner eigenhändigen Unterschrift.
(2) ¹Die Erklärung des Vermieters hat die Wirkung, dass von dem Ersten des auf die Erklärung folgenden Monats an das erhöhte Entgelt an die Stelle des bisher zu entrichtenden Entgelts tritt; wird die Erklärung erst nach dem Fünfzehnten eines Monats abgegeben, so tritt diese Wirkung von dem Ersten des übernächsten Monats an ein. ²Wird die Erklärung bereits vor dem Zeitpunkt abgegeben, von dem an das erhöhte Entgelt nach den dafür maßgebenden Vorschriften zulässig ist, so wird sie frühestens von diesem Zeitpunkt an wirksam. ³Soweit die Erklärung darauf beruht, dass sich die Betriebskosten rückwirkend erhöht haben, wirkt sie auf den Zeitpunkt der Erhöhung der Betriebskosten, höchstens jedoch auf den Beginn des der Erklärung vorangehenden Kalenderjahres zurück, sofern der Vermieter die Erklärung innerhalb von drei Monaten nach Kenntnis von der Erhöhung abgibt.
(3) Ist der Erklärung ein Auszug aus der Wirtschaftlichkeitsberechnung oder die Genehmigung der Bewilligungsstelle beigefügt, so hat der Vermieter dem Mieter auf Verlangen Einsicht in die Wirtschaftlichkeitsberechnung zu gewähren.
(4) Dem Vermieter steht das Recht zur einseitigen Mieterhöhung nicht zu, soweit und solange eine Erhöhung der Miete durch ausdrückliche Vereinbarung mit dem Mieter oder einem Dritten ausgeschlossen ist oder der Ausschluss sich aus den Umständen ergibt.

2. Zweite Berechnungsverordnung – II. BV

vom 12.10.1990 (BGBl. I S. 2178),
zuletzt geändert durch G v. 23.11.2007
(BGBl. I S. 2614)

§ 24 Bewirtschaftungskosten
(1) ¹Bewirtschaftungskosten sind die Kosten, die zur Bewirtschaftung des Gebäudes oder der Wirtschaftseinheit laufend erforderlich sind. ²**Bewirtschaftungskosten** sind im einzelnen
1. Abschreibung,
2. Verwaltungskosten,
3. Betriebskosten,

4. Instandhaltungskosten,
5. Mietausfallwagnis.

(...)

§ 28 Instandhaltungskosten

(1) ¹**Instandhaltungskosten** sind die Kosten, die während der Nutzungsdauer zur Erhaltung des bestimmungsmäßigen Gebrauchs aufgewendet werden müssen, um die durch Abnutzung, Alterung und Witterungseinwirkung entstehenden baulichen oder sonstigen Mängel ordnungsgemäß zu beseitigen. ²Der Ansatz der Instandhaltungskosten dient auch zur Deckung der Kosten von Instandsetzungen, nicht jedoch der Kosten von Baumaßnahmen, soweit durch sie eine Modernisierung vorgenommen wird oder Wohnraum oder anderer auf die Dauer benutzbarer Raum neu geschaffen wird. ³Der Ansatz dient nicht zur Deckung der Kosten einer Erneuerung von Anlagen und Einrichtungen, für die eine besondere Abschreibung nach § 25 Abs. 3 zulässig ist.

(2) Als Instandhaltungskosten dürfen je Quadratmeter Wohnfläche im Jahr angesetzt werden:

(...)

(3) ¹Trägt der Mieter die Kosten für **kleine Instandhaltungen** in der Wohnung, so verringern sich die Sätze nach Absatz 2 um 1,05 Euro. ²Die kleinen Instandhaltungen umfassen nur das Beheben kleiner Schäden an den Installationsgegenständen für Elektrizität, Wasser und Gas, den Heiz- und Kocheinrichtungen, den Fenster- und Türverschlüssen sowie den Verschlußvorrichtungen von Fensterläden.

(4) ¹Die Kosten der Schönheitsreparaturen in Wohnungen sind in den Sätzen nach Absatz 2 nicht enthalten. Trägt der Vermieter die Kosten dieser Schönheitsreparaturen, so dürfen sie höchstens mit 8,50 Euro je Quadratmeter Wohnfläche im Jahr angesetzt werden. ²**Schönheitsreparaturen** umfassen nur das Tapezieren, Anstreichen oder Kalken der Wände und Decken, das Streichen der Fußböden, Heizkörper einschließlich Heizrohre, der Innentüren sowie der Fenster und Außentüren von innen.

(...)

§ 29 Mietausfallwagnis

¹**Mietausfallwagnis** ist das Wagnis einer Ertragsminderung, die durch uneinbringliche Rückstände von Mieten, Pachten, Vergütungen und Zuschlägen oder durch Leerstehen von Raum, der zur Vermietung bestimmt ist, entsteht. ²Es umfaßt auch die uneinbringlichen Kosten einer Rechtsverfolgung auf Zahlung oder Räumung. Das Mietausfallwagnis darf höchstens mit 2 vom Hundert der Erträge im Sinne des § 31 Abs. 1 Satz 1 angesetzt werden. ³Soweit die Deckung von Ausfällen anders, namentlich durch einen Anspruch auf Erstattung gegenüber einem Dritten, gesichert ist, darf kein Mietausfallwagnis angesetzt werden.

3. Neubaumietenverordnung – NMV

vom 12.10.1990 (BGBl. I S. 2204),
zuletzt geändert durch VO v. 25.11.2003
(BGBl. I S. 2346)

§ 20 Umlagen neben der Einzelmiete

(1) ¹Neben der Einzelmiete ist die Umlage der **Betriebskosten** im Sinne des § 27 der Zweiten Berechnungsverordnung und des **Umlageausfallwagnisses** zulässig. ²Es dürfen nur solche Kosten umgelegt werden, die bei gewissenhafter Abwägung aller Umstände

und bei ordentlicher Geschäftsführung gerechtfertigt sind. ³Soweit Betriebskosten geltend gemacht werden, sind diese nach Art und Höhe dem Mieter bei Überlassung der Wohnung bekanntzugeben.

(2) ¹Soweit in den §§ 21 bis 25 nichts anderes bestimmt ist, sind die Betriebskosten nach dem Verhältnis der Wohnfläche umzulegen. ²Betriebskosten, die nicht für Wohnraum entstanden sind, sind vorweg abzuziehen; kann hierbei nicht festgestellt werden, ob die Betriebskosten auf Wohnraum oder auf Geschäftsraum entfallen, sind sie für den Wohnteil und den anderen Teil des Gebäudes oder der Wirtschaftseinheit im Verhältnis des umbauten Raumes oder der Wohn- und Nutzflächen aufzuteilen. ³Bei der Berechnung des umbauten Raumes ist Anlage 2 zur Zweiten Berechnungsverordnung zugrunde zu legen.

(3) ¹Auf den voraussichtlichen Umlegungsbetrag sind monatliche Vorauszahlungen in angemessener Höhe zulässig, soweit in § 25 nichts anderes bestimmt ist. ²Über die Betriebskosten, den Umlegungsbetrag und die Vorauszahlungen ist jährlich abzurechnen (Abrechnungszeitraum). ³Der Vermieter darf alle oder mehrere Betriebskostenarten in einer Abrechnung erfassen. ⁴Die jährliche Abrechnung ist dem Mieter spätestens bis zum Ablauf des zwölften Monats nach dem Ende des Abrechnungszeitraumes zuzuleiten; diese Frist ist für Nachforderungen eine Ausschlußfrist, es sei denn, der Vermieter hat die Geltendmachung erst nach Ablauf der Jahresfrist nicht zu vertreten.

(4) ¹Für Erhöhungen der Vorauszahlungen und für die Erhebung des durch die Vorauszahlungen nicht gedeckten Umlegungsbetrages sowie für die Nachforderung von Betriebskosten gilt § 4 Abs. 7 und 8 entsprechend. ²Eine Erhöhung der Vorauszahlungen für einen zurückliegenden Zeitraum ist nicht zulässig.

§ 29 Auskunftspflicht des Vermieters

(1) Der Vermieter hat dem Mieter auf Verlangen Auskunft über die Ermittlung und Zusammensetzung der zulässigen Miete zu geben und Einsicht in die Wirtschaftlichkeitsberechnung und sonstige Unterlagen, die eine Berechnung der Miete ermöglichen, zu gewähren.

(2) ¹An Stelle der Einsicht in die Berechnungsunterlagen kann der Mieter Ablichtungen davon gegen Erstattung der Auslagen verlangen. ²Liegt der zuletzt zulässigen Miete eine Genehmigung der Bewilligungsstelle zugrunde, so kann er auch die Vorlage der Genehmigung oder einer Ablichtung davon verlangen.

III. Mietpreisrecht und Zahlungsverzug

1. Strafgesetzbuch – StGB

vom 13.11.1998 (BGBl. I S. 3322),
zuletzt geändert durch G v. 22.3.2019
(BGBl. I S. 350)

§ 291 Wucher

(1) ¹Wer die Zwangslage, die Unerfahrenheit, den Mangel an Urteilsvermögen oder die erhebliche Willensschwäche eines anderen dadurch ausbeutet, daß er sich oder einem Dritten
1. für die Vermietung von Räumen zum Wohnen oder damit verbundene Nebenleistungen,
2. für die Gewährung eines Kredits,
3. für eine sonstige Leistung oder
4. für die Vermittlung einer der vorbezeichneten Leistungen

Vermögensvorteile versprechen oder gewähren läßt, die in einem auffälligen Mißverhältnis zu der Leistung oder deren Vermittlung stehen, wird mit Freiheitsstrafe bis zu drei Jahren oder mit Geldstrafe bestraft. ²Wirken mehrere Personen als Leistende, Vermittler oder in anderer Weise mit und ergibt sich dadurch ein auffälliges Mißverhältnis zwischen sämtlichen Vermögensvorteilen und sämtlichen Gegenleistungen, so gilt Satz 1 für jeden, der die Zwangslage oder sonstige Schwäche des anderen für sich oder einen Dritten zur Erzielung eines übermäßigen Vermögensvorteils ausnutzt.

(2) ¹In besonders schweren Fällen ist die Strafe Freiheitsstrafe von sechs Monaten bis zu zehn Jahren. ²Ein besonders schwerer Fall liegt in der Regel vor, wenn der Täter
1. durch die Tat den anderen in wirtschaftliche Not bringt,
2. die Tat gewerbsmäßig begeht,
3. sich durch Wechsel wucherische Vermögensvorteile versprechen läßt.

2. Wirtschafsstrafgesetz – WiStG

vom 3.6.1975 (BGBl. I S. 1313),
zuletzt geändert durch G v. 18.12.2018 (BGBl. I S. 2648)

§ 4 Preisüberhöhung in einem Beruf oder Gewerbe

(1) Ordnungswidrig handelt, wer vorsätzlich oder leichtfertig in befugter oder unbefugter Betätigung in einem Beruf oder Gewerbe für Gegenstände oder Leistungen des lebenswichtigen Bedarfs Entgelte fordert, verspricht, vereinbart, annimmt oder gewährt, die infolge einer Beschränkung des Wettbewerbs oder infolge der Ausnutzung einer wirtschaftlichen Machtstellung oder einer Mangellage unangemessen hoch sind.

(2) Die Ordnungswidrigkeit kann mit einer Geldbuße bis zu fünfundzwanzigtausend Euro geahndet werden.

§ 5 Mietpreisüberhöhung

(1) Ordnungswidrig handelt, wer vorsätzlich oder leichtfertig für die Vermietung von Räumen zum Wohnen oder damit verbundene Nebenleistungen unangemessen hohe Entgelte fordert, sich versprechen lässt oder annimmt.

(2) ¹Unangemessen hoch sind Entgelte, die infolge der Ausnutzung eines geringen Angebots an vergleichbaren Räumen die üblichen Entgelte um mehr als 20 vom Hundert übersteigen, die in der Gemeinde oder in vergleichbaren Gemeinden für die Vermietung von Räumen vergleichbarer Art, Größe, Ausstattung, Beschaffenheit und Lage oder damit verbundene Nebenleistungen in den letzten vier Jahren vereinbart oder, von Erhöhungen der Betriebskosten abgesehen, geändert worden sind. ²Nicht unangemessen hoch sind Entgelte, die zur Deckung der laufenden Aufwendungen des Vermieters erforderlich sind, sofern sie unter Zugrundelegung der nach Satz 1 maßgeblichen Entgelte nicht in einem auffälligen Missverhältnis zu der Leistung des Vermieters stehen.

(3) Die Ordnungswidrigkeit kann mit einer Geldbuße bis zu fünfzigtausend Euro geahndet werden.

§ 6 Durchführung einer baulichen Veränderung in missbräuchlicher Weise

(1) Ordnungswidrig handelt, wer in der Absicht, einen Mieter von Wohnraum hierdurch zur Kündigung oder zur Mitwirkung an der Aufhebung des Mietverhältnisses zu veranlassen, eine bauliche Veränderung in einer Weise durchführt oder durchführen lässt, die geeignet ist, zu erheblichen, objektiv nicht notwendigen Belastungen des Mieters zu führen.

(2) Die Ordnungswidrigkeit kann mit einer Geldbuße bis zu hunderttausend Euro geahndet werden.

3. Preisklauselgesetz – PrKG

vom 7.9.2007 (BGBl. I S. 2247),
zuletzt geändert durch G v. 29.7.2009 (BGBl. I S. 2355)

§ 1 Preisklauselverbot

(1) Der Betrag von Geldschulden darf nicht unmittelbar und selbsttätig durch den Preis oder Wert von anderen Gütern oder Leistungen bestimmt werden, die mit den vereinbarten Gütern oder Leistungen nicht vergleichbar sind.

(2) Das Verbot nach Absatz 1 gilt nicht für Klauseln,
1. die hinsichtlich des Ausmaßes der Änderung des geschuldeten Betrages einen Ermessensspielraum lassen, der es ermöglicht, die neue Höhe der Geldschuld nach Billigkeitsgrundsätzen zu bestimmen (**Leistungsvorbehaltsklauseln**),
2. bei denen die in ein Verhältnis zueinander gesetzten Güter oder Leistungen im Wesentlichen gleichartig oder zumindest vergleichbar sind (**Spannungsklauseln**),
3. nach denen der geschuldete Betrag insoweit von der Entwicklung der Preise oder Werte für Güter oder Leistungen abhängig gemacht wird, als diese die Selbstkosten des Gläubigers bei der Erbringung der Gegenleistung unmittelbar beeinflussen (**Kostenelementeklauseln**),
4. die lediglich zu einer Ermäßigung der Geldschuld führen können.

(3) Die Vorschriften über die Indexmiete nach § 557b des Bürgerlichen Gesetzbuches und über die Zulässigkeit von Preisklauseln in Wärmelieferungsverträgen nach der Verordnung über Allgemeine Bedingungen für die Versorgung mit Fernwärme bleiben unberührt.

§ 2 Ausnahmen vom Verbot

(1) Von dem Verbot nach § 1 Abs. 1 ausgenommen sind die in den §§ 3 bis 7 genannten zulässigen Preisklauseln. Satz 1 gilt im Fall
1. der in § 3 genannten Preisklauseln,
2. von in Verbraucherkreditverträgen im Sinne der §§ 491 und 506 des Bürgerlichen Gesetzbuches verwendeten Preisklauseln (§ 5) nur, wenn die Preisklausel im Einzelfall hinreichend bestimmt ist und keine Vertragspartei unangemessen benachteiligt.

(2) Eine Preisklausel ist nicht **hinreichend bestimmt**, wenn ein geschuldeter Betrag allgemein von der künftigen Preisentwicklung oder von einem anderen Maßstab abhängen soll, der nicht erkennen lässt, welche Preise oder Werte bestimmend sein sollen.

(3) Eine **unangemessene Benachteiligung** liegt insbesondere vor, wenn
1. einseitig ein Preis- oder Wertanstieg eine Erhöhung, nicht aber umgekehrt ein Preis- oder Wertrückgang eine entsprechende Ermäßigung des Zahlungsanspruchs bewirkt,
2. nur eine Vertragspartei das Recht hat, eine Anpassung zu verlangen, oder
3. der geschuldete Betrag sich gegenüber der Entwicklung der Bezugsgröße unverhältnismäßig ändern kann.

§ 3 Langfristige Verträge

(1) Preisklauseln in Verträgen
1. über wiederkehrende Zahlungen, die zu erbringen sind
   a) auf Lebenszeit des Gläubigers, Schuldners oder eines Beteiligten,
   b) bis zum Erreichen der Erwerbsfähigkeit oder eines bestimmten Ausbildungszieles des Empfängers,
   c) bis zum Beginn der Altersversorgung des Empfängers,

d) für die Dauer von mindestens zehn Jahren, gerechnet vom Vertragsabschluss bis zur Fälligkeit der letzten Zahlung, oder

e) auf Grund von Verträgen, bei denen der Gläubiger auf die Dauer von **mindestens zehn Jahren auf das Recht zur ordentlichen Kündigung verzichtet** oder der Schuldner das Recht hat, die Vertragsdauer auf mindestens zehn Jahre zu verlängern, (…)

sind zulässig, wenn der geschuldete Betrag durch die Änderung eines von dem Statistischen Bundesamt oder einem Statistischen Landesamt ermittelten Preisindexes für die Gesamtlebenshaltung oder eines vom Statistischen Amt der Europäischen Gemeinschaft ermittelten Verbraucherpreisindexes bestimmt werden soll und in den Fällen der Nummer 2 zwischen der Begründung der Verbindlichkeit und der Endfälligkeit ein Zeitraum von mindestens zehn Jahren liegt oder die Zahlungen nach dem Tode des Beteiligten zu erfolgen haben.

(…)

§ 8 Unwirksamkeit der Preisklausel

[1]Die Unwirksamkeit der Preisklausel tritt zum **Zeitpunkt des rechtskräftig festgestellten Verstoßes** gegen dieses Gesetz ein, soweit nicht eine frühere Unwirksamkeit vereinbart ist. [2]Die Rechtswirkungen der Preisklausel bleiben bis zum Zeitpunkt der Unwirksamkeit unberührt.

4. Richtlinie zur Bekämpfung von Zahlungsverzug im Geschäftsverkehr (Richtlinie 2011/7/EU)

vom 16.2.2011 (ABl. Nr. L 48 S. 1)

Art. 3 Geschäftsverkehr zwischen Unternehmen

(1) Die Mitgliedstaaten stellen sicher, dass im Geschäftsverkehr zwischen Unternehmen der Gläubiger Anspruch auf Verzugszinsen hat, ohne dass es einer Mahnung bedarf, wenn folgende Bedingungen erfüllt sind:

a) Der Gläubiger hat seine vertraglichen und gesetzlichen Verpflichtungen erfüllt, und

b) der Gläubiger hat den fälligen Betrag nicht rechtzeitig erhalten, **es sei denn, dass der Schuldner für den Zahlungsverzug nicht verantwortlich ist.**

(…)

IV. Insolvenzordnung – InsO

vom 5.10.1994 (BGBl. I S. 2366),
zuletzt geändert durch G v. 23.6.2017 (BGBl. I S. 1693)

§ 108 Fortbestehen bestimmter Schuldverhältnisse

(1) [1]Miet- und Pachtverhältnisse des Schuldners über unbewegliche Gegenstände oder Räume sowie Dienstverhältnisse des Schuldners **bestehen mit Wirkung für die Insolvenzmasse** fort. [2]Dies gilt auch für Miet- und Pachtverhältnisse, die der Schuldner als Vermieter oder Verpächter eingegangen war und die sonstige Gegenstände betreffen, die einem Dritten, der ihre Anschaffung oder Herstellung finanziert hat, zur Sicherheit übertragen wurden.

(2) …

(3) Ansprüche für die Zeit vor der Eröffnung des Insolvenzverfahrens kann der andere Teil nur **als Insolvenzgläubiger** geltend machen.

§ 109 Schuldner als Mieter oder Pächter

(1) ¹Ein Miet- oder Pachtverhältnis über einen unbeweglichen Gegenstand oder über Räume, das der Schuldner als Mieter oder Pächter eingegangen war, kann der Insolvenzverwalter **ohne Rücksicht auf die vereinbarte Vertragsdauer** oder einen vereinbarten Ausschluss des Rechts zur ordentlichen Kündigung **kündigen;** die Kündigungsfrist beträgt drei Monate zum Monatsende, wenn nicht eine kürzere Frist maßgeblich ist. ²Ist Gegenstand des Mietverhältnisses die Wohnung des Schuldners, so tritt an die Stelle der Kündigung das Recht des Insolvenzverwalters zu **erklären,** dass Ansprüche, die nach Ablauf der in Satz 1 genannten Frist fällig werden, nicht im Insolvenzverfahren geltend gemacht werden können. ³Kündigt der Verwalter nach Satz 1 oder gibt er die Erklärung nach Satz 2 ab, so kann der andere Teil wegen der vorzeitigen Beendigung des Vertragsverhältnisses oder wegen der Folgen der Erklärung als Insolvenzgläubiger **Schadensersatz** verlangen. (…)

§ 111 Veräußerung des Miet- oder Pachtobjekts

¹Veräußert der Insolvenzverwalter einen unbeweglichen Gegenstand oder Räume, die der Schuldner vermietet oder verpachtet hatte, und tritt der Erwerber anstelle des Schuldners in das Miet- oder Pachtverhältnis ein, so kann der Erwerber das Miet- oder Pachtverhältnis unter Einhaltung der gesetzlichen Frist **kündigen.** ²Die Kündigung kann nur für den ersten Termin erfolgen, für den sie zulässig ist.

§ 112 Kündigungssperre

Ein Miet- oder Pachtverhältnis, das der Schuldner als Mieter oder Pächter eingegangen war, kann der andere Teil nach dem Antrag auf Eröffnung des Insolvenzverfahrens **nicht kündigen:**
1. wegen eines Verzugs mit der Entrichtung der Miete oder Pacht, der in der Zeit **vor** dem Eröffnungsantrag eingetreten ist;
2. wegen einer Verschlechterung der Vermögensverhältnisse des Schuldners.

§ 119 Unwirksamkeit abweichender Vereinbarungen

Vereinbarungen, durch die im voraus die Anwendung der §§ 103 bis 118 ausgeschlossen oder beschränkt wird, sind unwirksam.

V. Informationspflichten

1. Energieeinsparverordnung – EnEV

vom 24.7.2007 (BGBl. I S. 1519),
zuletzt geändert durch VO v. 24.10.2015
(BGBl. I S. 1789)

§ 16 Ausstellung und Verwendung von Energieausweisen

(1) ¹Wird ein Gebäude errichtet, hat der Bauherr sicherzustellen, dass ihm, wenn er zugleich Eigentümer des Gebäudes ist, oder dem Eigentümer des Gebäudes ein Energieausweis nach dem Muster der Anlage 6 oder 7 unter Zugrundelegung der energetischen Eigenschaften des fertig gestellten Gebäudes ausgestellt und der Energieausweis

oder eine Kopie hiervon übergeben wird. ²Die Ausstellung und die Übergabe müssen unverzüglich nach Fertigstellung des Gebäudes erfolgen. ³Die Sätze 1 und 2 sind entsprechend anzuwenden, wenn unter Anwendung des § 9 Absatz 1 Satz 2 für das gesamte Gebäude Berechnungen nach § 9 Absatz 2 durchgeführt werden. ⁴Der Eigentümer hat den Energieausweis der nach Landesrecht zuständigen Behörde auf Verlangen vorzulegen.

(2) ¹Soll ein mit einem Gebäude bebautes Grundstück, ein grundstücksgleiches Recht an einem bebauten Grundstück oder Wohnungs- oder Teileigentum verkauft werden, hat der Verkäufer dem **potenziellen Käufer** spätestens bei der Besichtigung einen Energieausweis oder eine Kopie hiervon mit dem Inhalt nach dem Muster der Anlage 6 oder 7 **vorzulegen**; die Vorlagepflicht wird auch durch einen deutlich sichtbaren Aushang oder ein deutlich sichtbares Auslegen während der Besichtigung erfüllt. ²Findet keine Besichtigung statt, hat der Verkäufer den Energieausweis oder eine Kopie hiervon mit dem Inhalt nach dem Muster der Anlage 6 oder 7 dem potenziellen Käufer unverzüglich vorzulegen; der Verkäufer muss den Energieausweis oder eine Kopie hiervon spätestens unverzüglich dann vorlegen, wenn der potenzielle Käufer ihn hierzu auffordert. ³Unverzüglich nach Abschluss des Kaufvertrages hat der Verkäufer dem Käufer den Energieausweis oder eine Kopie hiervon zu **übergeben.** ⁴Die Sätze 1 bis 3 sind entsprechend anzuwenden auf den **Vermieter, Verpächter** und Leasinggeber bei der Vermietung, der Verpachtung oder dem Leasing eines Gebäudes, einer Wohnung oder einer sonstigen selbständigen Nutzungseinheit.

(3) ¹Der Eigentümer eines Gebäudes, in dem sich mehr als 500 Quadratmeter oder nach dem 8. Juli 2015 mehr als 250 Quadratmeter Nutzfläche mit **starkem Publikumsverkehr** befinden, der auf **behördlicher Nutzung** beruht, hat dafür Sorge zu tragen, dass für das Gebäude ein Energieausweis nach dem Muster der Anlage 6 oder 7 ausgestellt wird. ²Der Eigentümer hat den nach Satz 1 ausgestellten Energieausweis an einer für die Öffentlichkeit gut sichtbaren Stelle **auszuhängen.** ³Wird die in Satz 1 genannte Nutzfläche nicht oder nicht überwiegend vom Eigentümer selbst genutzt, so trifft die Pflicht zum Aushang des Energieausweises den Nutzer. ⁴Der Eigentümer hat ihm zu diesem Zweck den Energieausweis oder eine Kopie hiervon zu übergeben. ⁵Zur Erfüllung der Pflicht nach Satz 1 ist es ausreichend, von einem Energiebedarfsausweis nur die Seiten 1 und 2 nach dem Muster der Anlage 6 oder 7 und von einem Energieverbrauchsausweis nur die Seiten 1 und 3 nach dem Muster der Anlage 6 oder 7 **auszuhängen**; anstelle des Aushangs eines Energieausweises nach dem Muster der Anlage 7 kann der Aushang auch nach dem Muster der Anlage 8 oder 9 vorgenommen werden.

(4) Der Eigentümer eines Gebäudes, in dem sich mehr als 500 Quadratmeter Nutzfläche mit **starkem Publikumsverkehr** befinden, der **nicht auf behördlicher Nutzung** beruht, hat einen Energieausweis an einer für die Öffentlichkeit gut sichtbaren Stelle **auszuhängen,** sobald für das Gebäude ein Energieausweis vorliegt. Absatz 3 Satz 3 bis 5 ist entsprechend anzuwenden.

(5) Auf kleine Gebäude sind die Vorschriften dieses Abschnitts nicht anzuwenden. Auf **Baudenkmäler** sind die Absätze 2 bis 4 nicht anzuwenden.

§ 16a Pflichtangaben in Immobilienanzeigen

(1) Wird in Fällen des § 16 Absatz 2 Satz 1 vor dem **Verkauf** eine Immobilienanzeige in kommerziellen Medien aufgegeben und liegt zu diesem Zeitpunkt ein Energieausweis vor, so hat der Verkäufer sicherzustellen, dass die Immobilienanzeige folgende Pflichtangaben enthält:

1. die Art des Energieausweises: Energiebedarfsausweis oder Energieverbrauchsausweis im Sinne des § 17 Absatz 1 Satz 1,
2. den im Energieausweis genannten Wert des Endenergiebedarfs oder Endenergieverbrauchs für das Gebäude,

3. die im Energieausweis genannten wesentlichen Energieträger für die Heizung des Gebäudes,
4. bei Wohngebäuden das im Energieausweis genannte Baujahr und
5. bei Wohngebäuden die im Energieausweis genannte Energieeffizienzklasse.

Bei **Nichtwohngebäuden** ist bei Energiebedarfs- und bei Energieverbrauchsausweisen als Pflichtangabe nach Satz 1 Nummer 2 der Endenergiebedarf oder Endenergieverbrauch sowohl für Wärme als auch für Strom jeweils getrennt aufzuführen.

(2) Absatz 1 ist entsprechend anzuwenden auf den **Vermieter, Verpächter** und Leasinggeber bei Immobilienanzeigen zur Vermietung, Verpachtung oder zum Leasing eines Gebäudes, einer Wohnung oder einer sonstigen selbständigen Nutzungseinheit.

(3) Bei Energieausweisen, die nach dem 30. September 2007 und vor dem 1. Mai 2014 ausgestellt worden sind, und bei Energieausweisen nach § 29 Absatz 1 sind die Pflichten der Absätze 1 und 2 nach Maßgabe des § 29 Absatz 2 und 3 zu erfüllen.

2. Verbraucherstreitbeilegungsgesetz – VSBG

vom 19.2.2016 (BGBl. I S. 254)

§ 36 Allgemeine Informationspflicht

(1) Ein Unternehmer, der eine Webseite unterhält oder Allgemeine Geschäftsbedingungen verwendet, hat den Verbraucher leicht zugänglich, klar und verständlich
1. in Kenntnis zu setzen davon, inwieweit er bereit ist oder verpflichtet ist, an Streitbeilegungsverfahren vor einer Verbraucherschlichtungsstelle teilzunehmen, und
2. auf die zuständige Verbraucherschlichtungsstelle hinzuweisen, wenn sich der Unternehmer zur Teilnahme an einem Streitbeilegungsverfahren vor einer Verbraucherschlichtungsstelle verpflichtet hat oder wenn er auf Grund von Rechtsvorschriften zur Teilnahme verpflichtet ist; der Hinweis muss Angaben zu Anschrift und Webseite der Verbraucherschlichtungsstelle sowie eine Erklärung des Unternehmers, an einem Streitbeilegungsverfahren vor dieser Verbraucherschlichtungsstelle teilzunehmen, enthalten.

(2) Die Informationen nach Absatz 1 müssen
1. auf der Webseite des Unternehmers erscheinen, wenn der Unternehmer eine Webseite unterhält,
2. zusammen mit seinen Allgemeinen Geschäftsbedingungen gegeben werden, wenn der Unternehmer Allgemeine Geschäftsbedingungen verwendet.

(3) Von der Informationspflicht nach Absatz 1 Nummer 1 ausgenommen ist ein Unternehmer, der am 31. Dezember des vorangegangenen Jahres zehn oder weniger Personen beschäftigt hat.

§ 37 Informationen nach Entstehen der Streitigkeit

(1) [1]Der Unternehmer hat den Verbraucher auf eine für ihn zuständige Verbraucherschlichtungsstelle unter Angabe von deren Anschrift und Webseite hinzuweisen, wenn die Streitigkeit über einen Verbrauchervertrag durch den Unternehmer und den Verbraucher nicht beigelegt werden konnte. [2]Der Unternehmer gibt zugleich an, ob er zur Teilnahme an einem Streitbeilegungsverfahren bei dieser Verbraucherschlichtungsstelle bereit ist oder verpflichtet ist. [3]Ist der Unternehmer zur Teilnahme am Streitbeilegungsverfahren einer oder mehrerer Verbraucherschlichtungsstellen bereit oder verpflichtet, so hat er diese Stelle oder diese Stellen anzugeben.

(2) Der Hinweis muss in Textform gegeben werden.

VI. Bundes-Bodenschutzgesetz – BBodSchG

vom 17.3.1998 (BGBl. I S. 502),
zuletzt geändert durch VO v. 27.9.2017 (BGBl. I S. 3469)

§ 24 Kosten
(...)
(2) ¹Mehrere Verpflichtete haben unabhängig von ihrer Heranziehung untereinander einen **Ausgleichsanspruch**. ²Soweit nichts anderes **vereinbart** wird, hängt die Verpflichtung zum Ausgleich sowie der Umfang des zu leistenden Ausgleichs davon ab, inwieweit die Gefahr oder der Schaden vorwiegend von dem einen oder dem anderen Teil **verursacht** worden ist; § 426 Abs. 1 Satz 2 des Bürgerlichen Gesetzbuches findet entsprechende Anwendung. ³Der Ausgleichsanspruch **verjährt** in drei Jahren; die §§ 438, 548 und 606 des Bürgerlichen Gesetzbuchs sind nicht anzuwenden. ⁴Die Verjährung beginnt nach der Beitreibung der Kosten, wenn eine Behörde Maßnahmen selbst ausführt, im übrigen nach der Beendigung der Maßnahmen durch den Verpflichteten zu dem Zeitpunkt, zu dem der Verpflichtete von der Person des Ersatzpflichtigen Kenntnis erlangt. ⁵Der Ausgleichsanspruch verjährt ohne Rücksicht auf diese Kenntnis dreißig Jahre nach der Beendigung der Maßnahmen. ⁶Für Streitigkeiten steht der **Rechtsweg** vor den ordentlichen Gerichten offen.

VII. Gemeinderecht (Bayern)

1. Gemeindeordnung – GO

vom 22.8.1998 (GVBl. S. 796),
zuletzt geändert durch VO v. 26.3.2019 (GVBl. S. 98)

Art. 29 Hauptorgane
Die Gemeinde wird durch den Gemeinderat verwaltet, soweit nicht der erste Bürgermeister selbständig entscheidet (Art. 37).

Art. 32 Aufgaben der Ausschüsse
(1) Der Gemeinderat kann vorberatende Ausschüsse bilden.
(2) Der Gemeinderat kann die Verwaltung bestimmter Geschäftszweige oder die Erledigung einzelner Angelegenheiten **beschließenden Ausschüssen (Gemeindesenaten)** übertragen (...)
(3) Beschließende Ausschüsse erledigen die ihnen übertragenen Angelegenheiten an Stelle des Gemeinderats, wenn nicht der erste Bürgermeister oder sein Stellvertreter im Ausschuß, ein Drittel der stimmberechtigten Ausschußmitglieder oder ein Viertel der Gemeinderatsmitglieder binnen einer Woche die Nachprüfung durch den Gemeinderat beantragt (...)

Art. 36 Vollzug der Beschlüsse des Gemeinderats
Der erste Bürgermeister führt den Vorsitz im Gemeinderat und **vollzieht** seine Beschlüsse. Soweit er persönlich beteiligt ist, handelt sein Vertreter.

Art. 37 Zuständigkeit des ersten Bürgermeisters
(1) ¹Der erste Bürgermeister erledigt **in eigener Zuständigkeit**

1. die **laufenden Angelegenheiten**, die für die Gemeinde keine grundsätzliche Bedeutung haben und keine erheblichen Verpflichtungen erwarten lassen,
(...)
²Für die laufenden Angelegenheiten nach Satz 1 Nr. 1, die nicht unter Nummern 2 und 3 fallen, kann der Gemeinderat Richtlinien aufstellen.

(2) Der Gemeinderat kann dem ersten Bürgermeister durch die **Geschäftsordnung weitere Angelegenheiten** zur selbständigen Erledigung übertragen; (...)

(3) ¹Der erste Bürgermeister ist befugt, an Stelle des Gemeinderats oder eines Ausschusses **dringliche Anordnungen** zu treffen und unaufschiebbare Geschäfte zu besorgen. ²Hiervon hat er dem Gemeinderat oder dem Ausschuß in der nächsten Sitzung Kenntnis zu geben. (...)

Art. 38 Verpflichtungsgeschäfte; Vertretung der Gemeinde nach außen

(1) Der erste Bürgermeister **vertritt** die Gemeinde nach außen. *Der Umfang der Vertretungsmacht ist auf seine Befugnisse beschränkt.*

(2) ¹Erklärungen, durch welche die Gemeinde verpflichtet werden soll, bedürfen der **Schriftform**; das gilt nicht für ständig wiederkehrende Geschäfte des täglichen Lebens, die finanziell von unerheblicher Bedeutung sind. ²Die Erklärungen sind durch den ersten Bürgermeister oder seinen Stellvertreter unter Angabe der **Amtsbezeichnung** zu unterzeichnen. ³Sie können auf Grund einer den vorstehenden Erfordernissen entsprechenden Vollmacht auch von **Gemeindebediensteten** unterzeichnet werden.

Art. 39 Stellvertretung; Übertragung von Befugnissen

(1) ¹Die weiteren Bürgermeister vertreten den ersten Bürgermeister im Fall seiner Verhinderung in ihrer Reihenfolge. ²Die weiteren Stellvertreter bestimmt der Gemeinderat aus der Mitte der Gemeinderatsmitglieder, die Deutsche im Sinn des Art. 116 Abs. 1 des Grundgesetzes sind.

(2) Der erste Bürgermeister kann im Rahmen der Geschäftsverteilung (Art. 46) einzelne seiner Befugnisse den weiteren Bürgermeistern, nach deren Anhörung auch einem Gemeinderatsmitglied und in **Angelegenheiten der laufenden Verwaltung** einem **Gemeindebediensteten** übertragen; eine darüber hinausgehende Übertragung auf einen Bediensteten bedarf zusätzlich der Zustimmung des Gemeinderats.

Art. 72 Kreditähnliche Verpflichtungen; Sicherheiten

(1) Der Abschluß von Rechtsgeschäften, die der Kreditaufnahme wirtschaftlich gleichkommen, bedarf der Genehmigung. (...)

(4) ¹Für die Genehmigung gelten Art. 71 Abs. 2 Sätze 2 und 3, im Fall der vorläufigen Haushaltsführung Art. 69 Abs. 4 Sätze 2 und 3 entsprechend. ²Die Genehmigung ist zu versagen, wenn das Rechtsgeschäft nicht eine Investition zum Gegenstand hat, sondern auf die Erzielung wirtschaftlicher Vorteile dadurch gerichtet ist, dass die Gemeinde einem Dritten inländische steuerliche Vorteile verschafft.

Art. 75 Veräußerung von Vermögen

(1) Die Gemeinde darf Vermögensgegenstände, die sie zur Erfüllung ihrer Aufgaben nicht braucht, **veräußern**. Vermögensgegenstände dürfen in der Regel **nur zu ihrem vollen Wert** veräußert werden.

(2) Für die **Überlassung** der Nutzung eines Vermögensgegenstands gilt Absatz 1 entsprechend. Ausnahmen sind insbesondere zulässig bei der Vermietung kommunaler Gebäude zur Sicherung preiswerten Wohnens und zur Sicherung der Existenz kleiner und ertragsschwacher Gewerbebetriebe. (...)

2. Kommunalhaushaltsverordnung – KommHV-Doppik/-Kameralistik

vom 5.10.2007 (GVBl. S. 678),
zuletzt geändert durch VO v. 26.3.2019 (GVBl. S. 98)

§ 31 Vergabe von Aufträgen

(1) Der Vergabe von Aufträgen muss eine **Öffentliche Ausschreibung** oder eine **Beschränkte Ausschreibung mit Teilnahmewettbewerb** vorausgehen, sofern nicht die Natur des Geschäfts oder besondere Umstände eine Beschränkte Ausschreibung ohne Teilnahmewettbewerb oder eine Verhandlungsvergabe rechtfertigen.

(2) Bei der Vergabe von Aufträgen und dem Abschluß von Verträgen sind die **Vergabegrundsätze** anzuwenden, die das Staatsministerium des Innern, für Bau und Verkehr im Einvernehmen mit dem Staatsministerium der Finanzen, für Landesentwicklung und Heimat bekanntgibt.

Sachregister

Die Buchstaben (A–K) bezeichnen die Kapitel, die Zahlen die Randnummern innerhalb des Kapitels.

Abgrenzung
– Mietsachen **A** 27–40 *siehe auch Mietsache*
– Vertragstypen **A** 15–21 *siehe auch Vertragstypen*

Abmahnung H 307–315
– Begriff **H** 308
– Erklärung **H** 309
– Fristsetzung, Begriff **H** 308
– Mitbestimmung Betriebs- und Personalrat **H** 312
– nach Duldung von Zahlungsverzug **H** 314
– nach Treu und Glauben **H** 314
– Umdeutung **H** 311
– Unterlassungsanspruch **H** 312
– Vollmacht **H** 309

Abnahmeprotokoll *siehe Übergabe- oder Rückgabeprotokoll*

Abnutzung der Mietsache I 90–96
– Badewanne **I** 93, **I** 100
– Bodenkontaminationen **I** 108–113
– Bohrlöcher **I** 96
– Dübel **I** 96
– kleinere Beschädigungen **I** 95
– Parkett **I** 92
– Rauchen **C** 51, **I** 94
– Schadensersatz **I** 97–103
– Schönheitsreparaturen **I** 95
– Teppichboden **I** 92, **I** 100
– Versterben **C** 93
– Waschbecken **I** 93, **I** 100

Abwendungsbefugnis für Wegnahmerecht I 167

Abwicklung des Mietverhältnisses
– Ansprüche des Mieters **I** 166–196
– Betriebskostenabrechnung **I** 151–155
– Mietsicherheit **I** 156–159
– Rückgabe der Mietsache **I** 4–55 *siehe auch Rückgabe der Mietsache*
– Rückgabeprotokoll **I** 123–130
– Vermögenseinbußen des Mieters **I** 174–196
– verspätete Rückgabe **I** 131–150
– Wegnahmerecht des Mieters **I** 166–173
– Zustand der Mietsache **I** 56–122 *siehe auch Rückgabezustand der Mietsache*

Abwicklungsverhältnis I 132–150 *siehe auch Abwicklung des Mietverhältnisses*
– eigenmächtige Räumung **I** 145
– Nutzungsentschädigung **I** 132–139 *siehe auch Nutzungsentschädigung*
– Nutzungsrecht des Mieters **I** 148

– Obhutpflicht des Mieters **I** 149
– Räumungsvereinbarungen **I** 150
– Schadensersatz **I** 140–143
– Verkehrssicherung **I** 147
– Vermieterpflichten **I** 146 f.
– Versorgungssperre **I** 146

Abgeltungsklauseln I 67 f. *siehe auch Schönheitsreparaturen*

Allgemein
– Abwicklung des Mietverhältnisses **I** 1–3
– Beendigung des Mietverhältnisses **H** 1–6
– Begründung des Mietverhältnisses **B** 1
– Betriebs- und Nebenkosten **E** 1 f.
– Grundlagen **A** 1 f.
– Kündigung **H** 38–52
– Mietänderung **F** 1–4, **F** 83–85, **F** 86–89
– Rechte des Mieters bei Mängeln **D** 1–3
– Rechte und Pflichten der Vertragsparteien **C** 1–6
– Schönheitsreparaturen **C** 149–157, **C** 191–195
– Schriftform des Mietvertrags **B** 79–112, **H** 137–145
– Wechsel der Vertragsparteien **G** 1

Allgemeine Geschäftsbedingungen B 133–140
– Auslegung **B** 135
– Begriff **B** 134
– Einbeziehung **B** 135
– geltungserhaltende Reduktion **B** 139
– Individualvereinbarungen **B** 134, **B** 141–143
– Inhaltskontrolle **B** 136
– Leistungsbeschreibung **B** 140
– Preisvereinbarungen **B** 140
– Transparenzgebot **B** 136
– Trennbarkeit **B** 139
– Überraschungsverbot **B** 135
– Unternehmer **B** 137
– Unwirksamkeit **B** 139
– Unklarheitenregel **B** 135
– Verbraucherverträge **B** 134, **B** 136
– Verwender **B** 139
– Verwendungsrisiko **B** 139, **C** 153
– Vorrang der Individualabrede **B** 135

Allgemeine Geschäftsbedingungen – ABC
– Aufrechnungs- und Zurückbehaltungsrecht **C** 97
– Besichtigungsrecht **C** 143
– Betriebspflicht **C** 44
– Beweislast **B** 136
– Dach und Fach **C** 187
– Dübel **I** 96

- Empfangsbestätigung **B** 136
- Erhaltungsklauseln **C** 185, **C** 188
- Garagenmiete – Kündigung **A** 40
- Haftungsausschluss für Garantiehaftung **D** 31
- Haftungsausschluss für Kardinalpflichten **D** 31
- Haftungsausschluss für Personenschäden **B** 136
- Haftungsausschluss, verhüllter **C** 37
- Instandsetzung und Instandhaltung **C** 148, **C** 185, **C** 188
- Kenntnisklauseln **B** 136
- Kleinreparaturen **C** 180–184
- Konkurrenzschutz **C** 41, **C** 44, **C** 54
- Kündigung – Empfangsvollmacht **H** 67
- Kündigung – Erklärungsvollmacht **H** 59
- Kündigung, ordentliche – Ausschluss **H** 135–136
- Kündigung, ordentliche – Fristen **H** 200–201, **H** 205
- Kündigung, fristlose **H** 324–326
- Leistungsbeschreibungen **B** 140
- Mietbeginn (Reißbrettvermietung) **B** 57
- Mieterhöhung durch Leistungsvorbbehalt **F** 113
- Mietminderung **D** 26–27
- Mietsicherheit **B** 200
- öffentlich-rechtliche Nutzungshindernisse **C** 190
- Parkettklausel **C** 158, **C** 197
- Preisvereinbarungen **B** 140
- Rauchen **C** 51
- salvatorische Klauseln (Ersetzungsklauseln) **B** 139
- Schadenspauschalierung **B** 136
- Schönheitsreparaturen – Abgeltung **I** 67 f.
- Schönheitsreparaturen – Geschäftsraum **C** 191–209
- Schönheitsreparaturen – Wohnraum **C** 149–179
- Schönheitsreparaturen – Rückgabeprotokoll **I** 129
- Schriftformheilungsklauseln **B** 105
- Schriftformklausel, deklaratorisch **B** 108
- Schriftformklausel, einfach **B** 106
- Schriftformklausel, konstitutiv **H** 100
- Schriftformklausel, salvatorische **B** 105
- Schriftformklausel, qualifiziert **B** 107
- Sortimentsbindung **C** 54
- Teppichreinigung **C** 50–51, **C** 77
- Tierhaltung **C** 50
- Verfallklauseln für Mieterinvestitionen **I** 189
- Verjährungsfrist, Verlängerung **I** 115
- Verkehrssicherungspflichten **C** 37
- Verwaltungskosten **E** 26
- Wertsicherungsklausel, automatische **F** 102–108
- Widerspruch gegen Verlängerung des Mietverhältnisses **H** 428
- Wohnfläche **B** 48, **C** 13, **E** 46
- Zahlung, Rechtzeitigkeitsklauseln **C** 94–95

Allgemeines Gleichbehandlungsgesetz B 74–78

Änderungskündigung F 1, **F** 90–95

Änderungsvertrag B 98–103 *siehe auch Nachtragsvertrag*

Anfechtung des Mietvertrags B 144–181
- Erklärung **B** 174–176
- Frist **B** 171–173
- Grund **B** 150–170
- Rechtsfolgen **B** 145, **B** 177–181
- Rückgabe der Mietsache **I** 5
- wegen Drohung **B** 170
- wegen Eigenschaftsirrtums **B** 166
- wegen Erklärungsirrtums **B** 164
- wegen falscher Übermittlung **B** 167
- wegen Inhaltsirrtums **B** 163
- wegen Kalkulationsirrtums **B** 165
- wegen Motivirrtums **B** 165
- wegen Täuschung **B** 168–169
- Zulässigkeit **B** 146–149

Anzeigepflicht des Mieters C 124 f.

Apothekenmiete C 116

Aufhebungsvertrag H 14–37
- Anspruch auf Aufhebung **H** 30–37
- Auszug **G** 76
- Ersatzmieterklauseln **H** 32–34
- Form **H** 26–27
- Inhalt **H** 19–25
- Treu und Glauben **H** 35–37
- Verbraucherwiderrufsrecht **H** 28 f.
- Vertragsschluss **H** 15–18

Aufklärungspflichten B 10 f.

Aufnahme Dritter in die Mietsache C 56–62

Aufrechnung C 97, **G** 27 f., **H** 267–270, **H** 275

Aufwendungsersatz des Mieters
- bei Erhaltungsmaßnahmen **C** 130
- bei Modernisierungsmaßnahmen **C** 137
- für Aufwendungen vor Vertragsschluss **D** 32
- für Mängelbeseitigung **D** 33–38
- für Schönheitsreparaturen **I** 82
- für sonstige Aufwendungen **I** 174–181 *siehe auch sonstige Aufwendungen des Mieters*
- wegen Erfüllungsverweigerung des Vermieters **D** 32

Aufwendungshilfen A 29

Auslegung des Mietvertrags
- Allgemeine Geschäftsbedingungen **B** 135
- Individualvereinbarungen **B** 143

Auskunftspflichten *siehe Informationspflichten*

Ausschreibungspflicht für Mietverträge
- bei marktbeherrschender Stellung **B** 59 f.
- Gemeinden **B** 61–67

Austauschverhältnis (Synallagma) C 2

Automatische Wertsicherung der Miete F 102–110

Außen-GbR siehe *Gesellschaft bürgerlichen Rechts*

Sachregister

Außer-Geschäftsraum-Vertrag B 183
Außerordentliche Kündigung
– fristlose H 217–319 *siehe auch Kündigung, fristlose*
– mit gesetzlicher Frist H 320–425 *siehe auch Kündigung, außerordentliche mit gesetzlicher Frist*

Barkaution B 194–195, B 210 *siehe auch Mietsicherheit*
Barrierefreiheit C 52
Baukostenzuschuss I 194
– abwohnbarer I 194
– verlorener I 194
Bauliche Veränderung der Mietsache C 52, C 55
Baumaßnahmen
– des Vermieters C 127–130, C 131–140
– des Mieters C 52, I 23–26
Beendigung des Mietverhältnisses H 1–431
– Aufhebungsvertrag H 14–37 *siehe auch Aufhebungsvertrag*
– Befristung und Bedingung H 7–13
– Kündigung H 38–425 *siehe auch Kündigung*
– stillschweigende Verlängerung H 426–431
Befristung und Bedingung der Mietzeit H 7–13
– Lebenszeit H 8, H 13
– Bedingung H 9, B 57, B 117
– Befristung B 56 f., H 7 f.
– Höchstzeit H 13
– Vertrag über mehr als 30 Jahre H 8, H 13
– weitervermieteter Wohnraum H 11
– Zeitmietvertrag B 56, H 7 f.
Begriffe
– Abmahnung H 308
– Abwendungsbefugnis H 167
– Allgemeine Geschäftsbedingungen B 134
– Anpassung der Miete F 114
– Aufenthaltsräume H 282
– Aufwendungen für Mangelbeseitigung D 33–38
– Aufwendungen, sonstige I 175
– Aufwendungen, notwendige I 178
– Aushandeln B 141 f.
– Baukostenzuschuss, abwohnbarer I 194
– Baukostenzuschuss, verlorener I 194
– bauliche Veränderung I 23
– Berliner Räumung I 52
– besenrein I 105
– Besuch C 58
– bezugsfertiger Zustand C 199
– culpa in contrahendo D 10
– Contracting E 17
– Betriebskosten E 4–9
– Betriebskosten, sonstige E 12, E 22
– Bewirtschaftungskosten E 15
– Dach und Fach C 187
– Einrichtung I 18
– Erbbaurecht H 392
– Erhaltungsmaßnahme C 24–27
– Einliegerwohnraum A 28
– Einliegerwohnung H 150c
– energetische Modernisierung C 132, F 70
– Erhaltung C 24,
– Erhaltungsmaßnahme C 128
– Erneuerung C 27
– Einrichtungen des Mieters I 18
– Freigabeerklärung H 15
– Fristsetzung H 308
– Fruchtziehungsrecht A 17
– geltungserhaltende Reduktion B 139
– gewerbliches Handeln A 43, G 37
– Geschäftsraum A 31
– Gradtagszahlmethode H 152
– Grundstück A 36
– Grundmiete E 30
– Heizkosten E 16–18
– Herausgabe I 9
– Individualvereinbarung B 141
– Instandhaltung C 25–27
– Instandsetzung C 26 f.
– Instandsetzung, modernisierende F 71
– Insolvenzverfahren C 111 f.
– Insolvenzforderung C 111
– kleine Instandhaltungen C 180
– Karenzzeit H 307
– Kettenmietvertrag H 339
– Kostenmiete A 29
– Kleingarten A 19
– Kleinreparaturen C 180
– Landpacht A 18
– Landwirtschaft A 18
– Lebenspartner C 58
– Leihe A 20
– Leistungsvorbehalt F 111
– Marktmiete F 114, I 136
– Mangel der Mietsache D 8 f., D 14 f.
– Masseforderung C 112
– Mietausfallwagnis B 191, E 15
– Miete (fristlose Kündigung) H 251–254
– Miete (Entgelt) C 75, E 30 *siehe auch Miete*
– Miete (Vertragstyp) A 16 *siehe auch Vertragstypen*
– Mietnomade H 192
– Mietschuldenfreiheitsbescheinigung B 9, I 164
– Mietstruktur E 29–34
– Mindestmiete C 115
– Mischmietverhältnis A 39 f.
– Modernisierung C 132
– Modernisierungsmaßnahme C 132, F 70
– Nebenkosten D 13–15
– Neufestsetzung der Miete F 114
– Nießbrauchsrecht H 386
– Opfergrenze C 32
– Pacht A 17
– Potestativbedingung H 84
– Raum A 27

– Raummiete A 33 f.
– Räumung I 14
– Räumungsfrist I 37
– Räumungstitel I 49
– Rechtsbedingung H 85
– Rechtsmangel D 15
– Rückgabe I 8
– Sache, bewegliche B 43, I 14
– Sachmangel D 8 f.
– Sachversicherung I 102
– Selbstvornahmerecht D 33–38
– Scheinbestandteile A 36
– Schriftform des Mietvertrags B 79–B 83
– Schönheitsreparaturen C 158 f., C 196 f.
– Schuldanerkenntnis I 127–129
– Umlage von Kosten E 46
– Umsatzmiete C 115
– Unternehmer A 43–45
– Übergang von Besitz, Nutzen und Lasten G 10 f.
– Veräußerung G 10 f.
– Verbindung von Sachen I 182
– verbotene Eigenmacht I 32, I 145
– Verbraucher A 42
– Verbraucherpreisindex (VPI) F 11
– Verbrauchervertrag A 41–45
– Vergleichsmiete, ortsübliche F 50–52
– Vergunstmiete F 46
– Verjährung, kurze I 114–212
– Verjährung, regelmäßige C 113
– Verkehrssicherungspflicht C 35
– Verschulden H 157
– Vertragsschluss B 18–20
– Verteilung von Heizkosten E 42–44
– Vertretenmüssen H 163
– Verwaltungskosten E 7
– Vorenthaltung der Mietsache I 135
– Wartung E 11, C 25–27
– Werktag C 88, H 207
– weitervermieteter Wohnraum A 28, A 35, G 33
– Werkdienstwohnung A 22
– Werkmietwohnung A 22
– Werkmietwohnung, funktionsgebundene H 188
– wesentliche Bestandteile A 36, I 182
– Wohnfläche B 48
– Wohnraum A 27
– Wohnraum, frei finanzierter A 29
– Wohnraum, preisfreier A 29
– Wohnraum, preisgebundener A 29
– Zubehör B 44
– Zusicherung D 14
Begründung des Mietverhältnisses B 18–78 *siehe auch Vertragsschluss*
Behindertengerechter Umbau C 52
Belegungsbindung A 29, B 68
Belegeinsicht E 85–88

Beleidigungen H 280, H 306
Benutzungsrecht des Mieters C 42–55 *siehe auch Gebrauchsrecht des Mieters*
Bereicherungsanspruch *siehe auch Aufwendungsersatz*
– Ausschluss wegen Kenntnis D 25
– Eigentumsverlust durch Verbindung I 182–185
– Investitionen des Mieters I 188 f., I 190 f.
– Mietminderung D 25, D 27
– nicht geschuldete Schönheitsreparaturen I 80–83
Berliner Räumung I 52
Berufliche Nutzung der Mietsache C 47
Beschädigung der Mietsache I 97–103
Beschaffenheitsvereinbarung C 13 f.
– Ausschluss von Mieterrechten D 44
– energetischer Zustand B 14
– Immissionen C 13
– negative C 13, B 14, B 48, C 168, C 204
– Wohnfläche B 48, D 5, J 4–6
– schlüssiges Verhalten C 13, C 35
Besichtigungsrecht des Vermieters C 169 f.
Besitzstörung C 38, I 32, J 3b
Besuch des Mieters C 58
Bestellerprinzip A 6a
Betriebskosten E 1–92
– Abgrenzung E 10–12
– Abrechnung *siehe Betriebskostenabrechnung*
– Änderung der Umlagevereinbarung E 51 f.
– Änderung des Umlagemaßstabs E 48
– Aperiodische Kosten E 10
– Begriff D 4–18
– Bestimmtheitsgrundsatz E 25
– Betriebskostenverordnung E 4–8
– Bewirtschaftungskosten E 15
– Contracting E 17
– Direktliefervertrag B 53, E 2
– Eigenleistungen des Vermieters E 6
– Ergänzende Vertragsauslegung E 55
– Hauswart E 49
– Heizkosten E 16–18 *siehe Heizkosten*
– Instandhaltungskosten E 7, E 10
– Instandsetzungskosten E 7, E 10
– komplexe Kosten E 49
– Lasten der Mietsache E 1
– Mehrbelastungsklauseln E 55
– Mischnutzung E 45, E 47
– Nebenkosten E 13–15
– neu entstehende E 53–56
– Nutzungsentschädigung I 136
– Nutzerwechselgebühr I 152
– Pauschalen E 36, E 38 f., E 40
– preisgebunder Wohnraum E 45
– sonstige Betriebskosten H 12, H 22
– Umlage bei Eigentumswohnung E 47
– Umlage nach billigem Ermessen E 45
– Umlage nach Verbrauch E 46, E 43
– Umlage nach Wohnfläche E 46, J 11

Sachregister

- Umlagemaßstab E 41–50
- Umlagevereinbarung H 19–28
- Versicherungskosten E 6, E 8, I 102
- Verwaltungskosten E 7, E 10, E 26
- Vorauszahlung E 37, E 40
- Vorwegabzug E 45, E 47
- Wartungskosten E 11, E 49
- Wirtschaftlichkeitsgebot E 56

Betriebskostenabrechnung E 57–E 92
- Abflussprinzip E 59
- Abrechnungsanspruch E 63, E 68, I 155
- Abrechnungsfrist für Geschäftsraum E 64–68
- Abrechnungsfrist für Wohnraum E 60–63
- Abrechnungspflicht E 57
- Abrechnungspflicht E 57
- Abrechnungszeitraum E 58 f.
- Anpassung der Vorauszahlungen E 39, F 7, F 15
- Ausschlussfrist für Nachforderungen E 61
- Belegeinsicht E 85–88
- Einwendungen E 89–92
- Erhöhung der Vorauszahlungen
- Formelle Wirksamkeit E 71–73
- Grundsteuer E 59, E 61
- Korrektur der Abrechnung E 83 f.
- Leistungsprinzip E 59
- Materielle Richtigkeit E 74–75
- Mieterwechsel E 59, I 151–155, I 161
- nach Beendigung des Mietverhältnisses I 151–155
- Nachforderung E 80–82, I 161
- Rechtsnatur E 69
- Rückzahlung E 80–82
- Rückzahlung der Vorauszahlungen I 154
- Saldo E 80–82
- Teilabrechnung E 60
- Unwirksamkeit E 70–75
- Veräußerung G 20
- Verjährung E 63, E 82, I 155
- Verwirkung E 67
- Wirtschaftlichkeitsgebot E 76–79
- Zurückbehaltungsrecht E 62, E 66, E 80
- Zwischenablesung C 20

Betriebspflicht des Mieters C 43–45
Betriebsübergang B 72, G 7
BImA-Errichtungsgesetz G 12
BGB-Gesellschaft B 40, B 94, C 58
Bodenkontaminationen I 108–113
Bundesrecht A 5–6
Bundeskleingartengesetz A 19
Bürgschaft B 187, B 212

Contracting (Heizkosten) E 17
Culpa in contrahendo B 10

Dauernutzungsrecht des Mieters B 112
DIN-Normen C 6
Doppelvermietung B 29
Drittmittel F 30, F 59, F 71 f., F 76

Dübel-Löcher I 96
Datenschutz B 4–7, E 85
Duldungspflicht des Mieters
- Besichtigung der Mietsache C 141–143.
- Erhaltungsmaßnahmen C 127–130
- Modernisierungsmaßnahmen C 131–140

Ehegatten
- Vertragsschluss B 40, B 94
- Erklärungen I 55–57, I 67–69
- Benutzungsrecht C 58
- Eigenbedarf I 172
- Eintrittsrecht bei Tod des Mieters G 49–55, J 17
- Scheidung C 72

Eigenbedarfskündigung H 172–176 *siehe auch Kündigung, ordentliche*
Eigenmächtige Räumung durch den Vermieter I 32
Eigentümer-Besitzer-Verhältnis I 44, I 131, I 182
Eigentümerwechsel G 8–32 *siehe auch Veräußerung der Mietsache*
Eigentumsverlust durch Verbindung I 18 *siehe auch Verbindung mit der Mietsache*
Eigentumswohnung
- Betriebskostenabrechnung E 60
- Betriebskostenumlage E 47, E 90
- Erhaltungspflicht für Gemeinschaftseigentum J 3c
- Kündigungsbeschränkung bei Umwandlung H 173

Eilmaßnahmen C 128, D 35
Einbauküche B 44, I 12, I 19, I 100, J 3
Einheitlichkeit des Mietverhältnisses A 40, H 55, H 68
Einigung B 19–29 *siehe Vertragsschluss*
Einliegerwohnraum A 28, H 150a, H 150c
Einliegerwohnung H 150c
Einrichtungen des Mieters I 17–22, I 51, I 166–173
Endrenovierungsklausel C 163, C 199
Energieausweis B 12–14
Energetische Modernisierung
- Begriff C 132, F 70
- Minderungsausschluss C 135, D 43

Energieeinsparverordnung B 12–14
Erbbaurecht D 67, E 32
Erbe
- des Mieters G 59–60, G 65–68
- des Vermieters G 69–70

Erfüllungsverweigerung des Vermieters D 32
Erhaltungspflicht des Vermieters C 22–41
- Abwendung durch Kündigung C 33
- Ausschluss des Erhaltungsanspruchs C 29–32
- Bagatellmaßnahmen C 22, C 15a, J 3c
- Begriff C 24–27

– Dach und Fach C 187
– Erfüllung durch den Mieter C 122, I 87–89, I 99 f.
– Erneuerung C 27, C 15a
– Ersatzbeschaffung C 189
– Fälligkeit C 28
– gemeinschaftlich genutzte Bereiche C 188, J 3c
– im Inneren der Mieträume C 188 f.
– Instandhaltung C 25–27, C 15a
– Instandsetzung C 26 f., C 15a
– Kleinreparaturen C 180–184
– Konkurrenzschutz C 40 f.
– Kosten E 5, E 8–12
– Maßstab C 7–12, C 15a, J 3c
– Modernisierung C 11 f., C 15
– Opfergrenze C 32
– Schönheitsreparaturen C 25 *siehe auch Schönheitsreparaturen*
– Störungsabwehr C 38 f, C 40 f.
– Überlassungspflicht C 17–20
– Übertragung auf den Geschäftsraummieter C 185–209
– Übertragung auf den Wohnraummieter C 145–184
– Verjährung C 34
– vertragsgemäßer Zustand C 7–12
Erhaltungsmaßnahme
– Ankündigung C 128
– Aufwendungsersatzanspruch C 130
– Begriff C 24–27
– Duldungspflicht des Mieters C 129
– Mietminderung C 129
Erneuerung C 27
Ersatzmieter B 69–70, G 2–7, H 32–34
Essentialia negotii B 36–58
Europarecht A 4, A 8, B 62, B 64, B 66–67, C 94, C 102

Fälligkeit
– Betriebskostennachforderung E 80
– Erhaltungsanspruch C 28
– erhöhte Miete nach Mieterhöhung bis zur ortsüblichen Vergleichsmiete F 34
– erhöhte Miete nach Mieterhöhung nach Modernisierung F 77
– erhöhte Kostenmiete F 83
– Miete C 85–88
– Mietsicherheit B 194, B 201
– Nebenkostennachforderung F 80
– Nutzungsentschädigung F 138
– Rückgabe der Mietsache I 34
– Rückzahlung Mietsicherheit I 161
– Schönheitsreparaturen C 28, C 173, C 206, I 64–66
– Übergabe der Mietsache C 17, B 57
– Zustimmung zur Mieterhöhung bis zur ortsüblichen Vergleichsmiete F 60
Farbexzess I 71–73

Fernabsatzvertrag B 183 *siehe auch Verbraucherwiderrufsrecht*
Feuchtigkeitsschäden H 283
Flächenabweichungen B 48, D 5, E 46, F 51, F 56, J 4–20
Förderwege A 29
Form
– Änderung des Mietvertrags B 98–103
– Ankündigung von Erhaltungsmaßnahmen C 128
– Kündigungserklärung H 98–100
– Mieterhöhungserklärung F 75, F 83
– Mieterhöhungsverlangen F 26
– Mietvertrag B 79–112, H 137–145 *siehe auch Schriftform des Mietvertrags*
– Modernisierungsankündigung C 134
– Nachtragsvertrag B 98–103
– notarielle Beurkundung des Mietvertrags B 113–116
– Vertragsschluss durch Gemeinde B 123–124
– Vorvertrag B 109
– Zustimmung zur Mieterhöhung F 64
Formularklauseln *siehe Allgemeine Geschäftsbedingungen*
Fortsetzung des Mietverhältnisses
– nach Tod des Mieters G 56–58
– nach Widerspruch des Mieters H 210–216
Fortsetzung des Gebrauchs nach Mietende
– Abwicklungsverhältnis I 131–150
– stillschweigende Verlängerung H 426–431
Fruchtziehungsrecht A 17–19
Fristlose Kündigung H 217–319 *siehe auch Kündigung, fristlose*

Garage A 33, A 40, B 88
Garantiehaftung des Vermieters H 28–31
Gartenpflege E 6, E 8, E 10, E 49
Gaseinzelfeuerstätte E 18
Gebäudeversicherung E 8, I 102
Gebrauchsfortsetzung nach Mietende
– Abwicklungsverhältnis I 131–150
– stillschweigende Verlängerung H 426–431
Gebrauchsgewährungspflicht des Vermieters C 21 *siehe auch Gebrauchsrecht des Mieters*
Gebrauchsrecht des Mieters C 42–68
– bauliche Veränderung C 52
– Berufliche Tätigkeiten C 47, J 3b
– Besuch C 58
– Dübel I 96
– Geschäftsraum C 54 f.
– Gemeinschaftseinrichtungen B 45 f.
– Konkurrenzschutz C 40 f., C 44, C 54 f
– Kinderlärm C 49
– Musik C 48, C 15a
– Rauchen C 51, C 15a, I 94
– Sortimentsbindung C 54
– Tierhaltung C 50
– Untervermietung C 53–62
– Überschreitung C 63–68

- Versterben C 53
- vertragsgemäße Abnutzung I 90–96 *siehe auch Abnutzung der Mietsache*

Gebrauchsüberlassung an Dritte C 53–62 *siehe auch Untermiete*

Gefährdung der Mietsache C 126, H 234– H 237

Gefälligkeitsmiete A 16

Gemeinde
- Anscheinsvollmacht B 33
- Ausschreibung von Mietverträgen B 61–67
- Ausschüsse B 30
- Bauleistung B 62
- Beihilfe B 64
- Beschaffung von Leistungen B 62
- Bürgermeister B 30–32
- De-minimis-Verordnung A 64
- Dienstleistung B 62
- Dienstleistungskonzession B 62
- Dienstwohnung (Beamter) A 22
- Duldungsvollmacht B 33
- Entscheidungskompetenz B 30
- Gemeinderat B 30
- Gemeinderecht A 5–6, A 8
- Gleichheitssatz B 65
- Grundrechtsbindung im Privatrecht A 8, B 65
- Haushaltsrecht, kommunales B 62, B 67, F 14
- Kartellvergaberecht B 62, B 67
- Kenntnis von Tatsachen B 34
- Kommunalhaushaltsverordnung
- Kreditähnliche Rechtsgeschäfte B 127–129
- Kündigung wegen Betriebsbedarfs H 186–192
- Kündigung wegen Eigenbedarfs 193–195
- Kündigung wegen öffentlicher Interessen H 193–195
- Kündigung wegen Zahlungsverzugs H 129, H 280
- Mieterhöhung F 14
- Nachtbriefkasten H 113
- Öffentlich-rechtliche Nutzungsverhältnisse A 23–25
- Personalrat, Mittbestimmung bei Kündigung H 101–103
- Postlaufzeiten, interne H 112
- Rechtsschutzbedürfnis gegenüber Tochterunternehmen B 39
- Schilderpräger B 59
- Schriftform für Verpflichtungsgeschäfte B 123 –124
- Stiftungen B 35
- Transparenzgebot B 66
- Überlassung unter Wert B 63, B 125–126
- Unternehmereigenschaft A 44
- Unterzeichnung von Verträgen
- Vergabe von Mietverträgen B 61–66
- Vergunstmiete F 46
- Verpflichtungsgeschäfte B 123–124
- Vertragsschluss B 30–35
- Vertretung B 30–33
- Verwaltungsinterne Regelungen B 39
- Vollmacht B 32
- Vollmachtsrüge H 63, H 59
- Wirksamkeitshindernisse B 123–129
- Wissenszurechnung B 34
- Zugang im Nachtbriefkasten H 113
- Zugang bei internen Postlaufzeiten
- Zuweisung einer Immobilie A 22–23
- Zwischenvermietung A 35, G 42 f.

Gesetzliches Verbot B 120–122, B 59–67

Gemeinschaftseinrichtung B 46, B 88, B 148

Genossenschaftswohnung A 30, G 38

Geruchsbelästigung C 51, H 290

Geschäftsgrundlage H 219, H 317–219

Geschäftsführung ohne Auftrag I 174–181

Geschäftsraum, Begriff A 31

Geschäftsraummiete A 31 f., A 13

Gesellschaft bürgerlichen Rechts (GbR)
- Außengesellschaft B 40, B 94, C 58
- Eigenbedarfskündigung H 173
- Innengesellschaft B 40
- Gesellschafterwechsel C 58
- Schriftform B 87, B 94
- Teilrechtsfähigkeit B 40
- Kündigung wegen Eigenbedarfs H 173
- Vertretung J 19

Gesellschafterwechsel C 58

Gestattung B 46

Gesundheitsgefährdung C 8–11, H 282–288

Gewerbliche Weitervermietung von Wohnraum G 33–42a
- Ein- und Austritt des Vermieters G 35 f
- Entsprechende Anwendung G 39–41
- gewerbliches Handeln G 37
- juristische Personen öffentlichen Rechts G 42 f.
- karitative Zwecke G 38
- Personen mit dringendem Wohnbedarf G 42 f.
- Schutz des Hauptmietverhältnisses G 42
- Selbsthilfe-Genossenschaft G 38
- soziale Interessen G 39, G 42 f.
- Träger sozialer Belange G 42 f.
- Voraussetzungen G 37 f.
- Werkmietwohnungen G 37

Gewährleistung D 22–44 *siehe auch Mängelrechte des Mieters*

Grundsteuer E 59, E 61

Grundstück, Begriff A 36

Grundstücksmiete A 36–37, H 203 f., H 241, I 11, I 108–113, I 175, I 174–196

Haftung
- des Vermieters *siehe Schadensersatzpflicht des Vermieters*
- des Mieters *siehe Schadensersatzpflicht des Mieters*

Halbzwingende Normen B 131–132

Handwerker C 129, C 135

Härteeinwand des Mieters
– bei Aufhebungsvertrag H 24
– gegen Modernisierung C 136
– gegen Modernisierungsmieterhöhung C 134, F 78 f.
– gegen ordentliche Kündigung H 210–216
Hauptleistungspflichten C 2 ff.
– des Mieters C 74–122
– des Vermieters C 16–41
Hausfriedensstörungen *siehe Immissionen*
Haushaltsangehörige
– Eigenbedarfskündigung H 172
– Mitbenutzung der Mietsache C 58
– Haftung des Mieters I 98
– Eintrittsrecht bei Tod des Mieters G 49–55
Haushaltsgeräte B 44, B 214, C 12
Hausmeister E 8, E 49, E 188 f. E 199, I 10, I 120
Hausordnung C 48, C 126, H 290
Hauswart *siehe Hausmeister*
Haustürgeschäfte B 183 *siehe auch Außer-Geschäftsraum-Vertrag*
Heizkosten *siehe auch Betriebs- und Nebenkosten*
– Abrechnung E 16
– Begriff E 16–18
– Gradtagszahlmethode I 152
– Heizkostenverordnung E 16–17, E 42
– Kürzungsrecht des Mieters E 32, E 44
– Mieterhöhung F 32
– Umlagevereinbarung E 18–28
– Verbrauchserfassung E 16 f.
– Verteilungsschlüssel E 43
– Vorrang der Heizkostenverordnung D 16, E 32, F 32
Hundehaltung C 50

Indexmiete F 9–16, F 102–110
Individualvereinbarung B 141–143 *siehe auch Allgemeine Geschäftsbedingungen*
Informationspflichten
– Umsatzmiete C 120
– Verbraucherstreitbeilegungsgesetz B 15–17
– Selbstauskunft des Mieters B 2–7
– Aufklärungspflichten, vorvertragliche B 10–11
– Energieeinsparverordnung B 12–14
Inhaltskontrolle des Mietvertrags
– halbzwingende Normen B 131–132
– Allgemeine Geschäftsbedingungen B 133–140
– Individualvereinbarungen B 141–143
Im Voraus bezahlte Miete I 192–196
– Abdingbarkeit des Erstattungsanspruchs I 193
– Baukostenzuschuss, abwohnbarer I 194
– Baukostenzuschuss, verlorener I 194
– Verjährung I 196
Immissionen
– Abwehr durch den Vermieter C 38 f., J 3b
– Baustandard der Mietsache C 10 f.
– Beschaffenheitsvereinbarung C 13 f.

– Beweis durch Lärmprotokoll D 13
– Gewährleistungsausschluss C 13 f.
– Hausordnung C 48, C 126, H 290
– Kinderlärm C 49
– Kündigung wegen Störung des Hausfriedens H 289–293, H 306
– Lärmstörungen C 15a
– Musik C 48, C 15a, J 3b
– Störungsabwehr durch Vermieter C 38 f., C 15a
– Trittschall C 10 f, C 49, C 63–68
– Unterlassungsanspruch des Vermieters C 63–68
Immobilienanzeige B 12
Innen-GbR B 40 *siehe auch Gesellschaft bürgerlichen Rechts*
Insolvenz des Mieters
– Adressat für Erklärungen H 79
– Fortbestehen des Mietverhältnisses C 112
– Freigabeerklärung H 415
– Insolvenzforderung C 111, H 265
– Insolvenzverwalter H 79, H 110
– Kündigungsrechte – Übersicht H 415
– vereinbartes Kündigungsrecht H 224
– Kündigungsrecht des Verwalters H 411–415
– Kündigungssperre H 264–266
– Lastschriften H 110
– Masseforderung C 112, H 265
– Mietzahlung C 111 f.
Insolvenz des Vermieters
– Adressat für Erklärungen H 79
– Kündigung nach Veräußerung H 406–410
– Kündigung nach Zwangsversteigerung H 399–405
– Kündigungsrechte – Übersicht H 415
– Mieterschutz durch Dienstbarkeit B 112, B 115
Instandhaltung C 25–27, C 15a *siehe auch Erhaltungspflicht des Vermieters*
Instandsetzung C 26 f., C 15a *siehe auch Erhaltungspflicht des Vermieters*
Inventarverzeichnis A 17, B 88
Investitionen des Mieters I 186–196
– Abdingbarkeit von Ersatzansprüchen I 189
– Kündigungsfolgeschaden I 187
– Bereicherungsanspruch I 188 f., I 190 f.
– Verfallklauseln I 189
Irrtum
– Anfechtung B 144–181 siehe *auch Anfechtung des Mietvertrags*
– Rechtsirrtum C 103, H 157
– Tatsachenirrtum C 103, H 157

Jobcenter C 100 f., H 63, H 129, H 255–257, H 275–280, H 303
Jugendwohnheim A 28, H 150b

Kappungsgrenze F 54–58, F 74
Kartellrecht B 59 f., B 62, B 67
Katzenhaltung C 50

Sachregister

Kauf bricht nicht Miete G 8–32 *siehe auch Veräußerung der Mietsache*
Kaution B 187–212 *siehe auch Mietsicherheit*
Kellerräume B 47, B 88
Kenntnis des Mieters von Mängeln
– bei Gesundheitsgefahren H 282
– bei Optionsausübung D 25
– bei Übergabe der Mietsache D 43
– bei Vertragsschluss C 13 f., D 43
– Beschaffenheitsvereinbarung C 13 f., D 43
– Flächenabweichung J 8
– Kenntnisklauseln B 136
– Kündigungsausschluss H 231
– Mangelanzeigepflicht C 124 f., D 43
– Mietminderung, nachträgliche D 25
– Stellvertretung B 34, B 161
– Vorbehalt von Rechten D 25, C 98
– Wissenszurechnung B 34
Klagefrist (Mieterhöhung) F 63
Kleinreparaturen C 180–184
– Begriff C 180
– Vornahmeklauseln C 181
– Kostenbeteiligungsklauseln C 182–184
Kleintierhaltung C 50
Kommunalrecht B 30–35, B 61–67, B 123–129 *siehe auch Gemeinde*
Konkurrenzschutz C 40 f., C 44, H 333
Kostenmiete
– Begriff A 29, E 30
– Erhöhung F 83–85
– Rückforderung C 83
Kündigung – Grundlagen
– außerordentliche fristlose H 51 *siehe auch Kündigung, fristlos*
– außerordentliche mit gesetzlicher Frist H 52 *siehe auch Kündigung, außerordentlich mit gesetzlicher Frist*
– Gesetzessystematik H 45–49
– Einheitlichkeit des Mietverhältnisses A 40, H 55, H 68
– Kündigungsarten H 50–52
– Kündigungserklärung H-53–130 *siehe auch Kündigungserklärung*
– ordentliche H 50 *siehe auch Kündigung, ordentlich*
– Schriftformmangel H 137–145 *siehe auch Kündigung wegen Schriftformmangels*
– vor Übergabe H 39
Kündigung, außerordentliche mit gesetzlicher Frist H 320–425
– Abweichende Vereinbarungen 324–326
– Ausübungsfrist H 322
– berechtigtes Interesse des Vermieters H 328, J 65 f.
– Begründung H 327–415, J 65 f.
– bei Eintritt der Erben des Mieters H 372–385
– bei Eintritt der Nacherbfolge H 390 f.
– bei Eintritt nahestehender Personen bei Tod des Mieters H 359–365

– bei Erlöschen des Erbbaurechts H 392–396, J 61–66
– bei Erlöschen des Nießbrauchsrechts H 386–389
– bei Fortsetzung des Mietverhältnisses mit überlebenden Mietern H 366–371
– bei Insolvenz des Mieters H 411–415
– bei Mieterhöhung für Wohnraum H 349–358
– bei Mietvertrag über mehr als 30 Jahre H 337–343
– bei Modernisierungsankündigung H 344–348
– bei Nacherbfolge H 390–391
– bei Veräußerung der Mietsache in der Vermieterinsolvenz H 406–410
– bei Verweigerung der Untermieterlaubnis H 330–336
– bei Zwangsversteigerung H 399–405
– Freigabeerklärung in der Mieterinsolvenz H 414
– Kenntnis vom Tod H 376
– Kettenmietverträge H 339
– Kündigungserklärung H 329 *siehe auch Kündigungserklärung*
– Kündigungsfrist H 416–422
– Rechtsnatur H 322–323
– Widerspruchsrecht des Mieters H 423–425, J 66
Kündigung, fristlose H 217–319
– Abmahnung H 307–315 *siehe auch Abmahnung*
– Abwägung H 299–301
– Abweichende Vereinbarungen H 220–224
– Aufrechnung H 267–270
– Befriedigung des Vermieters H 260–261
– Begründung H 258 f.
– Beschränkung des Kündigungsrechts H 220–222
– Erweiterung des Kündigungsrechts H 223 f.
– Fehler des Sozialamts H 255–257
– Fristsetzung H 307–315
– Generalklausel H 297–306
– hilfsweise ordentliche Kündigung H 243, H 263
– Kündigungserklärung H-53–130 *siehe auch Kündigungserklärung*
– Mietbegriff für Zahlungsverzug 251–254
– Mieterinsolvenz H 264–265
– Nachholrecht des Mieters H 271–281
– Schonfristregelung H 271–281, J 49–60
– Verpflichtungserklärung öffentlicher Stellen H 278 ff.
– Vertragsrisiko H 300
– Vertretenmüssen des Zahlungsverzugs H 255–257
– wegen Beleidigungen und Belästigungen H 306
– wegen Gefährdung der Mietsache H 234–237
– wegen Gesundheitsgefährdung H 282–288
– wegen Nichtbezahlens der Kaution H 304

– wegen sonstiger wichtiger Gründe H 297–306
– wegen Störung der Geschäftsgrundlage H 317–319
– wegen Störung des Hausfriedens H 289–293
– wegen Täuschung H 305
– wegen unbefugter Überlassung des Mietgebrauchs H 238–241
– wegen unerlaubter Untervermietung H 238–241
– wegen Verzugs mit der Mietsicherheit H 294–296, H 304
– wegen Vorenthaltung des vertragsgemäßen Gebrauchs H 226–233
– wegen Zahlungsverzugs H 242–281, J 29–48
– wichtiger Grund H 225–303
– Widerspruchsrecht des Mieters H 316
– Wohnraum H 218, H 247, H 258, H 271–281

Kündigung, ordentliche H 131–216
– Abmahnung H 159, H 167
– Abrissgenehmigung H 180
– Abweichende Vereinbarungen H 132–145
– Anbietpflicht des Vermieters H 174
– Ausnahmen vom Begründungserfordernis H 150a-150d
– Ausnahmen vom Kündigungsschutz H 150a
– Begründung H 146–195
– berechtigtes Interesse des Vermieters H 148–195
– Einliegerwohnung H 150c
– Eigenbedarf, vorgetäuschter H 176
– Fortsetzung nach Widerspruch H 210–216
– Fristberechnung H 206–209
– Karenzzeit H 307
– Kündigungserklärung H-53–130 *siehe auch Kündigungserklärung*
– Kündigungsfrist H 196–205
– Kündigungsverzicht H 135 f., H 140–145
– Mietverhältnis auf bestimmte Zeit H 133
– öffentliche Interessen H 193–195
– ohne Kündigungsgrund H 146–147
– Schaffung neuen Wohnraums H 150d
– Schonfristregelung H 161, H 263, H 281
– Sozialwiderspruch des Mieters H 210–216
– Teilkündigung H 150d
– Untervermietung H 168–169
– Verschulden H 157
– Verschulden Jobcenter, Sozialamt H 63
– vertragswidriger Gebrauch der Mietsache H 164–167
– Vertretenmüssen H 163
– Vollstreckungsaufschub für Räumung H 216
– Vorratskündigung H 172
– wegen Abriss H 178, H 180, H 185
– wegen Betriebsbedarfs H 186–192
– wegen Eigenbedarfs H 172–176
– wegen öffentlicher Interessen H 193–195
– wegen Schriftformmangels H 137–145

– wegen schuldhafter Pflichtverletzung H 154–171
– wegen sonstigen berechtigten Interesses H 184–195
– wegen unbefugter Überlassung H 168–169
– wegen Verletzung von Duldungspflichten H 171
– wegen Verletzung von Obhutspflichten H 170
– wegen Verletzung von Zahlungspflichten H 161–163
– wegen vertragswidrigen Gebrauch H 164–167
– wegen wirtschaftlicher Verwertung H 177–183
– Werkdienstwohnung H 191
– Werkmietwohnung H 187–190
– Widerspruchsrecht des Wohnraummieters H 210–216
– Wohnungsumwandlung H 173
– Zweckentfremdungsgenehmigung H 180

Kündigungserklärung H-53–130
– Abmahnung, vorherige H 106
– Auskunft über weitere Besitzer H 95–97
– Bedingungen H 83–85
– Beendigungswille H 80
– Begründung H 86–89
– Eigentümerwechsel H 73–78
– Betreuer H 72
– Betriebsrat H 101–103
– Bevollmächtigte
– Beweis H 114–168
– Bote H 108–113, H 11,
– Brief, einfacher H 109- 113, H 118
– Briefkasten H 111–113
– Einheitlichkeit A 40, H 55, H 68
– Einzelperson H 54, H 66
– E-Mail H 117
– Einschreiben H 100, H 109–113, H 120 f.
– Empfänger H 66–79
– Empfangsvollmacht H 71
– Erklärender H 54–65
– Ermächtigung H 56
– Form H 98–100, J 23
– Gegenstand H 81
– Gerichtsvollzieher H 122
– hilfsweise H 85
– Inhalt H 80–97, J 22
– Insolvenzverfahren H 79
– juristische Personen H 72
– Kündigungstermin H 90–92, J 22
– Minderjährige H 72
– ohne Vertretungsmacht H 65
– öffentliche Zustellung H 123
– Personalrat H 101–103
– Personenmehrheit H 55–57, H 67–69
– Rangfolge H 85
– Rücknahme H 125 f.
– Sachverhalt H 89
– Sozialwiderspruchsrecht H 94
– Stellvertretung H 58–65, H 70–72

– Telefax H 116
– Umdeutung H 87a
– Veräußerung der Mietsache H 73–78
– Verhalten nach Zugang H 128–129
– Vertretungsmacht H 58–59
– Verwirkung H 106
– Vollmachtsrüge H 61–63, J 24 f.
– Werkwohnungen H 101–103
– Wiederholung H 130
– Widerruf H 124 f.
– Widerspruch gegen Verlängerung H 93
– Wirksamwerden H 108–113
– zeitnahe Kündigung H 104–107
– Zugang H 108–123 siehe auch Zugang von Erklärungen

Kündigungsfrist
– außerordentliche Kündigung mit gesetzlicher Frist H 22 f., H 416–422
– bei Schriftformmangel H 140–142
– bei stillschweigender Verlängerung H 430
– Berechnung H 206–209
– Karenzzeit H 307
– ordentliche Kündigung H 196–205

Kündigungsschutz – Ausnahmen H 150–150d
– dringender Wohnbedarf H 150a
– Einliegerwohnraum H 150a, H 150c
– Einliegerwohnung H 150c
– gewerbliche Zwischenvermietung A 27, G 33–42 f.
– Schaffung neuen Wohnraums H 150d
– Studenten- und Jugendwohnheime H 150b
– vorübergehender Gebrauch H 150a

Landesrecht A 5–6
Lärm C 49 siehe auch Immissionen
Lasten der Mietsache C 70, E 1 f.
Lastschriftverfahren C 96
Leasing A 21
Lebensdauer von Einrichtungsgegenständen I 100
Lebenspartner C 50–52
Legaldefinitionen siehe Begriffe
Leihe A 20
Leistungsvorbehalt F 111–116
Luxusmodernisierung F 74, F 78

Mahnung C 90, C 99 siehe auch Abmahnung
Malerarbeiten siehe Schönheitsreparaturen
Mangel der Mietsache
– Anzeigepflicht des Mieters C 124 f., D 43
– Bagatellmangel D 11
– Begriff D 8
– Beschaffenheitsvereinbarung D 8 f., D 44
– Beseitigungspflicht des Mieters D 44
– Beweis durch Störungsprotokoll D 13
– Doppelvermietung D 15
– Duldungspflichten D 12
– Energetische Modernisierung D 43
– Erheblichkeit D 11

– Kenntnis des Mieters H 43
– Kündigung durch Vermieter D 44
– Mängelrechte D 1–3 siehe auch Mängelrechte
– öffentlich-rechtliche Vorschriften D 10
– Rechtsmangel D 15
– Sachmangel D 8–13
– Verursachung durch Mieter D 43
– Zugesicherter Eigenschaften D 14
– Zurückbehaltungsrecht D 18–21

Mangelanzeigepflicht C 124 f.
Mangelbeseitigungsanspruch des Mieters C 22–34, D 16 f.
Mängelrechte des Mieters D 1–44
– Aufwendungsersatz D 33–38, D 32
– Ausschluss der Mängelrechte D 42–44
– Beseitigungsanspruch D 16 f.
– Garantiehaftung des Vermieters D 28–31
– Kündigung wegen Mängeln D 39–41, D 43
– Mangelanzeige, unterlassene D 43
– Mangelbeseitigungsanspruch D 16 f.
– Mangelkenntnis des Mieters D 43 siehe auch Kenntnis des Mieters von Mängeln
– Mieterhöhung trotz Mängeln F 61
– Mietminderung D 22–27
– Schadensersatz D 28–32
– Verschuldenshaftung des Vermieters D 28–31
– Verzugshaftung des Vermieters D 28–30
– Vorschuss für Mangelbeseitigung D 37
– Zurückbehaltungsecht an der Miete D 18–21

Mehrwertsteuer B 53 siehe auch Umsatzsteuer
Mietänderung F 1–116
– bei Geschäftsraum F 86–116
– bei preisfreiem Wohnraum F 2–82
– bei preisgebundenem Wohnraum F 83–85
– bei weitervermietetem Wohnraum A 35, F 87

Mietänderung bei Geschäftsraum
– Anpassung der Miete, Begriff F 114
– Änderungskündigung F 90–95
– Indexmiete F 102–110
– Leistungsbestimmungsrecht F 113
– Leistungsvorbehalte F 111–116
– Nachtragsvertrag F 90–93
– Neufestsetzung der Miete, Begriff F 114
– Preisklauseln 102–110
– Prozentklauseln F 107
– Punkteklauseln F 107
– Regelungsbedarf F 86–89, F 96
– Schriftform des Mietvertrags B 99–100
– Staffelmiete F 97–101
– Umsatzzuschlag C 62
– Unwirksamkeit von Preisklauseln F 108
– Verbraucherpreisindex F 105
– Vereinbarte Mieterhöhung F 90–93
– weitervermieteter Wohnraum A 35, F 87
– Wertsicherungsklauseln, automatische F 102–110

Mietänderung bei Wohnraum
– Änderungskündigung F 1
– Erhöhung der Kostenmiete F 83–85

- freiwillige Mieterhöhung F 17–19
- Geltungsbereich der Mieterschutzvorschriften F 2–4
- Indexmiete F 9–16
- Mietdatenbank I 123
- Mieterhöhung bis zur ortsüblichen Vergleichsmiete F 20–67 siehe auch Mieterhöhung bis zur ortsüblichen Vergleichsmiete
- Mieterhöhung nach Modernisierung F 68–82 siehe auch Mieterhöhung nach Modernisierung
- Modernisierungsvereinbarung C 140
- Staffelmiete F 6–8
- Untermietzuschlag C 59
- Verbraucherwiderrufsrecht F 19, F 67
- Vereinbarte Mieterhöhung F 17–19

Mietaufhebungsvertrag H 14–37 siehe auch Aufhebungsvertrag

Mietausfallschaden H 431, I 29, I 36, I 76, I 79

Mietausfallwagnis B 191, E 15, E 30

Mietgebrauch C 42–68 siehe auch Gebrauchsrecht des Mieters

Miete
- atypische A 16
- Begriff, allgemein A 16, E 30
- Begriff, fristlose Kündigung H 251–254
- Betriebskosten E 4–12
- Bruttokaltmiete E 30
- Bruttowarmmiete E 30, E 32
- Fälligkeit C 85–88
- Gefälligkeitsmiete A 16
- Grundmiete C 30
- Gesamtschuld mehrerer Mieter B 207
- Heizkosten E 16–18
- Höhe C 76–84 siehe auch Miethöhe
- Indexmiete F 9–16, F 102–110
- Kostenmiete C 84, E 30
- Marktmiete F 114, I 136
- Mietausfallwagnis B 191
- Mietstruktur E 29–34
- Mindestmiete C 115
- Nebenkosten E 13–15
- Nettokaltmiete E 30
- ortsübliche Vergleichsmiete F 50–53
- Preisbindung A 29, F 83–85
- Schriftform, gesetzliche B 89
- Staffelmiete F 6–8
- Teilinklusivmiete E 31
- Umsatzmiete C 115–121, E 34
- Umsatzsteuer B 53, H 251
- Untermietzuschlag C 59, C 62
- Vergunstmiete F 46
- Vereinbarung B 53–54
- Vertragstyp A 16 siehe auch Vertragstypen
- Zahlung C 74–121 siehe auch Mietzahlung

Mieter
- Haftung I 97–103 siehe Schadensersatzpflicht des Mieters
- Insolvenz C 111 f. siehe auch Insolvenz des Mieters

- Personenmehrheit B 40, B 94
- Parteiwechsel G 2–7

Mieterhöhung F 1–116 siehe auch Mietänderung

Mieterdienstbarkeit B 112, B 115

Mieterwechsel B 72, E 60, H 32, G 2–7, G 71–76

Mieterhöhung bis zur ortsüblichen Vergleichsmiete F 20–67
- Adressat F 22
- Ausschluss F 44–46
- Ausschlussvereinbarungen I 44–46
- Begründung F 35–40
- Bruttokaltmiete F 52
- Bruttowarmmiete F 33
- Drittmittel F 30, F 59
- Empfänger F 22
- Form F 26, F 64
- formelle Wirksamkeit F 24–42
- Inhalt F 29–30
- Kappungsgrenze F 46–58
- Klagefrist F 63
- Mängel der Mietsache F 61
- materielle Begründetheit F 43–67
- Mieterhöhungsverlangen F 22–67
- Mietspiegel, einfacher F 37
- Mietspiegel, qualifizierter F 37
- Nettomietspiegel F 33
- Rechtsnatur F 21
- Regressionsmietspiegel F 37
- Sachverständigengutachten F 39
- Sonderkündigungsrecht F 62, H 349–379
- Sperrfrist F 25
- Tabellenmietspiegel F 37
- Teilinklusivmiete F 33, F 52
- Teilzustimmung F 65
- Typengutachten F 39
- Überlegungsfrist F 60–62
- Unwirksamkeit F 25, F 66
- Verbraucherwiderrufsrecht F 67
- Vergleichsmiete, ortsübliche F 50–52
- Vergleichswohnungen F 40
- Vergunstmiete F 46
- Vertragsänderung F 21, F 31
- Vollmacht F 22
- Wartefrist F 47–49
- Wirksamwerden der Mieterhöhung F 34, F 64
- Wohnfläche F 51, F 56
- Zugang F 22
- Zustimmung F 64–67
- Zustimmungsfrist F 60–62
- Zustimmungspflicht F 2 f., F 64 f.

Mieterhöhung nach Modernisierung F 68–82
- Ausschluss F 69
- Bauherr F 70
- Begründung F 76
- Berechnung F 71–74
- Drittmittel F 71, F 76
- Erhaltungskosten F 71 f.

– Erläuterung F 76
– Form F 75
– Härteeinwand F 78
– Instandsetzungskosten
– Kappungsgrenze F 74
– Kostenaufteilung F 73
– Mieterhöhungserklärung F 75 f.
– Modernisierungsmaßnahme F 70
– Modernisierungsvereinbarung F 82
– Rechtsfolgen F 77–82
– Sonderkündigungsrecht F 80
– Sperrfrist F 72
– vereinfachtes Verfahren F 72, F 76, F 79
– Vollmacht F 75
– Wirksamwerden F 77

Mieterinsolvenz C 111 f. *siehe auch Insolvenz des Mieters*

Miethöhe C 76–84
– Gefälligkeitsmiete A 16
– Kostenmiete A 29, C 84
– Mietpreisbremse C 79–83
– Mietpreisüberhöhung C 77 f.
– Sittenwidrigkeit B 119, C 76
– Überlassung unter Wert (Gemeinde) B 125 f.
– Vergunstmiete F 46
– Wucher B 118, C 76

Mietminderung D 22–27 *siehe auch Mängelrechte des Mieters*
– Ausschluss D 26 f., D 42–44
– Automatismus D 22, D 27
– Bagatellmängel D 11
– Berechnung D 23 f.
– Bolzplatzentscheidung C 13 f.
– Energetische Modernisierung D 43
– Flächenabweichung D 5, J 4–11, J 14 f.
– Geschäftsraum D 27
– Minderungsquote D 24
– nach Modernisierung C 15
– nach Optionsausübung D 25
– nachträgliche D 25
– Rückforderung D 25
– trotz Duldungspflicht D 12
– Vorbehalt D 25, C 98

Mietpreisbremse C 79–83
– Auskunftsobliegenheit des Vermieters C 81
– Ausnahmen C 80 f.
– Befristung C 79
– Geltungsbereich C 79 f.
– Indexmiete F 12
– Nutzungsentschädigung I 136
– Rückzahlungsanspruch C 83
– Rügepflicht des Mieters C 83
– Staffelmiete F 6
– Verstoß C 82 f.

Mietpreisüberhöhung C 77 f.

Mietrechtsanpassungsgesetz (2018) A 6a
– Auskunftsobliegenheit des Vermieters C 81
– Herausmodernisieren (Ordnungswidrigkeit) C 139

– Kappungsgrenze F 72
– Mieterhöhung auf ortsübliche Vergleichsmiete F 59
– Mieterhöhung nach Modernisierung F 71, F 74
– Schadensersatz bei Herausmodernisieren C 139
– vereinfachte Rügepflicht des Mieters C 83
– vereinfachtes Verfahren für Mieterhöhung F 72, F 76
– Weitervermietung von Wohnraum für Personen mit dringendem Wohnbedarf A 35

Mietrechtsnovellierungsgesetz (2015) A 6a
– Bestellerprinzip A 6a
– Mietpreisbremse Rn. C 79–83

Mietrechtsreformen A 6a

Mietsache
– Apotheke C 116
– Einliegerwohnraum A 28, H 150a, H 150c
– Einliegerwohnung H 150c
– Garage A 33, A 40, B 88
– Gemeinschaftseinrichtungen B 45–46, B 49, C 15a
– Geschäftsraum A 31–32
– Gestattung der Benutzung B 46
– Grundstück A 36–37
– Kellerräume B 47, B 88
– Lageplan B 47
– Mischmietverhältnis A 38–40, J 2
– Mitvermietung B 44–46, C 15a
– Nutzung weiterer Flächen B 46
– Räume A 33–34
– Sachen A 11
– Schriftform, gesetzliche B 88, B 99
– vertragsgemäßer Zustand C 7–15
– weitervermieteter Wohnraum A 35, G 33–42
– Werkdienstwohnung A 22, H 191
– Werkmietwohnung A 22, F 46, G 37, H 187–190
– Wohnfläche B 48, D 5, J 4–20
– Wohnraum A 27–30, A 12, B 51
– Zubehör B 43, C 15a

Mietschuldenfreiheitsbescheinigung B 9, I 164

Mietsicherheit B 187-212 und I 156–165
– Abrechnung I 156–159
– Abwohnen, Unzulässigkeit B 197, I 160
– Arten B 187
– Aufrechnung mit verjährten Forderungen I 159
– bei Geschäftsraum B 199–208
– bei Wohnraum B 190–198
– Bürgschaft B 212
– Geldkaution B 194, B 210
– Höhe B 192–193, B 200
– Kündigungsrecht bei Verzug H 294–296, H 304
– Mietausfallwagnis B 191
– Mietschuldenfreiheitsbescheinigung I 164
– Mitmieter B 193, B 207

- Rückgewähr I 160–165
- Schuldbeitritt B 193, B 208
- Sicherungszweck B 191, I 158
- Sparguthaben, verpfändetes B 211
- Teilzahlungen B 194, B 201
- Treuhandkonto B 194, B 202
- Veräußerung der Mietsache G 21–23
- Verjährung B 195, B 204, I 165
- Verwertungsbefugnis des Vermieters B 196 f., B 205 f, I 158
- vorbehaltlose Rückgabe I 164
- Zinsen B 194, B 203

Mietspiegel F 37
- einfacher F 37
- neuer F 53
- qualifizierter F 37, F 41
- Regressionsmietspiegel F 37
- Spannen F 53
- Tabellenmietspiegel F 37
- Vermutungswirkung F 37
- Zuschläge F 37, F 53

Mietstruktur E 29–34 *siehe auch Miete*

Mietvertrag
- Abgrenzung B 15–21 *siehe auch Vertragstypen*
- Abschluss B 18–78 *siehe auch Vertragsschluss*
- Allgemeines Gleichbehandlungsgesetz B 74–78
- Änderung B 98–103 *auch siehe Nachtragsvertrag*
- Anfechtung B 144–181
- Auslegung B 135, B 143
- Form B 79–116
- Informationspflichten B 2–17
- Inhalt B 36–58
- Inhaltskontrolle B 130–143
- Neuvermietung B 68–73
- Schutzwirkung zugunsten Dritter D 29
- Verbraucherwiderrufsrecht B 182–186
- Wirksamkeit B 117–129

Mietvorauszahlung I 192–196
Mietwucher B 118, C 76
Mietzahlung C 74–121
- Aufrechnung C 97
- Bankversehen C 102
- Einmalzahlung C 85
- Fälligkeit C 85–88
- Kündigung wegen Verzugs H 242–281, H 161–163
- Lastschriftverfahren C 96
- Mahnung C 90, C 99
- Mieterinsolvenz C 111 f.
- Rechtzeitigkeit C 94–95
- Rückforderung durch Insolvenzverwalter C 96
- Saldoklage C 110
- Teilzahlungen C 107–109
- Tilgungsbestimmung C 108 f.
- Verjährung C 113 f.
- Verzug 89–106
- Fehler des Sozialamts C 100 f., H 163, H 256
- Verzugszins C 104–106
- Vorbehalt C 98
- Zahlungsunfähigkeit C 101, C 111 f.

Mietzeit
- auf Lebenszeit H 8, H 13
- auflösend bedingte H 9
- bedingte H 9–9, B 57, B 117
- befristete 56, H 7 f
- Höchstgrenze H 13
- Kettenmietvertrag
- Kündigung wegen Schriftformmängeln H 137–145
- Kündigungsausschlussvereinbarungen
- unbefristete
- Vereinbarung B 55–58
- Verlängerungsklausel
- Verlängerungsoption B 57 siehe auch Optionsrecht
- Vertrag über mehr als 30 Jahre
- Zeitmietvertrag B 56, H 7 f.

Mietzins *siehe Miete*

Mietzweck
- Änderung, nachträgliche B 52 *siehe auch Nachtragsvertrag*
- Vereinbarung B 50–52
- Vertragsgemäßer Zustand C 8 f.

Mindestmiete *siehe auch Umsatzmiete*

Minderung
- der Miete D 22–27 *siehe auch Mietminderung*
- der Nutzungsentschädigung I 137

Mischmietverhältnis A 38–40, J 2
Möblierter Wohnraum A 28, C 44, C 80, H 150a
Modernisierende Instandsetzung F 71 f.
Modernisierung
- Anspruch des Mieters auf C 11 f.
- Begriff C 132
- Duldungspflicht des Mieters C 131–140
- Mietminderung D 15, D 135
- Mieterhöhung F 68–82 siehe *auch Mieterhöhung nach Modernisierung*

Modernisierungsmaßnahme
- Ankündigung C 134
- Aufwendungsersatz C 137
- Bagatellmaßnahmen C 134
- Begriff C 132, F 70
- Duldungspflicht des Mieters C 135
- Härteeinwand D 136
- Herausmodernisieren D 139
- Umgestaltung D 133
- Unterlassungsanspruch des Mieters C 138
- vereinfachtes Verfahren C 134

Modernisierungsvereinbarung C 140, F 82
Musik C 48, C 15a, J 3b *siehe auch Immissionen*
Mustermietvertrag des BMJ 1976 C 162

Nachlasspflegschaft G 64, G 68
Nachlassverbindlichkeiten G 55, G 63

Nachmieter B 69, B 73, G 2–7 *siehe auch Ersatzmieter*
Nachmieterklausel H 32–34
Nachtragsvertrag
– Mieterhöhung F 17–19, F 90–95
– Mieterwechsel G 2–7
– Änderung des Mietzwecks B 52
– Schriftform B 98–103
Nebengesetze
– Allgemeine Gleichbehandlungsgesetz B 74–78
– Betriebskostenverordnung A 7, C 25, E 4–12, E 18, E 20–22, E 54, E 102, I 152
– BImA-Errichtungsgesetz G 12
– Bundes-Bodenschutzgesetz B 109–113
– Bundeskleingartengesetz A 19
– Datenschutzgrundverordnung B 4–7, E 85
– Energieeinsparverordnung A 7, B 12–14
– Gemeindeordnung B 30–35, B 61–67, B 123–129
– Gesetz gegen Wettbewerbsbeschränkungen B 59 f., B 62, B 67, B 122, B 142
– Heizkostenverordnung A 7, E 16–18, E 42
– Insolvenzordnung C 111 f., H 79, H 224, H 264–266, H 406–416
– Neubaumietenverordnung A 7, A 29, E 23, E 45, E 57 f, E 60, E 69, E 77, E 86
– Preisklauselgesetz F 103–108
– Richtlinie zur Bekämpfung von Zahlungsverzug im Geschäftsverkehr C 94, C 102
– Strafgesetzbuch C 176
– Verbraucherstreitbeilegungsgesetz B 15–17
– Wirtschaftsstrafgesetz C 77 f., C 139
– Wohnungsbindungsgesetz A 7, A 29, B 68, B 191, C 84, C 178, F 83–85, H 254, H 357, H 399, I 136, I 417, I 158, I 194
– Zweite Berechnungsverordnung A 7, A 29, B 48, B 191, C 25, C 158, C 196, C 180, E 9, E 15, E 77
Nebenkosten D 1–92 *siehe auch Betriebskosten*
Neuvermietung B 68–73
Notarielle Beurkundung B 113–116
Notmaßnahmen C 128, D 35
Nutzungsrecht des Mieters C 42–68 *siehe auch Gebrauchsrecht des Mieters*
Nutzungsentschädigung I 132–139
– Vorenthaltung der Mietsache I 135
– Vermieterpfandrecht I 135
– Höhe I 136
– Minderung wegen Mängeln I 137
– Fälligkeit I 139

Öffentlich-rechtliche Nutzungsanforderungen
– behördliches Einschreiten D 10
– Übertragung auf den Mieter C 190
– vertragsgemäßer Zustand der Mietsache C 9
Obhutspflicht des Mieters C 126, H 234–237
Opfergrenze für Erhaltungspflicht C 32

Optionsrecht des Mieters
– Ausübung B 57, B 89 f., B 100
– Begriff B 57
– Bindungsdauer H 339
– Erlöschen H 10
– mehrfaches B 90, H 10
– Mietänderung B 89, F 96
– Mietminderung D 25
– Schriftform B 89 f., B 100
Ordentliche Kündigung H 131–216 *siehe auch Kündigung, ordentliche*
Ordnungswidrigkeiten
– Herausmodernisieren F 167
– Mietpreisüberhöhung C 77 f.

Pacht, Begriff A 17
Parkettboden C 158, C 197, I 92
Parkplätze A 40, B 88
Parteiwechsel G 2–7
Preisbindung A 29, F 83–85
Preisklauselgesetz F 103–108
Preisgebundener Wohnraum
– Begriff A 29
– Betriebskosten E 45, E 77, E 86
– Belegungsbindung A 29, B 68
– Fehlbelegung B 120
– Förderwege A 29
– Kostenmiete C 84, E 30
– Mietausfallwagnis B 191, E 15, E 30
– Miethöhe C 84
– Mietsicherheit B 191
– Preisbindung A 29, F 83–85
– Rechtsquellen A 7
– Schönheitsreparaturklausel, unwirksame C 178
Prostitution B 120

Quotenklauseln I 67 f. *siehe auch Schönheitsreparaturen*

Rauchen C 51, C 15a, H 290, I 94
Rauchwarnmelder C 11, E 55
Raummiete, Begriff A 33 f.
Räum- und Streupflicht C 36 f.
Räumung der Mietsache I 14–26 *siehe auch Rückgabe der Mietsache*
Räumungsfrist I 37
Räumungsverfügung I 52
Räumungsvollstreckung I 49–55
– bei drohender Gewalt I 55
– Berliner Räumung I 52
– beschleunigte I 55
– beschränkter Vollstreckungsauftrag I 52
– Beseitigungstitel für Rückbaupflichten I 50
– im einstweiligen Rechtsschutz I 55
– klassische Räumung I 59
– Mietnomade I 55
– plötzlich auftauchende Dritte I 55
– Räumungsschutz I 54

– Räumungsverfügung I 55
– Rückbaupflicht I 50
Rechte und Pflichten der Vertragsparteien C 1–209
Rechtsmangel D 15
Rechtsquellen A 3–8
Regressverzicht der Versicherung I 102
Reinigungspflicht des Mieters
– allgemeine I 104
– besenreiner Zustand I 105
– Fensterputzen I 104
– Teppichbodenreinigung I 106
– Schadensersatz wegen Verletzung I 107
Reißbrettvermietung B 57, B 88, B 90, B 117
Renovierungsmaßnahme
– Baukostenzuschuss des Mieters I 192–196
– Erhaltungsmaßnahme C 24–27 *siehe auch Erhaltungsmaßnahme*
– Modernisierungsmaßnahme C 132, F 70 *siehe auch Modernisierungsmaßnahme*
– Schönheitsreparaturen C 158 f., C 196 f. *siehe auch Schönheitsreparaturen*
Rückbaupflicht des Mieters I 23–26
Rückgabe der Mietsache I 4–55
– Annahmeverzug des Vermieters I 29
– Anspruch gegen Dritte I 40–48
– Anspruch gegen Mieter I 4–39
– bauliche Veränderungen des Mieters I 23–26, I 51
– Beseitigungsanspruch I 51
– Besitzverschaffung I 9 f.
– bewegliche Sachen des Mieters I 14–16
– Einbauten des Mieters I 18–22
– Einrichtungen des Mieters I 17–22, I 51, I 166–173
– Fälligkeit I 34
– Firmenschilder I 19
– Gegenstände des Vormieters I 15
– Grundstück I 10
– Herausgabe I 9–13
– Mietermehrheit I 7
– Mietsicherheit I 156–159
– Mietschuldenfreiheitsbescheinigung I 164
– Nichterfüllung der Räumungspflicht I 27–32
– Obhutspflicht des Vermieters I 32
– Räumung I 14–26
– Räumungsfrist I 37
– Räumungsvollstreckung I 49–55 *siehe auch Räumungsvollstreckung*
– Rückbaupflicht I 23–26, I 33, I 51
– Rückgabe (Begriff) I 8
– Rückgabeprotokoll I 31, 123–130
– Rückgabeverlangen I 43
– Schlechterfüllung der Räumungspflicht I 29–31
– Schlüssel I 10
– Teilleistungen I 27–31
– Untermiete I 13, I 40–48
– Verjährung I 39

– Verspätung I 131–150 *siehe auch verspätete Rückgabe*
– vorzeitige I 35 f.
– Wegnahmerecht des Mieters I 21
– Zustimmung des Vermieters zu Veränderungen I 22, I 25
– Zurückbehaltungsrecht des Mieters I 38
– zurückgelassene Gegenstände des Mieters I 32
– Zustand I 33 *siehe auch Rückgabezustand der Mietsache*
Rückgabezustand der Mietsache I 56 – 113
– Abnutzung, vertragsgemäße I 90–96 *siehe auch Abnutzung der Mietsache*
– Ausschlusswirkung des Rückgabeprotokolls I 123–130 *siehe auch Rückgabeprotokoll*
– Badewanne I 93
– bei Abbruch I 66, I 69 f., I 89
– bei Umbau I 66, I 69 f., I 89
– besenrein I 105
– bezugsfertig C 199
– Bodenkontaminationen I 108–113
– Bohrlöcher I 96
– Dübel I 96
– Erhaltungsmaßnahmen des Mieters I 87–89
– Farbexzess des Mieters I 71–73
– Instandsetzung durch den Mieter I 87–89
– kleinere Beschädigungen I 95
– Parkett I 92
– Rauchen (Folgen) I 94
– Rechtsverlust durch Rückgabe der Mietsicherheit I 164
– Reinigung I 104–107 *siehe auch Reinigungspflicht des Mieters*
– Schäden I 97–103
– Schönheitsreparaturen I 59–86 *siehe auch Schönheitsreparaturen*
– Teppichboden I 92
– Verjährung von Ersatzansprüchen I 114–122
– Waschbecken I 93
Rückgabeprotokoll 123–130
– Anspruch des Mieters auf Erstellung I 124
– Ausschlusswirkung I 128
– Beweisanzeichen I 126
– kaufmännisches Bestätigungsschreiben I 130
– Schuldanerkenntnis, deklaratorisches I 127
– Schuldanerkenntnis, konstitutives I 129
– Schuldanerkenntnis, negatives I 128
– Schuldbestätigung I 127
– Schweigen nach Zugang I 130
– Verbraucherwiderrufsrecht I 129
– Vorbehalt I 128

Sachmangel D 8–13 *siehe Mangel der Mietsache*
Saldoklage C 110
Samstag C 88, H 207, I 34
Salvatorische Schriftformklausel B 105
Sanierungsmaßnahme
– Baukostenzuschuss des Mieters I 192–196

– Erhaltungsmaßnahme C 24–27 *siehe auch Erhaltungsmaßnahme*
– Modernisierungsmaßnahme C 132, F 70 *siehe auch Modernisierungsmaßnahme*
Schäden an der Mietsache I 97–103 *siehe auch Schadensersatzpflicht des Mieters*
Schadensersatzpflicht des Vermieters
– Aufwendungsersatz bei verweigerter Leistung D 32
– Anfechtung des Mietvertrags B 180–181
– Doppelvermietung B 29, B 73, D 15
– eigenmächtige Räumung I 145
– Garantiehaftung für anfängliche Mängel D 28–31
– Herausmodernisieren C 139
– Kündigungsfolgeschaden I 187
– Mängel, anfängliche D 28–31
– Mängel, verschuldete D 28–31
– Mängel, Verzug mit Beseitigung D 28–30
– Pflichtverletzungen
– Pflichtverletzungen von Erfüllungsgehilfen H 28
– Rechtsmängel B 29, B 73, D 15
– Schutzwirkung des Mietvertrags zugunsten Dritter D 29
– Unwirksamkeit Schönheitsreparaturklausel I 80
– Verletzung von Ausschreibungspflichten B 60, B 67
Schadensersatzpflicht des Mieters
– Abzug „neu für alt" I 100
– fiktive Reparaturkosten H 99
– Fristsetzungserfordernis I 99
– für Erfüllungsgehilfen D 28
– für Untermieter C 59 f., H 156, H 331
– für Obhutspflichtverletzung I 97–103
– Kündigungsfolgeschaden H 431
– Mietausfall H 431, I 29, I 36, I 76, I 79, I 118
– Nutzungsentschädigung I 132–139
– statt der Leistung I 74–76, I 88
– statt Erhaltungsmaßnahmen I 88 f.
– Umfang I 100–102
– Umsatzsteuer I 99
– Verhältnis zu Schönheitsreparaturen I 95
– versicherte Schäden I 102
– vertragsgemäße Abnutzung
– Vorteilsausgleichung I 100
– wg. Anfechtung des Mietvertrags B 180–181
– wg. Beschädigung der Mietsache I 97–103
– wg. Bodenkontaminationen I 108–113
– wg. Farbexzesses I 71–73
– wg. kleinerer Beschädigungen I 95
– wg. mangelhafter Schönheitsreparaturen I 83
– wg. Schlüsselverlusts I 101
– wg. unterlassener Mängelanzeige C 125
– wg. unterlassener Schönheitsreparaturen I 74–76
– wg. Verletzung der Reinigungspflicht I 107, I 92

– wg. Verletzung des Rücksichtnahmegebots I 71–73
– wg. Verzugs mit Rückgabepflicht I 140–143
– wg. Verzugs mit Mietzahlung C 104–106
Schallschutz C 10 *siehe auch Immissionen*
Schimmelbefall H 283
Schlüssel
– nachgefertigte I 10
– Rückgabe I 10
– Schadensersatz für Verlust I 101
– Übergabe C 18
– Verlust I 10, I 101
– Zubehöreigenschaft I 10
Schonfristregelung H 271–281 *siehe auch Kündigung, außerordentliche fristlose*
Schönheitsreparaturen
– Abgeltung am Mietende I 67 f.
– Abriss der Mietsache I 66, I 69 f.
– Altverträge der ehemaligen DDR I 84–86
– am Ende der Mietzeit I 59–86
– Begriff C 158 f., C 196 f.
– DDR-Verträge I 84–86
– Fälligkeit C 28, C 173, C 206, I 64–66
– Farbexzess I 71–73, J 3a, J 71
– Farbwahl des Mieters C 164, C 200, I 71–73
– Farbwahl des Vermieters C 15a, J 3a
– Geldausgleich statt Vornahme I 69 f.
– nicht geschuldete I 80–83
– Rücksichtnahmegebot I 71–73
– Schadensersatz für Mietausfall I 76, I 79
– Schadensersatz statt Schönheitsreparaturen I 74–76
– Schadensersatz wegen Farbexzesses I 71–73
– Schadensersatz wegen Schlechtausführung I 77–79
– Teppichbodenreinigung C 159, C 196, I 106
– Übertragung auf den Mieter C 145–179, C 191–209 *siehe auch Schönheitsreparaturklauseln*
– Umfang C 158 f., C 196 f.
– Umbau der Mietsache I 66, I 69 f.
– Verjährung C 34, I 116 f.
– Vermieterpflicht C 25, C 28–34
– Vornahme C 22–25, C 145–179, C 191–209, I 64–66
– Vorschussanspruch des Vermieters C 174, C 206
– während der Mietzeit C 25, C 28–34, C 149–179, C 191–209
– zufällige Beschädigung der Mietsache C 167, C 203
Schönheitsreparaturklauseln
– Abgeltungsklauseln I 67 f., J 68, J 70
– AGB für Geschäftsraum C 191–209
– AGB für Wohnraum C 145–179
– DDR-Verträge I 84–86
– Endrenovierung C 163, C 199
– Fachhandwerkerklausel C 164, C 200
– Farbvorgaben C 164, C 200, C 15a, J 3a

- Feststellung der Unwirksamkeit I 63
- Freizeichnung C 168, C 204
- Individualvereinbarung C 146, C 151, C 163, C 192
- Individualvereinbarung kombiniert mit AGB C 163
- Intensivierung der Mieterpflicht C 160–163, C 198 f.
- Mietzuschlag C 178, C 209
- Minderungsrecht C 151, C 192, J 68
- Quotenklauseln I 67 f.
- Renovierungsfristen C 161 f, C 198
- Summierungseffekt C 163, C 199
- Teppichbodenreinigung C 159., C 196, I 106
- Transparenzgebot C 169–172, C 205
- Umfang C 158 f., C 196 f.
- unrenovierte Mietsache C 165, C 201, J 69
- Unwirksamkeit C 153 f., C 175–179, C 207–209
- Veranlassung durch Mietgebrauch C 165–168, C 201–204

Schriftform des Mietvertrags B 79–112, H 137–145
- Änderung des Mietvertrags B 98–103, J 27
- Anlagen B 96
- äußere Form B 94, B 97
- formale Anforderungen B 91–97
- formbedürftiger Inhalt B 85–97, F 27
- Formzwecke B 82
- Geltung B 81
- Heilung von Schriftformmängeln B 103
- Infektion mit Schriftformmängeln B 103, H 142
- Inhaltliche Anforderungen B 85–97
- Kündigung wegen Formmangels B 83, H 137–145
- Schriftformklauseln, deklaratorische B 108
- Schriftformklauseln, einfache B 106
- Schriftformklauseln, qualifizierte B 107
- Schriftformklauseln, salvatorische B 105
- Stellvertretung B 94
- Kündigung, ordentliche H 137–142, J 27
- Kündigung, treuwidrige H 143–145, J 28
- Kündigung durch Erwerber H 145
- Nachtragsvertrag B 81, B 98–103, H 142
- Unterschrift B 92–94
- unwesentliche Vereinbarungen B 91
- Urkundeneinheit B 95
- Vermietung vom Reißbrett B 88
- Vertragsänderungen B 81, B 98–103, H 142
- Vollmachtsklauseln B 110
- Vorsorge B 104–112
- Vorverträge B 109
- Wahrung B 85–97
- Wertsicherungsklauseln, automatische B 84

Schufa-Auskunft B 8
Schuldbeitritt B 193, B 208
Schutzpflicht des Vermieters C 72 f.
Schutzbereich des Mietvertrags D 29

Selbstauskunft des Mieters B 2–7
Selbstvornahmerecht des Mieters D 33–38
Selbstbeseitigungsrecht des Mieters D 33–38
SEPA-Lastschrift C 96
Sicherheitsleistung B 187–220 siehe auch Mietsicherheit
Sicherungseigentum B 187, B 214
Sicherungsverfügung I 55
Sittenwidrigkeit B 119, B 200, C 76, C 146 f., C 185, H 135, H 221, H 224, H 326, I 129, I 193
Sonderkündigungsrecht H 320–425 siehe auch Kündigung, außerordentliche mit gesetzlicher Frist
Sonstige Betriebskosten E 12, E 22
Sonstige Aufwendungen des Mieters I 174–181
- Abdingbarkeit der Ersatzpflicht I 176
- Geschäftsführung in Schenkungsabsicht I 180
- Geschäftsführung, berechtigte I 178
- Geschäftsführung, unberechtigte I 179
- sonstige Aufwendungen I 175
- Verfallklauseln I 176
- Verjährung I 181

Sorgfaltspflichten des Vermieters C 72 f.
Sortimentsbindung C 54
Sozialamt C 100 f., H 63, H 129, H 255–257, H 275–280, H 303
Sozialwiderspruch gegen Kündigung H 210–216 siehe auch Widerspruch des Mieters gegen die Kündigung
Sozialwohnung A 29 siehe auch Preisgebundener Wohnraum
Sparbuch B 187, B 211, I 159, I 163
Staffelmiete F 6–8, F 97–101
Stellplätze A 33, A 40, B 88
Stillschweigende Verlängerung des Mietverhältnisses H 426–431
Störung des Hausfriedens H 289–293 siehe auch Immissionen
Störungsabwehr C 38 f., J 3b siehe auch Immissionen
Straßenreinigung C 35–37, E 8
Studentenwohnheim A 28, H 150b, H 212
Synallagma C 2
Systematik
- Miet- und Pachtrecht A 9–14, J 1
- Klammertechnik A 10–14, J 1
- Mietsachen A 26–40 siehe auch Mietsache
- Rechtsquellen A 3–8
- Vertragstypen A 15–21 siehe auch Vertragstypen
- Verweisungstechnik A 10–14

Tankstelle I 108
Technische Normen C 6
Teilinklusivmiete E 31 siehe auch Miete
Teilkündigung
- mitvermietete Garage A 40, H 182
- Schaffung neuen Wohnraums H 150d

Sachregister

– Verbot bei Werkdienstwohnungen A 22, H 191
– Personenmehrheit H 55, H 68
Telefonanschluss C 12, C 15a, J 3c
Teppichboden C 50–51, C 77, I 92, I 100, I 106
Tierhaltung C 50
Tilgungsbestimmung bei Mietzahlung C 108–110
Tod des Mieters G 43–68
– Abnutzung der Mietsache C 53
– Eintritt nahe stehender Personen G 49–55, J 17
– Fortsetzung mit überlebenden Mietern G 56–58, J 16
– Dürftigkeitseinrede des Erben G 63
– Eintritt der Erben G 59 f., J 17 f.
– Eintritt des Fiskus als Erbe G 61–63, J 18
– Nachlasspflegschaft G 64, G 68, J 18
– Nachlassverbindlichkeiten G 55, G 63
– Geschäftsraum G 65–68
– Grundstücke G 65–68
Tod des Vermieters G 69 f.
Transparenzgebot
– AGB B 136, C 169–172, C 205, E 26
– europarechtliches B 66 f.
– Leistungsbeschreibungen B 140
– Preisvereinbarungen B 140
Treppenhaus C 45
Trittschall C 10 f, C 49, C 63–68 *siehe auch Immissionen*
Trinkwasserverordnung C 11

Überbelegung C 58
Übergabe der Mietsache C 17–20
Übergabeprotokoll C 20
Übergang von Besitz, Nutzen und Lasten G 10 f.
Übernahmeerklärung H 278 f. *siehe Kündigung, fristlose – Schonfrist*
Überlassungspflicht des Vermieters C 17–20
Überschreitung des Gebrauchsrechts C 63–68
– Unterlassungsklage C 64–66
– Schadensersatz I 97–103
Überraschende Klauseln B 135 *siehe auch Allgemeine Geschäftsbedingungen*
Übersichten
– Fristen der außerordentlichen Kündigung H 421
– Fristen der ordentlichen Kündigung H 198, H 204
– Kündigung, außerordentlich mit gesetzl. Frist H 328
– Kündigung, fristlose H 225
– Kündigungsarten H 52
– Kündigungsrechte in der Insolvenz H 415
– Mieterhöhung, Fristen F 48 f.
– Mietstrukturen E 30
– Rechtsquellen A 3

– Systematik des Miet- und Pachtrechts A 10
– Zugang der Kündigungserklärung H 123
Umlagemaßstab E 41–50 *siehe auch Betriebskosten*
Umlagevereinbarung H 19–28 *siehe auch Betriebskosten*
Umsatzmiete C 115–121
Umsatzsteuer
– Arbeitsleistungen des Vermieters E 6
– kündigungsrelevanter Zahlungsverzug H 251
– Miete B 53
– Schadensersatz I 75, I 88, I 99
– Umsatzsteuer-ID B 53
Umwandlung einer Vertragspartei C 58
Umwandlungsgesetz C 58
Umwandlung von Miet- in Eigentumswohnung H 173
Unerlaubte Gebrauchsüberlassung C 56–68 *siehe auch Untermiete*
Unklarheitenregel B 135
Unmöglichkeit C 32
Unpfändbare Sachen B 214 f., I 52
Unpünktliche Mietzahlung H 163, H 263, H 298, H 303
Unterlassungsanspruch bei vertragswidrigem Gebrauch C 64–66
Untermiete C 56–62
– Dritter C 58
– Gebrauchsüberlassung C 57
– Unterlassungsanspruch C 63–68
– Untermieterlaubnis C 59 f.
– Untermietzuschlag C 59
– Haftung für Untermieter C 59 f., H 156
– Rückgabeanspruch gegen Untermieter I 40–48
– Kündigung wegen unbefugter Untervermietung H 238–241
– Kündigung wegen verweigerter Untermieterlaubnis H 330-226, H 228
Unternehmer, Begriff A 43–45
Unterschrift B 92–94

Verbindung mit der Mietsache I 18
– Eigentumsverlust I 18
– Verjährung des Entschädigungsanspruchs I 185
– Wegnahmerecht des Mieters I 166–173
– Wertersatz für Eigentumsverlust I 182–185
Veränderungen im persönlichen Lebensbereich des Mieters
– Scheidung G 72
– Gewaltschutzgesetz G 74
– go order (Kindeswohl) G 75
– Lebenspartner G 73
Veräußerung der Mietsache G 8–32
– Betriebs- und Nebenkostenabrechnung G 20
– BImA-Errichtungsgesetz G 12
– Dingliche Belastung G 30
– Eintrittsvoraussetzungen G 9-7
– Veräußerung G 10 f.

- Fälligkeitsprinzip G 15 f.
- Haftung des Vermieters G 19
- Kündigung G 18
- Mietsicherheit G 21–23
- Rechtsfolgen für bisherigen Vermieter G 17–19
- Rechtsfolgen für den Erwerber G 14–16
- Sonderfälle G 30–32
- Vorausverfügungen über die Miete G 24–39
- Weiterveräußerung durch Erwerber G 31

Verbotene Eigenmacht bei Räumung I 32, I 145

Verbraucher, Begriff A 42

Verbraucherwiderrufsrecht B 182–186
- Verbrauchervertrag A 41–45
- Außer-Geschäftsraum-Vertrag B 183
- Fernabsatzvertrag B 183
- Widerrufsfrist B 184

Verbraucherpreisindex F 11 *siehe auch Indexmiete*

Verbrauchervertrag A 41–45

Verbraucherstreitbeilegungsgesetz (VSBG) B 15–17

Vereinbarte Förderung A 29

Verfallklausel für Mieterinvestitionen I 189

Vergleichsmiete, ortsübliche F 50–52

Verjährung
- Aufrechnung trotz Verjährung I 122, I 159
- Bürgschaft B 212
- Hemmung I 121
- kurze Verjährung I 114–212
- regelmäßige Verjährung C 113
- Verlängerungsvereinbarungen I 115

Verjährungsfristen
- Abrechnungsanspruch für Betriebs- oder Nebenkosten E 63, E 68, I 155
- Ausschlussfrist für Betriebskostennachforderung E 60 ff.
- Bereicherungsanspruch wg. Investitionen I 190 f.
- Betriebskostennachforderung E 82
- Entschädigung für Eigentumsverlust I 185
- Erhaltung der Mietsache C 34
- Ersatzansprüche des Vermieters am Mietende I 114–122
- Mietausfall (Nebenforderung) I 118
- Mietsicherheit B 195, B 204
- Mietzahlung C 113 f.
- Nutzungsentschädigung I 139
- Rückzahlung der Mietsicherheit I 165
- Rückzahlung im Voraus bezahlter Miete I 196
- Schadensersatz wg. Beschädigung der Mietsache I 114–122
- Schadensersatz wg. Bodenkontaminationen I 113
- Schönheitsreparaturen C 34, C I 116 f.
- Unterlassung vertragswidrigen Gebrauchs C 66

- Veränderungen der Mietsache I 114–122
- Verschlechterungen der Mietsache I 114–122
- Wegnahmerecht I 173

Verschulden H 157

Verkehrssicherungspflicht
- im Abwicklungsverhältnis I 147
- im laufenden Mietverhältnis C 35–37
- Räum- und Streupflicht C 36 f.

Verlängerung der Mietzeit
- Optionsrecht B 57 *siehe auch Optionsrecht des Mieters*
- Nachtragsvertrag B 98
- Höchstzeit H 13
- stillschweigende H 426–431

Vermieter
- Haftung D 28–32 *siehe auch Schadensersatzpflicht des Vermieters*
- Gewährleistung für Mängel D 1- 44
- Insolvenz H 415 *siehe auch Insolvenz des Vermieters*
- Personenmehrheit B 40
- Stellvertretung B 41
- Wechsel G 2–7, G 8–32

Vermieterpfandrecht B 213–220; I 135

Vermieterwechsel G 2–7, G 8–32

Vermietung vom Reißbrett B 57, B 88, B 90, B 117

Vermögenseinbußen des Mieters am Ende der Mietzeit
- sonstige Aufwendungen I 174–181
- Eigentumsverlust durch Verbindung I 182–185
- Investitionen I 186–191
- im Voraus bezahlte Miete I 192–196

Vermutungswirkung von Mietspiegeln F 37

Verpflichtungserklärung öffentlicher Stellen H 278 ff. *siehe auch Kündigung, fristlose – Schonfristregelung*

Versicherung
- Regressverzicht I 102
- Sachversicherung I 102
- Umlage als Betriebskosten E 6, E 10
- versicherungsrechtliche Lösung I 102

Versorgungssperre I 146

Verspätete Rückgabe I 131–150
- Abwicklungsverhältnis I 144–150
- nachvertragliche Pflichten I 144–150
- Nutzungsentschädigung I 132–139
- Schadensersatz I 140–143

Verteilung von Heizkosten E 16–18, E 43 *siehe auch Heizkosten*

Vertragsänderung B 98–103 *siehe auch Nachtragsvertrag*

Vertragsgemäßer Gebrauch C 42–55 *siehe auch Gebrauchsrecht des Mieters*

Vertrag über mehr als 30 Jahre H 8, H 13

Vertragsgemäße Abnutzung I 90–96 *siehe auch Abnutzung der Mietsache*

Vertragsgemäßer Zustand 7–15
– Baustandard 10–12.
– bei Übergabe der Mietsache C 19 f.
– Beschaffenheitsvereinbarung C 13 f.
– Bestimmung C 8 f.
– Gesundheitsgefahren C 11, H 282–288
– Mindeststandard für zeitgemäßes Wohnen C 12
– Modernisierung C 11 f.
– nach Sanierung C 15
– öffentlich-rechtliche Vorschriften C 8 f.
– Telefonanschluss C 12, C 15a, J 3c
– Trittschall C 10
Vertragsschluss B 18–78
– Angebot B 20, B 27
– Annahme B 21–27
– Annahmefrist B 21–24
– Ausschreibungspflichten B 59–67
– Dissens B 26, B 37
– durch Gemeinde B 30–35
– Einigung B 19–29
– Inhalt B 36–58
– konkludenter B 27
– Mieterauswahl B 68–71
– Neuvermietung B 68–73
– Personenmehrheit B 19, B 40–41, B 92–94
– schlüssiges Verhalten B 27
– Stellvertretung B 20, B 41
– Unterschriften B 92–94
Vertragsstrafe I 189, I 193
Vertragstypen A 15–21
– Gefälligkeitsmiete A 16
– Gestattung B 46
– Kleingartenpacht A 19
– Landpacht A 18, A 14
– Leasing A 21
– Leihe A 20
– Miete A 11–13, A 16
– Pacht A 14
Vertragsübernahme G 2–7
Vertragswidriger Gebrauch C 63–68
Vertragszweck B 50–52 siehe auch Mietzweck
Vertretenmüssen H 163, H 255–257
Verwaltungskosten E 7, E 10, E 26 siehe auch Betriebskosten
Verwendungsrisiko
– allgemeiner Geschäftsbedingungen B 139, C 153
– des Mieters C 13, C 43, H 37, H 300, H 319
Verwertungskündigung H 177–183 siehe auch Kündigung, ordentliche
Verwirkung
– Ersatz für sonstige Aufwendungen I 181
– Korrektur der Nebenkostenabrechnung E 84
– Kündigungsrecht H 106, H 232 f.
– Nachforderung von Nebenkosten C 114
Verzichtsvertrag I 128

Verzug des Mieters
– Mietsicherheit C 195, C 204, H 294–296, H 304
– Mietzahlung C 89–106, H 161–163, H 242–281, H 303, I 55
– Nutzungsentschädigung I 138
– Rückgabe der Mietsache I 131–150 siehe auch Abwicklungsverhältnis
– Schönheitsreparaturen C 174, C 206, I 76, I 79
Verzug des Vermieters
– Mangelbeseitigung D 28–32, D 33–28, D 39–41
– Rücknahme der Mietsache I 29
– Übergabe der Mietsache B 29, B 71
Verzugszins C 104–106
Vollmacht
– Empfangsvollmacht (AGB) H 67
– Erklärungsvollmacht (AGB) H 59
– Vollmachtsrüge H 62–64
Vollstreckungsaufschub für Räumung H 216
Vorausverfügung über die Miete G 24–39
Vorbehalt von Rechten D 25, C 98
Vorenthaltung der Mietsache I 135
Vorkaufsrecht B 114
Vormiete C 81

Wärmecontracting E 17
Wärmedämmung C 161,
Warmwasser E 8, E 16–18, E 32, E 42–44, E 59, I 152
Wartung C 25–27, C 182,
Wartungskosten E 11, E 49
Wechsel der Vertragsparteien G 1–76
– Vertragsübernahme G 2–7
– Veräußerung der Mietsache G 8–32
– Gewerbliche Weitervermietung G 33–42
– Tod einer Vertragspartei G 43–G 70
– Veränderungen im persönlichen Lebensbereich des Mieters G 71–76
Wegfall der Geschäftsgrundlage H 317–319
Wegnahmerecht des Mieters H 166–173
– Abdingbarkeit I 171
– Abwendungsbefugnis des Vermieters I 167
– Aneignungsbefugnis des Mieters I 168
– Ausübung I 168 f.
– Nutzung der Mietereinrichtung durch Vermieter I 171, I 173
– Verjährung I 173
– Voraussetzungen I 166 f.
Weitervermietung von Wohnraum für Personen mit dringendem Wohnbedarf G 42 f.
Werkdienstwohnung A 22, H 191
Werkmietwohnung A 22, F 46, G 37, H 187–190
Werkwohnung A 22, H 187–191
Werktag C 88, H 207
Wertsicherungsklauseln, automatische F 102–110
– gesetzliche Schriftform B 84, B 100, I 143

- Indexmiete für Wohnraum siehe F 9–16
- Mindestbindung des Vermieters F 104
- Preisklauselgesetz F 102 f.
- Prozentklauseln F 107
- Punkteklauseln F 107
- Unwirksamkeit F 108
- Verbraucherpreisindex F 105
- Verbraucherpreisindex F 105

Wesentliche Bestandteile der Mietsache
- Einbauküche I 12
- Gebäude auf fremdem Grundstück A 36
- Scheinbestandteile A 36

Wettbewerbsrecht
- Ausschreibungspflicht B 59–60
- Schilderpräger B 59

Widerruf der Kündigung H 124 f.

Widerspruch des Mieters gegen die Kündigung H 210–216
- Ausnahmen H 212
- Begründung H 214
- bei Anfechtung H 178
- bei Aufhebungsvertrag H 24
- Fortsetzung des Mietverhältnisses H 215
- Frist I 213
- Kündigung, außerordentliche mit gesetzlicher Frist H 323, H 423–425
- Kündigung, fristlose H 316
- Kündigung, ordentliche H 420-416

Wirksamkeit des Mietvertrags
- aufschiebende Bedingung B 117
- Ausschreibungspflichten B 60, B 122
- gesetzliches Verbot B 170
- Sittenwidrigkeit B 119
- Wucher B 118

Wirksamkeit des Mietvertrags mit einer Gemeinde
- Ausschreibungspflichten B 67, B 122
- kreditähnliche Rechtsgeschäfte B 127–129
- Schriftform für Verpflichtungsgeschäfte B 123 –124
- Verbot der Überlassung unter Wert B 125–126

Winterdienst C 35–37

Wirtschaftliche Verwertung H 177–183 *siehe auch Kündigung, ordentliche*

Wirtschaftlichkeitsgrundsatz E 56, E 76–79

Wohnfläche B 48, D 5, E 46, F 51, F 56, J 4–20

Wohngemeinschaft B 40 *siehe auch Gesellschaft bürgerlichen Rechts (GbR)*

Wohnheim A 28, H 150b

Wohnungsvermittlungsgesetz A 6a, H 24

Wohnraum
- Begriff A 27
- frei finanzierter A 29
- preisfreier A 29
- preisgebundener A 29
- Einliegerwohnraum H 150a, H 150c
- Einliegerwohnung H 150c
- für dringenden Wohnbedarf H 150a
- in Studenten- oder Jugendwohnheim H 150b
- möblierter A 28, C 44, C 80, H 150a
- weitervermieteter A 27, G 33–41
- weitervermieteter für dringenden Wohnbedarf G 42 f.
- zum vorübergehendem Gebrauch A 28, H 150a

Wohnraumförderungsgesetz A 29

Wohnung, Begriff A 27

Wohnungsbauförderungsgesetz A 29, F 83

Wohnungseigentum *siehe Eigentumswohnung*

Wohnungsgenossenschaft A 30

Wucher B 118, C 76

Zahlung der Miete C 74–121 *siehe auch Mietzahlung*

Zeitmietvertrag H 7 f. *siehe auch Bedingung und Befristung der Mietzeit*

Zubehör B 44, C 18, I 12, J 3

Zugang von Erklärungen
- Beweis H 11–123
- Bote H 108–113, H 119
- Brief H 109–113, H 118
- Einschreiben H 110, H 120 f.
- E-Mail H 116
- Gerichtsvollzieher H 122
- öffentliche Zustellung H 123
- Telefax H 116
- Wirksamwerden H 113

Zugesicherte Eigenschaft D 14

Zustand der Mietsache bei Rückgabe I 56 – 113 *siehe auch Rückgabezustand der Mietsache*

Zurückbehaltungsrecht
- Mietzahlung C 92 f., D 18–21
- Rückgabe der Mietsache I 38
- Versorgungsleistungen I 146
- Vorauszahlungen auf Betriebs- oder Nebenkosten E 62, E 66, E 80
- Zustimmung zur Mieterhöhung F 61

Zuweisung der Wohnung
- Scheidung G 72
- Gewaltschutzgesetz G 74
- go order (Kindeswohl) G 75
- Lebenspartner G 73

Zwangsversteigerung G 33, H 399–405

Zwangsvollstreckung der Räumung *siehe auch Räumungsvollstreckung* I 49–55

Zweckentfremdungsgenehmigung H 180

Zwischenablesung C 20

Zwischenvermietung G 33–42a *siehe auch gewerbliche Weitervermietung*